Ideais Traídos

Sylvio Frota

Ideais Traídos

2ª edição

ZAHAR

Jorge Zahar Editor Ltda.
rua Marquês de S. Vicente 99 – 1º | 22451-041 Rio de Janeiro, RJ
tel (21) 2529-4750 | fax (21) 2529-4787
editora@zahar.com.br | www.zahar.com.br

Revisão tipográfica: Eduardo Faria e Antonio dos Prazeres
Capa: Mari Taboada
Ilustração da capa: O autor com o presidente Geisel em junho de 1977
Ilustração da quarta capa: O autor com o presidente Geisel na parada militar de 7 de setembro de 1975

Todas as imagens do livro são do acervo pessoal do autor.

CIP-Brasil. Catalogação-na-fonte
Sindicato Nacional dos Editores de Livros, RJ.

F961i
2.ed

Frota, Sylvio, 1910-1996
Ideais traídos/Sylvio Frota. — 2.ed. — Rio de Janeiro: Zahar, 2006.
il.

ISBN 978-85-7110-904-9

1. Frota, Sylvio, 1910-1996. 2. Ministros de Estado – Brasil – Biografia. 3. Generais – Brasil – Biografia. 4. Militares – Brasil – Atividades políticas. 5. Brasil – Política e governo – 1964-1985. I. Título.

06-3237

CDD: 923.5
CDU: 929:35(81)

Sumário

—— PARTE IV ——

Meus dias ministeriais em 1977: tempo de ruptura

À História

A Versão de Frota

Celso Castro e Maria Celina D'Araujo[1]

O leitor tem em mãos um importante documento histórico, e é como tal que este livro deve ser lido. Trata-se de peça fundamental que ainda faltava no quebra-cabeça da história do regime militar no Brasil (1964-1985).

O general Sylvio Frota, nascido no Rio de Janeiro em 1910, foi nomeado comandante do I Exército em 1972. Com a posse de Ernesto Geisel na Presidência da República em março de 1974, assumiu a chefia do Estado-Maior do Exército. Contudo, após a morte inesperada do ministro do Exército, general Dale Coutinho, dois meses depois, foi designado para ocupar seu lugar e nele permaneceu até ser demitido em 12 de outubro de 1977. Foi um personagem-chave na dinâmica do jogo político entre os militares que estiveram no centro do poder durante o governo Geisel, mas pouco sabíamos a seu respeito até agora.

Um dos momentos decisivos do regime militar foi a disputa que envolveu o projeto de "abertura" política iniciado por Ernesto Geisel quando chegou à Presidência. Os militares que apoiavam a iniciativa e os que a ela se opunham — comumente chamados de "linha-dura" — colocaram-se em campos opostos em questões e momentos decisivos. O clímax da disputa foi justamente a demissão de Sylvio Frota do Ministério do Exército.

O regime militar legou para a memória nacional, num primeiro momento, depoimentos dos "generais de 1964". Ao final do período, surgiram

1. Pesquisadores do CPDOC da Fundação Getulio Vargas.

diversos livros que registravam a visão de oposicionistas, em particular daqueles que se engajaram na luta armada contra o regime. Passada uma década da transição para o governo civil, nós, autores desta apresentação, organizamos, juntamente com Gláucio Soares, uma trilogia — *Visões do golpe*, *Os anos de chumbo* e *A volta aos quartéis* — contendo entrevistas realizadas no CPDOC da Fundação Getulio Vargas com oficiais que haviam ascendido na carreira ao longo do período em que os militares estiveram no poder.[2] O ponto culminante de nossa pesquisa com os militares foi a publicação, em 1997, da longa entrevista com Ernesto Geisel.[3] O interesse que esses livros geraram no público repetiu-se diante da divulgação da vasta produção acadêmica e jornalística sobre o período. Por exemplo, a série de livros publicada por Elio Gaspari, que se baseou em larga medida em fontes documentais até então inéditas, centrando a narrativa na perspectiva de dois personagens militares cruciais para se entender a época — os generais Geisel e Golbery.[4]

Escrito ainda próximo ao calor da hora, *Ideais traídos* vem a público passados 28 anos do início de sua redação e dez anos da morte de seu autor. Derrotado na política, Frota deixou o Ministério lançando um manifesto em que denunciava a infiltração comunista no governo. Foi para casa, no Grajaú, Rio de Janeiro, e não mais se pronunciou publicamente. Podemos conhecer agora sua versão dos acontecimentos militares e políticos que viveu, muitas vezes com descrições dos bastidores.

★

No início dos anos 90, entrevistamos dois dos colaboradores mais próximos de Frota, os generais Adyr Fiuza de Castro e Ênio Pinheiro, que nos falaram no "livro do Frota", original inédito que só poderia ser publicado após sua morte. Tentamos também na época, sem sucesso, falar com o ex-ministro, já muito doente. Finalmente estamos hoje diante deste documento que reproduz sua versão sobre os militares e a política, o comunismo, os governos militares e os "descaminhos" de 1964.

Como, por que e para quem Sylvio Frota escreveu o livro? Dispomos, a esse respeito, dos esclarecimentos de seu filho, Luiz Pragana da Frota, autor do prefácio e responsável pela entrega dos originais do livro à editora, em maio de 2005. Ele teria sugerido ao pai escrever o livro, o que começou a ser feito no primeiro se-

2. *Visões do golpe: a memória militar sobre 1964*; *Os anos de chumbo: a memória militar sobre a repressão* e *A volta aos quartéis: a memória militar sobre a abertura*, organizados por Maria Celina D'Araujo, Gláucio Soares e Celso Castro. Rio de Janeiro: Relume-Dumará, 1994-95.

3. Maria Celina D'Araujo e Celso Castro (orgs.). *Ernesto Geisel*. Rio de Janeiro: Fundação Getulio Vargas, 1997.

4. Elio Gaspari, *A ditadura envergonhada*; *A ditadura escancarada*; *A ditadura derrotada* e *A ditadura encurralada*. São Paulo: Companhia das Letras, 2002-04.

mestre de 1978. A partir de seu arquivo, que tem cerca de dois metros lineares de documentos, Sylvio Frota separou nove pastas que forneceram "subsídios" ao livro e cujos documentos, em sua maioria, estão aqui reproduzidos.

Frota passou dois anos escrevendo uma média de cinco a sete páginas por semana, à mão. Um subtenente, Leonesio de Almeida Carvalho, que com ele havia servido, ia semanalmente à sua casa, nas tardes de quarta-feira (quando havia meio expediente nos quartéis) ou aos sábados, para datilografar o texto, em duas vias. A primeira versão do manuscrito foi concluída em 1980. Em seguida, Frota iniciou uma revisão do texto já datilografado. Por distração, algumas vezes fez as correções numa das cópias, outras vezes em outra. A preocupação, presente em muitas passagens, de esclarecer aspectos internos da corporação militar e expressões usadas na caserna demonstra que queria se dirigir também ao público civil.

Frota enviou a parte do manuscrito referente aos anos de 1974 e 1975 ao general Adyr Fiuza de Castro, ex-subordinado e amigo pessoal. Primeiro chefe do Centro de Informações do Exército (CIE), em 1969, o então coronel Fiuza de Castro ainda naquele ano tornou-se secretário da Comissão de Investigação Sumária do Exército, adida ao I Exército, e a partir de 1972 acumulou essas funções com a de chefe do Centro de Operações de Defesa Interna (CODI), também do I Exército, àquela altura comandado por Frota. Essa foi uma das fases mais duras da repressão aos opositores do regime militar. Quando da demissão de Frota do Ministério, Fiuza de Castro já era general-de-brigada e comandava a 6ª Região Militar, em Salvador. Foi então designado para a Diretoria do Instituto de Inativos e Pensionistas do Exército e preterido na lista de promoções. Logo em seguida, pediu transferência para a reserva.

No início dos anos 80, Fiuza de Castro leu o texto de Frota e, ao final, deu o parecer de que o livro não deveria ser publicado. Segundo ele, em carta manuscrita de 28 de dezembro de 1982, encaminhada ao "caríssimo chefe", a publicação traria "desconforto e amargor" para Frota e sua família. Acreditava que o governo Figueiredo e o alto-comando do Exército tentariam impedir a publicação do livro e que Frota responderia a processo judicial civil e militar. Encerrava com a frase: "Aconselho-o a não publicar; ou, pelo menos, só fazê-lo postumamente."

Em entrevista concedida ao CPDOC da Fundação Getulio Vargas no dia 2 de março de 1993, Fiuza de Castro contou que Sylvio Frota escreveu

> um livro dizendo muitas coisas, mas eu o convenci a só publicar esse livro postumamente. Eu li o livro. Se ele for colocar o que coloca ali, que contraria muitas das versões correntes em muitos casos, será apenas mais uma versão. A dele pode ser considerada verídica, pode ser verídica a do Geisel, pode ser verídica a de não sei quem. Agora, ele tem provas do que afirma. Mas ele não deveria ter, porque são documentos secretos. E ele está bem consciente de que é crime estar de posse de documentos secretos. Está escrito no Código Penal. E se ele publicar o livro sem os documentos, o livro não tem valor. E se ele publicar o livro com os documentos, é crime. Está entendendo?

Então, o que eu sugeri foi que ele entrasse em contato com um editor e deixasse por conta do editor a responsabilidade da edição do livro depois da morte dele, porque aí ninguém pode julgá-lo.

Após o retorno do governo aos civis em 1985, e diante do que encarava como uma "campanha contra a Revolução", motivada por um espírito "revanchista" contra as Forças Armadas, a posição de não publicar o livro foi reforçada. Frota, segundo seu filho, temia que pudesse parecer que ele queria se aproveitar da situação para fazer coro com os que "falavam mal" do Exército. Temia também prejudicar a carreira de seu filho, então capitão-de-mar-e-guerra da ativa.

Ao final da década de 1980, Sylvio Frota quase não mais enxergava. Sofreu degeneração da mácula e passou por uma cirurgia de catarata, restando-lhe apenas cerca de 10% da visão. Somada a dificuldade para ler a problemas circulatórios, não teve mais ânimo para retomar o livro. Sua esposa faleceu em 1993, e Frota ficou morando com a filha solteira no apartamento do Grajaú. Já abalado por uma esclerose, faleceu em 23 de outubro de 1996.

Em 2002, seu filho passou para a reserva. No ano seguinte levou o texto datilografado do livro para Brasília, onde morava. Sylvio Frota havia feito alterações nas duas cópias datilografadas, e o filho teve que cotejá-las. Constatou que o texto estava completo, mas achou que, para o livro ficar pronto, deveria alterar alguns detalhes de forma, completar ou corrigir algumas informações e subdividir partes dos capítulos. Em suas palavras, procurou "não escrever nada", pois o livro era de seu pai. O trabalho foi iniciado com tesoura e cola, pois o filho não tinha, na época, computador. A partir da metade do livro, passou a usar o computador e fez uma relação do que havia alterado. Para esta edição final, no entanto, foi consultado o manuscrito e foram completamente revistas as duas cópias datilografadas. Todas as modificações (que não eram muitas) foram examinadas – e, na maioria dos casos, restauradas as versões originais – no trabalho de restabelecimento final do texto, quando este já estava na editora.[5]

Antes de tomar a decisão final de enviar o livro para publicação, o filho teve duas atitudes. Primeiro, encaminhou requerimento ao comandante do Exército perguntando se os documentos classificados como sigilosos já podiam ser divulgados. A resposta foi evasiva: dizia que tais documentos não estavam arquivados no Exército. Em segundo lugar, consultou um advogado amigo da família, Nelson Pecegueiro do Amaral, que fora consultor jurídico do Ministério do Exército na gestão de Sylvio Frota. O dr. Pecegueiro do Amaral sugeriu a retirada de algumas palavras, cerca de uma dezena, que poderiam configurar ofensa pessoal e dar mo-

5. Agradecemos a colaboração de Julia Galli O'Donnell, historiadora pela USP e mestranda em antropologia social no Museu Nacional, no exame dos originais do livro.

tivo para interpelações judiciais. Todas essas adjetivações foram examinadas, em seu contexto, na editora, e considerou-se que a supressão não afetou o essencial daquilo que Sylvio Frota quis deixar registrado.

★

O livro traz informações importantes sobre a vida no Exército desde os anos 20 e sobretudo após a Segunda Guerra Mundial, e sobre as disputas políticas entre grupos de militares. Longas explicações sobre detalhes aparentemente bizantinos dos mecanismos de promoção ao generalato evidenciam a excepcional importância de que o assunto se reveste para os militares. Frota faz uma articulada reflexão sobre o sentido de 1964 no esteio dos conceitos de golpe, reforma e revolução. Temos também oportunidade de acompanhar a visão de um oficial-general sobre a dinâmica da repressão contra os inimigos do regime instaurado em 1964, incluindo conflitos internos ao próprio "sistema de informações". Sobre a tortura, ao mesmo tempo que diz não autorizar tal prática, Frota lembra que era difícil controlar o ímpeto de militares que se sentiam agredidos em seu trabalho de combate aos opositores do regime, explicando-o como uma reação à agressividade de alguns presos.

O leitor encontrará neste livro uma das expressões mais acabadas e extremadas do anticomunismo no Brasil. O anticomunismo, ao contrário do que muitos podem pensar, não foi uma questão de fanatismo. Foi parte das políticas de Estado no Brasil desde os anos 30. Do ponto de vista analítico, articula-se como um sistema de pensamento que historiadores e cientistas sociais precisam interpretar com mais acuidade. As noções aqui trazidas sobre sociedade, Estado, ordem, hierarquia, entre outras, ajudam a entender o fenômeno.

O comunismo era visto por Sylvio Frota como uma ameaça constante desde bem antes de 1964. O perigo tornava-se maior e mais grave na medida em que, na visão de Frota, o próprio presidente da República, Ernesto Geisel, era de esquerda, embora procurasse disfarçar essa preferência. O relato de momentos em que o matiz ideológico socialista do presidente se teria tornado explícito é fundamental na construção de evidências que dão sustentação às conclusões de Frota. O fato de Geisel estar cercado pelo que o autor chama de "grupelho do Planalto" – Golbery e os assessores mais próximos – acentuava o perigo esquerdizante que a Revolução e o país estariam correndo.

Nesse contexto, o papel do ministro do Exército era visto como fundamental. Para Frota, o ministro deveria ser, "primordialmente, o representante e defensor de sua Força junto ao presidente e, secundariamente, um delegado deste na sua instituição". Um presidente da República "revolucionário" deveria, em última instância, prestar obediência às Forças Armadas. Estas não só deveriam estar na política, como os mais altos interesses de Estado deveriam ser definidos pelos chefes militares.

Em vários trechos do livro, vemos que as articulações para a candidatura de Frota à Presidência da República são uma referência importante. Ele sempre recusa aceitar que estivesse a par desses arranjos ou que tivesse incentivado a formação de um grupo de parlamentares que trabalhava o seu nome. Nega ter tido ambições presidenciais, mas coloca-se como um presidenciável à sua revelia por ser o mais expressivo representante de 1964 na ativa. Fica clara a percepção acerca da subordinação da política aos interesses da "Revolução". O presidente da República deveria ser um "delegado da Revolução", mas acabara se rendendo ao fascínio do poder.

Obviamente, Geisel não tinha a mesma visão. Para o presidente, "meteram na cabeça do Frota que ele é que tinha que salvar o país do comunismo".[6] Ainda segundo Geisel, "o ministro, pela Constituição, é um auxiliar do presidente, é demissível *ad nutum*".[7] O argumento presidencial era que, por dever de disciplina, os generais teriam que obedecer à autoridade maior, o presidente da República, comandante supremo das Forças Armadas. Na visão de Geisel, traição seria justamente o contrário: os generais obedecerem ao seu subordinado e inferior hierárquico, o ministro do Exército.

O momento dramático da demissão, em 1977 — que Frota chama "a farsa de outubro" —, revela a disputa entre as duas concepções: numa, representada por Frota e pela "linha-dura" que o apoiava, o presidente era um "mero delegado da Revolução" e deveria subordinar-se a ela (leia-se: ao pensamento do Exército, representado por seu ministro); na outra, de Geisel e seus aliados, a Revolução já estava em outra fase, de "abertura", e a dinâmica do jogo político, embora permanecesse autoritária em muitos de seus fundamentos — basta lembrar a vigência do AI-5 —, precisava levar em conta a oposição. Na primeira concepção, a disputa política era um mal inaceitável; na segunda, um mal necessário.

Tanto Geisel quanto Frota concordavam, no entanto, num ponto: a hierarquia e a disciplina são os pilares da instituição militar. Restava determinar a quem, no momento crítico, os generais do alto-comando do Exército prestariam obediência e reconheceriam como chefe. Frota foi o perdedor. Em sua visão, quando foi demitido sem que houvesse reação, os ideais da "Revolução" foram renegados.

Aquele foi um momento de decepção e solidão. Diz ter sido abandonado e traído por colegas de muitos anos, agora generais do alto-comando do Exército. Grande parte do livro busca explicar esse acontecimento. Por que ficou só? Por que os generais o abandonaram? Por várias vezes Frota critica os generais que, na sua visão, se renderam ao fascínio do poder e perderam os antigos valores castrenses de honra e dignidade. A política os corrompera ou, no mínimo, esvaecera seus ideais.

---

6. *Ernesto Geisel*, op.cit., p.363.
7. *Ernesto Geisel*, op.cit., p.404.

O livro, é portanto, também uma peça política, de acusação, que tenta atingir aqueles que o traíram.

A leitura deste livro, passadas três décadas dos eventos que narra, dá uma dimensão mais precisa da grave crise político-militar vivida durante o governo Geisel. Sua importância para uma compreensão mais densa da história recente brasileira não só justifica sua publicação como recomenda sua leitura.

NOTA DA EDITORA

Mantivemos no texto as grafias originais do autor, fazendo alterações apenas para fins de padronização, eventual modernização ou correção. Assim, o uso de maiúsculas em determinados termos (tais como: Nação, História, Ministro do Exército) respeita a opção do autor, muitas vezes regida por características do estilo castrense.

Prefácio

A perfeita compreensão das decisões e atitudes de um homem, quando da vivência de acontecimentos relevantes de sua existência, só pode ser alcançada se forem conhecidos sua personalidade, sua experiência de vida e os princípios e valores que norteavam seu proceder, bem como os fatores ambientais e conjunturais da época em que viveu, que influíram sobre aqueles eventos.

Assim, visando a proporcionar ao leitor melhores subsídios para a análise, que certamente fará, dos escritos de meu pai neste livro, procurarei traçar, nestas breves linhas introdutórias, um singelo esboço de seu perfil – mente e alma – e relembrar as principais características do período em que se inserem os fatos neles narrados e comentados.

Falar sobre meu pai é, para mim, ao mesmo tempo, fácil e difícil. Fácil porque, indubitavelmente, nenhum homem o conheceu melhor que eu; difícil porque devo fazê-lo com isenção de ânimo, abstraindo-me da enorme admiração que tenho por seu vulto. Tentarei consegui-lo.

Meu pai nasceu na cidade do Rio de Janeiro, em 26 de agosto de 1910. Cresceu no seio de uma família típica da classe média-pobre da época, cujas dificuldades decorrentes dos parcos recursos financeiros deixaram-lhe marcas nas memórias da infância e na personalidade.

Recebeu formação cristã, numa família extremamente católica, cujos ensinamentos espirituais seguiu por toda a vida.

Cedo demonstrou vocação para a carreira militar, apesar de não haver na família quem a tivesse seguido antes dele. Contavam meus avós que, se perguntado, quando menino, sobre o que desejaria ser quando crescesse, respondia prontamente: "Quero ser general." E o foi, meio século depois.

Pelo que sei, a cobrança por resultados escolares nunca foi muito forte na família. No entanto, meu pai demonstrou desde cedo um gosto desenvolvido pelos estudos, o que lhe proporcionou, preparando-se quase sozinho, o ingresso no Colégio Pedro II, o mais conceituado do país na época, onde logrou concluir o curso secundário.

Desta forma, chegou à Escola Militar do Realengo, onde ingressou no seu Curso Anexo, espécie de curso preliminar, em março de 1928. E, em dezembro de 1932, formou-se oficial do Exército Brasileiro, seu grande sonho de então.

O Exército foi, juntamente com a família, sua grande paixão. A ele dedicou o melhor de si, ao longo de toda sua carreira. Fê-lo por gosto e por considerar esta a maneira correta de proceder. Dizia que a carreira militar era como um sacerdócio, só devendo ser seguida por vocação.

Foi um militar disciplinado e disciplinador. Se, por um lado, preocupava-se em apoiar seus subordinados em suas dificuldades pessoais, familiares ou sociais, por outro era intransigente em questões morais, disciplinares ou de aplicação ao serviço. Esta última característica angariou-lhe a fama de homem severo e "duro", que se difundiu por todo o Exército. Contudo, era ainda mais rigoroso consigo, pois achava que a imagem do chefe tem que servir de exemplo e modelo para seus comandados.

Muitos dos homens que com ele serviram – oficiais e praças – devotavam-lhe grande admiração, respeito e amizade, que continuaram a manifestar, mesmo após seu afastamento do serviço ativo, procurando-o sempre.

Meu pai preferia servir nas unidades de tropa, preferencialmente nas de sua arma, a Cavalaria, ou nos estados-maiores. Fez todos os cursos significativos para sua carreira e ocupou alguns dos cargos mais importantes do Exército, embora nunca tivesse postulado qualquer um deles.

Era naturalmente dotado dos requisitos básicos de uma liderança – era admirado, querido e temido – que com o tempo passou a exercer sobre uma parcela cada vez maior do Exército, sobretudo à medida que este se envolvia nos grandes problemas nacionais e que homens com posições firmes e definidas, como ele, eram requeridos à frente da instituição. Por isso, por sua brilhante carreira, por seu grande e crescente prestígio na tropa e, também, por uma fatalidade, acabou sendo alçado ao mais alto cargo da Força: o de Ministro do Exército. Nele viveu alguns dos acontecimentos mais importantes da vida nacional àquela época, cuja descrição constitui a maior parte deste livro.

No que se refere à nossa família, guardo dele a imagem de um pai carinhoso, atencioso e sempre pronto a nos apoiar em nossas dificuldades, procurando ajudar-nos por meio do diálogo, mais voltado para a orientação do que para a imposição.

Contudo, era rigoroso quando da cobrança da aplicação aos estudos e do cumprimento dos preceitos morais que nos ensinou.

Meu pai era um homem de hábitos simples. Não gostava de viagens, festas e reuniões sociais concorridas. Preferia ir ao cinema ou ao futebol e passear a pé, normalmente pelo Grajaú, bairro em que residiu a maior parte de sua vida.

Seu grande lazer era a leitura. Seus livros prediletos eram os de história, ciência cujo estudo foi outra de suas paixões. Gostava, também, da leitura de alguns filósofos e de escritores clássicos como Victor Hugo, Alexandre Dumas, Paulo Setúbal, Michel Zevaco etc... Podia ler, com alguma facilidade, em espanhol e em francês, mas nada sabia da língua inglesa.

A história, todavia, era a sua grande preferida. Não só a lia como a estudava, escrevendo sínteses dos diversos fatos históricos que pesquisava. De sua considerável biblioteca, que contava com cerca de dois mil volumes quando de sua morte, mais de dois terços eram de livros de história. Provavelmente, do estudo desta ciência adquiriu o costume de registrar os principais acontecimentos que vivia, guardando documentos a eles atinentes, muitos dos quais serviram de subsídios para a redação deste livro.

Dizia que, quando o Exército o dispensasse, iria ser professor de história e de matemática, outra ciência que estudava e dominava bem. A idade, a saúde e a posição em que deixou o Exército, contudo, não lhe permitiram isso.

Meu pai tinha um temperamento extrovertido e era socialmente bastante afável, conquistando com facilidade a simpatia da maioria das pessoas que conhecia. Contudo, seus costumes e conduta pessoal eram bem conservadores, pautando seu comportamento por princípios morais rígidos que, em sua escala de valores, ocupavam o mais elevado grau de importância.

Classificava os homens pela firmeza e beleza de caráter, independentemente de outros atributos que tivessem.

Possuía, no dizer dos que com ele conviveram em diversas situações, uma personalidade forte, não se importando muito com a opinião que outros viessem a ter de seus atos. Preocupava-se somente com a correção dos mesmos, segundo seus princípios.

Considerava o plano espiritual superior ao material e colocava sempre os ideais à frente dos interesses. Admirava os idealistas, mesmo que de posições opostas às suas, e desprezava os interesseiros e oportunistas.

Era um idealista. Orientava sua carreira e sua vida no sentido da realização de seus ideais, desenvolvidos desde jovem e voltados, em sua maioria, para a grandeza do Exército e do Brasil. Sob esse aspecto, identificava-se com a geração de militares deflagradora dos movimentos revolucionários que, de 1922 a 1930, sacudiram o país e cujos ecos continuavam ressoando em todo o Exército quando nele ingressou.

O desprendimento patriótico dos heróis imortalizados no episódio dos Dezoito do Forte de Copacabana emoldurou seus ideais de jovem oficial e influiu sobremaneira em seu comportamento ante as graves questões nacionais que viria a vivenciar. A famosa frase do capitão Siqueira Campos, "À Pátria tudo se deve dar e nada pedir, nem mesmo compreensão", era um de seus paradigmas.

Achava que o pensamento do Exército era um espelho das aspirações de nosso povo e que sua intervenção na vida política do país, quando as grandes causas nacionais encontravam-se ameaçadas por maus governantes, era válida e necessária. Assim, apoiou os movimentos militares de 1930, 1945, 1954 e, por fim, o de 1964. Não aceitava, porém, que os militares se imiscuíssem na política partidária ou que a levassem para dentro dos quartéis.

Seu pensamento político evoluiu através do tempo de acordo com as diversas conjunturas da vida nacional: como tenente foi admirador de Getúlio Vargas, que pensava identificado com os seus ideais e os de sua geração de oficiais; após o Estado Novo, desencantou-se com ele e, em 1945, apoiou sua deposição; quando de seu retorno em 1950, abraçado às esquerdas, começou a aproximar-se dos que se lhe opunham, como Carlos Lacerda; integrou-se à corrente oposicionista aos governos de Juscelino Kubitschek e João Goulart e, quando no deste último viu crescer a ameaça comunista contra as instituições democráticas do país, passou a conspirar e participou do desencadeamento do Movimento Militar de 31 de março de 1964.

No terreno das ideologias políticas era um democrata convicto, embora achasse que a democracia, num país subdesenvolvido como o nosso, eventualmente apresentava certa fragilidade às investidas contra ela perpetradas pelos partidários de doutrinas totalitárias, apoiados por potências estrangeiras. Considerava que, nessas situações, a adoção de medidas extraordinárias, mesmo que ao custo da suspensão temporária de algumas liberdades civis, impunha-se como essencial, até que a ameaça fosse superada.

Sua aversão às doutrinas totalitárias levou-o a ter uma participação ativa contra a atuação comunista no Brasil, mais séria depois da Segunda Guerra Mundial e que coincidiu com a maior parte de sua carreira.

Embora reconhecesse que muitas das bandeiras levantadas pelos marxistas, contra as injustiças sociais principalmente, fossem procedentes, não concordava com as soluções por eles apresentadas. Não aceitava os preceitos básicos da doutrina comunista; contudo, sua maior repulsa era a seus métodos de ação, baseados na assertiva de que "os fins justificam os meios". Achava essa maneira de pensar amoral, crendo que não há fins que justifiquem certos meios.

A lembrança da ação violenta e covarde dos comunistas durante a Intentona de 27 de novembro de 1935, na qual esteve a ponto de ser morto e teve vários colegas assassinados, reforçava-lhe essa rejeição.

Em linhas gerais, essas eram as principais características de sua personalidade, certamente determinantes da maneira como se comportou por ocasião dos acontecimentos narrados neste livro, conforme os interpretou, à luz da situação nacional e mundial então corrente.

A esse respeito, convém aqui recordar, sinteticamente, os fatos mais relevantes que, a partir de 1950, formaram a conjuntura político-ideológica do período abrangido por esta obra.

Uma das vencedoras da guerra na Europa, a União Soviética liderou, nas décadas seguintes, um movimento internacional de expansão do sistema comunista, por meio da subversão das estruturas democráticas de diversas nações do chamado Terceiro Mundo que, convulsionadas pela "guerra revolucionária", começaram a tombar, uma após outra, sob o jugo comunista. Depois de 1949, passou esse empreendimento a contar com significativa ajuda da China Popular, de Mao Tsé-Tung.

Desse modo, entre 1950 e 1980, conquistaram os comunistas quase todo o Sudeste da Ásia, de onde expulsaram os franceses (1954) e os americanos (1975); na África, várias ex-colônias européias, inclusive as portuguesas Angola e Moçambique (1975), foram dominadas pelos marxistas, que apoiaram suas "guerras de libertação"; e, na Europa, onde o eurocomunismo crescia a passos largos, promoveram eles as agitações de 1968 na França e a Revolução dos Cravos (1974) em Portugal.

Na América Latina, que nos interessa mais de perto, depois da tomada de Cuba (1959), intensificaram os comunistas seus movimentos subversivos e ações revolucionárias visando à tomada do poder em outras nações, entre elas o Brasil. Patrocinando diversas organizações clandestinas (ERP, Farc, Sendero Luminoso, Tupamaros etc.), espalhadas por toda a região, levaram a luta armada à maioria de seus países e chegaram ao poder no Chile, com Salvador Allende, em 1970, e na Nicarágua, com os sandinistas, em 1979. As guerrilhas na Bolívia, no Peru, na Colômbia, na Guatemala e em El Salvador são sangrentos exemplos de suas atividades naquele período.

No Brasil, frustrados em suas pretensões pelo Movimento Militar de 31 de março de 1964, várias facções marxistas também recorreram à luta armada, a partir de 1968, utilizando métodos de guerrilha urbana e rural ou de terrorismo, apoiadas do exterior pelo Movimento Comunista Internacional. Suas ações, no entanto, foram contidas pelo sistema de repressão montado pelas Forças Armadas. Concomitantemente, outros militantes marxistas, menos belicosos, efetuaram bem-sucedida infiltração na mídia e em outros setores formadores de opinião, desenvolvendo intensa campanha, no país e no exterior, com o objetivo de forçar o fim da intervenção militar e criar condições para seu retorno ao poder. Foi essa linha de conduta que, com a derrota dos partidários da luta armada, passou a predominar nos últimos anos da década de 1970 em diante.

Naquela época – a era Brejnev, da aparente supremacia militar da poderosa União Soviética – era impossível prever-se, no Brasil, o próximo desmoronamento daquela superpotência e a conseqüente transformação do panorama internacional, que ocorreria no início da década de 1990, produzindo o colapso de quase todos os movimentos comunistas no mundo.

Foi nesse cenário, acima resumidamente descrito, que se passaram os principais eventos relatados nesta obra, envolvendo a participação de meu pai.

Pouco depois do seu afastamento do cargo de Ministro do Exército, passou ele a selecionar documentos, noticiários, anotações e outros subsídios para este livro, que escreveu entre meados de 1978 e de 1980. Nos dois anos que se seguiram, reviu-o e lhe introduziu diversas alterações. Depois disso, raramente voltou a manipulá-lo, colocando-o numa gaveta de sua escrivaninha, onde permaneceu até depois de sua morte. Convém, por isso, alertar o leitor para o fato de que, quando ele utiliza o vocábulo "hoje", está se referindo àqueles anos em que redigiu o texto que a seguir se inicia.

Escreveu-o como um depoimento para a história, de modo a legar aos historiadores do futuro sua contribuição à restauração da verdade sobre os importantes acontecimentos por ele vividos e aqui relatados. Fê-lo de maneira completa e franca, expondo claramente suas razões e idéias, sem outras preocupações ou compromissos que não com a veracidade dos fatos.

Isso se fazia necessário já que a versão deturpada daqueles eventos, divulgada pelos homens do palácio do Planalto e encampada de bom grado pelas esquerdas, dominadoras da maior parte da mídia, ganhava cada vez mais espaço nos periódicos e outros meios de comunicação, disseminando uma grande mentira para a população em geral, naturalmente ignorante da realidade dos fatos, e proporcionando elementos falsos e tendenciosos aos atuais historiadores. A torpe versão dos fatos – ainda hoje propalada – serviu àqueles homens para explicarem seus ignóbeis atos, aos marxistas para denegrirem quem com tanta eficiência os combateu e aos generais participantes da "farsa de outubro" para tentarem justificar perante o Exército sua injustificável atitude.

O título que escolheu para a obra – *Ideais traídos* – reflete sua convicção de que os ideais que ele e várias gerações de militares agasalharam em seus corações e mentes, desde 1922, ao longo de algumas décadas e a despeito de diversas frustrações, tiveram sua melhor oportunidade de concretizar-se com a Revolução de 31 de março de 1964. Contudo, foram traídos por um grupo encastoado no poder desde março de 1974, de falsos revolucionários e aproveitadores, que, tendo recebido delegação daqueles verdadeiros idealistas para realizá-los, seguiu em caminho oposto ao esperado, destruindo a Revolução e enterrando com ela todas as perspectivas e esperanças de atingir-se, num tempo aceitável, aqueles ideais que visavam a arrancar o Brasil do subdesenvolvimento e alçá-lo a uma posição de relevo no mundo, mercê de suas enormes potencialidades.

Após deixar o cargo de ministro, limitava-se a comentar os acontecimentos aqui narrados somente com as pessoas amigas que, conhecendo-o bem, sabiam da veracidade de seus relatos. Quanto às críticas e comentários adversos às suas atitudes, que freqüentemente surgiam na mídia, pouca ou nenhuma importância parecia lhes dar. Nunca demonstrou qualquer arrependimento de suas ações e decisões por ocasião daqueles eventos e, ao que tudo indicava, estava em paz com a sua consciência. Tinha a satisfação do dever cumprido para com o Brasil e, como um seu herói do passado, não pedia nenhum reconhecimento, nem mesmo compreensão.

À medida que o governo Figueiredo afundava, arrastando consigo a memória da Revolução de 31 de março e propiciando a seus detratores os meios de denegri-la, passou a alhear-se dos assuntos políticos nacionais, afastando-se definitivamente da vida pública.

Ao morrer, em 23 de outubro de 1996, deixou, com os que conheciam a existência desta obra, uma interrogação por responder: por que não a publicou em vida?

A resposta a tal questão encontra-se nas peculiaridades de seu caráter.

Amante da história, sabia da importância para esta da revelação da verdade sobre os acontecimentos que vivera. Devotado ao Exército, sabia das conseqüências negativas para a instituição da divulgação daqueles eventos, sobretudo da atitude de muitos de seus mais altos chefes de então. Como ex-comandante do Exército, não queria concorrer para que a imagem do chefe militar fosse maculada perante a sua Força.

Aqueles acontecimentos, principalmente os de outubro de 1977, constituíam-se, no seu dizer, numa negra página da história do Exército Brasileiro, e por isso seu espírito de soldado, dedicado à instituição, relutava em explicitá-los ao público, mormente àqueles que deles se aproveitariam para atacá-la.

Dessa forma, pensando basicamente em preservar o seu Exército, mesmo que com o sacrifício da verdade histórica e, com ela, de sua reputação pessoal, protelou a publicação do livro para uma ocasião que nunca chegou, até a sua morte.

Contudo, apesar de todo seu zelo pela imagem do Exército, este, como instituição, representada por seus chefes, jamais o defendeu. Desconheço qualquer manifestação, oficial ou oficiosa, ainda que de âmbito interno, de desagravo à sua pessoa, de reposição da verdade ou, mesmo, de reconhecimento da sua enorme contribuição para a grandeza da Força.

Por isso, tendo herdado seus escritos, após deixar o serviço ativo da Marinha, como contra-almirante, em 2002, tomei a decisão – exclusivamente minha – de publicá-los, como um legado seu para a história, que reputo de grande valor, e para que se faça justiça à memória de um homem bom, puro e honrado, que foi um dos mais autênticos e corajosos patriotas de nosso país e um dos mais dignos e brilhantes soldados da história do Exército Brasileiro.

LUIZ PRAGANA DA FROTA[1]
Rio de Janeiro, julho de 2005

AGRADECIMENTO

Ao capitão Leonesio de Almeida Carvalho, que ao longo de vários anos foi auxiliar direto e de inteira confiança do general Sylvio Frota, por sua lealdade e dedicação a seu antigo chefe, comparecendo durante mais de dois anos à sua residência, semanalmente, para datilografar o texto deste livro, graciosamente, numa rara demonstração de amizade e coragem moral de externá-la, condizente com seu belo caráter, que ele sempre apreciou.

L.P.F.
de acordo com vontade
expressa pelo autor em vida

---

1. Comentários a respeito desta obra podem ser encaminhados para a caixa postal 33200 - Rio de Janeiro, RJ, CEP 22440-970 ou para o e-mail frotaluiz@yahoo.com.br.

PARTE I

Do idealismo de Realengo ao pragmatismo de Brasília

CAPÍTULO 1

Revoluções, políticos e militares

É regra intangível nas narrativas históricas que os acontecimentos sejam apresentados com máxima fidelidade e apreciados de acordo com o espírito de sua época, no quadro dos valores que ali prevaleciam. Todavia, embora obedecidas estas precauções, não se formam sobre eles conceitos unânimes, visto que ficam pendentes, ainda, da subjetividade dos julgamentos e dos padrões morais e posições adotadas pelos julgadores. Uns embelezados pela fantasia – amiga inseparável da tradição oral –, outros deformados pela conveniência ou má-fé dos que os relatam, trazem-nos, muitas vezes, do passado visões irreais, mostrando-nos o profano como sacro e, como branco, aquilo que nem sempre foi claro.

Dois desses juízos, ao menos, encarados de modo geral, raramente são coincidentes – o contemporâneo e o da posteridade. O primeiro ressente-se do hodierno ambiente emocional em que é feito, saturado de ódios ou de simpatias; quanto ao segundo, afastado no tempo, é fruto de uma honesta dissecação do acontecimento, cujos fatores causais e decorrências são aquilatados com isenção de ânimo.

Reconhecendo essa circunstância e temendo que as versões oficiais deturpadas, ou oficiosas falsas, dos acontecimentos possam confundir coevos e ludibriar pósteros em seus julgamentos, decidi reunir num livro fatos substanciais de minha passagem pelos diferentes escalões do Exército, iluminando cenas de umbrosos gabinetes, apontando os gigantes de pés de barro, revelando idealistas do mercenarismo e desmascarando democratas da esquerda marxista para que a posteridade os julgue e defina este esdrúxulo período de nossa História.

Dos eventos, que pretendo descrever, os mais remotos vêm da década de 1920, na qual teve início o ciclo de revoluções que espocaram com o movimento idealista de 1922 e cascatearam pelos anos subseqüentes, até 1964, em busca de uma situação de equilíbrio sócio-político-econômico que julgo ainda não tenham encontrado. Os mais recentes borbulham, ainda, na conjuntura nacional presente.

Em minha carreira militar vivi numerosos acontecimentos, assistindo pessoalmente a muitos e participando de diversos outros, não raro, em posição privilegiada. Narrá-los todos, sem exceção, a despeito da importância que possam ter, além de fastidioso, colocar-me-ia sob suspeita de egocentrista, o que, com justiça, jamais fui.

Preferi, portanto, abordar apenas aqueles que, do meu ponto de vista, permitissem bem delinear e interpretar a evolução do pensamento militar do Exército, através de tormentosas fases da vida nacional, neste século de mutações sociais e instabilidade política. Eventos que facilitassem perceber por que esse pensamento foi mantido em sua pureza original pelos militares de vocação, deformado pelos carreiristas congênitos, sempre fascinados pelos interesses pessoais, e abandonado por homens da cúpula castrense que, vítimas de estrabismo moral, confundiram a nossa sublime idéia-força de "Servir à Pátria" com a aviltante – mas vantajosa – subserviência aos homens poderosos.

Nos noventa e um anos de nossa vida republicana, anotam-se cerca de trinta ou mais revoluções, revoltas e golpes militares – desprezando-se as inacabadas e inconseqüentes conspiratas – numa demonstração irreplicável de imaturidade política e incapacidade administrativa que deixaram campear a ignorância e as enfermidades e pulular oligarcas régulos – nacionais e provincianos – responsáveis por tantos males causados à Nação.

Não poderá, por conseguinte, um militar, que percorre esta senda de agitações há mais de setenta anos, descrever fatos dos quais se recorde sem aludir a revoluções, políticos e militares, porquanto tirará de suas descrições os elementos que lhes dão o sabor da realidade.

Tomei, por isso, como premissa indispensável, a resolução de conceituar estes três termos, tecendo algumas considerações que assegurem a compreensão da maneira com que encaro e ajuízo os acontecimentos. É um parâmetro de correlação que procuro estabelecer entre o autor e o leitor, entre a intenção e o entendimento.

As revoluções – consideradas em sua acepção tradicional de violentas perturbações que modificam uma filosofia de vida, substituindo governos e regimes – têm o seu epicentro na questão social.

As verdadeiras revoluções, ensina o historiógrafo Albert Mathiez, nascem "da separação cada vez maior entre a realidade e a lei, entre as instituições e os costumes, entre a letra e o espírito".[1] Resultam, pois, do perfeito divórcio entre o cidadão e a estrutura que o agrilhoa, entre o homem que obedece e aquele que reina. Elas têm o seu sêmen na mente, germinam pela palavra, porém só se concretizam e frutificam ao tempo em que recebem o auxílio da força. Desde as suaves pregações do pescador da Galiléia até o crudelíssimo assassínio da família imperial russa, em 1918, a História vem homologando esta tese. E... continua a confirmá-la.

Sobre a tríade basilar das revoluções – idéia, doutrinação, deflagração – assentam-se os esforços dos revolucionários, isto é, dos homens que querem mudar.

A idéia é um misto de fé e de esperança; de fé por ser a crença arraigada em algo que se deseja, e de esperança que nada mais é do que a fé no futuro. Ela relampeja no cérebro dos idealistas e dos grandes reformadores – dos quais Jesus Cristo é a figura magna da humanidade – antes de baixar e estender-se aos homens comuns.

A doutrinação – uma catequese sem o mito de religiosidade – busca criar nas populações um estado de espírito favorável à idéia, saturando-lhes o ânimo de entusiasmo para a luta de transformação. Incumbem-se dela os adeptos, apóstolos e seus seguidores. Pode durar anos, até séculos, para efetivar-se em fatos. Sobre a Revolução Francesa diz o autor já citado: "Foi preparada durante um século ou mais."

A deflagração, o terceiro elemento da trindade, é o incêndio que inicia a luta pela implantação da idéia, provocado com freqüência por centelha fortuita. Impregnada pela violência, recebe sempre o auxílio da força, tumultuária das turbas em desatino – ou organizada dos contingentes militares. É a fase decisiva das revoluções. Conseqüentemente, não há revolução sem uma idéia que lhe ilumine os promissores caminhos, sem persuasão que fortaleça as convicções dos fracos e conquiste os incrédulos, e, finalmente, sem uma força que arrase as adversas e persistentes resistências que se obstinam em impedir a materialização da idéia.

E como se comportam militares e políticos neste panorama?

O militar, quando aceita e adota uma idéia revolucionária, dá-lhe automaticamente possibilidades, conquanto remotas, do auxílio da força, porque dela ele é uma parte. As sérias dificuldades que enfrenta, o grande hiato com que se depara é o aliciamento pela doutrinação, visto que, tolhido por rigorosas normas disciplinares, está virtualmente proibido de realizá-lo, pelo menos, ostensivamente. Em virtude deste óbice, filia-se espiritualmente a correntes de pensamento político propagadoras das mesmas idéias que esposou e preconiza.

Entretanto, a perspectiva do problema, vista do campo político, é outra. O político, se encampa a idéia e domina por condições intrínsecas a doutrinação,

1. *História da Revolução Francesa*, v.1. São Paulo: Cultura Brasileira, p.7.

falta-lhe, contudo, a força por que provoque ou assegure a deflagração. Vai buscá-la, vai catá-la, por conseguinte, no meio militar.

Há nessa dinâmica uma imperativa exigência do entrosamento de atividades em prol de uma mesma causa.

Assim, nesta fase de confabulação conspirativa, hábeis políticos, valendo-se dos meios de comunicação, bem como de prosélitos, difundem nos quartéis argumentos que robustecem convicções latentes e angariam novos partidários.

A existência desse método de atração está, entre nós, historicamente comprovado por Oliveira Vianna, na asserção que faz num dos seus livros ao estudar o papel do elemento militar na queda do Império.[2]

Diz ele claramente que os políticos fazem irromper sempre "das portas ameiadas dos quartéis ... um bando de ovelhas ou uma alcatéia de feras", de acordo com seus interesses, explorando o idealismo dos militares.

Tal conotação do grande historiador, todavia, não é muito lisonjeira ao militar, visto que o coloca na posição de sugestionável e ingênuo em face das manobras políticas.

Estas surtidas sobre a caserna, em qualquer tempo perniciosas, podem criar dissensões, se correntes políticas adversárias levam-nas a efeito com êxito.

Explico esse pacto, que tem ocorrido em situações difíceis e penosas para a Nação brasileira, como uma coincidência de finalidade e propósito que os obriga, consciente e transitoriamente, a lutarem unidos por um objetivo comum, cuja conquista, para o militar, será a satisfação de um ideal e, para o político, a investidura em ambicionados cargos do poder.

No entanto, as sinuosas veredas desta interferência lançam, inevitavelmente, os militares nas lutas de facções que conspurcam os arraiais do partidarismo político, expondo-os a críticas e comentários de subordinados que, se não chegam a desmoralizá-los como chefes, desprestigiam-nos como líderes.

Estes aspectos da participação do militar na política, não raro apreciados superficialmente, têm dado origem a equívocos e certos conceitos que, pouco contestados, generalizam-se, tomando foros de axiomas. Devem por isso ser desfeitos, porquanto, além de levianos, são injustos.

Um destes juízos, talvez o mais divulgado por gregos e troianos, diz que o militar não deve e não pode tomar parte na política, imprimindo-se na frase um sentido imperativo de alienação, o que, a rigor, é uma manifestação segregativa.

A aceitarmos esta concepção, que rejeito por ilógica e discriminatória, teríamos que encafuar o militar no quartel, privá-lo de qualquer contato político, vedar-lhe informações sobre a conjuntura nacional, aliená-lo da vida pública, enfim, transformá-lo num autômato.

---

2. *O occaso do Império*. 2ª ed. São Paulo: Melhoramentos, 1933, p.131-2.

Ora, se a política, em sua sadia compreensão, é o "estudo da organização social ideal",[3] não se pode negar ao cidadão o direito de acompanhá-la, censurá-la ou aplaudi-la, nas suas "tentativas de coordenar o real à luz do ideal".

É este um direito que se estende ao militar – também integrante da sociedade – para que ele possa bem discernir, de conformidade com a sua consciência, as decisões a tomar.

O que realmente seria salutar ao Exército quanto às relações dos militares com a política é que nenhum deles – do soldado ao general – devesse imiscuir-se na política partidária e penetrar na área da politicagem, em que os processos de êxito estão vinculados a acomodações e conchavos, desusados no ambiente castrense por avessos à nossa formação. Lamentavelmente, quando isso ocorre, obliteram os puros postulados do idealismo para aconchegarem-se aos garantidos e mercenários proveitos do pragmatismo.

Como proceder, então, o militar que por dever e consciência não pode ser um desterrado da política, ao passo que rigores regulamentares, praticamente, obrigam-no a isto?

O militar, de modo geral, agirá em dois compartimentos. Individualmente, seu ponto de vista político será expresso pelo direito ao sufrágio, que lhe assegura a lei democrática. Entretanto, a sua opinião, o seu pensamento far-se-á sentir, ainda, nas manifestações de caráter coletivo de sua organização militar, concorrendo de modo resoluto para marcar o parecer da corporação, voto este que, tenha ou não tenha o respaldo da lei, terá sempre o suporte da força. Ele corresponde a uma componente – das centenas existentes – de um sistema de forças, cuja resultante é o pensamento do Exército.

Todavia, os altos chefes militares, em particular os generais do mais elevado posto, desfrutam outra paisagem. Ocupam cargos que os entrosam no meio político, ficando assim a par da evolução dos acontecimentos e da orientação administrativa na cúpula do país. Mas tais posições não justificam que ingressem na política partidária.

Apesar disso, sob o prisma militar, se verdadeiros comandantes, eles têm a imposição moral de auscultar o pensamento de seus subordinados, visando a bem conhecê-lo e a aquilatar a sua penetração na instituição.

Podem defrontar-se nestas situações com duas correntes de opinião – a do governo e a do Exército – sobre as quais precisam definir-se. Se ambas coincidem o governo está naturalmente fortalecido; se divergem, é indispensável procurar um denominador comum para ajustá-las. Contudo, se colidem em flagrante choque, uma – a oficial – traçada no propósito de perpetuação das oligarquias no poder,

3. Will Durant. *História da filosofia*. 11ª ed. São Paulo: Companhia Editora Nacional, 1962, p.17-8.

ameaçando conduzir o país a perigosos destinos, inconciliáveis com a filosofia de vida de seu povo, e a outra – a que traduz o pensamento do Exército – objetivando arrancar a Nação dum secular marasmo, em que a ignorância e as enfermidades – por irresponsabilidade e incapacidade de maus governantes – lançaram-na, o chefe militar terá, impreterivelmente, que fazer sua opção:

- Ou abraça o grupo dominante, por motivos ditos de consciência e de disciplina, ainda que outros tenha em seu íntimo, repelindo as teses e idéias cujos propugnadores procura escarmentar e o sentido desvirtuar, cindindo a instituição;
- ou identifica-se, patrioticamente, com o pensamento do Exército – que é o do povo – numa demonstração de integral solidariedade e espírito de classe, nobres sentimentos amalgamadores de nossa Força.

Encaro, desta maneira, a conduta dos chefes militares na política, não excluindo deles o próprio ministro que, embora ocupe cargo funcionalmente político, sendo militar, não perde suas características castrenses. Ele é o traço de ligação entre a instituição e o presidente, cabendo-lhe a árdua tarefa de, como comandante superior do Exército, expor ao chefe do governo, sempre que for necessário, o pensamento da Força militar que dirige.

Um ministro militar é, do meu ponto de vista, primordialmente, o representante e defensor de sua Força junto ao presidente e, secundariamente, um delegado deste na sua instituição.

Em última análise, quando no confronto de opiniões os obstáculos tornam-se instransponíveis e a conciliação impossível, impõe-se ao titular da pasta solidarizar-se com o pensamento de sua Força.

Caso não o faça, arrisca-se a ser considerado, no linguajar severo da nossa caserna, "sargenteante de estrelas" ou, talvez, "lacaio eminente" – na eufêmica linguagem que André Maurois emprega para definir subservientes ministros de Luís XIV.[4]

O pensamento político do militar é complexo visto que, além de receber a influência da subjetividade normal às reflexões, emana de uma personalidade moldada por condicionantes peculiares a uma formação disciplinar rígida e de mando imperativo. A idéia central, em torno da qual se desenvolve, é logicamente política, embora possa ter sido gerada por outras causas.

Sem fugir ao tema a que me propus, quero urdir algumas apreciações sobre esse pensamento, assunto por demais interessante para ser negado à análise dos que desejam acompanhar a evolução do pensamento militar do Exército e a nossa ingerência nas revoluções.

---

4. *História da França*. São Paulo: Companhia Editora Nacional,1950, p.213.

O ilustre e diligente historiador Edgard Carone, em seu excelente livro *Revoluções do Brasil contemporâneo*, ao tratar do fenômeno do "tenentismo", acha paradoxal que um estabelecimento de ensino de caráter eminentemente técnico, como a Escola Militar do Realengo, "visando a formação de oficiais exclusivamente militares com disciplina e respeito pela ordem constituída ... sob orientação de técnicos que procuravam orientar o Exército para fora da política", formasse uma geração de revolucionários.[5]

É uma tese que desejo questionar.

A Escola Militar do Realengo, ao contrário de sua antecessora da Praia Vermelha, em cujo programa didático tinham acentuado destaque as ciências humanas, dando, assim, margem a cogitações políticas e filosóficas, distribuía em seu curso somente materiais de interesse direto à profissão e, portanto, à arte da guerra. Não permitia que, sob qualquer pretexto, nele se ventilassem idéias políticas. O culto da Pátria e a veneração a seus símbolos eram a razão primeira de seus ensinamentos.

O Exército, que ali preparara seus futuros chefes, afigurava-se-nos como um sólido pilar dessa Pátria, intérprete e defensor – por tradição e identidade – dos direitos e aspirações de seu povo. Seus chefes, a farda, os estandartes das corporações e tudo que o evocasse mereciam da nossa parte o mais profundo respeito.

Nesta mística, fortalecida pela disciplina e hierarquia, enraizou-se-nos a convicção de que o engrandecimento e a unidade da Pátria alicerçavam-se num Exército forte e prestigiado pela Nação. Resguardá-lo era o primeiro dever, porque qualquer golpe que atingisse sua estrutura e seus princípios, por uma reação em cadeia, atingiria, inexoravelmente, a Pátria.

Os jovens que por sincera vocação escolheram a carreira militar, almejando a felicidade de seu povo numa grande Pátria, sentiam-se confortados em seguir uma profissão cujos nobres objetivos coincidiam com os seus e, por isso, julgavam-se também responsáveis por sua conquista e preservação. A Escola Militar do Realengo plasmou-os soldados profissionais sem afetar as convicções político-sociais que por acaso trouxessem do meio em que viviam, e ainda, sem incutir-lhes idéias que pudessem levá-los a contestações e rebeldias.

Não se pode atribuir, por conseguinte, à sua formação, tais pendores revolucionários.

O que de fato parece ter influído, de modo marcante, no procedimento político daquelas gerações militares foi a sua origem socioeconômica, condição que julgo pacífica para explicar suas atitudes após o ingresso no oficialato.

Edgard Carone, com a perspicácia habitual, já a realça no seu livro citado e os estrangeiros – estudiosos do problema da interferência dos militares na

5. Edgard Carone, *Revoluções do Brasil contemporâneo*. 2ª ed. São Paulo: Difel, 1975, p.38.

política, na América Latina – entre os quais cito José Num e John J. Johnson, consideram-na central para o exame da questão. O assunto, por sua excepcional importância, atraiu também a atenção de José Luiz de Imaz em trabalho sobre oficiais-generais da Argentina e a de Javier Romero ao tratar de uma turma de cadetes mexicanos.[6]

No Brasil, após a proclamação da República e, em particular, nas primeiras décadas do século XX, a carreira das Armas começou a cativar a preferência da classe média, predileção que se acentuou no Exército com a criação da Escola Militar do Realengo. No qüinqüênio de 1962 a 1966, alcançou a elevada percentagem de 78% do efetivo da Academia Militar das Agulhas Negras.

A inter-relação entre as origens dos oficiais e o seu comportamento político vem dando ensejo a interessantes estudos, infelizmente realizados sobre parcos dados que não permitem apreciações definitivas. Entretanto, já não se pode repelir a importância da penetração das idéias de suas classes no campo militar e seus reflexos nas decisões tomadas, principalmente, se sustentadas por numerosas vozes.

Acontece ser o Exército Brasileiro, que não apresenta nenhum ranço de castas, a mais lídima representação do nosso povo, dado que nele se aglutinam homens de todos os rincões, sejam quais forem suas procedências, sem distinções de classes sociais, de grupos étnicos ou de religiões. Seu espírito de luta é o da gente brasileira, caldeado no choque com a agressividade aborígene e no combate ao adventício, mas, sempre e incondicionalmente, voltado para a defesa da terra natal e dos interesses pertinentes à Nação.

Seu pensamento e sentimentos expressam, assim, valores médios do nosso povo.

A Escola Militar, cujo recrutamento processa-se em idênticas bases, por isso, constitui uma amostragem, sob todos aspectos, do Exército Brasileiro.

A partir daquela época, a convergência de consideráveis contingentes da mocidade de classe média para esse estabelecimento de ensino, a par do seu entusiasmo pela profissão e vibrante patriotismo, foi impregnando gradativamente o Exército de uma mentalidade renovadora, em cujas aspirações de vanguarda estava a solução dos causticantes problemas que abrasavam a Nação, sentidos com intensidade nas áreas sociais de que provinham os novos cadetes. Vinham dos mais longínquos lugarejos, de centros rurais e urbanos, debuxando a mesma melancólica paisagem do Brasil.

Declarados aspirantes – como oficiais –, comprovaram pessoalmente as lastimáveis condições de vida, vizinhas da penúria, de seus cabos e soldados, e as dificuldades quase insuperáveis de seus sargentos para viverem com decência e dignidade. Esse

6. Alfred Stepan. *Os militares na política*. Rio de Janeiro: Artenova, 1975, p.27-8.

quadro de agruras, a solidariedade humana e a simpatia da classe deram pujança àquela mentalidade e confirmaram a sua imprescindibilidade.

As oligarquias dominantes, rebaixando o país ao nível colonial, o coronelismo humilhando as populações pobres, as eleições, realizadas sob pressões governamentais, depurando adversários vencedores nas urnas, o controle da imprensa e das informações, as restrições dos direitos individuais, as injustiças sociais e as nebulosas perspectivas de uma crise econômica clamavam por uma mudança imediata das estruturas vigentes.

O Exército teria de interferir para salvar a Nação da catástrofe que se avizinhava.

Era este, exatamente, o pensamento de uma pequena elite militar que o expressou, em 10 de outubro de 1913, no primeiro número da revista *A Defesa Nacional*, que dirigia:

> Se nos grandes povos, inteiramente constituídos, a missão do Exército não sae geralmente do quadro das suas funções puramente militares, nas nacionalidades nascentes como a nossa, em que os elementos mais variados se fundem apressadamente para a formação de um povo – o Exército – única força verdadeiramente organizada no seio de uma tumultuosa massa efervescente – vai às vezes um pouco além dos seus deveres profissionais para tornar-se, em dados momentos, um factor decisivo de transformação política ou de estabilização social.
>
> A nossa pequena história, bem como a de outros povos sul-americanos, está cheia de exemplos demonstrativos dessa afirmação.
>
> É debalde que os espíritos liberaes, numa justificada ânsia de futurismo, se insurgem contra as intervenções militares na evolução social dos povos: é um facto histórico que as sociedades nascentes têm necessidade dos elementos militares para assistirem à sua formação e desenvolvimento, e que só num grão já elevado de civilização ellas conseguem emancipar-se da tutella da força, que assim se recolhe e se limita à sua verdadeira função.
>
> Sem desejar, pois, de fórma alguma, a incursão injustificada dos elementos militares nos negócios internos do paiz, o Exército precisa entretanto estar apparelhado para a sua função conservadora e estabilizante dos elementos sociais em marcha – e preparado para corrigir as perturbações internas, tão comuns à vida tumultuária das sociedades que se formam.[7]

Os militares, que deram início ao ciclo revolucionário de 1922, foram impulsionados à reação predominantemente por fatores de ordem social, mesmo que outros possam ter interferido. Não tinham ainda uma compreensão exata da dinâmica das revoluções e do papel que nelas representa o elemento político. Idea-

7. Grupo fundador da revista: Estevão Leitão de Carvalho, Mario Clementino de Carvalho, Joaquim de Souza Reis, Bertholdo Klinger, Francisco de Paula Cidade, Brasilio Taborda, Epaminondas de Lima e Silva, Cesar Augusto Parga Rodrigues, Euclides Figueiredo, José Pompeo Cavalcanti de Albuquerque, Jorge Pinheiro e Azambuja Villa Nova.

listas, não ambicionavam o poder, mas sim a substituição do governo, visando às reformas desejadas. Tentaram a revolução numa conspiração apenas militar, sem que o próprio Exército, como um todo, tivesse consciência das idéias por que se batiam. A experiência fracassou, porém deixou na História um marcante e convidativo rastro.

A Escola Militar do Realengo não formou gerações revolucionárias, no entanto deu-lhes o segredo de manipular a força, instrumento sem o qual não se fazem as verdadeiras revoluções. A juventude, que as constituiu, vinha de seus lares ferreteada, como se criminosa fosse, pela injustiça social, trazendo embutida n'alma a reação latente contra uma conjuntura iníqua cada vez mais grave. O acesso ao poder das armas, ao correr do tempo, trouxe-lhe todavia a esperança de mudá-la. Apelou, então, para a força – argumento primeiro de toda mocidade reprimida – e fundiu as reações numa revolução.

Os belicosos e idealistas oficiais que a empregaram, embora sem êxito, em 1922, abriram gloriosamente uma era de lutas esperançosas pelo desejado equilíbrio sócio-político-econômico a que já aludi no início deste capítulo. Eles despertaram – numa fria manhã de julho daquele ano – com o troar de seus canhões a Nação brasileira, iluminando-lhe o caminho da ressurreição liberal democrata com os clarões de suas granadas.

CAPÍTULO 2

No sopé da carreira

Realengo, uma longínqua localidade dos subúrbios do Rio de Janeiro foi, em 1911, a região escolhida pelo Governo Federal para sede do estabelecimento de ensino castrense que passaria à História como a Escola Militar do Realengo.

Substituindo a famosa Escola da Praia Vermelha, dos imperiais tempos, cujas orientações didáticas, a par de ensinamentos técnicos, assentava-se predominantemente no trato e divagações sobre as aristotélicas ciências teóricas, formando, assim, antes cidadãos-soldados do que rígidos soldados profissionais, a nova Escola surgia como a vanguardeira de uma mentalidade essencialmente técnica, visando a formar militares disciplinados e capazes, cônscios de seus deveres para com a Nação.

As gerações que a cursaram nasceram republicanas. Vinham vibrantes do sentimento liberal-democrático que estrugira da queda do Império e traziam a consciência dos difíceis problemas da classe média à qual, em massa, pertenciam. As lides da caserna robusteceram-lhes o físico e a pregação cívica moldou-lhes as qualidades em virtudes militares.

A vida escolar em comum gerou a fraternidade e o amor à carreira o espírito de classe, estimulados e fortalecidos por belicosos brios.

A mocidade que ali acorreu, estuante de força e entusiasmo, em busca de uma bandeira por que lutar, recebeu do Exército, mais do que isto – a mística da grandeza da Pátria – sempre lembrada na presença constante do auriverde pavilhão.

A epopéia dos Dezoito do Forte deu a esse idealismo os matizes romanescos que, empolgando e sensibilizando a Nação, consolidaram-no nas hostes militares.

A avançada do heróico grupo pela praia de Copacabana até o sacrifício, tendo à frente um dos mais puros idealistas de todas as revoluções brasileiras, tenente Antonio Siqueira Campos – o Titã Redivivo – no feliz definir de brilhante poetisa da época,[1] mostrou que os homens superiores lutam e morrem por seus ideais, na defesa dos valores morais que adotam e com asco das teses materialistas que repelem.

Esta mensagem foi entendida pela juventude militar, que assinalou no exemplo os rumos a seguir.

Em março de 1928, quando transpus os portões do hoje vetusto casarão do Realengo para sagrar-me soldado – o que fui por toda a vida –, o idealismo era o pensamento militar dominante nos quartéis e servir à Pátria a sua idéia-força.

Encetei ali a longa caminhada de meio século pelos domínios do Exército, perlustrando estradas de penoso trânsito, rompendo nevoeiros de adversidades e usufruindo da euforia de radiosos dias – fases normais em todas as profissões – convencido, conscientemente, de que as nossas gerações, as daqueles tempos, estavam fadadas ao engrandecimento do Brasil.

Em Realengo as atividades escolares transcorriam em intenso e acelerado ritmo, do toque de alvorada ao de silêncio. O regulamento que as regia, rigorosíssimo, era aplicado com severidade, porém, com justiça. Neste ambiente de aulas e exercícios militares labutávamos nós os cadetes no afã de nosso preparo profissional, quando em outubro de 1930 começaram a chegar as primeiras notícias anunciadoras da Revolução.

Os cadetes, desde os primeiros momentos, entusiasmaram-se com o movimento revolucionário. As legiões, que marchavam do Norte e do Sul, traziam bem aceso o facho de 1922. Ressurgia o espírito idealista de Siqueira Campos a galvanizar todos aqueles que ambicionavam melhores destinos para a Nação brasileira.

Nesta expectativa, nervos tensos na insegurança do desconhecido, na manhã de 24 de outubro sobrevoou Realengo um avião militar, panejando ao vento uma flâmula vermelha. Lançou boletins revolucionários em nossos pátios internos, anunciando ter a Vila Militar aderido à Revolução.

Foi recebido com estridentes aplausos – a Escola Militar do Realengo rebelara-se.

A Revolução de 1930 era esperada com ansiedade, visto que trazia em seu bojo promessas de reformas sociais e políticas capazes de emancipar o povo das pressões oligárquicas que o asfixiavam. A causa que se fizera santa, ungida com o sangue vertido nas areias de Copacabana, não morrera; tornara-se no imanente ideal de todos os brasileiros patriotas. Era a causa do Povo e, por isso, também a do Exército.

1. Adalgisa Coelho Lisboa.

Prossegui normalmente no meu curso. Em 1931, ingressei, por escolha, na Cavalaria, a grande Arma dos espaços vazios, vanguardeira dos exércitos vitoriosos. Em dezembro de 1932, fui declarado aspirante a oficial.

Nos dois últimos anos de Realengo, três acontecimentos merecem realce, na seleção que adotei.

Ocorreram em ocasiões distintas e lugares diferentes; suas causas aparentes foram dessemelhantes, entretanto, em todos três a solidariedade castrense, o espírito de classe – demonstrando a unidade do pensamento – fizeram-se sentir de irrefutável maneira.

Descreve-los-ei em síntese, porquanto o que desejo ressaltar é a incrustação desses sentimentos na personalidade do militar e não as minúcias dos eventos.

Ao término do ano letivo de 1931, ou talvez no início do seguinte – não consegui precisar –, um cadete da Arma de Artilharia cometeu transgressão disciplinar grave que, no julgamento de seus chefes, era punida com desligamento da Escola e apresentação à tropa, como soldado. Os fatos não estavam bem esclarecidos – o cadete os negava e as imputações em bases circunstanciais não convenciam.

Muitos de seus companheiros de Arma intercederam junto aos oficiais, sem obter um resultado favorável. A insistência nesse propósito agravou a situação, já configurada pelos alunos uma injustiça. Mantida a ordem de desligamento, alguns colegas e amigos do cadete desligado apresentaram-se, solidários com ele, para sofrer a mesma pena. O caso empolgou o Corpo de Cadetes e todos ansiavam por solução comedida e branda.

Comandava naquele ano a Escola Militar, como coronel, o inesquecível marechal José Pessoa Cavalcanti de Albuquerque, chefe que desejava ver em cada cadete um Bayard, isto é, um homem "Sans peur et sans reproche".[2] Cultor dos princípios morais, declarava sonhar com uma Escola que não precisaria ter muros, pois a ordem de não transpor os seus limites seria a contenção moral suficiente. Grande brasileiro, inolvidável líder, idealizador de realizações ciclópicas, o coronel José Pessoa indignou-se com o apoio dado ao aluno acusado e, sentindo medrar a indisciplina, determinou se estendesse o desligamento aos alunos solidários.

Deu-se, então, um espetáculo grandioso, censurável do ponto de vista disciplinar, mas, inegavelmente, soberbo quando se pensa na coesão de uma classe: todos os cadetes, tranqüilamente, sem gritos de histérica euforia nem semblantes de falsa tristeza, por dever de consciência, formaram para o desligamento.

---

2. Referência a Pierre Terrail (1476-1524), senhor de Bayard, herói da História da França, conhecido como o cavaleiro "sem medo e sem mácula" por sua nobreza de caráter e por suas virtudes militares, que o tornaram um modelo quase legendário de conduta e ética militares para inúmeras nações. (N.R.)

O bom senso, no entanto, conteve os ímpetos da prepotência e o aluno, pomo da discórdia, foi perdoado, voltando a Escola à normalidade.

Os cadetes de Realengo, naquele distante dia, pelo estoicismo e grandeza d'alma, mereceram ostentar a legenda de Bayard e, pela solidariedade fraterna, tornaram sua a romântica divisa criada por Dumas: "Um por todos e todos por um."

O segundo desses acontecimentos – o empastelamento do jornal *Diário Carioca* por militares – foi uma fase da luta travada entre as correntes que encarnavam o pensamento revolucionário de 1922, já, então, estendido a todo o Exército, e as facções que tentavam restaurar as oligarquias, acompanhadas de seus métodos e comportamentos condenáveis.

Em geral, no Brasil, os jornais não se mantêm em posição de independência política, informando ao público com imparcialidade sobre os acontecimentos. Os jornalistas, filiando-se a linhas políticas governistas ou da oposição, desprezam notícias desfavoráveis às suas teses, enquanto divulgam com exagerado destaque aquelas que as beneficiam no consenso nacional, tudo conforme o setor em que politicamente se colocam. Em vista disso, por ser a imprensa responsável pela orientação da opinião pública, forma-se em relação a muitos episódios um falso conceito sobre o que na realidade ocorreu.

Criam-se deste modo verdadeiros estereótipos sociais, que grande parte da camada inferior do nosso povo – infelizmente ainda em estado de primitivismo cultural – aceita e divulga, por falta de reflexão.

Forja-se, desta maneira, a versão que passará à História como verdade.

A imprensa da época deu ao acontecimento um caráter exclusivamente político e há historiadores que endossam esta interpretação, afirmando ter sido a redação do jornal depredada por elementos do Clube 3 de Outubro e do Exército, em revide à decretação do Código Eleitoral.

É uma explicação simplista, baseada talvez mais em coincidências cronológicas do que nos fatos efetivamente sucedidos.

Todavia, não é possível despir estes fatos de importância e conotações políticas pelas conseqüências que provocaram, agravando a instável conjuntura nacional com as demissões de ministros e do Chefe de Polícia do Distrito Federal.

As reais causas dessa violenta reação, porém, foram as injúrias e difamações lançadas sobre o Exército, como se depreenderá do prosseguimento desta descrição.

Acompanhei, ainda como cadete de Cavalaria, através da imprensa e de informações particulares, aquelas desagradáveis ocorrências, e sanei, posteriormente, com oficiais delas participantes, as dúvidas que me restaram da leitura dos noticiários. Posso fazer, pois, uma narrativa do que aconteceu, se não perfeita, muito próxima da verdade.

O matutino *Diário Carioca*, sob a direção do jornalista José Eduardo Macedo Soares, vinha divulgando virulentos artigos contra os integrantes das Forças Armadas num crescente diapasão de insultos.

Em face de o governo não determinar qualquer providência eficiente para coibir estes ataques, sob a alegação de não haver censura e ser a imprensa livre, oficiais do Exército reuniram-se no Clube Militar para tomar medidas que acabassem de vez com essa situação vexaminosa. Decidiu-se ali que, à primeira publicação ultrajante, o *Diário Carioca* seria empastelado, ficando assentado, também, que nesta hipótese os oficiais afluiriam ao quartel do 1º Regimento de Cavalaria Divisionário – 1º RCD – em São Cristóvão, de onde deveriam partir, em massa, para a redação do jornal.

Foi quando em fevereiro surgiu naquele órgão da imprensa injurioso artigo, gota d'água que transbordou o jarro da paciência castrense. Os oficiais, de acordo com o que haviam combinado, convergiram para o 1º RCD prontos a dar início à ação que desagravaria dos ultrajes a honra e a dignidade militares.

O delegado de polícia, titular da 4ª Delegacia Auxiliar – dr. Joaquim Pedro Salgado Filho –, informado do que se planejava, procurou evitar a agressão, ligando-se com um dos chefes do movimento de revide. Infelizmente, agiu com inabilidade, tentando atemorizar os oficiais com a notícia de que a redação do jornal estava fortemente guardada pela polícia.

Possuindo o militar uma individualidade deflagrante, esta ameaça velada redundou em efeito contrário ao que desejava o delegado auxiliar, causando maior excitação.

O dr. Pedro Ernesto do Rego Batista, médico de grande reputação, era membro da diretoria do Clube 3 de Outubro e político intimamente ligado ao grupo "Tenentista". Exercia o cargo de interventor no Distrito Federal no dia dos acontecimentos que narro. Ao tomar conhecimento do que se projetava, Pedro Ernesto partiu célere para o 1º RCD a fim de oferecer sua participação pessoal na ação contra o jornal.

O mesmo oficial que liderava a operação – tenente Theophilo Ferraz Filho – disse a Pedro Ernesto, de quem era amigo, que todos agradeciam a valiosa e espontânea solidariedade que ele lhes prestava, contudo pediam que se retirasse para evitar que fosse atribuído ao procedimento dos oficiais qualquer tonalidade político-partidária.

Segundo um oficial que assistiu a esse encontro, o tenente Ferraz dissera, ao final:

— É um problema nosso! Cabe aos militares sozinhos solucioná-lo! As afrontas ao Exército serão repelidas pelos oficiais do Exército... à nossa maneira. Agradeço-lhe Pedro, mas é de nosso interesse que você se retire...

Ao cair da tarde do dia 25 de fevereiro de 1932, os militares empastelaram o *Diário Carioca*, com ímpeto e agressividade que tocavam as fímbrias do desatino. Foi este empastelamento que, no dizer de historiadores, deu início à fase aguda das dissensões políticas, as quais, pelo seu contínuo e progressivo agravamento, desaguaram na Revolução Constitucionalista.

Após esses gravíssimos eventos o Ministro da Justiça, dr. Joaquim Maurício Cardoso, acompanhado do Chefe de Polícia do Distrito Federal, Baptista Luzardo, procurou o Ministro da Guerra, general José Fernandes Leite de Castro, para protestar contra o que chamou de atos de vandalismo dos militares que atacaram a redação do *Diário Carioca*.

Contaram os oficiais do gabinete ministerial, em particular um deles com quem servi por muitos anos, aparentado do ministro, que o general Leite de Castro, ao ouvir a reclamação proferida em palavras candentes, empertigou-se sobre as luzidias botas e respondeu com voz firme e clara:

— Sr. ministro! Esses oficiais fizeram o que eu teria feito, se menos vinte anos tivesse...

Esta atitude do nosso Ministro da Guerra recorda-nos outra, não menos nobre e corajosa, do marechal Câmara – herói das cargas de cavalaria, no Paraguai – provando ser tradicional a solidariedade militar.

As reminiscências históricas mostram-no no Senado do Império, defendendo o coronel Cunha Mattos que, por revidar uma ofensa de um deputado, em termos considerados impertinentes pelo Ministro da Guerra – um civil –, fora punido com dois dias de prisão. Diz Câmara da tribuna senatorial:

— O oficial que é ferido em sua honra tem o direito imprescindível de desagravar-se.

Aparteia-o um senador por Pernambuco:

— Se as leis o permitirem...

A resposta de Câmara veio rápida e contundente, como um golpe de sabre, que tão bem manejava:

— Eu não digo que as nossas leis o permitam; estou dizendo ao nobre Ministro da Guerra o que eu entendo que deve fazer um militar, quando é ferido em sua honra, e fique sabendo o nobre senador por Pernambuco, que quem está falando assim, assim procederá, sem se importar que haja lei que o vede. Eu ponho a minha honra acima de tudo.[3]

Sobre o empastelamento do *Diário Carioca* foi instaurado rigoroso Inquérito Policial Militar para apurar as responsabilidades desse deplorável atentado à liberdade da imprensa, sendo nomeado para presidi-lo o coronel Felipe Moreira Lima.

O inquérito apresentou uma característica pouco comum – o excessivo número de indiciados. Tal circunstância decorreu de terem se apresentado para depor, em grande maioria, os oficiais da guarnição do Rio, dizendo-se participantes das depredações. Além disso, cada oficial levava os nomes de dois ou três colegas, que o tinham acompanhado e desejavam prestar depoimento. Alongava-se, assim, o inquérito, criando dificuldades quase insuperáveis, visto que muitos dos indiciados

---

3. Oliveira Vianna, *O occaso do Império*. 2ª ed. São Paulo: Melhoramentos, 1933, p.147.

pertenciam a outras Regiões Militares ou estavam em trânsito, exigindo, em vista disso, o uso de deprecatas para ouvi-los.

Finalmente, tornou-se o inquérito insolúvel, quando o próprio coronel Moreira Lima, consoante informações de oficiais que tiveram acesso ao documento, afirmou no relatório ter estado entre os que foram lavar as injúrias assacadas ao Exército.

Era um Exército admirável! Amalgamados pela solidariedade militar e o espírito de classe, chefes e subordinados estavam sempre juntos nos cruciais momentos em que os brios da instituição eram feridos.

Lá, em Realengo, prevaleceu a solidariedade; aqui, na redação do *Diário Carioca*, no centro urbano, reverberou o espírito de classe, também nos braços da solidariedade, ambos essenciais à nossa unidade, básica ao ideal de servir à Pátria.

Ao proceder à narrativa do ataque à redação do jornal, não coloco em debate se os acontecimentos podem ser justificados ou não em face do ambiente que os cercou. A posteridade o fará com mais segurança.

Não obstante esta consideração, não devemos esquecer que estávamos a pouco mais de um ano de uma revolução, em cujo bojo vinham idéias que colidiam com os inaceitáveis processos oligárquicos existentes. E, ainda, que o Exército fora o responsável por sua deflagração e o era por sua continuidade.

O jornalista poderia defender, com argumentos robustos e sadios, o sistema oligárquico que pretendia, sob demagógica propaganda, restaurar, não lhe faltando para tanto dotes de inteligência e cultura. Entretanto, não tinha o direito de difamar os militares e sua instituição, acobertado na liberdade de imprensa. Se o fez foi por saber que os militares, por suas condições peculiares, não poderiam usar nem obteriam uma tribuna para responder-lhe no mesmo diapasão. Além disso, guardava a certeza de que a desmoralização do Exército importaria no achincalhe da Revolução de 1930.

Encerrando, acho oportuno lembrar, aqui, palavras de Joaquim Nabuco, referindo-se à imprensa norte-americana.[4]

> O político é entregue sem piedade aos "reporters"; a obrigação destes é rasgar-lhe, seja como for, a reputação, reduzi-la a um andrajo, rolar com ella na lama. A luta não se trava no terreno das idéias, mas no das reputações pessoaes; discutem-se os indivíduos; ... escancaram-se as portas dos candidatos; expõe-se-lhes a casa toda como em um dia de leilão.

O terceiro acontecimento a que aludi foi a Revolução dita Constitucionalista. Deflagrada em São Paulo, em 9 de julho de 1932, durou três meses e foi, na realidade, uma guerra civil.

---

4. Oliveira Vianna, op.cit., p.144.

Não originou na Escola Militar repercussões mais sérias do que a fuga de alguns cadetes para São Paulo. Não tiveram seguidores nem defensores e sua atitude não influiu nos trabalhos letivos que prosseguiam em ritmo normal.

O pensamento militar estava com Getúlio Vargas, que julgávamos à frente da Revolução, procurando implantar os princípios liberais por que nos batêramos.

CAPÍTULO 3

Subindo a penosa escarpa

Iniciei, em dezembro de 1932, como aspirante a oficial da Arma de Cavalaria, o avançar pela íngreme subida que dá acesso aos postos de mando na vida castrense.

Quando emprego o termo íngreme faço-o na acepção de árduo, de espinhoso, porquanto a profissão das Armas é um sacerdócio, que só pode ser bem exercida e compreendida pelos homens que a ela são conduzidos por sincera vocação. Os outros – os da ânsia ascensional – usam-na, mas não a exercem. É uma carreira de grandes sacrifícios que submete a constantes e rigorosas provas o caráter do soldado, nas pressões dos conflitos de sentimentos, em angustiosas provações.

Muitas vezes comportamentos contraditórios, conquanto pareçam paradoxais, definem bem o pundonor militar nas decisões graves dos momentos difíceis. A dignidade, consoante a circunstância, tanto poderá estar no falar como no não falar. Se a honra, em certos momentos, obriga à violência para lavá-la de injúrias, ocasiões há em que leva à nobreza de delir na resignação injustiças e incompreensões – a superioridade d'alma que Alfred de Vigny consagrou como a grandeza passiva do militar.

É essa a escarpada encosta de nossa sublime profissão!

No 1º Regimento de Cavalaria Divisionário, onde fui classificado, reinavam o mesmo espírito de camaradagem e dedicação ao trabalho comuns nas unidades do Exército, sendo os serviços e a instrução bastante fatigantes como sói acontecer na tropa das Armas ditas montadas.

A vida da caserna começava ao clarear do dia e entravam as atividades regimentais, constantemente, pela noite. O "toque de ordem", marcando o término do expediente e, portanto, liberando oficiais e praças que não estavam obrigados a permanecer no quartel, era com freqüência dado próximo das oito horas da noite. Aos sábados havia uma tolerância de horário, encerrando-se os trabalhos às doze horas; o domingo destinava-se ao descanso, quando a escala de serviço não nos importunava. Os oficiais solteiros, em geral, dormiam no quartel.

Assim, labutava-se naquela época nas hostes castrenses, sob as auras do idealismo que reforçava diariamente nossa fé num grandioso futuro para o Brasil.

Por força das habituais transferências, exercia o cargo de instrutor do curso de Cavalaria, no Centro de Preparação de Oficiais da Reserva do Rio de Janeiro (CPOR), quando na madrugada, estranhamente fria, de 27 de novembro de 1935, irrompe no Rio a intentona comunista, nas condições covardes e sanguinárias que a História narra com repugnância.

Estávamos de prontidão e dormíamos em camas de campanha numa ampla sala, porquanto o edifício do CPOR não dispunha de instalações adequadas a esses casos de emergência. Uma única porta abria-se para a escada que vinha do andar inferior. Além dos oficiais, mais de meia centena de sargentos, que ali realizavam cursos de extensão e aperfeiçoamento, passavam a noite em situação semelhante.

Permanecia acordado, preocupado com o panorama militar geral, pois no Nordeste há quatro dias tremulava sobre Natal a bandeira vermelha. A noite avançava e no seu silêncio ouvi, na sala contígua, uma altercação na qual distingui perfeitamente a voz de um de nossos sargentos auxiliares, opondo-se ao sargento ajudante que se apossara de uma arma automática, com iniludíveis intenções de rebelar-se.

Enquanto isso, percebi alguém, em pesados passos, subindo pela escada que terminava exatamente em frente à porta de nossa sala.

Saltar da cama, vestir o capote e sair rápido foram ações reflexas. Do topo da escada vi, já no patamar intermediário, o cabo protocolista, homem do Nordeste, que resoluto ameaçava continuar o acesso.

Interpelei-o, perguntando-lhe para onde ia naquelas tardias horas da noite. Deteve-se, ergueu a cabeça lombrosiana, cuja calva brilhou sob a luz da lâmpada solitária que preservava a penumbra, fitou-me com arrogância, gorgulhando com raiva:

— Vou ajudar os meus irmãos do Norte...

O capitão Antonio Tiburcio de Almeida e Souza – hoje general reformado –, homem destemido e arguto, ouviu o perigoso diálogo, sentiu a gravidade do momento e acorreu em meu auxílio; seguiu-o o tenente Edward de Lima Prado.

Cabo e sargento, imediatamente presos, foram submetidos a inquérito que, estendendo-se, comprovou também as ligações de dois oficiais instrutores, da Arma de Cavalaria, com a rebelião deflagrada.

Este ambiente de intranqüilidade dominou naqueles difíceis dias a guarnição do Rio de Janeiro, onde todas ou quase todas as unidades tiveram problemas dessa espécie. Elementos marxistas – mascarados de democratas – salpicados pelos quartéis procuravam subverter o Exército em favor da implantação de um regime totalitário. Mas, nada conseguiram não obstante promessas, traições e violência com que agiram, visto que o pensamento do verdadeiro Exército, aquele que esmagou a revolta comunista de 1935, era ainda idealista e fortemente liberal.

Na tarde de 19 de outubro de 1937, no quartel do meu regimento, o 4º de Cavalaria Divisionário, em Três Corações, bucólica e acolhedora cidade mineira, cumpria a escala de serviço como oficial de dia, quando o estafeta entregou-me rádio urgentíssimo destinado ao comandante do regimento. A mensagem, tendo caráter funcional, podia ser aberta para as providências necessárias. Tratava-se, em síntese, de uma ordem de embarque no mais curto prazo para a região de Jacutinga, no sudoeste do estado de Minas Gerais, em condições de avançar para Oeste.

O expediente naquele dia terminara mais cedo e só permanecia na caserna o pessoal de serviço.

Avisado o comando da categórica determinação superior, preparamo-nos para partir. A reunião da tropa foi feita sob forma peculiar, na realidade *sui generis*. Alguns clarins dirigiram-se a vários pontos da cidade e "abriram o toque" de reunir. No máximo uma hora depois o regimento reunido aguardava ordens. Às oito horas da noite, embarcados o pessoal e a cavalhada, partia uma composição ferroviária, levando o nosso 2º Esquadrão, o primeiro escalão a seguir. Comandava-o Alfredo Américo da Silva, o extraordinário capitão que, em 1930, resistiu ao ataque dos "provisórios" ao quartel de cavalaria de São Borja.

Era um belo e disciplinado regimento o antigo 4º RCD!

Os oficiais empenhados nos afazeres do quartel e nos exercícios militares pareciam divorciados da situação política, porém este alheamento era apenas aparente, visto que capitães e tenentes em conversas informais acompanhavam os acontecimentos nacionais.

Víamos com satisfação as medidas do governo no combate ao comunismo e no fortalecimento do poder central, muito corroído pelas voluntariosas oligarquias estaduais, cujas alianças manobravam a política e a administração federais. Compreendíamos, pois, a necessidade de um Estado forte para realizar definitivamente a Revolução.

Aplaudíamos a sua decisão de reduzir as numerosas forças policiais que davam aos governadores o status de poderosos sátrapas, equipando-as somente com os meios suficientes para manter a segurança pública e cooperar na interna. Admitíamos uma só Pátria – o Brasil – e, portanto, uma só bandeira, panejando sobre nosso imenso território. Tudo o mais eram meros símbolos ou estandartes merecedores de respeito, porém isentos de adoração.

Identificávamos em Getúlio Vargas um grande patriota, imbuído do espírito de 1922, e éramos tolerantes com seus métodos políticos, logicamente diferentes dos castrenses, mas que reconhecíamos adequados e imprescindíveis à conjuntura em que nos debatíamos.

Exclusivamente o idealismo norteava as nossas ações na obstinação religiosa de dignificar o Exército e engrandecer a Pátria.

O tempo, entretanto, passados anos, mostrou-nos que naqueles dias de outubro a nossa marcha para as barrancas do rio Euletério, na linha divisória do estado de São Paulo, colocando sob ameaçadora vigilância o seu governo, abrira – como tantas outras – caminho para o advento do Estado Novo.

Ressurgiu, então, o velho oligarca, criado na escola política dos Júlio de Castilhos e Borges de Medeiros, esboroando os ideais de 1930 na saciação de suas ambições, na primeira infidelidade pública à Revolução que chefiava.

Nós, os militares – refiro-me aos oficiais até o posto de major –, acreditávamos travar os últimos combates para a imposição definitiva dos postulados liberais de 1922, reencarnados em 1930, esmagando as derradeiras e renitentes oligarquias, quando na verdade concorríamos para substituí-las por um regime mais discricionário, individualista, do mais cínico e despótico egocentrismo.

O golpe de 11 de maio de 1938, que não foi somente integralista como se propala e escreve, porquanto contava com o apoio de políticos e militares alheios à Ação Integralista Brasileira, nenhuma repercussão teve no nosso regimento, em Três Corações, tampouco no Exército.

As doutrinas totalitárias alienígenas, por índole de nossa raça e tradição, jamais receberam guarida dos militares brasileiros.

Abominamos os genocídios eslavos de centenas de milhares de camponeses pobres – exilados e sacrificados com suas famílias nos paludosos bosques da taiga siberiana – e a destruição de mais de cinco milhões de granjas dos "Kulaks",[1] mandados realizar por Stalin, em nome da pretensa supremacia da classe operária, cuja ditadura queria impor à sociedade.

Do mesmo modo execramos o bárbaro morticínio dos judeus nas câmaras de gás do nazismo, sob o insensato pretexto de preservar a fantasiosa pureza de uma raça de dolicocéfalos louros, degradante obsessão do paranóico Adolf Hitler.

Tais comportamentos são alucinações ideológicas só explicáveis nos mentecaptos.

Renegamos, pois, essas doutrinas, por paradoxais e inexeqüíveis nos limites de nossa formação cristã, uma vez que aconselham o caminho da impiedade, da imprudência e do desprezo à condição humana para alcançar o equilíbrio e a felicidade sociais.

1. Christian Windecke, *O czar vermelho*. São Paulo: Companhia Editora Nacional, 1933, p.239-40.

Durante a Segunda Conflagração Mundial, inicialmente servi no 5º Regimento de Cavalaria Divisionário, onde tive o privilégio de ser comandado por um dos mais nobres oficiais do Exército, o então coronel João Theodureto Barbosa, grande soldado e não menor brasileiro.

Atividades intensas – em exercícios de emprego da Cavalaria e de serviço em campanha, nos campos salpicados de pinheirais e nas margens do caudaloso rio Iguaçu – consumiam no aprimoramento profissional o tempo disponível.

Posteriormente, nomeado instrutor do CPOR, regressei ao Rio de Janeiro, na fase mais aguda daquele conflito armado, quando o torpedeamento de nossos navios levaram-nos à declaração de guerra às potências do chamado Eixo, no dia 22 de agosto de 1942.

Naquela época, o Ministro da Guerra, tendo considerado que a Escola de Aperfeiçoamento de Oficiais (EsAO), entre instrutores e alunos, absorvia grande número de oficiais, decidiu suspender o seu funcionamento. Não desejando retardar, porém, a formação de oficiais de Estado-Maior, dos quais o Exército muito precisava, autorizou, em caráter temporário, a inscrição no concurso à Escola de Estado-Maior de capitães e subalternos que ainda não possuíssem o curso da EsAO.

Tal medida – casuística como diriam os espertos políticos de hoje – baseada na excepcionalidade da guerra, anulava a rigorosa exigência regulamentar de que o oficial candidato fosse, no mínimo, capitão com o curso de aperfeiçoamento. A nova prescrição, para os que conheciam o ambiente do Exército, era inegavelmente nepotista, asserção bem evidente nos matriculados naquele ano de 1944 e, particularmente, no seguinte.

Embora capitão antigo, por encontrar-se fechada a EsAO, não tinha – como todos de minha turma – o curso de aperfeiçoamento. Beneficiei-me, portanto, da esquisita determinação ministerial. Realizei o exame e fui bem classificado, dentro das vagas fixadas, contudo não fui oficialmente matriculado.

Surpreendentemente, o Ministro da Guerra, segundo se dizia em virtude de parecer do Estado-Maior do Exército (EME), mandou matricular os oficiais "mais modernos",[2] em absoluto desrespeito pela classificação e pelo esforço de seus comandados, numa disparatada resolução da qual dimanou a matrícula do último dos aprovados – de número 113 – enquanto o primeiro colocado não foi por ela contemplado. Esta aberração foi sanada com a magnânima e especial concessão ministerial que permitiu sua matrícula, transformando um direito em favor.

Entretanto, todos os apaniguados e parentes dos seus colegas generais foram favorecidos e matriculados, como podem comprovar os pesquisadores.

2. No linguajar militar, de postos mais baixos ou de mesmo posto, mas com menos tempo de serviço.

Há sobre esta desagradável e repelente questão outros aspectos de complacência paternal – desalentadores dos que lutam sozinhos – que me dispenso de abordar para não alongar o assunto.

São "estórias" que, vexada, a História não conta!

O nepotismo constituiu sempre no Exército o fantasma do idealismo. Quando os chefes militares aviltam a grandeza de servir ao Exército, usufruindo em proveito próprio e de seus familiares e amigos vantagens e lucros decorrentes da influência dos cargos que a instituição lhes deu para dignificarem a profissão das Armas; quando se esquecem dos padrões morais que juraram defender e proclamar para conspurcarem-se no gozo de regalias materiais, quando relegam a plano secundário os interesses do Exército e os direitos de seus subordinados, transmutam-se em caudilhos racionalmente substituíveis, visto que a instituição que não renova seus líderes, saneando-se moralmente, está fadada ao esboroamento.

Segui para a fronteira do Oeste brasileiro, em agosto de 1944, classificado no 11º Regimento de Cavalaria Independente, em Ponta Porã, mas, em fevereiro de 1945, já estava de regresso ao Rio de Janeiro por ter sido mandado cursar a Escola de Estado-Maior. O ministro, numa recaída de dignidade, mandou matricular os oficiais esbulhados em seus direitos no ano anterior.

A rendição incondicional do III Reich, em 8 de maio de 1945, traria, com o fim da guerra, a nossa FEB de regresso ao Brasil, após quase um ano de gloriosos combates nas frígidas vertentes dos Apeninos. Os homens que venceram o totalitarismo nazifascista não poderiam ver com agrado o Estado Novo de Vargas nem estavam dispostos, de consciência, a apoiá-lo. No entanto, Getúlio Vargas, a quem Glauco Carneiro em seu livro chama de "homem dos pampas, excepcional psicólogo",[3] já pressentira as dificuldades políticas que a volta da FEB forjaria. Prepara-se para a luta política, agindo segundo os seus habituais processos de dividir as oposições e confundir a Nação.

Ardilosamente cria, sobre bases sociais diferentes, para combater seus adversários, dois partidos políticos nitidamente governistas; promete eleições presidenciais e uma Constituinte. Aparecem então as candidaturas presidenciais.

Surge, a seguir, o "queremismo" com os inevitáveis comícios e escandalosas faixas de "Queremos Getúlio", "Constituinte com Getúlio" e outras de idênticas insinuações.

Toda esta propaganda dirigida é claramente sustentada por homens do governo. Comunistas e trabalhistas – do recém-criado Partido Trabalhista Brasileiro – fundem-se nesta campanha.

Era evidente o interesse do ditador em encontrar uma fórmula que lhe assegurasse a continuidade no poder.

---

3. *História das revoluções brasileiras*, vol.2. Rio de Janeiro: O Cruzeiro, 1965, p.459.

O Exército, descrente da sinceridade de Vargas, queria pô-lo fora do governo num primeiro ato de normalização constitucional do país, através de governos legitimamente eleitos e não apenas legalmente feitos.

Já nos traíra em 1937, asseverando a necessidade de fortalecer o poder central para concretizar os ideais revolucionários – de 1922 redivivos em 1930 – quando seu objetivo fora o de enfeixar os poderes constitucionais, o que fez por oito anos, sem que a Nação brasileira obtivesse um equilíbrio socioeconômico de que tanto precisava e ainda precisa.

Se, de fato, tomou – nesse interregno ditatorial – algumas medidas de fundo social que beneficiaram as classes mais desvalidas, fê-lo em decorrência da situação, da época de reivindicações sociais que vivíamos, com o pecado de usá-las demagogicamente e aproveitá-las para alargar brechas entre os segmentos da sociedade.

Grave erro cometeram os militares que o depuseram, não lhe tendo cassado os direitos políticos, providência que evitaria os tristes e lamentáveis fatos que ocorreram a partir de janeiro de 1951, quando retornou à Presidência da República. Deve-se este procedimento não só à ingenuidade como à fraca visão política dos generais, que não perceberam ser Vargas um ambicioso cujo orgulho, profundamente ferido com a deposição, leva-lo-ia a olhar sempre os militares com desconfiança e ressentimento, condições desfavoráveis a entendimentos recíprocos.

Nós, alunos da Escola de Estado-Maior (EEM), acompanhávamos à distância esses acontecimentos, solidários com a atitude dos generais, dando fim à ditadura. Debruçados sobre cartas topográficas "iluminadas", resolvíamos situações táticas para colher nas correções dos mestres novos ensinamentos.

Três anos de intensos trabalhos, manobras, visita às fronteiras e às regiões de interesse militar encerrados invariavelmente com rigorosíssimas provas, habilitaram-nos à diplomação como oficiais de Estado-Maior.

Tenho por essa Escola e seu selecionado corpo de instrutores a mais sincera admiração e elevado respeito pelo que tem realizado em prol da consolidação e extensão da cultura militar do oficial do Exército. Contudo, não guardo dela saudades, pois passávamos ali a maior parte do tempo em ambiente de tensão e preocupações.

Considero responsável por esse estado de intranqüilidade, principalmente, um sistema de julgamento que, repousando mais sobre as nuanças da subjetividade do que na racionalidade da aplicação dos princípios, agrilhoava o êxito das provas de verificação à coincidência com as respostas-padrão, isto é, as "soluções da casa",[4] relegando a plano secundário a imaginação, a flexibilidade e o senso da situação,

4. Soluções apresentadas pelos instrutores para os problemas táticos.

dotes que realçam a perspicácia tática. Além disto, muito concorria para essa insegurança a injustificável e rígida compartimentação entre alunos e instrutores, estes num exagerado hermetismo de mestres, enquanto aqueles, vistos como noviços capazes de perguntas impertinentes e indiscretas.

Muito mais construtivo e salutar teria sido um congraçamento planejado, visando a melhor conhecerem-se e evitar, deste modo, de parte a parte, falsos conceitos.

Contou-nos há decênios, na Escola Militar do Realengo, o tenente-coronel Pierre Langlet, membro da Missão Francesa, que na guerra de 1914-1918 atacou e conquistou com seu batalhão uma posição alemã, na região de St. Quentin-Guise. Após a guerra, quando realizava um curso de aperfeiçoamento, receberam os alunos a mesma situação como problema tático a solucionar. Radiante, apresentou a manobra com a qual derrotara os alemães, crente de que faria sucesso. Recebeu o menor grau da turma!

Tal reminiscência mostra-nos que as soluções táticas não podem ser julgadas com rigidez matemática. Desde que não afrontem os princípios, numa faixa de razoável tolerância, podem e devem ser consideradas válidas, porquanto em muitas circunstâncias talvez surtam melhores resultados do que as clássicas.

Eleito, em dezembro de 1945, o general Eurico Gaspar Dutra foi empossado na Presidência da República em janeiro de 1946. No ano seguinte mandou cassar o registro do Partido Comunista Brasileiro, fechando-o definitivamente. O presidente Dutra considerava este partido incompatível com o regime democrata-liberal, opinião que era e é, ainda, defendida pela maioria absoluta do Exército.

Um país subdesenvolvido, como o nosso, praticará um verdadeiro suicídio político no dia em que der ao Partido Comunista existência legal, abrindo-lhe caminho para instalar-se, a médio prazo, no poder. Nos países deste tipo, o povo, em sua esmagadora maioria, não adquiriu, até o presente, consciência dos seus direitos políticos e, também, não atingiu um nível cultural que lhe permita perceber o ludibrio da demagógica linguagem de falsos conceitos, usada pelos marxistas, e repeli-la.

CAPÍTULO 4

Primeiros contatos com a política no Exército

Estagiei no Ceará – 10ª Região Militar –, terra de meus ancestrais, sob o comando do meu brilhante e saudoso amigo general Octávio da Silva Paranhos. Retornei ao Rio de Janeiro, no início de 1949, para servir no antigo Centro de Aperfeiçoamento e Especialização de Realengo, de onde me tirou, antes do fim daquele ano, o general Paranhos para integrar a Subchefia de Planejamento do Estado-Maior do Exército. Eram ali os trabalhos mui absorventes e de intraduzível responsabilidade.

Uma corrente de esquerdismo infestou o Exército naqueles anos. Envernizada de nacionalismo, espraiou suas vagas sobre o Clube Militar, tribuna tradicional e livre das idéias liberais. Homens bem-intencionados, porém ingênuos, concorreram para esmaecer as cores vermelhas do marxismo que a caracterizavam. O nosso Clube transformou-se em palco dos debates acirrados sobre assuntos de interesse político-ideológico. A campanha da nacionalização das jazidas de petróleo, mais conhecida sob o rótulo de "O petróleo é nosso", teve ali seus momentos de maior excitação e histerismo.

Era evidente, mesmo para o observador mais bronco, que os comunistas, infiltrados nesse grupo de liderança "nacionalista", tinham habilmente escolhido o caminho certo para contaminar o Exército. Disporiam de local seguro para suas reuniões e, como fonte de propagação de suas idéias, usariam a revista do Clube, valioso meio difusor, de penetração assegurada em todas as unidades militares das três Forças.

Enegrecendo esse horizonte de ameaça comunista, assume a presidência do Clube Militar, em maio de 1950, o general-de-divisão Newton Estilac Leal, militar de triste memória, quer por suas idéias, quer por seu comportamento.

Tido como adepto das teses marxistas, reuniu em sua diretoria a fina flor da esquerda ideológica militar.

Os resultados não se fizeram esperar. A *Revista do Clube Militar*, de julho de 1950,[1] publicou, sob o título "Considerações sobre a Guerra da Coréia", um artigo do major Humberto Freire de Andrade cujos conceitos não podiam ser aceitos por brasileiros democratas e muito menos por oficiais do Exército, coerentes com a nossa política internacional.

Uma chuva de centenas de protestos caiu sobre o presidente do Clube, numa reação espontânea contra o abuso e a irresponsabilidade da redação da revista, usando-a para divulgar artigos atentatórios aos nossos princípios, compromissos e filosofia de vida.

Nesse agitado panorama, um punhado de oficiais – cônscio da necessidade de organizar um núcleo de reação para extirpar daquele Clube a falange vermelha que o ocupava – reuniu-se, visando a antecipar medidas que levassem à vitória uma chapa exclusivamente democrática, nas eleições de 1952 para a presidência do Clube Militar. Orgulho-me de ter feito parte desse grupo.

Como é normal nessas ocasiões, todos a quem falávamos estavam de pleno acordo com a organização de um Movimento Cívico que nos recuperasse o Clube; entretanto, a cooperação que a maioria absoluta nos prestava era apenas platônica. Precisávamos de um local para reunirmo-nos; uma dependência do Clube foi-nos negada pelo seu presidente, também Ministro da Guerra. Outros locais lembrados foram delicada e habilmente recusados sob pretextos vários.

Era uma fase em que o pensamento militar começava a vacilar entre os ideais e os interesses. A maioria esmagadora do Exército repelia – como demonstrou na eleição de 1952 – a orientação esquerdista do Clube Militar, todavia, no momento de apoiar concretamente a ação de seus colegas oficiais que enfrentavam abertamente os marxistas ali instalados, desinteressava-se da questão, agindo, sem o perceber, como o avestruz do deserto que esconde a cabeça sob as asas para não ver a tempestade.

O general Estilac, como já disse, além de presidente do Clube era, em 1951, ministro – senhor poderoso das transferências, punições etc. Não convinha, portanto, contrariá-lo.

Finalmente, conseguimos que a Federação dos Escoteiros do Brasil autorizasse uma reunião em sua sede na avenida Rio Branco. Ali estivemos, cerca de trinta oficiais, na sala de esporte daquela organização que, a despeito da boa vontade com que foi cedida, era inadequada para os nossos propósitos.

1. *Revista do Clube Militar*, n.107, p.75-80.

O general da reserva Manoel Henrique Gomes, presidente do Clube de Oficiais Reformados e da Reserva das Forças Armadas, sabendo de nossas dificuldades para obter um local de reuniões e conhecedor dos elevados e patrióticos objetivos que tínhamos em vista, cedeu-nos a sede do Clube.

Naquela casa, fronteira ao Campo de Sant'Ana, em que viveu e morreu o proclamador da República – marechal Deodoro da Fonseca –, estruturou-se e cresceu uma agremiação que desejava, em última análise, a preservação da democracia liberal pelo combate constante às idéias totalitaristas.

Numa das primeiras reuniões, de relativa afluência, procurou-se um nome para o nosso movimento de opinião que, a par de lembrar a sua finalidade, sensibilizasse pela forma e sentimento.

Faltava-lhe uma denominação que condensasse, em pequena locução, a grandeza de nossas aspirações de combater a horda comunista que dominava o Clube Militar, reintegrando-o na sua lídima finalidade de confraternização das Forças Armadas.

Na balbúrdia das sugestões, levantou-se o capitão de Artilharia Jarbas Passarinho, que propôs fosse dado o nome de Cruzada Democrática às atividades do nosso grupo. Explicou com eloqüência a justeza e a racionalidade da sua proposta. As Cruzadas, disse ele, foram expedições de fé para libertar a Cidade Santa retirando-a do domínio dos ateus; o nosso movimento também o era de fé e visava a retomada do Clube Militar dos infiéis da Democracia. Afastados no tempo por séculos, no entanto, estavam ligados espiritualmente pela mística da liberdade.

Recebeu aplausos e aprovação unânimes.

Assim nasceu a Cruzada Democrática, que a despeito de todas as perseguições e restrições sofridas, firmou-se no conceito da oficialidade, estendeu-se por todo o Brasil e venceu as eleições do Clube Militar no biênio 1952-54, elegendo uma diretoria presidida pelo ínclito general-de-divisão Alcides Gonçalves Etchegoyen, que despejou de nossa entidade de classe os nacionalistas moscovitas.

Mais uma vez, através de uma reação sadia e resoluta – expressão do seu pensamento democrata liberal – as Forças Armadas reafirmavam sua aversão ao comunismo.

Em 31 de janeiro de 1951, o general Dutra entrega o governo a Getúlio Vargas, eleito pelos trabalhistas e pelos populistas de Adhemar de Barros, com o forte apoio que o PSD, traindo seu candidato, dera ao homem que o criara.

Na esteira do novo presidente veio seu pupilo João Belchior Marques Goulart – nome ofuscado pelo apelido Jango – cujas idéias sindicalistas transbordavam de suas atividades e palavras. Nomeado Ministro do Trabalho, deu curso a uma política coerente com seu pensamento, freqüentando o meio sindical com assiduidade, quando fazia aos trabalhadores promessas tão demagógicas quanto irrealizáveis. Falou-se então abertamente num "justicialismo brasileiro" à semelhança do vigorante, naquela época, no Prata.

Ocorreu que Getúlio Vargas, no período do Estado Novo, consoante a opinião de conceituados analistas políticos, tinha procurado firmar-se nos sindicatos para alongar sua permanência no poder. Atribuíam-lhe, até, tolerâncias com grupos socialistas, o que na realidade era um exagero ou má-fé, visto que as medidas de caráter social que decretou, há muito sedimentadas nas grandes nações democráticas, já tardiamente chegavam para o povo brasileiro.

No seu séquito ministerial, no entanto, dois nomes explicavam esses comentários – general Estilac Leal e João Goulart.

Os jornais e demais órgãos da imprensa não escondiam o procedimento populista de Jango que, desprezando a austeridade do cargo de ministro, aparecia nas reuniões do operariado em mangas de camisa, na promiscuidade usual dos demagogos, abraçando todos e beijando crianças, como se essas exteriorizações, ainda hoje tantas vezes imitadas, afirmassem algo de solidariedade humana.

Em relação ao general Estilac Leal,[2] na opinião da maioria do Exército, a sua escolha para Ministro da Guerra foi péssima, surpreendendo ter sido feita por um homem de excepcional maestria política. Eleito para a presidência do Clube Militar por uma corrente apelidada de nacionalista, da qual, a todo instante, borbulhavam marxistas encapuzados de democratas, permitiu o general que ali se instalasse uma verdadeira célula de esquerda.[3] A escolha destes dois homens deixou, pois, a impressão no meio militar de que aquelas imputações ao presidente eram verdadeiras.

Se adicionássemos a tudo isso a antipatia, tocando aos limites da hostilidade, que o grande eleitorado do brigadeiro Eduardo Gomes, o derrotado de 1950, votava a Getúlio, não precisaríamos ter dotes de pitonisa para vaticinar obstáculos sérios na rota do seu governo.

A política salarial de Getúlio veio agravar mais a situação no momento em que estabeleceu novos níveis para o salário mínimo. Tal medida tinha de ser fruto de profundo e criterioso exame, em particular das suas repercussões mediatas e imediatas sobre as demais classes, e não de impulsos demagógicos emocionais, como habitualmente acontece.

O Exército sentiu a ameaça ao seu recrutamento para os quadros inferiores, tornado dificílimo em face de o soldo dos graduados, em muitas áreas do país, ficar abaixo do novo salário estipulado.

Em início de fevereiro de 1954, espoca nos jornais o documento assinado por oficiais superiores do Exército, historicamente conhecido como o "Memorial dos Coronéis".

---

2. Num de seus últimos discursos na Vila Militar, declarou que os brasileiros deveriam livrar-se da escravidão econômica nem que fosse a golpes de foice e de martelo.
3. No dia da vitória da chapa do general Estilac, vários oficiais tentaram hastear no Clube Militar uma bandeira vermelha com a foice e o martelo estampados, não o conseguindo em face da reação que tal procedimento provocou. Ainda há testemunhas vivas desse fato.

Subscritaram-no, inicialmente, 79 oficiais superiores, cujos nomes, colhidos de várias listas, separados por postos sem preocupações de antigüidade dentro destes, compuseram uma relação remetida com urgência à imprensa. Mais tarde, outros oficiais também o assinaram, chegando seu grande total a 130.

Na lista de coleta de assinaturas, que passou pelo EME, recordo-me bem, o coronel Luiz Carneiro de Castro e Silva foi o primeiro a assiná-la. Honro-me de ter sido dos que imediatamente o seguiram e jamais me arrependi disto, porquanto estava consciente das sanções que poderia sofrer. Hoje – se tenente-coronel fosse – 27 anos depois, lendo e relendo aquele documento, por achá-lo, sob vários aspectos, bastante atual, subscrita-lo-ia novamente.[4]

Nunca soube, ao certo, quem o redigiu, mas não há dúvida de que um grupo participou de sua elaboração. Entre os seus componentes, afirmava-se, estavam os coronéis Jurandyr Bizarria Mamede e Ernesto Geisel, os tenentes-coronéis Golbery do Couto e Silva e Newton Fontoura de Oliveira Reis. Outros devem ter colaborado, porém desconheço seus nomes.

Uma síntese do "Memorial" foi entregue a cada um dos signatários, visando logicamente a permitir o esclarecimento, entre os oficiais das organizações militares onde serviam, do conteúdo do documento.[5]

Deste resumo destaco, por julgá-los ainda pertinentes, apenas dois problemas dos que foram apresentados e exaustivamente analisados:

– a emigração de oficiais para o exercício de cargos civis, onde muitas vezes contribuem para o desprestígio do próprio Exército por se deixarem envolver em escândalos fraudulentos ou manobras da política partidarista, continuando, não obstante, a concorrer às promoções e comissões diversas como se permanecessem em funções militares;

– a onda de desfalques e de malbarato dos dinheiros públicos, que já invade o Exército, suscitando comentários até mesmo da imprensa.

O violento impacto desse "Memorial", não somente no meio militar como no ambiente político, sacudiu o governo e derrubou dois ministros – o da Guerra e o do Trabalho.

Considerado documento histórico e incluído em coletâneas deste caráter, dele diz Oliveiros S. Ferreira:[6]

> O famoso documento subscrito por dezenas de oficiais superiores do Exército, em inícios de 1954, teve o dom de precipitar uma crise ministerial, na qual foram afastados o Ministro da Guerra e o Ministro do Trabalho, na época o sr. João Belchior Marques

4. Ver Anexo.
5. Ver Anexo.
6. "As Forças Armadas e o desafio da Revolução". Rio de Janeiro: GRO, 1964.

Goulart. É talvez a primeira manifestação coletiva de militares na República que se inaugurou em 1945; o primeiro sintoma evidente de que os militares haviam começado a tomar consciência dos problemas políticos que se estavam introduzindo nas Armas e da desfunção das Forças Armadas à realidade nacional. Ainda que outro fosse seu conteúdo, mereceria entrar nesta coletânea pelas assinaturas que o acompanham. Alguns estão mortos, como o coronel Alexínio Bittencourt, que nunca deixou a luta; outros parecem ter esquecido as palavras que endossaram em 1954, passando por cima da estrita interpretação dos regulamentos disciplinares. Mas são todos partícipes do processo em marcha.

Em agosto de 1954, gravíssimos acontecimentos iriam abalar o povo brasileiro, estarrecendo os políticos mais sensatos na visão de suas possíveis e trágicas conseqüências para o país.

Um pistoleiro, contratado pelo chefe da guarda pessoal do presidente Vargas, na tentativa de assassinar o jornalista Carlos Lacerda, mata o major da Aeronáutica Rubem Florentino Vaz, na porta da residência de Lacerda, que saiu do tiroteio ferido no pé.

O inquérito, aberto pela Aeronáutica, conseguiu rapidamente identificar o criminoso e prendê-lo. Desvendaram-se, a seguir, as suas ligações com os elementos do palácio do Catete.

Aceleram-se as reações. Brigadeiros, conduzidos por Eduardo Gomes, exigem em nome da Aeronáutica a saída de Getúlio. Dezenas de generais solidarizam-se com os brigadeiros em seu ponto de vista. Os almirantes, reunidos no Clube Naval, reclamam uma integral apuração do crime.

As pressões aumentam sobre o presidente, que, sereno e altivo, encara-as corajosamente. Não renunciaria, como propunham; do Catete, diz ele, só sairia morto. Madrugada de 24 de agosto, o Ministério divulga uma nota comunicando a intenção de o presidente entrar em licença desde que fossem mantidas a Constituição e a ordem pública.

Na manhã daquele mesmo dia, Getúlio Vargas, compreendendo ter sido deposto, num gesto de indignação e revolta, põe termo a vida, penetrando na eternidade pela mão da História, visto que na História ele já estava.

Assume o governo o vice-presidente João Café Filho, que nomeia para a pasta da Guerra o general Henrique Duffles Baptista Teixeira Lott.

Todavia, o inquérito da Aeronáutica continuava, na Base Aérea do Galeão, presidido pelo coronel-aviador João Adil de Oliveira. Dois homens ilustres marcaram com sua presença as atividades da Justiça nesse ato inicial do processo – os drs. João Baptista Cordeiro Guerra, preclaro jurista cujas inteligência e profunda cultura elevaram-no ao cargo de juiz do Supremo Tribunal Federal, e Nelson Barbosa Sampaio, cidadão de respeitável saber e brilhantes dotes espirituais, que faleceu como Ministro do Superior Tribunal Militar.

Ambos – promotores designados para acompanhar o inquérito – emolduravam suas vidas em raras virtudes morais e sólidas convicções revolucionárias.

Gregório Fortunato – chefe da guarda pessoal do presidente – a certa altura do seu interrogatório acusa o general Angelo Mendes de Morais de mandante do crime.

Cabe aqui uma referência ao emprego pela imprensa dos vocábulos "mandante" e "mandatário", diferenciados pela sensibilidade semântica. O mandante seria o general Mendes de Morais – o homem que mandou matar, isto é, que teve a idéia de matar; o mandatário, Gregório Fortunato – o homem que providenciou a execução da ordem de matar. Os demais são simples executores.

O coronel João Adil, em face da imputação de crime feita a um general – seu superior em hierarquia militar – encaminha o inquérito à decisão do Ministro da Aeronáutica, em 19 de setembro de 1954.

Remetido o processo ao Ministro da Guerra para o prosseguimento das investigações, o general Lott nomeou o Chefe do Estado-Maior do Exército, general Alvaro Fiuza de Castro, para proceder a essa árdua e delicada tarefa.

Oficial-de-gabinete de S.Excia., fui por ele escolhido para escrivão desse famoso Inquérito Policial Militar (IPM).

Muito teria de narrar sobre os depoimentos e outros aspectos dessa asquerosa – asquerosa, repito, pelo que nela se revelou – peça de justiça militar, contudo, tais digressões fazem-se inúteis para os objetivos que colimo.

Gregório Fortunato confirmou seu depoimento, acusando o general Mendes de Morais de ter mandado eliminar o jornalista Lacerda. Desceu a minúcias, entre elas a de o general Mendes de Morais, certa vez em que viajou de Petrópolis ao Rio, sentando ao seu lado, ter-lhe dito que ele, Gregório, era o Ministro da Defesa de Getúlio e por isso cabia-lhe tomar essa providência.

O general Mendes de Morais refutou prontamente todas as acusações, colocando o encarregado do inquérito na única e desagradável alternativa, na busca da verdade, de acarear os depoentes.

Mas, o ato de acareação – de um general do Exército com um criminoso – dando margem à linguagem áspera e freqüentemente insultuosa que esses confrontos desencadeiam, repugnava ao Chefe do Estado-Maior do Exército, que nele via uma pública humilhação à farda e às insígnias de nossa instituição.

Era o general Alvaro Fiuza de Castro um militar da velha estirpe, hoje em acelerada extinção, de homens que faziam da profissão um sacerdócio, vivido com euforia na abnegação de seu exercício. Chefe de imenso prestígio no Exército, austero e inatacável sob qualquer ângulo moral, espiritual ou profissional que se investigasse, não concordava em proceder à acareação, embora os promotores a considerassem indispensável ao completo esclarecimento do delito.

Ninguém o demoveu desta opinião e o ministro Lott, para solucionar a embaraçosa situação, solicitou à Polícia Civil que a procedesse. O dr. Sylvio Terra, delegado indicado para o ato, efetuou-o em salão do Ministério da Guerra, cedido a seu pedido, visando a preservar a dignidade da posição militar do general Mendes de Morais.

O ato público teve entre seus assistentes o coronel-aviador João Adil e mais dois oficiais superiores da Aeronáutica.

Em uma longa mesa, em cujas cabeceiras estavam os dois confrontantes, tomaram lugar as autoridades civis, generais e advogados. Gregório Fortunato manteve suas acusações, lançando-as com veemência à face do general Mendes de Morais, que visivelmente deprimido limitava-se em discordar.

A ocorrência era lastimável para nós militares que a assistíamos, particularmente, quando o petulante homem aludia à patente do chefe militar com inegável ironia. Assim, em suas palavras finais, disse:

— Eu até admirava o senhor como administrador... Eu pensei que o senhor como general fosse "agüentar a mão"...

O general Mendes de Morais, sem modificar sua postura, apenas respondeu:

— Uma indignidade... uma indignidade...

Como escrivão, achava-me em posição bastante ingrata, porquanto nos contatos diários com meus colegas recebia violenta reação contra o procedimento do general Mendes de Morais, sem que pudesse dizer algo do que se fazia no inquérito, procurando apurar a sua real participação no conluio dos criminosos.

Preocupavam-se os oficiais com a instituição e ninguém – salvo seus amigos – perdoava ao general o seu comportamento, enodoando o nome do Exército no qual, na opinião quase unânime, não tinha mais condições de continuar como chefe.

Conhecendo o inquérito em suas ínfimas particularidades – inclusive o que constava do arquivo particular de Gregório Fortunato – calava-me ao ouvi-los, mas, no íntimo dava-lhes inteira razão.

Triste, sórdido sobre todos os aspectos, foi esse período da vida nacional que o próprio presidente Vargas bem definiu na resposta dada ao coronel-aviador João Adil, quando este colocou-o a par dos fatos apurados: "Tenho a impressão de me encontrar sobre um mar de lama."

Essas épocas de corrupção e desfibramento moral são perniciosas às nações, porque propiciam à juventude condenáveis exemplos.

Os governos que premiam a subserviência, compensando a omissão com distinções honoríficas, promoções e cargos rendosos, que agasalham corruptos úteis aos seus objetivos políticos ou administrativos, julgando-se onipotentes e oniscientes, bafejam ditadura, e corroem os puros sentimentos das gerações novas, tornando-as egoístas e utilitaristas.

Tais governos não merecem nem podem receber o beneplácito das Forças Armadas, que têm o idealismo a nortear suas ações. Estão fadados a cair, em maior ou menor tempo. Foi exatamente o que aconteceu ao governo de Getúlio Vargas.

O relatório do inquérito, em sua conclusão, classificou o assassínio da rua Tonelero como "crime militar", sendo por isso o processo encaminhado ao Superior Tribunal Militar.

Os acontecimentos de agosto de 1954 agravaram a situação política, tornando irreconciliáveis as duas facções contrárias existentes. Na marcha do tempo, o getulismo, metamorfoseado em populismo, sindicalismo, janguismo e, por incrível que se admita, no pseudolegalismo do general Henrique Lott, defrontou-se com o antigetulismo, acerado no combate a todas essas caracterizações mistificadoras de uma corrente política de homens ávidos do poder que contou em várias ocasiões – voluntária ou involuntariamente – com o auxílio dos solertes e sinuosos grupos de esquerda.

As gerações militares que convictamente se empenharam nesses dois campos guardaram por decênios restrições recíprocas de conceito, seqüelas inevitáveis numa classe que dava mais valor aos ideais do que aos interesses materiais. Havia, infelizmente, aqueles que sempre se ajustavam às novas situações, por pensar melhor, como diziam, mas que na realidade, pouco firmes de atitudes, "se bandeavam por qualquer cuia de chimarrão", na sábia simplicidade do gaúcho de fronteira, ao definir incuráveis adesistas. E... ainda os há.

A mentalidade, no entanto, na esfera política era muito diferente, pois mudavam de lado desde que maiores benefícios pudessem auferir. E... ainda mudam.

O ex-Ministro da Agricultura – Bento Munhoz da Rocha – de modo excepcionalmente feliz reconhece esse movimento pendular político, quando escreve:[7]

> No jogo político é comum essa oscilação, em que os homens trocam de posição. E passam, empurrados pelos acontecimentos, do grupo em que inicialmente se situaram, para o grupo que, intransigentemente, combateram...

Faltam-lhe convicções. Era entre nós uma endemia, hoje transformada em epidemia.

Por outro lado, no quadro da política nacional, a famosa Frente Ampla – reunindo homens de correntes de pensamento divergentes e até antagônicas, cada um deles procurando apoiar-se no prestígio dos outros para alcançar o poder – comprova praticamente o acerto do julgamento que fez Munhoz da Rocha sobre as flutuações dos políticos.

Café Filho, superando as agitações políticas partidárias que clamavam por imediatas reformas e sugeriam sua permanência no governo para concretizá-las, consegue realizar as eleições presidenciais, das quais emerge vencedora a chapa

7. No seu livro *Radiografia de novembro*.

Juscelino Kubitschek-João Goulart, apoiada pelos dois partidos de origem getulista – PSD e PTB.

Derrotava-se, assim, mais uma vez, o idealismo de 1922, já agora na pessoa do ínclito Juarez Távora, candidato vencido como o fora no passado o inolvidável Eduardo Gomes. Ressurgia o getulismo das próprias cinzas do 24 de agosto, à semelhança da mitológica ave egípcia. Restava-nos, porém, a esperança de que não durasse séculos, imitando o pássaro fabuloso. Abriam-se novos horizontes ao nepotismo e à corrupção, restaurando-se o prestígio dos homens do "mar de lama".

As reações fatalmente viriam. Começaram com as contestações à legitimidade de um mandato que não se alicerçava na maioria absoluta e terminaram na novembrada de 1955.

Nas exéquias do general Canrobet Pereira da Costa, no início desse mês, à beira de seu túmulo, proferiu o coronel Jurandyr Bizarria Mamede vibrante oração fúnebre em que, a par das manifestações de pesar e tristeza pelo desaparecimento do chefe militar, tecia agressivas considerações à situação política. O discurso, que teve repercussão nacional, foi amplamente explorado pela imprensa.

O general Lott, consoante todas as informações que circulavam naquela ocasião e os fatos posteriores confirmaram, fora envolvido pelos ardilosos políticos do PSD, que lhe prometeram, em nome do futuro presidente, a permanência no cargo de Ministro da Guerra. Exasperou-se, portanto, ao sentir ameaçada uma posição política que lhe convinha, por favorável aos seus interesses, e exigiu a punição do coronel Mamede, considerando que suas palavras concitavam à subversão.

A partir deste momento suas decisões foram fundamentalmente políticas; sua figura de soldado convencional e disciplinado desvaneceu-se. Intrometeu-se na jurisdição do brigadeiro Chefe do Estado-Maior das Forças Armadas, diretamente vinculado ao Presidente da República, insultando-o ao perguntar-lhe se pretendia punir seu subordinado coronel Mamede e, em face da resposta negativa, declarou que iria pedir o regresso do coronel ao Exército – logicamente para prendê-lo.

Nem o brigadeiro nem o deputado Carlos Luz, que ocupava interinamente a Presidência, poderiam, sem lesões a sua autoridade, entregar à vingança do general Lott um subordinado cuja conduta somente eles, por lei, poderiam julgar.

Dá-se, então, o absurdo de o ministro julgar-se diminuído na sua autoridade e demitir-se.

O presidente Carlos Luz, após auscultar a opinião do marechal Eurico Gaspar Dutra, chama ao palácio o general da reserva Alvaro Fiuza de Castro, ex-Chefe do EME – homem que ambos consideravam capaz de evitar a crise em perspectiva – e convida-o para ocupar o cargo. Faz entrar, a seguir, no seu gabinete o general Lott, a quem informa da decisão que acabara de tomar e agradece, abraçando-o cordialmente, os serviços prestados ao Exército e à Nação.

O general Lott rejubilou-se com o fato de ser substituído por um chefe militar da envergadura moral do general Fiuza, no qual reconhecia equilíbrio e serenidade invulgares. Conversaram algum tempo e combinaram, por sugestão de Lott, a passagem das funções para o dia seguinte, 11 de novembro, às três horas da tarde. O general Fiuza, não vendo inconveniente, aquiesceu.

Firmou-se a impressão de que o incidente tinha sido encerrado de modo feliz. Entretanto, encontrava-se o general Fiuza em sua residência, às dez e meia da noite, quando ali aparece o general Alcides Etchegoyen, preocupadíssimo com informações sobre movimentação de tropas e reuniões de generais com o ministro Lott.

Conhecendo o temperamento ardoroso e leal de Etchegoyen, a quem devotava profunda estima, Fiuza procurou mostrar-lhe a incoerência da notícia, porquanto fora o próprio Lott que fixara a hora e, até, propusera mandar buscá-lo de automóvel, o que não aceitara.

Todavia, para dissuadi-lo da idéia em que persistia, estabeleceu ligação telefônica com Lott, narrando-lhe os "boatos" disparatados que lhe chegavam.

O general Henrique Lott responde-lhe que nada se modificara no que fora assentado entre eles. A situação era normal, afirma. No entanto, a essa hora a tropa do Exército já ocupava, com sua ordem, pontos e áreas importantes da capital.

E... na madrugada seguinte o mesmo general Lott desencadeia o primeiro golpe de novembro, depondo Carlos Luz e mandando prender, pelo marechal Mascarenhas de Morais – que infelizmente a isto se prestou –, num ato de extremas violência e mesquinharia, o general Fiuza de Castro, a quem horas atrás, numa hipocrisia de envergonhar Tartufo, assegurara ser tranqüila a situação militar.

Dias depois, numa entrevista concedida à imprensa, ao ser interrogado pelo jornalista por que dera aquela resposta falsa ao general Fiuza de Castro, respondeu que o fizera numa "restrição mental".

Na seqüência dos acontecimentos ocorre o embarque de Carlos Luz, com pequeno séquito de ministros e autoridades, no cruzador *Tamandaré*, que desrespeita o acintoso sinal de "barra fechada", aproa para as águas do Sul, sob o fogo cerrado das fortalezas "lottistas", rasgando com imponência o oceano ao tempo que traçava, na história das nossas tristes lutas internas, uma de suas mais sublimes páginas épicas.

Concedo-me, aqui, uma pequena digressão para aludir a um fato pouco difundido, porém de alto teor moral. Desta ocorrência ouvi, em oportunidades diversas, algumas narrativas fragmentárias feitas por oficiais que estiveram a bordo daquela nave de guerra. O ex-governador Carlos Lacerda, testemunha do evento, dá dele uma versão completa em seu *Depoimento*.[8]

Navegava o cruzador em alto-mar, quando um rádio informa ao comandante que a guarnição do porto de Santos – seu destino – aderira à nova ordem política e opor-se-ia ao desembarque do presidente.

---

8. *Depoimento de Carlos Lacerda*. 2ª ed. Rio de Janeiro: Nova Fronteira, 1978, p.166-7.

Carlos Luz, ciente da situação, reúne a bordo um conselho que opina favoravelmente ao desembarque em Santos, sob qualquer risco. Neste delicado momento o coronel Mamede pede que todos meditem sobre a gravidade da resolução que haviam tomado. Um desembarque a viva-força ocasionaria derramamento de sangue, mortes e mui provavelmente uma irreversível cisão das Forças Armadas, cuja coesão, já ameaçada, deveria ser preservada a todo custo.

Sua elevação de linguagem, a firmeza de seus argumentos e a serenidade com que os expôs mudaram a decisão, e o cruzador *Tamandaré* regressou ao porto do Rio de Janeiro.

Muitos anos depois, a mágoa do bombardeio do *Tamandaré* extravasava, ainda, das palestras que meus amigos oficiais de Marinha comigo mantinham, quando juntos servíamos na Escola Superior de Guerra. Procurava então mostrar-lhes que o ato de um artilheiro insano, acobertado pela ordem de um ministro egoísta e ambicioso, que via na disciplina um instrumento coercivo para uso de sua prepotência, nunca a tendo visto – eu posso assim falar porque o conheci desde capitão – como um dever de consciência, recebera a repulsa da esmagadora maioria do Exército.

No dia 21 do mesmo mês, no seu "retorno" à legalidade, o general Lott impede que o presidente Café Filho assuma o seu cargo, depondo-o também.

Os políticos "pelegos", sabendo-o vaidoso, incensavam-no com títulos e presentes. No auge da bajulação apelidaram-no de "Condestável da Democracia" e pouco depois ofereceram-lhe, em praça pública, uma espada de ouro.

Mais felizes seriam se o crismassem de "Marechal dos Paradoxos", o que a História certamente fará, dadas as suas incoerências, contradições e antagônicas atitudes entre o dizer e o fazer.

Seu nome fora lembrado pela corrente antigetulista e pelo próprio Eduardo Gomes ao presidente Café Filho, que o nomeou Ministro da Guerra. Entretanto, em novembro de 1955 – o mês das perfídias – trai a linha de pensamento a que, parecia-nos, filiara-se, despojando do cargo o presidente Carlos Luz e, dias após, depõe Café Filho, o homem que nele confiara.

Dois presidentes legais eram derrubados pelo general que proclamava estar procedendo o "retorno" à legalidade constitucional.

Considera-se diminuído em sua autoridade, no entanto, fere as do presidente da República e do Chefe do EMFA, quando exige a punição do coronel Mamede ou o seu regresso ao Exército. Diz-se, ostensivamente, apolítico, mas nos indevassáveis bastidores liga-se aos políticos juscelinistas que o seduzem com promessas. Nega ao general Fiuza de Castro, na noite de 10 para 11 de novembro, que haja deslocamentos de tropa e perturbações da ordem, no mesmo momento em que os autoriza.

Foi esse o homem que cortou a marcha do movimento idealista surgido na geração de 1922 e tantas vezes apunhalado pelas costas por aqueles que fingiam defendê-lo. Reabriu-se a larga estrada das oligarquias, escondidas quase sempre sob rótulos de partidos políticos. Encarapitaram-se no poder, em especial nos seus setores mais dadivosos, os grupelhos de beneficiados e protegidos. A corrupção ressurgiu mais cautelosa, porém não menos perniciosa. Firmou-se uma mentalidade utilitarista, muito ufanista, que a facilitava pela liberação emocional de créditos e recursos, pouco ou nada controlados.

O general Lott, ao sustentar – quer por ambição, quer pelo egoísmo – uma corrente política que agasalhava essas idéias, mostrou-se tolerante com comportamentos que violentavam a pureza do pensamento militar. Eram as raízes do pragmatismo.

Sob um aspecto marcial e um temperamento autoritário, escondia Lott sua verdadeira personalidade ambiciosa. Em fins de 1954 ou princípios de 1955, o presidente Café Filho, visando a conduzir a sucessão presidencial sem agitações, solicitou ao Chefe do EME – general Fiuza de Castro – que obtivesse dos generais das Forças Armadas um compromisso de que não se candidatariam ao cargo de Presidente da República. A maioria dos generais assinou o documento neste sentido, todavia o general Lott negou-se a fazê-lo, alegando que a situação política era indefinida e que ele, na posição de ministro, poderia ser lembrado e não teria, nesse caso, direito a recusar. Como candidato, mais tarde, esquecendo sua aversão ao marxismo, procurou ligar-se aos comunistas em busca de apoio eleitoral.

Em 1956 acompanhei o general Anor Teixeira para o EMFA, que fora chefiar, onde permaneci até início de 1957, quando fui designado pelo Chefe do EME para comandar o Centro de Preparação de Oficiais da Reserva de Salvador.

Sobre esta designação cabe um esclarecimento, bem oportuno, no realce de como agia o ministro Henrique Lott.

Naquela época as nomeações de chefes e comandantes para os estabelecimentos de ensino ficavam a cargo do Chefe do EME. Nas unidades de tropa e demais organizações militares, eram designados diretamente pelo ministro, que realizava uma rigorosa peneiração dos coronéis, afastando dos comandos de tropa os não lottistas, ou melhor, não juscelinistas, o que praticamente importava em cortar-lhes a carreira, visto que a lei de promoções lhes exigia um ano de arregimentação para o acesso ao generalato. Distribuía-os, então, generosamente, pelas Circunscrições Militares.

Era o critério político-partidário servindo de parâmetro às classificações militares, sem o menor respeito pelo valor profissional. As CR eram e são órgãos de imensa importância no preparo e execução da mobilização, contudo, por seu caráter estritamente burocrático, não satisfaziam à exigência legal de arregimentação.

Eu não poderia ter a veleidade, em face de minha posição – clara e ostensiva – contrária ao governo juscelinista, de receber do ministro uma comissão de comando de tropa. Precisava, porém, arregimentar-me para prosseguir em minha carreira. Valeu-me neste difícil momento o general Octávio da Silva Paranhos – com quem servira por anos e a quem dedicava profunda amizade –, que conseguiu com o Chefe do EME minha nomeação para o CPOR de Salvador, desbordando dessa maneira o general Lott.

O ministro, conhecendo o fato, mas não desejando melindrar o Chefe do EME, tornou ato privativo seu qualquer designação para comando ou chefia, sem interferir nas que já tinham sido realizadas.

Era preciso evitar, a todo custo, que os "golpistas" – como éramos chamados, nós que não depuséramos dois presidentes – tivessem funções de mando.

As reações ao abastardamento da profissão militar, tornando o Exército praticamente guarda pretoriana de um presidente que fechava os olhos à corrupção, lesava a autoridade de seu cargo com requintadas atitudes populistas e consentia, por suas liberalidades e excentricidades de visionário, se agravasse a situação econômica do país, não demoravam a aparecer.

Estive no comando do CPOR de Salvador aproximadamente três anos. Nesse período continuaram os desmandos administrativos, recebidos sempre pelos acomodados e os pusilânimes em resignado silêncio. A infiltração comunista tolerada, até facilitada, minava o regime na exploração de suas fraquezas morais e na indigência do povo. Os oligarcas, dominando seus feudos, usufruíam lucros extraordinários.

Espocam então duas manifestações armadas de protesto contra o descrédito das autoridades, a balbúrdia administrativa gerada pelas oscilações governamentais no tomar decisões e a inexistência real dos poderes Judiciário e Legislativo, aniquilados, na prática, pela ação coercitiva de poderosos grupos de pressão e pela prepotência do Executivo.

Partiram de jovens idealistas, na temeridade infinita que só o desespero instiga e o patriotismo ardente explica. Repetiram no espaço a tentativa gloriosa que se findou nas areias de Copacabana. Conscientes de seu sacrifício, pretenderam com ele despertar a Nação para a ameaça, sempre crescente, aos padrões morais e fundamentos políticos da sociedade brasileira.

Cometeram, todavia, o mesmo erro dos heróis de 1922; não tinham o apoio político que, como já focalizei no início deste trabalho, lhes seria indispensável.

A primeira, em fevereiro de 1956, foi Jacareacanga. Entre seus objetivos imediatos estava o de sanear a democracia, expurgando-a das oligarquias defendidas pelo general Henrique Lott e livrando-a também da nefasta ação de João Goulart.

Aragarças veio quase quatro anos depois, em 1959. Motivaram-na não só o quadro de descalabro que persistia, como a divulgada renúncia de Jânio Quadros à candidatura para Presidente da República, eliminando, assim, a esperança de uma solução pacífica. Outra razão, não menos ponderável, foi a divulgação de que o agitador e aventureiro Leonel Brizola, na época governando o Rio Grande do Sul, tinha em adiantado planejamento um golpe de esquerda. Tais informações deviam estar bem fundamentadas porque "pelegos" e sindicalistas, confundindo o movimento de Aragarças com a prevista ação brizolista, chegaram a manifestar-se no estado do Pará.

Jacareacanga e Aragarças sublimaram o idealismo de 1922 – que almejava uma Pátria, imune de pressões alienígenas, na qual florescesse, sob nobres padrões morais, uma Nação livre.

CONFIDENCIAL

0020

Em documento assinado, um grupo de Coronéis e Tenente-coronéis, certo de interpretar o pensamento de todos os camaradas, submeteu ao Alto Comando uma exposição acêrca dos sérios problemas que ora intranquilizam o Exército.

Após ressaltar-lhes as perigosas repercussões para a disciplina, coesão da classe e prestígio da autoridade, o documento encarece, face ao panorama político e econômico da atualidade brasileira, a urgência de uma campanha de recuperação e saneamento que reintegre o Exército em seus tradicionais padrões de moralidade, união, ardor profissional e eficiência militar. Para tal fim, os signatários empenham o mais decidido apoio ao Alto Comando, salientando, ao mesmo tempo, a necessidade de que, através de medidas efetivas, seja dado, desde logo, testemunho cabal da determinação de encontrar-se adequada solução para aquêles problemas.

Vem apreciada, a seguir, em seus diversos aspectos, a situação de desaparelhamento em que se encontra o Exército, apontando-se as deficiências mais graves tanto do ponto de vista moral, como profissional e material. Reconhecida, porém, a amplitude de qualquer plano objetivo de reaparelhamento das Fôrças de Terra, exigindo por certo largo prazo para sua realização, assinala-se a imperiosa necessidade de cuidar-se, em primeira urgência, de restaurar a confiança e a coesão, atendendo aos principais fatôres do atual clima de inquietações e desânimo que vai pelo Exército. E, ademais, salienta-se quanto é urgente fazê-lo, em face da ameaça de infiltração de ideologias anti-democráticas e do espírito de facciosismo político, sempre prontos a explorar quaisquer dissenções no seio das classes armadas.

Analisam-se, um a um, os principais problemas que importa considerar sem tardança:

- em primeiro lugar, o injustificável desequilíbrio do acesso nas diversas Armas e Serviços, cujas lamentáveis conseqüências são postas em relêvo;
- a limitação das perspectivas de carreira por falta de um processo racional e justo de renovação dos quadros;
- o desprestígio funcional decorrente da excessiva ampliação dos quadros superiores, agravado ainda mais pela extravagante generosidade de leis que barateiam, na Reserva, os mais altos postos da hierarquia;
- a emigração de oficiais para o exercício de cargos civis, onde muitas vêzes contribuem para o desprestígio do próprio Exército por se deixarem envolver em escândalos fraudulentos ou manobras da política partidarista; continuando, não obstante, a concorrer às promoções e comissões diversas como se permanecessem em funções militares;
- a onda de desfalques e de malbarato dos dinheiros públicos que já invade o Exército, suscitando comentários até mesmo na imprensa;
- a ausência de um Serviço de Assistência Social eficiente que atenda às necessidades dos oficiais, sobretudo os de postos menos elevados, dos subtenentes e sargentos, premidos todos pelas dificuldades de vida decorrentes do surto inflacionário em que se debate o país.

E, a êste respeito, vem dada alerta quanto às repercussões que poderão acarretar o projeto de elevação dos padrões de vencimentos do funcionalismo público e a nova fixação do salário mínimo, pela disparidade chocante que criarão entre civis e militares, quando não venham, com a introdução de dispositivos não convenientemente ponderados em tôdas as suas conseqüências, a gerar perigosos desníveis dentro do próprio Exército.

Os signatários justificam sua atitude pela gravidade que reconhecem na situação atual do Exército, declarando-se movidos apenas por um sentimento de lealdade aos Chefes e pela consciência da própria responsabilidade perante seus subordinados, cujos problemas julgam de seu dever considerar como se fôssem problemas também seus.

Assinaram o documento, entre outros:

Coronéis: Syseno Sarmento, Jurandyr Bizarria Mamede, Amaury Kruel, Adalberto Pereira dos Santos, Antonio Carlos da Silva Muricy, Alfredo Américo da Silva

Tenentes-coronéis: Antônio Jorge Corrêa, Golbery do Couto e Silva, Ramiro Tavares Gonçalves, Sylvio Couto Coelho da Frota, Fritz de Azevedo Manso, Ednardo D'Ávila Mello, Euler Bentes Monteiro

CAPÍTULO 5

Nos primórdios do Movimento de 1964

Designado para o corpo permanente da Escola Superior de Guerra, retornei ao Rio de Janeiro no início de 1960. No ano seguinte, Jânio Quadros, eleito Presidente da República por esmagadora maioria de votos, que traduzia verdadeira aclamação, toma posse do cargo. Iríamos percorrer uma das mais tristes e angustiosas etapas de nossa História. O homem que se fizera intérprete do soerguimento nacional, que prometera lutar pela ressurreição dos princípios morais sustentantes das nações sadias, que por sua falácia demagógica engazopara milhões de brasileiros, nada mais era do que um irresponsável, cujos atos revelavam iniludíveis estigmas de uma instabilidade emocional que, vez por outra, roçava as fímbrias da alucinação.

Sete meses após ter assumido a presidência, renuncia, jogando o país numa crise perigosíssima, porquanto o vice-presidente João Goulart, por suas tendências esquerdo-sindicalistas – as quais não repudiara – estava praticamente incompatibilizado com as Forças Armadas.

A ascensão de João Goulart ao poder é considerada pelos militares uma ameaça aos destinos do país. Os três ministros militares lançam um manifesto à Nação, opondo-se à sua posse. Dividem-se as opiniões e as próprias Forças Armadas cindem-se. O Congresso nega-se a votar o *impeachment* de Goulart.

A velhaca solução parlamentarista encontrada dá posse a Jango e um ardiloso plebiscito restabelece o presidencialismo.

As reações à posse de João Goulart trouxeram à baila uma questão já ventilada em oportunidades diversas – o conceito de legalidade.

Seria legal o ato de dar-lhe posse, em face das possibilidades de suas convicções antidemocráticas adulterarem e, talvez, extinguirem o regime político através do qual se elegera?

Em benefício da resposta algumas considerações são necessárias.

Os militares, por sua formação rigidamente institucional, vêem a legalidade com respeito quase supersticioso; consideram-na intocável. Procuraram, portanto, uma solução legal para evitar a investidura de Goulart no mais alto cargo, mostrando-o à Nação como um provável traidor da Democracia e daqueles que nele votaram, vaticínio que o tempo confirmou.

Os políticos, todavia, na sua rota de acomodações, escondendo-se na legalidade para proteger seus interesses – imediatos e futuros – embora soubessem que a solução parlamentarista seria um engodo, porque guardava em seu bojo, com a previsão de um plebiscito, o caminho viável de volta ao presidencialismo, aceitaram-na e defenderam-na.

E, por esses caminhos tortuosos, sob as vistas de chefes militares vacilantes e confusos, João Goulart restabeleceu, no dizer de seus partidários, prerrogativas que estavam "mutiladas", tornando-se presidente "de fato e de direito".

Nessa altura dos acontecimentos os hermeneutas dos textos constitucionais invocavam em favor do vice-presidente a legalidade do ato e sua irrefutável legitimidade.

Seria a posse de João Goulart legal e legítima? É este um dualismo sobre o qual desejo especular.

Há, em certas circunstâncias, atos considerados legais que não podem ser assim admitidos, se julgados sob determinados ângulos e acepções. Outros existem que sendo legais não são legítimos, e ainda os há legítimos sem serem legais.

Penetremos um pouco mais profundamente na questão.

Legal – dizem os léxicos – é o que está prescrito por lei, e legítimo – continuam explicando – é o que tem caráter ou força de lei. Os conceitos de legalidade e legitimidade estão, pois, agrilhoados ao de lei, visto que são estados do legal e do legítimo.

Contudo, sutil diferença existe entre os dois juízos.

- Legalidade é a situação obtida pela proteção da lei, quaisquer que sejam os fatores que a tenham gerado;
- Legitimidade é o estado daquilo que sendo em essência, por imperativos consuetudinários da razão e da moral, uma lei natural, torna-se válido para os efeitos da lei convencional.

Numa escala de valores morais superponho a legitimidade à legalidade, conquanto exista quem pense de modo inverso.

A posse de João Goulart era rigorosamente legal e legítima, não pairando dúvidas sobre este aspecto. Legal por estar prevista na Lei Básica do país; legítima porque, além de ser o primeiro na linha de sucessão, critério tradicional, aquela lei – Constituição de 1946 – traduzia a vontade do povo, manifestada através de Assembléia Constituinte.

Os ministros militares não poderiam ter outro comportamento. Esclareceram à Nação com seu manifesto; sugeriram o *impeachment*; baldados esses esforços, conformaram-se com o parlamentarismo e retiraram-se de cena.

A opção extralegal, única restante, por amoral e destituída de respaldo militar, foi desprezada.

No passado, a Constituição de 1937, do Estado Novo, e mais recentemente as emendas constitucionais de 13 e 14 de abril de 1977 – Pacote de abril – são exemplos de atos legais, em face do estado de exceção vigorante no país, porém absolutamente ilegítimos, uma vez que não tiveram a homologação popular. Tal sanção, obrigatória já em milenares democracias, por sua imprescindibilidade é lembrada em *primo loco* pelos legisladores de nossa Lei Básica, no parágrafo primeiro do seu artigo inicial: "Todo poder emana do povo e em seu nome é exercido."

A administração de João Goulart foi uma triste e vergonhosa página de nossa história republicana. Corrupção, comunismo, negociatas escandalosas e desvios de recursos públicos para associações sindicalistas espúrias compunham o quadro de degradação moral do país.

O Exército não escapou a essa deterioração. Houve "generais do povo" metidos em sindicatos, auscultando pelegos e abraçando-os efusivamente. A disciplina debilitou-se a tal ponto que os graduados queriam usufruir de situações especiais, participar de decisões de seus superiores hierárquicos e não sofrer punições. Os generais do famoso esquema Goulart, em suas visitas de inspeção, procuravam sempre falar aos sargentos, quebrando uma norma disciplinar rígida ao perguntar-lhes se tinham reivindicações que desejassem ser atendidas, ultrapassando, assim, os comandos convencionais presentes.

Em Brasília ocorre a revolta dos sargentos, pretextada na decisão do Supremo Tribunal Federal de negar elegibilidade aos representantes de sua classe. Vem depois a reunião dos sargentos no Automóvel Clube do Brasil, engendrada pelos assessores esquerdistas do presidente que, autorizando-a, acumpliciou-se à nefanda tarefa dos marxistas na desmoralização definitiva dos chefes militares e na divisão das Forças Armadas.

Esgotaram-se as reservas de paciência e as correntes democráticas reconheceram inócuos os meios pacíficos que vinham empregando para debelar a ameaça comunista em acelerada concretização.

Sobrevém, então, o Golpe Militar de 1964, que na realidade jamais foi uma revolução, podendo ser considerado, no máximo de condescendência, uma contra-revolução, porquanto revolução era a que, naqueles aflitivos momentos, planejada solertemente pelos marxistas, pendia sobre a Democracia, como a espada de Dâmocles.

Os governos de Juscelino Kubitschek e João Goulart, perniciosos à ordem moral, condescenderam com a corrupção em todas as suas modalidades; estimularam padrões negativos do proceder humano, tais como a lisonja e a subserviência; favoreceram de modo acintoso e descabido a parentes, amigos e correligionários seus, num nepotismo despudorado, criando uma mentalidade oportunista e epicurista, que os esbanjamentos de recursos e sonhos de obras faraônicas encorajavam e sustentavam, mas a parte sadia da população repelia e não justificava.

Tive a oportunidade de comprovar esse estado de decadência moral quando integrei a Comissão de Investigação Sumária do Exército (CISEx), que tinha funções muito mais amplas do que o nome sugeria, pois todos os processos abertos, nas áreas sob jurisdição militar, para apurar atos de corrupção ou subversão passavam pelas mãos de seus membros. Integrei essa Comissão por muitos anos, desde a sua criação até a extinção. Nesse período desfilaram por sua secretaria milhares de processos com provas irrefutáveis de que a corrupção tornara-se uma instituição, amparada pelo comprometimento direto ou indireto dos administradores, em maior parte por cômoda omissão. Verbas municipais eram empenhadas em benefício dos parentes dos prefeitos, sendo interessante citar que um deles consumiu-as, integralmente, em obras de engenharia entregues à firma de irmãos e cunhados. Comportamentos semelhantes abundavam.

Uma tarde, ilustre advogado e procurador da Justiça Federal entregou-me, em mãos, um processo instaurado para apurar corrupção em Brasília no qual, por supostas provas, aparecia Juscelino Kubitschek como o grande beneficiário. Era uma questão de lotes de terreno à margem do lago naquela cidade, ofertados por fornecedores ao presidente na data de seu aniversário e, segundo constava, aceitos com euforia.

Li e reli o documento, que estava chamuscado nos bordos e na capa sem prejuízo da parte escrita. Constituía, sem dúvida, uma peça escabrosa. Ali apareciam também certidões e outros papéis da velhaca transação admitida, bem como os verdadeiros nomes dos indispensáveis intermediários e "testas-de-ferro".

O processo arrastava-se lentamente pelos canais judiciários, quando um funcionário da Justiça lançou-o à lareira para destruí-lo. A tempo de salvá-lo, rapidamente o promotor retirou-o, visando a entregá-lo ao Exército para seu prosseguimento.

A Comissão remeteu-o ao Ministro da Justiça. Meses depois solicitou, por necessidades burocráticas, informações daquele Ministério sobre a marcha do documento. A resposta muito demorada, lamuriosamente redigida, confessava o extravio da preciosa peça. Mandamo-lhes uma cópia "xerox", porém, até hoje, não sei do destino que lhe deram.

A CISEx conserva em seus arquivos uma cópia deste processo, se a nova ordem não mandou incinerá-la.[1]

O governo João Goulart, particularmente, agravou mais esta situação de descalabro moral, agasalhando os comunistas, dando-lhes facilidades de penetração em todos os setores e identificando-se publicamente com suas teses. Conduziu, enfim, ao cenário nacional a questão ideológica.

Este ambiente de corrupção e subversão contagiou as Forças Armadas, em que existiam, nos diferentes escalões, numerosos elementos que nelas haviam ingressado mais pelo desejo ascensional – isto é, pela ânsia de subir na sociedade – do que por vocação. Esses homens, sem reais pendores militares, teriam sido médicos, engenheiros ou advogados se estas profissões lhes custeassem os estudos e acenassem com garantido futuro.

Seriam aventureiros em qualquer setor profissional, pois faltavam-lhes a crença e o devotamento que definem o idealista.

Foram eles os vanguardeiros das legiões de aproveitadores que invadiram todas as áreas de atividades nacionais em busca de prestígio e ganho fácil. Encontramo-los nos comícios de "pelegos", nas reuniões estudantis, nas greves de operários e nas conferências antidemocráticas. Eram os mesmos nacionalistas "vermelhos" que infestaram o Clube Militar e agitaram o país com a campanha do "petróleo é nosso" que voltavam com as faixas da reforma agrária e outras, agora ardorosos janguistas, lutando contra a espoliação estrangeira.

A construção de Brasília e a sua ocupação abriram os cofres públicos às vantagens de toda espécie. Ajudas de custo triplicadas, residências asseguradas, mordomias, passagens gratuitas, doações e prédios construídos ou mandados construir pelo governo, cedidos por preços mínimos a funcionários federais, sob condição de inalienabilidade, visando a favorecer a fixação do homem no planalto, negociados pouco depois, mui vantajosamente, com autorização do próprio governo, levaram muitos juscelinistas ao exagero de anunciarem aquela cidade como o novo Eldorado.

Todavia, os exemplos dessa comunidade fátua – prenhe de autoridade e ambiciosa, de conceitos lassos e peculiares sobre o que era ou não corruptível, freqüentadora de festas e banquetes e tolerante com o jogo – foram nefastos a certa parte da oficialidade, justamente aquela que de militar só possuía a farda. Entorpeceram-se os sentimentos idealistas e aumentaram os adeptos da tese de Epicuro de que onde existe prazer não há dor, hoje, de certo modo, aceita oficialmente na versão do pragmatismo responsável de que só é verdade o que é útil.

---

1. Processo nº 00885 da CISEx. Ver sua decisão em anexo. (N.R.)

Brasília, sob muitos aspectos foi a Cápua[2] do Exército Brasileiro. Suas delícias, como as da cidade romana, criaram o gosto pelo supérfluo, corroendo a fibra moral do soldado e seus sentimentos idealistas. Fortaleceram-se então os marxistas, não somente pela fraqueza dos chefes militares – irresolutos e inebriados com as posições de mando e o gozo de vantagens materiais – como pelo apoio de numerosos trânsfugas, que abandonaram a Democracia em busca dos decantados benefícios do socialismo.

O golpe militar, em 1964, já tardava, quando as tropas mineiras desencadearam-no com a marcha sobre o Rio de Janeiro. Foi uma reação quase unânime do povo e das Forças Armadas para a restauração da ordem democrática, expurgando do poder aqueles que traíam a Nação, identificados como paladinos do materialismo.

O estopim de Minas Gerais produziu o incêndio que se alastrou por todo o Brasil.

O movimento militar vitorioso, conhecido por Revolução Redentora, pelos aspectos complexos e paradoxais que apresenta, deve ser submetido a severa análise para que possa ser corretamente definido. Esteve a ponto de ser absorvido pela balbúrdia que predominou em seus primeiros dias – conseqüência do embate entre o poder legal e o revolucionário – quando políticos e alguns chefes militares quiseram reduzi-lo a uma simples deposição do presidente, insinuando a permanência em exercício de todos os órgãos constitucionais vigentes.

Nesse emaranhado de poderes e vacilações constantes, o "Comando Revolucionário" tomou a única decisão capaz de solucionar o impasse: apelou para os juristas[3] Carlos Medeiros e Francisco Campos, solicitando-lhes a elaboração de um "Ato Institucional" que legitimasse o poder revolucionário, institucionalizando a Revolução.

O marechal Humberto de Alencar Castelo Branco foi o primeiro presidente deste novo período político, entretanto, não obstante seus excelsos dotes morais e intelectuais, não era, por sua mentalidade rigorosamente institucional, o homem adequado a realizar a primeira fase de uma revolução, justamente a mais aguda, aquela em que as ações destrutivas preponderam de modo quase absoluto.

A maneira pela qual consentiu fosse elevado ao poder e a sua preocupação inicial de não exceder o tempo que restava ao presidente deposto, cuidados inerentes

---

2. Referência à perda de combatividade do exército cartaginês de Haníbal após a conquista da cidade de Cápua. (N.R.)

3. O historiador Luís Viana Filho narra com exatidão esse episódio do Ato Institucional em seu livro *O governo Castelo Branco*, vol.1 (Rio de Janeiro: BibliEx/ José Olympio, 1975, p.57-8). Carlos Medeiros redigiu o texto do documento e Francisco Campos seu preâmbulo. Segundo testemunho de oficiais, Francisco Campos livrou-se do paletó, puxou uma cadeira e usou uma folha de papel almaço para, com letra miúda, escrever a parte preliminar do Ato. Essa minuta encontrava-se nos arquivos do marechal Fiuza de Castro.

à formação militar, que coloca sempre na primeira linha de suas inquietações a obediência à lei e o cumprimento do prazo da missão, afastam a idéia de que os chefes militares tenham vindo para executar um programa doutrinário preestabelecido, isto é, que tivessem preparado uma revolução.

As revoluções institucionalizam-se por si mesmas e não têm prazos. Elas, dentro da doutrina que pregam, elaboram e impõem as leis que vigorarão na nova ordem. Somente se exaurem com a concretização rigorosa de seus objetivos, o que nunca acontece, segundo Heberle,[4] num único levante.

---

4. Rudolf Heberle, citado por Paulo Bonavides em *Ciência política*. 4ª ed. Rio de Janeiro: Forense, 1978, p.518.

SECRETO

MINISTÉRIO DO EXÉRCITO

COMISSÃO DE INVESTIGAÇÃO SUMÁRIA DO EXÉRCITO (CISEx)

RIO, GB, 25 / Jul / 69

PROCESSO Nº CISEx 00885 16 MAI 69

INDICIADO: JUSCELINO KUBITSCHEK DE OLIVEIRA

FUNÇÃO: Ex-Presidente da República

SESSÃO: 23ª

D E C I S Ã O D A C O M I S S Ã O

Aprovar o parecer do Relator e sugerir ao Excelentíssimo Senhor MINISTRO DO EXÉRCITO a remessa do processo ao Ministério da Justiça, nos têrmos do ATO COMPLEMENTAR Nº 42, de 27 de janeiro de 1969.

Gen Div SYLVIO COUTO COELHO DA FROTA
PRESIDENTE

Gen Bda FRITZ AZEVEDO MANSO

Gen Bda CELSO DE AZEVEDO DALTRO SANTOS

SECRETO

CAPÍTULO 6

Rumo ao fascinante e traiçoeiro Planalto

Encontrava-me no cargo de Chefe do Estado-Maior da Divisão Blindada, que assumira logo após a Revolução, quando fui promovido, em 25 de novembro de 1964, a general-de-brigada e, a seguir, nomeado para comandar a 4ª Divisão de Cavalaria, retornando ao estado de Mato Grosso, onde servira vinte anos antes.

O período pós-Revolução era de acentuada turbulência. O Ministério escolhido pelo marechal não agradou, de modo geral, aos oficiais da corrente de opinião chamada de "linha-dura". Homens de real valor intelectual e de reconhecidos predicados profissionais ali estavam reunidos; contudo não possuíam alguns o ardor, o sentimento revolucionário que encoraja os lidadores das grandes reformas. Vários deles tinham prestado serviços aos governos que, por corruptos e subversivos, nós condenáramos, não merecendo, por isso, a nossa confiança para executar as árduas tarefas de uma revolução que exigia, acima da ousadia, pureza de propósitos.

Aparecem nesse tempo, ainda no nascedouro, as primeiras fissuras da Revolução, alargadas por incompreensíveis arranjos, injustificáveis incertezas na conduta política e imposições de caráter pessoal.

Uma Revolução que acomodava soluções em torno de simpatias e ódios, que pedia apoio de elementos da facção expurgada para realizar-se, mostrando-se vacilante, acabaria fatalmente por transformar as fissuras iniciais em brechas por onde escapariam grupos dissidentes, enfraquecendo-a.

Os dois principais chefes da Revolução – marechal Castelo Branco e general Costa e Silva – a par de suas virtudes e relevantes serviços prestados à Pátria, possuíam formação e temperamento diferentes, o que naturalmente induzia, em muitos casos, a decisões dessemelhantes.

Castelo traçava o seu comportamento rigorosamente dentro dos padrões e normas existentes e tradicionais, enquanto Costa e Silva manifestava obediência às leis, mas não as tinha como dogmas nem por indestrutíveis. No conjunto de suas características havia aquelas que os aproximavam e outras que os afastavam; todavia, as resultantes não deixavam dúvidas sobre seus tipos de liderança. O marechal Castelo era o modelo de chefe "institucional" talhado para as épocas de estabilidade, dos frutos sazonados produtos de um plantio feliz. O general Costa e Silva definia-se em todos os seus atos como chefe "dominante", destinado a imperar nos períodos de desintegração e violência, em que a acomodação é ridícula ingenuidade e a persuasão é estéril, durante os quais só a força é argumento entendido e obedecido.

A primeira fase de nossa Revolução, como já disse e convém repisar, exatamente a que exigia numerosas e implacáveis depurações, reforma de militares, cassações e prisões, a do desprezo às leis e às instituições abatidas, finalmente a fase da derrubada de tudo o que condenáramos e julgáramos abjeto, coubera a um homem íntegro, no entanto de formação puramente institucional.

Embora ambos, em benefício da Revolução, negassem divergências, os arrufos começaram cedo.

A eleição dos governadores, em 1965, tornou mais nítida essa discordância, assegurando-se naquela época que o ministro Costa e Silva, em audiência, manifestara ao presidente seu desagrado pela orientação seguida, considerada pela maioria da oficialidade muito tolerante e, sob certos aspectos, até suicida.

O complacente apoio dado pelo presidente Castelo às candidaturas de Israel Pinheiro e Francisco Negrão de Lima, respectivamente para os governos de Minas Gerais e da Guanabara, agitou os militares que viam nesse procedimento imperdoável fraqueza do governo revolucionário. Estes dois homens, estreitamente ligados aos setores que a Revolução combatera, foram amparados por manobras políticas, arquitetadas nos bastidores de Brasília, falando-se em articulações amaciadoras, realizadas pelo general Golbery para levá-los à vitória, como ocorreu. Além dessas negociações, contavam os dois candidatos com poderosas amizades, sendo Israel Pinheiro amigo de Juscelino Kubitschek e Negrão de Lima do próprio presidente.

Foram ambos eleitos em outubro de 1965, por ironia, nos dois estados dirigidos pelos chefes civis da Revolução, num triste e desalentador teste.

Fervilhou a reação militar à posse dos eleitos, considerada uma afronta aos revolucionários. Argumentou-se que a Revolução, mal dirigida, não ia bem, porque, menos de dois anos depois de ter espocado, não tivera força nem prestígio para impor-se à opinião pública.

A posse desses dois homens – um juscelinista, em Minas Gerais, e o outro, vinculado ao getulismo, votado em massa por comunistas e "pelegos", na Guanabara – retumbaria como uma traição para aqueles que lutaram pela Revolução com idealismo sem o encantamento das posições de mando.

Em Mato Grosso, onde servia, chegaram-me notícias esparsas dessas maquinações, de maior intensidade no Rio de Janeiro, não sendo tais informações, como verifiquei posteriormente, destituídas de verdade.

Uma transferência colocou-me no Comando da Divisão Blindada, no Rio de Janeiro, que assumi no prazo de dez dias, por determinação superior. Certifiquei-me então da tempestade que nos ameaçara, pelas negras nuvens ainda dispersas no céu. Os momentos mostravam-se mais difíceis, por estar convencida a oficialidade, particularmente, a da tropa e de postos mais baixos, de que a Revolução mudara de rumos e seria tragada pelos militares ambiciosos e seus partidários políticos. Em certas unidades da Divisão Blindada – caso do Regimento de Cavalaria Mecanizado – pensou-se na extrema decisão de preparar a tropa para ocupar o estádio do Maracanã e destruir as urnas eleitorais, ali custodiadas sob responsabilidade da Justiça. Evitou este desatino a hábil e enérgica atitude de meu antecessor, revolucionário de puros ideais, meu antigo chefe e querido amigo, general José Horácio da Cunha Garcia.

Esse ambiente, não se pode negar, exalava indignação. As queixas visavam menos ao presidente do que aos elementos que o cercavam.

O grupo militar, que tinha à testa os generais Cordeiro de Farias, Ernesto Geisel e Golbery, bem como os seus usufrutários, açambarcava todas as antipatias e ressentimentos.

A questão das posses de Israel Pinheiro e Negrão de Lima foi finalmente superada, fortalecendo-se a posição de Costa e Silva junto à corrente ortodoxa do Movimento Militar. Sua liderança no Exército, em especial nos corpos de tropa, cresceu muito. Cônscio deste prestígio, pronunciou ele, ao partir em viagem à Europa, a famosa frase "Viajo ministro e volto ministro", expressão que encerrava um sentido misto de confiança e desafio.

Aproximando-se as eleições presidenciais de 3 de outubro de 1966, emergiram das hostes revolucionárias os candidatos militares, "anfíbios"[1] e civis.

O candidato do Exército, em sua esmagadora maioria, era, indubitavelmente, o general Costa e Silva, a quem a Revolução, no seu início, deveu não ter sido transformada num motim de generais e abocanhada pelos políticos ambiciosos e sagazes. Homens do palácio do Planalto e alguns ministros demonstraram-lhe gratuita hostilidade, dado que pretendiam permanecer "eternamente" no poder, fazendo, com este objetivo, da sucessão presidencial uma "ação entre amigos".

---

1. Militares que exerciam funções públicas civis sem deixar o serviço ativo.

Definida e efetivada a candidatura Costa e Silva, contra ela começaram as manifestações públicas dos frustrados e descontentes. O general Cordeiro de Farias – o empresário das revoluções, das quais auferiu sempre lucros máximos – demitiu-se do Ministério, atribuindo, em carta, ao presidente dubiedade de comportamento.[2]

Os generais Ernesto Geisel e Golbery do Couto e Silva também reagem pedindo demissão. O primeiro, Geisel, já se manifestara em certa ocasião em relação a um choque com Costa e Silva dizendo: "... Pouco importava que houvesse crise agora, essa crise que estão querendo evitar. Prefiro até que haja, e, se eles ganharem, que venham e assumam a responsabilidade do governo." Estas palavras denotam nenhuma preocupação pela unidade do Exército, pois o único interesse – deduz-se do que foi dito – parece ser o de assegurar posições no poder.

Quanto ao último – o general Golbery – sentiu que na gestão de Costa e Silva não teria ambiente para agir nas sombras, atrás dos bastidores, nas suas ardilosas tramas políticas. Perderia o renome de oráculo que os bajuladores concediam-lhe, na interpretação de raras e apocalípticas palavras tombadas de seu quase mutismo. Afora isto, era malquisto pelos oficiais ligados ao ministro.

Neste quadro de reações, oficiais-generais amigos do general Costa e Silva passaram a temer uma mudança inopinada da situação, criando-se exigências ou dificuldades ao ministro assim que, para desincompatibilizar-se, deixasse o cargo. Éramos muitos, porém persistentemente nos reuníamos apenas onze para reafirmar o compromisso de solidariedade, incondicional e irrestrito, ao homem que considerávamos indispensável aos destinos da Revolução.[3]

Tínhamos profundo respeito pelo marechal Castelo, o chefe sereno da legalidade, mas ilimitada admiração por Costa e Silva, o emotivo general das arrojadas decisões dos períodos de desintegração turbulenta.

Nossas preocupações, apesar de fundamentadas, não se realizaram e, em outubro de 1966, com o apoio do marechal, o general Costa e Silva é eleito Presidente da República. O novo Ministro do Exército – general Aurélio de Lyra Tavares – distingue-me com a chefia de seu gabinete.

Nos meados de 1968, acentuou-se a insatisfação da oficialidade com os atos de subversão e as constantes notícias de corrupção, acobertada esta pela omissão governamental. Oficiais alunos da Escola de Aperfeiçoamento de Oficiais encaminharam ao seu comandante um documento em que, a par de soluções que pediam para problemas específicos do Exército, faziam sentir a necessidade inadiável de extirpar aqueles dois males que desprestigiavam a Revolução.

---

2. Luís Viana Filho. *O governo Castelo Branco*, vol.2. Rio de Janeiro: BibliEx/José Olympio, 1975, p.384-5 e 391.

3. Syseno Sarmento, Clóvis Bandeira Brasil, Lauro Alves Pinto, Afonso de Albuquerque Lima, Henrique A. Cardoso, José Campos de Aragão, Sylvio Frota, Ramiro Tavares Gonçalves, João Dutra de Castilho, Jayme Portella e José Cupertino Bretas.

Os intempestivos e insultuosos discursos do deputado Márcio Moreira Alves, pronunciados da tribuna da Câmara nos dias 2 e 3 de setembro, agredindo o Exército e concitando o povo a hostilizá-lo não comparecendo ao desfile do Dia da Pátria, levaram o ministro Lyra Tavares a enviar, em 5 do mesmo mês, uma Exposição de Motivos ao Presidente da República, que a remeteu para as providências necessárias ao Ministro da Justiça.

Documentada e bem fundamentada, a proposta desta autoridade pedia que se promovesse, nos termos do artigo 151 da Constituição Federal, a suspensão dos direitos políticos do congressista. Era órgão competente para realizá-la, após obter licença da Câmara, em respeito ao parágrafo único daquele artigo, o Supremo Tribunal Federal.

Em início de novembro o processo de cassação chega à Câmara, buscando parecer sobre a exigência constitucional. O mês de novembro esgota-se com ações de retardamento, próprias da técnica dos legisladores, encerrando o período legislativo normal de funcionamento.

O mês de dezembro inicia-se com a convocação do Congresso para um período extraordinário, medida extrema tomada pelo Presidente da República, em face das protelações empregadas pelos deputados.

Já concedida a licença pela Comissão da Constituição e Justiça, foi levado o processo a plenário no dia 12 de dezembro. A sessão durou cinco horas e meia, e a Câmara dos Deputados negou a licença por 216 votos contra 141, e 12 em branco.

Os políticos, em estúpida arrogância, lançaram a luva na face do Exército. Iriam ter a resposta imediata e violenta. Deram-nos a oportunidade de criar um instrumento de força revolucionária para conter a subversão, o qual foi julgado necessário pelos governantes, durante mais de dez anos.

Naquele dia 12, o ministro Lyra Tavares, sob baforadas de seu charuto, acompanhava de seu gabinete a marcha da votação em Brasília, através de contínuas informações que lhe dava. Em dado momento, em que os votos contrários à concessão da licença ultrapassaram a metade do quórum presente, negando assim a medida pedida, penetrei naquele local e disse-lhe:

— Ministro! A Câmara acaba de negar licença para processar o deputado Márcio Alves!

Levantou-se da poltrona, tranqüilamente, fitou-me e respondeu:

— Frota! Eu não tenho mais condições morais de ser Ministro do Exército. Vou ligar para o Costa e Silva...

Instantes após conversava com o presidente, que se achava no Rio.

Foi uma tarde de agitação. As reclamações e protestos convergiam sobre o Chefe-de-Gabinete, que tem entre suas obrigações não regulamentares a de ouvir dos colegas tudo aquilo que pensam sobre a situação, mas não têm audácia de dizer ao ministro. Submetendo-me a este dever social, ouvi dizerem cobras e lagartos dos políticos.

À noite os generais do I Exército, tendo à frente o general Syseno, procuraram o ministro, em busca de uma decisão. Outros foram chegando com o mesmo objetivo, atingindo seu número a vinte e cinco.

O ministro Lyra resolveu reuni-los no 10º andar, no seu apartamento privativo, mais discreto para conversações que se anunciavam difíceis.

Foi uma reunião histórica.

Gotejavam de Brasília notícias de que os deputados comemoravam, sob champanhe, a grande vitória do Poder Legislativo sobre a ditadura militar, levando a tensão a ponto incontrolável.

O ministro, sem se deixar dominar pela emoção, narrou a sua entrevista com o presidente e a promessa, que este lhe fizera, de que iria tomar providências. Este compromisso não agradou, tendo para a maioria o sentido de uma procrastinação, objetivando contornar o inesperado transe. Trazia o mau odor das capitulações.

Syseno propôs procurar o general Costa e Silva, pois viera de Brasília e aferira a temperatura da oficialidade, temendo por um ato de impensada violência de qualquer grupo. Carlos Alberto Cabral Ribeiro, em determinada ocasião, foi ao telefone e, com a coragem habitual, ligou para a 2ª Brigada de Infantaria, cujo comando exercia, dando a seguinte ordem ao seu Chefe de Estado-Maior:

— A Brigada a partir de agora só cumprirá ordens minhas, de mais ninguém! Entendido?...

Estava praticamente revoltado.

O general Muricy sugeriu fosse procurar uma alta patente da Marinha – se não me equivoco o almirante Rademaker – para que agíssemos de comum acordo. Houve um silêncio de expectativa, intervalo entre duas ondas na arrebentação.

Falou de súbito o general Moniz de Aragão. Estava no extremo da mesa, próximo ao local em que me encontrava. Afirmou que sempre defendera a legalidade e citou fases de sua vida para comprová-lo. Somente em 1964, quando sentira ameaçada a nossa civilização e o regime democrático pelo marxismo, tornara-se revolucionário. Tinha, portanto, o direito de exigir e de lutar para que as conquistas daquele Movimento Militar fossem mantidas. Era preciso uma providência enérgica e imediata, em vista da gravidade do momento. Então, num assomo de indignação, compelido por seu temperamento emocional, disse:

— E... esta medida sairá, com ou sem o presidente...

Mal proferira esta frase, o ministro Lyra, como se fosse impulsionado por uma mola, levantou-se e clamou:

— E sem o ministro também!

Esta cena insólita deixou-nos estupefatos. Vozes de todos os lados protestaram, voltando a serenidade e o bom senso a dominarem o ambiente.

Poucos minutos mais durou a reunião. Autorizados pelo ministro, os generais Muricy e Syseno saíram para cumprir missões, aquele na Marinha e este último junto a Costa e Silva, que não o recebeu por já estar recolhido aos seus aposentos.

No dia seguinte, 13 de dezembro, o Conselho de Segurança Nacional, com apenas uma discordância – do vice-presidente Pedro Aleixo –, aprovou o Ato Institucional nº 5, logo decretado pelo presidente Costa e Silva.

Ao aproximar-se março de 1969, os militares da ativa que integraram o governo Costa e Silva estavam obrigados por lei a abandonar os cargos ou a ser transferidos para a reserva do Exército. Eram exatamente as posições dos ministros general Afonso de Albuquerque Lima e coronel Mario Andreazza. Este solicitara passagem para a reserva, entretanto, o general Afonso, demonstrando vontade de retomar sua carreira militar, apresentou ao presidente pedido de exoneração no qual alegou, também, discordância da política econômico-financeira do governo.

O caso do general Afonso merece análise mais profunda, o que não caberá aqui; todavia, posso dizer que seus amigos, com maior destaque seu Chefe-de-Gabinete, jornalista Porto Sobrinho, empenharam-se na defesa da tese de que o cargo de Ministro do Interior fosse considerado de interesse da Segurança Nacional. Poderia assim o general permanecer no cargo e no Exército ativo. O presidente Costa e Silva não aceitou a tese e atendeu ao pedido de demissão do ministro.

Do meu ponto de vista, o general Afonso considerava-se um candidato em potencial para substituir Costa e Silva. Pretendia, pois, enfrentar a luta pelo cargo, se possível como militar e ministro, porém, se não realizável esta condição, preferiria desligar-se da posição de ministro e arrostar a campanha apenas como militar – área em que, pelos seus inegáveis méritos e valor histórico revolucionário, possuía, na realidade, grande prestígio.

A esta altura dos acontecimentos, já se delineavam no seio da Revolução três grupos militares, de tendências e aspirações diferentes: o grupo castelista, de inclinações liberais centro-esquerdistas, em que se destacavam os generais Cordeiro de Farias, Ernesto Geisel e Golbery, homens em geral ligados à Escola Superior de Guerra, onde iam buscar as bases de suas atividades; o nacionalista, de fortes tinturas socialistas com Afonso de Albuquerque Lima, Euler Bentes Monteiro e outros generais, dispondo, segundo se dizia, da valiosa simpatia de Juarez Távora; e finalmente o grupo ortodoxo, conservador sem ser imobilista, fiel às teses do Movimento de 1964 e que tinha na sua liderança a figura dominante de Costa e Silva.

Assumi, nos últimos dias de fevereiro de 1969, ainda como general-de-brigada, o Comando da 1ª Região Militar. Foi praticamente uma determinação do presidente Costa e Silva. Ia iniciar-se a violenta e lamentável incrementação da luta aberta contra a subversão, provocada pelos próprios comunistas com seqüestros, assassínios e tentativas de criação de áreas liberadas no Norte e Nordeste.

Todo o peso dessa difícil fase caiu sobre os Exércitos, que atuavam em áreas extensas sem uma organização adequada para combater a guerra revolucionária.

Desgastado pelas pesadas tarefas administrativas e reações políticas, mortificado com as contrariedades que lhe causavam as injustas imputações partidas até de amigos, o presidente adoece repentinamente em fins de agosto. Agravando-se sua enfermidade, desloca-se para o Rio de Janeiro, onde ilustres médicos diagnosticam trombose cerebral para a doença que o acometera. Considerado temporariamente incapaz para exercer o cargo, uma junta constituída dos três ministros militares, com base no Ato Institucional nº 12, passa a desempenhar as suas funções até, logicamente, o restabelecimento de Costa e Silva.

O AI-12 estabelece um perigoso período de temporariedade de governo, propiciando, assim, campo aberto às lutas pela sucessão, que infelizmente já vinham ocorrendo, sórdida e surdamente, nos bastidores militares e nos gabinetes políticos. Todos ambicionavam o poder, para si ou para o seu grupo, sem o mínimo respeito pelo chefe moribundo que fora o homem forte da Revolução. Nem a comiseração cristã sensibilizou seus amigos "diletos" para visitá-lo ou ir ao palácio saber notícias suas. E ali estiveram muitas vezes a incensá-lo delirantemente. Os seus inimigos valeram-se de sua agônica imobilidade para espicaçá-lo como abutres sobre o leão estertorante.

Costa e Silva, de fato, não poderia fazer mais nada por eles ou contra eles!

Por que então dar-lhe provas de estima ou denotar temê-lo?

Houve generais que prometeram cargos no seu futuro governo e alguns outros cambalhancharam votos e adesões sem se pejarem de os estar pedindo a subordinados. Enquanto isso Costa e Silva lentamente deixava a vida.

É esse o caminhar velhaco e tortuoso dos homens, porém, desejaria que o nosso Exército não marchasse deste modo.

O pragmatismo, com sua obstinada afirmação de que só é verdadeiro aquilo que é útil, naquela época, já estava banindo da mentalidade militar as concepções idealistas de honra, devoção à Pátria, espírito de corpo e tantas outras que nos fizeram moralmente fortes e respeitados pelo nosso povo.

Os prognósticos dos médicos sobre a recuperação de Costa e Silva eram muito sombrios quanto à possibilidade de ocorrer a curto prazo e de forma integral.

Tomaram, então, as Forças Armadas a decisão de substituí-lo na presidência.

O Ministro do Exército, visando a conhecer a opinião dos generais sobre os papáveis para presidente, determinou que essas informações fossem colhidas pelos comandantes de Áreas, proibindo que seu nome viesse entre os dos cogitados.

Num encontro preliminar em que o general Antonio Carlos da Silva Muricy transmitiu essa orientação aos generais da Guarnição do Rio de Janeiro, os partidários do general Afonso pretenderam que as sondagens se estendessem aos oficiais para caracterizar bem a vontade do Exército. O próprio general Afonso defendeu esta tese à qual me opus incisivamente, por julgá-la, de muitos ângulos, inaceitável.

O general Syseno Sarmento realizou no I Exército a contagem das menções aos escolhidos, apresentando cada general opinante três nomes. Dos dezesseis generais participantes, doze foram favoráveis ao general Emílio Garrastazu Médici. De modo geral, esta preferência manteve-se nas diversas guarnições.[4]

4. Na realidade, foram onze votos favoráveis ao general Médici. Ver Anexo.

Definida a escolha do general Médici, agitaram-se os seus oponentes, em particular os do grupo do general Afonso – o mais forte deles – que tencionavam tumultuar e contestar os resultados da apuração feita, sugerindo uma consulta ao que chamavam de bases, isto é, à oficialidade.

No I Exército, creio que sem autorização do ministro, essa contagem foi realizada e embora não houvesse acentuada predominância de um nome sobre outro, era de justiça reconhecer-se que forte corrente de oficiais mais jovens mostrara-se favorável ao general Afonso de Albuquerque Lima.

Não permiti esse tipo de manifestação na 1ª Região Militar. Reuni os oficiais e disse-lhes que eu falaria por todos, porquanto conhecia melhor os meus colegas generais do que eles. Estaria em condições mais favoráveis, por isso, de aquilatar seus méritos e deméritos com maiores probabilidades de acerto. A par desse argumento considerava tal procedimento incompatível com as normas de disciplina e da hierarquia, além de deteriorante do prestígio dos chefes.

Uma grande unidade do Exército não podia ser equiparada, nem pelo absurdo, a uma seção eleitoral.

Coloquei-me decisivamente ao lado do general Médici, cujo desprendimento e serenidade tornavam-no merecedor da confiança dos que ansiavam pela normalidade para prosseguimento da Revolução. Procurei outros generais que assim pensavam, sendo imperativo realçar o apoio que nos deu, naqueles momentos difíceis, o meu amigo general Tasso Vilar de Aquino – comandante da antiga Divisão Blindada – para calar as exaltações dos inconformados e mostrar que resultaria inócua qualquer tentativa de conturbar a ordem pública.

O general Emílio Garrastazu Médici toma posse no cargo de Presidente da República em 20 de outubro de 1969; menos de dois meses depois, falece o segundo presidente da Revolução – marechal Arthur da Costa e Silva.

Permaneci no Comando da 1ª Região Militar, afora alguns períodos de interinidade no escalão superior, até julho de 1972, quando, promovido ao posto de general-de-exército, fui nomeado Comandante do I Exército.

O governo do general Médici teve a penosa e arriscada missão de enfrentar a subversão em sua fase agressiva e de maior periculosidade. Foi uma tarefa tão embaraçosa quanto complexa. Embaraçosa porque nos deparávamos constantemente com jovens de aparência serena que guardavam almas de lobos, surpreendendo-nos a todo instante com um fanatismo feroz. Complexa, visto que a diversidade de processos de ação, tipos de atuantes, forma do reagir à prisão e aos interrogatórios etc. não nos permitiam padronizar métodos de combate ou de investigações num campo em que carecíamos de experiência e no qual a estrutura e os ensinamentos da guerra convencional, apesar de não se revelarem nulos, eram, no entanto, deficientes e inadequados à luta contra indivíduos formados e exercitados nos melhores centros – para não dizer focos – de subversão de mundo.

Foi o período do confronto aberto entre duas filosofias de vida, entre duas doutrinas antípodas que não se davam quartel. Foi o choque entre duas mentalidades que não podiam, nem podem, conviver entre si. Foi, finalmente, a Guerra das Convicções, em que os homens dizimavam-se por ideais.

As guerras trazem, em suas conseqüências, a imediata desvalorização da pessoa humana, decorrência que se evidencia cruel nas de caráter ideológico.

Desde épocas anteriores às matanças de Jerusalém,[5] nos longínquos dois primeiros séculos da Era Cristã, até os atuais morticínios do moderno Irã, passando pelos genocídios de Nagasaki e Hiroxima, a humanidade, a cada cem anos, insiste em comprovar essa asserção.

Para enfrentar subversivos obstinados ao fanatismo que se rocavam livremente de um extremo a outro do país e lutavam por consciência, não era concebível empregar as polícias militares e federal, as primeiras restringidas às áreas estaduais, e ambas, além de despreparadas cívica e profissionalmente para esses tipos de missões, reconhecidamente vulneráveis sob vários aspectos tidos como essenciais.

Conheço profundamente o mundo das informações e seus tortuosos subterrâneos e asseguro que naquela época – quiçá ainda hoje – as únicas organizações capazes de obter êxito nessa luta eram as Forças Armadas.

Não faltava aos seus integrantes consciência da gravidade do momento em que estavam em jogo os destinos da Nação brasileira; tinham formação cívica, bravura e entusiasmo para sustentar o combate e pensavam mais na Pátria do que em si mesmos. Necessitavam, apenas, de uma estrutura administrativa que se ajustasse às características da guerra revolucionária, porquanto a experiência eles a adquiririam no entrevero.

Os chefes deram-lhes, então, os Centro de Operações da Defesa Interna e o Destacamento de Operações de Informações. A subversão foi contida e quase extinta.

Eis, aí, a verdadeira causa da revoltante e acirrada campanha feita, por inspiração comunista, contra esses dois órgãos de segurança – a subversão estertorava. Era e é, pois, o seu objetivo prioritário extingui-los no mais curto prazo.

Ninguém pode assegurar que, numa luta de morte como a que foi travada, não tenha havido violência, porque violência gera violência. Porém, querer atribuir-lhe um caráter sistemático e geral é imputação caluniosa e desmoralizadora, de orientação marxista – o que se pode verificar pela documentação apreendida e declarações de próprios subversivos presos.

Visa a conquistar a opinião pública e homens de boa-fé para pressionarem as autoridades federais a dissolverem esses órgãos ou substituírem-nos por outros.

---

5. As destruições de Jerusalém nos anos 70 e 135 d.C. foram verdadeiras carnificinas praticadas pelos romanos. A ferocidade dos vencedores e o desprezo pela vida dos vencidos estão bem fixados por Cesar Cantú em *História universal*, vol.3, 1876, p.161-4.

Os argumentos jorram dos "bem-intencionados", alegando que essa missão não é adequada ao Exército nem lhe cabe, sugerindo seja entregue às polícias.

Mas como entregar às polícias militares e federal esta incumbência, se elas não conseguem acabar com o "jogo do bicho", os assaltos às organizações, residências e transeuntes, o contrabando, as redes de tóxico e a corrupção, da qual também se ressentem?

Se não conseguem assegurar aos cidadãos os direitos concernentes à vida, à liberdade, à segurança e à propriedade – prerrogativas constitucionais –, isto é, dar-lhes a segurança pública, como pedir-lhes que tomem o encargo da segurança interna que é a do regime?

A solução não está na extinção dos dois órgãos citados nem em torná-los inócuos. Reside no rigoroso e diuturno controle de todas as suas atividades, para evitar eventuais excessos, porque as coletividades podem, não obstante cuidadosa seleção, agasalhar insanos, que imperativamente devem ser afastados.

É, portanto, uma questão de chefes e, nunca, de executantes.

O Exército norte-americano não foi dissolvido em vista das violências praticadas por homens que vestiam sua farda. Puniu-os exemplarmente, desde o tenente do Vietnã ao impetuoso general das forças blindadas.[6] O nosso Exército tem vivido casos semelhantes e soube expurgar os indesejáveis, sem escândalos ou publicidade. Era problema nosso!

E as nossas polícias militares e civis, em que há casos de violência e abusos de autoridade? Qual a solução? Punir os responsáveis? Extinguir as polícias?

Por que, então, desmantelar uma estrutura que se mostrou eficiente na luta contra o Marxismo?

Para agradar os marxistas? Ansiosos estão eles que isso ocorra.

Numa época em que todas as nações do mundo procuram aperfeiçoar e fortalecer os seus sistemas de segurança interna para evitar as revoluções e outros tipos de ações subversivas, como mui acertadamente reconhece o eminente professor Paulo Bonavides, ao dizer "O resultado foi este: o aprimoramento em todos os países dos órgãos nacionais de segurança para salvaguarda do *status quo* político social",[7] tenta-se insistente e maliciosamente incutir na mente popular a idéia de que esses órgãos são perniciosos e devem ser extintos.

E, um governo, comprometido espiritualmente com as correntes de esquerda, como foi o do general Ernesto Geisel, não hesitou em tentá-lo em todas as ocasiões julgadas

6. Referência ao tenente William Calley Jr., condenado como responsável pelo massacre de civis na aldeia vietnamita de My Lai, em 1968, durante a Guerra do Vietnã, e ao general George Smith Patton, punido com retratação pública perante a tropa sob seu comando, por ter esbofeteado um soldado dominado por uma crise de pânico, em 1943, durante a Segunda Guerra Mundial. (N.R.)

7. Paulo Bonavides. *Ciência política*. 4ª ed. Rio de Janeiro: Forense, 1978, p.507.

favoráveis. Embora não o tenha conseguido, no entanto, enfraqueceu o sistema de segurança, com o auxílio dos inocentes úteis, ainda que eu me esforçasse para evitá-lo.

Contudo, as pressões continuam nesse sentido, praticando o governo uma temeridade caso, numa erupção demagógica, venha a ceder.

Sem necessidade de mencionar muitos exemplos no mundo atual, basta, para convencer os bem-intencionados, relembrar a conquista do Oriente Médio pela KGB após o debilitamento da CIA, circunstância unanimemente admitida pelos observadores políticos que especificamente focalizam o assunto.

Foram esses oficiais – em maioria esmagadora tenentes, capitães e majores – que, secundados por seus destemidos sargentos, constituíram os primeiros escalões dos heróicos lidadores que afrontaram os grupos terroristas, respondendo fogo com fogo, violência com violência porque somente este é o diálogo que os marxistas entendem. Dei-lhes ordem que, se recebidos à bala, não recuassem, reagindo sempre no mesmo diapasão; quando agredidos a réplica teria que ser igual.

O Exército não guardaria – nem guardará – afrontas, revidando-as logo.

Entretanto, fiz-lhes ver que não admitiria, sob nenhum pretexto, que se maltratasse um preso, e que castigaria severamente quem o fizesse. O homem detido estava indefeso, constituindo uma covardia, uma baixeza, seviciá-lo ou torturá-lo. Não poderíamos, como cristãos e democratas, adotar procedimentos desumanos.

A substituição do general Médici foi pacífica e precedida sob orientação e escolha do próprio presidente.

O general Ernesto Geisel assumia a presidência em março de 1974, nomeando Ministro do Exército o general-de-exército Vicente de Paula Dale Coutinho. Na mesma data fui pelo novo presidente designado Chefe do Estado-Maior do Exército.

Sempre voltado para o Exército, merecendo de meus colegas e subordinados o conceito de "troupier", do qual muito me honrava, porquanto era na eficiência da tropa, no seu aperfeiçoamento, instalações e condições de vida que todos nós militares deveríamos pensar com prioridade, sentia-me plenamente realizado com a designação para uma comissão, considerada por mim o mais alto cargo militar da força terrestre.

Todavia, não encerraria nestas funções a minha vida militar, pois o destino reservar-me-ia uma árdua e ingrata tarefa. Dois meses depois de ter assumido o cargo, com o falecimento de meu amigo general Dale Coutinho, fui convidado e nomeado para substituí-lo.

Iria penetrar num ambiente desconhecido, envolvido nas névoas do pragmatismo, em que pululavam os casuísmos, e no qual a verdade e a mentira confundiam-se na mesma versão deformada da realidade comprometedora.

MINISTÉRIO DO EXÉRCITO

1969

Syzeno - 12
Médice - 11
Lyra - 8 - (nove no desempate)
Afonso - 8 (~~nove~~ sete no desempate)

Itiberê -: Syzeno - Lyra - Médice.
Syzeno -: Lyra - Médice - Mamede.
Costilho -: Afonso - Euler - Syzeno.
Frota -: Lyra - Médice - Syzeno.
Azevedo -: Lyra - Medice - Syzeno.
Edmundo -: Afonso - Syzeno - Lyra.
Argos -: Afonso - Euler - Médice
C. Alberto -: Afonso - Syzeno - Médice
Mendonça Lima -: Afonso. Geisel - Médice
Gentil -: Syzeno - Médice - Murici
Cardoso - Lyra - Syzeno - Murici.
Montagna - Afonso - Euler - Lyra.
Adaucto - Afonso - Euler - Costilhos.
Cid - Afonso - Medice - Syzeno
Tasso :- Lyra - Médici - Syzeno.
Ferraro - Medice - Syzeno - Geisel.

General	Unidade do I Exército	Votação (em ordem de preferência)
Syseno	Comando I Exército	Lyra - Médici - Mamede
Frota	1ª Reg. Militar	Lyra - Médici - Syseno
Edmundo	1ª Reg. Militar	Afonso - Syseno - Lyra
Montagna	1ª Reg. Militar	Afonso - Euler - Lyra
Itiberê	4ª Reg. Militar	Syseno - Lyra - Médici
Cardoso	4ª Reg. Militar	Lyra - Syseno - Murici
Cid	4ª Reg. Militar	Afonso - Médici - Syseno
Castilho	1ª Div. Exército	Afonso - Euler - Syseno
Adauto	1ª Div. Exército	Afonso - Euler - Castilho
Argos	1ª Div. Exército	Afonso - Euler - Médici
Tasso	1ª Div. Exército	Lyra - Médici - Syseno
Gentil	1ª Div. Exército	Syseno - Médici - Murici
Mend. Lima	1ª Div. Exército	Afonso - Geisel - Médici
C. Alberto	1ª Div. Exército	Afonso - Syseno - Médici
Azevedo	1ª Div. Exército	Lyra - Médici - Syseno
Ferraro	Pol. Mil. Guanabara	Médici - Syseno - Geisel

Resultado da votação:

1º – Médici – *11 votos*
2º – Syseno – *12 votos*[1]
3º – Lyra – *8 votos (9 no desempate)*
4º – Afonso – *8 votos (7 no desempate)*
5º – Euler – *4 votos*

1. O autor equivoucou-se na soma dos votos feita na ocasião, tendo o general Syseno recebido, em realidade, onze votos.

PARTE II

À frente do Ministério do Exército em 1974 e 1975: tempo de decepções

CAPÍTULO 7

A nomeação e os primeiros meses

Ao clarear do dia 24 de maio de 1974, bateram, insistentemente, à porta de minha residência. Era o coronel Pedro Luiz de Araújo Braga, oficial de meu Estado-Maior, que, perturbado, disse-me:

— General, uma grave notícia! O ministro está passando muito mal! não se emocione!

Pedi-lhe esclarecimentos e, então, julgando ultrapassado o choque emocional, revelou:

— O ministro Coutinho acaba de falecer!

Dirigi-me, imediatamente, à sua casa e encontrei, ainda, o corpo de meu nobre amigo no leito em que caíra fulminado por um enfarte.

Procurei, a seguir, ligações com o palácio do Planalto, a fim de participar ao Presidente da República o triste evento e de receber de S.Excia. orientação sobre as medidas que, como substituto eventual do ministro, deveria tomar.

Ocupei, na interinidade, o cargo de Ministro do Exército, até o dia 27 daquele mês, quando, convidado pelo Presidente da República, nele fui efetivado.

Conhecia o general Ernesto Geisel de contatos eventuais – comuns na vida militar – sem, entretanto, com ele ter servido, permanentemente, em qualquer época ou lugar. Gozava, como referi linhas atrás, do conceito de homem inteligente, capaz e sensível aos diálogos na solução dos problemas administrativos. Todavia, a bem da verdade, é preciso mencionar que este juízo não era generalizado, visto que muitos colegas que o conheciam mais de perto julgavam-no homem vaidoso, prepotente e egoísta que usara sempre sua inteligência em proveito próprio. Não possuía, no entanto, motivos pessoais ou razões de consciência para negar ao seu governo a minha cooperação leal e desinteressada – que jamais lhe faltou – visando sobretudo ao engrandecimento do Exército.

Iniciei, portanto, minhas atividades ministeriais, esperançoso de concretizar, na prática, as idéias que expendera no meu discurso de posse no cargo de Chefe do Estado-Maior do Exército.

Os primeiros meses foram relativamente fáceis, visto que navegava, ainda, em águas bonançosas, embora, já em maio, o problema do reconhecimento da China Popular tivesse encapelado o mar. Tratarei deste assunto mais adiante. O presidente, em cuja sinceridade cria, nos despachos, concordou e elogiou minha preocupação de conhecer, pessoalmente, as guarnições do Exército, por mais longínquas que estivessem localizadas, levantando *in loco* suas necessidades prementes. Manifestou, nesta ocasião, sua discordância com o procedimento de muitos chefes militares que se encasulavam em seus gabinetes, divorciando-se da realidade e decidindo, apenas, à base de informações. Aprovou a idéia de uma revisão na organização do Exército de modo a aumentar-lhe a operacionalidade.

Mostrei-lhe os difíceis problemas surgidos, nos quartéis, com a diluição de efetivos pelos corpos de tropa, fruto pernicioso da criação de organizações militares, talvez à revelia da lei, sem os correspondentes efetivos. Citei-lhe exemplos concretos, colhidos em minha recente passagem pelo Comando do I Exército. Era imprescindível, por conseguinte, se fizesse um reajustamento de efetivos, que traria, além da vantagem do recompletamento das unidades, um acréscimo de vagas que permitisse facilitar o acesso dos oficiais e sargentos, resolvendo – apesar de provisoriamente – o problema das promoções. Propus fosse chamada esta reestruturação de Legalização dos Efetivos.

Sensibilizou-se, o presidente, com a argumentação, e prometeu examinar o assunto, quando lhe chegasse às mãos a minha proposta. Divergiu, porém, do título por admitir que insinuava a existência de anterior ilegalidade.

Após alguns meses de exaustivos trabalhos, o Estado-Maior do Exército, sob orientação do seu inteligente e devotado chefe, general-de-exército Fritz de Azevedo Manso, chegou à ilação, aliás muito judiciosa, de que, em face da falta de recursos e da insuficiência de estrutura, a reorganização das unidades do Exército deveria ocorrer em três fases, consistindo a primeira no encargo de prover as existentes, dentro de um planejamento específico, do pessoal e material indispensáveis ao integral cumprimento de qualquer missão de guerra. No decorrer deste trabalho surgiu como evidente – pela discordância dos elementos colhidos em vários setores – a necessidade de ser implantado um sistema de computação para o Exército, visando à simplicidade, rapidez e credibilidade das coletas de dados, realizadas até aquela época por anacrônicos processos.

1. Exposição sobre a Revolução, em meados de 1964. A partir da esquerda: o autor, na época coronel (Chefe de Estado-Maior da Divisão Blindada), general José Horácio da Cunha Garcia (Comandante da Divisão Blindada), general Otacílio Terra Ururahy (Comandante do I Exército), coronel Arnaldo José Luiz Calderari e general Orlando Geisel.

2. A partir da esquerda: o autor com os generais Amaury Kruel (Comandante do II Exército) e Manoel de Carvalho Lisboa (Comandante da 9ª Região Militar), durante manobras em Mato Grosso, em 1965.

3. *O autor, como Comandante da Divisão Blindada, em 1966, cumprimentando o presidente Castelo Branco. Mais à esquerda, o general Ernesto Geisel, então Chefe da Casa Militar.*

4. *O autor, então Chefe-de-Gabinete do ministro, secretariando uma reunião do Alto Comando do Exército, em 1967. Na cabeceira da mesa, o ministro Aurélio de Lyra Tavares.*

5. *Passagem da Chefia de Gabinete do ministro, do autor para o general Calderari, presidida pelo ministro Lyra Tavares, em 1969. À esquerda, o general Adalberto Pereira dos Santos (Comandante do* I *Exército).*

6. *O autor com o general Orlando Geisel (Ministro do Exército), em 1970.*

7. O autor, quando Comandante da 1ª Região Militar, em 1970, com o deputado Amaral Netto.

8. O autor com o general Syseno Sarmento (Comandante do I Exército), em 1971. Aparecem também os generais Argus Lima (à esquerda) e Fritz de Azevedo Manso (à direita).

9. *O autor assumindo o Comando do I Exército, em 17 de fevereiro de 1972, em solenidade presidida pelo ministro Orlando Geisel (ao centro). O comando foi recebido do general João Bina Machado (à esquerda).*

10. *O autor entre os generais Fritz (à esquerda) e Carlos Alberto Cabral Ribeiro (à direita), em junho de 1972.*

11. O autor com o general Ernesto Geisel, à época presidente da Petrobras, em 1973.

12. A partir da esquerda: almirante Joaquim Américo dos Santos Lobo (Comandante do 1º Distrito Naval), o autor (Comandante do I Exército), cardeal D. Eugênio Sales, sr. Chagas Freitas (governador do estado da Guanabara), sr. Raimundo Padilha (governador do estado do Rio de Janeiro) e o brigadeiro Faber Cintra (Comandante da 3ª Zona Aérea), em solenidade em 1973.

13. Passagem do Comando do I Exército, do autor para o general Reynaldo Mello de Almeida (à direita), presidida pelo general Vicente de Paula Dale Coutinho (Ministro do Exército, ao centro), em 5 de abril de 1974.

14. Assunção do cargo de Chefe do Estado-Maior do Exército pelo autor, em 19 de abril de 1974.

***15.** Entrega da espada, pelo autor, ao general Adyr Fiuza de Castro, recém-promovido, em 22 de abril de 1974.*

***16.** A partir da esquerda: o ex-presidente Médici, o vice-presidente Adalberto Pereira dos Santos, o ministro Dale Coutinho e o autor, em solenidade no Ministério do Exército, em maio de 1974.*

O reajustamento de efetivos, submetido ao exame da Secretaria de Planejamento com o objetivo de compatibilizar as novas despesas com os gastos do orçamento, foi, finalmente, aprovado pelo Congresso, legalizando a situação esdrúxula em que vivíamos, com numerosos agregados no Exército e muitos claros em quase todas as organizações militares, forçando oficiais e sargentos ao desempenho de até três funções simultaneamente, com sérios prejuízos, em particular, para a instrução e o adestramento da tropa e dos quadros. A sanção da lei trouxe, também, um relativo desafogo nas promoções.

Todavia, os postos de capitães e subalternos ressentiam-se da falta de oficiais, o que tornava obrigatória a convocação de oficiais da reserva. Este problema e o do estrangulamento do fluxo de carreira, que não podia estar sujeito a impulsos dados por eventuais promoções, exigiam uma solução definitiva calcada em racional planejamento, adequado às condições da Força Terrestre.

Pensou-se na criação de um Quadro Complementar de Oficiais, providência já adotada, com êxito, em outros exércitos.

Defendi a idéia junto ao presidente e, com sua aquiescência, começou o EME a elaborar um projeto daquele quadro, medida considerada básica no conjunto de outras destinadas a resolver aqueles angustiantes problemas. Documento de relevante importância, o decreto que condensava em lei todos os estudos feitos foi levado ao palácio do Planalto e, sob estapafúrdias restrições, arquivado. Providências paliativas, em caráter de emergência, vinham, até outubro de 1977, sendo impostas, protelando a resolução de uma questão vital para o Exército. Como paliar tem sido um dos verbos mais conjugados pelos responsáveis pela atual administração federal, não me surpreendo, hoje, com o que aconteceu. Destino idêntico teve o projeto do Fundo de Assistência Médica e Social do Exército, que esbarrava sempre em argumentos de contenção de despesa, manobrados, de acordo com as conveniências do governo, pela Secretaria do Planejamento.

CAPÍTULO 8

O reconhecimento da República Popular da China

Acho oportuno abordar, agora, a questão do estabelecimento das relações diplomáticas entre o Brasil e a República Popular da China. O assunto veio ao meu conhecimento quando exercia ainda a chefia do EME, através de documento do Conselho de Segurança Nacional, datado de 9 de abril de 1974, o qual solicitava, dada minha qualidade de membro deste Conselho, parecer sobre Exposição de Motivos do Ministro das Relações Exteriores, propondo fossem assentadas aquelas relações.

A matéria, considerando a sua excepcional importância, foi estudada sob minha orientação direta, usando-se nesse trabalho os numerosos dados e informações existentes na Segunda Seção do EME. A pesquisa reavivou argumentos invocados por ocasião do reatamento das relações diplomáticas com outra grande potência marxista para fundamentar, naquela época, como imprescindível a uma nova era da economia brasileira, o reatamento desejado. As estatísticas, no entanto, delineando, em maio de 1974, uma ameaça de estagnação neste intercâmbio mercantil, mostravam a falibilidade desse otimismo.

Não foram esquecidas neste exame as condições peculiares ao comércio com os países socialistas, sempre interessados em negociar, de governo a governo, de preferência na exportação de bens de capital, visando ao "séquito de técnicos", fórmula já desmascarada de infiltrar agentes de espionagem. O choque de valores culturais entre as duas nações, a ingerência chinesa, mais ou menos velada, de acordo com a conjuntura internacional, na política de outros países e a obstinada e impertinente exigência do rompimento com a China Nacionalista, provocando um problema com Formosa, com quem mantínhamos excelentes relações – comerciais e políticas – mereceram especial atenção.

Nenhum ângulo da questão ficou fora de foco. A grande responsabilidade para com o regime democrático levou a apreciação dos aspectos de expansão dos quase 900 milhões de chineses, em busca de vazios de ecúmenos e de domínio político, carreando para áreas cobiçadas da África negra, e, talvez, da América do Sul, o marxismo, transformado em fanática religião maoísta. Mostraram-se aí os benefícios para a segurança interna em conservar, no país, as representações da República da China, que atuariam – em virtude de seu antagonismo ideológico com os chineses de Pequim – como rigorosos vigilantes do comportamento destes últimos.

Não podíamos, por outro lado, prescindir de uma análise do panorama sociocultural da República Popular da China, então sob o férreo domínio de Mao Tsé-Tung, coadjuvado pela fanática "camarilha dos quatro", da qual era predominante figura sua esposa Chiang Ching.

Naquela época de plena efervescência da Revolução Cultural – em que foram mortos e perseguidos mais de 800 mil chineses – a maioria dos países do mundo ocidental isolava-se da China comunista, cujo sectarismo repelia até a própria Rússia, como tolerante revisionista dos puros princípios de Marx.

Com base neste longo e profundo estudo, não poderia ser outro o parecer do Chefe do Estado-Maior do Exército, condensado em apenas quatro folhas e contrário, na conjuntura em que vivíamos, à proposta do Ministro das Relações Exteriores.

Realmente, além de tudo, parecia-nos paradoxal – a mim e a meus oficiais de Estado-Maior – uma política que, definida como "ecumênica e pragmática",[1] aceitasse condições contundentes à nossa soberania para o estabelecimento de tais relações com a República Popular da China. Se era ecumênica, estava caracterizada como universal; por que motivo, então, excluir dela a China de Formosa? Se era pragmática – empregado o termo em sua acepção de que só é verdadeiro o que é útil – mais uma razão para manter as ligações com Taipé, visto que, no confronto dos intercâmbios comerciais entre as duas nações orientais, no qüinqüênio de 1969 a 1973, havia um saldo de 4,9 milhões de dólares em favor da China de Formosa.

---

1. Discurso do ministro Azeredo da Silveira saudando o vice-ministro do Comércio Exterior da República Popular da China, sr. Chen Chien, em 8/8/1974, in *Resenha da Política Exterior do Brasil*, ano 1, n.II, Ministério das Relações Exteriores, p.17.

Acredito que, em vista mesmo desta orientação político-ecumênica e pragmática – e do firme propósito governamental de relacionar-se diplomaticamente à República Popular da China – o mais vantajoso seria não alijar o governo de Taipé.

Esta atitude, entretanto, não era admitida por Pequim, como se depreende das palavras do vice-ministro Chen Chien, no seu discurso de 15 de agosto de 1974, no palácio Itamaraty:[2] "A Província de Taiwan é parte inalienável do território da República Popular da China. E esta posição nossa tem obtido a aceitação e o reconhecimento de um número crescente de países no mundo inteiro. Até agora há no total noventa e sete países que já estabeleceram relações diplomáticas com a China e mais de cento e cinqüenta países e regiões que mantêm conosco intercâmbio comercial. Temos amigos por toda parte."

No mesmo dia, o chanceler brasileiro declarava em seu discurso:[3] "Fundamos nosso relacionamento nos princípios de respeito mútuo à soberania e de não-intervenção nos assuntos internos do outro país", reafirmando o que dissera em 8 de agosto de 1974, durante o almoço oferecido ao vice-ministro do governo chinês que, nesta ocasião, defendeu os mesmos princípios.[4]

Estávamos diante de uma comédia de afirmações. Os representantes dos dois governos asseveravam respeitar a soberania alheia e não intervir nos negócios internos do outro país, contudo o chinês exigia, em troca do estabelecimento de relações diplomáticas, o imediato rompimento com Formosa, e o brasileiro aceitava esta imposição, causando, do meu ponto de vista, fortes arranhões em nossa soberania. Os responsáveis pelas negociações alardeavam estar o Brasil praticando um ato de soberania, mas esta não podia ser invocada como respaldo, pois jamais tinha sido contestada. Ferida ficou, ainda em minha opinião, a partir daquele ato diplomático, curvando-se à exigência chinesa.

O parecer do Chefe do Estado-Maior do Exército foi remetido ao presidente do Conselho de Segurança Nacional e, em cópia, ao Ministro do Exército, como informação, tudo a 8 de maio de 1974. Entendi-me com o general Dale Coutinho sobre tão delicado problema, estando ele absolutamente acorde com o que dissera no parecer. Sugeria, apenas, ressalvasse o direito do presidente, de quem era amigo, de decidir. Mostrei-lhe ser isso desnecessário, mas que poderia acrescentar uma locução ressaltando aquele direito, sem contudo modificar – um mínimo que fosse – minha opinião contrária ao estabelecimento das relações diplomáticas, particularmente nas condições propostas.[5]

2. Ibid., p.22. Discurso de Chen Chien.
3. Ibid., p.21. Discurso de Azeredo da Silveira.
4. Ibid., p.19-20. Discurso de Azeredo da Silveira.
5. Ver Anexo A.

Em julho de 1974, já ministro, procurou-me o general Hugo Abreu – Chefe da Casa Militar do governo Geisel. Vinha a mando do presidente para tratar da questão relacionada à República Popular da China. Disse-me, então, que aquele parecer fora considerado por demais incisivo, na manifestação contrária ao estabelecimento das relações diplomáticas com o governo de Pequim. Transmitiu-me o desejo do presidente de concretizar estas relações, alegando tratar-se de uma nação de 900 milhões de habitantes, potencial fabuloso que, explorado comercialmente, traria poderoso impulso às nossas exportações e importações. Frisou, enfaticamente, que eu, como ministro, pertencia agora à equipe de governo do presidente e não poderia, portanto, contrariá-lo desta forma.

Perguntei-lhe se tinha outros dados concretos a fornecer-me, porque pretendia manter, na posição de ministro, toda coerência com a que adotara no Estado-Maior do Exército. Acrescentei, a seguir, que sempre vira a discordância, fundamentada e respeitosamente apresentada, como uma forma construtiva de cooperação. Pernicioso para mim era o assentimento sistemático e lisonjeiro. O presidente poderia tomar a deliberação de reconhecer a República Popular da China não obstante o meu e outros pareceres discordantes, em face de ser de sua inteira responsabilidade tomar tal decisão, sem que pretensas suscetibilidades fossem atingidas.

Argumentou o general Hugo Abreu, em vista da minha irredutibilidade de substituir o documento, que eu quebrasse, ao menos, a rigidez da parte final do existente, apondo-lhe uma frase – uma "janelinha", para ser fiel ao diálogo – por onde pudesse o presidente sair. Tratava-se da mesma objeção do ministro Coutinho.

Considerava o general Hugo Abreu meu amigo e retribuía-lhe, com sinceridade, a amizade. Soldado disciplinado, com reais serviços prestados à Pátria nos campos de batalha da península itálica, onde se destacou pela coragem e eficiência profissional, fora meu subordinado, quando comandava ele a atual Brigada Pára-quedista e eu o I Exército.

Tinha-o em elevado conceito. Estou hoje convencido de que o presidente explorou ao máximo aquela amizade, enviando-o ao meu gabinete ministerial em todas as ocasiões difíceis. Prometi-lhe, pois, procurar uma solução que, confirmando integralmente meu pensamento, realçasse caber ao presidente a última palavra.

E assim foi feito, em Aviso de 16 de julho de 1974, endereçado ao Presidente da República.

Nesta ocasião, ao sair de um despacho presidencial, contou-me um dos meus assistentes, que me acompanhara ao palácio do Planalto, ter ouvido textualmente do secretário particular do Presidente da República, Heitor Aquino Ferreira, a seguinte frase, referente ao tema sobre o qual discorremos: "Por causa destes milicos de... (aqui foi proferida a famosa palavra do general Cambronne) não poderemos fazer relações com Cuba!" Este estado de espírito do secretário particular do presidente evidenciou-se, também, em um bilhete encontrado pelo chefe da Agência Central do SNI, em sua mesa de trabalho, no qual aquele mesmo senhor, pelos mesmos motivos, dirigindo-se a um oficial, tachava de tacanhos os militares. Narrou-me o fato o próprio chefe da Agência Central.

Não tive mais conhecimento deste assunto, nem participei de qualquer ato oficial que se relacionasse com o estabelecimento das relações diplomáticas com a República Popular da China, efetivado a 15 de agosto daquele ano. Depois disto, segundo difundiram, indignados, os chineses de Taipé, seus bens foram confiscados por nossas autoridades, a pedido do governo de Pequim, e entregues aos representantes da República Popular da China.[6]

Intensificava-se, no entanto, a penetração amarela no Brasil. Soube, mais tarde, pelo meu serviço de informações, que uma corrente imigratória clandestina, constituída de asiáticos orientais, fluía para o Brasil, mais particularmente para São Paulo, através da fronteira de uma nação amiga, no sul do continente. Tratava-se de uma organização internacional, especializada em ações deste tipo, que, com agentes, colocados no território do país amigo e no nosso, conduziam com êxito a penetração e fixação destes elementos.

Seriam todos estes clandestinos, na realidade, pacíficos foragidos da miséria e perseguição existentes nos países asiáticos, dominados pelo marxismo? Fica a pergunta aos interessados em respondê-la.

Em maio de 1978, atormentados por graves preocupações, os presidentes do Centro Social Chinês de São Paulo e da Câmara do Comércio e Indústria Chinesa do Brasil, dirigiram ao Presidente da República Federativa do Brasil um documento ostensivo no qual expressavam seus temores e intranqüilidade em face de notícias sobre o estabelecimento, em São Paulo, de um escritório comercial da República Popular da China.[7]

Ao ser exonerado do cargo de Ministro do Exército, dei difusão a uma nota dirigida aos meus comandados, em que aludia à questão do reconhecimento da República Popular da China. Muitos críticos – jornalistas e mesmo congressistas

---

6. Segundo informações que recebi de São Paulo, de fontes chinesas, confirmadas por elementos do Serviço de Informações, foram confiscados: 5 veículos, do embaixador e dos adidos militar e comercial, cônsules no Rio de Janeiro e em São Paulo. A residência do embaixador e a chancelaria tiveram o mesmo fim.

Em fins de 1978, a representação da China Nacionalista nos Estados Unidos, temerosa de que o reconhecimento da República Popular da China por esse país desse margem ao confisco de seus bens, transferiu-os para uma empresa sem fins lucrativos ligada aos chineses.

7. Informações do Centro Social Chinês de São Paulo. Ver Anexo B.

– agindo de boa-fé deram crédito a informações distorcidas ou falsas, lamentando não tivesse eu divulgado, no momento oportuno, minha discordância daquele ato, como se os ministros de Estado fossem obrigados a relatar, publicamente, seus despachos com o Presidente da República. Considerei tais manifestações frutos de interpretações precipitadas, inadequadas ao elevado conceito de que desfrutavam.

A imprensa exerce função de grande valor nas comunidades, informando-as dos acontecimentos; porém deve fazê-lo com equilíbrio, firmando-se na veracidade destes. A preocupação profissional – tida pelos jornalistas como importante – de divulgar notícias, em primeiro lugar, leva à difusão de ocorrências ainda não bem esclarecidas, as quais, muitas vezes, são, intencionalmente, propaladas por grupos que, deformando-as, visam a beneficiar seus interesses e a justificar comportamentos. A imprensa tem, no presente, a grande responsabilidade de formar e orientar a opinião pública e, no futuro, será, indubitavelmente, a mais perene fonte de construção da História; não pode, por isso, amesquinhar-se, sob impulsos emocionais, na transfiguração dos fatos e pessoas.

Há o direito de informar, mas há, também, o dever moral de informar corretamente.

ANEXO A

Parecer do Chefe do Estado-Maior do Exército sobre as relações diplomáticas com a República Popular da China

SECRETO

MINISTÉRIO DO EXÉRCITO

ESTADO-MAIOR DO EXÉRCITO

Brasília, DF, 08 de maio de 1974

Of nº 20 E2.1

Do Chefe do Estado-Maior do Exército

URGENTE

Ao Senhor Ministro do Exército

Assunto: Relações Diplomáticas com a REPÚBLICA POPULAR DA CHINA

REFERÊNCIA:
Of nº 302/AP, de 26 Abr 74, do Gab Min.

ANEXO:
Processo com 14 folhas.
Of nº 19 E2.1, de 08 Mai 74, do EME.

1. Restituo a V Exa a documentação anexa, que trata de proposta apresentada ao Exmo Sr Presidente da República pelo Ministério das Relações Exteriores, para o estabelecimento de relação diplomáticas com a REPÚBLICA POPULAR DA CHINA.

2. Havendo também recebido, na qualidade de membro do Conselho de Segurança Nacional, cópia da mencionada documentação para que me manifestasse a respeito, remeto a V Exa cópia do meu parecer, que foi escudado em estudos realizados pelo Alto Órgão que dirijo.

Gen Ex SYLVIO COUTO COELHO DA FROTA
Chefe do Estado-Maior do Exército

SECRETO

Of nº 19 E2.1

Brasília, DF

Em 08 de maio de 1974

Senhor Presidente

Honra-me V Exa submetendo à minha apreciação a Exposição de Motivos nº 6/110/920 (B-46) (E-33) Secreta,de 09 Abr 74, do Senhor Ministro de Estado das Relações Exteriores, que trata do estabelecimento de relações com a REPÚBLICA POPULAR DA CHINA .

2. O exame da matéria fez reviver em minha lembrança, data vênia, argumentos outrora apresentados para justificar o reatamento das relações diplomáticas com a UNIÃO SOVIÉTICA: fato de grande importância econômica, capaz de conduzir, pela via do comércio exterior, a economia brasileira a uma nova era. Passado, contudo, mais de um decênio daquele ato político, as estatísticas disponíveis parecem indicar um desequilíbrio nesse intercâmbio comercial, cuja persistência estagnará aquelas trocas encaradas, então, pelos otimistas, como fator decisivo para o nosso desenvolvimento .

3. Como é bastante conhecido, as negociações de governo a governo - e não entre particulares - impostas por Estados Socialistas , não só misturam como dão precedência a aspectos políticos. Às potências comunistas interessará, sempre, exportar sobretudo bens de capital, acompanhados da competente "assistência técnica" - roupagem sob a qual se escondem e agem, muitas vezes, agentes dos respectivos Serviços de Informações .

4. A REPÚBLICA POPULAR DA CHINA defende, indubitavelmente, valores que se constituem antítese dos valores de nossa cultura. Exporta a revolução comunista e ingere em assuntos internos de outros países, mais ou menos ostensivamente, conforme a conjuntura internacional ou nacional do Estado-alvo e consoante a própria es

A S Excia o Senhor
Gen Ex ERNESTO GEISEL
Presidente do Conselho de Segurança Nacional

SECRETO

tratégia do Movimento Comunista Internacional. Está intrínseca, na ideologia que propaga, a necessidade de, mesmo a longo prazo, arruinar e destruir, até o último vestígio, a sociedade humana, tal como a entendemos .

5. Consciente desta realidade - que pode estar mascarada desde 1969, mas latente e à espera do momento oportuno para se descobrir - julgo oportuno ressaltar, corroborando a assertiva acima, que no campo da Segurança Interna, os grupos de contestação ao regime que mais se têm destacado pela persistência e fanatismo de seus militantes são exatamente aqueles que seguem a orientação político-ideológica do mestre do comunismo chinês, verdadeiro deus de uma religião sincretizadamente professada por mais de 800 milhões de amarelos ansiosos por expandirem-se e ocuparem os vazios de ecúmeno, hoje já carentes no globo terrestre,mas ainda cobiçados, em especial, no BRASIL e na ÁFRICA NEGRA .

6. O estabelecimento de relações proposto fará emergir, para o nosso país, o problema de FORMOSA, com cujo governo mantemos longas, cordiais e profícuas relações, em todos os campos. Não parece, salvo melhor juízo, consultar aos interesses da Revolução Democrática Brasileira o atendimento à imposição de romper com uma CHINA para reconhecer a outra. Isto não seria um ato de soberania - soberania esta que não se precisa afirmar, porque não está sendo contestada .

7. A instalação de uma Embaixada da REPÚBLICA POPULAR DA CHINA em BRASÍLIA e de consulados em algumas Capitais de Estados facilitará a abertura de uma via de entrada de difícil fiscalização - pois que regida por instrumentos internacionais tolerantes - para a infiltração de pessoal, material de propaganda e de outras espécies, enfim, de idéias contrárias à nossa formação cristã e democrática. Para diminuir a desenvoltura de tal penetração, ter-se-iam que criar barreiras e canais de controle para a concessão de visto a imigrantes, turistas, membros de delegações esportivas e culturais, bem como limitar a lotação da Embaixada ao mínimo julgado suficiente para o desempenho de atividades diplomáticas. Estabelecidas as relações políticas e econômicas, tais medidas poderiam parecer inamistosas,bem como implicariam em emprego de efetivos de Segurança ponderáveis e gastos de vulto .

De qualquer forma, estaria aberta uma porta de fácil para a agressão cultural e ideológica,não só ao BRASIL como também a países sul-americanos limítrofes, em particular, ao URUGUAI, PARAGUAI e BOLÍVIA, os quais, por sua situação geopolítica, teriam que estar na rota do expansionismo vermelho, como etapas importantes para o domínio mundial .

8. Estas conjecturas,fruto de análise desapaixonada do problema, faço-as com apreço ao Comandante Supremo das Forças Armadas, preocupado também em compatibilizar os interesses econômicos com outros interesses nacionais .

Julgo, pois, prematura e desaconselhável, na atual conjuntura, a adoção da medida proposta pelo Ministério das Relações Exteriores.

Todavia, se os supremos interesses da Nação - definidos por V Exa, no judicioso confronto de fatores diversos - ditarem a necessidade de tal ato político, será imperioso revestí-lo das medidas acauteladoras adequadas para que os perigos que acarretará sejam devidamente cobertos, e não venha a Segurança Interna a ser comprometida por atividades fomentadas ou apoiadas por representantes legais da REPÚBLICA POPULAR DA CHINA .

Rogo a V Exa aceitar os meus protestos do mais profundo respeito .

Gen Ex SYLVIO COUTO COELHO DA FROTA
Chefe do Estado Maior do Exército

ANEXO B | Ofício do Centro Social Chinês de São Paulo

聖保羅中華會館

CENTRO SOCIAL CHINÊS DE SÃO PAULO

Rua Conselheiro Furtado, 261 Fone: 34-6442 Liberdade - São Paulo - Brasil

São Paulo, 15 de maio de 1978

Excelentíssimo Senhor
GENERAL ERNESTO GEISEL
Presidente da República
Palácio do Planalto, Praça dos Três Poderes
Brasília - DF

Excelentíssimo Senhor Presidente da República

Primeiramente, em nome da comunidade chinesa no Brasil, queríamos exprimir nossa sincera gratidão pela proteção e assistência prestada a nossa comunidade pelo governo brasileiro sob a direção de Vossa Excelência. Com a esperança de podermos contar com a mesma atenção, tomamos a liberdade de dirigir-lhe a presente carta.

Está circulando em São Paulo um rumor de que a China Comunista requereu autorização ao Governo Brasileiro para o estabelecimento de um escritório comercial em São Paulo. Como é nesta metrópole que se localiza a maior concentração chinesa no Brasil, a notícia em questão nos deixou muito preocupados, pois este fato representaria uma grande ameaça não só à comunidade chinesa, mas também traria sérias conseqüências à segurança nacional do Brasil.

Mesmo sendo da mesma raça dos comunistas chineses, nós, a maioria dos chineses radicados no Brasil, somos firmes em nos posicionar contra o Comunismo, porque não aceitamos sua ideologia e maneira de viver. O reconhecimento brasileiro do regime da China Comunista em 1974, portanto, provocou certa ansiedade à comunidade chinesa no Brasil. Foi, porém, muito sábio por parte do governo brasileiro em permitir à China Comunista a estabelecer uma

聖保羅中華會館

CENTRO SOCIAL CHINÊS DE SÃO PAULO

Rua Conselheiro Furtado, 261 Fone: 34-6442 Liberdade - São Paulo - Brasil

repartição diplomática apenas em Brasília. E, por isso, parece não existir muitos contatos entre esta repartição e a comunidade chinesa, mas, o que na verdade acontece, é que a referida Embaixada envia freqüentemente seus diplomatas ao Rio e São Paulo a fim de fazer propaganda e infiltração na comunidade chinesa. Recentemente a Embaixada começou a publicar um jornal quinzenal intitulado "Nova China", redigido em língua chinesa para ser divulgado, juntamente com outras publicações de propaganda comunista, na colônia chinesa.

Se for permitido à China Comunista o estabelecimento de um escritório em São Paulo, mesmo com o pretexto de promover intercâmbio comercial, o verdadeiro objetivo será utilizá-lo como uma base para incentivar atividades de propaganda e infiltração na comunidade chinesa e na sociedade brasileira, oferecendo, ainda, um abrigo para os elementos esquerdistas sob sua direção. Ademais, com os seus funcionários instalados em São Paulo, facilitará o controle da comunidade chinesa através de constantes contatos, o que ameaçará seriamente a tranquilidade, segurança e integridade da mesma. Esta ameaça será particularmente grave aos chineses que ainda possuem familiares e parentes no continente chinês, pois lhes seria difícil recusar contato com os comunistas, tendo em mente que tal atitude pudesse resultar em represálias contra seus parentes.

Ninguém mais do que os próprios chineses tem conhecimento profundo da tática dos comunistas chineses, a qual consiste em causar fricção, contradições e divergências dentro da colônia chinesa, através de contato e propaganda, a fim de dividi-la e torná-la caótica facilitando assim o controle da comunidade, e através da qual, prosseguem a infiltração na sociedade brasileira. Como exemplo de suas atividades nos países estrangeiros, temos o caso das Filipinas e da Indonésia onde os comunistas chineses apoiaram os comunistas locais para fazer atividades subversivas.

聖保羅中華會館

CENTRO SOCIAL CHINÊS DE SÃO PAULO

Rua Conselheiro Furtado, 261 Fone: 34-6442 Liberdade - São Paulo - Brasil

Somos residentes no Brasil há muito tempo e muitos membros da colônia fugiram da tirania comunista para o Brasil em busca de liberdade e segurança, e sob a proteção do governo brasileiro queremos trabalhar com os brasileiros pela prosperidade do Brasil. Sentimo-nos estreitamente ligados à tranqüilidade social e à segurança nacional do Brasil e, por isso, tomamos a liberdade de manifestar a Vossa Excelência nossa preocupação. Esperamos que, antes de tomar qualquer decisão a respeito deste assunto, Vossa Excelência leve em conta a consideração supra, para bem da comunidade chinesa e da nação brasileira.

Aproveitamos a oportunidade para apresentar a Vossa Excelência os protestos do nosso mais profundo respeito.

Lim Fook
LIM FOOK
Presidente do Centro Social Chinês de São Paulo

HONG SHY CHUEN
Presidente da Câmara de Comércio e Indústria Chinesa do Brasil

HSIEH HSIEN-AN
Presidente da Associação Tsung Tsin no Brasil

Rev. HO YEN CHAO
Representante da Colônia Chinesa Católica

CAPÍTULO 9

O ambiente e a administração militares

Ao longo de minha vida militar sentira o lento e contínuo esvaziamento do Estado-Maior do Exército, como órgão de coordenação do Planejamento Militar da Força Terrestre. Desde os postos de major e tenente-coronel, quando ali servira, notara que seus estudos e pareceres sofriam implacável exame e conseqüentes críticas de oficiais do gabinete ministerial, que os recebiam para apresentação ao ministro, sendo, não raras vezes, publicados com modificações, contudo, sempre sob uma pretensa responsabilidade do Estado-Maior do Exército, para salvar as aparências.

Formara-se, assim, um escalão de censuras, do meu ponto de vista incompatível com a hierarquia militar, visto que documentos estudados, minuciosamente, por oficiais de alto nível profissional, como os que integram aquele órgão, e examinados por vários generais, inclusive pelo próprio Chefe do Estado-Maior do Exército, ficavam sujeitos a este tratamento. Fato idêntico ocorria, também, em relação aos documentos remetidos ao ministro pelos departamentos. Tal procedimento só seria plausível com os papéis de rotina, mesmo assim apenas quanto à forma e jamais à essência. Trazia, além disto, este processo, inconvenientes gravíssimos, como o retardo no encaminhamento do expediente, num emperramento burocrático que – como comprovei em algumas ocasiões – estendia-se por meses, e o aumento sempre crescente do efetivo do gabinete ministerial, exigindo ampliações de locais e aquisição de material, sem considerar outros aumentos de despesa. A solução, racional e lógica, foi a de reduzir pela metade aquele efetivo e atribuir aos órgãos setoriais – Estado-Maior e departamentos – a responsabilidade da dinâmica de toda a documentação, do elaborar ao expedir.

Os chefes de departamento, despachando rotineiramente com o ministro, debatiam propostas, medidas e providências, e retiravam-se com orientação definida e precisa. Procedeu-se, portanto, a uma descentralização lógica e racional, com grandes resultados.

O Estado-Maior do Exército passou a ser, na realidade, o verdadeiro Estado-Maior do ministro, exercendo, em plenitude, sua difícil tarefa de coordenação geral; seu chefe – o general-de-exército Fritz de Azevedo Manso acompanhou-me por todo o país e com ele apreciei *in loco* soluções para os sérios problemas que nos assoberbavam.

Posso assegurar que o chefe e a organização não decepcionaram, porquanto firmaram de modo irretorquível a tradicional asserção de que o Estado-Maior do Exército é a peça basilar da Força Terrestre.

Animava-me o intento de lutar pela operacionalidade do Exército, convencido de que "uma unidade completa, bem aquartelada, instruída e equipada é um baluarte de ordem, de disciplina, de amor ao trabalho, de incentivo profissional para seus integrantes, e, também, uma fonte de segurança e tranqüilidade para os que são responsáveis pelo seu emprego".[1]

Modificações importantes ocorreram naquela época. O general Euler Bentes Monteiro, cuja experiência em administração pública fora provada na direção da Sudene, foi transferido para o Departamento de Material Bélico. Visando a realizar um planejamento que permitisse prover o Exército de meios de combate adequados e modernos, acorde com idéia que defendia, por julgá-la judiciosa e evolutiva, atribuí-lhe, também, o encargo de elaborar um anteprojeto para criação de uma indústria de material bélico, aproveitando as fábricas militares, tirando-as do marasmo burocrático em que viviam, agrilhoadas a minguadas verbas orçamentárias, incompatíveis com a satisfação de nossas necessidades vitais. Lançaram-se, assim, as bases para a Indústria de Material Bélico (Imbel) com o objetivo principal de fomentar, no Brasil, a produção de material bélico.

No Departamento Geral de Serviços, sob a direção do general José de Azevedo Silva, processaram-se estudos para a unificação de um sistema de computação que funcionasse com técnicas e modernos meios, permitindo ao Exército conhecer, de imediato, sob qualquer aspecto, sua situação. A tarefa, mui trabalhosa, suscitou, por suas natureza e amplitude, divergências quanto a solução a adotar, mas o bom senso predominou e mais

---

1. Trecho do discurso do autor ao assumir o cargo de Chefe do Estado-Maior do Exército em 19 de abril de 1974. (N.R.)

tarde, já em 1977, a inauguração do Centro de Processamento de Dados do Exército, órgão basilar do sistema idealizado, provou o acerto daqueles estudos.

Os problemas de caráter social, entre os quais avultava o de saúde, com deficiências hospitalares, apenas mantidas em nível suportável pela dedicação e inigualável capacidade profissional de nossos médicos, dentistas e farmacêuticos, estavam a exigir, a curto prazo, providências sérias.

Uma unidade hospitalar de primeira ordem, localizada em área adequada, para todo o Exército; a modernização dos hospitais regionais; e o amparo aos militares e suas famílias, particularmente, nas guarnições longínquas, através de convênios com organizações especializadas em assistência médica, eram pontos principais de um planejamento dependente de verbas orçamentárias para concretizar-se.

O projeto do Fundo de Assistência Médica Social do Exército, submetido à apreciação do escalão presidencial em agosto de 1974, nunca recebeu o apoio que aguardávamos. Anos correram e, convencido de minha impossibilidade de retirá-lo da catalepsia em que a insensibilidade tecnocrática o colocara, fiz redigir o Fundo de Saúde do Exército, mais restrito quanto às nossas pretensões, que desejava vigorasse a partir de 1978.

O Colégio Militar de Brasília, necessário em face do crescimento constante da capital federal e do volume de forças militares ali situadas, tinha suas obras paralisadas, havia anos, em incipientes alicerces. O governo de Brasília, alegando dificuldades financeiras, eximiu-se de prossegui-las, apelando para a denúncia, de comum acordo, do convênio em vigor. A construção deste educandário traria enormes vantagens à família militar, obrigada a matricular seus filhos em colégios militares de outras áreas, na ansiosa busca de um ensino mais consistente e de uma educação de caráter cívico com base na disciplina e na responsabilidade, sem deformações pedagógicas, tal como a entendemos – nós militares – deva ser ministrada à juventude que erigirá o Brasil em grande potência.

Considerei, por tudo isto, imprescindíveis as edificações destes nosocômio e estabelecimento de ensino, empenhando-me para iniciá-las prioritariamente.

Estava, todavia, sofrendo o castigo do mitológico Sísifo; não conseguia levar ao cume desejado o planejamento das aspirações do Exército, que rolava sempre, pela vertente das incompreensões, traduzidas, na prática, pelo irrespondível argumento da falta de recursos. No entanto, o único crime existente era o de pretender dar à nossa Força Terrestre a estrutura e os meios para torná-la, na realidade, eficiente.

Sobreveio então a idéia, posteriormente efetivada, da criação da Comissão Executiva da Alienação de Imóveis (Ceai).[2] O Exército iria financiar suas próprias

---

2. Criada pela Portaria Ministerial nº 1.632, de 6/11/1974.

necessidades, abolindo despesas dispensáveis, alienando os imóveis comprovadamente inservíveis para fins militares, e constituindo, assim, uma reserva financeira que permitisse tais realizações. Vender-se-ia o imprestável para obter o indispensável, sem prejuízos para o nosso patrimônio, visto que seria substituído o supérfluo pelo essencial, sem perda de valorização. A lei autorizava esse comportamento.

Foi esta a política que me facultou atender prementes exigências, em particular dos corpos de tropa, cujos comandantes, asfixiados por medidas tomadas no setor de provimento logístico que, embora não errôneas, eram absolutamente extemporâneas, pelo rigor com que foram aplicadas, numa fase de transição de um sistema consuetudinário para outro mais racional e moderno, lutavam para bem administrar suas organizações.

O Exército, não erro em dizer, neste período em que estive como seu ministro, pouco ou quase nada recebeu do governo, além das raquíticas verbas orçamentárias que, depreciadas pelas restrições dos diferimentos, cresciam ano a ano em desconexão com o aumento de preços dos artigos a adquirir, subindo estes em progressão geométrica e aquelas em progressão aritmética. Sacrificava-se desta maneira uma Força que, secularmente, pugna pela unidade da Pátria, pela ordem e segurança do país, enquanto bilhões de cruzeiros, tão escassos naquela época, mereceriam, em 1977, referência especial de ilustre e jovem deputado do partido governamental[3] que em pronunciamento no Congresso disse: "O Governo informou ter gasto mais de 18 bilhões para salvar instituições financeiras falidas, até o último mês de março, além do que desembolsou com a intervenção no conglomerado de empresas recentemente arruinado. Bilhões da poupança popular são entregues a aventureiros apadrinhados dos tecnocratas e também seus sócios para atividades especulativas e se perdem para sempre, sem retorno, nos subterrâneos do amoralismo instituído com o nome de 'Milagre Brasileiro'."

Iniciei, em julho, as visitas às organizações militares, acompanhado do Chefe do Estado-Maior do Exército. A Escola de Comando e Estado-Maior do Exército, estabelecimento modelar ao qual o Exército deve a experimentação de sua doutrina e o seu permanente aprimoramento, bem como a formação de um quadro de oficiais dos mais destacados valores moral e profissional, foi, intencionalmente, a primeira nessa série de visitas que realizaria pelo Brasil.

---

3. Discurso pronunciado na sessão de 27/6/1977.

CAPÍTULO 10

As conjunturas políticas nacional e internacional

O panorama político interno, ao alvorecer do governo Geisel, era de promissoras medidas de caráter revolucionário, pelas quais nos batemos em março de 1964. A primeira fala do presidente, em reunião ministerial,[1] confirmou as esperanças de total restauração democrática. Aludiu ao fortalecimento da empresa privada, ao combate à inflação, à melhor distribuição de rendas e a outras providências indispensáveis à normalização pretendida. Disse, em relação aos instrumentos excepcionais: “Almejo vê-los, não tanto em exercício duradouro e freqüente, antes como potencial de ação repressiva ou de contenção mais enérgica e, assim mesmo, até que se vejam superados pela imaginação política criadora, capaz de instituir, quando for oportuno, salvaguardas eficazes e...”

Era uma orientação acertada, porque a Democracia, conquanto tolerante, não pode ser suicida.

Um avanço deste pensamento – do meu ponto de vista, extemporâneo – no sentido de concessão de maiores liberdades político-partidárias, verifica-se no discurso à Arena, em agosto de 1974, quando surge, como um milagroso remédio, o vocábulo “distensão”. Vivia o governo momentos de euforia, próprios de dirigentes que se superestimam e se julgam capazes de solucionar, através de inventivas e mágicas fórmulas, os mais graves e complexos problemas, olvidando a análise serena e profunda de suas

1. Em março de 1974.

causas. A marcha dos acontecimentos mostraria quão açodada fora aquela declaração. Estas duas manifestações presidenciais motivaram interpretações diversas pelas correntes revolucionárias.

Previa-se, ainda assim, uma fase de absoluta fidelidade aos ideais da Revolução. O futuro diria, porém, da precariedade desta previsão otimista.

Começaram, no entanto, a espocar as reações: um deputado federal insulta, em declarações públicas,[2] o chefe do governo de uma nação amiga, presente ao ato de posse do presidente Ernesto Geisel. O governo, desconhecendo a provocação, esqueceu a legislação excepcional para processá-lo pela Lei de Segurança Nacional, visando à normalidade política e ao apreço do Legislativo. Agitam-se os estudantes e abundante panfletagem é lançada na área estudantil, incitando os jovens à luta pelos Direitos Humanos e à repulsa aos AI-5 e Decreto 477. Abre-se, particularmente em São Paulo, virulenta campanha, dita "em defesa dos presos políticos", contra os órgãos de segurança. A imprensa, a Igreja, a Ordem dos Advogados do Brasil e o MDB dela participavam. Os comunistas, pelo seu órgão oficial, o jornal clandestino *Voz Operária*, instigam este comportamento e, valendo-se das proximidades das eleições para o Congresso Federal, dão apoio aos candidatos que defendem as reivindicações do Partido Comunista Brasileiro, empenhado naquela altura dos acontecimentos na constituição de uma "Frente Patriótica Antifascista". Não podiam pairar mais dúvidas, nem entre os habituais inocentes úteis, sobre a presença efetiva desta organização marxista na vida política do país. Os resultados eleitorais de novembro trouxeram novas preocupações ao governo.

A conjuntura internacional caracterizava-se, em 1974, ainda, pelas agitações de classes e manifestações de violência, com seqüestros, assassínios e outros atos de terrorismo, ocupando as primeiras páginas dos jornais. Lutas intestinas em várias nações, com participação de grupos armados, apoiados, velada ou ostensivamente, pelos comunistas, completavam este quadro.

Na África tropas cubanas tomavam parte na guerra de libertação de Angola, afirmando-se a existência naquele conflito, também, de forças militares de outros países.

Na América do Sul a revolução democrática chilena esboroara, com a queda de Allende, a principal base de irradiações marxistas na América Latina. A Argentina tornou-se a zona de concentração de importantes elementos comunistas – chilenos, uruguaios e brasileiros – banidos ou foragidos da justiça de suas pátrias. Visando a uma ação coordenada, na área da Bacia do Prata, tentam organizar, ali, uma "Frente Internacional Subversiva" que aglutinaria as organizações radicais de esquerda. No contexto destas idéias, a organização subversiva argentina Exército Revolucionário do Povo conseguiu, em fins desse ano, com a adesão de suas congêneres do Brasil,

---

2. Insultos ao presidente do Chile, general Augusto Pinochet, feitos pelo deputado Francisco Pinto.

Chile, Bolívia e Uruguai, criar a Junta de Coordenação Revolucionária, com o objetivo de elaborar e articular um plano de ação guerrilheira, de âmbito continental.

As campanhas difamatórias, no exterior, intensificaram-se, principalmente na Europa. Procuravam apresentar ao mundo nossos governos revolucionários como regimes de opressão, que esmagavam sob o arbítrio as liberdades individuais. As prisões injustificáveis e a tortura de presos constituíam elementos constantes desta difamação, amparada, sempre, pelos adeptos do marxismo, qualquer que fosse a tonalidade de sua coloração vermelha.

A revolução portuguesa, de 25 de abril de 1974, desencadeada sob nítida inspiração comunista, transformou Portugal num pólo de atração para todos os exilados e contestadores do Movimento de março de 1964. De lá partiram, pelas facilidades das novas condições políticas lusas, através de uma literatura panfletária, as infâmias e detrações, que atingiram, antes de tudo, a nação brasileira. De lá sairia, em maio de 1976, editado pela Anistia Internacional – órgão de raízes marxistas –, um opúsculo repleto de imputações falsas aos militares brasileiros.

Motivou também estranheza, naquela época, que o governo de uma revolução desencadeada contra o totalitarismo, de cujas falações recendiam propósitos democráticos, dispensasse um acolhimento quase hostil aos ilustres portugueses que, foragidos do comunismo ibérico, apelavam para o asilo brasileiro, confiantes na grandeza de nosso povo e na nossa tradição de abrigo aos perseguidos.

A declaração do 1º Secretário da Embaixada do Brasil em Lisboa, Claudio Lyra, define bem essa grosseira hostilidade: "Aceitamo-los porque o governo português nos pediu, mas não o fazemos com satisfação."[3]

Referia-se o secretário ao asilo concedido aos dois insignes lusitanos – almirante Américo Thomaz, ex-presidente de Portugal, e dr. Marcelo Caetano, primeiro-ministro do governo deposto – que estavam detidos em Funchal, na Ilha da Madeira, desde o golpe de 25 de abril de 1974. O almirante Thomaz fazia-se acompanhar de suas esposa e filha.

Esta declaração não teria sido dada sem autorização do Itamaraty e, se por acaso o foi, não houve o desmentido que se impunha.

Anos atrás, esses notáveis estadistas já aqui tinham estado. Marcelo Caetano, com honras de chefe de Estado, visitou-nos em 1971. O almirante Thomaz, como presidente de Portugal, acompanhou, por ocasião das comemorações do sesquicentenário de nossa independência, os restos mortais do nosso primeiro imperador que, por inequívoca manifestação de apreço aos brasileiros, foram transladados para o Brasil.

---

3. *O Globo*, 21/5/1974, p.3.

Se o governo brasileiro, na sua obsessiva marcha para a esquerda, pretendia adular os comunistas portugueses, procurasse outras razões, outros setores em que pudesse manifestar com desassombro, publicamente, seus pendores para a doutrina pregada por Álvaro Cunhal – o chefe vermelho do moderno Portugal –, dando desse modo uma prova de coragem.

Mas ser forte contra o fraco, humilhar com palavras mesquinhas dois homens eminentes, esmagados pelo destino sem possibilidades de reação, é o antipodismo da coragem.

Moralmente, aquele que é persistentemente forte com os mais fracos é, também, perseverantemente fraco com os mais fortes.

Eram os frutos do pragmatismo... O Brasil, na hipótese de conceder asilo aos homens do governo deposto, temia fossem afetadas suas relações comerciais com os países da África negra e com os Estados árabes, estes, naquela época, muito ligados ao mundo subdesenvolvido do continente africano.

CAPÍTULO 11

O caso pastor Morris e os problemas com os norte-americanos

As ligações com os Estados Unidos da América do Norte foram sempre muito íntimas e estimuladas constantemente por um intercâmbio de oficiais. Cursos de aperfeiçoamento e de formação, particularmente no campo da técnica, reforçavam esse entendimento entre os dois Exércitos. A rigor nada tínhamos a censurar nos militares americanos, embora muitos deles não conseguissem esconder um sentimento de superioridade em relação aos "nativos". A Comissão Militar Mista Brasil-Estados Unidos, aqui no Brasil, e a nossa Comissão de Compras, em Washington, além dos eventuais contatos – decorrentes de outras missões – ajudavam a estreitar laços de amizade. Os adidos militares foram de extrema valia nessa compreensão recíproca. Os generais VernonWalters e Arthur Moura, falando corretamente o português, criaram entre os oficiais brasileiros um ambiente de absoluta cordialidade e confiança.

Este era, no setor militar, o panorama. Na esfera política, porém, a compreensão não parecia ser tão perfeita.

Encontrava-me na minha residência, no Rio, no dia 5 de outubro de 1974, quando fui chamado ao telefone pelo nosso Ministro das Relações Exteriores, que desejava transmitir-me uma recomendação do presidente Geisel relativa a acontecimento da véspera, em Recife. Disse o ministro Azeredo da Silveira que recebera do embaixador norte-americano John Crimmins um protesto sobre a prisão do jornalista e missionário metodista Fred Morris, seu compatriota. O missionário, conhecido como pastor Morris, fora detido por elementos de informações do IV Exército sob a acusação de realizar atividades subversivas. Valia-se de sua condição religiosa para distribuir quantias, em cheques bancários, a elementos comunistas. Era esta a imputação. Preso na casa de um sacerdote católico, foi recolhido ao quartel-general daquele Exército, onde aguardaria interrogatório. Prisão normal sem qualquer ato de violência.

Os órgãos de informações do IV Exército consideravam-no um agente duplo que atuava em favor dos setores de esquerda e, concomitantemente, trabalhava para a CIA.

O embaixador norte-americano, consoante informações, mostrou-se excessivamente interessado no caso, tendo realizado numerosas ligações telefônicas com o cônsul norte-americano naquela cidade. Até certo ponto era explicável, e até elogiável, que assim agisse na proteção de um súdito dos Estados Unidos; o que não se podia explicar, nem aceitar, foi a afronta de seu procedimento, inadmissível num diplomata em missão oficial, como representante de um povo que se diz nosso amigo.

Mas, em que termos foi feito esse protesto?

Visando a melhor entendê-lo, transcreverei a seguir o diálogo telefônico com o ministro Azeredo da Silveira, sem modificar o seu sentido original, enquanto literalmente possam ser diferentes alguns vocábulos.

Ei-lo:

AS — Ministro Frota, o embaixador norte-americano acaba de dirigir-me um documento sobre aquele missionário, preso em Recife pelo Exército. O presidente manda dizer ao senhor para, se for possível, atender.

SF — Mas... de que trata esse documento...

AS — Ele faz quatro exigências!

SF — Quais são elas?

AS — Exige quatro medidas:

1 – Que o preso não seja torturado.

2 – Que seja visitado todos os dias pelo representante diplomático credenciado pelos Estados Unidos em Recife.

3 – Que seja submetido a um exame de corpo delito, realizado por médicos norte-americanos.

4 – Que sejam responsabilizados os oficiais que o prenderam.

SF — E... o senhor aceitou este ofício, ministro? Devolva-o a esse americano; isto é um desaforo!

AS — Vou fazer um documento ao governo dos Estados Unidos, protestando e reagindo contra esta atitude do embaixador... Quanto à visita ao preso, pelo Convênio (ou Acordo) de Viena, ele pode ser visitado diariamente. O que o senhor acha?

SF — Ministro, quanto à primeira exigência eu já tenho posição definida, há muitos anos, sobre o assunto: ninguém toca em preso sob minha responsabilidade; caso o faça e eu saiba, será punido severamente.

Em relação à visita, embora esse Acordo, a que o senhor faz referência, seja atinente a diplomatas, é de todo interesse para o Exército que o homem receba visitas diárias.

Entretanto, no que concerne às duas últimas exigências, recuso-me a examiná-las. Estas exigências são uma humilhação, ministro! Não quero desmoralizar-me, dando ordem desse teor aos meus subordinados... E... digo-lhe mais, se eu fosse o Comandante do IV Exército, não as cumpriria.

Permitir que médicos norte-americanos venham examinar o preso aqui no Brasil, além de um insulto é um achincalhe com os médicos brasileiros. Não admito, ministro!

Punir meus oficiais, por quê? Em última análise, eles cumpriram determinações minhas. Nem pensem nisto!

AS — Vou reclamar, ministro Frota, energicamente, junto ao governo americano!

SF — É o que deve ser feito! Diga ao presidente que eu autorizarei as visitas diárias ao pastor Morris, durante alguns minutos.

Encerramos o diálogo e logo a seguir entendi-me telefonicamente com o Comandante do IV Exército, solicitando-lhe remetesse para Brasília toda a documentação relacionada ao caso, visto que pretendia levá-la à apreciação do presidente.

Na audiência presidencial conversei demoradamente com o general Geisel sobre as ocorrências de Recife e o procedimento do embaixador norte-americano John Crimmins.

Não restavam dúvidas quanto à participação do pastor Morris em atividades subversivas nem poderiam ser feitas acusações, por mínimas que fossem, ao tratamento que recebera.

O presidente decidiu expulsá-lo do Brasil, no que fez muito bem.

A 5 de dezembro comemorava a República Peruana a vitória de Ayacucho com uma recepção na sua embaixada, em Brasília. Ali compareci e encontrei o adido das Forças Armadas norte-americanas, general Arthur Moura, oficial muito estimado entre os seus colegas brasileiros, a quem a sua Pátria deve relevantes serviços na aproximação entre os militares dos dois países.

Conhecidos de longa data, conversamos sobre o caso do pastor Morris. Lamentei a atitude do embaixador Crimmins e disse-lhe estranhar a desconsideração daquele embaixador, enviando uma nota ao nosso Ministro das Relações Exteriores em termos grosseiros e ofensivos.

De início, calou-se o general Moura, mas como eu persistisse em minhas recriminações, declarou-me que chamara a atenção do embaixador Crimmins para o texto do documento, mostrando-lhe que a sua redação era insultuosa ao povo brasileiro. A resposta do embaixador foi de que não a modificaria e que ele, Moura, se dirigisse ao Pentágono caso quisesse.

O embaixador Crimmins não gozava de simpatia na área do Exército, por suas atitudes de afetada superioridade e, também, pelas suas constantes tentativas de interferir na vida política interna brasileira. Sua atuação no caso do pastor Morris, bem como em outros fatos a que farei menção, confirmou as insistentes informações de que não era ele um amigo do Brasil.

Lamentável que o governo dos Estados Unidos não tivesse se apercebido desta circunstância, pois talvez muitas dificuldades pudessem ter sido contornadas se uma melhor compreensão da situação brasileira tivesse norteado a atuação daquele diplomata.

O nosso Ministro das Relações Exteriores, apontado à socapa nos corredores do Ministério do Exército como homem de predileções esquerdistas, não fazia, do meu ponto de vista, muito esforço para amenizar o ambiente.

Nunca consegui chegar a uma conclusão sobre a veracidade destas insinuações. Se por um lado o ministro Azeredo da Silveira declarava que o Brasil deveria aproximar-se de todos os países – propósito desmentido no caso de Formosa – para senti-los de perto em seus atos e política, por outro lado não escondia a sua idiossincrasia desfavorável àquelas nações que não exalavam odores socialistas. Aliás esta era a moda no palácio do Planalto, onde os pruridos de esquerdismo iam aos poucos tomando caráter epidêmico.

CAPÍTULO 12

Fatos esparsos de 1974

Julgo de grande interesse, para avaliação do ambiente em que vivi, mencionar fatos ocorridos em circunstâncias e locais vários e, aparentemente, desvinculados de eventos da maior importância que tenham merecido referência especial, a fim de que possamos aquilatar dos preceitos morais e éticos usados pelos homens que deles participaram. Coloco-os, para melhor situá-los no tempo, ao fim de cada uma das partes anuais. Muitos deles, acontecidos nas sombras palacianas, explicam as razões dos grandes acontecimentos. Embora nos pareça paradoxal, é, por ironia, justamente nos penumbrosos arquivos que os pesquisadores encontram a luz da realidade histórica.

A TRANSFERÊNCIA DO GENERAL ARIEL

Em julho, por existirem cargos de generais a preencher, na guarnição de Brasília, foram planejadas algumas modificações e transferências em grandes comandos. Entre as movimentações previstas estava a do general-de-divisão Ariel Pacca da Fonseca – Diretor de Formação e Aperfeiçoamento – que, por sua antigüidade de posto, devia ser deslocado para uma vice-chefia de departamento.

Comuniquei ao general-de-exército Antonio Jorge Correa – Chefe do Departamento de Ensino e Pesquisa – a minha intenção de propor o ato ao Presidente da República.

Cabe, aqui, um esclarecimento sobre a movimentação de oficiais. Nunca qualquer oficial – superior ou general – foi movimentado pelo ministro sem que recebesse uma participação prévia. Aos generais, fazia eu questão de enviar-lhes radiogramas pessoais, antecipando-lhes o ato de transferência. Evitava-se, assim, as surpresas de comandantes que só tomavam conhecimento de movimentações, suas e de subordinados, pelo noticiário da imprensa, fatos muito comuns noutros tempos. Era, além de tudo, uma prova de consideração e respeito aos meus colegas.

Tinha e tenho o general Ariel Pacca em excelente conceito. Oficial digno e capaz, vivendo para o Exército e a família, respeitado pela lealdade de suas atitudes e o sentido idealista de seu comportamento revolucionário, decidiu, contudo, o general Ariel – em carta redigida em termos elevados – solicitar sua transferência para a reserva do Exército.[1] Impelia-o a isto a convicção de que sua esposa – vítima de pertinaz enfermidade – agravaria em Brasília o seu estado de saúde. Não queria perder a cooperação do general Ariel; indiquei-o, por conseguinte, para comandar a 2ª Região Militar. A proposta não foi, no entanto, do agrado do presidente, dado que não pensávamos, inteiramente, do mesmo modo. Dissentiu da indicação, não julgando interessante permanecesse o general Ariel no serviço ativo. Disse-me textualmente:

— É o dono da verdade! Vai contestar o ministro! Você vai torcer a orelha e não sairá sangue!

Finalmente, depois de considerações, de parte a parte, o decreto foi assinado.

Este episódio jamais teria sido ventilado, não fosse seu desdobramento posterior. Veremos, então, como, quando a ele novamente me referir em 1976, para um mesmo fato os padrões de ética são diferentes.

O MICROFONE NA SALA DO PRESIDENTE

Durante o segundo semestre, em data que não posso precisar, reuni em minha residência, para jantar, alguns amigos, entre os quais se encontrava o então coronel Sebastião Ramos de Castro, chefe da Agência Central do Serviço Nacional de Informações.

Mostrava-se o coronel Castro preocupado com uma ocorrência verificada naquele dia no palácio do Planalto, a qual me narrou, na presença de dois oficiais-generais. Ei-la, em síntese:

Um de seus oficiais, da Agência Central, precisara realizar uma tarefa no palácio do Planalto e passara a parte da manhã naquele local. Por ocasião do almoço, como

1. Numa carta vazada em termos elevados, dirigida ao seu chefe, o general Ariel deu as razões de sua decisão.

estivessem quase todas as dependências vazias, penetrou na sala de despachos do Presidente da República, desejando ouvir um pouco de música, enquanto aguardava a reabertura do expediente. Ligou o aparelho de rádio ali existente e sentou-se na poltrona mais próxima. O que ouviu deixou-o estarrecido. Reproduzia-se – palavra por palavra – um diálogo entre o Presidente da República e um de seus ministros de Estado, em audiência concedida naquele dia.

O oficial, regressando à Agência Central, comunicou o fato ao seu chefe, coronel Castro. Ambos, surpreendidos, especularam sobre o assunto e decidiram proceder, após o término dos trabalhos administrativos, a uma vistoria no gabinete presidencial. Realizada a inspeção, foi realmente encontrado um gravador – não me recordo se sob a mesa presidencial ou nas proximidades. O evento, em todas as suas minúcias, foi relatado às autoridades responsáveis pela segurança do salão de despachos. Não soube se o presidente tomou conhecimento das buscas e de seus resultados, entretanto, parece-me lógico que tenha sido informado. A verdade, porém, é que nenhuma medida transpirou quanto à retirada do microfone ou sobre censura, no mínimo, aos que o colocaram.[2]

Conversações eram devassadas, pareceres dos ministros desvendados e seus diálogos, desenvolvidos na base de irrestrita confiança, ouvidos e, talvez, criticados por terceiros.

O que se pretendia com isto? Ter elementos para, em situações especiais, pressionar ou desprestigiar os ministros? Era julgar mal os ministros que, certamente, desconheciam a existência de tal aparelho do qual, antes, jamais ouvira falar.

Meses depois destes fatos, disse-me um político paulista ter sabido que o presidente gravava seus despachos para fins históricos, o que achava interessante. Não lhe dei resposta.

Incompatibilidades em São Paulo

Em dezembro, durante um despacho presidencial, o general Geisel, referindo-se à situação em São Paulo, disse-me que o governador daquele estado não estava mantendo bom entendimento com o Comandante do II Exército, general Ednardo D'Ávila Mello. Nestas circunstâncias, ele presidente não ficaria contra Paulo Egídio, seu amigo e governador de um grande estado.

2. Uma reminiscência do tempo de Getúlio Vargas pode aqui ser narrada, porquanto constituiu ocorrência, também, palaciana. Conta-se que o ditador, ao passar por um dos corredores do palácio do Catete, fora atingido por um quadro que desabava no momento preciso de sua passagem. Felizmente, houve apenas um susto e Getúlio saiu ileso do acidente. Nada mais aconteceu. Nenhum funcionário foi demitido, nenhum mereceu censura. Dizia-se, discretamente, que o próprio Getúlio mandara ali pendurar o quadro...

Surpreendi-me com a declaração e, de imediato, lancei-lhe a pergunta:

— O Senhor quer dizer que vai desprestigiar o general?

Respondeu-me não ser esta sua intenção, mas desejava, por isso, não se agravassem as relações entre os dois.

Sugeri-lhe então fosse feita uma troca de cargos, passando o general D'Ávila Mello para o Departamento Geral do Pessoal e o general Ramiro Tavares Gonçalves para aquele Exército, solução que poderia ser posta em prática em janeiro, quando o general D'Ávila Mello completasse um ano de Comando. Considerou, o presidente, muito boa a sugestão, no entanto, dias após, por motivos que não me deu a conhecer, abandonou-a, talvez por inoportuna. Acredito que se tivéssemos realizado a movimentação destes generais teríamos evitado muitos dos desagradáveis acontecimentos posteriores, porquanto realmente existia em São Paulo, nos meios oficiais, uma injustificável prevenção contra o general D'Ávila Mello, cujos nobres atributos, morais, profissionais e revolucionários, jamais poderiam ser contestados.

Comentou-se naquela ocasião que o SNI vetara a indicação do general Ramiro, por não convir politicamente a ida para o II Exército, em São Paulo, de um colega de turma do ministro, também seu amigo pessoal.

O PALÁCIO DA LAGUNA

Dois edifícios amplos – verdadeiras mansões – construídos em estilo arquitetônico do primeiro quartel do século, situados à margem da avenida Maracanã, na cidade do Rio de Janeiro, foram destinados pelo Exército para residências de oficiais-generais.

O maior deles, denominado palácio Laguna, era a moradia oficial do Ministro do Exército, no Rio de Janeiro. O mais modesto, se assim pode ser citado, foi por muito tempo a residência do Comandante do I Exército. Quando assumi o comando desta grande unidade, recebi-o para ali residir; não me interessava, entretanto, ocupá-lo, visto que tinha adquirido recentemente, em 1971, meu apartamento no bairro do Grajaú.

Prédio de muitas e vastas dependências, edificado em centro de terreno arborizado, exigia um grupo de empregados para conservá-lo e impedir que a vegetação se estendesse pelo quintal. Não havia fiscalização própria, contínua e adequada, para esta manutenção, e ao ocupante cabia exercê-la e providenciá-la.

Aconteceu, porém, que o general Vicente de Paula Dale Coutinho, nomeado Chefe do Departamento de Material Bélico, com sede no Rio de Janeiro, não conseguira encontrar casa para residir e pediu-me que lhe cedesse aquela moradia, em vista de estar desocupada.

Atendi-o com a máxima satisfação, porque, além de apoiá-lo em momento difícil, trazia-me ele tranqüilidade quanto à conservação do prédio, agora sob sua responsabilidade.

Vários meses residiu ali o general Coutinho, mudando-se, quando julgou conveniente e de seu interesse.

Ao ser nomeado ministro, em maio, encontrava-se internado, no nosso Hospital Central, o general Orlando Geisel, ex-ministro, convalescendo de grave operação. Fora seu aluno na Escola de Estado-Maior e a ele diretamente subordinado, no Comando do I Exército. Considerava-me seu amigo e dispensava-lhe grande admiração.

Visitei-o logo após assumir o cargo ministerial. Caminhava com dificuldade e, a conselho dos médicos, deveria exercitar-se, visando a acelerar a sua recuperação. Palestramos e, em certo momento, disse-me que o ministro Coutinho convidara-o para permanecer no palácio Laguna, enquanto seu apartamento, situado na Zona Sul da cidade, estivesse em obras de restauração e adaptações. No entanto, acrescentou, se eu precisasse do palácio ele não teria nenhuma dificuldade em encontrar outra solução.

Tranqüilizei-o sobre este ponto, esclarecendo que nas oportunidades em que viesse ao Rio, não sairia do meu apartamento no Grajaú, à semelhança do que já fizera, quando Comandante do I Exército.

Reiterei, naquela ocasião, o oferecimento do general Coutinho, que foi aceito.

No primeiro despacho presidencial relatei ao presidente, de modo resumido, a visita que fizera ao general Orlando. Indagou do estado de saúde do irmão e aludiu ao problema de sua moradia. Concluiu sugerindo:

— Frota! Convide o Orlando para permanecer no palácio Laguna...

— Já convidei presidente. Reiterei o convite do Coutinho.

Foi esta a pronta resposta que lhe dei.

O general Orlando ficou bastante tempo no palácio Laguna e por longo período sozinho, quando sua esposa – uma venerável senhora –, atacada por mal incurável, deslocou-se para a casa da filha em Brasília. Sofrendo adiantado processo de enfisema pulmonar, com seqüelas da operação a torturá-lo, foi forçado a buscar, também, o lar filial.

Fechou-se, assim, o velho casarão do Maracanã, que nunca desejei habitar e onde nunca me hospedei.

Foram estes os fatos reais; as versões, todavia, foram diferentes. A maledicência, que nasceu com a humanidade, não poupa os inimigos e difama-os, sem esquecer seus parentes, como o faziam as odiosas sentenças reais dos tempos coloniais.

Visando a atingir o Presidente da República, procuraram ferir o ilustre casal sexagenário, acusando-o de estar ocupando, por meios coercitivos, a residência do ministro, devendo ao Exército gratuita hospedagem.

Tais baixezas só podiam ter sido veiculadas por covardes que se escondiam no anonimato; não mereciam, portanto, ser consideradas, quanto mais respondidas.

As calúnias, contudo, deixam resíduos nas mentes doentias dos detratores que, nos momentos de desequilíbrio emocional, repetem-nas automaticamente. Mas, corrigir esta anomalia é problema dos psiquiatras, não sendo possível fazê-lo pela lógica de uma argumentação racional.

CAPÍTULO 13

A marcha da subversão e o confronto de idéias

A subversão, no início do ano de 1975, continuava contida, mas não estava debelada. Entretanto, as promessas da política de distensão e a ação pertinaz do Movimento Comunista Internacional estimularam-na e deram-lhe novo alento.

Os órgãos de comunicação, explorados pelos marxistas e seus simpatizantes, martelavam os ouvidos públicos com decantados e repetidos jargões, numa bem orientada campanha psicológica.

A descoberta e o desmantelamento de gráficas do Partido Comunista Brasileiro, no Rio de Janeiro e em São Paulo, evidenciaram a continuidade da ação subversiva, mas constituíram sério golpe na propaganda comunista.

Apesar disto, intensifica-se a virulência dos ataques aos órgãos de segurança, acusando-se abertamente seus integrantes de torturadores e assassinos, numa das mais vis e covardes imputações feitas a homens que, sem medir esforços nem temer perigos, lutavam pela preservação do regime democrático e pela conseqüente tranqüilidade da família brasileira.

É triste reconhecer, contudo, que tais calúnias deram seus frutos, pois a palavra militar foi muitas vezes posta em dúvida ante declarações de criminosos que mataram, seqüestraram, roubaram e conspiraram contra o regime, tudo sob orientação alienígena.

Muita razão tinha Beaumarchais, um entendido no assunto, segundo historiadores, quando dizia: "Caluniai, porque sempre fica alguma coisa." Comandei o I Exército durante dois anos e meio. Raro, muito raro mesmo, foi o dia em que não compareci às prisões para inspecioná-las e não me cansei de, freqüentemente, à noite, visitá-las. Dois médicos examinavam diariamente os detidos e faziam, para cada um deles, relatórios minuciosos sobre suas condições de saúde. Qualquer lesão física, por mínima que fosse, deveria ser explicada. Nunca vi nem soube da prática de violência, torturas ou da existência de aparelhos que as permitissem. Todavia, vi presos, por ocasião de interrogatórios, insultarem meus oficiais com palavras do mais baixo calão e soube de muitos que, para provocá-los, cuspiam-lhes nas faces.

Os militares, obedecendo determinações superiores, dominavam-se e não revidavam. Alguns deles que perderam o controle e responderam, no mesmo nível, foram, por mim, severamente punidos e transferidos. Disse-lhes, muitas vezes, que evitassem a violência, porque seria paradoxal defender a Democracia usando métodos totalitários.

Os nossos detidos não dormiam em cárceres ou enxovias, como propaga ainda, aos quatro ventos, a maledicência de alguns órgãos de comunicação, mas sim, em quartos amplos e limpos providos de travesseiros e roupa indispensável.

Um jovem casal, preso numa reunião de subversivos, foi tratado costumeiramente com todo o respeito, entretanto, o marido, ao prestar depoimento na Auditoria Militar, afirmou, cinicamente, que suas declarações anteriores tinham sido obtidas sob tortura. Indignado, interpelei-o, ao correr de uma habitual visita, instando para que dissesse quando e onde tinha sido torturado e quem praticara a tortura. Baixou a cabeça e, num assomo de dignidade, respondeu, textualmente:

— Cumpri ordens do Partido!

Foi esta a realidade, desconhecida de quase todos os homens de bem, engazopados, no estardalhaço das calúnias, pela desfaçatez esquerdista.

Nos quartéis surgiram as primeiras preocupações, logo transmitidas aos comandos superiores. Impunha-se evitar se transformassem em intranqüilidade generalizada. Nós militares compreendíamos o propósito de desmoralizar os órgãos de segurança, neutralizando-os para posteriormente extingui-los. Percebíamos, também, a importância vital para a marcha da subversão que isto ocorresse no mais curto prazo. Ficariam, deste modo, os marxistas livres de contenção à sua propaganda multiforme.

O que nos surpreendia era a indiferença governamental, porquanto a técnica subversiva nem a marca da originalidade possuía. Reproduzia-se fielmente, aqui, o que acontecera em outros países.

Admitindo que a censura omitia-se em relação aos insultos dirigidos aos oficiais do Exército, ao passo que se mostrava rigorosa quanto aos assuntos políticos de interesse do governo, decidi, em face da publicação constante do *Jornal de Brasília* de 26 de fevereiro, processar os detratores.

Encaminhei ao Ministro da Justiça um Aviso, em 27 de fevereiro, no qual realçava o perigo da tolerância com tal tipo de noticiário, e afirmava ser "preciso encontrar uma resposta imediata e enérgica, sob pena de exageros subseqüentes, os quais poderiam gerar reações indesejáveis e incontroláveis por parte dos ofendidos".

Embora insistisse, várias vezes, junto àquele ministro por rápida solução, até hoje desconheço o resultado da ação processual.

Chegamos a maio com nuvens negras no céu democrático. Aos informes sobre a infiltração comunista nos partidos políticos e nos setores estudantis somavam-se os pronunciamentos contestatórios à Revolução de 1964, feitos no Congresso e divulgados pela *Voz do Brasil*.

Informações, trazidas por elementos da esquerda chegados do México, diziam que o comunista Francisco Julião, em conferência pública realizada em 16 de abril na capital daquele país, elogiara a recente amizade do Brasil com a China Comunista e, por isso, acreditava no ajuste do nosso governo com a corrente progressista. Jactou-se de que o governo brasileiro já aceitara a colaboração de correligionários seus em vários ministérios.[1]

Todos estes boatos e informes, ainda que devidamente filtrados, chegavam à tropa por vias indiretas, proporcionando razoável aumento de tensão.

Aconteceu por esta época, precisamente no dia 11 de maio, um fato sobre o qual, até hoje – pelas circunstâncias contraditórias a ele relacionadas – não consegui firmar uma apreciação lógica.

Procurou-me àquele dia, pela manhã, em minha residência no Rio de Janeiro, o atual general-de-exército Walter Pires de Carvalho e Albuquerque, meu amigo desde os últimos anos da década de 1930, quando juntos servimos em Curitiba. Comandava a 1ª Divisão de Exército e vinha trazer-me, a meu pedido, alguns esclarecimentos sobre fatos passados no 15º Regimento de Cavalaria Mecanizado. Ouvi as informações solicitadas e a conversa descambou naturalmente para a situação política. Mostrou-se muito apreensivo com o crescimento da subversão, o que não me surpreendeu porque era tema usual. Relatou-me então que na véspera estivera na casa do general João Baptista de Oliveira Figueiredo – de quem era e é amigo incondicional – e tinham examinado, cuidadosamente, a situação nacional. Achavam a conjuntura muito grave.

Após mais algumas considerações, disse-me:

— O João manda dizer que se continuar assim, dentro de dois anos estaremos em situação pior do que a do governo João Goulart e que, neste caso, nós teremos que virar a mesa, com ou sem o Geisel.

---

1. Ver Anexo.

Fiquei pasmado com a declaração que tinha um inegável sentido de pergunta. Assomaram-me à mente as duas considerações possíveis: tratava-se de uma sondagem ou de uma comunicação sobre decisão tomada, trazendo em latência um convite a apoiá-la.

O que pretendia o general Figueiredo, Chefe do Serviço Nacional de Informações e homem da absoluta confiança do presidente Geisel? Aferir minha lealdade ao presidente? Constituir um grupo militar para, ante a ameaça crescente do comunismo, dar um golpe de Estado, com ou sem o presidente? Ou seria uma atitude impensada, fruto de seu temperamento impulsivo?

Somente o general Figueiredo poderia responder com precisão; no entanto, julgo pelos acontecimentos posteriores ter sido a primeira hipótese a mais provável.

Admitindo conhecer o general Pires, não o julgava capaz de iludir um amigo com frases ardilosas, contudo repugnava-me aceitar a hipótese da trama conspiratória.

Urgia uma resposta e dei-a aproximadamente nos termos seguintes:

"Acho que vocês estão exagerando; o chefe (referia-me ao presidente) não deixará que a situação chegue a este ponto. Penso que está experimentando até onde poderá levar a abertura. Em caso de perigo fechará tudo."

Não se falou mais no assunto e o general Walter Pires retirou-se dizendo que estaria na tribuna de honra do estádio do Maracanã.

Não fiquei todavia tranqüilo, porque considerava o tema abordado em nossa palestra muito delicado e grave. Telefonei, mais tarde, para o estádio do Maracanã e, com o propósito de modificar sua opinião, repeti-lhe meus argumentos anteriores.

Fatos posteriores colocaram névoas mais densas sobre este acontecimento sem que eu pudesse dissipá-las. Entretanto, restou-me a impressão de que se tratava de desleal sondagem.

O Presidente da República nunca viu favoravelmente a participação das Forças Armadas no combate à subversão. Concordava com ele, pois fugia à sua missão precípua e desgastava-as na luta diária em ações de caráter policial; sujeitava-as a campanhas caluniosas e sorvia da tropa centenas de militares com flagrante prejuízo para a instrução. Trazia, também, o perigo da deformação de mentalidade, em particular dos praças e dos oficiais mais jovens, atraídos para rumos diferentes dos que lhes dita a formação, especificamente, profissional. Discordava, porém, de modo absoluto, que na conjuntura atual fossem suprimidos os órgãos de segurança, nem sequer reduzidos.

Quem os substituiria? Que organização nacional possuía estrutura e experiência para assumir a responsabilidade do combate à subversão e à sua irmã gêmea, a corrupção, no confronto com o movimento comunista, alimentado por recursos internacionais e assentado solidamente em duas estruturas: uma clandestina e outra ostensiva – aparentemente democrática?

A Polícia Federal, no dizer do próprio Ministro da Justiça, não tinha e não tem ainda condições de arcar com aquela responsabilidade.

Corríamos o risco de perder o controle da situação e dar azo aos marxistas para reiniciarem, com êxito, suas atividades, através das costumeiras agitações. O Exército deveria, paulatinamente, transferir os encargos de segurança interna, mas isto exigiria tempo e um planejamento exeqüível. Fazê-lo, naquele momento, seria uma temeridade, uma precipitação imperdoável.

As pressões para destruir o sistema de segurança interna eram contínuas e fixaram-se na modificação da Diretriz de Segurança Interna.[2] Uma primeira tentativa neste sentido já fora feita no ano anterior, quando tomei conhecimento oficiosamente de um documento que estava sendo – como sempre – elaborado em absoluto sigilo no Serviço Nacional de Informações, visando a cercear as atividades dos órgãos de segurança. Entre as inovações sugeridas aparecia uma, contundente à autoridade do Ministro do Exército e inadmissível, mesmo se concebida de boa-fé. Propunha-se ali que, em caso de calamidade pública, todos os comandantes de Exércitos e os comandantes do Planalto e da Amazônia ficassem, diretamente, subordinados à Presidência da República.

A qualquer ministro de brio repugnaria tal situação. Telefonei imediatamente ao chefe do SNI, general-de-divisão João Baptista de Oliveira Figueiredo, e disse-lhe não aceitar, de modo algum, a alteração proposta. Surpreendeu-se o general Figueiredo em estar eu informado do trabalho que se processava no SNI, assegurando-me tratar-se de um estudo, devendo a sugestão aludida ser desprezada.[3]

Outras tentativas, com o mesmo propósito de alterar a Diretriz de Segurança Interna, em particular as normas de ação para os órgãos de segurança e informações, tiveram lugar em outubro e novembro daquele ano. Tinham como objetivo restringir as atividades destes órgãos apenas à busca e ao processamento de informes.

Bati-me, na Comissão de Alto Nível,[4] contra as modificações, as quais foram felizmente rejeitadas pela maioria dos membros deste órgão de assessoria direta do Presidente da República.

O Partido Comunista, em julho, já sofrera sérios reveses. Tivera sua infra-estrutura de propaganda, se não destruída, pelo menos desarticulada por apreciável tempo. As prisões dos envolvidos no inquérito das gráficas – em número superior a cem – estenderam-se a vários estados. Inquéritos nos estados do Sul, sobre a infiltração marxista nos partidos políticos e a reorganização do Partido Comunista, estavam em pleno andamento. O Movimento Comunista Internacional, no entanto, não descansava. Recomendava a catequização no meio militar, principalmente entre os jovens. Na Conferência de Havana os líderes comunistas insistiram no alicia-

---

2. Expedidas em março de 1970, assinadas pelo próprio general Figueiredo.
3. A idéia de, nos momentos de graves perturbações da ordem, subordinar os comandantes de áreas à Presidência ressurgiu em julho de 1977, sendo por mim repelida.
4. Comissão presidida pelo Presidente da República. Era constituída pelos ministros militares, Chefe do EMFA, Ministro da Justiça, Chefe da Casa Militar e Chefe do SNI.

mento de parcelas ponderáveis das Forças Armadas, como medida imprescindível ao sucesso da Revolução Marxista na América.

Semelhante orientação encerra uma verdade histórica. Todas as revoluções nascem de discordâncias geradas no campo mental, crescem e se robustecem nas confabulações, mas somente adquirem condições de êxito e de posterior domínio quando conquistam a força material. A busca deste apoio tem sido uma constante, embora saibamos pela experiência que sua ação é efêmera e se reduz ao violento choque inicial que abala as estruturas sociais existentes. Cumpre a função dos antigos aríetes que aluíam as portas dos velhos castelos, abrindo-os aos sitiantes.

E os comunistas sabem bem o valor desta verdade histórica, porque a usaram no mundo – em muitos países e aqui no Brasil, na Intentona Comunista de 1935 e na Revolta dos Sargentos de 1963 em Brasília.

A extensa rede marxista descoberta na Polícia Militar do Estado de São Paulo, enredando nas malhas da Lei de Segurança mais de sessenta militantes, entre os quais se citavam muitos oficiais, não trouxe a ilusão de que as recomendações do MCI e de Havana tivessem caído em ouvidos moucos.

Naquele mês de julho, ao correr de um despacho, abordando os problemas de repressão, expressou o presidente o ponto de vista de que nós militares estávamos errados no combate à subversão, pois procurávamos o auxílio da direita para combater o comunismo. É um erro, repetiu enfaticamente. Pegando então de um lápis traçou numa folha de bloco de papel um segmento horizontal de reta. Marcou a extremidade direita deste segmento com um D (direita) e a extremidade oposta com um E (esquerda). No meio do segmento colocou um C (centro).

Disse-me, depois, com toda a firmeza – nós devemos nos aproximar da esquerda. Traçou a seguir sobre a figura uma elipse, envolvendo as letras C e E, como a incluí-las na mesma área. Eis o desenho:

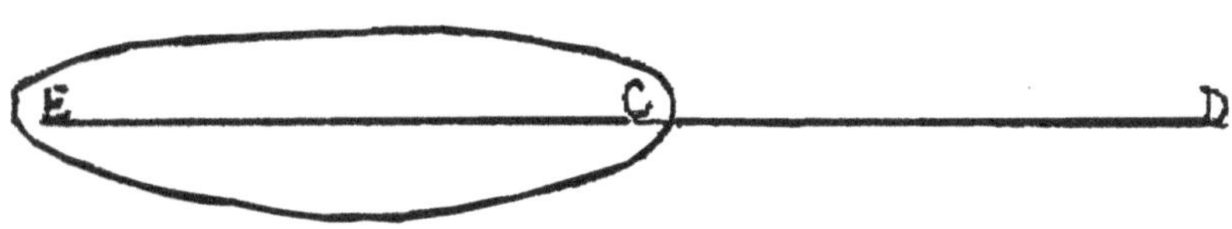

Fiquei atordoado com o que ouvira e, mais ainda, pela convicção com que foram ditas aquelas palavras. Fixei o presidente e perguntei, vagarosamente, porém com visível repúdio pela asserção:

— O senhor acha que nós devemos ir para a esquerda?

Nada me respondeu. Arrancou a folha do bloco, dobrou-a, rasgou-a e colocou os pedaços do papel no bolso direito de seu casaco.

Retirei-me da audiência muito preocupado. A explicação sobre o erro dos militares deixara-me realmente aturdido.

Meditei bastante sobre o significado daquela declaração inopinada. O que pretendia o presidente insinuar com aquela manifestação? Não estaria eu atribuindo àquelas palavras um sentido falso, inexistente? Revelaria uma tendência do presidente Geisel para a chamada esquerda ideológica?

Especulando sobre a questão, afloraram-me à mente alguns fatos e informes aos quais não dera crédito, na ocasião, por julgá-los maliciosos; todavia, reexaminados, podiam ajudar-me a desvendar o que se tornara para mim um enigma: o pensamento do presidente.

Seria ele um democrata sincero ou escondia, sob esse rótulo, uma vocação socialista, adotando procedimento muito comum, numa época de definições ambíguas e de partidos políticos híbridos?

Entre os fatos recordados estavam informações persistentes de que, em 1974, nos primeiros meses do governo Geisel, o ministro Golbery do Couto e Silva procurara um ou mais oficiais do Serviço Nacional de Informações e avisara-os de que o novo governo era um "governo de centro-esquerda" – orientação importante para os trabalhos daquele Serviço. Visando a esclarecer, traçara uma linha, dividindo-a ao meio e, sobre ela, marcando um ponto do lado esquerdo, dissera: é aqui que nos situamos.

Não poderiam, portanto, surgir mais dúvidas de que o presidente e o ministro Golbery estavam, perfeitamente, identificados quanto à posição ideológica. Esta, aliás, devia ser a situação da maioria do grupo de assessores presidenciais, haja vista a reação do senhor Heitor Aquino Ferreira, já mencionada quando me referi ao reconhecimento da República da China e a posterior afirmação ostensiva do senhor Humberto Esmeraldo Barreto – assessor de imprensa da Presidência da República – à revista *Veja*, dizendo-se homem de "centro-esquerda".

O comentarista político Carlos Castello Branco não chegou a outra ilação ao escrever, em sua coluna, no *Jornal do Brasil* do dia 24 de outubro de 1977:

> Vale a pena, a esta altura, aludir à caracterização do governo Geisel como governo de centro-esquerda, embora isto espante alguns leitores. A carta do general Sylvio Frota confirmou por contradição a referida caracterização feita originariamente por personalidades oficiais e gratamente referendada por figuras altamente situadas no sistema dominante.

Assim, sem inicialmente o perceber, passei a circular em ambiente hostil, arrostando reações de fundo ideológico, as piores que podem ocorrer, visto que, facciosas e intransigentes quando em posição dominante, tornam-se hipócritas e melífluas se em posição desvantajosa. Nos corredores do palácio do Planalto, eu era mencionado, à socapa, como o intransigente, termo que foi, aos poucos, substituído por radical.

A posição de centro-esquerda, quase sempre alicerçada em promessas de medidas de caráter social, é um ponto de estação na marcha, a curto prazo, para o socialismo e, a longo prazo, para o comunismo. Ocupam-na aqueles que, tendo pendores marxistas, vêem nas reações conjunturais obstáculos difíceis de transpor para uma realização completa de seus objetivos; é apenas uma posição de espera. Defino-os como criptossocialistas. Ali encontramos, também, os inovadores, de flácida personalidade, vítimas de um narcisismo incurável, os quais despendem tudo para exibir-se, mas que não atemorizam os democratas, porque mudam de opinião, como as nuvens de direção aos impulsos de inconstantes ventos. Finalmente, acolhem-se àquela posição os compassivos, voltados para o sofrimento humano, que seduzidos por ardilosa argumentação, a qual visa a dissociar socialismo de marxismo, apresentando-o como uma democracia com predominância de medidas sociais, empolgam-se pelas idéias de esquerda. Quanto a esta pretensa dissociação ser-lhes-ia elucidativo conhecessem a definição de socialismo constante do *Pequeno dicionário filosófico*, publicado em Moscou, pela Editora Política do Estado, em 1959: "SOCIALISMO – Primeira fase, inferior, da formação econômico-social comunista, que advém em substituição ao capitalismo."

O socialismo e o comunismo são doutrinas xifópagas – bustos, em aparência diferentes; plantados no mesmo ventre marxista, de onde tiram a vida. A democracia não se prende ao imobilismo, porquanto, por definição e essência, é um sistema destinado ao povo, cujos interesses devem ser olhados prioritariamente; por conseguinte, seria inexplicável não fosse evolutiva, adaptando-se às teses e medidas que visassem a beneficiá-lo, sem afetar as liberdades e direitos dos quais ela própria o dotou. Rejeita, por absurdas, as adjetivações precipitadas ou maliciosas que pretendem justificar quer a incapacidade de exercê-la quer a intenção de não exercê-la. Balburdiam a compreensão de seu verdadeiro conceito redundâncias e deformações semânticas encontradiças, a todo momento, na linguagem capciosa dos "homens de esquerda" que falam com simulado desembaraço de várias democracias. Brotaram, deste modo, das especulações políticas, as locuções híbridas democracia cristã, socialdemocracia, democracia relativa, democracia popular, democracia autoritária, socialdemocracia de centro etc..., algumas delas ensopadas de ridículo. O marxista ortodoxo Mao Tsé-Tung criou a mais paradoxal de todas: a ditadura democrática.

Por que democracia cristã se o pensamento cristão – historicamente igualitário – já está latente na forma democrática de governo e bem interpretado na igualdade de oportunidades que todos devem usufruir?

Em que o adjetivo "social" irá modificar o exercício da democracia, quando esta é um regime político de soberania popular e a sociedade nada mais é do que o povo estratificado em classes vivendo sob as mesmas leis e normas?

Como pode uma democracia ser relativa? É relativa quanto à aplicação das leis ou à intensidade com que são auferidos liberdades e direitos? No primeiro caso processa-se a dilapidação do princípio basilar de igualdade, no segundo, jugula-se o comportamento individual; em ambos, não há democracia, na sua lídima acepção.

Os marxistas, férteis em invenções deste gênero, denominam democracia popular aos regimes políticos monopartidários,[5] existentes nos países socialistas, abusando de um pleonasmo vicioso, talvez pela necessidade de – segundo os ensinamentos do famoso Ivan Pavlov – martelar a credulidade pública, criando reflexos condicionados que o façam ver ditaduras vestidas com roupagens democráticas.

Outra expressão interessante, digna de ser citada, é a democracia autoritária, usual em certos governos totalitários. Distinguem-se estes regimes por possuírem executivos fortes. Acredito que fortes nas democracias devem ser somente as leis, elaboradas no sentido da ordem e do bem-estar comum. É imprescindível, entretanto, para isso, que os poderes Executivo, Judiciário e Legislativo não se abastardem e sejam realmente independentes. Uma democracia que não dispõe de autoridade não é uma democracia, é um farrapo de democracia.

Não se explica, conseqüentemente, a justaposição do adjetivo autoritária.

Todavia, o importante nos regimes políticos não é, precisamente, a denominação, mas a maneira de exercê-los. A questão basilar, em todos eles, é o relacionamento Estado-indivíduo. O Estado não pode usar de seu poder para absorver e asfixiar o indivíduo, violentando-lhe a personalidade, nem o indivíduo deve ansiar por liberdades irrestritas, que entravem a ação do Estado e ameacem a coletividade. Todo regime político é fruto de um movimento de idéias e gera uma mentalidade que, em regra geral, a maioria do povo, consciente ou inconscientemente, adota. Ilustrando esta assertiva cito, em paráfrase, apreciação de Gustave Le Bon, anotada de um de seus livros,[6] realçando duas mentalidades – "a francesa e a alemã – de concepções antagônicas sobre os deveres do Estado e do indivíduo. O gaulês admite a existência do Estado pela necessidade de um órgão que estabeleça e amplie liberdades e defenda direitos pessoais, enquanto o teuto acha que cabe ao indivíduo o dever de prestigiar e apoiar, incondicionalmente, o Estado". A análise histórica das duas nações fundamenta esta opinião.

Na dosagem equilibrada destas relações está a excelência política, e a democracia é a doutrina que melhor a tem realizado, no correr dos tempos. Considero-a, pois, o sistema de governo ideal, porque nobre, humano e eficiente. Ela domina, ainda, apesar de tudo, o centro do panorama político universal, em posição eqüidistante dos extremos. Concretiza o equilíbrio entre as alucinações do ultraliberalismo e os desvarios dos extremismos. Não pode e não deve hipertrofiar-se nos fantasiosos excessos dos liberalistas, nem atrofiar-se na inflexibilidade das soluções totalitárias.

Existem, portanto, do meu ponto de vista, razões em abundância para que os democratas – ou pretensos democratas – não se integrem a movimentos de finalidade dúbias, como socialismo-reformista, eurocomunismo, nacional-socialismo etc.

Por que, então, centro-esquerda?

---

5. Classificam-nos, os seus adeptos, como regimes de "executivo forte".
6. *Psicologia da Guerra de 1914.*

Informação chegada do E.M.E

C

28-Abril de 1975

INFORMAÇÃO Nº 114-ADIFA/75.

1. O subversivo brasileiro Francisco Julião Arruda de Paula, que se encontra asilado no México, desde 1964, continua publicando ostensivamente, em particular na revista Siempre, artigos contundentes e virulentos contra a Revolução de março de 1964, contra o atual governo brasileiro e a ação política no Brasil nos últimos onze anos. A maneira de agir de Julião, é aceita sem objeções pelas autoridades mexicanas, que dizem ser "livre" a imprensa no México, o que é do conhecimento geral não ser verdade. Nos jornais e revistas editados no território mexicano, só é publicada a matéria que o governo aceita ou que determina a sua publicação, face ao completo controle existente na Secretaria de Gobernación.

2. No dia 16 do corrente mes, Francisco Julião Arruda de Paula realizou uma conferência na "Universidad Obrera Vicente Lombardo Toledano", na cidade do México, D.F., versando sobre o tema "Los Pueblos de América Latina contra el Fascismo".

3. No decorrer da mencionada conferência, assistida, na sua maioria, por comunistas, marxistas e socialistas, disse aquele subversivo, entre outras, as seguintes palavras:

"O General Ernesto Geisel está convencido de que o Brasil deve abraçar o pluralismo ideológico e inclinar-se para onde se inclinem os povos da América Latina; de outra maneira, o Brasil cairia no fascismo".

"A partir do golpe militar de 1964, o Brasil viveu um clima de certa legalidade sob os regimes dos Marechais Castelo Branco e Costa e Silva, os quais se abstiveram de radicalizar a situação entre vencidos e vencedores; porém depois veio o General Garrastazú Médici, que fechou toda a possibilidade de diálogo, transformou o país numa gigantesca prisão, lançou gritos de guerra contra a nacionalização ou estatização".

"Sob as ordens do imperialismo norteamericano, Garrastazú Médici pretendeu fazer do Brasil uma potência, mesmo que para isso tivesse de sacrificar os operários, os campesinos e a classe média. Nixon chegou a dizer que para onde se inclinasse o Brasil se inclinaria todo o continente".

"Agora com Geisel, o Brasil está procurando a forma de se encontrar a si mesmo. Para isso tem dois caminhos: submeter-se de uma vez à tutela do imperialismo norteamericano, ou criar as condições para que o país recobre um clima de liberdade. Acreditamos que Geisel esteja interessado nesta segunda opção. Para isso Geisel terá de vencer muitos interesses externos e internos, isto é, os das empresas transnacionais e da oligarquia nacional".

"É duvidoso que atualmente o Brasil siga empenhado em continuar com a chamada política expansionista; existem correntes entre os militares, que se interessam em que o Brasil guarde boas relações com os países vizinhos. Geisel está conciente que deve parar a po

....

CONFIDENCIAL

....

netração imperialista, de que se deve adotar uma política de defesa dos recursos naturais do país, de que sua missão é ir desmontando a máquina militar".

"Embora bem aceito o General Spinola como asilado, o Brasil vem mantendo uma atitude prudente com os militares portugueses e tem apoiado os árabes. Tudo isso indica um desejo de mudança total, haja visto o recente reatamento de amizade com a grande China comunista".

"Os interesses externos e internos contam com a proteção do Exército, e é aí onde aparece a cara sinistra do fascismo. É por isso que Geisel deverá procurar aliança com as forças progressistas do Brasil, e o que, naturalmente, está fazendo. A outra alternativa é o fascismo, a qual esperamos que Geisel não seguirá, há não ser que seja deposto pelos militares".

4. Ao finalizar a mencionada conferência, Julião foi muito aplaudido e cumprimentado. Vários estudantes universitários, fizeram-lhe perguntas, entre elas as seguintes:

P. "Acredita que Geisel mudará a fisionomia do Brasil?"

R. "Passei a me convencer que tal sucederá, pois inclusive Geisel já está contando com a colaboração de elementos nossos, em certos ministérios".

P. "Voce pretende retornar ao Brasil? Com que finalidade?"

R. "Sim, pretendo voltar à minha primeira pátria, pois a segunda é o México, que nos acolheu e nos legou toda a liberdade existente neste grande país. Acredito que muito em breve teremos as portas abertas para o nosso retorno. Como sabem, fui perseguido pela participação que tive na luta dos camponeses brasileiros, razão pela qual vim refugiar-me no México. Agora cumpro a missão de um modesto soldado da revolução latinoamericana. Quando voltar ao Brasil, continuarei na luta que sempre mantive pelos camponeses de todo o mundo".

§ § § § § § § § §

§ § § § §

§ § § §

§ § §

§

EME — E/2 BR
PROTOCOLO
N.° [illegible]
A E/2.1
Em 22 de 04 de 1975
CHEFE

CONFIDENCIAL

CAPÍTULO 14

As comemorações do Dia da Artilharia

No Exército, as Armas e Serviços têm, oficialmente, dias destinados às suas comemorações. Neles são exaltados a participação gloriosa da Arma ou Serviço nos combates e as façanhas de seus inesquecíveis heróis. Estes festejos ocorrem nas datas de nascimento de seus patronos, ali grandemente enaltecidos.

A Arma de Artilharia venera, como patrono, a figura imponente do marechal Emílio Luis Mallet, herói da Guerra do Paraguai, onde se destacou pela bravura e sangue-frio, particularmente na batalha de Tuiuti.

Para reviver passagens da vida da caserna e episódios históricos reúnem-se nesse dia oficiais da ativa e da reserva, numa confraternização salutar e emocionante.

Uma comissão, adrede escolhida, encarrega-se do planejamento das solenidades, constituindo ato de maior interesse a cuidadosa escolha do orador oficial, cuja honrosa e árdua missão será a de sublimar os feitos de seu patrono e a importância da Arma nas batalhas.

Em 1975, a comissão incumbida destes trabalhos era presidida pelo general-de-brigada Hélio João Gomes Fernandes, que auscultou seus companheiros artilheiros sobre o nome do orador que deveria ser levado à aprovação do ministro, consoante os preceitos disciplinares e consuetudinários. A norma era escolher um general da ativa, embora esta orientação nem sempre tivesse sido seguida. O importante, no orador, era a vibração cívica, secundária à apreciação hierárquica. Os artilheiros selecionaram, entre os vários nomes lembrados, o do coronel da reserva do Exército, senador Jarbas Passarinho, homem de invulgares dotes intelectuais, de palavra fácil, magnífica oratória, exuberante de belas imagens, que pertencera à poderosa Arma de Mallet.

Conheci o senador ainda capitão, nas penosas lutas para expurgar do Clube Militar os oficiais ditos nacionalistas, que o estavam transformando numa base de propaganda marxista, durante o biênio de 1950-52, quando o presidia o general Newton Estilac Leal.

Raramente vi, depois disso, esse oficial de quem tive, pela sua atitude, excelente impressão. Ingressou mais tarde, com êxito, na política.

Muitos anos depois, no período em que servia como Comandante da 1ª Região Militar, palestrava quase diariamente com meu estimado amigo general Jurandyr Bizarria Mamede, então Chefe do Departamento de Provisão Geral. As conversas, iniciadas sobre assuntos administrativos, alastravam-se inevitavelmente pelo passado, em que Mamede vivera muitas experiências revolucionárias. Fatos interessantes eram narrados com minúcias, em linguagem agradável. Ouvia-os, sempre, com todo o interesse; era a evocação da História por um homem que ajudara a fazê-la.

Numa destas conversações, contou-me Mamede que, em certa ocasião, fora procurado pelo governador do estado do Pará, coronel R1 Jarbas Passarinho, de quem era amigo, que estava indignado com o comportamento do prefeito de Belém, coronel R1 Alacid Nunes, candidato a substituí-lo no Executivo estadual. Não obstante estar apoiando sua candidatura, pretendia romper com Alacid, porque discordava de seu procedimento, por ser condenável e anti-revolucionário. O móvel da questão estava na circunstância moralmente desabonadora de o candidato, para solucionar o angustiante problema das despesas com a alimentação dos eleitores convencionais, no dia da votação, ter aceitado do Chefe do Serviço Nacional de Informações – general Golbery do Couto e Silva – quantia em dinheiro, remetida em cheque bancário.

A indagação de Mamede – lógica e inevitável – veio de imediato:

— Como soubera disso?

Respondeu Passarinho que o próprio Alacid Nunes, rejubilando-se por já ter contornado todos os obstáculos, mostrara-lhe o cheque, tendo-lhe feito ele, no mesmo instante, acre censura.

Prosseguindo na narrativa, Mamede aludiu às dificuldades para evitar o rompimento público dos dois homens, o que só conseguiu mostrando quão pernicioso seria para uma revolução, ainda no nascedouro, um escândalo desta espécie. No entanto, ao que se informara, os dois cortaram relações.

Comentando o fato naquela ocasião, considerei bastante elogiável a atitude de Jarbas Passarinho.

Ministro do Exército, recebi com satisfação, em meu gabinete, visitas de cordialidade do senador Jarbas Passarinho, que serviram para fortalecer uma simpatia recíproca.

Por tudo isso, quando o general João Gomes apresentou-me o nome do orador escolhido, aprovei a indicação, porquanto nada tinha a dizer em contrário.

O convite foi transmitido ao senador Passarinho e a notícia divulgada com certo alarde na imprensa, tomando vulto em todo o país.

Alguns dias depois da difusão, telefonou-me o general Hugo de Andrade Abreu para transmitir uma mensagem do presidente Geisel, relativa à indicação do orador anunciado para as comemorações do Dia da Artilharia.

O presidente, disse ele, não queria que o senador Jarbas Passarinho fosse o orador daquela festa de artilheiros; fizesse eu tudo para evitar tal coisa acontecesse. Por que um oficial da reserva da 1ª Classe e, além de tudo, político? Via, na indicação e na anuência do senador ao convite uma manobra política, já que se debatia no Congresso a escolha das lideranças da Arena. Não lhe agradava ter como líder o senador Passarinho. Não admitiria pressões.

Repeli, logo, a insinuação de desígnios políticos, numa cerimônia estritamente militar, assegurando-lhe que os méritos e a imagem do senador, apreciados na sua Arma de origem, elucidavam bem a seleção. Eu tinha concordado e visto com bastante agrado aquela delicada homenagem à nossa reserva. Iria procurar uma solução para evitar fosse o caso explorado e desse origem a aborrecimentos, que, em última análise, enfrentaria.

Os intrigantes e politiqueiros que freqüentavam o palácio do Planalto, num ritmo de segundos, tinham criado mais um problema para o Ministro do Exército. Estava obrigado, por dever de lealdade, a preservar a participação do Presidente da República na recusa do nome do senador Passarinho; não podia nem devia arranhar susceptibilidades de meus companheiros e comandados que, espontaneamente, entre muitos oficiais, optavam por seu colega da reserva; finalmente, seria quase um insulto desfazer o convite, tão honrosamente aceito pelo senador Passarinho, sem ferir-lhe a dignidade e submetê-lo a um vexame.

Mandei chamar o general João Gomes e disse-lhe que, inexplicavelmente, haviam surgido restrições à escolha de um oficial da reserva para panegirista de Mallet, existindo quem preferisse um general da ativa. Temia se avolumassem as discordâncias, o que eu não desejava e seria mui desagradável. Pedia-lhe, portanto, que procurasse o senador Passarinho e lhe expusesse este novo aspecto das ocorrências.

O general João Gomes estranhou a notícia, pois nada ouvira a respeito. Sentiu que deveria esconder-se, por trás daquela informação, algo de grave cujo sigilo impunha-se. Trocamos algumas palavras, com o objetivo de esclarecer a missão, e o general partiu para cumpri-la.

Não posso precisar quando – se no mesmo dia ou no posterior – o general João Gomes entregou-me uma carta do senador Passarinho, declinando do convite. Do documento, redigido com elevação moral e elegância, aflora a inteligente percepção das verdadeiras causas das restrições. Tenho-o em meus arquivos[1] e dele me permito

1. Ver Anexo A.

destacar o seguinte trecho: "Refletindo melhor, agora, diante do próprio vulto que a notícia, uma vez publicada, tomou em todo o Brasil, sinto que a minha imagem política está sobrelevando a imagem militar e afetando, por conseguinte, a própria natureza do convite que tanto me sensibilizou."

Escolhido outro orador, sossegou o palácio do Planalto. Não posso, no entanto, deixar sem referência a nobre atitude do senador Passarinho, evitando um atrito, que já se esboçava, entre o meu assentimento e a rejeição desarrazoada – opressiva como todos os seus atos – do presidente Geisel.

Mais tarde, em 1977, na fase de intensa agitação política na luta por cargos nos estados, quando as acomodações e conchavos sopitavam a dignidade em concessões de todos os tipos, deparei-me, ao ler os jornais de Brasília, com uma notícia estranha. Estampava o matutino uma fotografia do encontro que tinham tido dois importantes chefes políticos do estado do Pará. Ambos sorridentes, ainda que aparentemente constrangidos, selavam, com um aperto de mãos, a conciliação da política paraense.

Durante alguns minutos, revi na memória todos os acontecimentos que acabei de descrever, sem vislumbrar a mínima parcela de coerência entre comportamentos do passado e o do fato difundido. Como explicaria o senador Passarinho este súbito entendimento?

Valer-se-ia da casuística, na justificação moral de um caso de consciência?

Nesta hipótese, só teria êxito se admitisse, como ilustre escritor francês,[2] a lei política acima da lei moral. Ou se aconchegaria ao conceito de casuísmo, com insistência lembrado, nos últimos tempos, de aceitação passiva das idéias?

A matéria, todavia, não era do meu interesse e extinguiu-se, para mim, nessas especulações.

Dias depois da publicação, num gesto de cativante deferência, procurou-me o senador Passarinho, em meu gabinete. Atendi-o com a cordialidade que sempre lhe dispensei.

Foi direto às razões da visita. Perguntou-me se tinha lido a notícia de seu encontro com Alacid Nunes. Respondi afirmativamente.

Indagou, então, se eu tivera conhecimento do seu rompimento com Alacid Nunes, nos primeiros tempos da Revolução, bem como dos motivos que o levaram a isto.

Disse-lhe, de modo lacônico, que os conhecia.

Recordou-me a seguir os desagradáveis fatos que citei, linhas atrás, relatando algumas minúcias do choque havido entre ele e Alacid Nunes. Revelou que naquela época – eleição de 1965 – estava preocupado com a falta de recursos para atender às despesas normais de uma campanha eleitoral, quando encontrou Alacid Nunes que, muito satisfeito, declarou-lhe já ter conseguido o "dinheiro do boi".[3] Indagou

2. Honoré de Balzac, *As ilusões perdidas*. São Paulo: Victor Civita, 1978, p.344.

como o obtivera e Alacid Nunes, tirando do bolso um cheque, mostrou-o. Fora o documento remetido pelo Serviço Nacional de Informações e estava assinado pelo seu chefe, general Golbery do Couto e Silva. Indignado com a violação dos princípios revolucionários, desentendeu-se com Alacid, cujo procedimento condenou. Procurou, em seguida, o seu amigo general Mamede[4] – a quem expôs a situação. O general Mamede, temendo as repercussões desfavoráveis à Revolução, dissuadiu-o de um rompimento público. Apesar disso julgara-se incompatibilizado, moralmente, com Alacid Nunes, com o qual cortara relações.

Era, de modo geral, o que eu sabia, confirmado, agora, pelo principal personagem do evento.

Explicando o reatamento com Alacid Nunes, considerou-o absolutamente político, sem qualquer outra conotação.

Recebera do Presidente da República, por intermédio de seu secretário particular, um convite para comparecer ao palácio do Planalto. Lá chegando, comunicou-lhe o senhor Heitor Aquino Ferreira o desejo do general Geisel de ver pacificada a política paraense, para o que julgava indispensável o congraçamento dele, Passarinho, com Alacid.

Decidira, por conseguinte, atender ao presidente, mas insistia em afirmar que tal conciliação era apenas política.

Agradeci ao senador a gentileza do esclarecimento, palestramos sobre outros assuntos e fi-lo acompanhar, na saída, por um de meus assistentes.

Meses depois, vêm à tona da conjuntura interna as intrincadas sucessões estaduais; no estado do Pará apresentam-se candidatos a governador Passarinho e Alacid. Falava-se com certa insistência na indicação, pelo Governo Federal, do senador Jarbas Passarinho para aquele cargo.

Pessoas privilegiadas – freqüentadoras assíduas do Planalto –, contudo, mostravam-se céticas quanto a esta escolha. Murmuravam não ser do interesse nem do agrado do general Gustavo Morais Rego Reis, Chefe da Casa Militar, oficial ligado à sociedade paraense, o nome do senador, enquanto o do outro candidato – Alacid Nunes – contava com a simpatia dos assessores do presidente Geisel, em particular do general Golbery do Couto e Silva.

Quem conhecesse todos os fatos, aqui descritos com parcimônia de minúcias, bem como os comentários que suscitaram, não precisaria possuir os dotes de adivinho para prever a preterição, em suas aspirações, do senador Jarbas Passarinho. Indicado pelo governo, o senhor Alacid Nunes foi eleito governador do Pará.

Realmente, ao observador atento, não causaria surpresa essa escolha:

3. Expressão regional que significa dinheiro para comprar a carne indispensável à alimentação, no caso, provavelmente, dos eleitores.
4. Comandante da 8ª Região Militar. (N.R.)

• nas eleições de 1965, a ser verdade a versão coincidente que me deram, espontaneamente, duas fontes distintas, já existiam laços de amizade entre o general Golbery e Alacid Nunes;

• em abril de 1975, o presidente Geisel manifestou sua contrariedade pelo convite feito ao coronel R1 Jarbas Passarinho para orador oficial nas comemorações do Dia da Artilharia. Provavelmente, não desejava ficasse fortalecido na sua suposta pretensão de ser líder da Arena. Não queria o senador Passarinho como líder do partido do governo;

• propalava-se, sem rebuço, que o general Morais Rego, por divergências e problemas regionais paraenses, discordava do nome do senador Passarinho.

Escolhido Alacid Nunes, impunha-se dar ao senador Passarinho uma explicação que contivesse qualquer reação capaz de levá-lo a combater ou mesmo criar restrições a medidas governamentais. Foi dito, então, que o novo governo – um processo continuísta do que, felizmente, deixou o poder – considerava indispensável a presença do senador Passarinho no Congresso.

O senador Passarinho é hoje líder da Arena no Senado, lugar em que o general Geisel não o queria. É possível que esta tenha sido uma solução ardilosa, forçada pelas circunstâncias, para evitar um problema na eleição paraense, pois pelo que se insinua e muitos afirmam, a identidade de vista entre os dois presidentes – o que saiu e o que entrou – foi, em todos os momentos, integral e perfeita.

Tolos foram aqueles que admitiram o contrário.

Em 1975, o Presidente da República – que se dizia revolucionário – rejeitou Jarbas Passarinho, revolucionário de primeira água, para aceitar Petrônio Portella Nunes, um dos maiores opositores da Revolução, elemento que, na manhã de 1º de abril de 1964, escreveu ao marxista Miguel Arraes, governador de Pernambuco, para assegurar incondicional solidariedade a João Goulart e informar de que estava se dirigindo ao povo, para esclarecer sua posição em defesa do mandato do Presidente da República.[5] Nesse famoso discurso, na tarde de 1º de abril, proferido no palácio de Carnaque, na presença de operários e jornalistas, incita o povo contra a Revolução e insulta-nos – a nós revolucionários, é claro – com apodos de golpistas e ilegalistas.[6]

Ligado a Miguel Arraes, a quem Prestes, em recente entrevista à imprensa, definiu como "um aliado desde sua candidatura à prefeitura de Recife",[7] Petrônio Portella Nunes foi líder do partido governamental no Senado, negociador, investido de amplos poderes pelo Presidente da República, das reformas políticas, e, por ironia do destino, no atual governo – que se alardeia revolucionário de 1964 – é Ministro da Justiça.

A Política é realmente um enigma dificílimo de decifrar, mui especialmente quando se coloca, como ocorre no Brasil, a lei política acima da lei moral, comprovando na prática a tese do cônego espanhol do romance de Balzac.

---

5. Ver Anexo B.
6. Hernani D'Aguiar, "Manifesto de Karnak", in *A Revolução por dentro*. Rio de Janeiro: Artenova, 1976, p.176.
7. "Prestes: repressão pode dificultar a normalização", *O Estado de S. Paulo*, 27/3/1979, p.5.

Brasília, 28 de maio de 1 975.

Senhor Ministro,

Oficialmente convidado, para fazer a alocução comemorativa do "Dia da Artilharia", no próximo dia 10 de junho, considerei-me profundamente honrado. Entendi a solicitação de meus ex-chefes e velhos camaradas, como uma homenagem à grande família da reserva de 1ª classe, de que sou humilde membro. Entendi-a, ainda, como um gesto ao companheiro que, passando quase 30 anos na caserna, à sua formação parece não haver, por atos ou omissões, traído ou renegado.

Cheguei, pois, a aceitar o convite.

Refletindo melhor, agora, diante do próprio vulto que a notícia, uma vez publicada, tomou em todo o Brasil, sinto que a minha imagem política está sobrelevando a imagem militar e afetando, por conseguinte, a própria natureza do convite que tanto me sensibilizou.

Permita-se Vossa Excelência que, reanalisando o convite em todas as suas implicações, eu reconsidere minha anterior decisão, para declinar da honrosa incumbência. Minha decisão, creia Vossa Excelência, só visa a resguardar minha corporação e minha Arma de origem, de qualquer conotação política.

Certo de que Vossa Excelência bem compreenderá minha posição, reafirmo-lhe meus sentimentos do mais alto apreço e consideração.

Passarinho

Senador JARBAS PASSARINHO

ESTADO DO PIAUÍ

PALÁCIO DO GOVÊRNO

GABINÊTE DO GOVERNADOR

N.º ....

NOTA OFICIAL

No momento de incertezas em que já vemos esclarecidos os objetivos do movimento de rebelião em vários Estados da Federação, dirijo-me ao povo, no cumprimento de um dever, para esclarecer, uma vez mais, minha posição de defesa do mandato do Sr. Presidente da República, Dr. João Goulart, e de protesto contra a ação revolucionária dos que antes faziam intocável a Constituição e hoje não vacilam em desrespeitá-la.

Palácio do Govêrno do Estado do Piauí, em Teresina, 1º de abril de 1964.

Petrônio Portella Nunes
Governador do Estado do Piauí

Reconheço verdadeira a firma de Petrônio Portella Nunes
Em testemunho da verdade.
Teresina, 26 de ... de 1968.

Cartório Themistocles Sampaio – 3º Ofício de Notas – Teresina – Piauí

CAPÍTULO 15

A contramarcha na política interna

No ano de 1974, nos discursos de março e agosto, definira-se o presidente sobre a orientação da política interna como de amplitudes democráticas, lançando um convite à cooperação da "imaginação política criadora". Era, como salientei páginas atrás, uma investida precipitada num terreno coberto de armadilhas perigosas. Não havia condições para um avanço naquele sentido e podia-se lembrar que ainda estavam bastante atuais as palavras do presidente Costa e Silva, em dezembro de 1968, quando assim se expressou: "Os atos nitidamente subversivos oriundos dos mais distintos setores políticos e culturais comprovam que os instrumentos jurídicos que a Revolução vitoriosa outorgou à Nação para sua defesa, desenvolvimento e bem-estar de seu povo estão servindo de meios para combatê-la e destruí-la." Queixava-se, também, aquele presidente, em outras ocasiões, que: "O governo tentou o caminho de tolerância. Quando tentou ser magnânimo passou por fraco. Quando procurou apoio político viu-se traído pela falta de patriotismo de grande número de pessoas."

Acho que poderes excepcionais são somente para situações de rara excepcionalidade. Conseqüentemente, decretos, "salvaguardas eficazes", "remédios prontos e realmente eficientes"[1] ou quaisquer outras medidas

1. Medidas citadas num discurso do presidente Geisel, em março de 1974, transcrito em *O mundo econômico, político e social* do 1º trimestre de 1977.

de exceção, significativas de mesmas ações, disfarçadas sob abundante variedade terminológica, podem e devem existir, visando ao surgimento daquelas situações. Todavia, estas medidas, suas definições e elaborações não podem estar sujeitas à vontade de um só homem ou mesmo de um grupelho por ele dominado, porque devem surgir de meticulosos exames de conjuntura nacional, ditados por imperativos de segurança do regime democrático, e firmadas pelo Congresso, sob os habituais debates. Transformadas em leis, o Poder Executivo as aplica e o Poder Judiciário julga a legalidade desta aplicação.

Não foram necessários mais de doze meses para que o próprio presidente, em seu discurso de 1º agosto de 1975, tentasse uma elucidação do seu ponto de vista expresso em manifestações anteriores. Admite ter sido sua idéia deformada por interpretações estrábicas, que se prenderam apenas ao setor político, sem considerar o quadro geral do desenvolvimento ao qual vincula a decantada distensão. Subordina a "distensão" ao desenvolvimento e à eliminação das tensões, que tolhem o progresso da nação e o bem-estar do povo.

Como ocorre sempre nestes momentos em que se pretende dizer que não se disse o que se disse, há, em sua fala, trechos de sentido apocalíptico entremeados de outros de reconhecida clareza, o que torna mais sibilino o pretenso esclarecimento. Um destes últimos trechos não faz mais do que repetir, de forma diferente, o pensamento de Costa e Silva, quando diz que, no passado, amplas disposições livres não eram praticadas, "servindo, ao invés, aos apetites e ao poderio de poucos, em detrimento dos verdadeiros interesses da Nação, que se debatia na pobreza e na desordem, porque aquelas disposições estavam divorciadas da realidade".

O povo e a Nação são condimentos indispensáveis nestas peças demagógicas, porquanto dão-lhes um sabor de sinceridade, patriotismo e sentimento humano, representando ainda com perfeição o conhecido papel da esponja de platina nas reações químicas. Sua citação ou presença ali é, apenas, catalítica – sai incólume, sem melhorar ou piorar. A realidade, a que se referiu o presidente, não foi compreendida até hoje; ela continua a ser ajuizada de modo errôneo pelos analistas da conjuntura nacional. Sua exegese é variável conforme a seleção e prioridade dos fatores que a justificam, os quais por sua vez estão vinculados à subjetividade. Cada um a encara sob um prisma diferente, mais agradável às suas tendências e qualidades espirituais.

Esta contramarcha no pensamento político do governo – considerada por muitos como um recuo estratégico, sugerindo o intuito da sua retomada em momento oportuno – nada mais é, no entanto, do que o resultado do choque da lei com a realidade.

Enquanto não forem eliminadas as causas que proporcionam estes embates, antes que sejam criadas condições que permitam a geral compreensão de que o ampliar ou o restringir das liberdades – quaisquer que sejam – dependem, exclusivamente, da capacidade de exercê-las e não de formas espúrias de mando, serão pueris e fadadas ao fracasso todas as tentativas nesse sentido. O governo recuou em seus propósitos de DISTENSÃO e recuará sempre, desde que os caminhos a percorrer não estejam aplainados das resistências conjunturais. Em cada recuo, porém, terá que enfrentar novas reações, maiores do que as do recuo anterior. Ao contrário, se persistir sem a satisfação dessas condições, poderá defrontar-se com agitações sociais imprevisíveis.

Foi, infelizmente, o que vimos nas gestões de Castelo Branco e Costa e Silva. O primeiro governo revolucionário agasalhou a esperança de restabelecer a democracia em 1965, mas atolou-se no lamaçal – ainda não drenado – das políticas e administração passadas, do qual só conseguiu sair através de caminhos da excepcionalidade. Obstina-se entretanto em achar oportuno o retorno à democracia plena, esquecendo-se que, ao justificar o Ato Institucional nº 2, apresenta o argumento de que "agitadores de vários matizes e elementos da situação eliminada ... já ameaçam e desafiam a ordem revolucionária".

Costa e Silva recebeu a Constituição de janeiro de 1967 elaborada em moldes democráticos, despida de medidas excepcionais, e reforçou seus intuitos de liberdades amplas, já manifestados antes de sua posse e depois em outras oportunidades. Pelas brechas desta ABERTURA penetraram os subversivos e terroristas, atingindo as agitações e intranqüilidade pública níveis iguais, se não superiores, aos de 1964. O Ato Institucional nº 5, em 13 de dezembro de 1968, muito mais drástico do que os Atos anteriores, ao conter a subversão aniquila, todavia, com as reivindicações da volta imediata à democracia em sua plenitude.

O presidente Médici não se mostrou inclinado ao pronto restabelecimento da normalidade democrática, contudo fez sentir a vontade de atingi-la, ao término de seu governo. Admitiu, pela visão que tinha do quadro de segurança nacional, como prematura a revogação do Ato Institucional nº 5, já integrado à Constituição de 1967.

Era também esta, em 1974, a impressão reinante nos meios militares e governamentais – o Ato Institucional nº 5 deveria ser mantido por mais algum tempo.

Em julho em 1973, quando decidiu o presidente Médici indicar o general Ernesto Geisel seu sucessor, fez ouvir, por intermédio de seu Ministro do Exército, os generais. Comandava eu o I Exército e fui chamado pelo general Orlando Geisel, que, satisfeito com a escolha, expôs-me os motivos da audiência. Contou-me naquela oportunidade – e disto estou bem lembrado – que o general Ernesto Geisel, ao aceitar o convite do general Médici para substituí-lo na Presidência, perguntara-lhe:

— Mas... você não vai me tirar o AI-5?

Respondeu o presidente Médici que não faria isso.

Como mostram os fatos, o presidente Geisel, em meados do ano de 1973, era favorável à manutenção do AI-5 e, coerente com este ponto de vista, usou-o prodigamente, embora nem sempre o tenha feito em proveito do regime.

Muitos revolucionários, por conseguinte, acharam enigmáticas suas declarações de março e agosto de 1974. Atribuíram-nas alguns a fictícias promessas que sabia não poderiam ser cumpridas mas capazes de acalentar, por meses, a ansiedade pública. Outros, chegados a maledicência, traduziam-nas como um inacreditável desconhecimento da situação interna.

Surgia, ainda, uma terceira explicação. Admitia-se a intenção de colocar as medidas excepcionais no corpo da Constituição, sob rótulos novos, mas sem modificar-lhes a essência e os efeitos. Praticar-se-ia, assim, um verdadeiro transplante revolucionário – da excepcionalidade para a legalidade – cuja técnica de implantação, a cargo da imaginação política criadora, impediria as rejeições.

Desconheço os motivos que levaram o presidente Geisel a abandonar seus propósitos, contudo ouso imputar às reações conjunturais a sua mudança de atitude naquela ocasião. Entretanto, a julgar pelo que ocorreu em setembro de 1978, é fácil eleger essa última hipótese como a manobra política predileta do presidente.

CAPÍTULO 16

A administração do Exército em 1975

VIAGENS E INSPEÇÕES

Em 1975, obedecendo ao plano que traçara, de visitar o maior número de unidades do Exército, retomei o contato com a tropa. Em 17 de março desembarquei no aeroporto de Gravataí, e, acompanhado do Chefe do EME e do Comandante do III Exército, percorri todos os quartéis-generais e a maioria das unidades ao sul do rio Ibicuí. Encontrei sempre a tropa carente de recursos materiais, mas sustentada por um sentimento cívico e uma responsabilidade profissional louváveis. A visita do ministro e do Chefe do EME teve, nas guarnições, efeitos tonificantes. Identificados, chefes e comandados, pela intenção de levantar as dificuldades – que eram abundantes – e sugerir os meios para, se não saná-las, atendê-las razoavelmente, estabeleceu-se um diálogo fácil e franco, como costuma acontecer quando a confiança é recíproca.

Nos dois primeiros dias que passei em Porto Alegre, tive a satisfação de conhecer o parque Osório e foi com incontida emoção que penetrei na casa onde o glorioso patrono de minha Arma – a Cavalaria – vivera. Procurei traçar, no livro a isto destinado, a impressão magnífica que guardei daquela área distante. A morada, desenhando-se na bruma matinal de um dia frio, tinha a seu lado o lanchão "Seival" de Garibaldi. Eram dois monumentos que a tradição conservara, dois marcos da história da Pátria, recordando à posteridade os vultos de dois grandes heróis.

A Guarnição de São Leopoldo, na qual passei um dia, apresentava níveis disciplinar e técnico muito bons. A sua unidade de artilharia – o 16º Grupo de Artilharia de Campanha – lutava com deficiência de parques e de transporte para o seu material.

Em Bagé, percorremos as históricas colinas, tantas vezes palco das invasões platinas. Lá estavam as ruínas do forte de Santa Tecla, baluarte construído pelos espanhóis, no século XVIII, na avançada para o norte, procurando as margens do rio Jacuí, e arrasado, dois anos após, pelos portugueses. Montado sobre a Coxilha Grande, em posição dominante, fora ponto de apoio importante nas heróicas lutas pela fixação de nossas fronteiras. Comentamos a excelência do lugar, do ponto de vista militar, e o valor dos desbravadores daquela região, isolados praticamente do mundo civilizado e pertinazes defensores da causa da Pátria. Aquelas ruínas evocavam o passado que devíamos cultuar, porque em país de tão curta vida política estas fontes de civismo não podem ser esquecidas. Era a tradição viva, cujos valores espirituais deveriam ser ressaltados em benefício da educação moral dos jovens. O prefeito de Bagé e outras personalidades de destaque da cidade lamentaram a falta de recursos para preservar do tempo monumentos históricos, iguais ao que visitávamos.

Dois anos depois, em junho de 1977, estávamos – eu e o mesmo Chefe do EME – nos festejos comemorativos do Dia da Artilharia, em Brasília. O Presidente da República olhava os quadros que ornamentavam os salões do 32º Grupo de Artilharia de Campanha, onde ocorriam as solenidades. Em dado momento, deparamo-nos com uma bonita e recente fotografia do forte de Coimbra, célebre pela resistência oferecida à invasão paraguaia, em dezembro de 1864. Desejando prestar esclarecimentos ao presidente, o general Fritz Manso informou que alguns recursos tinham sido empregados na recuperação do forte, para conservá-lo, cenário que fora de gloriosas ações de nossos antepassados. Esmerava-se em citar as medidas tomadas com aquele objetivo quando o presidente, interrompendo-o, exclamou: "Está aí, e apontou para a fotografia, é a mania da tradição, no Exército! Nisto vão-se os recursos..." O general Fritz calou-se; no entanto, eu, em tom de discordância, disse-lhe que nações seculares, como as européias, incentivavam o culto do passado, como insuperável forma de aquecimento cívico. Prosseguindo, lembrei-lhe que o presente nada mais será do que o passado do futuro. Não obtive resposta e o passeio continuou pelas dependências da Unidade. Considerei inaceitável, para um homem de formação militar, a observação presidencial.

Abandonando a digressão, voltamos à inspeção realizada no III Exército.

Em Santa Maria, como em Uruguaiana, o mesmo ambiente de trabalho e compreensão. Nesta cidade fronteiriça soube pelo Comandante do Batalhão de Engenharia de Combate, localizado em Alegrete, que o material moderno de duas Companhias de Equipagem de Pontes, recentemente distribuído à sua Unidade, corria o risco de desgaste prematuro, exposto que estava à intempérie por não terem sido construídos os pavilhões para abrigá-lo. Esclareceu que ao relento, coberto com lonas, breve estaria indisponível. Atribuiu ao elevado orçamento apresentado pelos órgãos de engenharia do Exército a demora da construção. Referindo-se ao custo previsto, julgou-o, em sua apreciação de oficial de Engenharia, extremamente excessivo, declinando de apreciar as razões deste fato. Afirmou que se dispusesse de uma quantia de 700 mil cruzeiros – praticamente um quarto do custo oficialmente estimado – faria as construções necessárias. Ainda de Uruguaiana dei ordem para abertura deste crédito, pelo Fundo do Exército, destinando-o ao Comandante do 12º Batalhão de Engenharia de Combate. Os pavilhões foram construídos e o material alojado, em condições muito boas de tempo e instalações.

As Comissões Regionais de Obras (CRO), embora constituídas de oficiais capazes e dignos, não tinham condições físicas, em virtude de seus pequenos efetivos, para cumprir em áreas extensas todas as suas missões. Atribuir-lhes a fiscalização das obras, liberando-as das responsabilidades administrativas das construções, não só acelerava as tarefas como reduzia-lhes o custo.

Adotei, e estou convencido de que foi a melhor solução, este tipo de descentralização, que consistia em entregar, diretamente, aos comandantes ou diretores das Organizações Militares a quantia solicitada para as obras de recuperação e ampliação de seus quartéis, dando-lhes as CRO o apoio técnico indispensável.

Quem melhor zelaria pelo aproveitamento do crédito, seria mais rigoroso na fiscalização ou mais desejaria salientar-se administrativamente do que o próprio comandante de Organização Militar?

Os resultados desta orientação foram excelentes; que o digam as dezenas de comandantes ou diretores que receberam recursos do Ministro do Exército.

Visitei os Grandes Comandos e Unidades do II Exército, localizados em São Paulo, Quitaúna, Campinas e Campo Grande, em abril. Era o mesmo exército do sul – dedicado às suas atividades profissionais, sequioso de recursos, preocupado com a preservação do material e o bem-estar da tropa, enfim, empenhado na obtenção da eficiência operacional máxima. Reuni, como era normal fazê-lo em todas as guarnições visitadas, os oficiais em auditório. Falei-lhes dos nossos problemas internos, dos propósitos de solucioná-los racionalmente, dentro de nossas possibilidades conjunturais. Não lhes fiz nenhuma promessa alucinatória, nem lhes amorteci a acalentada esperança de um Exército forte com apreciações pessimistas. Apresentei-lhes a realidade em que vivíamos, mostrei-lhes que era capital distinguir o supérfluo do indispensável, dando a este prioridade absoluta. Abordei com acidez o contraste entre a magnificência oriental de Brasília e a vida modesta, de relativas privações, nas longínquas guarnições de fronteira. Afirmei e reafirmei o intuito de lutar para que estas disparidades fossem sanadas. Expliquei-lhes a necessidade de uma política de alienações de imóveis para que pudéssemos prover o Exército de material, construir organizações militares imprescindíveis à assistência social, como um novo Hospital Central do Exército, capaz de substituir um nosocômio de edificação anacrônica – à base de pavilhões –, trazendo ao Exército os benefícios de uma unidade hospitalar modelo. Realcei-lhes a necessidade de um colégio militar que atendesse as exigências da numerosa família militar da guarnição do Distrito Federal. Mostrei-lhes a vantagem de assim proceder, evitando fossem doados, na forma habitual, terrenos e bens do Exército a outros ministérios, a municípios e estados, sem qualquer vantagem para a instituição militar.

Insisti na coesão militar em torno de seus chefes, premissa vital ao êxito da Revolução. Alertei-os para as ameaças e perigos da dominação comunista – em plena marcha, hoje, com a indubitável infiltração vermelha em todos os setores da vida nacional – e preveni-os contra a aplicação, consciente e lenta, do método marxista de "intervenção gradual", que tão bons resultados vem dando, através dos governos híbridos, nos países subdesenvolvidos e nos em desenvolvimento. Recordei-lhes, nestas ocasiões, exemplos de coragem e de sacrifício de companheiros nossos na defesa da legalidade democrática e de nosso regime.

Encerrei a minha palestra, conduzida sempre de modo coloquial, assegurando-lhes que o Exército Brasileiro jamais toleraria a implantação do marxismo no país; mas se por uma fatalidade isto ocorresse, era porque o verdadeiro Exército do Brasil tinha morrido e de suas cinzas surgido um outro exército, de cores alienígenas, muito diferente daquele, a que nos orgulhávamos de pertencer, nascido nas lutas do massapé nordestino contra os invasores, robustecido nas guerras do Prata e consagrado na península itálica como lidador imbatível no combate às hostes totalitárias.

Foi este o teor de minha exposição em São Paulo, reprodução de todas que já havia feito nas guarnições por onde passara, e modelo das que faria nas que visitasse. Entretanto, o grupo de assessores presidenciais difundia aos quatro ventos que o Ministro do Exército estava fazendo viagens de propaganda política. Segundo informações seguras, foram, até, transmitidas ordens à imprensa e à Agência Nacional para silenciar sobre estas visitas.

Nunca tratei de assuntos desta natureza, em viagens de inspeção ou reuniões militares de qualquer espécie, nem mesmo nos despachos e audiências com os generais. Desafio que me desdigam, já que provar ninguém poderia fazê-lo. O general Ariel Pacca da Fonseca foi o único que teve a coragem moral e a dignidade de proclamá-lo de público e em reunião com os seus oficiais. Disse-o, também, segundo sua honrada palavra, ao presidente, quando por ele chamado no dia 12 de outubro de 1977. Aos demais generais-de-exército do Alto Comando – que, acredito, tenham lido o famoso livro *Servidão e grandeza militares* – aconselho que o releiam para bem interpretar o pensamento do autor sobre a honra, por ele definida como o "pudor viril".[1] Ser-lhes-ia muito útil esta leitura e a meditação sobre suas judiciosas palavras, em particular quando escreve que a honra é uma coisa sagrada para nós militares.

---

1. Alfred de Vigny, *Servidão e grandeza militares*. Rio de Janeiro: Bibliex, 1975.

Jamais disse, também, nessas inspeções, qualquer termo ou expressão que pudesse atingir o governo ou algum de seus membros, mesmo indiretamente. Ao contrário, procurava sempre preservá-los da maledicência que sentia dissimulada em comentários. Era um dever agir desta maneira, uma questão de foro íntimo, de lealdade, que para mim nunca foi relativa.

Revi, na primeira quinzena de maio, as guarnições de Petrópolis, Vila Militar e Niterói. Conhecia-as bem, pois comandara em época recente o I Exército. Exemplares, sob todos os aspectos, até na compreensão quanto à escassez de recursos, dos quais tinham premente urgência. Apoiei-as com o máximo interesse.

A viagem ao IV Exército não trouxe novidades ao quadro geral. Muito trabalho, dedicação insuperável e os inevitáveis pedidos de recursos. Lastimavelmente não conseguiu meu avião, por imperativo de tempo, descer em Fernando de Noronha, que sobrevoamos por muitos minutos. Os mesmos problemas e em conseqüência as mesmas soluções. Ligado por sangue aos nordestinos, orgulhei-me de notar, num Exército de prioridade baixa, na escala de provimento estabelecida pelo Estado-Maior do Exército, de acordo com nossos planos operacionais, um entusiasmo comunicativo pelas novas medidas de reorganização das unidades e de apoio breve e contínuo aos comandos de tropa. O clima hostil e a adversidade moldaram no nordestino o soldado ideal das árduas campanhas, e os puros sentimentos de honra, família e Pátria, bafejando-lhe o espírito, fizeram-no um homem de inabaláveis convicções. É difícil dominá-lo – não digo vencê-lo – pela violência, mais fácil é conquistá-lo pela persuasão. O Nordeste tem, não nos iludamos, o soldado pertinaz e sóbrio, o combatente das resistências, o homem das lutas longas e difíceis.

Estive nas guarnições de Salvador, Natal, Recife e Fortaleza, comandadas por generais; só poderia louvá-las pelo que vi e ouvi, durante as demonstrações programadas.

Percorri, em setembro, a Amazônia. É um mundo diferente! Tudo ali é grandioso. A pujança das matas, a abundância das águas, a extensão da planície e imensidade do desconhecido encantam mas atemorizam. As estradas são líquidas, as distâncias medem-se por quilômetros e o isolamento das populações é uma constante, num mundo de comunicações e transporte precários. Seus problemas são muitos; contudo, o maior deles, parece-me, é, ainda, a sua completa integração ao quadro nacional, livrando-a da cobiça estrangeira e das mascaradas espoliações de suas riquezas, vistas e consentidas pelas autoridades.

Voei sobre esta portentosa região várias vezes, por muitas horas, e pude aquilatar o inestimável serviço que presta o Exército à causa da integração e segurança nacionais. Pulverizados pelas fronteiras com os países vizinhos, vivem os nossos destacamentos sob sérias dificuldades, visto que os locais de suas sedes são normalmente desprovidos de recursos. Recebem apoio de suas unidades, porém, em virtude do regime de águas de certos rios, os suprimentos podem chegar ao destino com retardo, em certos casos, superior a trinta dias.

Encontrei, em Porto Velho, o 5º Batalhão de Engenharia de Construção. Após ouvir uma exposição minuciosa sobre a missão de que estava incumbido e percorrer a área da Unidade, compenetrei-me da imprescindibilidade da Engenharia de Construção na região amazônica. Ela rasga, no impropriamente chamado Inferno Verde, as estradas carreadoras da civilização, com os mesmos entusiasmo e abnegação com que um pugilo de idealistas, chefiados por Rondon, desbravou Mato Grosso, levando aos seus mais recônditos rincões o "fio que fala" – denominação ingênua dada, pelo pasmo do silvícola, às linhas telegráficas.

Para que se possa bem apreciar os sacrifícios e riscos enfrentados pelos oficiais e praças dos Batalhões de Construção, basta dizer que os acampamentos, ao longo da estrada em construção entre Manaus e Caracaraí, eram protegidos por fortes cercas de arame farpado e vigiados, atentamente, por sentinelas. Temiam-se, durante o dia, incursões inesperadas dos selvagens, e, à noite, ataques de feras.

A Guarnição de Tabatinga comprava, normalmente, gêneros de primeira necessidade em Letícia, cidade colombiana que lhe fica defronte. Podemos compreender as dificuldades, restrições e, sob certos aspectos, a nossa situação vexatória, neste tipo de comércio. Após minha visita, ao regressar a Brasília, apresentei ao Ministro da Agricultura – Alysson Paulinelli – a questão do abastecimento da cidade de Tabatinga. Solicitou-me um local para instalar um farto armazém e, meses depois, com apreciável organização, estava solucionado o problema. Inverteram-se, então, os papéis, e os colombianos passaram a vir buscar no Brasil os artigos de que precisavam.

As dificuldades técnicas não eram menores. Contou-me o Comandante do 5º Batalhão de Engenharia de Construção que o terreno em que trabalhava apresentava, a partir de curta profundidade, tênues e sucessivos lençóis d'água, intervalados por camadas de solo consistente. Foi necessário apelar para técnicos alemães especializados para que se encontrasse uma solução.

Salpicadas na Amazônia, em São Gabriel da Cachoeira, Porto Velho, Boa Vista, Cruzeiro do Sul e Santarém, dirigidas de Manaus pelo Comando do 2º Grupamento de Engenharia de Construção, tecem estas Unidades, com paciência e perseverança, uma verdadeira teia de progresso e integração.

Desejo esclarecer, por oportuno, uma quase polêmica que se travou a respeito da necessidade de manter a engenharia do Exército em tarefas de construção de estradas.

O Presidente da República, logo no início de minha administração, insistia bastante na contenção de despesas e na eliminação das atividades supérfluas e daquelas que, com o tempo, assim se tornassem. Em tese não divergíamos. Entre as primeiras colocava o Serviço Veterinário do Exército, que, com o advento da motomecanização do Exército, perdia a razão básica de sua existência. Incluía os batalhões de Engenharia de Construção no grupo das que, gradativamente, deveriam ser extintas. Argumentava que a engenharia civil já possuía condições para realizar, no país, as construções de estradas e, ainda, que a fase de pioneirismo já estava ultrapassada. Deste modo, ao terminarem as missões que tinham, deveriam ser extintos aqueles batalhões, aproveitando-se seus efetivos para organização de outras unidades.

Quanto à engenharia não discordava, integralmente, do raciocínio do presidente. Não duvidava, também, do grande valor técnico da competente engenharia civil, consagrada em magníficas realizações no Brasil e no exterior. Admitia, contudo, que os custos das obras seriam, consideravelmente, maiores, quando as medidas preconizadas visavam à redução de despesas. Tudo isto parecia-me paradoxal e turbilhonava as idéias no encadeamento de um raciocínio lógico. Do ponto de vista do Exército, julgava vantajosa uma redução de Engenharia de Construção em proveito da Engenharia de Combate, embora não estivesse a Engenharia de Construção, na Amazônia, alienada de sua atividade fim, pois a construção era exatamente um meio de exercitá-la em sua missão específica. No quadro geral cabia ao presidente decidir.

Ouvi, na oportunidade, o Ministro dos Transportes, general Dyrceu Nogueira, conhecedor profundo da questão. Tomou uma posição moderada. Deveria a Engenharia de Construção ser extinta, porém vagarosamente, não devendo ser de imediato.

Dei ordem ao Chefe do EME que realizasse estudos sobre o assunto e iniciasse planejamento com objetivo de desaferrar, gradativamente, a Engenharia dos encargos de construção.

O Chefe do Departamento de Engenharia e Comunicações, é de justiça se diga, bateu-se ardorosamente no sentido de modificar esta orientação, julgada por ele prematura.

Minha visita ao Comando Militar da Amazônia convenceu-me, à saciedade, de que a Engenharia de Construção, na Amazônia e mesmo no Nordeste, é, ainda, e o será por muitos anos, insubstituível, porque sua missão, como a de todas as tropas ali instaladas, não é somente técnica e de segurança, mas, acima de tudo, cívica e de integração nacional. Ela espraia, pelos igarapés sinuosos, matas densas, várzeas alagadas e campinas do norte, o sentimento de brasilidade e a afirmação de posse. Não a seduz interesse comercial, guiando-a, unicamente, o dever. Esta impressão levou-me a postergar a aplicação dos planos de extinção e o EME parece ter compreendido não ser conveniente insistir em sua execução. O presidente, entretanto, vez por outra, voltava a abordar o assunto; era esta a situação, em outubro de 1977.

Em Manaus, empolguei-me com as organizações e demonstrações do Centro de Operações na Selva e Ações de Comando. O Cosac recebe em seus cursos oficiais de vários países, especialmente dos sul-americanos. Seus métodos de sobrevivência nas selvas, os exercícios violentos e perigosos que realiza e a rígida disciplina que adota colocam-no como dos mais prestigiados estabelecimentos de ensino do Exército Brasileiro, de renome internacional.

A Amazônia é um desafio que a nossa instituição aceitou para vencer. O Exército, em todas as épocas difíceis de nossa História, esteve na vanguarda da luta pela preservação de nossa civilização e inviolabilidade de nosso território. A Nação deve-lhe muito; sem ele, talvez, nossa unidade estivesse esfacelada, nossa gente vilipendiada e nossos princípios cristãos destruídos. Recolhia-se aos quartéis, nos momentos de paz, só os abandonando por imperativos de restabelecimento de ordem e da lei. É confrangedor, portanto, que chefes encanecidos na caserna, ofuscados pelo poder e quiçá com consciência turvada, o tenham confundido com um partido político.

Terminei o ano de 1975 com uma visão exata da situação do Exército. Senti, desde as fronteiras do Sul às do Norte, os mesmos entusiasmo e apego pelos trabalhos profissionais, e assinalei, mais uma vez, na alma nobre do soldado, a vocação estóica de aceitar o sacrifício com resignação, de nada pedir em proveito próprio e de considerar o serviço da Pátria como um galardão supremo.

Percorrer as unidades de tropa, levar-lhes a solidariedade do chefe, auscultar-lhes o pensamento e incentivar-lhes o ânimo para que, ao arrepio das dificuldades, cumprissem com êxito os seus encargos foram sempre normas de minha ação de comando. Apliquei-as, com excelentes resultados, nos comandos que exerci. Reconheço que a intensidade destes contatos, se absoluta em postos inferiores, reduzem-se, por imposições funcionais, nos altos comandos. No entanto, tudo se deverá fazer para que seja mantida ao máximo possível, pois julgo muito construtivo o diálogo entre comandantes e comandados.

Não se pode conceber um chefe militar que se deixe cravar em cômoda poltrona, decidindo, dali, sobre atividades e destinos de seus comandados, à base apenas de informações, elaboradas, muitas vezes, ao talante de órgãos e auxiliares que, numa deformação de lealdade, preferem iludir, para não "aborrecer o chefe", a dizer-lhe a verdade.

Pensando e agindo desta maneira realizei visitas e inspeções em todos os Exércitos, e deveria continuá-las, nos anos seguintes. Contudo, quando as procedia, enchiam-se os soturnos corredores do palácio do Planalto de boatos e insinuações de que o Ministro do Exército encontrava-se em campanha política. A torpeza do procedimento do grupo palaciano – na ânsia da gestação de uma candidatura presidencial que lhe assegurasse a continuidade nas posições de mando e desmandos – era tal que não vacilou em proibir aos órgãos de comunicações fossem feitas referências às viagens do Ministro do Exército.

A INDÚSTRIA DE MATERIAL BÉLICO

A fabricação de material bélico constituiu, desde os meus tempos de tenente, tema dos mais interessantes, porém muito controvertido, se não no país, pelo menos no nosso Exército. A controvérsia residia em definir a quem caberia a produção do material, no Brasil; se ao governo ou a empresas privadas.

As teses tinham ardorosos defensores e a argumentação desfolhava-se em raciocínios, beneficiando ora uns, ora outros oponentes, sem que se chegasse a proposta de solução lógica e prática, adequada ao nosso estágio de desenvolvimento.

As revistas especializadas abordavam o assunto, divulgando apreciações, trazendo sugestões e alargando a área dos debates.

A visão que tínhamos do problema, no escalão em que vivíamos, era muito superficial e não nos permitia aquilatar sua extrema complexidade. Julgávamo-lo apenas difícil, mas passível de superação pelo trabalho e honestidade de propósitos. Saciava-se, contudo, a curiosidade nas informações sobre tão importante assunto, o que era salutar à nossa formação profissional.

Correram os anos e as soluções possíveis nas diferentes épocas tinham iniludível caráter paliativo, na espera de melhores tempos. Os governos procuraram, corajosamente, resolver a questão, lançando-se na criação de fábricas e consentindo se instalassem outras. O incessante aperfeiçoamento técnico do armamento e a nossa precariedade industrial mostraram a inexeqüibilidade desta iniciativa em termos de modernização. O material fabricado tornava-se, a curto prazo, anacrônico e, na maioria das vezes, era obra de artesanato. Escapavam a estas considerações as fábricas de munição, relativas ao armamento portátil, o qual se conservou em uso, aproximadamente, por 50 anos. Neste caso, tecnicamente, não houve evolução.

As empresas privadas estrangeiras de grande porte, no setor da indústria bélica, donas de mercados vantajosos, escorchavam e escorcham seus fregueses, de preferência os subdesenvolvidos. Empenhavam-se em vender; jamais pensaram em aqui se instalar. As poucas firmas que enveredaram por este caminho, na esperança de que fosse promissor o comércio de armas, não foram felizes. Acreditavam na possibilidade de conquistar novos mercados, em especial na América e entre as nações africanas. Falharam em seus projetos por excesso de otimismo ou por desconhecerem a estrutura armamentista internacional e o poderio das organizações que, ainda, a compõem, constituindo, reafirmo, verdadeira máfia, de raízes internacionais, disposta a tudo, empregando recursos e meios condenáveis para negociar, com êxito, espantosos lucros.

A implantação de fábricas de material bélico, no Brasil, chocava-se, além disso, com uma imposição governamental que aniquilava, no nascedouro, a ambicionada expansão deste comércio – a categórica proibição de exportar qualquer material desta espécie.

Os estudiosos do assunto e os batalhadores de nossa independência, neste campo da indústria, conhecem numerosos exemplos destas tentativas frustradas. Só a vocação suicida poderia aconselhar investimento na fabricação de armamento cujo mercado estivesse restrito apenas ao país que dava a concessão.

As fábricas militares, aparentemente compensadoras, condicionavam sua produção, em quantidade e qualidade, às verbas orçamentárias, à mão-de-obra especializada e semi-especializada, ao valor técnico do quadro de dirigentes, em seus diferentes níveis, e às oscilações da política governamental, penduleando sempre entre orientações opostas.

As verbas orçamentárias, solicitadas – na coerência de nosso tradicional espírito de sacrifício – para atender às nossas necessidades mínimas, não podiam ser reduzidas sob o risco de prejudicarem, de modo irreversível, as nossas atividades fins e ameaçarem a sobrevivência da instituição. O descompasso entre o aumento dos custos dos artigos e o acréscimo anual dos recursos concedidos para adquiri-los faria pasmar qualquer administrador medíocre, desde que bem-intencionado. As despesas imprescindíveis – "fatais", na linguagem militar[2] – absorviam grande porcentagem do orçamento, em prejuízo dos investimentos.

As contenções eram tão rigorosas e incoerentes que o panorama financeiro pedia uma explicação para ser bem compreendido. No ano de 1975, para citar só um exemplo, a inflação atingiu 43%, no entanto, o teto autorizado, para o planejamento das despesas do Exército a vigorar em 1976, não deveria exceder de 20% do total estipulado para o ano de 1975. Iniciava-se, pois, um ano financeiro com valores 23% menores do que no ano anterior. Ora, nestas condições, como as despesas ditas "fatais" teriam que ser feitas, na melhor das hipóteses, nas mesmas quantidades e qualidades, sugar-se-ia, inevitavelmente, considerável soma dos recursos destinados aos investimentos. Existia, ainda, uma engenhosa, mas ardilosa recomendação da Secretaria de Planejamento da Presidência da República, visando a ampliar aquelas contenções. Essa medida consistia em colocar pendente de DIFERIMENTO[3] uma quantia – somente manipulável mediante autorização – de 10% do orçamento atribuído ao Exército. Essa norma agravava em muito a situação, porque a parcela retida era, na realidade, uma parcela morta, visto que não poderia ser usada administrativamente, nem para planejamento. Normalmente, esta quota sob diferimento era liberada a partir de outubro, quando uma nova inflação já imperava, ficando, deste modo, seu poder aquisitivo diminuído.

Como poderíamos pensar numa indústria fabril militar eficiente no quadro econômico que, em breves palavras, procurei definir?

O problema da mão-de-obra, nos estabelecimentos fabris, era dos mais graves, e sua solução, procrastinada há anos sob a habilidosa alegação – usual nas repartições federais – de que estava em estudos, debilitava a esperança e amortecia o entusiasmo dos que propugnavam pela fabricação militar.

---

2. São aquelas que não podem ser evitadas, tais como: luz, água, alimentação, fardamento etc.
3. Era uma forma de procrastinação, com o objetivo de disfarçar a falta de recursos por parte do governo. O orçamento, no início do ano, era um falso orçamento, visto que as disponibilidades postas em diferimento não podiam ser consideradas sem autorização.

Os operários, mal pagos, que se conformavam em permanecer envelheciam, e as vagas ocorridas por morte, aposentadoria ou outras causas não podiam ser preenchidas, por determinação governamental. Não se processava, por conseguinte, a renovação.

Agonizavam, assim, as nossas fábricas militares.

Durante a gestão ministerial Lyra Tavares, o ministro, cuja visão inteligente e evoluída da fabricação de material bélico era patente, determinou a colheita de uma série de dados com o objetivo de equacionar o problema para solução adequada à conjuntura brasileira. Nesta oportunidade verifiquei, pelas informações colhidas, entre outros dados desanimadores, que a idade de 60% dos operários estava acima de 50 anos.

A tecnologia rudimentar, muito próxima do artesanato, constituía outro óbice, quase intransponível. Não havia formação de técnicos para as tarefas secundárias, e o Instituto Militar de Engenharia – primoroso em tudo –, embora tenha o grande mérito do pioneirismo, era, e continua a ser, relativamente, muito mais útil às engenharia civil e suas empresas, às quais entrega técnicos capazes, do que propriamente ao Exército. Nossos técnicos militares, por sua incontestável capacidade profissional, eram constantemente solicitados para cooperar com empresas civis e muitos vinculavam-se a elas. Na verdade, encontravam no Exército, de modo geral, ambientes de trabalho burocrático, bem distantes daqueles de atividades técnicas – desenvolvimento de projetos, provas e experiências – que sonharam, visando a aplicar o que haviam aprendido. Este panorama trazia-lhes algo de frustração.

O nosso material bélico, sempre negociado nos grandes trustes chegava-nos às mãos por intermédio de firmas tidas como bem-conceituadas.

O comércio de armas é dos mais rendosos. O armamento aperfeiçoado, moderno, portanto o mais eficiente e atual, constitui privilégio – em linguagem mais clara, monopólio – das grandes potências. O material, já em vias de ultrapassagem técnica, oferecido por preços exorbitantes, é comprado sem especulações, porque quem busca armamento ou está sob forte sensação de ameaça ou tem o propósito irreversível de empregá-lo.

Os contratos de venda jamais asseguram a entrega, quer nas quantidades quer nos prazos estipulados. O reajustamento de preços é cláusula inevitável. O comprador não poderá transferir – por venda, empréstimo, ou doação – o armamento que recebe de outros países. A conjuntura internacional, a carência de matéria-prima, a inflação etc. surgem como argumentos de base a estas restrições.

O armamento negociado, com o passar dos anos, torna-se obsoleto, sendo retirado da linha de produção. Os países compradores, que não dispõem de recursos para acompanhar a evolução técnica e substituí-lo, entram em fase de angústia. A munição, que a cada remessa fica mais cara, desaparece do mercado e só a preços de espoliação é novamente fabricada. A substituição de peças deterioradas pelo uso ou inutilizadas por acidentes, quando não mais existentes nos depósitos, torna-se impossível.

A instalação de fábricas de armamento portátil, nos países subdesenvolvidos, aproveitando mão-de-obra barata, facilidades alfandegárias e outras concessões e tolerâncias incentivadoras, processa-se sempre de forma mui astuciosa para vincular o produto à indústria estrangeira. As peças vitais de uma arma de repetição, por exemplo, são fabricadas no país concessionário; sem elas não se poderá colocar em funcionamento a arma. A matéria-prima, em grande parte, tem a mesma origem. A dependência permanece absoluta; fabrica-se, neste caso, o secundário, enquanto o essencial vem do exterior.

A rigor, este mercado assemelha-se mais à rapinagem do que a atividade comercial. Vem, ao que tudo indica, de tempos remotos a irrefreável ganância dos negociantes de armas que vendem seus produtos aos beligerantes, independentemente de suas posições ideológicas, nacionalidades e raças.

Numerosos fatos a que assisti comprovam estes conceitos e apreciações; acho, por isso, interessante revelá-los, numa pequena amostra.

Precisávamos, em 1974, de adquirir canhões de certo calibre para completar nossos depósitos e prover algumas Unidades em fase de reorganização. A encomenda foi feita, após as exigências legais, a uma firma comercial conhecida como idônea, devendo ser colocada em porto marítimo do Oriente Médio, de onde a transportaríamos para o Brasil. Transcorrido o prazo estabelecido no contrato, fiz reclamar junto ao contratante o retardo, tendo recebido, durante alguns meses, respostas e explicações que visavam apenas a ganhar tempo na procura de uma solução de emergência. Como insistisse na imediata entrega do armamento, confessaram os responsáveis pela transação que os canhões tinham sido comprados em um país e, posteriormente, levados à recuperação nos excelentes arsenais de material bélico existentes em Taipé, capital da República da China. Segundo informações, o trabalho foi executado com perfeição, contudo, ao conhecer o governo nacionalista o destino das armas, isto é, o Brasil, recusou-se, terminantemente, a permiti-lo, considerando a situação política entre os dois países. Por conseguinte, os vendedores propunham entregar canhões de menor calibre, dos quais não precisávamos, em número igual ao do contrato, pelo mesmo preço, comprometendo-se a colocá-los em porto europeu. Era uma proposta velhaca que, em absoluto, poderíamos aceitar.

Comprar canhões mais baratos pelos preços dos mais caros, com a agravante de não necessitar deles, tudo isso depois de dois anos de espera, seria uma prova de irresponsabilidade. Recusada a cínica oferta, começaram a atuar pressões para que fosse concluído o negócio nas novas bases, não faltando aos interessados ardor e argumentos neste sentido. Mantendo-me na recusa, fiz suspender pelo prazo de dois anos, como inidônea para negociar com o Exército, a referida firma comercial.

Entretanto, perdêramos dois anos, e talvez tivéssemos que aguardar tempo igual ou superior para obter o material necessário à tropa.

O morteiro 4.2 orgânico das unidades de Infantaria existia nos Estados Unidos, em condições de venda. Eram armas recuperadas, no entanto em muito bom estado de conservação e que poderiam ser empregadas, com eficiência, durante muito tempo. Servia-nos a compra, numa época de reorganização do Exército; convinha-nos o preço unitário de 3.500 a 4.000 dólares e interessava-nos o relativo curto prazo de entrega. Assinamos com o vendedor um contrato e aguardamos o correr do prazo estipulado para receber o material. Qual não foi a nossa surpresa ao saber, quando tentávamos receber o armamento, que não existiam mais morteiros 4.2 recuperados para ceder. Sugeria o vendedor que o Brasil comprasse morteiros do mesmo tipo, porém novos, agora ao preço unitário de 14.000 dólares. Não nos foi possível fazer a compra.

Meses depois, colheu o nosso serviço de informações a explicação desta mudança de comportamento dos norte-americanos, no episódio da venda dos morteiros 4.2. Tinham eles cedido o armamento a um país africano, em luta com seus vizinhos, cobrando, por unidade, 7.000 dólares, o dobro do que deveríamos pagar, justificando a preferência em face da grave e difícil situação do país comprador.

Procuramos, a seguir, na Inglaterra, obter o mesmo material, também recuperado, de preço conveniente. Os ingleses tinham-no em depósito; no entanto, como o armamento era de fabricação norte-americana, estavam os ingleses obrigados, por contrato, a consultar os Estados Unidos, que não consentiram na cessão ao Brasil.

A munição do canhão de 76mm, usada nos carros M41A1 e M41A3, de reconhecimento mecanizado, não mais estava sendo fabricada nos Estados Unidos, e sua obtenção dependia da boa vontade dos americanos de a colocarem, novamente, em linha de fabricação, o que a tornava de preço quase proibitivo para nós. Buscas realizadas na Itália mostraram custos mais elevados; finalmente, conseguimos comprar na Coréia do Sul, para alívio geral, grande quantidade daquela munição.

A fábrica de Itajubá, conforme informações que recebia, estava na dependência de peças vitais, produzidas na Bélgica, para fabricar o nosso FAL – Fuzil Automático Leve.

O armamento, comprado em oportunidades, na maioria das vezes, para não dizer sempre, não obedecia a um planejamento racional e gradativo de aquisições. Aparecia um oferecimento, era julgado vantajoso do ponto de vista econômico, boas as condições de pagamento – comprava-se o material. Visava-se mais, acredito, ao prestígio interno do que ao seu emprego eficiente, no conceito de um exército em campanha. Suprimentos diversificados, manutenção complexa e apoio logístico muito difícil trazem problemas, às vezes insolúveis, em decorrência desta heterogeneidade.

A compra dos últimos canhões antiaéreos Oerlikon, já assentada quando assumi a pasta do Exército, dá um exemplo bem expressivo deste procedimento. Em virtude de negociações de governo a governo, a Itália abriu-nos um crédito de – se não me trai a memória – 70 milhões de dólares para aquisição de material bélico. Entre o armamento oferecido estava o canhão antiaéreo Oerlikon.

Decidiu-se então a compra de grupos antiaéreos providos daquele armamento. Esta decisão, parece-me, já havia sido tomada no governo anterior e era irrevogável. De manejo delicado e grande consumo de munição, os grupos Oerlikon seriam úteis, não há dúvidas, à instrução, mas as dificuldades de reabastecimentos – projéteis de elevados preços – e de manutenção geral tornavam fantasioso o seu emprego, com êxito, em operações no nosso país. Julgo, entretanto, que se tivéssemos obedecido a um plano de aquisições não estariam esses grupos em primeiro lugar.

Muito, ainda, poderia dizer sobre o nebuloso setor da aquisição de material bélico, no Brasil, escrevendo laudas e laudas sem acrescentar nada ao que já foi percebido, de que é um comércio de chantagens, dominado por insolente máfia. A nossa pluralidade de armas e de viaturas de combate blindadas só é explicável pela visão errônea que os nossos administradores civis, e mesmo os militares, têm demonstrado desse problema.

Era este, sem rebuços, o panorama conjuntural da fabricação de material bélico em 1975.

Havia necessidade urgente de uma solução que nos libertasse desta dependência escravizadora, mesmo que fosse a médio prazo, mas o importante era que saíssemos da atitude estática a que fôramos conduzidos pelas vacilações e temores de nossa administração.

Em julho de 1974 conversei, demoradamente, com o general Euler Bentes Monteiro, ainda na chefia do Departamento Geral de Serviços, e disse-lhe de minha intenção de transferi-lo para o Departamento de Material Bélico, onde desejava se empenhasse na elaboração de proposta ou, mais precisamente, de um projeto que abrisse novos horizontes à fabricação do material bélico no Brasil. Pretendia que as nossas fábricas militares integrassem uma nova empresa, servindo-lhe de base para incentivar a indústria de material bélico no país, quer pela composição com outras empresas quer pelo seu próprio desenvolvimento, em vista das possibilidades de expansão comercial que adquiririam. Existia, no entanto, a necessidade de que não fugisse das mãos do Exército o controle desta indústria. Uma condição era imperativa no êxito do empreendimento – a autorização do governo para exportação.

Faltava-me, contudo, a aquiescência do Presidente da República para dar forma às idéias, traduzindo-as em documentos. Obtive-a em audiência normal. S.Excia. compreendeu o alcance do empreendimento e sentiu a oportunidade do momento. Concordou com a exportação sujeita, logicamente, a restrições conjunturais, que poderiam ocorrer em relação a certos países. Vi o assentimento presidencial com extrema satisfação, pois abria-se, para nós, uma promissora era na indústria bélica, embora os caminhos a percorrer se apresentassem difíceis e marcados, como realmente aconteceu, por resistências e incompreensões de todas as naturezas.

Aproximadamente um ano levou o Ministério do Exército para chegar a uma proposta definitiva do projeto que foi transformado na Lei sancionada pelo Presidente da República em 14 de julho de 1975. Nesta árdua caminhada, os entendimento e acertos com os ministros do Planejamento e dos setores econômicos foram constantes e semanais. Neles houve sempre a destacar o interesse do general Euler em realizar tarefa que, sem fuga à realidade, se assentasse em sólidas bases.

Foi com indisfarçável júbilo que agradeci ao presidente o sancionar da Lei nº 5.227, de 14 julho de 1975, que considerei a base da emancipação militar brasileira, no caminho da indústria bélica, "agrilhoada que está aos interesses dos exportadores estrangeiros".[4] Ressaltei, naquela ocasião, quão delicado e penoso seria o período de transição, de um sistema de produção estagnado na esfera militar, para o setor de nossa dinâmica indústria civil. Precisávamos vencer o desafio que, na expressão do Presidente da República, o Ministro do Exército passara a enfrentar. Não me iludi, todavia, quanto às dificuldades que surgiriam, visto que os estatutos da Imbel somente foram aprovados no ano seguinte, a 21 de janeiro. Nomeado presidente da Imbel, em 23 de março de 1976, o general-de-divisão Augusto de Oliveira Pereira viu-se a braços com sérios problemas que entravaram, por mais de um ano, a marcha evolutiva desta indústria.

---

4. Trecho do discurso do Ministro do Exército em 14 de julho de 1975.

CAPÍTULO 17

O caso Leite Chaves

O ano de 1975, como já relatei, teve seus primeiros meses marcados pelos êxitos dos órgãos de segurança no combate à subversão. No sul do país foram levantados fortes indícios de atividades no sentido da reorganização do Partido Comunista Brasileiro. Desde 1973 vinha se acentuando a infiltração marxista nos meios estudantis e políticos do estado de Santa Catarina. Neste estado, caracterizava-se o Partido Comunista pela afluência de jovens às suas fileiras, notadamente estudantes e professores.

O Departamento de Ordem Política e Social (DOPS) do estado do Paraná, com base em dados irrefutáveis, instaurou inquérito policial para apurar atividades subversivas referentes à reorganização acima mencionada. Dezenas de pessoas foram ouvidas e, depois de filtrados os depoimentos, 65 denunciadas como incursas na Lei de Segurança Nacional. Ao correr do inquérito, logo às primeiras investigações, começaram a surgir claros sinais do comprometimento de políticos que eram acusados de colaborar, quer sob promessas várias quer sob contribuição financeira, para a reorganização do PCB, recebendo como compensação apoio eleitoral.

O delegado policial, encarregado de apurar a veracidade das imputações, sentiu-se embaraçado em ouvir os políticos, porque entre eles se encontravam um senador e dois deputados federais e, nesta situação, pediu ao Comando da 5ª Região Militar orientação sobre como devia proceder. Chamaria os políticos para prestarem esclarecimentos? Afastaria seus nomes do processo? Ou deixaria a decisão às autoridades superiores?

O inquérito policial não era da responsabilidade do Exército, situando-se no setor de jurisdição do Ministério da Justiça, portanto não havia obrigatoriedade de o comando militar opinar em caso tão delicado. Adotou, por isso, a única solução racional – encaminhar ao Comandante do III Exército um pedido de esclarecimentos.

Tolhido pelas mesmas considerações, o general Comandante do III Exército remeteu ao Ministério do Exército a solicitação de seu comando. Tomei, assim, conhecimento das dificuldades do delegado paranaense e julguei-as razoáveis, embora seu comportamento estivesse em gritante choque com o princípio fundamental de justiça, de que a lei é para todos.

Visando a equacionar o problema, chamei a Brasília o Comandante da 5ª Região Militar, recomendando-lhe trouxesse a documentação relativa ao processo, a fim de que pudesse ser emitida uma orientação, justa e segura, ao encarregado do inquérito. Tratando-se de assunto da esfera do Ministério da Justiça, convidei o ministro Armando Falcão para participar da reunião.

Lidos e examinados os autos do processo, na minha presença e na do ministro Falcão, não me restou dúvida da gravidade das acusações, que me pareceram, também, muito sólidas em argumentos. O ministro Falcão manteve-se discreto, mas compreendi que não divergia do meu julgamento.

Esclareci ao Comandante da 5ª Região Militar que a matéria, por sua espécie, concernia ao Ministério da Justiça, do qual devia partir a orientação pedida. Adiantei, no entanto, que se de mim dependesse, mandaria ouvir o senador Francisco Leite Chaves, deputados Olivir Gabardo e Sebastião Rodrigues Junior, e demais políticos implicados, para lhes permitir, em defesa ampla, provar a leviandade das acusações, destruindo-as. Disse-lhe, ainda, que me repugnava ver a lei aplicada a uns e esquecida em relação a outros.

Esta participação ativa dos comunistas nas eleições de 1974 foi, aliás, confessada por Luís Carlos Prestes em fevereiro de 1976, por ocasião do XXII Congresso do Partido Comunista Francês, realizado em Le Bourget, na França. Ouvido pela imprensa, confirmou Prestes o apoio e os contatos políticos, em particular com o Movimento Democrático Brasileiro, em novembro de 1974.

O ministro Falcão decidiu levar o inquérito a um exame mais minucioso e submetê-lo à apreciação do Presidente da República, tomando a si o encargo de ligar-se, posteriormente, com o DOPS do Paraná.

Estava, assim, encaminhado o problema a uma solução; o Exército, por meu intermédio, emitira parecer e o ministro Falcão o ouvira. O processo prosseguiu e mais de 60 civis foram denunciados, não constando, entre eles, nenhum político, segundo se afirmara, em obediência a recomendação do próprio Ministério da Justiça. Ora, como o ministro Falcão, conforme assegurou, iria ouvir a decisão do presidente Geisel, seria estultice admitir tivesse a recomendação outra fonte. Entretanto, como acontece nestas ocasiões, muitas informações sobre fatos que deveriam ser mantidos em sigilo chegaram ao conhecimento dos acusados, levando-os a atribuir todo o rigor na busca da verdade às autoridades militares. Rumores esparsos em Curitiba e Brasília insinuavam, maldosamente, de quando em vez, que o Exército empenhara-se na indicação dos políticos. Considerei os acontecimentos ultrapassados sem dar um mínimo de atenção a tais notícias.

Em 25 de outubro, porém, nas dependências do Centro de Operações de Defesa Interna do II Exército, suicidou-se o jornalista Wladimir Herzog , como provado ficou em inquérito policial militar de que foi encarregado o general-de-brigada Fernando Guimarães de Cerqueira Lima.

Conhecida a notícia da morte de Wladimir Herzog , agitam-se os setores de imprensa e os jornais desencadeiam violenta campanha, lançando libelos acusatórios de assassínio aos elementos do Exército. Reúne-se e mantém-se em sessão permanente o Sindicato dos Jornalistas do Estado de São Paulo e o MDB, através da Comissão Executiva do Diretório Regional de São Paulo, vale-se do momento para, sob o pretexto de solidariedade, "aliando o seu protesto a todas as vozes que sempre se opuseram ao arbítrio", atirar-se contra o governo e o regime revolucionário.

As autoridades militares foram as primeiras a tomar providências para investigar as causas do falecimento do jornalista, apurar responsabilidades e levar os criminosos, caso existissem, às barras dos tribunais. Um general, escudado num passado de dignidade e energia, estava à frente do inquérito, agindo sem procrastinações.

Por que, então, acoimar militares de frios matadores, com base em indícios inconsistentes e informações solertes, forjados com o flagrante intuito de intranqüilizar a nação?

Seremos nós capazes de infringir torturas a nossos semelhantes para obter informações?

A resposta está no nosso proceder histórico, no sentido democrático de nossa formação – que nos faz ver a Força na Lei e não a Lei na Força – e no respeito que temos à vida e à dignidade alheias.

Perambulam em todas as coletividades homens que, marginalizados dos princípios morais, aventureiros das oportunidades, liberam nos momentos de crises suas taras e seus complexos. Expurgá-los de uma comunidade é um inevitável imperativo de defesa. O Exército foi, por seus regulamentos, normas e destinação, sempre cioso dos postulados de honra que definem a mentira como fraqueza moral, vêem na violência a covardia dos fortes e ensinam a fraternidade como a forma infalível de criar a estima e o respeito recíprocos entre os homens; não poderia acoitar nas casernas – escolas de civismo – energúmenos que negassem estas idéias.

Todas as instituições tiveram desses quistos e extirparam-nos; contudo, nenhuma delas se mostrou mais zelosa em fazê-lo do que o Exército.

Aquelas acusações precipitadas, frutos de um condicionamento mental habilmente criado pelos eternos e irresponsáveis contestadores, através de um bem montado sistema de comunicação social, visavam, na realidade, a desmoralizar o Exército e seus chefes, afastando-os do combate aos obstinados perturbadores da ordem. As Forças Armadas, no entanto, jamais deixarão de combatê-los, visto que somente aos beneficiários da desordem pode interessar a destruição da ordem. É, além disto, uma de suas missões constitucionais.

Nesse clima de intranqüilidade e retaliações ergue-se, no Senado Nacional, regulada pelo mesmo diapasão, a voz do senador Franco Montoro para, numa dialética de inversões, responsabilizar o governo pelas agitações de São Paulo. O senador Paulo Brossard, aparteando o orador, diz, referindo-se à situação na capital paulista: "... É o ambiente de terrorismo, o clima de terrorismo que existe hoje, graças à ação de autoridades."

Roberto Saturnino Braga, representante do estado do Rio de Janeiro, contrariando os fatos, também aparteou: "... Corre já a versão, a sinistra interpretação de que a escalada da repressão corresponde à escalada do processo de subversão. O que está se tornando evidente a toda a Nação é que não existe escalada nenhuma, no processo de subversão. O que existe é a escalada da gravidade da situação econômica, que vai, realmente, colocando o País diante de um problema de solução cada vez mais difícil..."

Autorizado, interfere, nesta ocasião, o senador Francisco Leite Chaves com o seguinte aparte:

> Ao nosso ver, dos homens de responsabilidade deste País, há uma coisa extremamente grave, além da gravidade do desrespeito à vida e à liberdade; há uma gravidade maior para o País: é colocar o Exército nacional nisto. O Exército é uma organização muito séria; tem que merecer o respeito do País, porque ele não pertence – como já dissemos aqui – nem à UDN, nem ao Governo e nem ao MDB, mas à Pátria; ele tem que ser intocável. Não se pode colocar uma corporação de tão altos desígnios num movimento de repressão desses. Veja V.Excia., quando Hitler praticava crimes tão ignominiosos como esses, ele não usava o Exército; para tanto ele criou a "SS" e a vestiu de negro para não comprometer as suas corporações. Então, temos que fazer tudo para que o Exército nacional se afaste de uma situação dessa natureza, para que determinados chefes não confundam os seus propósitos e desmandos com esta grande corporação nacional. De forma que está havendo, de parte do próprio povo, um receio em relação aos desígnios e ao comportamento desta corporação que tem de ser preservada, porque ela está acima de muitos desígnios. Isto é o que nos parece extremamente sério, extremamente comprometedor, inclusive para a segurança. E o Senhor Presidente da República, recentemente, e em jornais de hoje, em manchetes, declara: "Este é o País da paz, do respeito, este é o País onde não existe o ódio." Veja, V.Excia., nestes últimos tempos só temos assistido ao ódio, à violência e à insegurança. De forma que estes homens, que resolveram proceder desta maneira, assumam a responsabilidade da ditadura. Antes, era muito fácil governar o País, porque havia a possibilidade de crédito no exterior. Acho, hoje, muito difícil governar-se um país que está devendo além dos limites da possibilidade de pagamento. Se o desejo é apenas continuar indefinidamente no Poder, que se usem outros meios; mas não este, de destruir, inopinadamente, vida

de inocentes; ou, se são culpados, que as pessoas tenham o direito de ser julgadas de acordo com a lei. Muito obrigado a V.Excia.[1]

A linguagem adotada até então pelos oradores, conquanto candente e agressiva ao governo – própria dos tribunos oposicionistas – imprimia aos seus protestos e imputações um caráter geral; não era, portanto, insultuosa, nem dirigida, especificamente, a qualquer instituição ou setor públicos. Servira-se do pretexto para acirrar ataques ao regime.

O aparte do senador Leite Chaves não poderia ser considerado da mesma maneira. Disfarça o insulto ao Exército com ardilosas palavras de elogio, mas fere a fundo a honra de nossa instituição e a dignidade militar ao proferir o período: "Veja V.Excia., quando Hitler praticava crimes ignominiosos como esses, ele não usava o Exército; para tanto ele criou a 'SS' e a vestiu de negro para não comprometer suas corporações."

Temendo, talvez, não ter sido bem explícito, insiste em suas injúrias: recomenda afastar o Exército de situações daquela natureza; acusa chefes de confundirem seus propósitos e desmandos com nossa instituição – numa referência inconfundível ao Comandante do II Exército – e insinua estar havendo um receio do povo em face dos desígnios e do comportamento do Exército. Esta insinuação era gravíssima porque predispunha a opinião pública contra o Exército e, por extensão, contra as Forças Armadas.

Ao ler o seu aparte só nos ocorria uma indagação: teria ensandecido o senador Leite Chaves? Enquanto seus colegas, embora ardorosos na defesa de seus temas e pontos de vista, conservavam-se – pela austeridade de seus cargos – na prudência que as primeiras informações sobre um acontecimento sempre aconselham, via-se o senador paranaense investir contra o Exército com rudes e aviltantes palavras.

Ocorreu-me a idéia, admitida como lógica por vários colegas, que este comportamento do senador resultara de ressentimentos acumulados, em virtude do procedimento das autoridades militares no inquérito policial do Paraná. O processo estava ainda em curso, e a inquietação rondava os implicados.

O senador Leite Chaves, político experimentado, ao pronunciar-se no Senado, esqueceu-se de que a precipitação e a prevenção são péssimas conselheiras dos homens emocionais.

No dia 29 de outubro, pela manhã, ao tempo que aguardava uma reunião com generais, prevista para aquele dia, fui procurado pelo tenente-coronel Foschiera, meu assessor parlamentar. Estava o tenente-coronel muito preocupado com as ocorrências do dia anterior no Senado, cuja divulgação, já procedida, iria

1. Diário do Congresso Nacional (Seção II), p.6159-60, de quarta-feira, 29 de outubro de 1975.

provocar reações imprevisíveis. Mostrou-me um destaque (cópia da sessão)[2] com os pronunciamentos da véspera. Li e reli o aparte de Leite Chaves e compreendi as desagradáveis conseqüências que traria esta atitude arrebatada do senador.

Entretanto, a luva tinha sido atirada; era uma questão de honra levantá-la!

Embora presentes os generais, não dei início à reunião. Todos sabiam dos discursos insultuosos, mas não conheciam seus textos. Fiz, então, ler as declarações dos senadores relacionadas com os eventos de São Paulo e publicamente difundidas. Relidas por alguns e interpretadas por outros, assomou-nos grande indignação em face da violência da linguagem de quem dizia falar contra o arbitrarismo, pela leviandade das calúnias engendradas por um senador da República e perante a intriga que se fazia entre o povo e o Exército, lançando-se às multidões o germe de uma luta de classes.

Foi unânime o assessoramento dos generais presentes: o ministro deveria ir, imediatamente, ao Presidente da República e descrever-lhe, em minúcias, os fatos, analisando-lhes as prováveis conseqüências. Além disso, solicitaria a cassação do referido senador, considerado por todos como inimigo do Exército e do regime revolucionário.

Concordei com a sugestão e os generais, reunidos, mantiveram-se no quartel-general, esperando a decisão presidencial.

Liguei-me telefonicamente com o general Hugo Abreu e solicitei ao presidente uma audiência especial para tratar de assunto de extrema relevância. Atendido, em poucos minutos cheguei ao palácio do Planalto.

Recebido, ocupei na mesa dos despachos o meu habitual lugar. Notei que o presidente estava muito irritado, contendo-se a custo. Antes que eu dissesse algo, sem olhar-me, bateu várias vezes com a mão direita espalmada sobre a mesa, acompanhando cada batida da famosa palavra de Cambronne, gritando a seguir:

— Vocês querem criar um problema! Eu não quero ser ditador! A ser ditador que seja um de vocês!

Surpreso com a cena, fitei-o e disse-lhe com voz calma, cujo tom diminuí gradativamente, sacudindo a cabeça em sinal de discordância:

— Presidente! O que é isto?... Não faça isto... não faça isto...

Serenou o presidente e, mais tranqüilo, ouviu o que lhe narrei. Fiz questão de esclarecer que era a opinião unânime dos generais com os quais falara, endossada por mim, fosse o Ato Institucional nº 5 aplicado ao senador.

Recusou-se, terminantemente, a agir desta maneira. Voltou a irritar-se e declarou que tomaria providências para evitar a divulgação do aparte do senador Leite Chaves pelo Diário do Congresso Nacional e para obrigar o ofensor a retratar-se publicamente.

---

2. Destaque nº 141 da sessão de terça-feira, 28 de outubro de 1975.

Nossa despedida foi fria.

Durante o regresso ao quartel-general meditei sobre a desagradável audiência que acabara de ter com o presidente, e procurei dissecá-la em todos os seus aspectos. Não havia dúvidas de que o presidente fora avisado do motivo específico de minha ida ao palácio. Antecipara-se às minhas palavras; reagira de modo rude, incompatível com a austeridade exigida de quem ocupa tão alto cargo, e parecia mais receoso das reações políticas do que ferido em sua dignidade militar – pois é um general.

Sabia, por ouvir dizer, dos arrebatamentos do general Ernesto Geisel quando em despachos, audiências em pequenos grupos e diálogos. Contrariado, exasperava-se nestas ocasiões e, conforme diferentes fontes, proferia palavras e locuções impublicáveis, entre as quais primava, pela inocência, o já lembrado termo do general francês. Todavia, nunca assistira a nenhuma destas manifestações de descontrole emocional e atribuíra à maledicência aquelas notícias pejorativas. Infelizmente, assistira a confirmação do que se falava à boca pequena. No entanto, é de justiça proclamar que nunca mais procedeu deste modo em minha presença.

Tempos mais tarde, estando eu no meu gabinete, no Setor Militar Urbano, recebi visita inusitada de um colega ministro, a quem admiro pela sua correção moral e dedicação profissional. Como lhe perguntasse o que desejava, foi direto ao assunto – estava preocupado com o comportamento do presidente, quando se encolerizava durante os despachos, pois usava de termos indecorosos em suas reações emocionais. Gostava do presidente Geisel e temia que estas manifestações afetassem a sua imagem de homem público. Vinha assim, de origem insuspeita, a confirmação da normalidade de um procedimento estranho.

Retornando ao meu gabinete, sob aparente ansiedade dos generais, fiz-lhes um relato minucioso do que se passara no palácio presidencial. Não lhes disse, porém, nada sobre as palavras e frases atentatórias à moralidade ali proferidas. Considerava-me um ministro leal ao presidente Geisel e, embora muito chocado com a maneira descabida do presidente e discordando de sua decisão, tinha o dever moral de preservar-lhe a imagem; o caminho certo era afastar-me e trazia comigo, após a recusa e a cena palacianas, este intuito.

Terminada a exposição – feita com toda a serenidade – dirigi-me aos meus colegas nos seguintes termos:

— Vocês me deram uma missão; todos estávamos certos de que era solução única e digna. Eu não a cumpri, logo, eu não tenho mais condições morais de ser Ministro do Exército! Vou-me embora!

Houve, como se pode imaginar, uma saraivada de protestos contra o meu propósito; não era admissível, disseram, deixar o cargo por um motivo daquela natureza; o ministro não tinha razão; o presidente era o comandante supremo das Forças Armadas, podia tomar aquela decisão.

Não tendo interesse em debater um problema já resolvido, dei por finda a reunião e retirei-me. Informei ao meu chefe-de-gabinete – general-de-brigada Bento José Bandeira de Mello – que iria retirar-me e tinha a intenção de não mais voltar, recomendando-lhe fizesse uma limpeza em minhas gavetas.

Na tranqüilidade do lar, voltei a analisar os acontecimentos, a especular suas causas e meditar nos rumos que poderiam tomar.

Não estava em jogo, para mim, a autoridade do Presidente da República, tampouco sua decisão ou condição de comandante supremo das Forças Armadas, que nós próprios sustentaríamos e preservaríamos, sendo eu, como ministro, o primeiro a mantê-la. O que estava em jogo, isto sim, era a honra de nossa instituição, ferida num ataque solerte, sob imunidades parlamentares. Aceitar uma retratação e proibir, ao mesmo tempo, a divulgação do aparte insultuoso eram, logicamente, medidas incoerentes, vazias de eficiência. Dar o dito como não dito, enfim, desdizer-se – prova de absoluta leviandade e fragilidade moral –, não seria difícil a quem usou destas leviandade e fragilidade em injúrias ao Exército de sua Pátria.

A retratação, admitida como pena máxima, em nada prejudicaria o agressor, o qual continuaria em pleno gozo de seus direitos, locupletando-se nas vantagens de sua posição. Poderia até alegar que estava sendo coagido a retratar-se pela força de um governo ditatorial. Tinha, além de tudo, a retratação um aspecto curioso; não poderia ser feita sem referência ao aparte. A alusão ao aparte aguçaria a curiosidade popular e incitaria a busca, pelos homens de imprensa, de seu texto para publicá-lo. As infâmias e as outras falsidades – contidas no aparte Leite Chaves – já tinham sido difundidas pelos meios de comunicação, inclusive o foram pelo Diário do Congresso Nacional, maldosamente distribuído, em Brasília, a pessoas que nunca o tinham recebido. A divulgação, que iria diluir no espírito do povo o nosso prestígio, tão debilitado com as campanhas contra os órgãos de segurança, já não podia mais ser proibida.

Novos detratores, estimulados pela leveza da pena, estariam a postos, ansiosos por aparecer no cenário político, à custa das Forças Armadas, na defesa dos direitos humanos – tema predileto dos contestadores.

Talvez a solução ideal fosse a de processar o senador, mas os exemplos do passado e os recentes pedidos enviados ao Ministério da Justiça não aconselhavam fosse adotada, por ser quase sempre inócua. Pessoalmente tinha esta preferência. O Presidente da República não estava preocupado com o Exército, perdera, com o tempo e o cargo, o sentimento militar que se embotara nas lides políticas. Via, antes de qualquer coisa, o problema político.

No iminente choque político-militar, fez sua opção pelos políticos; a melindrá-los, preferiu contemporizar com o Exército. Temeu muito mais a reação política do que a militar. Ele conhecia bem os generais do Alto Comando, eu é que não os conhecia... Os homens unicamente da farda – homens da tropa – viam acima de tudo o Exército, mas os "anfíbios" não o colocavam tão alto... Manteve-se com obstinação no seu ponto de vista da retratação e percebi, naquela insistência, um atalho de protelação para transpor o terreno movediço de uma possível crise militar. Estou convencido hoje de que, caso não tivesse ido ao palácio, o aparte Leite Chaves seria "voluntariamente" esquecido. Haja vista o que ocorreu em setembro de 1977 com o jornalista Lourenço Diaféria, assunto do qual tratarei oportunamente. As recordações do caso Márcio Moreira Alves talvez tenham influído na decisão presidencial para não aceitar o processo judicial.

Eu, no entanto, compreendi que se aferia, naquele momento, a capacidade de reação do Exército e, mais do que isto, caracterizava-se um intuito de afastá-lo do processo revolucionário, pelo qual ele responde perante a Nação, visando a facilitar, com isto, manipulações políticas. O objetivo da opção do presidente era claro – subjugar o Exército, reduzindo sua influência, e fortalecer-se junto aos políticos para, sozinho, dominar posteriormente.

Lamentável que meus colegas do Alto Comando não entendessem assim, aceitassem a solução como razoável e não distinguissem no incidente mais do que a intemperança de um senador, contestador do regime.

Estava disposto a procurar o presidente, no dia seguinte, e retirar-me do gabinete ministerial.

Horas depois fui visitado, em minha residência, pelo ministro Armando Falcão. Soubera do ocorrido e, aconselhando-me calma, fez um apelo para que modificasse minha decisão. Falou-me do temor de uma crise político-militar e da minha responsabilidade em provocá-la.

Teci uma série de considerações, idênticas às que acabei de fazer linhas atrás, e disse-lhe que não pretendia voltar ao Ministério do Exército. Despedimo-nos, cordialmente. Informações posteriores contaram ter o ministro Falcão seguido diretamente para o palácio do Planalto.

Passados aproximadamente trinta minutos, recebi um telefonema do ajudante-de-ordens do Presidente da República, capitão-de-corveta Spindola, transmitindo-me um chamado do presidente. Respondi que iria imediatamente.

Ao chegar ao palácio do Planalto, fui logo introduzido no salão dos despachos, e ali encontrei o Presidente da República e o Ministro da Justiça palestrando. Completamente modificado, bastante afável, dirigiu-me o presidente a seguinte frase:

— O que é isto Frota? Você está com "cócegas"?[3]

Mandou que eu me sentasse e prometeu tomar todas as providências para que o senador Leite Chaves se retratasse, publicamente. Disse-me não existirem razões para aborrecimentos. Declarou que mandara chamar o presidente do Congresso

3. Expressão usada no sul do país, correspondendo a "Você está com melindres?".

– senador Magalhães Pinto – para impedir a circulação do Diário do Congresso Nacional, que deveria ser distribuído sem o aparte Leite Chaves.

Não obstante minhas sérias preocupações com os acirrados ataques que, de todas as direções, faziam a imprensa em geral e os elementos esquerdistas de vários setores contra os órgãos de segurança das Forças Armadas, eu acreditava, ainda, na sinceridade do general Ernesto Geisel. Reconhecia que fatos anteriores vinham abalando a confiança que numerosos companheiros lhe tinham creditado; via com amargor as restrições impostas ao Exército, preferindo afastá-lo da vida nacional e compartimentá-lo numa área exclusivamente técnica, transformando-o, se possível, numa Polícia Federal. Finalmente, sentia que o presidente, por temperamento e inclinações de sua origem racial, era um homem predisposto à autocracia, que se julgava o possuidor de todas as soluções e que só imprimia aos acontecimentos a orientação que fosse, exclusivamente, sua. Todavia, acreditava ainda, repito, que tratasse o Exército, ao qual nós – eu e ele – devíamos tudo, com o interesse e o respeito que merecia e merece. Sua atitude em relação ao caso Leite Chaves parecia ser dúbia, porém talvez não significasse a primeira etapa do alijamento do Exército do processo revolucionário, através de uma oportuna opção política, como eu admitia. Poderia ter sido ditada pelo pânico de um confronto de imprevisíveis conseqüências. Ouvi, por isso, o presidente e aceitei suas considerações, retirando-me, em seguida.

O Diário do Congresso Nacional, no dia 29 de outubro, contudo, foi distribuído sem a menor alteração, transcrevendo o discutido aparte.

Somente no dia 4 de novembro, após muito procrastinar, o senador Francisco Leite Chaves retratou-se, de público, das ofensas feitas ao Exército Brasileiro.

Destes acontecimentos podem ser retirados vários ensinamentos e conclusões; deixo os primeiros à sagacidade dos que lêem, entre as últimas destaco:

1 – A solução dada ao incidente foi paliativa. Dissimulou a intenção do presidente de não atender ao pedido dos generais-de-exército, impondo a todos a sua vontade. Estimulou novos pronunciamentos, visto que os meios políticos sentiram-se relativamente apoiados, considerando a suave exigência da retratação, como último recurso do presidente para satisfazer a pressão militar.

Penas leves impostas a faltas graves são mais estimulantes do que repressivas, em particular se há demora em aplicá-las. Ocorreram, no caso vertente, as duas circunstâncias. Os retardos e vacilações são indícios de fraqueza e insegurança.

2 – Os generais curvaram-se, com excessivas flexibilidade e rapidez, diante da decisão presidencial. Não deveriam tê-lo feito numa questão de honra, insultuosa a toda a classe militar. Tiveram, horas antes, um comportamento de extrema violência, porém digno. Dois ou três, irados, pediram a cabeça do detrator. Houve até um comandante de Exército que clamou pela cassação, de qualquer maneira.

Entretanto, após eu ter voltado do palácio, conformaram-se com inacreditável brandura. A preocupação da maioria passou a ser, unicamente, a de catar na imaginação uma justificativa para a nova posição de conformismo. Os argumentos não faltaram – são sempre abundantes, quando não obedecem à lógica e desvirtuam os princípios.

A defesa do nosso ponto de vista teria de ser feita através de considerações judiciosas, entre as quais a de processar o senador, ressaltando o ridículo e a ineficiência da solução em face da gravidade da injúria. Do contrário, nossa primeira atitude poderia ser tachada de precipitada e leviana, enquanto a outra – a da acomodação – definida como uma tolerância servil. Qualquer manifestação nossa – dos generais –, no entanto, só poderia ser apreciada com respeito se estribada na força da unanimidade.

Infelizmente, o pensamento militar, na sua evolução ou involução, mudara bastante, desde os longínquos tempos de Realengo à época dos esplendores de Brasília. Tornara-se pragmático e oportunista, perdendo a beleza idealista de que, com tanto entusiasmo, nos fala Alfred de Vigny. O denominador comum, entre nós, já não era mais a honra, mas sim o interesse material das posições e de suas vantagens. A partir daquele momento estava assegurada ao presidente a docilidade de seus generais-de-exército a qualquer tipo de suas imposições.

3 – Abrira-se uma senda de condescendência nas posições revolucionárias; por ela deveriam transitar os incansáveis inimigos do Movimento de 1964. O exemplo frutificou e diatribes, partidas de vários pontos, continuariam a atingir os militares, seus chefes e suas corporações, sem que o governo pudesse ou quisesse acabar, no mínimo refrear, a campanha de desmoralização das forças básicas da Revolução de 1964, que são as Forças Armadas.

Em 1968 um deputado ousou muito menos e foi alijado do Congresso. Tínhamos, então, um grande presidente revolucionário, hoje injustiçado e ingratamente esquecido, mesmo por muitos dos que partilharam de suas mesa e amizade. Era um homem de tropa, um bravo soldado, acima de tudo um nobre amigo do Exército. Sua atitude desassombrada conteve, por alguns anos, a onda reacionária, que, em 1975, encorajada pela tolerância excessiva com os que tentam demolir o regime, voltou, com maior violência, a embater na muralha das últimas resistências revolucionárias.

CAPÍTULO 18

As relações internacionais

O BLOQUEIO POLÍTICO-ECONÔMICO DE CUBA

Em novembro de 1974, instalou-se em Quito, capital do Equador, a XV Reunião de Consulta da Organização dos Estados Americanos (OEA), para apreciar a suspensão do bloqueio político-econômico a Cuba. Dirigiu nossa representação o chanceler brasileiro Antonio Azeredo da Silveira que, apesar de instado pela imprensa quando de sua chegada à capital equatoriana, negou-se a revelar a posição do Brasil. O chanceler Azeredo da Silveira, ao falar, fez alarde da preocupação brasileira de reafirmar o princípio de não-intervenção e, mantendo sempre o mesmo diapasão, declarou "firme convicção de que a rigorosa obediência ao princípio de não-intervenção é indispensável para garantir as condições básicas da segurança continental".[1] A tese, não há dúvidas, era perfeita e foi, justamente, por violar este princípio e interferir nos assuntos internos de um país sul-americano – a Venezuela – que, em 1964, foram aplicadas à ilha socialista as sanções político-econômicas.

Cuba, tendo o maior desprezo pela decisão da OEA, continuou a intervir na política interna dos países da América do Sul, como o fez no movimento guerrilheiro chefiado por Ernesto Guevara, na Bolívia, e na incitação subversiva dos Tupamaros, no Uruguai, mencionada pelo chanceler uruguaio naquela Organização.[2]

---

1. *O Globo*, 9/11/1974, p.18.
2. Idem.

Os representantes da Bolívia e da Guatemala, por não estarem convencidos de que Cuba tivesse abandonado seus propósitos intervencionistas, condicionaram seus votos favoráveis a uma prévia garantia de que o princípio de não-intervenção seria assegurado.[3]

Apresentava a tese, ainda, na circunstância toda especial da XV Reunião de Consulta, uma nova oportunidade para as articulações no sentido da suspensão do bloqueio. Era muito mais severa na preservação da soberania dos Estados e trazia nova luz ao problema, no dizer do chanceler Gonzalo Facio, da Costa Rica.

Foi sugerida, então, pelo chanceler costarriquenho a seguinte solução: "Obrigação de os Estados outorgarem solidariedade a Estados que sofressem intervenção – a resolução de Washington referia-se somente a agressão –, ampliação do Tratado Interamericano de Assistência Recíproca e, finalmente, levantamento das sanções impostas contra Cuba, quais sejam, ruptura de relações diplomáticas e consulares, bloqueio comercial direto e indireto e de transporte marítimo, exceto em casos humanitários."[4]

Enquanto se processava toda esta celeuma para abolir o bloqueio, Havana não apresentou nenhuma garantia de que não voltaria a intervir e Fidel Castro, na opinião de Gonzalo Facio, não queria o levantamento das sanções.

Ouvira eu falar em Brasília, em rodas militares ligadas ao Estado-Maior das Forças Armadas e à Casa Militar da Presidência da República, que a atitude brasileira naquela reunião seria de abstenção, modificando uma decisão inicial do Presidente da República que a desejava de absoluto apoio à suspensão das sanções a Cuba. Esta mudança de orientação decorrera, ainda segundo as mesmas fontes, de trabalho cauteloso e persistente do general Hugo de Andrade Abreu, secretário do Conselho de Segurança Nacional. Posteriormente, outras fontes confirmaram esta informação.

Estes esclarecimentos, extra-oficiais, eram dados em decorrência de comentários sobre notícias da imprensa relativas ao assunto.

Pode parecer estranho que uma decisão de importância para a segurança do país tenha sido tomada sem que fossem auscultados, pelo menos, os ministros militares. Eu não o fui e se algum de meus colegas o foi, não tive conhecimento de tal fato. A estranheza explica-se pelo desconhecimento que se tem do feitio oligárquico e do temperamento autocrático do senhor Ernesto Geisel. O presidente atuava em compartimentos estanques; assim os problemas econômicos eram tratados no Conselho de Desenvolvimento Econômico, os de política externa com o Ministro das Relações Exteriores, os assuntos militares, separadamente, com o ministro Chefe

---

3. *O Globo*, 11/11/1974, p.18.
4. *Jornal do Brasil*, 10 e 12/11/1974, p.11 e 2, respectivamente.

do Estado-Maior das Forças Armadas ou com cada um dos ministros militares etc. As reuniões ministeriais eram, por este método de trabalho, muito poucas.

Compreende-se, por isso, por que as decisões ficavam restritas a um pequeno grupo. Os demais componentes do Ministério conheciam-nas através de comunicações escritas, informações laterais ou por divulgação pública – já fatos consumados. Falo, desejo bem elucidar, pelo que ocorria comigo, todavia, pelas perguntas que recebia dos meus pares, creio ter sido este o quadro geral.

Ao se iniciarem os trabalhos em Quito, o chanceler brasileiro, com evidente objetivo de protelar algumas decisões, sugeriu o recesso da reunião por três meses, a fim de tornar possível um melhor estudo sobre os problemas ali apresentados, sugestão que não foi aceita.[5] O Chile e o Uruguai pediram-no por tempo indeterminado.

O Tratado Interamericano de Assistência Recíproca (Tiar), assinado em 1957, no Rio de Janeiro, estipulava em seu Artigo 17 as decisões que seriam tomadas por maioria de dois terços, o que vinculava a aprovação ou rejeição de qualquer proposta à existência mínima de 14 votos.

O Brasil, como já foi dito, absteve-se de votar e o bloqueio político e econômico foi mantido. A favor do fim do bloqueio votaram somente 12 países.[6]

O Brasil propôs, então, a revisão do Tratado Interamericano de Assistência Recíproca.[7]

A imprensa brasileira, em certo momento, assim traduziu palavras de nosso chanceler: "Mas ninguém pode negar, e nenhum país o fez até agora – prosseguiu o ministro – que houve intervenção e poderão existir, no futuro, novos atos intervencionistas do regime cubano; isso é uma coisa clara e, como o interlocutor desta reunião nunca se manifestou a respeito desse problema, a Conferência caiu num vácuo."[8] No entanto, o Brasil, sabedor disso, omitiu-se pela abstenção e, convém lembrar, ao que tudo indica, o presidente Geisel era pelo voto favorável.

A posição brasileira foi um jogo de paradoxos, difícil de explicar. O Brasil defendia com entusiasmo o princípio de não-intervenção, porém não votou pela manutenção das sanções contra um país que interviera nos negócios internos de uma nação sul-americana e que nenhuma garantia dava de não continuar a proceder do mesmo modo. Nosso representante omite-se, e mais do que isto, propõe a modificação do Tiar para, provavelmente, como mais tarde aconteceu com êxito, tentar modificar o sistema de votação e permitir a suspensão das sanções.

---

5. *Jornal do Brasil*, 12/11/1974, p.2.

6. Argentina, Colômbia, Costa Rica, El Salvador, Equador, Honduras, México, Panamá, Peru, República Dominicana, Trinidade e Tobago e Venezuela. Votaram contra: Chile, Paraguai e Uruguai. Abstiveram-se: Brasil, Estados Unidos, Guatemala, Bolívia, Nicarágua e Haiti.

7. *Jornal do Brasil* e *O Globo*, 13/11/1974, p.15.

8. *Jornal do Brasil*, 12/11/1974, p.2.

A análise, mesmo realizada por leigos, do comportamento brasileiro nestes acontecimentos realça o grande interesse em abrir o bloqueio de Cuba.

Por que motivos? Fica a resposta aos estudiosos da matéria.

Rememoremos os fatos. Inicialmente, segundo se informou, o presidente determinou o voto favorável, deliberando, posteriormente, mudar para abstenção. Em Quito, embora reconhecesse a possibilidade de a ilha socialista intervir noutros países, o chanceler brasileiro, alegando necessidade de um estudo mais demorado sobre o problema, lança-se no caminho da procrastinação e faz sugestão – logo recusada – de um recesso de três meses. Protraindo desta maneira talvez conseguisse, durante essa suspensão temporária, modificar o sistema de votação que, naquela altura dos trabalhos, já sabia, certamente, desfavorecer Cuba.

Este raciocínio – especulativo e lógico – encontra amparo na circunstância de o ministro Azeredo da Silveira propor, após a derrota cubana, a revisão do Tratado Interamericano de Assistência Recíproca, visando claramente ao reexame do seu Artigo 17 que, por sua exigência, impedira a extinção do bloqueio.

Muitos oficiais e civis têm atribuído a responsabilidade desta política de aproximação com os países comunistas ao ministro Azeredo da Silveira, opinião da qual divirjo. Acredito que o ministro estivesse de acordo com a orientação traçada para seu Ministério, entretanto, julgo seu verdadeiro inspirador o próprio Presidente da República, sob a influência do chefe de sua Casa Civil, Golbery do Couto e Silva. Era hábito do presidente interferir em qualquer setor. Em certa oportunidade, aludindo a uma medida tomada no Conselho de Desenvolvimento Econômico e tornada pública, disse-me:

— Quem dirige a política econômica sou eu! Acabou-se a época em que mandava o Delfim!

E, por isso mesmo, no tradicional discurso do fim de 1978, foi obrigado a impingir ao clima e ao petróleo – elementos que, logicamente, não se podem defender – o lamentável fracasso de seu governo no ano que se escoava.

Adotou-se em relação a Cuba uma política denominada *low profile*, no dizer dos próprios homens do Itamaraty. Esta política – confirmada em decisões posteriores na Junta Interamericana de Defesa –, que não vê o menor perigo para o Brasil na atuação do governo marxista de Cuba, recomenda apenas a prudente observação dos acontecimentos em que este país esteja envolvido, não devendo o Brasil, em princípio, intrometer-se em qualquer problema do qual participe aquela república, deixando a iniciativa da solução aos países diretamente interessados.

Em termos mais simples e numa interpretação mais rude, isto significa omitir-se o Brasil ante qualquer ação de Cuba no continente sul-americano. Pergunto, então, para que serve o Tratado Interamericano de Assistência Recíproca? Por que se obstinou o nosso chanceler em exaltar, publicamente, o princípio de não-intervenção?

A questão – suspensão do bloqueio de Cuba – todavia, não ficou esquecida, pois voltou a ser tratada na Reunião da OEA em San José, na Costa Rica, no ano de 1975. A V Assembléia Geral da Organização dos Estados Americanos iniciou-se a 8 de maio de 1975, após muitas sessões preparatórias. A reunião ocorreu, conforme notícias da imprensa, "num clima de consenso e entendimento que prevaleceu até mesmo com relação aos temas mais polêmicos, como a situação de Cuba..."[9]

Quanto a Cuba, a representação da Costa Rica apresentou um projeto de reformulação do Tratado Interamericano de Assistência Recíproca para permitir que as decisões fossem tomadas por maioria simples, ressuscitando a proposta brasileira de 1974, em Quito. Assim, os 12 votos obtidos na capital do Equador, não se considerando a inclusão de Granada – uma das primeiras decisões em San José – como 24º membro da Organização, já teriam sido suficientes para assegurar a suspensão do bloqueio de Cuba, naquela cidade equatoriana.

Uma alta fonte diplomática, naquela ocasião, informou à imprensa que o Brasil não se opunha ao projeto costarriquenho, porquanto "a exigência de dois terços pode significar um precedente perigoso, criando uma espécie de 'ditadura' da minoria dos membros da OEA. No futuro, em outras áreas, o mesmo número reduzido de países poderia obstruir decisões do organismo, impondo sua vontade à maioria da comunidade".[10]

Realmente seria uma incoerência a discordância brasileira, em face do que fizera nossa representação em Quito.

Faltou, no entanto, ao homem da imprensa, a lembrança de perguntar a tão esclarecida fonte por que razão esta coerência não era mantida em relação à Organização das Nações Unidas. Neste organismo internacional existe o Conselho de Segurança, de 15 membros, dos quais são permanentes cinco e os demais eleitos de dois em dois anos. Os membros permanentes – China, Estados Unidos, França, Inglaterra e Rússia – têm direito a veto, o que, naturalmente, sempre ocorre em defesa de seus interesses. Na ONU vigora, de modo geral e veladamente, o direito da força, pública e jeitosamente dissimulado em força do direito.

Será isto uma ditadura ou uma democracia relativa?

Outro esclarecimento que poderia prestar o ilustre diplomata era se as minorias discordantes e vencidas devem ser compelidas a aceitar e cumprir decisões que afetem, de forma vital, os seus valores morais e regimes políticos, quando seu comportamento não configure ameaça a qualquer nação. O México nunca reconheceu o bloqueio econômico de Cuba e o Peru já mantinha relações diplomáticas com aquele país antes de 1974, no entanto nunca foram forçados pela OEA a agir de acordo com a resolução da IX Reunião de Consulta, de 1964. Ao término da vota-

---

9. *O Globo*, 9/5/1975.
10. Idem.

ção, em Quito, as 12 nações favoráveis a Cuba, com a solidariedade de Barbados e Jamaica – países sem direito a voto – rebelaram-se contra a decisão e prometeram restabelecer relações com Havana, segundo o chanceler colombiano, "assim que forem cumpridos certos trâmites".[11]

Todos estes comportamentos, como é fácil de deduzir, estão enfraquecendo a Organização dos Estados Americanos e tornando de eficiência muito discutível o Tratado Interamericano de Assistência Recíproca.

O Artigo 17 do Tiar foi, finalmente, reformulado em reunião dos ministros plenipotenciários, a 22 de julho de 1975, derrogando a maioria de dois terços para certas decisões e passando a vigorar a maioria simples.

Estava aberto o caminho por que tanto ansiavam os mascarados defensores de Cuba.

Ainda em julho, foi aprovada, por 16 votos favoráveis, três contrários e duas abstenções, a proposta costarriquenha da suspensão do bloqueio de Cuba. Abstiveram-se de votar o Brasil e a Nicarágua. Votaram contra o Chile, o Uruguai e o Paraguai, que considerou Cuba "um perigo para a paz interamericana".[12]

Encerrou-se, deste modo, a questão do bloqueio de Cuba. Estou convencido, pelos fatos apresentados, manobras ensaiadas e pela tendência dos homens que circulavam em torno do Presidente da República, que havia um objetivo bem definido de realizar, de modo direto ou mediato, relações com aquela república insular, à semelhança do que se fez com a China. O próprio secretário particular do presidente, numa precipitação de mau humor, já o confessara, como aludi, anteriormente, noutra parte deste livro.

Em depoimento no Senado, em abril de 1979, o ministro Azeredo da Silveira confirmou seu grande interesse pelas ligações do Brasil com Cuba. Eis o trecho [publicado na imprensa]:

> O ex-chanceler Azeredo da Silveira disse ontem à Comissão de Relações Exteriores do Senado que, durante a sua gestão no Itamaraty, chegou a tentar uma aproximação maior com Cuba, acompanhando os gestos de outros países, inclusive os Estados Unidos, mas as pressões contrárias foram muito grandes.[13]

Mais adiante, referindo-se ao espírito de tolerância de certos povos, diz: "O brasileiro não consegue assimilar esse espírito e costuma guardar rancor de seus inimigos passados e potenciais."[14]

---

11. *O Globo*, 13/11/1974, p.15.
12. *O Globo*, 30/7/1975, p.17.
13. *Jornal do Brasil*, 6/4/1979.
14. Idem.

Em maio de 1979, quando Fidel Castro visitou o México, o correspondente da revista *Veja* entrevistou-o. Dessa entrevista destaco uma pergunta do jornalista com a decorrente resposta:

> — Há dias a chancelaria brasileira anunciou a disposição de enviar uma delegação à reunião dos países não-alinhados que se realizará em Havana em setembro próximo. Como o senhor vê atualmente a possibilidade de reatamento de relações diplomáticas entre Cuba e Brasil?
>
> — Acho engraçado isso. Afinal, Cuba não é nenhuma noiva que sai por aí buscando um amante. Não se trata, além do mais, de o Brasil querer ou não reatar relações. É preciso que Cuba também queira. Nós cubanos veríamos com grande prazer qualquer sinal de que o Brasil comece a mudar de posição; que haja, por exemplo, menos repressão, mais apoio aos movimentos de libertação pelo mundo, que o Brasil apóie a luta do povo sul-africano contra o racismo. Alegrar-me-ia muito se tudo isso acontecesse. Mas, enquanto o Brasil continuar sendo o gendarme do Império (os Estados Unidos) no Cone Sul, nada feito. Se tudo isso acontecer algum dia, então sim. Olhe, não estamos desesperados para que isso aconteça. Para nós é muito mais importante (reatar com) os EUA e no entanto há vinte anos não temos relações com eles. Apesar disso estamos muito saudáveis.[15]

Esta declaração ocorreu um mês depois de Azeredo da Silveira ter feito a sua perante o Senado. A linguagem afrontosa do ditador Fidel Castro repelia qualquer espírito de tolerância ou conciliação que não se confundisse com subserviência ou covardia.

O RECONHECIMENTO DA REPÚBLICA DE ANGOLA

A questão de Angola não pode ser encarada isoladamente, mas sim no contexto dos acontecimentos africanos, para que se possa bem aquilatar a responsabilidade e o facciosismo do nosso governo, reconhecendo a sua independência, no mesmo dia – 11 de novembro de 1975 – em que foi declarada pelos angolanos comunistas e seus comparsas cubano-soviéticos.

Este propósito leva-nos a um exame mais cuidadoso, embora superficial – como recomenda o caráter deste trabalho – das tentativas de domínio da África e da situação topopolítica de suas colônias. É muito interessante fazê-lo porque aquele continente é o único de cujos bordos pode-se saltar diretamente para os demais, o que se deve à sua vantajosa posição geopolítica.

A África, no decorrer da História, foi a região do mundo onde sempre se cevaram os povos ditos mais civilizados. Suas riquezas exploradas à exaustão pelos dominadores e seus filhos escravizados davam um parâmetro preciso do desprezo

---

15. *Veja*, 23/5/1979.

que os povos mais fortes têm pelos mais fracos. O norte daquele continente, em épocas da antigüidade clássica, já havia sido conquistado pelos romanos e, no século VII da era cristã, os árabes subjugaram-no até as praias do Atlântico, para "exterminar as nações que reconhecem outros deuses",[16] nas palavras do general árabe Akba, que, no reinado do califa Abd-El-Malek, atingiu as margens do oceano Atlântico, na guerra sem tréguas para implantar o islamismo.

Até o século XIX, entretanto, no sul do deserto do Saara, a exploração do continente negro limitou-se ao litoral ou à penetração investigadora nos cursos de alguns rios. A grande investida colonialista sobre a África negra ocorreu, exatamente, naquele século, estendendo-se pelos primeiros anos do seguinte, quando as potências européias, impulsionadas principalmente por motivos econômicos e políticos, apossaram-se dos territórios africanos, sob o frágil e desmoralizado pretexto de levar a civilização às nações tribais que, como primitivas e atrasadas, dela muito se beneficiariam. Este regime colonial perdurou, praticamente, até depois do término da Segunda Conflagração Mundial, quando começaram a dissentir os vencedores.

As coligações, após a derrota do inimigo comum, fragmentaram-se no choque de interesses, mantidos adormecidos pelos coligados em face de perigo maior. A vitória aliada naquele conflito liberou reações, divergências e incompatibilidades que acabaram situando em campos opostos os Estados Unidos e a Rússia. O confronto entre a Democracia e o Totalitarismo, na luta pelo poder e domínio do mundo, surgiu em todos os setores da atividade humana. Os comunistas, associando habilmente técnicas de comunicação social e subversão, criaram o condicionamento mental de que as atitudes e posições antimarxistas são frutos do radicalismo, estão em desacordo com a evolução dos povos e encontram-se, portanto, ultrapassadas. Desmoralizaram os órgãos de inteligência oponentes, forçando a sua desmobilização parcial ou total, diminuindo-lhes, em qualquer caso, a eficiência. Invadiram a semântica, deformando o sentido dos termos e confundindo mesmo, com as mutações de suas acepções, indivíduos de regular grau de instrução. Tiveram, nesta ardilosa tarefa, o auxílio da pueril ingenuidade que jorra em abundância das fontes democráticas. Os órgãos de informações russos passaram, deste modo, a atuar livremente em todo o mundo. Henry Kissinger, focalizando a crise e os problemas iranianos, citou como uma das razões que os motivaram o colapso da capacidade dos serviços de inteligência norte-americanos.[17] A KGB, provavelmente, trabalhou sozinha no Irã.

A descolonização inevitável foi uma das conseqüências da Segunda Guerra Mundial e a década de 1960 a época áurea de sua concretização. Somente na África negra cerca de 40 países adquiriram, de uma forma ou de outra, sua independência.

---

16. César Cantu, *História universal*, vol.5, livro IX. 2ª ed. Lisboa: Francisco Arthur da Silva, 1876, p.113.
17. *O Estado de S.Paulo*, 5/1/1979, p.7.

A África, mais uma vez na História, tornar-se-ia cenário de uma luta inexorável, agora para a imposição de uma doutrina ideológica e de um sistema político-econômico despótico. Ressurgem, ali, fanatismo e crueldade, nunca inferiores aos dos árabes de Maomé, e uma ambição desmedida de poder, que supera, de muito, a invasão européia do século XIX.

Enquanto as potências democráticas e marxistas lutavam pelo controle da região, estes últimos, em sua marcha para o Ocidente, cravavam nas Antilhas uma ilha socialista e fincavam o pé na Guiana. Hoje, estão atingindo – fiéis ao princípio geopolítico do domínio das costas opostas –[18] a borda africana banhada pelo oceano Atlântico.

A América é, pois, neste confrangedor panorama, o derradeiro reduto da Democracia, não se compreendendo, por conseguinte, como o governo brasileiro, representante de uma revolução visceralmente contrária ao marxismo, fosse o primeiro, no concerto universal das nações, a estender a mão ao governo de Luanda, de legitimidade discutida, quando Portugal, onde pululavam os comunistas, só o faria depois de três meses, em 22 de fevereiro de 1976, alegando o próprio primeiro-ministro Mario Soares que fazê-lo, em novembro de 1975, seria "eternizar a guerra".[19]

Um comunicado do secretário da Comissão Política, àquela época, segundo o líder comunista Álvaro Cunhal, "proclamava que o MPLA não pode ser reconhecido, porque isso seria reconhecer o colonialismo russo-cubano sobre Angola. Protestava contra o reconhecimento por vários países, porque isso é aceitar a projeção do Pacto de Varsóvia em África. Anunciava que Angola se podia transformar num novo Vietnã".[20]

Realmente, ainda lutavam em Angola, naquela ocasião, três fortes grupos rebeldes que se autodenominavam libertadores. No leste, ligado ao Zaire, atuava a Frente Nacional de Libertação de Angola (FNLA) sob a direção de Holden Roberto, que contava com o apoio das potências democráticas e, também, da China; ao sul, combatia a União Nacional para a Independência Total de Angola (Unita), que, comandada por Jonas Malheiros Savimbi, recebia substancial auxílio de forças sul-africanas; e, finalmente, na região central, abarcando Luanda, encontrava-se o Movimento Popular de Libertação de Angola (MPLA), acintosamente favorecido pela presença de tropas cubanas e irrestrito apoio da União Soviética, Iugoslávia e Tchecoslováquia.

Este apoio jamais poderá ser negado, visto que o próprio embaixador russo em Lisboa, após a revolução portuguesa, declarou publicamente ser o bloco soviético a "Fortaleza para as revoluções sociais, movimentos democráticos e movimentos

18. Arthur Dix, *Geografia política*. 2ª ed. Barcelona: Labor, 1943, p.63.
19. Álvaro Cunhal, *A revolução portuguesa*, série especial. Lisboa: Avante, 1976, p.256.
20. Idem.

de libertação".[21] A cruel participação cubana naquele país foi lembrada e confirmada, em 1978, em notícia divulgada pelo jornal londrino *Sunday Telegraph*. Um dos nossos matutinos[22] transcreveu-a, dizendo textualmente: "Tropas governamentais de Angola, apoiadas por soldados cubanos, mataram 70 mil civis durante a operação limpeza contra a Unita e reduziram a cinzas dezenas de aldeias no norte do país" e, logo a seguir, "Milhares de meninos de 10 a 17 anos foram retirados das povoações rebeldes e enviados a Cuba para doutrinação", acrescentando, finalmente, "que estão em Angola 25 mil soldados cubanos, além de 50 mil civis cubanos, cinco mil conselheiros soviéticos e 14 mil assessores diversos, procedentes de países do Leste Europeu".

O ex-secretário de Estado norte-americano, Henry Kissinger, em entrevista divulgada pela televisão em Paris, disse: "A ação de Cuba deve ser detida. Poderia ter sido em Angola e, inclusive, na Etiópia. Agora será mais difícil detê-la em outros lugares ... A continuidade da presença de cerca de 40 mil soldados e técnicos cubanos bem equipados no continente africano suscita o temor de que possa surgir a tentação de usar tal força, se a situação da Rodésia ou da África do Sul se deteriorar, inesperadamente."[23]

Foi, exatamente em relação a Cuba, país exportador de subversão, que o nosso governo adotou a política de *low profile* – de indiferença quanto às suas atitudes. Este propósito, todavia, não ficou bem patenteado nas reuniões de Quito e San José da Costa Rica, porque o Brasil manobrou habilmente para reintegrar a ilha socialista na OEA. Parece-me, portanto, não obstante os votos de abstenção, que a decantada política de *low profile* e o nosso comportamento naquelas cidades foram, antes, mais paradoxais do que coerentes.

Na questão de Angola o nosso procedimento foi absolutamente contraditório à tese ardorosamente defendida pelo chanceler Azeredo da Silveira na OEA. Naquelas cidades fizera tábua rasa de qualquer idéia ou argumento que colidisse com o princípio de não-intervenção, defendido, veementemente, em todos os seus pronunciamentos. Batera com insistência na tecla da não-intervenção, e sua obstinação em citar este princípio (em seu voto citou-o sete vezes, com referência, *en passant*, à autodeterminação) poderia levar os assistentes menos avisados a admitirem sofresse de palinfrasia, o que seria uma injustiça. Sobre a autodeterminação dos povos nada se disse com aquela ressonância; no entanto, os dois princípios, vistos do mesmo ângulo de coerência, são harmônicos e não se repelem. Cabe a cada povo decidir de seus destinos e toda interferência em seus assuntos internos, não solicitada, revela opressão, denota prepotência. A autodeterminação, conseqüentemente, é o princípio basilar do relacionamento entre os povos.

---

21. *O Globo*, declaração do embaixador Arnold Kalinin, 9/5/1975, p.18.
22. *Jornal do Brasil*, 3/4/1978, p.9.
23. *O Estado de S. Paulo*, 5/1/1979, p.7. Entrevista de Henry Kissinger.

Teria o povo angolano pedido o auxílio dos cubano-soviéticos?

O marxista Agostinho Netto pediu-o, com certeza; mas ele não representava o povo angolano, que lutava em mais duas frentes, com maiores território e população.

Holden Roberto e Jonas Savimbi também foram ajudados por estrangeiros. O primeiro teve, até, técnicos chineses e o segundo usou mercenários sul-africanos; entretanto, não havia entre os seus combatentes tropas regulares como as cubanas de Agostinho Netto.

Sobre a atuação da China, no momento em que os sinófilos estão exultantes, é oportuno chamar-lhes a atenção para as palavras de Roderick Mac Farquhar, Subsecretário de Relações Exteriores do Foreign Office, proferidas em setembro de 1975: "Como político e ideólogo Mao sempre sustentou que se deve procurar a 'primeira contradição', a contradição principal. A contradição principal, do ponto de vista chinês, é a ameaça que para eles representa a União Soviética. Por isso Pequim não só apóia a Otan, mas na verdade é mais ardorosa na defesa da unidade européia do que muitos europeus."[24] Isto explica, na África e na Ásia, chineses e russos, ambos comunistas, lutando em campos opostos.

Na defesa de Luanda do ataque conjunto lançado pelas forças das FNLA e Unita, centenas de soviéticos – pilotos de caça, operadores de tanques e assessores – juntaram-se às unidades cubanas que lutavam ao lado das tropas do MPLA. Pelo menos 400 soviéticos desembarcaram no porto de Luanda para dirigir tanques e pilotar aviões MIG-21. Mísseis antiaéreos SAM7 foram fornecidos pela União Soviética para proteção da cidade. Estas notícias, colhidas pela imprensa em fontes diplomáticas, mostram a decisiva participação comunista na vitória de Agostinho Netto.[25]

No dia 11 de novembro, passaram a existir duas repúblicas na antiga província portuguesa – a República Popular de Angola e a República Popular e Democrática de Angola.[26]

A República Popular e Democrática de Angola, proclamada, em Nova Lisboa, pela união de Holden e Savimbi, ocupava dois terços do território angolano e contava com o apoio de 85% do povo daquele país.

Onde ficaram, em toda esta situação, os decantados princípios de não-intervenção e de autodeterminação dos povos, em particular o primeiro, destacado com realce pelo nosso chanceler em Quito e San José da Costa Rica?

O panorama era tão nebuloso que alguns países saudaram os três movimentos pela independência de Angola. O Egito considerou Angola como estado soberano,

---

24. *Jornal do Brasil*, 27/11/1975, p.11.

25. *Jornal do Brasil*, 15/11/1975, p.10. Relação do principal armamento fornecido pela União Soviética para apoiar a resistência de Agostinho Netto.

26. *O Globo*, 11 e 12/11/1975, p.19; *Jornal do Brasil*, 12/11/1975, p.1 e 11.

porém não reconheceu o MPLA, chegando-se a admitir que a generalização desta tendência pudesse levar Agostinho Netto ao isolamento.[27]

Neste quadro de dúvidas sobre a legitimidade do governo instalado pelo MPLA, ainda no dia 11 de novembro, o governo brasileiro manifesta reconhecer o governo instalado em Luanda conforme comunicado do Itamaraty, amplamente divulgado pela imprensa.[28]

Tendo em vista a diferença de fuso horário existente entre Luanda e Brasília – quatro horas – e sendo público que a independência de Angola foi formalizada em Luanda à zero hora do dia 11 de novembro, o que correspondia às vinte horas da véspera, na nossa capital, e considerando também que a nota do Itamaraty saiu publicada nas edições matutinas dos jornais brasileiros no dia 11, mui provavelmente esta nota já estava preparada antes da declaração formal de Angola. Além disso, quando se recorda que a imprensa compõe suas páginas de noite é difícil escapar desta assertiva. Logicamente, em tão restrito tempo, não seria possível realizar consultas sobre documento de transcendente importância, redigi-lo e transmiti-lo à publicidade, ainda no dia 10 de novembro, como esclarece o jornal *O Globo*, de 11 de novembro de 1975.

A decisão, como tudo indica, já tinha sido tomada e o documento, redigido em sigilo, aguardava a oportunidade de ser lançado.

É possível que o conhecimento de alguns fatos, anteriores e posteriores a 11 de novembro, possa ajudar a compreender a precipitação brasileira.

Em setembro de 1975, ocorreu a independência de Moçambique e segundo a imprensa "... foi profunda a decepção causada com a exclusão do Brasil da lista dos países oficialmente convidados para assistir às cerimônias da independência da antiga colônia portuguesa".[29]

Não obstante isto, de acordo com as mesmas fontes, esteve presente às festas de Lourenço Marques o conselheiro Mario Augusto dos Santos, responsável pelo escritório consular naquela capital. Em 14 de novembro de 1975, apenas quatro dias após o reconhecimento de Angola, o Brasil estabeleceu relações diplomáticas com a República Popular de Moçambique. No noticiário mencionado, comentou-se, ainda, que o ato era o primeiro dividendo do reconhecimento de Luanda e a confirmação do compromisso assumido pelo ministro Joaquim Chissano, de Moçambique, nas suas conversas com o chanceler Azeredo da Silveira, em setembro daquele ano. Não foge, pois, do domínio das especulações a idéia de ter sido condicionado o reconhecimento de Moçambique ao de Angola, e cogitada uma orientação nesse sentido, pelos dois ministros.

---

27. *Jornal do Brasil*, 12/11/1975, p.11-12.
28. *O Globo*, 11/11/1975, p.19.
29. *Jornal do Brasil*, 15/11/1975, p.10.

O presidente Geisel mereceu a honra de ser o único chefe de Estado latino-americano convidado para as cerimônias da independência. Esta homenagem talvez tenha decorrido da solidariedade manifestada, de imediato, ao governo do MPLA. O nosso presidente, em mensagem a Agostinho Netto, declinou do convite e designou o representante brasileiro em Luanda para substituí-lo. Funcionários do Itamaraty procuraram explicar o açodamento brasileiro em reconhecer a independência de Angola, todavia suas declarações sibilinas, até certo ponto contraditórias com o passado, não convenceram.

Nessas ocasiões, como é normal acontecer, esteve presente às explicações o argumento das grandes vantagens das transações comerciais, que devem derivar, julgo eu, de uma política de conjunto objetiva e bem planejada no quadro da realidade em que vivemos e não de comportamentos precipitados, emocionais e fantasiosos. O nosso Ministro das Relações Exteriores declarou, na oportunidade, "a confiança do governo brasileiro na sabedoria africana"[30] e, consoante publicação do mesmo jornal, disse ainda que as transações comerciais com o continente africano deveriam atingir no ano seguinte 600 milhões de dólares. Deve, certamente, ter havido equívoco da imprensa, porque um homem da responsabilidade de Azeredo da Silveira não praticaria tal leviandade.

As transações com o continente africano – incluída a Indonésia – já tinham atingido em 1974 o total de 1.081,6 milhões de dólares; em 1975 caíram para 898,4 milhões de dólares e, no ano de 1976 – da previsão do ministro – desceram mais, para 850,2 milhões de dólares. Todas, portanto, já em nível superior a 600 milhões de dólares. Somente em 1977 aquelas transações conseguiram equilibrar-se, com ligeira vantagem sobre as de 1974. O Brasil, em nenhum dos quatro anos citados, conseguiu saldo favorável no confronto exportação-importação. O valor das importações foi sempre maior.

Sobre o comércio com a África é interessante conhecer o artigo "Linha africana"[31] no qual as transações, em 1977, com Angola e Moçambique são situadas em 37,6 milhões de dólares ou, aproximadamente, 4,6% do nosso intercâmbio comercial global com a Argentina.

Ninguém se opõe, e seria inexplicável ocorresse isto, que o Brasil procure relações comerciais, as mais amplas possíveis, com todas as nações; no entanto, realizá-las nas condições em que o fizemos com a China Comunista, aceitando imposições deprimentes deste país, e com Angola – ocupada e dominada pelos cubanos e soviéticos – abandonando-se os princípios que o próprio governo brasileiro defendeu em Quito e San José, não pode merecer aplausos, mas sim acerba repulsa dos verdadeiros brasileiros.

---

30. *O Globo*, 11/11/1975, p.19.
31. *Jornal do Brasil*, 25/3/1978, p.8.

Outras razões, que não as comerciais, estão na base destes comportamentos. Admito que o maior interesse soviético na revolução portuguesa era o controle das colônias ultramarinas de Portugal. A dominação seria inicialmente ideológica e, posteriormente, econômico-militar. A impregnação marxista já foi feita e as riquezas minerais de Angola, Moçambique e Guiné-Bissau compensarão quaisquer gastos e esforços soviéticos. A situação topopolítica destes novos países, sem esquecer a da República Popular do Congo, assegurará aos comunistas bases nos oceanos Atlântico e Índico, bem como excelentes perspectivas de prosseguimento do avanço para o Ocidente.

O imperialismo russo, agora consolidado nas margens desses oceanos, poderá ter a veleidade, do ponto de vista ideológico, de fazer ressurgir a antiga pretensão portuguesa de ligar, por terra, aqueles oceanos, através de Angola e Moçambique, sonho que se desvaneceu ante a lúcida, conquanto ambiciosa, política colonialista inglesa de Cecil Rhodes. Para tanto não deverá ter dificuldades, desde que domine as áreas intermediárias pelos habituais métodos da pertinaz propaganda marxista e do incitamento à subversão.

Não se trata de uma profecia pessimista, o julgar assim; razões geopolíticas fundamentam esta hipótese, e a presença de cubanos e alemães orientais em Moçambique e Zâmbia, adestrando guerrilheiros negros para lutar na Rodésia,[32] demonstra mais objetivamente o interesse soviético naquelas regiões. É preciso não desprezar a circunstância de os países da ponta do cone africano – Rodésia, República Sul-Africana, Botsuana, Namíbia –, sob influência ocidental, ficarem envolvidos pelo norte, num verdadeiro abraço comunista, caso isso venha a ocorrer.

Não soube, com antecedência, da intenção oficial brasileira de reconhecer a República Popular de Angola, porque, como já mencionei, estas decisões eram, normalmente, tomadas pelo Presidente da República e o Ministro das Relações Exteriores e, somente pela difusão na imprensa, fiquei ciente do fato. Os comentários foram amargos – ouvi-os de muitos colegas e dos oficiais, em geral – visto que nós militares acompanhávamos com imensa atenção os acontecimentos revolucionários em Portugal e nas suas colônias. Interessávamo-nos muito por seus aspectos militares e ideológicos.

Na primeira oportunidade – durante uma audiência normal – disse ao presidente que a decisão sobre Angola repercutira negativamente no Exército. Nós não entendíamos como o nosso governo revolucionário, de base anticomunista, tivesse sido o primeiro a reconhecer Agostinho Netto, sustentado por tropas cubanas que combatiam naquela colônia portuguesa, na qual tinham sido implantadas duas repúblicas e a luta continuava.

32. *Jornal do Brasil*, 25/3/1978 e *Estado de S. Paulo*, 23/1/1979.

17. *Assunção do cargo de Ministro do Exército pelo autor, em 28 de maio de 1974.*

18. *Aniversário da Batalha Naval de Riachuelo, em 11 de junho de 1974. A partir da esquerda: almirante Geraldo de Azevedo Henning (Ministro da Marinha), brigadeiro Joelmir Campos de Araripe Macedo (Ministro da Aeronáutica), vice-presidente Adalberto Pereira dos Santos e o autor.*

19. *Assunção do cargo de Chefe do Estado-Maior do Exército pelo general Fritz de Azevedo Manso, em 21 de junho de 1974.*

20. Primeira reunião do Alto Comando do Exército presidida pelo autor, em 26 de junho de 1974. À mesa, a partir da esquerda: generais Reynaldo Mello de Almeida, Oscar Luiz da Silva, Fritz Manso (encoberto), o autor, Antonio Jorge Corrêa, Ramiro Tavares Gonçalves e Ednardo D'Ávila Mello.

21. Passagem do cargo de Chefe-de-Gabinete do ministro, do general Fernando Belfort Bethlem (à esquerda) para o general Bento José Bandeira de Mello (à direita), presidida pelo autor (ao centro), em 12 de agosto de 1974. Aparecem ainda os generais Fritz (mais à direita) e Calderari (mais à esquerda).

22. O autor e o presidente Geisel na comemoração do Dia do Soldado, em 25 de agosto de 1974.

23. O autor com o general Antonio Jorge Corrêa (Chefe do Estado-Maior das Forças Armadas), em 26 de agosto de 1975, aniversário do autor.

24. O autor entre o presidente Geisel e o vice-presidente Adalberto, no Dia do Soldado, em 25 de agosto de 1975.

25. Reunião do Alto Comando do Exército em 29 de outubro de 1975, em que foi tratado, entre outros assuntos, o pronunciamento do senador Leite Chaves sobre a morte do jornalista Herzog. Sentados, a partir do autor, em sentido anti-horário, aparecem os generais Confúcio Danton de Paula Avelino (Chefe do CIE), Fritz, Ramiro, D'Ávila Mello, José de Azevedo Silva e os comandantes militares do Planalto e da Amazônia.

26. *O autor com o presidente Geisel no almoço de confraternização de fim de ano, em 22 de dezembro de 1975.*

27. *O general D'Ávila Mello, o governador Paulo Egídio e o autor, em São Paulo, em 1975.*

28. *Posse do primeiro presidente da Imbel, general Augusto de Oliveira Pereira (à direita), em 23 de março de 1976.*

Respondeu-me o presidente que aproveitara a existência do representante diplomático do Brasil em Luanda para concretizar logo o reconhecimento, pois, se o retirasse, teria maiores dificuldades, no futuro. E nada mais disse.

A debilidade da explicação persuadiu-me da ausência de argumentos sérios para justificar a sofreguidão da medida. Era, entretanto, a síntese da explicação oficial.

Muitas indagações afloraram-me à mente como lógicas, contudo, por serem de difíceis respostas e irreverentes, abandonei-as.

Abordei, em vista disso, a questão do voto anti-sionista, do qual tratarei a seguir.

O VOTO CONTRA O SIONISMO

O dia 11 de novembro de 1975 foi marcado por dois acontecimentos internacionais, recebidos com bastante desagrado pela opinião militar, quer pela falta de coerência com os postulados revolucionários de 1964, quer pela contradição flagrante com o tradicional respeito às posições alheias, desde que, sob qualquer forma, não afetem nossos direitos, interesses ou compromissos assumidos. Estes dois eventos foram o reconhecimento da República Popular de Angola e o voto a favor da resolução que declarava o sionismo "uma forma de racismo e de discriminação racial". O reconhecimento de Angola já mereceu, de minha parte, lacônicas apreciações; focalizarei, agora, a questão do sionismo.

No passado, em situações análogas – porquanto não poucas ocorreram –, adotou-se sempre uma atitude de neutralidade que se definia, nas assembléias internacionais, por manifesta abstenção.

Esta maneira de posicionar-se não excluía, no entanto, a simpatia e a solidariedade moral às causas consideradas justas, em especial se defendidas por povos ou homens oprimidos, ora sob irracionais discriminações, ora sob a intolerância do fanatismo ideológico. Era este comportamento um imperativo da grandeza moral dos brasileiros, sabiamente seguido, com inteligência e habilidade, pelos nossos valorosos e lúcidos diplomatas.

Todavia, não foi isto que aconteceu na Assembléia Geral da Organização das Nações Unidas, porque o Brasil optou pelo voto favorável à resolução, integrando um bloco de 72 nações, constituído, na maioria, de países da órbita soviética e de muitos outros contrários a Israel por motivos econômicos, políticos ou religiosos.

Acredito, e este era o consenso geral, que a nossa posição devesse ser a de abstenção; contudo, não o entenderam, assim, os dirigentes de nossa política internacional, visto que enxergaram, com os olhos de lince que julgavam ter, grandes vantagens em sua decisão discriminatória. Seus resultados práticos, porém, ainda permanecem em gestação.

A questão do sionismo comporta apreciações mais profundas, que considero indispensáveis proceder em virtude não somente da posição de discordância que manifestei, como, também, em face de certas críticas injustas que a mim dirigiram, pela imprensa, articulistas mal informados, ou bem esclarecidos mas encharcados de má-fé. Ela não pode ser julgada por uma cena atual, porque faz parte de um drama milenar, do qual, nos últimos tempos, têm sido protagonistas constantes os árabes e os judeus.

Foi, por conseguinte, no lastro histórico que firmei minha opinião; é interessante, por isso, sentir-lhe a consistência.

Os dois povos, conforme ensina a tradição bíblica, descendem de Ismael e Isaac, filhos do patriarca hebreu Abrahão – pertencendo, portanto, ao grupo étnico semita. Ismael, levado por sua mãe – a escrava Agar – expulsa para o deserto, ali se fixou e foi o genitor das tribos beduínas que evoluíram, na seqüência dos séculos, para as atuais nações árabes. Maomé – o profeta –, segundo os ismaelitas, era de sua estirpe. Isaac foi o pai de Israel, cujos filhos fundaram as 12 tribos judaicas. Têm, conseqüentemente, o mesmo tronco genético.

Estas nações nunca contestaram esta versão; ao contrário, aceitaram-na bem.

Os árabes, unidos pela religião, lançaram-se na Guerra Santa e sua expansão foi rápida, a partir da morte do profeta em 632. Suas conquistas estenderam-se pela Ásia, África e Europa, onde foram detidos pelos bizantinos na batalha do Corno de Ouro e por Carlos Martel, na planície de Poitiers. Sua permanência na península Ibérica durou quase oito séculos, que terminaram com a queda de Granada e a frase fatalista de Boabdil – "Estava escrito!".

No Oriente, porém, seu poder feneceu depressa e os turcos os substituíram nos domínios das terras conquistadas.

A influência da cultura islamita nos países ocupados foi extraordinária, sendo inegável o florescimento do comércio, o impulso econômico e as valiosas contribuições à arte e à ciência, com que os muçulmanos marcaram sua passagem no Ocidente europeu.

Hoje, os árabes, orgulhosos de seu passado e voltados para um futuro de progresso, travam – por uma fatalidade histórica – encarniçada luta contra os judeus pela posse da Palestina, que ambos reivindicam como sua legítima pátria.

A trajetória dos judeus, através dos tempos, entretanto, foi de lutas, padecimentos e perseguições, na busca constante de uma terra que os acolhesse e lhes permitisse viver em paz e liberdade.

Da Caldéia subiram a Canaã, de onde, em época de terrível crise alimentar, emigraram para o Egito. No século XVI antes de Cristo, uma onda de nacionalismo egípcio submeteu-os, praticamente, à escravidão e, tratando-os com extrema crueldade, forçou-os ao Êxodo. A reconquista de Canaã, coroando penosa marcha de 40 anos pelas areias do deserto, levou-os, de novo, à Palestina. Tiveram alguns séculos de relativa estabilidade, mas logo surgiu o cisma. Suportaram a conquista assíria, o cativeiro da Babilônia e outras dominações estrangeiras. Em 70, da era vulgar, a civilização romana incendiou e destruiu Jerusalém, registrando-se, ali, um episódio magnífico de fé e sacrifício, em que morreram um milhão e quinhentos mil judeus, que acorreram de todas as partes para defender a cidade, e, também, na resistência desesperada do reduto de Masada, na qual todos sucumbiram. O imperador Adriano, no ano 135, reprimindo uma revolta de fundo religioso, fez trucidar meio milhão de judeus e vender os demais como escravos.

Aconteceu, então, a diáspora!

Os judeus, dispersos pelo mundo, sofreram as mais ignóbeis discriminações. A intolerância religiosa dos cristãos, em nada inferior ao fanatismo islamítico, esteve quase sempre presente no tratamento com os israelitas. As forcas, torturas e fogueiras foram as lúgubres recordações dos caminhos que trilharam; a iniqüidade acompanhava-os além da vida, porque "a memória dos que morriam na heresia ficava sendo infame".[33]

A idade moderna parecia abrir outros horizontes aos judeus quando novos acontecimentos vieram anuviar esse raio de esperança. Dou a palavra aos escritores Randolph e Winston Churchill, que, de forma lacônica e precisa, bem definiram esse período da vida do povo judeu:

> Infelizmente, o espírito da intolerância medieval voltou a surgir cerca de 1870. Na Alemanha, os judeus foram acusados de dominar a vida nacional e de serem, afinal, intrusos no país. Em 1881, a Liga Anti-Semítica pediu a Bismarck que retirasse os direitos de cidadania aos judeus e proibisse a sua futura imigração para a Alemanha. Em 1882, realizou-se um congresso anti-semítico em Dresden. Quando, em 1894, o oficial francês Alfred Dreyfus foi acusado de vender segredos militares à Alemanha, o anti-semitismo manifestou-se com grande ardor na França. Na Rússia, a campanha antijudaica aumentou de intensidade depois de 1890, data em que os judeus foram deportados de Moscou e Kiev, tendo-lhes sido proibido voltar a essas cidades. As únicas judias autorizadas a viver em Moscou foram aquelas que possuíam a "carteira amarela de prostituição".[34]

O século XX, entretanto, reservar-lhes-ia, ainda, piores tormentos – a morte por asfixia nas câmaras de gás e pela fome nos campos de concentração. Era o genocídio moderno, barbaramente planejado e perpetrado, por cérebros doentios, em nome da pretensa pureza de uma raça de dolicocéfalos louros.

O conde de Derby interrogou, em certa ocasião, o historiador inglês Namier, por que motivos, sendo judeu, não escrevia sobre a história judaica. O famoso escritor deu-lhe a seguinte resposta: "Derby, não existe a história judaica. Só existe o martírio judaico e escrever sobre esse martírio não me distrai muito."[35]

---

33. César Cantu, *História universal*, vol.7, livro XII. 2ª ed. Lisboa: Francisco Arthur da Silva, 1877, p.74 (sobre o Concílio de Beziers).
34. Randolph S. Churchill e Winston S. Churchill, *Seis dias de uma guerra milenar*. Rio de Janeiro: Bibliex/ Expressão e Cultura, 1968, p.14.
35. Idem, p.13.

Segregados em guetos, adotando costumes sociais e crenças religiosas que lhes eram tradicionais, mas que colidiam com os das populações entre as quais viviam, tornava-se cada dia mais patente a impossibilidade de uma assimilação judaica, como o almejavam muitos judeus ilustres. Em fins do século XIX começaram a tomar força as idéias de uma pátria para os judeus; eram os primeiros vagidos do sionismo.

Os judeus, se quisessem sobreviver, precisavam de uma base física para instalar-se, e ali viver como povo livre e independente. Com este propósito organizou-se, em 1897, sob a presidência de Theodoro Hertzl – citado como o criador do sionismo – a primeira conferência sionista, visando a "garantir ao povo judaico uma pátria na Palestina governada pela lei pública".[36]

Temerosos de que ao movimento sionista fosse atribuído o caráter racial e, conseqüentemente, recrudescesse a perseverante perseguição, muitos judeus opuseram-se ao ideal sionista; outros aceitaram-no sem condicioná-lo, contudo, ao solo da prometida Palestina. Um terceiro grupo, no entanto, obstinava-se em defender a terra de Canaã como a única solução que atenderia as reivindicações judaicas, posto que ali repousavam as milenares e sagradas tradições do povo hebreu. Não teria sentido, diziam estes últimos, para as suas aspirações, a formação de uma Pátria judaica em outra região geográfica.

O movimento sionista floresceu; os judeus compraram terras na Palestina e fundaram, em 1907, nas dunas do litoral, a cidade de Tel-Aviv, a "Colina da Primavera". Vieram depois as duas Conflagrações Mundiais, choques ferozes entre árabes e judeus e, finalmente, a criação do Estado de Israel, a 14 de maio de 1946. As guerras dos Seis Dias e do Yom Kippur evidenciaram, a par da instabilidade política, as dificuldades de conciliação dos interesses árabes e israelenses no Oriente Médio.

O sionismo nada mais é, portanto, do que a ardente aspiração judaica a uma Pátria livre. Constitui um movimento político-religioso, de cunho nacionalista, cujo único e grande objetivo era, e continua a ser, a existência de um Estado judaico. Confundi-lo com uma forma de racismo e discriminação racial não honra a lógica que conduz o raciocínio na busca da verdade. Antes de tudo é uma capciosa insinuação, insustentável na análise dos fatos históricos. Se algum povo, na vida da humanidade, sofreu discriminações foi o israelita, especialmente a partir da diáspora.

Os judeus, repelidos e considerados perniciosos, na impossibilidade de assimilação, irmanaram-se na adversidade, sustentados pelas idéias morais e religiosas de seus antepassados. Mantiveram-se, assim, coesos até a volta à terra de Canaã. Tudo isso deu-lhes uma técnica peculiar de viver, para poder sobreviver.

Todavia, o que está subentendido e nos parece de suma importância, na ardilosa resolução apresentada, é o seu complexo aspecto político. Procurava-se afastar o

---

36. Idem, p.14.

Estado de Israel da Organização das Nações Unidas (ONU), temporária ou definitivamente, minando, para isto, um dos pilares essenciais de sua sustentação – o sionismo. Visava-se, outrossim, parece-me claro, uma tomada de posição quanto ao litígio árabe-israelense. Sob certos ângulos – o econômico e o ideológico, como exemplos – esta definição era de vital interesse para numerosos países enfeudados ao marxismo ou pressurosos em mostrar suas simpatia aos dominadores dos poços de petróleo do Oriente Médio.

A situação geopolítica não pode ser esquecida na apreciação do panorama geral. Algumas áreas do Levante e do Oriente Médio são de imenso valor estratégico para as grandes potências, em particular para as que orientam a política dos dois blocos antagônicos – o democrático e o socialista. Entre essas áreas destaca-se a da Palestina, muito valorizada após a saída dos ingleses do Egito, em 1945. Naquela ocasião, a Grã-Bretanha voltou-se para essa região, o que, pela situação topopolítica, podia compensar a perda daquele país e, já em 1947, começaram os ingleses a transferir material de guerra do Egito para a Palestina, então sob o mandato britânico. Os russos, sem perda de tempo, alastraram sua influência pelo Egito e, em 1957, vendiam submarinos e quantidade apreciável de moderno material bélico aos egípcios e mais tarde à Síria.

O pan-arabismo, estimulado pelos comunistas, esforçava-se por expelir Israel da Ásia; entretanto, os chefes árabes tinham suas divergências e suas ambições pessoais, que impediram uma duradoura união. A fragmentação da República Árabe Unida provou-o de sobejo. Essas dissensões ajudaram Israel.

A Rússia, infelizmente para nós democratas ocidentais, continuava e continua conquistando o domínio dos pontos-chave da geopolítica universal. Não lhe interessava, por isso, numa área tão importante, a existência do Estado de Israel, reconhecidamente usufrutuário da influência norte-americana. Assim, considera os judeus inimigos do regime soviético.

Um novo livro – *Ideologia e a prática do sionismo internacional* –, escrito sob supervisão do teórico do Partido Comunista Mark Mitin e elogiado pelo jornal *Pravda*, descreve o sionismo como "a ideologia chauvinista da poderosa burguesia judia"; chama as organizações culturais e de caridade judaicas no Ocidente de "focos de subversão" e insiste em acusar estas organizações estrangeiras de responsáveis por "desvios ideológicos", devendo seu contato ser evitado com judeus russos. Chega à desfaçatez de acusar os sionistas de terem desempenhado papel relevante nos acontecimentos de 1968, na Tchecoslováquia, conhecidos como a "Primavera de Praga".

Os conceitos do livro, apreciados no conjunto da política soviética, deixam perceber quanto as contradições desta política são apenas aparentes. Aqui, combate o sionismo, acusado de chauvinista e dissociador; ali, incentiva, nas minorias raciais, o nacionalismo, como caminho mais favorável e adequado para jungi-las ao internacionalismo comunista. Os fins, para os soviéticos, justificam plenamente os meios, visto que têm o objetivo de implantar, de qualquer maneira, o marxismo no mundo.

Na segunda quinzena de outubro de 1975, na reunião da Comissão Social Humanitária e Cultural da ONU, o Brasil definiu o seu voto favorável à moção anti-sionista. Três outros países americanos – Chile, Guiana e México – tiveram o mesmo procedimento. O governo dos Estados Unidos dirigiu, então, àqueles países e ao Brasil uma nota em que, a par de argumentos contrários à moção aprovada na Comissão, sugeria fossem modificadas as posições já tomadas. Falando à imprensa, John Rahner, porta-voz do Departamento de Estado, disse que a nota tinha sido dirigida aos quatro países porque "os consideramos amigos dos Estados Unidos, e talvez pudessem mudar seu voto na Assembléia-Geral...".[37]

Como veremos, na votação final o Chile reconsiderou o seu voto para abstenção, porém os outros três países mantiveram o voto favorável à resolução.

O ministro Azeredo da Silveira, ouvido pela imprensa ao regressar da Europa, disse sobre o assunto, textualmente: "Trata-se de um problema polêmico, que envolve uma carga emocional, mas estou certo de que o nosso voto espelhou um sentimento muito uniforme do povo brasileiro, no sentido de que no Brasil existe uma só raça. Não poderíamos nunca votar a favor do racismo."[38]

Foi uma resposta em estilo germânico: disse que fez, mas não por que fez. Poderia – e não lhe falta inteligência para isto – esclarecer, ao menos, por que o sionismo foi considerado racismo. Talvez lhe tenham escasseado os argumentos.

Quase dois anos após esta declaração, em 14 de outubro de 1977, a imprensa divulgou informação,[39] que dizia ter transpirado nos meios diplomáticos, com o evidente propósito de confundir a opinião pública e contestar afirmações que eu tinha emitido, dois dias antes, em documento público. A informação – um amontoado de inverdades e contra-sensos, apanhados a esmo – colide com essas declarações do Ministro das Relações Exteriores e não tem o mínimo suporte na coerência e na realidade dos fatos.

Por uma coincidência, na sessão em que o Brasil votou a favor da mencionada resolução, foi a plenário da ONU uma proposta para conceder à Organização da Libertação da Palestina o direito de participar de todas as sessões das Nações Unidas nas quais a Questão Palestina estivesse sendo debatida. Absteve-se o Brasil de votar; entretanto, a declaração de voto apresentada pelo nosso embaixador deixou claro que esta posição não implicava qualquer alteração do ponto de vista brasileiro sobre os direitos do povo palestino. A abstenção foi devida a "questões protocolares".

Consta da referida notícia: "Não podemos reconhecer a ocupação de territórios pela força. É uma questão de princípios." Pergunto – e o reconhecimento de Angola, com Luanda ocupada praticamente por cubanos e soviéticos? Além disso,

---

37. *Jornal do Brasil*, 18/10/1975, p.10.
38. *Jornal do* Brasil, 31/10/1975, p.10.
39. *Folha de S.Paulo*, 14/10/1977.

a resolução aprovada referia-se a um movimento político-religioso, acoimado de racista, e não tratava da violação do princípio de não-intervenção, eufemicamente disfarçado na frase "ocupação de territórios pela força". Se houve agressão, nas três guerras do Oriente Médio, não partiu dos judeus.

No momento em que se recorre à História para justificar a abstenção, em Quito e San José, relativa a Cuba, olvida-se esta ciência para bem compreender o sionismo.

Não acredito que tantas sandices tenham sido transmitidas por homens do Itamaraty, cuja inteligência e responsabilidade só têm recebido de todos merecidos encômios.

O informante, não tenho mais dúvidas, era um pândego, que se arvorando em funcionário daquele Ministério, abusou da ingenuidade do jornalista, induzindo-o a publicar tais disparates.

Em 11 de novembro de 1975, a Assembléia Geral da ONU aprovou a resolução que considerava o sionismo "uma forma de racismo e de discriminação racial". Entre os concordantes estava o Brasil. É interessante examinar os grupos de votantes – suas tendências, dependências e interesses – no resultado da votação. Da América, somente quatro países votaram a favor da resolução: Brasil, Cuba, Guiana e México.

O voto do nosso embaixador, divulgado pelo Itamaraty, diz em seu item 2: "O voto brasileiro não é, nem poderia ser, em qualquer hipótese, interpretado como hostil aos judeus ou ao judaísmo."[40]

Dissociar o sionismo do judaísmo é tarefa impossível, visto que o sionismo está na gênese do Estado de Israel que é, em essência, o judaísmo.

Nossos órgãos de informações permitiam aos militares acompanhar as conjunturas nacional e internacional e, além disso, recebia o ministro uma resenha de todos os jornais de Brasília, São Paulo e do Rio de Janeiro, com as publicações de maior interesse devidamente assinaladas. Ficava, assim, ciente dos fatos ocorridos. Não fosse este sistema de informações muitos acontecimentos seriam ignorados do ministro, pois, como não me canso de acentuar, era processo normal do presidente tomar, de acordo com o assunto, decisões em compartimentos estanques, sem comunicá-las sequer, mesmo que se tratando de matéria de certa importância, aos ministros de outros setores.

Após ter falado ao presidente sobre o reconhecimento da República Popular de Angola, na mesma audiência, abordei o voto contra o sionismo, informando-o de que a decisão brasileira, de modo geral, tinha ecoado desfavoravelmente entre os militares, opinião com a qual, pessoalmente, estava solidário. Fiz-lhe, naquele momento, a indagação:

---

40. *O Globo*, 12/11/1975, p.18.

— Por que o Brasil, que nunca votou contra os judeus e sempre se absteve, votou, agora, contra o sionismo?

Mal acabara de falar, o presidente, abrindo os braços com espalhafato, respondeu:

— Mas você não sabe o que é o judeu!... Você não avalia o que é o judeu! E os árabes... e a questão dos árabes?

E nada mais disse.

Vi na sua resposta uma alusão clara ao problema do petróleo. Repeti-lhe a impressão negativa que o voto brasileiro causara e, como nada mais havia a tratar, retirei-me.

Cabe, aqui, por oportuna e adequada ao evento, referência à resposta dada pelo Ministro das Relações Exteriores de Israel, general Moshe Dayan, ao presidente dos Estados Unidos, Jimmy Carter, quando, em outubro de 1977, o presidente norte-americano tentou pressionar Dayan, mui provavelmente sob inspiração russa, para que os israelenses aceitassem a presença dos palestinos na Conferência de Genebra e a existência de uma "entidade" palestina na Ásia.

Dayan considerou totalmente inaceitável a proposta norte-americana; Carter, então, ameaçou-o com o que julgava seu grande trunfo – não cumprir as promessas de apoio a Israel, o que significava a suspensão de auxílios, de qualquer espécie, aos israelenses.

Dayan manteve-se firme, na mesma posição, e deu-lhe esta magnífica resposta: "Na vida de uma nação, há situações em que os líderes precisam decidir se trocam promessas por suas convicções mais profundas. E isto acontece, particularmente, quando há razões para suspeitar que tais promessas não serão cumpridas."

Dayan continuou inabalável, mas Carter cedeu.

CAPÍTULO 19

A visita presidencial ao Paraguai

Em dezembro de 1975, o presidente Geisel visitou a República do Paraguai, tendo eu sido um dos integrantes de sua comitiva. A viagem visava ao fortalecimento dos laços que ligam o Brasil à República do Paraguai e à assinatura de documentos de interesse para as duas Nações. A assinatura do Tratado de Amizade e Cooperação, incrementando nos diversos setores de atividade as relações entre os dois países, foi o principal destes atos. Mereceu também destaque o Protocolo que regulou a posse e soberania sobre ilhas fluviais.

Uma das reivindicações paraguaias era a restituição dos troféus de guerra, questão já tratada com ardor patriótico e emoção em épocas passadas.

Os troféus são importantes fundamentos materiais de nossa educação cívica. Eles preservam, na memória das gerações, o valor de nossos antepassados. Orgulhamo-nos de possuí-los, porque são símbolos representativos do heroísmo de nossa gente, de nosso povo. Foram conquistados em violentos combates, no choque das baionetas, nas impetuosas cargas dos lanceiros ou sob bombardeio dos canhões inimigos. Custaram-nos o sacrifício de numerosas vidas e não menores mutilações de nossos soldados – entendido o termo, aqui, na sua acepção genérica, que se estende do simples recruta ao marechal.

Tanto são heróis o corneteiro Domingos, que, ferido de morte no combate de Lomas Valentinas, ainda encontra forças para soerguer-se e dar o seu último toque de avançar, como o general Sampaio, que cavalgando à frente de suas tropas é atingido, mortalmente, pelos projéteis inimigos.

Os troféus são bens inalienáveis da nacionalidade, pertencem aos nossos heróis, portanto não podemos dispor deles. Este era e é o meu parecer sobre o assunto. Às vésperas da partida, em audiência de rotina, o presidente Geisel, cujo descaso pela tradição já conhecia, desde o episódio do forte de Coimbra, citado neste livro, não abordou, no entanto, a questão da devolução dos troféus de guerra. Referiu-se, contudo, à restituição do "Livro de Ouro", um álbum que reúne as atas de oferecimento que as mulheres paraguaias fizeram, de suas jóias, alfaias e dinheiro, ao marechal Francisco Solano López, para ajudar a sustentação da guerra. De estar o álbum encerrado em escrínio de prata, chapeado com lâminas de ouro e, ainda, pelos ornamentos – florões, presilhas etc... – deste metal, adveio-lhe a designação de "Livro de Ouro".

Este livro foi encontrado pela cavalaria brasileira na bagagem do marechal López, após o combate de Cerro Corá. Trazido para o Brasil, pensaram em oferecê-lo ao imperador Pedro II, que, discordando da idéia, enviou, ao então Ministro da Guerra, carta de rara elevação moral, da qual destaco o trecho abaixo:

> O álbum contém atas de oferecimento que fizeram as paraguaias, dos diversos partidos territoriais, de suas jóias e alfaias para a sustentação da guerra. Entendo que deve ser entregue ao governo paraguaio, desde que o nosso ministro interceda a favor dessas paraguaias e de suas famílias a fim de que não sofram por causa de tal oferecimento. Eu, em caso nenhum, fico com o álbum.[1]

Opinou o presidente que não considerava o livro um troféu de guerra, dadas as circunstâncias em que foi apanhado; disse que parecia ser este o consenso histórico e mencionou o historiador Gustavo Barroso, bem como a missiva de Pedro II.

Estávamos de acordo sob este aspecto de encarar os fatos.

Há que distinguir, do meu ponto de vista, entre aquilo que se conquista no campo de batalha, ou nele se arrecada após sangrenta luta, e o que se obtém fora destes limites, depois da peleja, quer por eventuais achados quer pelo saque. As peças de armamento, os símbolos e objetos de valor colhidos fortuitamente apenas têm significação histórica, não se lhes podendo dar sentido glorioso; do mesmo modo, jamais se poderá atribuir aos frutos da pilhagem este caráter.

O "Livro de Ouro" foi encontrado na bagagem do marechal López, o que importa dizer, entre os seus objetos de uso pessoal, porém fora do combate propriamente dito. É possível que tenha havido saque, o que não é de estranhar,

---

1. *O Globo*, 3 e 5/12/1975, citando Gustavo Barroso em *Anais do Museu Histórico Nacional*.

não só pela ferocidade com que lutavam os brasileiros e paraguaios, como pelas características dos exércitos em confronto.

O saque é a liberação da barbárie atávica nos momentos de alucinação; nele os homens saciam seus maus instintos, matando, devastando, incendiando, praticando, enfim, indescritíveis atrocidades. Seu móvel principal sempre foi o roubo, embora o ódio o incentivasse. Foi habitual nas legiões romanas e prática de recompensa das tropas mercenárias da Idade Média.

Os nossos generais, no Paraguai, homens de elevado nível moral e nobres sentimentos humanos, nunca o permitiriam. Entretanto, o visconde de Taunay, narrando cenas de Cerro Corá, assim se expressa: "Mulheres, oficiais paraguaios, de envolta com os soldados nossos, saqueavam freneticamente os depósitos de comida e roupa; tripudiavam como loucos, espalhavam montões de ouro, queimavam papéis, disputavam jóias, e, afinal, atearam um incêndio que reduziu tudo a cinzas."[2]

Consoante a minha maneira de encarar a questão, o "Livro de Ouro" não é um troféu de guerra, porquanto lhe falta a condição básica, imprescindível, de ter sido conquistado em combate. A circunstância de ser objeto de uso pessoal, para mim, é de nenhuma valia neste critério de conceituar. A espada que o marechal López empunhava nas margens do Aquidabanigui, quando morreu e com a qual fez verter o sangue de muitos brasileiros, é, indubitavelmente, um troféu de guerra, sem deixar de ser uma peça de uso particular.

Estes objetos, e muitos outros, são reivindicados pelos governos paraguaios como relíquias de seu povo. Reconheço que realmente o são, mas, se constituem troféus de guerra, devolvê-los seria sapatear no heroísmo de nossos antepassados. No entanto, em 10 de abril de 1980, o presidente Figueiredo entregou a espada do marechal López ao Paraguai.

Em razão destas apreciações, julguei possível a devolução do "Livro de Ouro". Detive-me nessas considerações sobre troféus de guerra por ser este um assunto polêmico e constantemente analisado em ambiente emocional. As correntes de opinião divergem quanto à restituição, posto que a maioria esmagadora seja pela negativa irrestrita de qualquer devolução. Recebi muitos telegramas e cartões de compatriotas nossos – especialmente professores – reagindo contra a entrega de nossos troféus de guerra, em virtude do que se propalava pela imprensa.

A eles dedico, em particular, estes esclarecimentos.

A amizade dos povos não se reafirma, robustece e consolida na condescendência política, relegando ao desprezo suas tradições até dissolvê-las no esquecimento, mas sim no respeito recíproco aos seus direitos e aos postulados morais que lhes são

---

2. Augusto Tasso Fragoso, *História da guerra entre a Tríplice Aliança e o Paraguai*, vol.5. Rio de Janeiro: Imprensa do Estado-Maior do Exército, 1934, p.167.

caros, na compreensão de que cooperar para desenvolver não é ajudar para espoliar, nem apoiar para proteger significa ocupar para dominar.

Estive no Paraguai com imensa satisfação. Servira em sua fronteira, ao tempo de capitão e, desde cedo, habituei-me a ver, nos nossos vizinhos, um povo patriota, valente e laborioso. Após a Revolução de 1964, voltei, como Comandante da 4ª Divisão de Cavalaria, àquela região limítrofe. Nada mudara a gente guarani na fervorosa devoção à Pátria e ao seu herói máximo, o marechal López. O Hino Nacional, nas comemorações públicas, era entoado até pelas crianças, o pavilhão Paraguaio reverenciado e exaltadas as virtudes dos seus grandes vultos.

Os povos só subsistem, e resistem às pressões e ameaças das nações mais poderosas, enquanto cultuam e defendem os mesmos valores espirituais; desde que não o façam estarão fadados à fragmentação.

Em Assunção, assisti à cerimônia, na Embaixada do Brasil, da devolução do "Livro de Ouro" ao governo da República do Paraguai. A esposa do presidente do Brasil, sra. Lucy Geisel, entregou-o à esposa do presidente do Paraguai, sra. Ligia Mora Stroessner.

O sigilo mantido sobre o ato concorreu para a sua integral surpresa e produziu impressionante choque emocional nas três centenas de convidados, todos eles do mais elevado nível social daquele país. O general Alfredo Stroessner debruçou-se sobre o álbum e as lágrimas que brotaram de seus olhos gotejaram no documento histórico. Um idoso magistrado, presidente de alta corte da Justiça, figura austera e imponente, evadindo-se do protocolo, levantou os braços para o céu e clamou, com voz entrecortada de soluços: "Oh! Deus meu! Que venha agora o Cristiano!"[3]

Vi homens ilustres aproximarem-se trêmulos da mesa em que fora colocado o álbum e curvarem-se para beijá-lo. As senhoras, sempre mais tocadas pela emoção, quando não choravam, tinham os olhos marejados de lágrimas.

Os fragmentos do Santo Lenho, colhidos e guardados pela religiosidade cristã, não teriam recebido maiores provas de respeito e veneração.

Os paraguaios vêem o "Livro de Ouro" como uma coisa sagrada, uma relíquia.

Como se sentiriam, perante aquela manifestação de fé cívica, os defensores e os simpatizantes das teses materialistas que, pelas "Revoluções Culturais", visam a fabricar o "homem novo", sem raízes no passado, espoliado de suas idéias, sempre fiel ao pensamento e às determinações daqueles que o dirigem?

O Brasil mantém no Paraguai uma Missão Militar de Instrução. Visitei-a em oportunidade permitida pelo rígido programa protocolar. Os brilhantes oficiais que a integram realizam ali notável trabalho de aproximação entre os dois Exércitos,

---

3. Canhão fabricado com o ferro obtido pela fusão dos sinos das igrejas de Assunção.

além da difusão de conhecimentos técnicos oriundos de nossa doutrina militar. Cabe-lhes, ainda, como tarefa complementar e árdua, granjear a simpatia do povo paraguaio, apagando, com cordialidade e compreensão, antigos ressentimentos que ainda perdurem contra os brasileiros.

Tive excelente impressão do que vi e, pelo que ouvi nos setores militares paraguaios, não foi errôneo este julgamento. A nossa missão era digna dos maiores e melhores encômios.

PARTE III

Minha passagem pelo Ministério em 1976: tempo de desgastes

CAPÍTULO 20

A exoneração do Comandante do II Exército

CONSIDERAÇÕES INICIAIS

O ano de 1976 iniciou-se com um acontecimento – sob todos os aspectos muito lamentável – que teria graves repercussões nacionais e seria intensa e capciosamente explorado pelas correntes de esquerda.

O desencontro das informações e o alarde que se fez sobre ele levaram a opinião pública a aceitar como verídica a insinuação de que se praticavam assassínios no Exército. A propaganda neste sentido, tão solerte quão insistente, gerou dúvidas até em homens sensatos que, por dever de consciência, lutaram pelo seu completo esclarecimento.

Refiro-me à morte, por enforcamento, do operário Manoel Fiel Filho, integrante do Sindicato dos Metalúrgicos de São Paulo – o mais poderoso daquele estado – no dia 17 de janeiro.

Esta ocorrência provocou uma das mais perigosas crises político-militares dos governos revolucionários, e somente aqueles que sentiram de perto o latejar do abscesso em formação sob a pele da sensibilidade militar, que aferiram a crescente temperatura deste tumor prestes a tornar-se maligno e ameaçar a Nação, têm autoridade moral e conhecimento de causa para opinar sobre o evento.

A divulgação dos fatos, suas descrição e interpretação imediata são funções de dados colhidos no presente; entretanto, a sua perfeita e exata compreensão deve ser procurada no passado, reavivando-se os liames que os vincularam a outros eventos, ainda despercebidos ou desprezados, em sôfregas análises, por insignificantes.

Nada se pode abandonar, quando se busca a verdade, porque nas pequenas ocorrências ou em descoloridos episódios estão, muitas vezes, as causas dos grandes acontecimentos. Na História não rareiam exemplos. Agrada-me citar a simples e errônea informação, dada pelo guia Lacoste a Napoleão, na batalha de Waterloo, induzindo-o a tomar decisão que, na opinião de estudiosos de suas campanhas, foi uma das causas de sua derrota. Além disso, não se pode julgar um fato – no falar sereno dos historiadores – sem vê-lo no panorama da época em que aconteceu, nem é crível estudar um ser – afirmam os naturalistas – abandonando os fatores ecológicos que condicionaram sua existência.

Discorrerei, portanto, sobre esse delicado problema, rebuscando no passado suas incógnitas, definindo-as bem, para equacioná-lo, a fim de que se possa, agora, ajuizar com serenidade – dado que a isenção só surge com o crescer do tempo – da realidade vivida e do procedimento dos que a viveram.

Isto nos conduzirá a digressões inevitáveis no reavivar do caso, dele reunindo fragmentos abandonados por inexplicável prevenção dos julgadores ou perdidos pela precipitação do julgar, para reconstituí-lo sob dados mais sólidos.

A BUSCA DAS INFORMAÇÕES

O combate às ações subversivas, vulgarmente denominado repressão, origina-se na INFORMAÇÃO, cuja busca exige fatigantes e difíceis trabalhos e, com freqüência, delicadíssimas operações. A informação – notícia que, quando duvidosa, incompleta ou pendente ainda de confirmação, recebe o nome de INFORME – constitui-se no elemento fundamental de qualquer decisão. Em certas circunstâncias seu valor é imensurável, sendo obtida a preços altíssimos.

As nações desenvolvidas, em especial as grandes potências, possuem órgãos de informações bastante aprimorados, como o são a KGB russa, a CIA americana e o IS inglês. Estes órgãos, de atividades sigilosas e complexa estrutura, são muito dispendiosos, visto que a informação tornou-se uma mercadoria caríssima, com a particularidade de nem sempre ser paga em moeda corrente, admitindo outros tipos de compensação. De qualquer modo sorvem abundantes recursos.

Emerge, destas simples considerações, a ilação de que um sistema de informações amplo, organizado e eficiente é, praticamente, privilégio dos países desenvolvidos.

Homens selecionados ou premidos por imperativos de diversas ordens – entre os quais são encontradiças razões morais ou econômicas – empregados neste mister arriscado e secreto, de obter a informação, formam o "corpo de agentes". Estes elementos, conhecidos sob a designação genérica e depreciativa de espiões, vão se embrutecendo, lenta e gradativamente, no desempenho de suas missões, o que lhes traz, infalivelmente, em tempo imediato ou remoto, o abandono de todos os preceitos da ética moral adotada pelos homens de bom caráter.

O agente internacional não tem escrúpulos nem hesita na escolha de tortuosos e criminosos caminhos para atingir seus objetivos. É um homem de mentalidade mercenária, capaz de tudo, até de servir, na mesma ocasião, a dois senhores em confronto.

Ao tempo em que comandava o I Exército, conheci um deles, o francês Jean Pierre, ex-agente do serviço de informações da França, preso no Rio de Janeiro a pedido de autoridades estrangeiras por estar comprometido no tráfico de entorpecentes. O Delegado da Ordem Política e Social do antigo estado da Guanabara, temendo o matassem ou lhe dessem fuga, estando em prisão comum, pediu ficasse, por segurança, no I Exército.

Espião, assassino e traficante, apontado como participante da operação que eliminou e denunciou políticos do grupo do líder argelino Ahmed Ben Bella, alugava seus serviços aos que melhor os pagassem.

Prestou depoimento – uma amostra da sordidez que domina o submundo das informações.

Pode-se afirmar, com possibilidades de erro infinitesimais, que as molas propulsoras da busca de informações são o dinheiro e o fanatismo ideológico. Nas exceções incluem-se as pessoas de elevado sentimento patriótico que, espontaneamente, entregam às autoridades militares dados de que dispõem. Isto aconteceu durante o planejamento do desembarque na Normandia, quando civis remeteram aos Estados-Maiores Aliados numerosas fotografias da costa francesa, a par de outras informações preciosas.

Não possuíamos, no setor militar, antes da Revolução de 1964, um sistema de informações que merecesse este nome. As informações, no país, eram colhidas por intermédio das organizações militares e, no exterior, de modo geral, através de nossos adidos e embaixadas.

No âmbito interno, os militares, absorvidos pelos deveres profissionais, não dispunham nas unidades de recursos nem de homens especializados para a busca de informações. Fazia-se o que se podia, com o pessoal que se tinha. Os informantes, trabalhando mais por vaidade ou interesse pessoais – relações de amizade, proteção que as ligações com o Exército proporcionavam etc. – não se empenhavam a fundo nas investigações. A maioria era inábil, cometia erros crassos nas observações e não raramente se denunciava, prejudicando trabalhos já encetados.

Não existia, por conseguinte, uma rede de informantes organizada e, a rigor, nenhuma rede, na verdadeira acepção do termo, havia.

As informações relativas à segurança interna eram quase todas, senão todas, transmitidas pela Polícia Civil aos comandos militares.

Os organismos policiais, no entanto, não dispunham, e lamentavelmente ainda não dispõem, de uma estrutura capaz de enfrentar as organizações subversivas, orientadas e apoiadas do exterior, e aqui habilidosamente protegidas, no deturpar das reivindicações democráticas, pelos tribunos de demagogia.

Predominava a informação do alcagüete ou a confissão do acusado, muitas vezes arrancada de modo condenável, na elucidação do crime, embora estivesse em evolução uma polícia técnica.

O nosso Estado-Maior do Exército voltava-se, com prioridade, para as informações do exterior, pendentes mais da curiosidade dos adidos ou de sua tendência cultural do que, na realidade, resultantes de um planejamento objetivo e exeqüível.

O oficial de segunda seção definia-se, em síntese, como um analista que somente em momentos fugazes e raros – impostos pela gravidade da situação – atuava nas operações de busca. Esta cabia, invariavelmente, a poucos agentes ou espiões, em caso de necessidade auxiliados pela Polícia Civil.

Outro empecilho sério situava-se na sensibilidade hierárquica, à flor da pele, nos chefes mui ciosos de suas prerrogativas e de feitio absorvente. Este mal continuou nos primeiros anos da Revolução e até se agravou pela preocupação que tinham os comandantes de área de conhecer, numa fase de implantação revolucionária, a situação nos territórios sob sua jurisdição.

Os informes, ou mesmo as informações, passavam, em virtude disso, por todos os escalões de comando, que os examinavam e realizavam investigações para completá-los. O tempo corria e a informação decorrente chegava ao escalão executivo – aquele que podia tomar as providências adequadas – depois do fato acontecido. Feria-se, assim, o princípio fundamental da busca de informações que impõe o seu conhecimento em tempo de utilizá-las.

Em 1967, uma informação importantíssima obtida pelo comandante da unidade de Santos, exigindo medidas severas e imediatas do Ministro do Exército, subiu, conformadamente, todos os degraus da hierarquia para chegar, fatigada e inócua, ao gabinete ministerial, quase trinta dias depois de iniciar essa disciplinada ascensão. O acontecimento anunciado ocorrera dois dias antes.

Esta situação não poderia continuar se desejássemos manter vivas as teses revolucionárias.

O ministro Aurélio de Lyra Tavares, homem arguto e de esplêndida visão profissional, percebeu cedo a necessidade premente de criar, no Exército, um órgão que regulasse e coordenasse os trabalhos de informações. Um Centro de Informações já era idéia embrionária na chamada comunidade de informações e o marechal Costa e Silva, talvez com este propósito, já adquirira, quando ministro, potentes estações Collins – receptoras e transmissoras –, das mais modernas naquela época. As reações não foram poucas, pois os comandos queriam reter as informações e a maioria deles não aceitava a busca, em suas áreas de jurisdição, sem a sua prévia autorização, o que ameaçava o sigilo indispensável ao êxito das operações, pelo alargar da faixa de conhecimento do assunto.

Além disso, o Estado-Maior do Exército, órgão de características essencialmente profissionais, mais normativo do que executivo, não tencionava abrir mão das informações internas, que eram de sua responsabilidade. Todavia, sendo este órgão técnico e a massa das informações de caráter político, tornava-se imperioso remetê-las à apreciação ministerial para decisão, o que ocasionava, na prática, considerável retardo.

O ministro Lyra Tavares deparou-se com esta série de objeções, porém, dotado de uma das mais brilhantes inteligências das nossas gerações militares, conduziu com habilidade e persuasão os entendimentos com os demais chefes do Exército e criou, em 1967, o Centro de Informações do Exército (CIE), dando, desta forma, impulso decisivo à coordenação de todas as tarefas de informações no Exército.

Outros chefes militares já tinham sentido, também, a inutilidade do combate à subversão num quadro de dispersão de esforços. Entre eles o ilustre general-de-exército José Canavarro Pereira, chefe de elevada estatura moral e raros dotes profissionais, que o destino, para felicidade da Revolução, colocou à frente do II Exército num momento em que a cidade de São Paulo fora considerada pelos marxistas o campo principal de suas ações de guerrilha urbana.

Organizou-se, então, a Operação Bandeirante (Oban), reunindo-se nela elementos das três Forças Armadas e das Polícias Militar e Civil de São Paulo que, sob o controle e a orientação daquele Exército, atuavam na prisão de subversivos e na busca de informações.

Talvez não fosse essa a melhor solução, mas era a única que se impunha, naquela situação de emergência, para evitar a derrocada da Revolução.

Oficiais jovens e sargentos, soldados arrojados e fervorosos adeptos da Revolução, foram escolhidos para participar desta operação. Estes homens empreendiam dois tipos de missões – atacavam os esconderijos comunistas, denominados na gíria militar de "aparelhos", e interrogavam os prisioneiros. É fácil compreender que, se lhes sobravam entusiasmo e bravura para ações do primeiro tipo, faltavalhes serenidade e experiência para as inquirições. São ambas ações importantes que exigem, no entanto, qualidades muitas vezes antagônicas.

Na árdua tarefa de obter a informação, o interrogatório é uma operação fundamental e delicada que pode evoluir da simples indagação ao bombardeio de perguntas ásperas e excitadas. Ele reclama inteligência e tranqüila persistência, antes da força e da coragem.

Os homens que voltavam aos quartéis, com os nervos tensos, ainda sob a emoção de um choque armado em que pereceram ou foram feridos companheiros seus, como poderiam ter serenidade para inquirir adversários com os quais se engalfinharam momentos antes?

E os vencidos, com o ódio reativado pela derrota e prisão, como reagiriam?

Nesse ambiente de hostilidade e incompreensão recíproca partiam insultos de uns e violências de outros; e a violência é auto-excitável.

Residiu aí um dos mais graves erros da dinâmica da informação.

Assisti, como me referi noutro local, a cenas nas quais meus subordinados eram insultados e já aludi às cusparadas que recebiam, durante as inquirições.

Uma subversiva, de nome Elsa Monerat, tratou-os com palavreado tão insultuoso e imoral que – no refrão popular – faria corar um frade-de-pedra.

Os comunistas nada de positivo informavam. Obstinavam-se em não falar, pelo menos, por 24 horas – conforme ordem de seu partido –, ou, quando o faziam, era para veicular notícias falsas e soltar imprecações injuriosas aos militares.

Esta atitude irritava os interrogadores e provocava reações imprevisíveis que deviam ser evitadas, de qualquer modo, porque a pessoa do prisioneiro é, para mim, sagrada.

Este foi um dos mais nobres ensinamentos que recebi na antiga e saudosa Escola Militar do Realengo.

Visando a sanar tal obstáculo, ao exercer o comando do I Exército, proibi que os militares encarregados das ações externas realizassem inquirições, reservando-as, com excelentes resultados, a grupos de oficiais para isto selecionados pelo Centro de Estudos de Pessoal do Exército.

Sendo básico o princípio de que toda informação deve ser obtida em tempo útil, surge, nas situações gravíssimas – ameaças latentes ao regime, à ordem pública ou à vida de cidadãos – a necessidade imediata da informação. Passam, então, os homens do sistema, por angustiosos momentos. Os escalões superiores pressionam, incessantemente, os agentes de busca e os interrogadores, os mais atormentados e instados a praticar milagres, sem possuírem atributos de divindade.

Nas oportunidades de seqüestro, em que se aprisiona um dos participantes do crime e são estabelecidas condições pelos terroristas, sob ameaça de matar o seqüestrado, a ansiedade atinge a níveis indescritíveis.

Especulando sobre o assunto, julgo a propósito indagar se alguém já meditou sobre o drama que vivem os oficiais incumbidos do interrogatório do terrorista preso? Se alguém, ao menos, o percebeu?

Estarão em confronto, de um lado, a sua formação militar, assentada no respeito à dignidade da pessoa humana, e, de outro, a necessidade premente de usar de todos os recursos para obter a informação, a tempo de evitar a morte de um inocente.

É preciso não olvidar nesta apreciação a influência do ambiente que os cerca, carregado de emotividade, capaz de deprimi-los ou excitá-los consoante suas predisposições psíquicas.

Nesses momentos de aflição, quando as circunstâncias dos acontecimentos, desfiguradas pelas emoções, ditam comportamentos, é preciso que o equilíbrio e o tirocínio dos chefes estejam presentes para impedir atitudes e decisões precipitadas e inadequadas.

É doloroso, no entanto, admitir que muito da responsabilidade por fatos desagradáveis verificados – conquanto esporadicamente – cabe aos chefes que se engolfaram em suas poltronas, no gozo de suas prerrogativas, comandando por delegação, esquecendo-se de transmitir aos seus subordinados a experiência e de comedir o entusiasmo de suas ações, até certo ponto natural nos jovens. Numa fase como a que atravessávamos, de luta crucial contra a subversão, a presença do chefe junto aos comandados era imprescindível, pois levar-lhes-ia incentivo e, também, a sensação do controle.

Procurei, num tracejar rápido, mostrar o que se passava nos bastidores dos serviços de informações, naquele período de intenso combate à subversão. São atividades e procedimentos que ficam, por seu caráter sigiloso, desconhecidos do público.

Vejamos a repressão na mesma época.

A REPRESSÃO

A Revolução de 1964, de acordo com o juízo histórico, nada teve de revolução. Foi apenas um golpe militar, desencadeado para evitar a revolução socialista, abertamente anunciada pelos marxistas, cujo arrebentamento faria ruir a democracia. Não veio criar, veio sim preservar, quando muito restaurar o regime democrático.

Não trouxe alternativas porque nada iria extinguir. Não se assentou numa doutrina, visto que aceitava a existente, sem reconhecer que muitos de seus preceitos, lesados pela evolução, deveriam ser reformulados. Proclamou três finalidades, nessa obstinação democrática: sanear moralmente a nação; recuperar economicamente o país e combater implacavelmente a subversão.

Os homens que a fizeram – infelizmente é necessário reconhecer – não estavam preparados para o período pós-revolucionário; não entenderam o momento difícil que viviam o Brasil e o seu povo. Aliás, se eles mesmos não se entendiam, como poderiam entendê-lo?

A preocupação de preservar afastou-os da realidade nacional, levando-os a numerosos equívocos. Abandonaram a juventude que, perdida no vácuo, sem orientação cívica que a motivasse, na ânsia natural e tradicional de renovar, agarrou-se à primeira bandeira contestatória que lhe ofereceram. A subversão colheu nela apreciáveis contingentes.

Outro de seus equívocos lamentáveis foi o não estabelecimento de uma justiça revolucionária. Como poderiam juízes que exultaram por servir a um regime carcomido pela corrupção e tendenciosamente marxista julgar homens do governo deposto?

A tolerância e a magnanimidade eram as virtudes que explicavam as sentenças brandas, encobrindo compromissos com o passado. A Revolução estava gradativamente perdendo a capacidade de reação.

Os expurgos iniciais dos agitadores comunistas e seus cúmplices ostensivos foi medida indispensável para assegurar, por algum tempo, a ordem democrática.

Entretanto, como seriam tratadas as reações marxistas que brotassem das sementes já plantadas, constantemente irrigadas pela linguagem falaciosa dos esquerdistas de todos os matizes?

Estas manifestações hostis à Revolução começaram a surgir logo, em 1965, e atingiram, em poucos anos, numa progressão difícil de controlar com a estrutura e os meios existentes, as guerrilhas urbana e rural.

As Forças Armadas, então, por imposições de sobrevivência do regime, tomaram a si o combate direto à subversão, sob qualquer modalidade que se apresentasse.

Os subversivos no Brasil atuaram sob influxo de várias facções, ramificações ou dissidências dos dois principais troncos marxistas: o russo e o chinês.

A linha chinesa, voltada para a violência, procurou atuar mais na zona rural, influenciada pelas analogias que muitos ressaltam existirem entre o nosso país e a China, onde a revolução comunista partiu do campo. A guerrilha rural é de sua inspiração e tivemo-la das mais sérias em Xambioá-Marabá e de forma incipiente em Caparaó. Não chegaram os marxistas a deflagrá-las, porém, em outras áreas, que sabíamos escolhidas, em virtude principalmente da permanente vigilância militar.

O marxismo russo, no entanto, com mais de um século de experiência, em face das reações burguesas e da hostilidade da Igreja, preferiu abandonar, na maioria dos países, o caminho direto – da luta armada – para a tomada do poder. Seguiu por longas e sinuosas veredas, dissimuladas por hábil e insistente propaganda, para envolver e destruir a democracia. As verdadeiras razões desta opção – por complexas e transcendentes – não cabem nesta rápida referência.

A linha russa mudou, assim, os seus métodos, aperfeiçoando-os e adaptando-os às condições regionais e aos níveis de desenvolvimento dos povos que pretendem dominar.

Em 1935, tivemos aqui, no Brasil, o emprego da violência e da força armada – dentro da orientação ortodoxa – sem obtenção de êxito. No período do governo João Goulart os marxistas russos aplicavam os ensinamentos da intervenção gradual e seus resultados foram tão promissores que Luís Carlos Prestes, em entrevista concedida à *Manchete*, em 26 de junho de 1963, extravasou euforia dizendo que, embora já possuíssem o poder, os comunistas ainda não estavam instalados no governo.

A orientação geral naquela época era russa, conquanto tivessem surgido algumas ameaças de violência como as das Ligas Camponesas e dos Grupos dos Onze.

A Revolução, entretanto, frustrou-os nesses intuitos.

Depois de 1964, o método da intervenção gradual vem sendo aperfeiçoado, e hoje os marxistas consideram os governos de forma representativa os mais favoráveis ou fáceis à infiltração ideológica, que definem como a colocação de ativistas nos pontos-chave da administração, visando ao controle dos diferentes setores. É trabalho sem pressa, insidioso, que não deve ser percebido. O sigilo das atividades deve ser mantido até o cumprimento da missão.

O fracasso de 1964 abalou os comunistas; surgiram divergências quanto à condução dos acontecimentos. Prestes foi acusado, por uns, de precipitado no avaliar dos fatos, de se ter desmascarado antes do momento oportuno. Outros, entre eles Carlos Marighella, partidário do combate armado para dominar o poder, inculpavam o chefe comunista de ter fracassado ao insistir na "luta pacífica". Essas dissensões agravaram-se e Marighella foi expulso do Partido Comunista Brasileiro, em 1967. Fundou então a Aliança Libertadora Nacional.

No momento de sua expulsão, era Carlos Marighella, no estado de São Paulo, secretário político estadual do Partido Comunista Brasileiro, posição que lhe assegurava grande prestígio, não só naquela área, como em outras. Estabeleceu, naquele estado, sua base de combate e, para indignação e tristeza dos católicos – entre os quais me incluo –, o fez no convento da Ordem dos Pregadores – frades dominicanos. Ali existia, segundo voz corrente, uma célula comunista. As informações neste sentido, não obstante o absurdo que encenavam, tinham foros de absoluta verdade.

Marighella pregava, em seu "Minimanual do Guerrilheiro Urbano", a violência indiscriminada e indicava o triângulo Rio-São Paulo-Belo Horizonte como a área prioritária para as ações da guerrilha urbana. O eixo Rio-São Paulo, cujo poderoso complexo industrial deveria ser abalado para desequilibrar a economia nacional, mereceria, do seu ponto de vista, especial atenção dos guerrilheiros. Recomendava, também, em suas palestras e catequizações, o aproveitamento, na luta contra a "ditadura", de todo aquele que reagisse ao governo. Um dissidente, um descontente, um reacionário, quaisquer que fossem os seus motivos – dizia ele – não poderia ser desprezado; as depurações seriam feitas posteriormente.

A cidade de São Paulo, onde as reações de toda espécie já eram incentivadas pelos marxistas, passou a receber, após aquelas ocorrências, a maior carga da guerrilha urbana.

Em 1968 os terroristas mataram o ex-capitão Chandler,[1] do Exército dos Estados Unidos, porque era norte-americano e combatera no Vietnã.

Explique-se que o ex-oficial escolhera espontaneamente o Brasil para fazer um curso, no gozo de bolsa de estudos.

A traição do capitão Carlos Lamarca, suspeito de ter participado com os subversivos do assassínio de Chandler, e a sua deserção do 4º Regimento de Infantaria, levando dezenas de armas portáteis, geraram uma atmosfera de inquietação e desconfiança no interior dos quartéis.

As ligações de Lamarca com dois oficiais, um do Rio de Janeiro e o outro de Porto Alegre, e ainda o fato de terem desertado dois sargentos do Serviço Rádio do Exército – militantes do MR8 – aumentaram os temores de novas infiltrações.

1. Charles Rodney Chandler, assassinado em 12 de outubro de 1968.

O congresso estudantil de Ibiúna, planejado e conduzido por líderes esquerdistas, e a ação da polícia estadual dissolvendo-o e prendendo seus principais orientadores; os ataques terroristas às organizações militares – Hospital Geral de São Paulo, de onde roubaram o armamento da guarda, após dominá-la, e Quartel-General do II Exército, em que a explosão de uma bomba matou a sentinela; os assaltos diários a cidadãos pacatos e a estabelecimentos comerciais; e, ainda, o seqüestro do cônsul japonês aterrorizaram a população da capital paulista, que se sentiu insegura.

Confirmando este estado de nervosismo geral, o Comando do II Exército era procurado, diariamente, por industriais e pessoas da mais alta categoria social, que lançavam insistentes apelos para que o Exército interviesse na situação, proporcionando, deste modo, segurança e tranqüilidade ao laborioso povo paulistano. O comandante daquele Exército chegou a receber, em média, naqueles dias de extrema preocupação, 40 visitas semanais com esse objetivo.

Impunha-se uma providência urgente para extinguir, de vez, a subversão, combatendo-a com todos os meios disponíveis e possíveis. O esforço desta ofensiva deveria ser feito, de imediato, sobre os terroristas.

Não havia, contudo, a mínima coordenação nas atividades de repressão. Cada organização agia por orientação própria e só eventualmente estabelecia ligações com as demais – encarregadas da mesma missão – tentando ser auto-suficiente e independente. A dispersão de esforços era a tônica e o intercâmbio de informações uma ilusão.

O Comandante do II Exército, como responsável legal pela segurança da área de sua jurisdição, decidiu enfeixar, em suas mãos, todos os elementos destinados à segurança, que deveriam atuar sob diretrizes suas. Fez elaborar, com esta finalidade, pela 2ª Seção do II Exército, minucioso planejamento, do qual nasceu, consoante já se disse, a Operação Bandeirante (Oban), como ficou conhecida.

Esta operação previa o emprego, na busca de informações, na luta armada e no posterior interrogatório de presos, de turmas mistas, constituídas de elementos das diferentes organizações, encarregadas de combater a subversão.

A estruturação da Oban e o seu funcionamento encontraram, de início, algumas dificuldades e despertaram suscetibilidades que ameaçavam entravá-la e dissolvê-la. Não fosse a energia do general Canavarro, Comandante do II Exército, todo o trabalho se esboroaria. Felizmente predominou o bom senso, a Operação Bandeirante se consolidou e passou a atuar.

Dali partiam as equipes que, com ajuda de elementos da Polícia Civil, procediam às investigações e efetuavam prisões de subversivos dos vários grupos atuantes. Foi um período de ansiedade e difícil que, se por um lado trouxe a tranqüilidade à população e consolidou o sistema revolucionário, por outro desfigurou a missão profissional do militar. Todavia, estou convencido de que, em face da precariedade da estrutura policial civil, considerados os recursos e a orientação que os marxistas recebiam do exterior, se esta decisão não tivesse sido tomada o país seria, inevitavelmente, convulsionado.

Levantada a existência de um "aparelho" – denominação dada aos locais onde os subversivos reuniam-se ou guardavam armas, documentos etc. – era necessário devassá-lo e o conhecimento de uma reunião obrigava a impedi-la, dissolvê-la e aprisionar seus promotores, conforme as circunstâncias. Todas essas ações, em particular o "estourar" de aparelhos, processavam-se sob violentas reações dos marxistas. Eram, as equipes, quase sempre recebidas a bala. O clima era de guerra; os homens que o viviam estavam preparados para lutar, os militares por formação e os comunistas pelo fanatismo ideológico. As posições radicalizaram-se, pouco a pouco. O ódio dominou o ambiente e, de lado a lado, não havia comiseração.

Os acontecimentos de Registro, pequena cidade a sudoeste do estado de São Paulo, às margens do rio Ribeira do Iguape, onde Carlos Lamarca estava organizando uma área de guerrilhas, e a posterior fuga deste extremista, apesar de cercado por tropas militares, incandesceram os ânimos.

Os comunistas cumpriam, à risca, as determinações do "Minimanual". Nele prescrevia o líder marxista que era preciso levar a intranqüilidade aos quartéis, criar um permanente estado de alerta, submeter os órgãos e elementos da repressão a tensões nervosas que atingissem níveis insuportáveis, agravadas sempre pela possibilidade de um ataque iminente ou pela exaustão física, na confirmação de indícios que se perderiam num cipoal de pistas falsas.

Ao correr de todos esses fatos, o grande objetivo da Operação Bandeirante consistia na prisão de Marighella – orientador e incentivador do terrorismo – e em destroçar a célula comunista em que se apoiava. A missão impunha trabalhos pacientes, diuturnos e onerosos, que esgotavam fisicamente os militares, retardando, por isso, os bons resultados das investigações. Além de tudo, a base dos terroristas encontrava-se defendida por convenções morais e religiosas, por estar instalada, como se propalava e era do conhecimento do sistema de informações, num convento.

Como poderiam os elementos da repressão invadir uma habitação de religiosos, sob a alegação de que lá se homiziavam subversivos, sem que houvesse provas cabais dessa acusação?

O clamor da comunidade católica, em protesto, far-se-ia logo ouvir e as vozes dos corifeus de uma política de coloração duvidosa não faltariam às tribunas para vilipendiar os militares.

Entretanto, eles – os comunistas – também tinham os seus "Lamarcas", e o nosso Serviço de Informações passou a conhecer, com antecedência, todos os planos e passos de Marighella.

Confirmava-se, mais uma vez, a assertiva histórica do rei Felipe II, da Macedônia, cuja evidência persiste há mais de dois mil anos, por muito aprimoradas que se façam as civilizações: não há fortaleza que resista a um burro carregado de dinheiro.

A diferença sensível em relação aos homens do século XX é que nem sempre as traições são pagas em moeda corrente.

Prepararam-se, por conseguinte, os órgãos de segurança para cercar e prender o líder terrorista. Realizaram-se, em completo sigilo, reuniões preliminares, visando ao delineamento de esquemas e planos. Num desses encontros, quando se debatiam medidas de proteção e iniciativas a tomar, verificou-se um incidente, cujo conhecimento tem sido mantido em círculo restrito, mas que julgo salutar divulgar. Contou-me um oficial-general que o assistiu e poderá repeti-lo aos eventuais incréus.

Discutia-se a atitude a tomar no exato momento do choque com o chefe marxista. Perguntou um oficial ao seu colega, de hierarquia superior, incumbido de ditar orientação, se o intuito era eliminar o subversivo logo que fosse enfrentado ou prendê-lo, de qualquer maneira. O dirigente, então, para sentir a opinião do grupo composto de mais de uma dezena de oficiais, quis ouvi-los um a um.

Todos, sem a mínima hesitação, recusaram-se a tomar a iniciativa de alvejar Marighella com a intenção de matá-lo. Estavam acordes em aprisioná-lo, ainda que a viva força, mas somente usariam suas armas em caso de defesa pessoal, se o terrorista em reação os alvejasse.

Orgulho-me, como militar, de narrar este fato!

Conhecidos os hábitos de Marighella, apertou-se o cerco para prendê-lo. Não se tinha muitas ilusões quanto ao caráter do encontro; iria ser violento. O homem que, com fanatismo, instigara seus correligionários a praticar crimes, a derramar sangue, que aconselhava destruir para construir, não iria se deixar apanhar de improviso, como um contraventor comum.

O desfecho chegou quando uma equipe mista de militares e policiais civis, desfrutando de informações muito precisas, surpreendeu e tentou deter o chefe terrorista e os homens de sua guarda pessoal. Houve luta, tiroteio, prisões e mortes. Entre os mortos estava Marighella.

Após isso, como revide, os comunistas assassinaram o industrial norueguês Boilesen, acusando-o de ter cooperado com os órgãos da repressão.

A infiltração marxista no meio militar, indicada pelo Movimento Comunista Internacional como de máximo interesse, pressentida desde 1969 na Polícia Militar do Estado de São Paulo, aumentava as preocupações das autoridades estaduais e federais.

Essa luta contra a subversão organizada, empreendida inicialmente por iniciativas dos comandos de área, além de violenta e cruel, custou-nos, até junho de 1970, consoante dados dignos de crédito, a perda de 153 homens, dos quais 29 mortos e 124 feridos, sem considerar neste número 78 vítimas civis acidentais. Os terroristas roubaram ou, para usar sua cínica linguagem, "expropriaram os cofres burgueses" em quase oito milhões de cruzeiros.

Suas perdas, contudo, dado ao feitio inesperado de suas ações, foram bem menores do que as nossas e não excederam a 27.

Os resultados da Operação Bandeirante no controle e contenção da subversão em São Paulo atraíram a atenção do Comando do Exército, e um dos subchefes do

Estado-Maior do Exército visitou o II Exército e examinou os diferentes aspectos da repressão, dentro das medidas e estruturas adotadas.[2]

Aproveitando muitos dos ensinamentos colhidos dos trabalhos e estrutura da Oban – presume-se isso – foram criados, em diretrizes do governo federal, os Centros de Operações de Defesa Interna (CODI) e os Destacamentos de Operações de Informações (DOI), coordenando e hierarquizando as atividades de segurança interna.

A SITUAÇÃO EM 1975

Ao assumir, em 7 de janeiro de 1974, o Comando do II Exército, ainda no governo do presidente Médici, o general-de-exército Ednardo D'Ávila Mello encontrou este panorama de intolerância e rancor, agravado pela intensificação da propaganda agressiva e desmoralizadora contra as Forças Armadas – em particular o Exército – e o governo revolucionário.

Esta campanha vinha se exercendo, no exterior, em virulência sempre crescente. Em 1969, o bispo brasileiro dom Hélder Câmara iniciou-a, na França, com a publicação de seu livro *Livre noir – Terreur et torture au Brésil*, dando, desta maneira, incentivo à Anistia Internacional para tomar a frente desse movimento de descrédito e difamações de nosso país. Durante os anos seguintes, por inspiração e apoio daquela organização, difundiram-se, na Europa e na América, publicações ostensivas e clandestinas sobre a tortura e o tratamento dos presos políticos no Brasil.

A partir de 1972, a ousadia e o cinismo dos propagandistas – de boa-fé ou subvencionados pelo Movimento Comunista Internacional (MCI) – chegaram à citação de nomes de autoridades militares e civis, responsáveis pela violação dos direitos humanos. Em fevereiro de 1974, o livro *Dos presos políticos brasileiros*, distribuído em profusão na Europa e, naturalmente, remetido ao Brasil, consolidou as acusações de 1972, esclarecendo, na capa, ser "acerca da repressão fascista no Brasil".

Todos estes fatos, essa vil disseminação de calúnias e notícias falsas, se conseguiam sensibilizar certas áreas sociais, pouco habituadas às técnicas comunistas, em contrapartida excitavam, pela indignação das torpezas espalhadas, a comunidade militar. As cidades de São Paulo e Rio de Janeiro, pela importância que desfrutam no cenário econômico-político nacional, eram as que mais sentiam este ambiente de intranqüilidade, revolta e insegurança.

A descoberta das gráficas do Partido Comunistas Brasileiro, destroçadas pelas ações conjuntas dos elementos dos DOI do I e II Exércitos, quando se excediam

2. Ver, no Anexo A, cópia parcial de uma palestra realizada, em outubro de 1970, no Comando do II Exército, relativa ao assunto. (N.R.)

em trabalhos para comemorar, com alegria e intensidade, mais um aniversário do jornal do partido – *Voz Operária* – abalou a infra-estrutura dos marxistas, que se desnortearam.

Aberto o inquérito policial para apurar a extensão e responsabilidades quanto à existência e atividades das gráficas clandestinas, nele foram envolvidos os candidatos a deputado, pelo Movimento Democrático Brasileiro, Alberto Goldman, Marcelo Gato e Nelson Fabiano Sobrinho, bem como o jornalista Wladimir Herzog, entre as 105 pessoas citadas no relatório da Delegacia Especializada de Ordem Social do DOPS de São Paulo. Esta rede clandestina de apoio de gráficas ao PCB estendia-se por todo o país, tendo sido, em outros estados, instaurados inquéritos com o mesmo objetivo do de São Paulo.

Nos meados de 1975, confirma-se a infiltração comunista na Polícia Militar de São Paulo; entre os acusados estava o sargento daquela corporação Zaquen Alves de Oliveira, subversivo que prestava serviços no DOI/CODI do II Exército. Infiltrado naquele órgão de segurança, trabalhava dentro da orientação do PCB e deve ter proporcionado aos comunistas excelentes informações e criado dificuldades e problemas ao sucesso de muitas diligências – espontaneamente ou em obediência a ordens do PCB – sem que as autoridades militares o percebessem.

Convém acentuar que, a rigor, não se pode atribuir às deficiências de estruturas dos órgãos de segurança e das organizações em geral a infiltração de elementos comunistas. Ela é fruto de uma inteligente, pertinaz e maliciosa obstinação marxista de invadir e espionar o ambiente democrático, pelas fissuras que a própria mentalidade liberal permite existirem. O infiltrado é o bifronte que se transfigura, conforme as conveniências do Movimento Comunista Internacional, de canalha em homem austero ou reciprocamente. É o mais perigoso dos adversários, porque se dissimula na sombra. O método de intervenção gradual, hoje experimentado no Brasil com apreciáveis êxitos, baseia-se na infiltração.

O sargento Alves de Oliveira foi um infiltrado, Carlos Lamarca outro e... quantos existem ainda por desmascarar?

A luta contra a subversão continuava em vários setores; a guerrilha rural tinha se manifestado com a maior agressividade em Xambioá-Araguaia e o terrorismo continuava atuando com relativa intensidade. Dados colhidos em boas fontes asseguravam que, ao terminar o ano de 1975, os terroristas já tinham eliminado mais de uma centena de elementos encarregados da repressão e ferido perto de 400 em todo o Brasil.

O general D'Ávila Mello já encontrara a área de seu comando em estado de latente turbulência, com atos de subversão espoucando a todo momento. Esta situação não melhorara, visto que os meios de comunicação, influenciados pelos marxistas neles infiltrados, intensificaram a propaganda contra os órgãos de segurança, na esperança, tantas vezes aqui mencionada, de paralisá-los até extingui-los. A eles veio juntar-se a alcunhada esquerda clerical, que intenta, por estrabismo ideológico, adaptar as virtudes cristãs às normas básicas do materialismo dialético, diligenciando provar a verdade pelo absurdo.

O quadro político não era, também, muito favorável ao general D'Ávila Mello. O presidente Geisel tinha seus planos sobre São Paulo e para concretizá-los impunha-se estivesse o Comandante do II Exército enfronhado dos mesmos e, mais do que isso, os apoiasse. Entretanto, o governador Paulo Egídio Martins não se ajustava bem ao general D'Ávila Mello, cuja atuação anti-subversiva não encontrava barreiras, atravessando-as, ainda que situadas nos setores administrativos estaduais. Em certa parte deste livro já me referi a uma audiência com o presidente Geisel, em que este dissera-me não estar muito bem, em São Paulo, o general D'Ávila Mello, que se desentendia, constantemente, com o governador do estado. Nesse caso, continuou, não iria contra Paulo Egídio – governador de um grande estado e seu amigo.

Quem teria levado essas informações ao presidente?

Acresce a circunstância de o general D'Ávila Mello ter sido nomeado no governo Médici, não sendo, portanto, da escolha do presidente Geisel para aquele cargo.

Procurava-se armar, em São Paulo, um dispositivo militar destinado a dar sustentação a um esquema político, naquela época, em gestação. Com o passar do tempo, informes e posteriores informações – cautelosas e esparsas – iam lentamente confirmando o que antes era apenas suposição. As antigas relações de amizade do então Chefe do SNI com o ex-governador Laudo Natel e as ligações constantes que mantinham levantavam um tapume pouco consistente para conter as insinuações e indícios de articulações políticas, com ambiciosas vistas à Presidência da República.

Eu era, como muitos, um dos iludidos com a sinceridade do presidente Geisel e acreditava que esses supostos entendimentos políticos fossem realizados sem o seu conhecimento. O general D'Ávila Mello iria, assim, enfrentar sérias dificuldades nos setores da subversão e político; contudo, maiores aborrecimentos lhe seriam impostos pelo comportamento de alguns de seus subordinados, cuja lealdade não corresponderia à confiança que neles depositava um chefe íntegro e bom.

O segundo-tenente reformado Ferreira de Almeida, da Polícia Militar do Estado de São Paulo, estava preso nas dependências do DOI do II Exército por participar de atividades comunistas, comprovadas em inquérito regular. No dia 8 de agosto de 1975, suicidou-se por enforcamento, na prisão daquele órgão de segurança. Tomei conhecimento do suicídio através do Centro de Informações do Exército, horas depois de conhecida a morte pelas autoridades daquele Exército, que determinaram a abertura imediata de inquérito para apurar as causas e condições do triste fato.

Dias depois desta ocorrência, chegou-me a informação de que um tenente-coronel da mesma corporação tinha sido insultado e agredido a socos durante um interrogatório realizado também naquele destacamento, o que provocara reação entre os oficiais da Polícia Militar de São Paulo.

Na primeira oportunidade, chamei à minha residência, em Brasília, o general Comandante do II Exército que, recordo-me bem, se fez acompanhar de seu assistente, o tenente-coronel de Cavalaria Horus Azambuja. Conversamos, a sós, na sala, enquanto o assistente aguardava, passeando ao longo da varanda residencial, em companhia de meu ajudante-de-ordens.

Estimava o general D'Ávila Mello, não somente pelas suas qualidades de soldado, provadas na luta da península itálica, como pelo apoio leal que dava à minha administração. Homem de caráter e, por isso mesmo, confiante no caráter alheio, delegou missões sem exercer, no entanto, sobre seus delegados, adequada e eficiente fiscalização. Seu feitio tolerante com os oficiais, subordinados imediatos, traduzia mais a compreensão com as falhas humanas do que o desapreço pela disciplina ou falta de exação no exercício de seu cargo.

Esse militar, entusiasta de sua profissão, apologista dos postulados democráticos e revolucionários, foi, entretanto, sorvido na voracidade dos acontecimentos de uma época de traições e agitações sociais. Tentaram, com algum resultado, os marxistas e os que apenas possuem coragem coletiva, por quanto só atacam em grupos, denegrir seu comportamento e caricaturá-lo de torturador. Sua infelicidade foi viver um período da história de nossa Pátria em que se tropeça, a cada passo, em sorridentes sabujos, lidando-se com homens que dizem o que não pensam e fazem o que não dizem nem pensam – legenda universal dos desfibrados morais.

Iniciei a minha conversa com o D'Ávila Mello lançando-lhe a pergunta:

— Ednardo, você está contra mim?

Espantou-se o general e respondeu:

— O que é isso Frota? Por que eu iria estar contra você?

Continuei o diálogo:

— Você discorda de minhas ordens?

— Não, Frota, estou de pleno acordo com elas.

Expliquei-lhe, então, o que soubera a respeito do interrogatório do tenente-coronel Silvestre, da Polícia Militar de São Paulo, e acrescentei:

— Não é possível, Ednardo, que isso aconteça! Você deve tomar enérgicas providências. É preciso mudar, logo, alguns dos oficiais que trabalham no DOI; substituí-los, porque estão ocorrendo exageros que não podemos admitir. Faremos a substituição por partes para não prejudicar o serviço. Você poderá indicar, escolher, em todo o Exército, os homens que desejar e os nomearei em 24 horas.

O general D'Ávila Mello reconheceu que houvera algum exagero no interrogatório do tenente-coronel e declarou já ter tomado medidas para evitar se repetissem tais procedimentos injustificáveis. Relutou, todavia, em trocar os oficiais que considerava muito bons e conhecedores do ambiente.

Insisti nas indicações de nomes e o D'Ávila Mello, finalmente, aquiesceu em enviá-las.

A palestra alongou-se. Recordei-lhe minha maneira de agir no I Exército – o que constantemente fazia aos comandantes de áreas –, visto que obtivera ótimos resultados. A fiscalização deveria ser severa e direta. As visitas inopinadas, a quaisquer horas do dia ou da noite, sem solução de continuidade. Falei-lhe sobre a necessidade de colocar, junto ao subversivo detido, um homem nosso, para evitar atos de desespero. Teria, além disto, a vantagem de ouvir suas lamúrias nos momentos de depressão. Recomendei-lhe que não tivesse consideração com os desobedientes das normas baixadas e punisse-os com rigor. Encerrei o diálogo mostrando que todo homem transferido preso, de um órgão de segurança para outro, deveria, sistematicamente, ser examinado por um médico, a fim de precisar a origem de qualquer lesão física por acaso encontrada.

O general D'Ávila Mello estava, como já tinha manifestado, de absoluto acordo com minhas recomendações e aceitava-as como lógicas e eficientes. Disse-me que daria a máxima atenção ao assunto.

Aconselhei-o, ainda, à despedida:

— Visite o DOI, Ednardo! Não deixe de fazê-lo sempre.

Passou-se pouco mais de um mês, e estoura a crise provocada pela morte do jornalista Wladimir Herzog, considerado marxista pelos órgãos de informações. Suicidara-se, nas dependências do DOI do II Exército, depois de interrogatório a que fora submetido, como colaborador nas atividades das gráficas clandestinas do Partido Comunista Brasileiro.

O fato, pela coincidência de local, forma da morte e, particularmente, pelas condições profissionais do suicida, provocou grande reação da imprensa, seguida de intenso alarido em todos os setores da vida pública brasileira. O clero e os políticos integraram-se com destaque nessa campanha, procurando conquistar ou consolidar prestígio, como defensores intransigentes dos direitos humanos, nas insinuações de assassínio perpetrado pelos homens do serviço de repressão.

Já abordei a morte do jornalista Herzog quando tratei do caso Leite Chaves, e naquela oportunidade teci considerações a respeito do acontecimento. Havia, em tudo, o propósito de jogar a opinião pública contra os órgãos de segurança, incriminando-os de ninhos de irresponsáveis e sádicos torturadores, para forçar o governo a dissolvê-los ou, no mínimo, restringir-lhes as atividades.

Feito o inquérito e comprovado o suicídio, empenharam-se os elementos de esquerda em contestá-lo, conseguindo interessar nesta tentativa pessoas idôneas. Usaram os jornais para aumentar o alarido em torno do evento e publicaram um novo depoimento do jornalista Rodolfo Oswaldo Konder, realizado em escritório particular, com testemunhas escolhidas, alegando o anterior ter sido prestado sob coação. Apesar dos artifícios que empregaram neste sentido, nada conseguiram. O relatório do general encarregado do IPM e os depoimentos das testemunhas foram transcritos no *Jornal do Brasil* de 20 de dezembro de 1977, para conhecimento público.

Esta ocorrência trouxe-me sérias contrariedades. Estava havendo alguma coisa no II Exército que precisava ser urgente e convenientemente explicada. Não podia compreender que, com as rigorosas ordens existentes, tais fatos acontecessem.

Conhecia profundamente o sistema de informações e repressão, de seus subterrâneos – onde se é obrigado a transitar de botas para evitar o contato da lama – aos luxuosos salões, palco preferido dos hábeis e elegantes agentes de espionagem. Não encontrava, conseqüentemente, justificativa que me satisfizesse para os dois suicídios – o do tenente e o do jornalista.

Ou as medidas determinadas não eram cumpridas ou havia negligência em sua execução, a ponto de resultarem inócuas. De qualquer modo ilaqueava-se o general Comandante do Exército, que julgava estar sendo obedecido, por confiar na lealdade de seus subordinados.

Pela visão que tinha do ambiente das prisões e pela experiência que adquirira, durante dois anos e meio, no comando do I Exército, o suicídio era evitável, impossível mesmo, quando o detido estava sob atilada e permanente vigilância.

Esta medida capital para impedi-lo mais se impunha em vista da orientação do Movimento Comunista Internacional, que preparava seus adeptos para defenderem a causa marxista e não suas pessoas, devendo tomar, sem hesitação, atitudes extremas para preservar-lhe os segredos.

No DOI/CODI do I Exército, várias tentativas de suicídio foram frustradas pela severa vigilância.

Indivíduos desesperados por terem sido presos ou deprimidos pelas confissões que fizeram, colocando-os sob sensação de culpa, procuravam a auto-eliminação como lenitivo para sua angústia.

Um aspecto negativo do problema de controle das atividades de repressão está na subordinação direta do DOI ao Chefe do Estado-Maior de seu Exército.

Nos Exércitos, onde os chefes de Estado-Maior estão sempre sobrecarregados de trabalhos administrativos e operacionais, dar-lhes, também, as responsabilidades de orientar e controlar as atividades da repressão pode levar a resultados desastrosos.

Por outro lado, sendo as ações subversivas de caráter fundamentalmente político, interessam diretamente ao Comandante do Exército, que deverá acompanhar sua evolução diária, não só para conhecê-las como pela necessidade de emitir decisões e ordens adequadas. Em outra linguagem, era preciso que o Comandante do Exército enfeixasse em suas mãos o controle direto da repressão. O Chefe do Estado-Maior de um Exército não pode despachar volumoso expediente administrativo, atender ou ligar-se com os comandos das unidades, chefes de organização militar etc., além de outras missões eventuais, e fiscalizar com eficiência as atividades de informações e repressão. Delega, por conseguinte, esta missão ao chefe da 2ª Seção – incumbida das informações –, que é, na maioria das vezes, um tenente-coronel, embora oficialmente seja função de coronel.

Cria-se deste modo uma confusão hierárquica em que todos têm responsabilidades mas ninguém a assume diretamente. Isto ocorreu, exatamente, no II Exército.

A estrutura desses estados-maiores não tinha sido montada para os encargos de repressão, sempre atribuídos, conforme na realidade devem ser, à Polícia Civil. O DOI/CODI nasceu de uma situação de emergência, já aqui mencionada, que induziu à solução de exceção. Não constituiu, certamente, decisão feliz incrustá-lo – um corpo estranho – na organização prevista para operações militares convencionais; mas era a saída imediata e impositiva reclamada pela conjuntura. A guerra revolucionária estava a exigir uma reformulação dos processos de atuar e igualmente das estruturas.

Em virtude de ocorrências anteriores, quando assumi o Comando do I Exército, já tinha meditado sobre uma fórmula prática de evitar se repetissem. Consistia em retirar do meu Chefe de Estado-Maior a responsabilidade do DOI/CODI, dando a este uma chefia independente, subordinada diretamente ao Comandante do Exército.

Esta modificação, conquanto não fosse oficial, surgia por imposição da prática, e desprezá-la por suscetibilidades burocráticas traria o risco da renovação de problemas desagradáveis.

Tomei a decisão de proceder desta maneira e selecionei para a chefia do DOI/CODI um oficial de excepcionais dotes profissionais, a cujas inteligência e dedicação muito se deve o perfeito controle da repressão e os êxitos da contenção dos subversivos na área daquele Exército, sem desvarios histéricos ou exageros emocionais.

Este oficial, o então coronel Adyr Fiuza de Castro – jogado, como general-de-brigada, às feras, numa reunião do Alto Comando do Exército, em virtude da circunstância de ter sido sempre leal ao general Sylvio Frota, de quem foi, em todos os momentos, incondicional amigo – recebeu esta dificílima missão com orgulho e entusiasmo.

Nunca me arrependi de tal decisão. O coronel Fiuza foi um rigoroso cumpridor de minhas ordens, ligando-se comigo, desde que necessário, a qualquer hora do dia ou da noite. Seu dinamismo lembrava uma lançadeira na movimentação constante, de um lado para outro – do DOI para o meu quartel-general e deste para o DOI.

Visando a mostrar as vantagens e eficiência desse tipo de controle, vou narrar um dos numerosos fatos verificados naquela época.

Um jornalista de conhecido temperamento combativo, em virtude de artigo que publicara, foi mandado recolher preso, por ordem do Ministro do Exército, às dependências do DOI/CODI do I Exército. A detenção ocorreu de madrugada, entretanto, instantes após a sua apresentação naquele órgão, tilintou a campainha do meu telefone. Era o coronel Fiuza, comunicando-me a decisão do ministro e a entrada do detido no quartel. Determinei seguisse para o DOI, onde iria encontrá-lo. Ali, com o bom senso que não deve faltar nesses momentos, o caso foi satisfatoriamente resolvido.

Todas estas considerações e exemplos dei-os aos generais comandantes de área, em conversas isoladas ou em conjunto, além das instruções por escrito, expendidas em memorandos diversos. Não havia, portanto, razões que explicassem o mau funcionamento do DOI/CODI do II Exército.

Logo depois da morte do jornalista Herzog voltei a tratar com o general D'Ávila Mello do assunto e lembrei-lhe os nomes dos oficiais para a substituição combinada, reiterando-lhe recomendações.

A MORTE DO OPERÁRIO MANOEL FIEL FILHO

Na segunda-feira, dia 19 de janeiro, cheguei ao meu gabinete em Brasília às oito horas e dei início ao estudo de alguns documentos pendentes de despacho. Minutos depois apareceu o general-de-brigada Confúcio Danton de Paula Avelino, Chefe do CIE, que regressava de uma viagem a Manaus. Aproximou-se, cumprimentou-me e, colocando sobre a mesa um pedaço de papel em que estava escrito um nome, disse-me:

— Ministro, morreu um homem em São Paulo.

Fez, a seguir, menção de retirar-se.

Levantei-me bruscamente e interpelei-o:

— Morreu onde? Como? Quem era esse homem?

Esclareceu-me, então, o general Confúcio, que sábado, dia 17, tinha-se suicidado, no DOI do II Exército, um militante do Partido Comunista. Era um operário e a morte fora por enforcamento.

Fiquei revoltado com a notícia. Era inadmissível que tivesse ocorrido uma terceira morte por enforcamento, no DOI do II Exército, apesar das constantes recomendações sobre a segurança dos presos.

— Por que somente hoje estou sendo avisado? Não saí de Brasília! Quando o CIE soube disto?

Estas foram as perguntas que formulei.

O general Confúcio lembrou que ele não estava em Brasília e que o Subchefe do CIE, coronel Ruy Cavalcanti Baptista, que respondia pelo cargo, não achara necessário informar ao ministro.

Bastante irritado continuei:

— Quando o II Exército informou da morte? Hoje? Ontem? Quando? Esclareça-me tudo.

O general Confúcio não soube ou não quis dizer quando o II Exército prestara a informação, ponto capital para mim, pois poderia ter existido a intenção de esconder o fato e só comunicá-lo após o sepultamento.

Disse-me, apenas, que o general D'Ávila Mello passara o fim de semana fora da cidade de São Paulo, e fora surpreendido com a notícia ao regressar naquela manhã de segunda-feira. Quanto à informação que eu acabara de pedir, iria procurar obtê-la.

Redigi e enviei, imediatamente, ao Comandante do II Exército enérgico radiograma, transcrito em anexo, no qual determinava a abertura de rigoroso inquérito, com a máxima urgência.[3]

Liguei para o II Exército e falei com o general D'Ávila Mello, que confirmou ter estado ausente de São Paulo e disse estar tomando as medidas para a apuração dos fatos.

Mal terminara de falar com o Comandante do II Exército, recebi um telefonema do próprio presidente Geisel que, muito aborrecido, já informado da ocorrência, chamou-me ao palácio da Alvorada.

O presidente, segundo informações posteriores recebidas do CIE, tinha sido avisado, no domingo à noite, pelo governador de São Paulo, que usara inicialmente a seguinte expressão:

— Presidente! Matando-se assim, um por mês, no DOI/CODI do II Exército, nós não ganharemos a eleição em São Paulo.

E, então, deu a sua versão dos fatos ocorridos. Cabem, aqui, por oportunas, algumas considerações.

É inacreditável que o SNI, cuja rede de espionagem estende-se por todo o país, que mantém ligações permanentes com seus agentes e invade, através das censuras telefônica e postal, até a vida particular dos cidadãos, desconhecesse o suicídio do operário por dois dias, a ponto de, na segunda-feira, o chefe daquele Serviço, general-de-divisão João Batista Figueiredo, dizer ao Presidente da República que ignorava os acontecimentos da capital paulista.

Não pairando dúvidas sobre a comprovada eficiência do Serviço, só podemos encontrar duas explicações: ou o Chefe do SNI era um omisso, hipótese que rejeito como inverossímil, ou escondeu a notícia, não a transmitindo ao CIE e ao presidente, deixando que este a soubesse por outras fontes e colocando, deste modo, o Ministro do Exército na situação embaraçosa de saber dos fatos ocorridos em seu setor por intermédio do presidente.

O SNI nada informou ao CIE – órgão a ele vinculado diretamente no sistema de informações – como o fazia habitualmente quando a informação era do interesse específico desse órgão. Esse comportamento foi muito estranho. Também muito esquisito foi o procedimento do Subchefe do CIE, ocultando, por 48 horas, uma informação dessa importância.

Chegou-me, dias depois, a notícia esclarecedora, lançada pelo próprio pessoal do SNI, de que o general Figueiredo não tinha informado ao presidente

3. Ver Anexo B.

visando a permitir que o general Frota tomasse as providências para atenuar o impacto emocional. Constituía esta notícia o exemplo típico do que chamamos "informação dirigida", que tem como objetivo fazer crer num fato não existente e conduzir a opinião geral num sentido vantajoso para os propósitos do órgão ou do indivíduo que a gerou. É a "informação falsificada" que estigmatiza de infamante a conduta dos homens que a propagam. Não acredito que o ex-Chefe do SNI tivesse participação, por menor que fosse, nessa divulgação. Foi obra de algum bajulador ou intrigante.

Na guerra, este tipo de informação foi usado desde a antigüidade oriental. Gengis-Khan, o famoso conquistador mongol, ao investir uma cidade, cercada por suas forças, escrevia ao general que a defendia, chamando-o de amigo e reclamando a rendição, assentada entre eles em combinação prévia. Entregava a um mercador qualquer a correspondência que, apreendida, colocava na posição de traidor o leal defensor. A desconfiança e o pânico acabavam por esboroar a resistência.

Mas nós não estávamos em guerra, pelo menos que eu o soubesse, nem na psicológica, em que os especialistas, para justificá-las, situam essas ações.

Chamado pelo presidente, segui imediatamente para o palácio.

Indignado com o que vira e ouvira e, ainda, em face dos fatos anteriores, estava convencido de que o Comandante do II Exército, general D'Ávila Mello, perdera as condições e o ambiente para exercer tal cargo. Não tinha, no entanto, a intenção de propor sua exoneração, porque desejava aguardar o resultado do IPM.

A sua permanência trazia, contudo, um sério inconveniente. O general D'Ávila Mello estava sendo vítima de violenta campanha dos órgãos de comunicação, que o acusavam de ser o maior responsável, senão o único, pelos graves e repetidos acontecimentos do DOI/CODI do II Exército. Seu crédito público era nulo e qualquer IPM feito por subordinado seu, sendo ele a autoridade por lei incumbida de solucioná-lo, ficaria sob inevitável suspeição. A opinião pública não admitiria que um oficial hierarquicamente dependente de um general tirasse de um inquérito ilações que o comprometessem.

Sob outro aspecto, a medida de exonerá-lo logo daria aos militares a impressão de que, no confronto da repressão com a subversão, o governo decidira-se pela subversão, desprestigiando, por conseguinte, o general.

O importante para mim estava na posição do Exército, no evitar que se manchasse a instituição com a nódoa ignominiosa e inexplicável de cúmplice de assassínios e protetora de criminosos, comparando-a à Gestapo, como o fizera um senador após a morte de Wladimir Herzog.

No meu conceito, os homens, quaisquer que fossem, estavam abaixo do Exército. Estas reflexões me acompanharam até o Alvorada e não as abandonei até hoje.

O presidente recebeu-me na biblioteca do palácio, local de suas audiências com os ministros. Mostrava-se apavorado com os acontecimentos aos quais se referiu nervosamente.

Transtornado, falando alto, contudo sem gritar, proferia apodos e insultos ao Comandante do II Exército, insistindo em que ele não poderia mais permanecer naquele comando e em exonerá-lo imediatamente, deixando-o sem comissão.

Concordei que a exoneração do general D'Ávila Mello, em face da situação, era decisão pacífica; entretanto, divergia da oportunidade e opunha-me ficasse sem comissão, o que seria vexatório. Podia-se aguardar a solução do inquérito.

O presidente perdeu o restante da calma e, então, em voz alta, disse que isto seria proporcionar ensejo a novas irregularidades e violências. A tolerância tinha-se esgotado; esse era o terceiro caso de seu conhecimento. Dera um crédito a quem não o merecera. Estava exaltadíssimo e afirmou que não abriria mão de exonerar naquele dia o Comandante do II Exército. Depois dessa explosão temperamental recuperou a serenidade e trocamos considerações rápidas. Aceitei a decisão do presidente de exoneração imediata, embora soubesse das explorações que provocaria. Fiquei, todavia, irredutível quanto a uma nova classificação do general D'Ávila Mello. Não poderia ficar sem comissão.

A escolha do substituto do general D'Ávila Mello recaiu no general-de-exército Dilermando Monteiro, Chefe do Departamento de Ensino e Pesquisa, a quem o presidente mandou que eu avisasse de sua decisão.

Regressei ao quartel-general. No automóvel, o meu ajudante-de-ordens, o capitão Paulo Silveira, vendo-me aborrecido, perguntou:

— O que houve ministro? Por que o presidente, de repente, começou a falar alto?

Respondi-lhe, apenas:

— Não foi nada... estava muito preocupado e nervoso.

A deliberação de exonerar o Comandante do II Exército, de imediato, não constituía absurdo, mas repercutiria pessimamente no Exército.

Terminavam aqui as preliminares de uma batalha que não levou à derrota total do governo ou à luta civil porque o destino deste país tem merecido a complacência divina.

Chegando ao meu gabinete, de volta do palácio da Alvorada, meu primeiro ato foi o de telefonar a D'Ávila Mello.

O diálogo foi rápido e incisivo, de parte a parte, que se engloba na síntese:

— Ednardo, o presidente decidiu transferi-lo para o Departamento de Ensino e Pesquisa e colocar, em conseqüência, o Dilermando no II Exército. O decreto sairá hoje.

— Então, eu pedirei transferência para a reserva. Não aceito!

— Pense bem! Reflita sobre o que vai fazer.

— Não aceito! Irei para a reserva!

Se as palavras deste diálogo telefônico não foram exatamente estas, o seu verdadeiro sentido está nelas expresso.

Avisado, o general Dilermando Monteiro teve posterior entrevista com o presidente Geisel.

Fiz redigir os decretos de nomeação do general Dilermando Monteiro para o Comando do II Exército e do general Ednardo D'Ávila Mello para a Chefia do Departamento de Ensino e Pesquisa, com as conseqüentes exonerações, e levei-os ao palácio do Planalto para a assinatura presidencial.

O presidente, talvez insuflado por elementos do famoso grupelho, obstinava-se em não dar comissão ao general D'Ávila Mello, enquanto eu teimava em contrário.

Argumentei que tal medida atingiria a dignidade pessoal do general D'Ávila, já ferido pela transferência brusca. Agora tudo deveria ser feito para que o ato não fugisse às características normais. Com este objetivo, informei-o de que trouxera mais alguns decretos para despacho.

Levamos mais de uma hora para chegar a um acordo. O presidente fez, por intermédio do Chefe da Casa Militar, modificar os decretos, de modo ficasse bem claro estar o general D'Ávila Mello SENDO SUBSTITUÍDO pelo general Dilermando, e não TROCANDO de cargo. As alterações pouco adiantaram neste sentido. Finalmente, às quatro horas da tarde, os documentos foram liberados para publicação.

A divulgação da notícia no meio militar provocou torrentes de reações que jorravam dos quartéis, pelos canais administrativos e de informações, ameaçando pelo azedume da linguagem abalar a disciplina e subverter a ordem.[4]

O Centro de Informações do Exército condensou todas estas manifestações do desagrado militar, bem como as opiniões colhidas entre jornalistas, empresários e elementos do setor econômico, numa série de itens, da qual destaco, em paráfrase, os seguintes:

a) Firmara-se, entre os militares, o conceito de que o governo dava maior prioridade aos problemas relacionados com a distensão política em detrimento da segurança nacional;

b) A interferência precipitada do presidente, apoiada pelo esquema Golbery, desarticulara o Ministério do Exército;

c) A pessoa do ministro era particularmente visada, no sentido de desgastá-lo em sua autoridade junto à oficialidade;

d) O fenômeno "São Paulo" parecia ter sido fabricado – planejado e provocado – na hora oportuna para surpreender o ministro, colocando-o, inclusive, na impossibilidade de defender o Comandante do II Exército;

e) Na imprensa e demais órgãos de comunicações, os colaboradores anticomunistas estavam sem apoio, enquanto os da esquerda o recebiam;

---

4. Ver, no Anexo C, as mensagens dos Comandos dos I e IV Exércitos sobre as repercussões em suas áreas. (N.R.)

f) O meio militar estava temeroso de agir, não só pelas conseqüências como, também, pelo Sistema de Informações de Golbery que, através de dinheiro e promessas de poder, já conseguira se bandeassem muitos companheiros. Não havia mais confiança em ninguém e o líder natural – o ministro – estava corroído em sua força;

g) A indignação provocada pela campanha da imprensa contra a pessoa de um general de impecável passado era geral.

A simples leitura destas informações mostrava o estado de espírito da oficialidade, em revolta latente. Recebi pressões, partidas das mais diferentes áreas, para que me demitisse e tomasse a frente de uma reação contra o governo, que estava traindo a Revolução, insultando o Exército e estimulando a subversão.

No meu próprio gabinete as vozes e os apelos a favor dessa atitude não foram poucos. O general Hugo Abreu, às páginas 113 e 114 de seu livro *O outro lado do poder*, refere-se a um general que me ofereceu o apoio irrestrito da tropa de seu comando para tal empreitada. Apesar das relações de amizade que me prendiam ao Chefe da Casa Militar, nunca lhe falei desta solidariedade. Houve, na realidade, não um general, porém cinco que o fizeram, naqueles angustiosos momentos em que o governo tomava posição instável. Seus nomes estão guardados pela confiança recíproca e pelo sentimento de dignidade que devem nortear os entendimentos entre os generais. Não os esquecerei mas jamais os pronunciarei, em qualquer situação. Outros deram-me a entender, mais tarde, que tinham idênticas intenções.

Entretanto, eu estava certo. Já que não pudera impedir a imediata exoneração do Comandante do II Exército, forçada pela desvairada obstinação do presidente, impunham-me o meu passado e a lealdade militar que lhe desse cobertura.

Reuni, para isso, em 22 de janeiro, o Alto Comando do Exército[5] e fiz aos doze generais ali presentes uma exposição minuciosa dos fatos ocorridos no II Exército, desde o suicídio por enforcamento, em 8 de agosto de 1975, do segundo-tenente reformado da Polícia Militar de São Paulo, Ferreira de Almeida, até o do operário metalúrgico Manoel Fiel Filho e a conseqüente exoneração do Comandante do II Exército. Dei-lhes as explicações que mereciam. Ninguém discordou do afastamento do general D'Ávila Mello, apenas alguns acharam-no precipitado.[6]

A este respeito, declarei:

---

5. O Alto Comando do Exército é o mais importante órgão decisório da instituição. Em 1974-77 era constituído pelo ministro, que o presidia, e pelos dez generais-de-exército então existentes na Força: o Chefe do Estado-Maior do Exército, os quatro comandantes dos Exércitos e os cinco chefes dos Departamentos Técnico-Administrativos. A algumas reuniões compareciam, também, os generais-de-divisão comandantes da Amazônia e do Planalto. Todos eram subordinados diretos do ministro. (N.R)

6. Ver, no Anexo D, o roteiro da reunião. (N.R.)

— Isto, entretanto, de maneira nenhuma justifica a interpretação maliciosa e deturpada que setores da subversão, políticos, imprensa e sindicatos querem dar a um ato de serviço.

— Não concordo, sob qualquer pretexto, que se atinja a dignidade do general D'Ávila Mello através de notas em jornais que o apresentam como inábil e outras coisas.

— Sobre isto, chamei ontem o Ministro da Justiça – Armando Falcão – e disse-lhe que cabia a tomada de medida urgente e enérgica para coibir o abuso da imprensa, pois a continuação de publicações de tais notas atingia e honorabilidade do Exército, através de um de seus oficiais-generais, e comprometia a segurança nacional. O ministro procurou o Presidente da República e levou ao mesmo minha repulsa e pedido de providências. Estas foram determinadas e resultaram em diretas e enérgicas ligações do ministro Falcão e diretores de jornais. Estes disseram ao ministro Falcão que há notícias que são inseridas à última hora, burlando a ordem dos diretores...

Sobre o mesmo assunto mandei ler o Aviso nº 13/4, datado daquele dia e dirigido ao Ministro da Justiça,[7] solicitando providências contra o autor de um artigo que acabara de ser publicado na *Folha de S. Paulo*. Deste pedido nenhum resultado adveio que chegasse ao meu conhecimento. Havia, por parte do governo, muito interesse em não agir nesse sentido; menos por temor do que pela oportunidade de colher lucros eleitoreiros em publicação tão insultuosa em relação ao Exército quão bajulatória ao presidente Geisel, ali incensado como "o autor do grande safanão na linha-dura".

A transmissão do Comando do II Exército ao general Dilermando Monteiro foi feita pelo general Ariel Pacca da Fonseca, substituto normal do general Ednardo D'Ávila Mello, que entrara em gozo de férias, verificando-se, no dia 23 de janeiro, no rigor das normas regulamentares.

Ao chegar ao Quartel-General do II Exército, na manhã desse dia, chamei o Chefe do Estado-Maior do II Exército, general-de-brigada Antonio Ferreira Marques, e mantive com ele, a sós, uma palestra, na qual interpelei-o sobre a circunstância inexplicável de não ter sido o CIE informado, imediatamente, da morte do operário Manoel Fiel Filho. Pedi-lhe explicações, visto que esta falha, da 2ª Seção daquele Exército, estava dando ensejo a especulações ferinas, que oscilavam de uma simples falha ao propósito de ocultar o fato.

Respondeu-me o general Marques que a informação fora remetida, momentos depois do conhecimento do suicídio, pelo adjunto daquela seção, o major de

7. Ver Anexo E.

Cavalaria Braga. Solicitou permissão e mandou chamar esse oficial que confirmou ter transmitido, imediatamente, a notícia ao oficial de permanência no CIE.

Foi lido, durante a cerimônia de passagem de comando, o elogio ao general-de-exército Ednardo D'Ávila Mello, por mim mesmo redigido. Era um desagravo às injúrias que estavam sendo assacadas contra um general que sempre servira ao Exército e à Pátria com incontestes abnegação e dignidade. O Exército estava obrigado a dizer, de público, que repelia as afrontas arremessadas sobre SEU GENERAL, pelos caçadores de votos e pelos inimigos do regime, na ânsia mórbida de desmoralizar e destruir as Forças Armadas.[8]

Regressando a Brasília, determinei ao meu Chefe-de-Gabinete – general-de-brigada Bento José Bandeira de Mello – investigasse por que, tendo o CIE recebido a informação relativa ao suicídio do operário ainda na manhã do sábado 17, só me fora dado conhecimento do fato na segunda-feira 19 de janeiro.

Dias depois, recebi a visita do coronel de Cavalaria Carlos Sergio Torres, agregado comandando a Polícia Militar do Estado de Pernambuco, que servira sob minhas ordens, quando classificado na 2ª Seção do I Exército. Considerava-o muito e dele recebi firmes provas de amizade. Disse-me estar preocupado com os acontecimentos, pois soubera que o suicídio do operário só me fora participado na segunda-feira. Conhecendo meu método de trabalho, não podia entender que eu ignorasse, até 48 horas depois, a grave ocorrência. Recordando sua passagem pelo DOI/CODI do I Exército, sacou do bolso um caderno de anotações e disse:

— Ainda tenho, aqui, o número do telefone de sua residência, para o qual éramos obrigados a ligar, a qualquer hora, para participar as alterações...

Concluiu afirmando que eu estava sendo traído no próprio CIE.

Olhei aquele homem moreno e robusto, sereno na sua farda de cavalariano, que viera de Recife, às suas expensas, para dizer ao seu ex-chefe da traição que medrava no seu próprio gabinete e sensibilizei-me com sua coragem moral e dedicação. Fitei-o e assomou-me o pensamento:

— Neste mar de podridão, em que nos atolamos cada vez mais, ainda existem ilhas de terra firme verdejante de esperança.

Chamei o general Bento, Chefe-de-Gabinete, e interroguei-o sobre o resultado da sindicância de que o encarregara:

— O que você apurou? O II Exército comunicou ou não o suicídio do operário no sábado?

Esclareceu o general Bento que o CIE tinha recebido a informação no sábado pela manhã, mas o coronel Ruy Cavalcanti Baptista não julgara necessário avisar ao ministro, preferindo aguardar o general Confúcio para fazê-lo, na segunda-feira.

8. Ver Anexo F.

Sem perda de tempo determinei fosse exonerado do gabinete o coronel Ruy Cavalcanti Baptista.

O general Bento ponderou que isto seria uma desconsideração ao general Confúcio, de quem o coronel Ruy era subordinado direto e Chefe-de-Gabinete. Achava certo avisá-lo antes.

Reiterei a ordem e acrescentei:

— Ele não foi correto comigo, porque me ocultou esta circunstância gravíssima.

Assinei, a seguir, a portaria de exoneração do coronel Ruy. Dias depois o general Confúcio Danton de Paula Avelino, a pedido, foi exonerado da Chefia do Centro de Informações do Exército.

Mais algumas investigações, realizadas em caráter sigiloso, aconselharam o afastamento de outros oficiais – dois ou três – contra os quais havia indícios de ligações diretas com o Gabinete Civil da Presidência da República, ao qual adiantavam informações e do qual aceitavam insinuações sobre questões em exame; tudo, note-se bem, extra linha hierárquica.

Não me surpreenderam esses entendimentos diretos com aquele setor da Presidência. Todos, embora não pudessem provar a existência de uma linha paralela de informações dirigidas pelo ministro Chefe do Gabinete Civil, sabiam-na existente.

Em São Paulo, por pedidos reservados das autoridades militares, fui forçado a afastar, de um dos Estados-Maiores do II Exército, um oficial que evidentemente mantinha esses contatos.

O próprio atual ministro do Exército,[9] no tempo em que éramos amigos – amizade que persistiu por 40 anos – citando-me os motivos de sua saída do SNI, quando ali servira sob a direção do general Golbery do Couto e Silva, colocou como principal deles a importância que este general dava às informações colhidas por sua rede particular, sobrepondo-as às de caráter oficial, criando deste modo campo propício a divergências.

O Inquérito Policial Militar foi procedido pelo coronel Murillo Fernando Alexander, que agiu com extremo rigor. Partiu, segundo todas as informações que me foram dadas, da premissa da existência de crime e sobre ela desenvolveu as investigações. Consta que levou as minúcias a ponto de não aceitar a tese do suicídio nas condições apresentadas. Tentou, na reconstituição do fato, ele próprio, ocupar o lugar do suicida, o que lhe ia sendo fatal.

O relatório concluiu pela comprovação do suicídio do operário Manoel Fiel Filho.

9. General-de-exército Walter Pires de Carvalho e Albuquerque. (N.R.)

CONSIDERAÇÕES CONCLUSIVAS

Estou escrevendo sobre acontecimentos que vivi com o único objetivo de impedir sejam deturpados na História e que o juízo da posteridade venha a assentar-se em versões forjadas na bigorna da impostura pelo malho das conveniências pessoais.

Cito-os sem ferir-lhes a veracidade e comento-os, se a clareza o exige, firmando-me nos princípios morais que nortearam minha vida. Se algo ocorreu diferente do que narrei, dele não tive conhecimento, quer direta quer indiretamente. Não fugi à responsabilidade do que disse ou fiz, porque jamais desobedeci à minha consciência.

Não vejo, por isso, na Ética, razões robustas para amordaçar a História. Se a Ética busca o comportamento ideal, como poderia ser ideal um procedimento falso que disfarça a verdade com base em preceitos éticos? Isto seria a mistificação dos fatos históricos, infelizmente encontradiça com mais freqüência do que se pode admitir, porém por influência de fatores políticos e econômicos.

Não é lógico, portanto, nesse choque da Ética com a Verdade, abandonar esta última em respeito à primeira. Por bani-la dos acontecimentos, cometeram-se injustiças, transmutando demônios em santos, covardes em heróis, oportunistas em idealistas e homens corrompidos em austeros cidadãos.

Cabe, por conseguinte, ao historiador catar, na balbúrdia emocional contemporânea, a verdade dos fatos e submetê-la ao juízo dos pósteros.

Mas o que é a VERDADE?

É esta a indagação que desafia a humanidade desde que Pôncio Pilatos, o governador romano da Judéia, lançou-a no julgamento de Jesus Cristo.

O famoso filósofo Will Durant, num de seus livros, ao abordar esta pergunta escreve: "Também Anatole France considerava essa interrogação a mais profunda que ainda se formulou na terra. Na realidade, todas as demais questões dependem dela."[10]

Nesse entrechoque de versões capciosas com corretas descrições, muitas vezes encontrá-la é tarefa afanosa.

Os acontecimentos de São Paulo, para muitos, ainda a têm embuçada, na revoltante insinuação de que as autoridades militares estão a escondê-la.

As instituições como o Exército estão acima dos homens e nunca poderão ser atingidas e maculadas por atos condenáveis que estes pratiquem. Nenhum chefe militar emprestaria seu prestígio ou daria a cobertura de sua autoridade a delinqüentes, visto que estes devem ser extirpados da instituição, rejeitados pela dignidade e honra militares.

---

10. *Filosofia da vida.* São Paulo: Companhia Editora Nacional, 1955, p.19.

Na vida de uma Nação o Exército é eterno e alicerça sua existência na perene devoção à Pátria; entretanto, os homens que o servem são apenas transitórios. Quando estes, à sombra da magnitude da sua missão, percorrem caminhos traçados pela ambição e pelo ódio, devem ser arrancados da instituição, por perniciosos, e lançados à execração.

Servir ao Exército é sacerdócio e, por vir perdendo força este pensamento, num mundo de mercenarismo materialista, muitos já se atormentam com a idéia do regresso à época das guardas dos imperadores romanos.

Esforcei-me por descrever as ocorrências de São Paulo focalizando os diversos aspectos a elas relacionados, para dissipar a teimosia dos incrédulos – mais difamadores do que propriamente incrédulos – na aceitação da realidade.

Esta foi a narrativa fiel dos fatos de que tomei conhecimento. Não me furto, portanto, a tirar deles as minhas conclusões, talvez muito incisivas, porém sinceras. Elas deixam a nu a personalidade e o caráter de muitos dos participantes daqueles lamentáveis eventos.

Que posso fazer se foram eles que se despiram no palco da História?

Ei-las:

1. Havia um clima de ódio e de intolerância, de parte a parte, na luta entre a subversão e a legalidade revolucionária. Era uma guerra sem quartel, um *combat à outrance.*

A Revolução não tinha estrutura adequada para enfrentar, de imediato, o tipo de guerra revolucionária desencadeado pela subversão.

As equipes militares, sem experiência e despreparadas, sob a influência desse ambiente hostil, indiferentes à sorte dos detidos, recolhiam-nos às prisões.

Esses homens, de modo geral, entravam em desespero; alguns, angustiados, sob sensação de culpa por denúncias ou declarações feitas em depoimentos, caíam em depressão. O fanatismo, o desapego pela vida e as próprias recomendações do Movimento Comunista Internacional acabavam por induzi-los à auto-eliminação.

A falta de fiscalização, que deveria ter sido exercida rigorosamente sobre as prisões, ou a negligência em fazê-la facilitaram aos detidos atos de desespero, como aos que, infelizmente, assistimos.

2. Os fatos foram, sem perda de tempo, maldosamente explorados por parte da imprensa. Setores liberais potencializaram acusações e a opinião pública, atônita, foi levada a duvidar da versão oficial. Esta manobra habilidosa dos marxistas visava, unicamente, a desmoronar o sistema de repressão.

3. O governador de São Paulo, cujas divergências com o Comandante do II Exército eram conhecidas, agravou a situação, ao comunicar as ocorrências diretamente ao Presidente da República, em linguagem azeda e precipitada, mostrando-se desanimado quanto às repercussões dos acontecimentos na área política.

4. Um grupo de assessores presidenciais do palácio do Planalto – nele incluídos elementos do Serviço Nacional de Informações – parecia interessado numa crise, envolvendo o Comandante do II Exército e o Ministro do Exército. Esperava que dela resultasse a demissão dos dois generais. Lógico é perceber que não há provas materiais desse comportamento, todavia as informações que tive e fatos posteriores não conduzem a outra ilação.

5. Existiam, infiltrados no Centro de Informações do Exército, elementos desse grupo palaciano. A sonegação da notícia do suicídio, no dia 17 de janeiro, e, mais tarde, o conhecimento, quase imediato, pelas autoridades do palácio do Planalto dos fatos ocorridos no salão daquele órgão e das palavras que ali proferi, na presença de aproximadamente 80 oficiais, às quatro horas da tarde do dia 12 de outubro de 1977, comprovam esta afirmação. Todos os oficiais presentes pertenciam ao CIE, eram homens de confiança do ministro, mas reconheço com tristeza que, pelo menos, entre eles "trabalhava" um "agente duplo" o que significa, na linguagem da comunidade de informações – um homem de caráter pastoso que, servindo a dois chefes, trai a ambos.

6. A crise, parece-me, estava preparada para estourar na primeira oportunidade, contando para agravá-la a "corrente" palaciana, segundo se murmurou, com elementos no DOI/CODI do II Exército, no quartel-general desse Exército e, ainda, em áreas diversas do estado de São Paulo. O general D'Ávila Mello não se encontrava na capital paulista e disse-me, ao telefone, na manhã do dia 19 de janeiro, que acabara de ser avisado. Por que não lhe participaram a ocorrência antes? O ministro não foi avisado, o Comandante do II Exército inexplicavelmente deixou de sê-lo, o Chefe do SNI disse que ignorava tão grave ocorrência e, no entanto, o governador de São Paulo já sabia de tudo, até na versão solerte e falsa, que seria a centelha lançada no paiol. Estas foram as principais coincidências, mas houve outras que me dispenso de enunciar, em prol da síntese do assunto.

Coincidências?

Convenhamos que, pela articulação cuidadosa e oportuna, os fatos ajustavam-se melhor a um conluio do que a um feixe de coincidências.

7. O Presidente da República, ao exonerar o general Ednardo D'Ávila Mello, conquistou a simpatia das esquerdas – as quais me dissera um dia não ser infenso – e prestigiou-se ante a opinião pública como chefe enérgico e cidadão de sentimentos humanitários. Aproveitou, por outro lado, a oportunidade para afastar de São Paulo, colocando em delicada posição, um general do qual não gostava e que já tentara transferir, por desentendimentos com o governador do estado, em 1974, consoante escrevi. Valeu-se também do momento para colocar no cargo um homem identificado com seus métodos políticos e consolidar, assim, um esquema militar próprio.

8. Estou convencido pelos fatos e observações posteriores, pelo que assisti e ouvi em várias ocasiões, que o presidente Ernesto Geisel fez dos acontecimentos de São Paulo o seu *casus belli.*[11]

A razão aparente foi o seu comovente sentimento humanitário, que sensibilizou multidões, atraiu-lhe a benevolência dos setores religiosos radicais e aplausos dos opositores que o conheciam pouco. Seu prestígio subiu, sustentado por campanha favorável da imprensa. Entretanto, foram mesquinhos objetivos políticos que o levaram a agir daquele modo.

Arruinou-se, assim, o sentido de amor ao próximo que geralmente se atribui a sua decisão, corroído pelo propósito ludibriante.

Pesei muito os acontecimentos dos quais, como ministro, participei. Examinei-os à luz da fraternidade e do interesse coletivo sem contudo encontrar, nas decisões do general Ernesto Geisel, uma manifestação que me permitisse considerar, qualquer delas, exclusivamente, como fruto de um sentimento cristão, puro e desinteressado, visando a beneficiar o próximo. Fundamentalmente vislumbrava-se sempre um interesse egoístico ou político. Se houve outro, por ser tão raro, nunca o percebi.

Entre muitas ocorrências que poderia invocar para consubstanciar este julgamento está uma, verificada noutro Exército, pouco depois da exoneração do general D'Ávila Mello.

Fato gravíssimo – bastante delicado, porque implicava alto chefe militar, considerado amigo íntimo do general Ernesto Geisel – chegou ao meu conhecimento na época indicada. Imediatamente, em audiência especial que solicitei ao presidente, fiz-lhe minuciosa exposição do problema, cuja solução fugia a minha alçada.

Não gostou, mas o seu sentimento humanitário foi facilmente submergido pela amizade. Recomendações paliativas traduziram a sua decisão. Estava encerrada a audiência.

9. Ao assumir a responsabilidade destes fatos perante o Exército, colocando-me entre o presidente e a reação – muito forte aliás – dos que viam na atitude do general Geisel somente desígnios políticos e a idéia de avassalar o Exército, num primeiro lance, para extinguir depois o sistema de repressão, estava convencido de que o presidente procedia lealmente e que seus propósitos eram, realmente, bastante altruísticos. Defendi-o, por isso, com firmeza. As distorções dos acontecimentos, porém, mostraram-me como um ministro tolerante em relação ao descrédito do Exército; e as intrigas palacianas como um conspirador frustrado. Estas últimas parecem ter constituído uma neurose dos homens do Planalto, repetida mor-

---

11. Acontecimento que provoca uma guerra. De modo geral, é a causa aparente de um conflito entre povos, servindo para esconder a verdadeira causa – política, econômica etc.

bidamente, em todas as crises. Quanto às primeiras – as imputações – o tempo mostrou quem melhor zelava e zelou pela dignidade e prestígio do Exército, indo até o choque com o Presidente da República para impedir fosse equiparado a uma guarda pretoriana.

Não tenho arrependimento de meu proceder: fiz o que devia por julgar o melhor que podia fazer.

O grande beneficiário de tudo isto, o homem que exigia lealdade, mas não a retribuía, por quem abalei meu prestígio no Exército, foi o presidente Ernesto Geisel, que pode, hoje, se ufanar de ter sido o único Presidente da República Federativa do Brasil que, degradando a sua autoridade, confabulou e conspirou com os generais para demitir o seu Ministro do Exército.

10. A maior vítima destes tristes acontecimentos foi, todavia, o general-de-exército Ednardo D'Ávila Mello, que, pela retidão de caráter e por não encarar com malícia o procedimento alheio, medindo-o pelos seus rígidos parâmetros morais, arcou com a responsabilidade geral. Não hesito em dizer que foi ele iludido por comandados que abusaram de sua confiança, como acredito que, se o rigor da fiscalização fosse efetivo, nada de anormal teria acontecido.

Em tudo há um limite: a paciência que não se esgota transforma-se em subserviência e a confiança infinita converte-se em relaxamento.

O general D'Ávila Mello, cuja integridade moral e formação cristã afiançam a repulsa à violência, é um homem de boa-fé. E se a fé, no adágio popular, remove montanhas, a experiência da vida demonstra que a boa-fé, quando ilimitada, conduz ao precipício, em particular, se convive com a má-fé.

Ao saber que, a 15 de março de 1979,[12] fora a Brasília prestigiar os homens que, de um modo ou de outro, concorreram para lançá-lo à execração pública, lembrei-me das bem-aventuranças evangélicas, pregadas por Jesus Cristo, entre as quais – pela essência e expressão – está subentendida a seguinte: bem-aventurados os homens de boa-fé, porque deles será o reino dos céus.

12. Data da posse do presidente Figueiredo. (N.R.)

A subversão e o terrorismo na área do II Exército

1. Introdução

Cumprindo determinação do Exmo. Senhor General Comandante do II Exército, tenho a grata satisfação de usar da palavra para, numa sucinta palestra, mostrar-vos a subversão e o terrorismo na área do II Exército.

Sinto-me desvanecido pela oportunidade de, como Chefe da 2ª Seção do EMG do II Exército, mostrar-vos o trabalho persistente e anônimo empreendido pelo nosso Exército, no sentido de minorar as ações subversivas e terroristas, na área de nossa responsabilidade.

2. Antecedentes

Em abril de 1967, começaram a surgir as primeiras divergências nas hostes do Partido Comunista, quando, de um lado, CARLOS MARIGHELLA e seus seguidores defendiam a tese de que era necessário adotar a "Luta Armada" e, do outro, Prestes e seus adeptos pugnavam pelo seguimento da linha pacífica, ambas porém, visando o mesmo objetivo - a derrubada do governo e implantação do comunismo no Brasil.

Ocorreu em conseqüência a cisão, surgindo a já muito conhecida Ala Marighella, que mais tarde passou a denominar-se Ação Libertadora Nacional. Marighella, após comparecer à reunião da Organização Latino-Americana de Solidariedade (OLAS) em Cuba, de 27 de julho a 3 de agosto de 1967, trouxe novas instruções que vieram alterar o panorama da subversão em nosso país. Alguns grupos foram organizados e estimulados a agir, com o objetivo de, através de ações subversivas e terroristas, criar condições para o desencadeamento de Guerra Revolucionária.

Embora esses grupos subversivos terroristas tenham surgido com a mesma idéia final, algumas dissensões internas em cada um impediram a união total, apesar de hoje ter-se conhecimento das chamadas "frentes" formadas para ações específicas.

A grande campanha de catequização posta em prática sensibilizou o meio universitário, que por sua vez realizou, no ano de 1968, as passeatas, os comícios relâmpagos, a tomada de Faculdades, a tentativa de realização do Congresso da ex-UNE, ações nitidamente subversivas, e hoje pode-se caracterizar a presença de um número imenso de jovens universitários participando dos diversos grupos subversivos e terroristas.

O quadro subversivo-terrorista na Grande São Paulo tomou um grande vulto durante o ano de 1968 e continuou em atividade durante o ano de 1969. Contavam os diversos grupos subversivos e terroristas com dois fatores importantes para o desencadeamento de suas ações: a iniciativa e a surpresa. Dessa forma sucediam-se os assaltos e atentados, que vinham intranqüilizando a opinião pública, especialmente o meio empresarial de São Paulo, criando uma imagem negativa das autoridades responsáveis pela segurança interna na área.

A gravidade do quadro em São Paulo levou o general CANAVARRO, logo ao assumir o Comando do II Exército, a determinar o estudo para o estabelecimento de uma estrutura dinâmica capaz de se opor com eficiência à subversão e ao terrorismo na área de sua responsabilidade.

Constatou-se que a estrutura existente, bem como a sistemática adotada, não respondiam, convenientemente, ao fato inédito representado pelas ações terroristas, caracterizadas pela audácia, pela surpresa e pela iniciativa.

Assim é que a Secretaria de Segurança Pública do Estado de São Paulo, à qual competia na fase inicial a manutenção da ordem, mostrou-se despreparada para se opor ao já aludido fato inédito, por não se ter reestruturado e conservar na ação anti-subversivo-terrorista as mesmas técnicas e métodos empregados no combate ao crime comum.

No início de 1969, quando do episódio do roubo de armas do 4º RI, a 2ª DI, responsável pela Segurança Interna na Subárea A - que abrange a Grande São Paulo -, tomou a iniciativa de coordenar equipes do Exército e da Secretaria de Segurança obtendo êxitos marcantes, representados pela desarticulação da Vanguarda Popular Revolucionária que se encontrava bastante ativa em São Paulo. Circunstâncias levaram à interrupção desse trabalho coordenado resultando na rearticulação da Vanguarda Popular Revolucionária e no surgimento de outras organizações subversivo-terroristas.

Em conseqüência, ocorreu o recrudescimento das ações subversivo-terroristas na Grande São Paulo, com todos os reflexos negativos para a vida nacional.

Tudo isso trazia descrédito na nossa capacidade de combater a Guerra Revolucionária e gerava o desânimo nos órgãos de execução, que sempre encontraram empecilhos ou falta de apoio na própria estrutura para o cumprimento de suas tarefas.

Era evidente, assim, a necessidade de coordenação entre os diversos órgãos, integrando-os e fazendo convergir os esforços de todos para o fim comum.

O Exército não possuía, ainda, uma doutrina que servisse de norma para se combater a subversão em São Paulo, sob a sua chefia direta, e esta medida foi feita no arrepio da lei, face às limitações impostas pela legislação na repartição das competências estadual e federal.

3. Operação Bandeirante - organização - atribuições e área de responsabilidade

a. Organização

Em 24 de junho de 1969, o Exmo. Senhor General CANAVARRO, Comandante do II Exército, expediu o documento base que criou e deu estrutura a um novo órgão, esdrúxulo dentro da organização militar, mas efetivamente destinado ao combate à subversão e ao terrorismo, bem como à preservação da segurança interna e denominando-o OPERAÇÃO BANDEIRANTE (OB).

Foi organizado da seguinte maneira:

- Um Centro de Coordenação, sob a chefia do Comandante do II Exército e integrado pelos Comandantes da 4ª Zona Aérea, 6º DN, 2ª RM, 2ª DI, pelos Secretário da Segurança, Chefe do SNI/ASP e Chefe do DPF/SP.

• Uma Central de Informações, sob a chefia do Chefe do EM/II Exército e integrada pelas 2as Seções dos Grandes Comandos e Serviços de informações dos órgãos de segurança da área.

• Uma Central de Operações, sob a chefia do Subchefe do EM/II Exército e integrada pelos elementos de Operações da área.

• Uma Central de Difusão, integrada por representantes dos diversos comandos e órgãos de segurança da área, inicialmente, com elementos do Exército, Marinha e Secretaria de Segurança.

• Uma Coordenação de Execução, sob a chefia de um oficial do Exército e integrada por representantes das Forças Armadas e das polícias civil e militar, pertencendo a estas últimas os maiores efetivos.

b. *Atribuições*

Coordenar, centralizar, planejar e executar as ações contra a subversão e o terrorismo na área do II Exército, bem como elaborar diretrizes e desencadear a Ação Psicológica.

c. *Área de responsabilidade*

A área de responsabilidade da Operação Bandeirante é coincidente com a do Comando do II Exército, responsável pela Segurança Interna nos estados de São Paulo e Mato Grosso. Face as condições peculiares sócio-geo-econômicas do estado de Mato Grosso, a subversão e o terrorismo não desenvolvem ações naquela área, ficando, portanto, a critério do Comandante da 9ª RM a implantação de uma Coordenação de Execução naquele estado, quando necessário.

4. Resultados alcançados

• A Vanguarda Popular Revolucionária (VPR) sofreu perdas pesadas em janeiro, fevereiro e março de 1969. As prisões atingiram, inclusive, a Coordenação Geral, resultando na desarticulação de tal organização subversivo-terrorista.

A VPR voltou a sofrer perdas significativas em maio, junho e julho do ano em curso. As prisões alcançaram a cúpula e as bases.

Foi localizada, nesse período, a Área de Treinamento de Guerrilha nº 1, situada no km 254 da BR 116 (Rodovia Regis Bitencourt), na região de Jacupiranga. Tal área foi utilizada para treinamento de outubro a dezembro de 1969, quando foi abandonada por falta de segurança.

Ainda nesse período foi localizada e desmontada a Área de Treinamento de Guerrilha nº 2, situada no km 250 da BR 116, que vinha sendo utilizada desde janeiro de 1970. Nessa ocasião foram presos quatro terroristas.

Em tal área alguns integrantes da VPR vinham recebendo treinamento para, posteriormente, deflagrarem a guerrilha rural. Ministrava-se, na Área de Treinamento nº 2, Conhecimentos de Guerra Revolucionária, Armamento e Tiro, Orientação e Marcha, Primeiros Socorros, Procedimento Individual e Noções de Segurança e realizavam-se discussões políticas.

• A Vanguarda Armada Revolucionária - Palmares (VAR-Palmares) sofreu perdas de quase todos os seus integrantes em fins de dezembro de 1969 e janeiro de 1970, resultando no seu desmantelamento em São Paulo.

• Resistência Nacional Democrática Popular - (REDE) sofreu perdas significativas em abril e maio do ano em curso. Foi a primeira vez que a OB prendeu integrantes desse grupo.

• A Ação Libertadora Nacional (ALN) sofreu quatro grandes conjuntos de perdas, que abalaram profundamente a sua estrutura:

• Agosto, setembro e outubro de 1969, quando foram desmantelados seus dois Grupos de Ação e conseqüentemente seu Setor de Expropriação. As prisões atingiram também o Setor de Apoio, que ficou bastante desfalcado.

• Novembro de 1969, quando MARIGHELLA foi morto em tiroteio com integrantes da Polícia Civil de São Paulo. Nessa ocasião, as prisões alcançaram também grande número de componentes do Setor de Apoio, destacando-se a Base dos Dominicanos, que foi desmantelada, igualmente, por integrantes da Polícia Civil de São Paulo.

• Dezembro de 1969, quando foi localizada e apreendida a fábrica clandestina de armamento da ALN e foram feitas inúmeras prisões de elementos que ocupavam posição de destaque em todos os setores da organização subversivo-terrorista, abalando mais uma vez a sua estrutura.

• Março, abril e maio de 1970, quando foram presos inúmeros elementos dos Setores de Massas e do Grupo de Ação.

• A Força Armada de Libertação Nacional (FALN) foi totalmente desmantelada em outubro de 1969, o que acarretou a extinção do grupo.

• A Frente Estudantil pela Luta Armada (FELA) e a Frente Estudantil Revolucionária (FER), grupos orientados pela ALN no setor estudantil, foram igualmente desmanteladas em dezembro de 1969 e março e julho de 1970, sendo extintas.

• A Ala Vermelha do PC do B sofreu dois grandes conjuntos de perdas:

• Janeiro de 1969, com as prisões efetuadas pela Equipe da Subseção de Operações Especiais do II Exército.

• Julho e agosto de 1969, com as prisões da maioria maciça de seus integrantes, quer da cúpula, quer das bases, o que acarretou a sua extinção em São Paulo, tendo os remanescentes da ALA VERMELHA DO PC DO B fundado um novo grupo, a que denominaram MRT (MOVIMENTO REVOLUCIONÁRIO TIRADENTES).

• A Ação Popular (AP), grupo originário de elementos da JUC (Juventude Universitária Católica) e JOC (Juventude Operária Católica), objetiva a tomada do poder e a implantação de um regime de cunho marxista. Foi submetida a dois conjuntos de perdas, um em fevereiro e março de 1969 e outro em maio de 1970. Ultimamente, seu principal objetivo tem sido conscientizar as massas e preparar elementos para participar dos grupos atuantes. Fruto de uma dissidência interna, surgiu o PRT (Partido Revolucionário dos Trabalhadores), cuja atuação em São Paulo é muito reduzida.

• O Partido Operário Revolucionário (PORT) sofreu, em julho e agosto do ano em curso, suas primeiras perdas em São Paulo. Nessa ocasião foi preso, entre outros, o Chefe do Setor de Imprensa e foi "estourado" o "aparelho" de tal Setor, onde era impresso o jornal oficial do PORT, denominado "Frente Operária".

• O Partido Operário Comunista (POC) acaba de sofrer também algumas perdas, cujas prisões foram efetuadas por integrantes da Polícia Civil de São Paulo.

5. Dados estatísticos

Síntese dos resultados alcançados pelo CODI (OB) até 30 de setembro de 1970:

1. *Presos encaminhados para fins de processo*

a. DEOPS — 424
b. DEIC — 63
c. DPF — 17
d. Diversos — 60
Soma — 564

2. *Aparelhos estourados — 131*

3. *Apreensões*

- Metralhadoras:
  - INA — 12
  - URKO — 6
  - SCHMEYSSER — 1
  - Caseira — 15
- Morteiros — 2
- Fuzis
  - FAL — 10
  - FO — 67
- Sabres — 60
- Carabinas — 28
- Revólveres — 112
- Pistolas — 57
- Fábrica de armamento — 1
- Munição — 12.639
- Bombas — 190
- Gás lacrimogêneo — 210 (cartuchos)
- Explosivos — 129 (quilos)
- Espoletas — 545
- Estopim — 810 (metros)
- Impressora completa — 1
- Mimeógrafos — 14
- Máquinas de escrever — 25
- Impressos e livros subversivos — quantidade
- Material cirúrgico — 90 (peças)
- Material para falsificação de documentação
  - Laboratório fotográfico — 2
  - Aparelhagem para confecção e plastificação de documentação — 1
  - Certidões de nascimento em branco
  - Cédulas de identidade em branco
  - Títulos de eleitor em branco
  - Carteiras profissionais em branco
  - Impressos diversos em branco
  - Carimbos
- Uniformes
  - *Exército*
  - Peças confeccionadas — 14
  - Tecido para confecção — vários metros

PMESP

Peças confeccionadas – 56

- Aparelhagem para confecção de coturnos – 1
- Coturnos – 25
- Material de acampamento
- Bússolas – 15
- Cantil – 8
- Placas de automóveis – Várias
- Automóvel
- Relógios – 196
- Dinheiro – Cr$112.513,34
  Us$813,00
  Libras 1,00

6. Situação atual da subversão em São Paulo

a. A ubversão ostensiva, representada por passeatas, comícios-relâmpagos, greves etc., e a doutrinação e incitamento através dos meios de divulgação, não mais ocorrem em São Paulo, graças ao trabalho conjunto e coordenado de todos os Órgãos de Segurança, sob a orientação do Exmo. Sr. Gen. Cmt. II Exército, através da Operação Bandeirante.

O aliciamento e a catequização só são possíveis através de atos clandestinos e, assim mesmo, com muita cautela.

b. A situação atual das organizações subversivo-terroristas é a seguinte:

(1) VPR (Vanguarda Popular Revolucionária)

Foi desmantelada recentemente. Não tem condições de realizar ações significativas a curto prazo, a menos que desloque para São Paulo elementos de outras áreas.

(2) VAR-Palmares (Vanguarda Armada Revolucionária - Palmares)

Nestes últimos dias, os setores de inteligência e estudantil foram identificados, o que ocasionou a prisão de vários estudantes com idade inferior a 18 anos, aumentando as nossas preocupações no desenvolvimento da ação psicológica.

(3) REDE (Resistência Nacional Democrática Popular)

Com a queda de seu chefe EDUARDO LEITE "Bacuri", os remanescentes foram incorporados à ALN, submetendo-se pois à liderança de JOAQUIM CÂMARA FERREIRA "Toledo".

(4) ALN (Ação Libertadora Nacional)

Apesar de ter sofrido grande número de perdas, tem conseguido sempre se rearticular, permanecendo inativa somente nos períodos de "quedas".

Ultimamente, em face da precariedade de seus meios - quadros e material - vem realizando ações somente em conjunto com a REDE e o MRT. Seu chefe em São Paulo - JOAQUIM CÂMARA FERREIRA ("Toledo" ou "Velho") - vem promovendo entendimentos no sentido de absorver a REDE e o MRT.

(5) Ala Vermelha do PC do B

Após o seu desmantelamento, ocorrido em 69, os remanescentes dessa organização fundaram um novo grupo, a que deram o nome de MRT. Atuam em conjunto com os demais grupos para determinadas ações isoladas.

(6) MRT (Movimento Revolucionário Tiradentes)

Até hoje não se conseguiu prender um só elemento desse grupo, que é integrado por um número muito pequeno de terroristas, chefiados por DEVANIR JOSÉ DE CARVALHO ("Henrique"). O MRT vem atuando em conjunto com outros grupos - ALN e REDE - dada a precariedade de sua estruturação.

O MRT não aceita a liderança de JOAQUIM CÂMARA FERREIRA ("Toledo" ou "Velho"), não havendo, a curto prazo, a perspectiva de fusão.

(7) AP (Ação Popular)

Após as "quedas" de seus principais elementos e a transferência de alguns de seus integrantes para outras organizações subversivo-terroristas, sofreu acentuada retração nas suas atividades.

Continua buscando seu principal objetivo que é o de "conscientizar" as massas, preparando elementos para ingressar em outros grupos marcadamente subversivo-terroristas.

(8) PORT (Partido Operário Revolucionário)

Sua estrutura em São Paulo era precária. Após as recentes "quedas" que resultaram inclusive na apreensão de todo o material do Setor de Imprensa, sua expressão na conjuntura subversivo-terrorista de São Paulo pode ser considerada insignificante.

(9) POC (Partido Operário Comunista)

Não tem expressão em São Paulo. A VAR-Palmares vem realizando entendimentos, ultimamente, visando absorvê-lo.

7. O CODI/II Exército

a. Recentemente o Estado-Maior do Exército realizou um simpósio com a finalidade de chegar a uma resultante sobre a organização dos Centros de Operações de Defesa Interna. Tivemos o privilégio, naquela ocasião, de apresentar a filosofia e a estrutura da Operação Bandeirante, bem como todo o trabalho realizado no combate à subversão e ao terrorismo.

Fruto desse simpósio, o Sr. Ministro do Exército, através do Estado-Maior do Exército, baixou Diretrizes para a Defesa Interna, que para a nossa satisfação, são coincidentes em todos os pontos básicos com os já adotados por nós desde junho de 1969. Determinou o Gen. Cmt., por força das já mencionadas diretrizes, a reorganização da Operação Bandeirante colocando-se nos moldes previstos nas instruções ministeriais, o que vem reforçar com o peso daquela autoridade a iniciativa pioneira do II Exército.

Com a organização do CODI daremos toda a ênfase aos trabalhos de Informações, Operações e Ação Psicológica, em íntima ligação e perfeita coordenação no âmbito do II Exército e com a indispensável colaboração de todos os órgãos que integram o CODI.

Desenvolveremos todos os esforços para chegarmos aos grandes líderes da subversão e paralelamente procuraremos neutralizar os seus focos e as suas influências.

O espírito comunitário que procuramos desenvolver e estimular ao longo de 14 meses de trabalhos contínuos nos anima a prosseguir na missão e nos dá a convicção de que estamos próximos da conquista de nosso objetivo final.

RADIOGRAMA

Nome e cargo do expedidor fechando o texto. Escrever separando as palavras com 2 espaços

TELEX DO MINISTRO AO II EX

Carimbo da Estação

Preâmbulo			
Espécie OFICIAL	Número	Data ____ Hora ____	
Origem	Palavras	Via a seguir	

INDICAÇÕES DE SERVIÇO TAXADAS: URGENTISSIMO

Hora da Transmissão

Endereço: CMT II EX
SPAULO - SP

Iniciais do Operador

TEXTO A TRANSMITIR

N. 54 MinEx de 19 JAN 76 ACABO SABER ATRAVES COMUNICAÇÃO ESSE EX SUICIDIO MILITANTE PCB MANOEL FIEL FILHO VG OCORRIDO XADREZ DOI/CODI II EX PT RECEBO COM GRANDE ABORRECIMENTO ET TRISTEZA ESSA COMUNICAÇÃO PT REPETIÇÃO SISTEMATICA ESSE FATO VG POIS EH TERCEIRA VEZ QUE ACONTECE VG DEVE SER APURADA EM RIGOROSO INQUERITO VG VISANDO A LEVANTAR VG NÃO SOMENTE CAUSAS ET RESPONSABILIDADES NO CASO ESPECIFICO DE MANOEL FIEL FILHO VG COMO TAMBEM RAZÕES E CIRCUNSTÂNCIAS VG ENTRE ELAS COMPORTAMENTO DOS ELEMENTOS DE VIGILÂNCIA DE PRESOS VG QUE TERIAM CONCORRIDO VG DE UMA MANEIRA OU OUTRA VG PARA ESTES ATOS DE DESESPERO PT DETERMINO PORTANTO VEX SEJA INSTAURADO SOBRE ESTES FATOS RIGOROSO IPM VG COM MAXIMA URGÊNCIA PT GEN SYLVIO FROTA - MIN EX

Assinatura ou rubrica do expedidor

Mensagens dos Comandos do I e do IV Exércitos sobre a exoneração do Comandante do II Exército

Confidencial

MINISTÉRIO DO EXÉRCITO
COMANDO DO Iº EXÉRCITO
- 2ª SEÇÃO -

Rio, RJ, 21 Jan 76

1. ASSUNTO

Exoneração Cmt II Ex e sua passagem para reserva.

2. APRECIAÇÃO

A exoneração do Cmt II Ex, realizada ao tempo em que era dado público a morte de um preso no interior do DOI/II Ex, deu um caráter punitivo à decisão, confirmado com o pedido de transferência para reserva daquele alto chefe. Este fato muito sensibilizou a classe militar - que não contesta o direito do governo de assumir a decisão tomada - mas que se preocupa com as possíveis consequências nas diferentes áreas.

a. Na área militar

1) Surgimento, no consenso dos militares, da idéia de que o governo dá maior prioridade aos problemas relacionados com a distensão política do que os ligados à Segurança Nacional.

2) Desprestígio de um chefe militar quer na opinião pública, quer no seio dos seus subordinados.

3) Retração no combate à subversão, particularmente por elementos ligados ao Sistema de Segurança, por desmotivação e falta de confiança no apoio dos altos escalões do governo a sua ação.

4) Radicalização da ação anticomunista fora do controle militar, determinando reaparecimento de organizações paralelas, atualmente inativas, cujas decisões e atuações ficarão atribuídas a elementos sem o necessário equilíbrio, conhecimento e estrutura para enfrentar o problema que se propõem.

Estas organizações irão constituir-se, seguramente, em elementos pertubadores da ordem pública em grandeza imprevisível, podendo ser dado início a lutas incontroláveis e altamente danosas à

Confidencial

nacionalidade (veja-se a Argentina, onde isso ocorreu pela inação das FFAA).

b. Na área política

1) Estimular as esquerdas e o partido da oposição a intensificar sua ação contestatória ao regime.

2) As esquerdas, que vêm afirmando estar o governo cerceado em sua ação de continuar a distensão política pela pressão do "Sistema de Repressão", poderão interpretar a medida como uma vitória do governo, e assim, voltarão a incentivar a distensão, procurando separar o governo do Sistema Revolucionário, em que as FFAA são sua parte mais representativa.

3) O fato foi encarado como medida do governo para dar satisfação ao grupo atingido pela repressão, sendo, portanto, recebido com insatisfação por políticos da ARENA, do RJ, por acreditarem que represente desgaste para o partido.

4) A medida poderá dividir os políticos da ARENA, com o aparecimento de confrontações internas. Por outro lado, o governo não capitalizará o apoio das esquerdas, já que os louvores provenientes desses grupos não significam apoio ao governo, mas incentivo a que o mesmo adote novas medidas que sirvam a seus interesses.

3. MEDIDAS SUGERIDAS

a. Resguardar por todos os meios possíveis, a figura do Gen Ex D'AVILA MELLO, pois quaisquer ataques a sua personalidade e a sua ação de comando certamente refletirão em toda a instituição militar.

b. Adoção de medidas por parte do governo que impeçam atitudes atrevidas de contestação ao regime por parte do MDB e das esquerdas mais radicais no país, por acreditarem no enfraquecimento do Sistema Revolucionário.

c. Fazer o Sistema de Segurança Interna funcionar e operar, a curto prazo, com os cuidados indispensáveis objetivando demonstrar

Confidencial

(Continuação do R E I nº 01/76, de 21 Jan 76 - I Exército - Fl 03)

que a repressão às ações subversivas e contestatórias ao regime continuarão a serem realizadas com firmeza e decisão, a fim de, principalmente, obviar possíveis malefícios assinalados em 2.a.4).

Gen Ex REYNALDO MELLO DE ALMEIDA
Comandante do I Exército

611094MNEX BR
811283MNEX BR
KKK
DE IV EXERCITO RECIFE PE -0090 -NIL-211100P TBB

URGENTE
MIN EX
BRASILIA DF

33 E/2 CR 07/CM DE 21 JAN 76 PT
INFO VEX VG ACORDO SOLICITACAO CIE VG ULTIMOS ACONTECIMENTOS RELACIONADOS EXONERACAO GEN D'AVILA MELLO VG TIVERAM SEGUINTE REPERCUSSAO AMBITO ESTE EXERCITO PTPT
1- A COINCIDENCIA SUICIDIO SUBVERSIVO PRESO DOI ET EXONERACAO GEN CMT II EX GEROU VG DESDE LOGO PTPT EXPLORACAO IMPRENSA ET POLITICOS MDB VG COM REAL DESPRESTIGIO PARA UM GEN DE EX DE PASSADO MILITAR IRREPREENSIVEL PTVG INSEGURANCA NO PROCEDIMENTO DOS DOI ET OUTROS ELEMENTOS INFO VG COM RELACAO MANEIRA ATUAR CONTRA SUBVERSIVOS PT EM CONSEQUENCIA VG PESSOAL MILITAR SENTIU GRANDE FRUSTACAO EM VER UM ALTO CHEFE EX SERVIR PASTO SUBVERSIVOS INFILTRADOS POLITICA ET IMPRENSA VG SEM MEIO DEFESA PTVG ORGAOS SEGURANCA APREENSIVOS PODENDO TER SUA EFICIENCIA DIMINUIDA NO COMBATE AA SUBVERSAO PT GEN POTYGUARA CMT IV EXERCITO PT

TR POR TBB/211125P JAN
611094MNEX BR REC POR.. TCN

Caso D'AVILA MELLO. Em 22 de janeiro de 1976

Reunião Extraordinária

REUNIÃO DO ALTO COMANDO DO EXÉRCITO DE 22 JAN 76

1. Motivo da Reunião

Apresentar aos Senhores o quadro geral da situação criada com a morte de um militante comunista, em São Paulo.

2. Antecedentes

- Logo após a morte do 2º Ten Ref da PMSP FERREIRA DE ALMEIDA, ocorrida a 08 Ago 75 - por enforcamento - conversei longamente com o Gen D'AVILA MELLO e fiz-lhe sérias recomendações quanto à maneira de exercer cerrada vigilância sobre presos que confessam participação com a subversão. Recomendei-lhe, ainda, sobre os métodos de obter confissões, uma vez que estava ciente de que o Ten sofrera espancamento. Comentei o fato de ter sido o Ten Cel PMSP SILVESTRE esmurrado no DOI/CODI-II Ex, por um Sgt, o que provocara reação de elementos daquela Corporação.

- o Gen D'AVILA MELLO reconheceu que havia excessos difíceis de controlar e que os mais exaltados eram necessários ao DOI/CODI - II Ex. Ofereci-lhe, então, os oficiais que precisasse. Que pedisse e eu lhos daria. Resolveu, no entanto, manter os que tinha.

- Fiz-lhe, então, fortes recomendações para que verificasse o estado físico dos presos na entrada do DOI/CODI, a fim de fixar responsabilidades.

- Pouco depois, a 25 Out 75, repetiu-se fato semelhante com o suicídio do jornalista comunista WLADIMIR HERZOG, com as repercussões de todos conhecidas.

- Finalmente, às 13,00 hs de sábado passado, 17 Jan, ocorreu a morte, mais uma vez por enforcamento, do integrante do Sindicato dos Metalúrgicos de SP (o mais poderoso do Estado) MANOEL FIEL FILHO.

- Essa ocorrência, que me foi comunicada na manhã de 2a feira última, chegou ao conhecimento do Presidente da República na tarde de domingo.

- Quando soube do fato, expedi telex ao II Ex determinando apuração rigorosa dos acontecimentos, particularmente, da atitude dos encarregados da vigilância de presos, através de IPM.

- Pouco depois, fui chamado pelo Presidente da República que decidiu antecipar a movimentação do Gen D'AVILA MELLO, a qual já vinha sendo cogitada em face de estar no Comando há 2 anos (assumiu a 7 Jan 74) e de estar sobrecarregado com os acontecimentos anteriores. Determinou-me então, que fizesse o decreto. Às 16 hs o PR assinou a movimentação que foi dada a público. Aliás, no mesmo dia, assinou outro ato de movimentação do Gen Montagna.

- Isto, entretanto, de maneira nenhuma justifica a interpretação maliciosa e deturpada que setores da subversão, políticos, imprensa e sindicatos querem dar a um ato de serviço.

- Não concordo, sob qualquer pretexto, que se atinja a dignidade do Gen D'AVILA MELLO através de notas em jornais que o apresentam como inábil e outras coisas.

- Sobre isto, chamei ontem o Ministro da Justiça - ARMANDO FALCÃO - e disse-lhe que cabia a tomada de medida urgente e enérgica para coibir o abuso da Imprensa, pois a continuação de publicação de tais notas atingia a honorabilidade do Exército, através de um de seus Oficiais-Generais, e comprometia a Segurança Nacional. O Ministro procurou o PR e levou ao mesmo minha repulsa e pedido de providências. Estas foram determinadas e resultaram em diretas e enérgicas ligações do Ministro Falcão e diretores de jornais. Estes disseram ao Min Falcão que há notícias que são inseridas à ultima hora, burlando a ordem dos diretores .
- Aliás, já teve início a tentativa subversiva de alcançar posições vantajosas, perante a Nação, através do Sindicato dos Metalúrgicos. Ontem recebi telegrama do Presidente dessa Asso-

ciação classista que quero dar conhecimento aos Senhores:

(MANDAR LER OU DISTRIBUIR CÓPIA)

- Idêntico telegrama foi enviado ao Presidente da República e ao Ministro da Justiça e foi publicado, na íntegra, em O ESTADO DE SÃO PAULO de ontem.

- Verifica-se, assim, que os setores da esquerda pretendem explorar o caso em proveito de suas posições, lançando a opinião pública contra o Exército e a Revolução.

- QUERO OUVIR, AGORA, A OPINIÃO DOS SENHORES E SUAS SUGESTÕES SOBRE O TELEGRAMA.

- O texto não me permite agir no sentido de processar o Pres do Sindicato. Considero-o, porém, muito grave, pois revela a intenção de pressionar o Ministro do Exército a tomar providências - aliás já por mim tomadas - e de dar a impressão de que foram tomadas em conseqüência da ação do Sindicato. O pedido de audiência caracteriza um ardil para apresentar à opinião pública um compromisso do Exército, o que não deixa de ser uma forma de coação. O Ministro daria explicações aos representantes do sindicato e eles as tornariam públicas. Isto é incompatível com a nossa formação e dignidade. Visa, também, o telegrama lançar o operariado no quadro político e acirrar o povo contra o Exército.

É de se esperar um desdobramento desta atitude do presidente do sindicato, podendo até chegar à greve e agitações.

- As esquerdas estão iniciando passos audaciosos por se julgarem beneficiadas pelo que supõem ser um abrandamento das medidas de Segurança Interna. Quero dizer aos Senhores que o Presidente da República tem me assegurado, reiteradamente,que não permitirá que tal aconteça e não modificará as Diretrizes de Segurança Interna. Deve ser enérgica porém dentro da lei.

- Eu, de minha parte, mantenho minha posição de sempre de prosseguir no combate à subversão. Apenas quero que ela se faça de forma a não prejudicar a imagem do Exército, diante da opinião pública. Repito as palavras do Presidente: os Órgãos de

Segurança serão mantidos na estrutura atual; desejo somente que ajam com mais habilidade.

- Recomendo, pois, o máximo empenho em esclarecer os seus comandados sobre os fatos que aqui apresentei, manter a união do Exército a todo custo, não aceitando provocações e nem boatos dissociadores, mantendo a luta contra os subversivos de forma eficiente, porém sem criar novos fatos como os ocorridos.

EXMO. SR. GAL. SILVIO COUTO COELHO DA FROTA
DD. MINISTRO DO EXERCITO
BRASILIA - DF

SINDICATO TRABALHADORES METALURGICOS SPAULO TOMANDO CONHECIMENTO ATRAVES IMPRENSA NOTA OFICIAL COMANDO II EXERCITO INFORMANDO MORTE OPERARIO MANOEL FIEL FILHO VG SEU ASSOCIADO DESDE 1956 VG MATRICULA 50.355 VG OCORRIDA ULTIMO DIA 17 CORRENTE MES DEPENDENCIAS XADREZES DESTACAMENTO DE OPERAÇOES DE INFORMAÇOES DAQUELA UNIDADE MILITAR REPETINDO ASSIM LAMENTAVEL EPISODIO REGISTRADO MES DE OUTUBRO DE 1975 MORTE JORNALISTA WLADIMIR HERSOG VG DEVIDO RESPEITO PEDE VENIA COMPARECER PRESENÇA VOSSENCIA AFIM DE MANIFESTAR VEMENTE PROTESTO PELO OCORRIDO VG IMPONDO-SE ENERGICAS E IMEDIATAS PROVIDENCIAS SENTIDO APURAÇAO DOS FATOS E PUNIÇAO RIGOROSA SEUS RESPONSAVEIS VG BEM COMO IMPEDIR PRESOS POLITICOS CONTINUEM SER SUBMETIDOS CONSTRANGIMENTO E VIOLENCIA VG AFIM PREVENIR NOVAS OCORRENCIAS DA MESMA GRAVIDADE PT CIRCUNTANCIAS DESCONHECIDAS CAUSA MORTE OCORRIDA CARCERES POLICIA MILITAR PROVOCA INSEGURANÇA ET INTRANQUILIDADE PT SE MOTIVADA MORTE VIOLENCIA PRETESTO DEFESA SEGURANÇA NACIONAL VG MERECE REPUDIO POVO BRASILEIRO PT GARANTIAS CONSTITUCIONAIS E RESPEITO DIREITOS HUMANOS NAO CONSTITUE PREVILEGIO MAS REPRESENTA CONQUISTA CIVILIZAÇAO PT TRABALHADORES METALURGICOS CIENTES PROVIDENCIAS JA DETERMINADAS ILUSTRE PRESIDENTE DA REPUBLICA SENTIDO INVESTIGAÇAO ESCLARECIMENTOS OCORRIDO VG ENTRETANTO AGUARDAM INTERFERENCIA SENHOR MINISTRO PARA QUE RESULTADOS SEJAM TRAZIDOS CONHECIMENTO PUBLICO PT RESPEITOSAMENTE

JOAQUIM SANTOS ANDRADE

PRESIDENTE

SINDICATO DOS TRABALHADORES NAS INDUSTRIAS METALURGICAS, MECANICAS E DE MATERIAL ELETRICO DE SAO PAULO - RG. 2.626.252

ANEXO E

Aviso enviado ao Ministro da Justiça solicitando providências contra os abusos da imprensa

Aviso nº 13/4 BRASÍLIA, DF, 22 JAN 76

Senhor Ministro

Há dois ou três dias venho pedindo a V Exa enérgicas providências contra a Imprensa e, em particular, a de São Paulo, que, através de artigos violentos, injustos e revoltantes, tem procurado lançar o Exército contra o Governo e desmoralizar um de seus mais insignes Chefes, movimentado, por necessidade do serviço, em virtude de decisão presidencial.

Não obstante as providências que, estou convicto, V Exa tomou, esta campanha difamatória prosseguiu hoje no jornal FOLHA DE SÃO PAULO, agora em termos ultrajantes ao Exército.

Dentro do espírito que norteia o comportamento dos militares, espírito este de disciplina, compreensão e acatamento às decisões do Comandante Supremo das Forças Armadas, mostram-se todos, Generais e Oficiais, indignados com esta atitude da Imprensa que, valendo-se de uma circunstância de serviço, provoca, talvez guiada por elementos dissociadores nela infiltrados, a mais legítima repulsa.

Ao Exmo Sr
Dr ARMANDO RIBEIRO FALCÃO
DD Ministro de Estado da JUSTIÇA
N E S T A

- 2 -

Permita-me, Senhor Ministro, perguntar que imagem fa rá o povo do nosso Exército lendo o artigo que tanho a honra de encaminhar a V Exa, em anexo, assinado pelo jornalista ALBERTO DENIS .

Em face do exposto, solicito a V Exa seja responsabilizado o autor de tais infâmias, nos termos da Lei de Segurança Nacional, esperando que, desta vez, seja atendido o pedido do Ministro do Exército, que o faz em nome da defesa de sua classe e da dignidade de um General de prbbidade e caráter ilibados, com relevantes serviços prestados à Pátria, que está tendo sua honra conspurcada .

Ao ensejo, renovo a V Exa protestos de consideração e apreço .

Gen Ex SYLVIO COUTO COELHO DA FROTA
Ministro do Exército

ANEXO F | Portaria do Ministro do Exército com elogio ao general D'Ávila Mello

Portaria Ministerial n.º 111 de 23 de Janeiro de 1976

O Ministro de Estado do Exército, ao ensejo da exoneração do Exmo Sr General-de-Exército EDNARDO D'AVILA MELLO do Comando do II Exército e de sua nomeação para a Chefia do Departamento de Ensino e Pesquisa, resolve elogiá-lo nos seguintes termos :

Após dois anos de intensa atividade à frente do II Exército, cujo comando assumiu a 7 de janeiro de 1974, deixa estas importantes funções o Gen Ex EDNARDO D'AVILA MELLO, cercado do respeito dos seus subordinados e do reconhecimento do seu Chefe imediato .

No desempenho do cargo a que tanto se devotou, confirmou, uma vez mais, suas virtudes de caráter, seu contagiante entusiasmo e sua elevada capacidade profissional, sobejamente evidenciados em sua profícua vida militar .

Exercendo jurisdição sobre extensa área do território nacional, na qual se situam alguns dos mais adiantados núcleos populacionais e econômicos do País, bem como longas faixas de fronteira, procurou este ilustre Oficial-General inteirar-se das peculiaridades dessa vasta região, de forma a estabelecer adequadas medidas de segurança, externa e interna, e de relacionamento com as comunidades civis. Com este propósito, levou o estímulo de sua presença a praticamente todas as guarnições do seu Grande Comando, desenvolvendo louvável trabalho de esclarecimento e orientação.

Devotado à carreira que tanto tem dignificado - inclusive na guerra, quando distinguiu-se nos campos-de-batalha da Itália - dedicou especial atenção aos aspectos relacionados com a instrução e o adestramento dos quadros e da tropa, sem descurar-se de prover adequado apoio administrativo às Organizações Militares subordinadas. O alto grau de operacionalidade alcançado pelo II Exército é fruto, sem dúvida, da genuína vocação de soldado de seu Comandante, preocupado, antes de tudo, com a eficiência do complexo instrumento militar sob suas ordens.

Dotado de profundas convicções democráticas, suas posições foram sempre inspiradas em seu acendrado patriotismo e tomadas com clareza e dignidade. Estes mesmos sentimentos levaram-no a participar, ativamente e desde a primeira hora, da Revolução de 1964, em cujo desenrolar assumiu papel relevante.

Como membro do Alto Comando do Exército, sua atuação caracterizou-se pelo perfeito conhecimento da Instituição, aurido em várias comissões de relevo, exercidas no Brasil e no exterior. Seu caloroso sentimento de camaradagem e sua escrupulosa lealdade ofereceram-me, em mais de uma oportunidade, o apoio para a tomada de decisões delicadas, a respeito de problemas submetidos àquele alto órgão colegiado.

Ao agradecer a eficiente e prestimosa cooperação prestada à minha Administração por este distinto companheiro e amigo, louvo-o pelos resultados obtidos no Comando de que ora se afasta e formulo sinceros votos de felicidade em suas novas e importantes funções. (INDIVIDUAL).

Gen Ex SYLVIO COUTO COELHO DA FROTA
Ministro do Exército

CAPÍTULO 21

A inumação de uma denúncia

O mês de abril de 1976 – ano que se iniciara com os desagradáveis acontecimentos de São Paulo – nos traria muitos outros, não menos graves, embora livres de divulgação escandalosa.

Dentre estes destaco um acontecimento que considerei gravíssimo. Assim o julguei, não somente pelo seu caráter aparentemente venal como pela circunstância de estarem nele envolvidos elementos do mais elevado conceito no panorama político nacional.

Estávamos na primeira quinzena daquele mês quando entrou em meu gabinete, em Brasília, o Chefe do Estado-Maior do Exército trazendo na mão um documento. Habitualmente calmo, não escondia a sua preocupação, que se definia pelo interesse imediato de participar-me algo.

Despachava naquela ocasião alguns papéis com o meu ajudante-de-ordens; suspendi, entretanto, a audiência para atender o general.

Tomando a palavra, o Chefe do Estado-Maior do Exército, a quem estão vinculados diretamente, em maioria, os militares que atuam no exterior, disse-me que recebera de um dos nossos adidos militares na Europa uma comunicação bastante séria, porque, pelos termos da redação, era uma incisiva acusação a destacada autoridade diplomática servindo naquela área.

Fugindo o assunto à sua esfera de jurisdição, decidira manter comigo um entendimento prévio sobre o caminho a adotar na solução do problema que se apresentava. Opinava que deveria remeter à consideração do ministro todos os documentos relativos à delicada matéria, quer os já recebidos quer os que viesse a receber.

Concordei integralmente com o general Fritz e ficou assentada esta orientação no trato dos comunicados específicos à questão.

Realmente, no dia que se seguiu, recebi, trazido pelo general Chefe do Centro de Informações do Exército, cópias em "xerox" de dois rádios, emitidos pelo citado adido, nos quais estavam confirmadas as palavras do Chefe do Estado-Maior do Exército.[1]

O adido, que tivera a coragem moral de mencionar fatos de suposta corrupção, era oficial de excelente conceito, incapaz de uma leviandade. Fora compelido pela função a levar ao conhecimento de seu chefe imediato um informe que nem mesmo os mais céticos deixariam de transmitir. Independentemente das atribuições do cargo, sua formação militar o impunha e os nossos regulamentos o exigiam. Os fatos jorraram de fontes puras que sustentavam serem eles delituosos. Não revelá-los a quem de direito ia além da omissão. Era trair a Revolução e pactuar com o crime. O adido fez o que devia, mas talvez fizesse mal, num mundo dominado por interesses vis. Contudo, cumpriu seu dever funcional e, o que julgo de vital importância, tranqüilizou sua consciência de soldado. Demonstrou firmeza de caráter e merecia elogios por não ter se atemorizado.

O Chefe do Estado-Maior do Exército também fez o que devia.

Li e reli os documentos; então, borbulharam-me na mente judiciosas especulações. O Movimento de março de 1964 trouxera entre os seus mais caros objetivos o de sanear moralmente a Nação. Isto significava que esta deveria ser tratada, energicamente, das pertinazes enfermidades que, infeccionando a alma de um povo, deformam-lhe o caráter e aviltam-lhe os costumes. A corrupção – em suas numerosas modalidades – constitui o mais temido desses males, porque insidioso, é de difíceis diagnóstico e comprovação. A terapêutica aconselhável à cura não pode, pois, ser homeopática e branda, senão alopata e mediata.

Aos revolucionários, portanto, não bastava colimar aquele objetivo, tornava-se imperativo atingi-lo. Em caso contrário, desmoralizar-se-iam.

Assim, no panorama revolucionário, no quadro da nova ordem que há 12 anos vínhamos implantando, os dados do problema colhidos pelo adido deveriam ser equacionados com serenidade, mas sem perda de dignidade, visando a uma solução definitiva.

Não cabia, no entanto, ao ministro dar esta solução, porque se coubesse eu a teria dado. O assunto pendia de decisão governamental, por ultrapassar os limites da jurisdição militar.

---

1. Mensagens nº 294/BJ e nº 296-BJ de 9 e 12 de abril de 1976. (N.R.)

Decidi, por conseguinte, enviar cópia dos documentos ao general-de-divisão Chefe do Serviço Nacional de Informações[2] e encarreguei desta delicada missão um homem de notória e comprovada honradez – o general-de-brigada Chefe do Centro de Informações do Exército. Fiz-lhe a recomendação especial de entregar pessoalmente ao Chefe do SNI cópias dos documentos[3] e dizer-lhe que eu achava gravíssimas aquelas revelações.

Julgava, naquela ocasião, que, entre as primeiras providências a tomar, estaria a de convocar o autor da comunicação, para melhores e mais minuciosos esclarecimentos.

Ninguém vacilaria, pelo texto, em imputar à autoridade diplomática um comportamento de duvidosa honestidade. Este juízo só poderia ser desfeito mediante rigorosas investigações. Todavia, o homem-chave deste asqueroso evento estava na linha de subordinação do Exército e seu comparecimento para prestar declarações dependia de determinação ministerial.

Aguardava, conseqüentemente, que a vinda do adido fosse solicitada. Procurando, por isso, cooperar com o SNI, chamei na manhã seguinte o Chefe do CIE e ordenei-lhe que entrasse em ligação com aquele Serviço, indagando se desejava algo em relação ao caso comunicado na véspera.

Pouco tempo depois, voltou o general Chefe do CIE; trazia nos lábios um sorriso indefinível – que faria inveja ao pincel de Leonardo da Vinci. Pronunciou, quase balbuciou, algumas palavras de desilusão e disse, finalmente, que o general Chefe do Serviço Nacional de Informações mandara arquivar a documentação.

Confesso que me surpreendi, ou melhor, que não entendi a solução. Havia no desenrolar dos acontecimentos uma ilação que até os cérebros mais broncos teriam levantado com facilidade – existia ou um caluniador ou um corrupto.

Se existia um caluniador deveria ser processado; se existia um corrupto deveria ser punido.

Do meu ponto de vista só averiguações profundas, realizadas com extremas lisura e severidade, teriam condições de elucidar os fatos e definir, moralmente, seus protagonistas. Em contrário, esquecendo-se o caso, enfrentar-se-ia o risco de permanecer a suspeita, manchando a honra de, pelo menos, dois homens, quando apenas um merecia ser enodoado.

Enquanto estive no cargo de ministro, nada mais soube sobre este deplorável episódio. Se providências foram tomadas no sentido de colher a verdade, ignorei-as. Acredito, no entanto, que seria obrigatória uma informação do SNI ao Ministério do Exército, porquanto, por exigência funcional de manuseio dos documentos

---

2. General João Baptista de Oliveira Figueiredo. (N.R.)

3. Ofício nº 021-E/2.1, do Chefe de Estado-Maior do Exército ao Ministro do Exército, tendo entre seus anexos a Informação nº 144-S, cuja existência tornou-se mais tarde publicamente conhecida sob a denominação incorreta de "Relatório Saraiva". Ver, em anexo, o ofício, sem seus anexos. (N.R.)

e permissividade legal, vários oficiais do Estado-Maior do Exército e do Centro de Informações do Exército tomaram conhecimento da ocorrência. Deviam, por conseguinte, ser informados.

Tendo sido outro o procedimento, apareceram as inevitáveis especulações e a malícia compôs versões, enfeitando-as a seu bel-prazer.

Não vi razões morais para o governo revolucionário sepultar o evento nem as descobri, mais tarde, na elevação político-funcional da autoridade aludida. Estas atitudes depreciaram bastante o governo no âmbito militar. Se outros motivos houve para isso, provavelmente, foram de ordem política ou pessoal.

O caso de Jeremy Thorpe, líder do Partido Liberal inglês, levado às barras de um tribunal por prática de homossexualismo; o suicídio do ministro Robert Boulin, do RPR do general De Gaulle, acusado de transações imobiliárias irregulares; o caso Watergate, de Richard Nixon; e muitos outros, mostram que os países de instituições básicas fortes e inatacáveis não vêem perigo em processar autoridades, não usando o arquivamento.

Quando se lança uma acusação a qualquer pessoa de responsabilidade e brio o maior interesse de que seja apurada e esclarecida deve ser do próprio acusado – assim pensam os homens de bem. Uma causa que é justa e digna não se oculta no anonimato nem se escuda na proteção oficial.

Mas "os homens são o que são e não o que desejamos que sejam". A sabedoria divina, impregnando as palavras dirigidas a Moisés – *Ego sum qui sum* – comprova a verdade dessa sentença que jamais foi desmentida.

ANEXO

Ofício enviado ao Ministro do Exército contendo denúncias de corrupção

Ao CIE para encaminhar ao chefe do SNI, devendo a entrega deste documento ser feita, pessoalmente, pelo próprio chefe do CIE. O conjunto contém sete folhas.
Em 12-5-976.
Sylvio Frota.

Brasília, DF, 11 de maio de 1976

Of Nº 021- E/2.1
CONFIDENCIAL

Do Chefe do Estado-Maior do Exército

Ao Sr Ministro do Exército

Assunto: Informes do Adido do Exército em Paris (Encaminha).

Anexos: Informação Nº 144-S,
Informe Nº 62-S,
e Cópia do Telex nº 294/BJ.

Tendo em vista a gravidade dos fatos - consideradas as posições do informante e do objeto dos informes contidos nos documentos anexos - cumpro o dever de submeter, diretamente, à alta consideração de Vossa Excelência, a Informação Nº 144-S, de 29 de abril de 1976; o Informe Nº 62-S, de 30 de abril de 1976; bem como a cópia do Telex Nº 294/BJ, de 29 de abril de 1976, este último já do conhecimento de Vossa Excelência, todos da responsabilidade do Adido do Exército junto à Embaixada do Brasil em Paris.

Gen Ex FRITZ AZEVEDO MANSO
Chefe do EME

CAPÍTULO 22

A visita ao Congresso Nacional

Durante a semana de agosto dedicada às comemorações do Exército, recebi do presidente do Congresso Nacional, senador Magalhães Pinto, um convite para comparecer à sede do Poder Legislativo a fim de receber uma homenagem que a Câmara e o Senado reunidos desejavam prestar ao ínclito marechal do Exército Luiz Alves de Lima e Silva, Duque de Caxias e patrono do Exército Brasileiro.

Entrei imediatamente em ligação com o presidente do Senado para agradecer a distinção do Congresso e, também, para dizer-lhe da impossibilidade de estar presente, naquela semana, à honrosa manifestação de apreço com que nos distinguiram ilustres senadores e deputados. Uma agenda repleta de compromissos já assentados, em planejamento difícil de alterar, forçava-me, com bastante desagrado, a esta decisão.

Usando da cortesia que lhe é peculiar, acenou-me o senador Magalhães Pinto com a transferência da reunião para outra data que ficaria a critério do ministro. O que o Congresso desejava era homenagear o Duque de Caxias, a escolha do dia seria de menor importância.

Ficou então ajustado o dia 2 de setembro, na Semana da Pátria, para o comparecimento ao Congresso. Homenagear-se-ia o patrono do Exército no período em que toda a Nação Brasileira estivesse empenhada nos festejos de nossa Independência. Que momento mais propício poderiam escolher para os representantes do povo enaltecerem o homem que preservou, por suas excelsas virtudes, a unidade da Pátria?

No dia 2 de setembro dirigi-me ao Congresso, acompanhado de 50 generais. Compareceram também à cerimônia dez ministros de Estado, o presidente do Supremo Tribunal Federal, o governador do Distrito Federal, o arcebispo de Brasília e autoridades de vários setores administrativos.

Depois de compor a Mesa, o senador Magalhães Pinto, à guisa de preâmbulo, relembrou que o "Duque de Caxias, senador, ministro de Estado e presidente do Conselho de Ministros do Império, foi um patriota a serviço do Brasil e um cidadão a serviço da paz entre seus concidadãos e no convívio com os nossos irmãos vizinhos".

Esqueceu-se o ilustre presidente do Congresso – absorvido pelo sentido cívico-político da homenagem – de realçar que Luiz Alves de Lima e Silva foi o único DUQUE na nobiliarquia brasileira; comandante-em-chefe das forças militares do Império na Guerra do Paraguai; autor da mais bela concepção estratégica da História Militar Brasileira – a manobra de Santo Antônio – e que, após ter vivido glórias de príncipe, morreria no sítio do Desengano – nome adequado a seu estado de espírito – amargurado com as injustiças e perseguições humanas. Poderia ter ressaltado que, assim, na solidão de um solar colonial, findara-se o baluarte da unidade nacional, o sustentáculo do Império, assistido apenas por sete pessoas amigas.

As duas brilhantes orações que se seguiram focalizaram o pacificador de ângulos diferentes, porém sob conceitos precisos e justos. O senador Benjamim Farah viu-o na vida pública e o deputado Marcelo Linhares nele personificou as Forças Armadas, dando ênfase à importância destas na integração nacional e na "garantia dos poderes constituídos, da lei e da ordem".

O Ministro do Exército, por motivos de ordem regimental, deixou de ler, na ocasião, o agradecimento aos membros do Congresso pela emocionante manifestação de respeito à memória do Duque de Caxias. Todavia, remeteu-o ao presidente do Congresso, visando à divulgação e ao conhecimento dos parlamentares.

Encerrada a primeira parte da cerimônia, palestrei longamente com os congressistas presentes, dominando, como era natural, um ambiente de absolutas franqueza e cordialidade nas apreciações e conceitos emitidos sobre assuntos vários.

Conversava com o senador Agenor Maria, de quem me considero amigo, num grupo do qual faziam parte os senadores Magalhães Pinto e Marcos Freire, este representante do estado de Pernambuco, quando aquele senador aludiu à próxima passagem de Comando do IV Exército, em Recife. Declarou-me desejar assisti-la e indagou se havia restrições quanto a isso.

Respondi-lhe que o ato militar seria público, não existindo, portanto, qualquer obstáculo à sua presença.

Justificou o senador a pergunta, esclarecendo que julgava ser necessário um convite para credenciá-lo à entrada no local.

— Então, o senhor está convidado, por mim, senador, para assistir à transmissão de Comando do IV Exército, no dia 9, em Recife.

Esta foi a minha resposta, à qual acrescentei:

— O senhor é um senador da República, por que não poderá comparecer a um ato militar público? Reitero-lhe o convite.

O senador Agenor Maria, homem de firmes convicções democráticas, a quem, repito, muito estimo, voltando-se para o lado em que se encontrava o senador Marcos Freire indagou, hesitante:

— E o Marcos pode ir comigo?

Não vacilei na resposta:

— Como não! Estendo o convite ao senador Marcos Freire!

Este fato, no qual nem os mais poderosos telescópios descobririam, nos céus de nossas consciências, qualquer partícula ideológica ou de preconcebida maldade, foi explorado com rapidez e intensidade pelo famigerado grupelho do palácio do Planalto e seus comparsas no IV Exército.

O prosseguimento da narrativa homologará o que acabo de afirmar.

A repercussão de minha visita ao Congresso, acompanhado de meia centena de generais, foi profunda e intensamente favorável não só ao Exército como ao ministro.

A imprensa esmerou-se em referências elogiosas à atitude do ministro, ressaltando que, desde 1964, não se via um comparecimento de tantos generais, num só dia, ao nosso Parlamento. Comentários e opiniões, em particular, sobre trechos do agradecimento do Ministro do Exército, publicado em todos os grandes jornais, foram unânimes em aplausos e encômios às idéias ali expendidas.

No sábado, dia 4 de setembro, achava-me no Rio, em minha residência particular, quando recebi de Brasília um telefonema do Chefe do Centro de Informações do Exército. Não era hábito do general telefonar-me por motivos de pouca importância, por conseguinte dei a máxima atenção à notícia que me transmitiu. Soubera, disse ele, por fontes ligadas ao presidente, que este estava indignado com o fato de eu ter convidado o senador Marcos Freire para assistir à passagem de Comando do IV Exército. O presidente, segundo fora informado, era inimigo do senador Marcos e considerara, ao que dizia, uma desconsideração da parte do Ministro do Exército o tal convite. O general Chefe do CIE, preocupado com o que poderia acontecer, aconselhava-me, pois, a explicar ao presidente o que, na realidade, ocorrera, escoimando o fato das peçonhentas intrigas. Julgava interessante fizesse eu uma ligação telefônica para a Granja do Riacho Fundo, onde descansava o general Geisel.

Atendendo à sugestão, comuniquei-me com o presidente e contei-lhe o ocorrido. Ao terminar declarei:

— Não sabia que o senhor era inimigo do senador Marcos Freire, entretanto, de qualquer maneira, não poderia deixar de convidá-lo, em especial, pela circunstância de ter manifestado vontade de comparecer à cerimônia.

Respondeu-me que não era inimigo do senador Marcos Freire, mas que não gostava dele, porque, quando estivera no Congresso, em sua primeira visita, aquele senador evitara cumprimentá-lo, afastando-se da fila para isso formada.

Na área militar do IV Exército, ao ser conhecida a visita ao Congresso, noticiada com alarde pela imprensa, o convite por mim feito ao senador espicaçou a suscetibilidade dos pretensos exegetas dos postulados revolucionários, entre os quais estava o Comandante da 7ª Divisão de Exército, general-de-divisão José Maria de Andrade Serpa. Afloraram, então, nas perguntas e ponderações, os primeiros sintomas de desagrado pela presença do senador Marcos Freire no ato de transmissão de comando daquele Exército. Citavam-no como um reacionário de esquerda e contestador da Revolução de março de 1964. A restrição mais renitente era a de que não se poderia colocar num mesmo local o ministro, o governador do estado e o senador da oposição.

A experiência militar ensinara-me que não se atinge o patamar da insubordinação sem subir todos os degraus da indisciplina. Visando, portanto, a cortar o mal pela raiz, mandei ao Quartel-General do IV Exército o meu Chefe-de-Gabinete, general-de-brigada Bento José Bandeira de Mello, com a ordem de que os senadores iriam à cerimônia e deveriam assistir a ela em lugar compatível com sua posição e prevista no cerimonial nacional. Esta era a minha determinação.

Houve, ainda, alguns empecilhos de caráter meramente político, solucionados, porém, pelo bom senso, que nessas oportunidades às vezes aparece, embora acidentalmente.

No dia 10 de setembro, o ato público da passagem do Comando do IV Exército efetuou-se, normalmente, com a presença das autoridades convidadas, inclusive dos dois senadores.

Examinando-se todos estes acontecimentos podemos verificar como é difícil a verdadeira conduta democrática, num regime em que se embaralham política com militarismo. Homens formados de modo diferente tendem a adotar soluções diferentes nos conflitos em que se vêem envolvidos.

O político, educado para transgredir, no caminho do poder contemporiza, preferindo ceder em parte a perder em todo. Usa a acomodação como método, trocando "isto" por "aquilo" para preservar, em latência, uma parcela do poder.

O militar, preparado de outra maneira, vê na acomodação uma transigência lesiva aos seus pontos de vista e autoridade. Age pela dominação, seu método favorito, intentando, por isso, impor suas soluções.

Naturalmente, estas apreciações são feitas em tese.

Fui sempre contrário à participação do militar na política. Não pretendo dizer com isso que deva alhear-se dos eventos políticos, visto que sua missão constitucional o coloca, perante a Nação, como responsável pelo regime. O que desejo acentuar é que considero perniciosa a imisção rotineira do militar na política.

Considerações mais profundas sobre este assunto já foram feitas pelo nosso historiador Oliveira Vianna, quando aborda "o papel do elemento militar na queda do Império".[1]

O Comandante da 7ª Divisão de Exército – homem ligado à corrente do general Golbery – era militar que, em sua carreira, penetrara demais na política. Tinha os seus conceitos sobre o senador e queria impô-los às demais pessoas. Não se tratava de debater suas opiniões, se estavam certas ou erradas, mas sim de cumprir uma determinação superior.

Parece-me que toda a celeuma prendia-se à circunstância de pertencer o senador ao partido da oposição e ser apontado como "homem da esquerda". Julgo, também, que as habituais quizilas da política provinciana não estiveram ausentes às incipientes reações.

Ao falecer, em junho de 1979, como Chefe do Estado-Maior das Forças Armadas, aquele chefe militar, se tivesse mantido os seus pontos de vista iniciais, certamente deveria estar preocupado com o rumo dos acontecimentos. Em face da incoercível paixão do governo pelos "homens da esquerda", do reconhecimento público de uma organização terrorista – a OLP –, do cândido namoro com a República de Cuba – anunciado publicamente – e da revoada de inocentes pombos – em que foram convertidos, por milagre da "abertura", velhos abutres marxistas – na busca de uma anistia ampla, como se sentiria ele que era tão rigoroso com os "homens da esquerda"?[2]

Contou-me um general – de alto gabarito moral – que o antigo comandante da 7ª Divisão de Exército dissera-lhe, após ter sido promovido ao elevado posto de general-de-exército, que o caminho do Brasil era o socialismo. Acredito que tenha havido interpretação errônea, porém, se não existiu, o ilustre general deve ter "evoluído" – no dizer dos marxistas, é claro.

A coerência, para mim, continua a ser uma qualidade que estabelece a harmonia entre o que se disse, o que se diz e o que se dirá. É, portanto, uma garantia

1. *O occaso do Império*. 2a ed. São Paulo: Melhoramentos, 1933, p.131.

2. E hoje, em novembro de 1982, momento em que faço esta anotação ao que já estava escrito desde 1979, como se sentiria ele, pergunto novamente, assistindo à eleição dos cassados pela Revolução, muitos deles assassinos de nossos companheiros? Como veria a posse do maior agitador de 1964 num governo estadual e a presença do novo governador num palanque oficial, assistindo ao desfile do Dia da Pátria ao lado das maiores autoridades militares, recebendo a continência da tropa? Teria um infarto fulminante?

de comportamento, inata dos homens sensatos; os doidos e os pobres de espírito não a podem dar.

As Parcas não isentam os homens do julgamento histórico, que só será válido se alicerçado, sem aversões ou simpatias, no relato fiel dos acontecimentos. A posteridade que o faça nestas bases, pois terá condições para tanto.

Entre o julgamento do cadáver de Cromwell, ordenado por Carlos II, e a coroação do de Inês de Castro, colocado no trono português por D. Pedro I, está o abismo que separa o Ódio do Amor – cinzéis com os quais nunca se poderá gravar, imparcialmente, os fatos na História.

CAPÍTULO 23

As comemorações da independência do Chile

O mês de setembro reúne três grandes datas da gloriosa Nação chilena. A maior delas é a de sua independência, iniciada com a declaração de 18 de setembro de 1810, por Toro y Zambiano, sob aclamações populares e ao som da Marselhesa – a inesquecível canção da liberdade – e consolidada, quase oito anos depois, nas planuras de Maipú, com a vitória das armas argentino-chilenas sobre os espanhóis.

As duas outras, também magnas datas, são o Dia das Graças do Exército e o Aniversário da Revolução Democrática, festejados a 19 e 11 respectivamente. Na primeira delas homenageia-se o brioso exército daquele país andino, lídimo herdeiro da bravura e índole aguerrida dos indomáveis araucânios, que pelo espírito de luta e amor à liberdade contiveram, por séculos, fora de seus domínios os conquistadores castelhanos.

O aniversário do movimento revolucionário de 1973 é glorificado em canções populares e manifestações de júbilo pelos chilenos livres, desde a cálida região do Atacama às margens frias do estreito de Magalhães. A importância dessa data, como a nossa de 31 de março, não se restringe apenas ao Chile, mas a toda a América, pela decisiva influência que teve na contenção do expansionismo marxista.

O Presidente da República, em 8 de setembro, honrou-me com a nomeação para chefe da delegação brasileira que iria representar o nosso país nas comemorações da independência do Chile.

Partimos de Brasília, eu, três oficiais e o inteligente e culto secretário do Itamaraty Luiz Brum de Almeida e Souza, num HS da nossa Força Aérea.

Tocamos em Assunção, onde tive a oportunidade de rever o Ministro da Defesa do Paraguai, vários generais e os membros da nossa Missão Militar que compareceram ao aeroporto para prestigiar a delegação brasileira, fato que muito nos sensibilizou.

A transposição dos Andes é um espetáculo único! Ali se extasia o homem ante as portentosas montanhas e a beleza do cenário.

No aeroporto de Santiago, aguardavam a nossa delegação o Ministro da Defesa daquele país, general-de-divisão Herman Brady Riche, e autoridades militares. À disposição do chefe da delegação brasileira ficou o general-de-brigada Pedro Erwing Hodar, de destacada atuação na revolução chilena, porquanto como coronel de infantaria participou do cerco e ataque ao palácio de La Moneda.

Estava presente, também, o nosso embaixador Expedito Resende, eminente vulto do Itamaraty, a cuja inteligência e dedicação ficamos – todos nós – devendo o bom êxito de nossa missão.

A passagem pelo Chile, no período pós-revolucionário, foi uma experiência de férteis resultados, pois permitiu interessantes observações quanto às idéias dominantes no país, quer do ponto de vista político quer do militar.

Do longo e extenuante programa a que estávamos jugulados, sobrou-nos, entretanto, algum tempo para sentir as reações populares e as opiniões militares sobre a situação, não só chilena, como ainda americana e mundial.

Com o objetivo de definir este pensamento, saltitarei pelos pontos principais de nossa estada na pátria de O'Higgins, visto que seria maçante agir de outro modo.

Já que aludi ao nome do libertador do Chile, devo dizer que um de nossos primeiros atos oficiais foi o de colocar, na estátua de Bernardo O'Higgins, uma *corbeille* de flores, na homenagem singela do Exército Brasileiro.

A multidão aglomerada na Plaza Bulnes brindou com vibrante salva de palmas a delegação brasileira, numa inconfundível manifestação de simpatia e destaque ao Brasil.

Estávamos diante do monumento do homem que, vencedor na batalha de Maipú, onde lutara ferido e com febre, preferira abandonar o mando a dividir a Nação chilena, e fora morrer exilado no Peru.

O Exército Brasileiro tributava-lhe, por isso, um preito de admiração e respeito.

A ingratidão dos contemporâneos não traz a marca da nacionalidade nem a dos séculos. O povo também se cansa de seus heróis vivos, disse um dia, há milênios, um rústico camponês grego ao grande ateniense Aristides, lançado ao ostracismo pelas intrigas políticas de Temístocles – como o foram San Martin e O'Higgins pelas de seus compatriotas. Entretanto, paradoxalmente, não se fatiga de comemorar os seus feitos.

Na suntuosa catedral de Santiago assistimos, num sábado frio, a um *te deum* de caráter ecumênico. A temperatura das pregações e cânticos, contudo, não correspondia à do meio ambiente. Os representantes das religiões participantes da cerimônia, com exceção do arcebispo de Santiago – cardeal Raul Silva Henríquez –, foram comedidos em suas prédicas e referências à revolução chilena, comportamento aconselhável e digno num templo. Todavia, o ilustre prelado católico acutilou com termos agressivos o governo chileno, beirando o descontrole, quando disse que a revolução fora necessária, mas que não se podia substituir a violência por outra violência.

Presentes todas as delegações estrangeiras e a Junta do Governo, uma sensação de mal-estar dominou a assistência. Os membros da Junta, no entanto, mantiveram-se serenos; deles apenas o almirante José Toríbio Merino de Castro com dificuldade conteve sua revolta, o que foi evidente pela intranqüilidade das mudanças de posição.

No dia seguinte, um almoço restrito aos representantes do Brasil, Argentina e Espanha foi oferecido pela Junta, compartilhando da reunião, também, o Ministro da Defesa. A refeição transcorria com muita cordialidade, mantida a palestra no terreno dos assuntos vulgares, quando o almirante Merino, não podendo suster os impulsos de seu temperamento, abordou passagens do *te deum* da véspera, lamentando que a religião de Cristo, que sempre se assentara numa ética de respeito à verdade e tolerância nos julgamentos, viesse a público, pela palavra de um de seus maiores dignitários, dar guarida a calúnias disseminadas pelos marxistas.

Evoluiu a conversa para a urgência, que se impunha, de uma melhor compreensão dos governos na luta contra o comunismo. Destilavam-se nas populações mentiras e instigavam-nas contra as autoridades. Serviam-se para isso os marxistas dos conhecidos inocentes úteis.

Em face do crescente domínio do litoral ocidental da África pelos soviéticos, surgira, aventada pelos norte-americanos, a idéia de um tratado de defesa para o Atlântico Sul, à semelhança do que já existia para o Atlântico Norte. Opinava o almirante Merino – com muita razão, aliás – que um documento desta espécie iria criar dificuldades, justamente, em relação a países da margem oriental do Atlântico Sul, por ele também banhados, que se encontravam sob flagrante influência soviética. Isto seria um disparate, se não fosse uma decisão estúpida.

Concordei, integralmente, com o raciocínio expendido.

Não deixaria de agradar aos russos um tratado que lhes desse motivos para concentrar sua esquadra na baía de Conacry – República da Guiné –, base que usaram para apoiar os comunistas de Angola, ou mesmo em Luanda.

Prosseguindo em suas considerações, disse o almirante julgar mais conveniente um Tratado do Cone Sul, incluindo os países da América que se empenham na preservação democrática. Não acreditava surgissem óbices a uma sugestão desse teor. Quem se oporia à consecução de um projeto com os objetivos nítidos de conter a expansão marxista? E continuou:

— O Chile não é comunista; a Bolívia, o Uruguai e o Paraguai, da mesma maneira, não o são.

Voltou-se, então, para o brigadeiro Orlandi Agosti – membro da Junta Militar da Argentina – e interrogou-o:

— A Argentina é comunista?

A resposta do brigadeiro foi imediata:

— Absolutamente! De modo nenhum.

Dirigindo-me a palavra, cortesmente, indagou:

— E o Brasil, general? Penso que, ainda, não é comunista...

Senti a picada de ironia; porém, sem demonstrá-lo, retruquei com voz firme:

— Não é, nem será comunista!

A palestra retornou ao campo das generalidades sobre o país amigo e o almoço encerrou-se com um brinde do presidente Pinochet aos países ali representados.

À tarde deste domingo teríamos a grande parada militar, de especial interesse para todos nós.

No hotel, enquanto descansava, aguardando a hora do desfile, repensei a frase do almirante Merino, que não conseguia esquecer.

Por que aquele advérbio AINDA?

Era, pareceu-me, a forma de um homem emotivo dizer, embora eufemicamente, das suas dúvidas sobre os caminhos políticos do governo brasileiro.

Tocou-me fundo aquela frase, visto que idênticas suspeitas haviam me assaltado, pelo que tinha visto e ouvido nos corredores palacianos do Planalto.

O desfile militar mostrou-nos uma tropa bem exercitada e de rígida disciplina. Como novidade, para nós brasileiros, as unidades de montanha, usando uniforme de campanha branco e equipamento reduzido. Outro aspecto interessante foi o das formações de mulheres carabineiras.

A equitação e o salto foram sempre esportes cultivados com entusiasmo e êxito pela Cavalaria chilena, que teve em sua história um cavalo – Huaso – detentor do recorde mundial de salto em altura – 2,47 metros. Na véspera do regresso, assistimos na Escola de Cavalaria de Quilhota, na costa do oceano Pacífico, a excelentes demonstrações dessas especialidades.

Guardamos do Chile e de seu governo a mais cara das impressões. Povo amigo do Brasil, distinguiu-nos em todos os momentos. Adepto fervoroso da democracia, prestigiou com aplausos espontâneos – que testemunhamos em oportunidades e locais diversos – os chefes de sua Revolução, em particular o presidente Pinochet. As mulheres, exultantes durante os festejos, não ocultavam informações sobre o período da ameaça comunista, lembrando terem sido, nas marchas de protesto realizadas, agredidas pelos marxistas, que lhes lançavam ao rosto batatas nas quais cravavam lâminas de barbear, tentando feri-las nos olhos e faces. Não esqueciam o pavor que lhes causaram os ratos e sapos jogados sobre elas.

Vimos no Chile uma sociedade e um povo felizes, integrados na luta pelo engrandecimento de sua Pátria sob ditames democráticos.

O regresso ao Brasil ocorreu a 21; estivéramos cinco dias em convivência com aquela Nação andina.

CAPÍTULO 24

A administração do Exército em 1976

O administrador militar não difere, de modo geral, do administrador civil, porquanto ambos adotam, basicamente, os mesmos princípios. A sutil diferença está na circunstância de que nas duas faces da administração – a comum e a específica – embora interdependentes, na esfera castrense a segunda tem predominância absoluta sobre a primeira.

É fácil explicar este aspecto peculiar às Forças Armadas. Se tudo no militar visa, prioritariamente, ao emprego de suas forças em combate, por conseguinte é preciso prepará-las, sem mitigar recursos ou trabalhos, para fazê-lo com eficiência e êxito; nasce aí aquela imposição. Pode-se dizer que este pensamento, contido na expressão "prover e empregar", define bem a dicotomia do problema militar. Prover não foge aos processos habituais de administração, enquanto empregar é ação vinculada à doutrina militar.

Não se pode administrar com sucesso sem planejar atividades, no entanto a exeqüibilidade deste planejamento assenta-se no confronto judicioso de nossas necessidades de toda espécie com as disponibilidades de recursos.

Há quem, habituado à beleza e ao impacto das frases feitas e, também, à irresponsabilidade da incontinência verbal, diga que administrar é muito fácil, porque nada mais é do que estabelecer prioridades. Considero esta uma definição excelente para ser proferida em conferências ou eventuais entrevistas, apesar de um pouco leviana. A grande dificuldade consiste, justamente, em fixar estas prioridades visto que, quando a realidade evidencia o choque dos parcimoniosos recursos – traduzidos por minguadas verbas – com a exigência de medidas vitais, e por isto intransferíveis, o planejador angustia-se, muitas vezes sem esperanças, na busca de uma solução vantajosa.

Nestas ocasiões, solicitado em várias direções, toma com freqüência a decisão – inadequada e pusilânime – de pulverizar os recursos pelos setores a administrar, agradando a todos sem produzir algo de útil e construtivo em qualquer deles.

Um homem que age deste modo deve se sentir na incômoda posição do protagonista do famoso argumento de Buridan, em sua ilustração do livre-arbítrio. Certamente não morrerá de fome ou de sede, mas mui provavelmente será citado por sua incapacidade administrativa.

Rejeitei sempre este procedimento por julgá-lo contemporizador e pernicioso à administração, adotando em todos os meus comandos a linha de ação de atribuir a maior soma de recursos às realizações imperativas, reservando às demais providências um apoio menor, indispensável à manutenção.

Ao assumir o Ministério, a par de uma série de problemas normais de uma instituição em que despesas inadiáveis superavam de muito as verbas concedidas, percebi que os meus comandados – especialmente os da tropa – aguardavam, ansiosamente, realizações reclamadas como imprescindíveis ao Exército para bem cumprir sua missão constitucional.

Esperavam que, pela minha vivência com a tropa, de todos conhecida, melhor compreendesse suas aspirações e me valesse do ensejo para concretizá-las. Impunha-se, portanto, uma análise rigorosa das necessidades levantadas, aferindo-as bem, num critério de exclusivo interesse da coletividade, para separar, finalmente, o SUPÉRFLUO do ESSENCIAL.

Fixava-se aí o ponto dolente da questão.

Brasília nascera sob o signo do fausto e da ostentação, reavivando uma mentalidade de desmedidos conforto e luxo, que reacendeu a chama ufanista, já semi-apagada pela realidade nacional. As obras faraônicas ali realizadas são, ainda do meu ponto de vista, conseqüências dos resíduos afro-índios magnificamente focalizados por Afonso Arinos em seu livro sobre a civilização brasileira.[1]

A eficiência não está vinculada à abastança, pelo contrário, prende-se mais à sobriedade. Não há que temer a simplicidade, porque não é sinônimo de indigência. A magnificência é saborosa mas debilita as resistências morais. Alexandre o Grande tentou helenizar o Oriente, entretanto, fascinado pela pompa e pelos esplendores das realezas orientais, sucumbiu alheio às virtudes gregas.

O desprezo pela economia, outro dos resíduos citados, era uma das constantes do panorama brasiliense. As residências suntuosas destinadas aos ministros e altos fun-

---

1. Afonso Arinos de Mello Franco, *Conceito de civilização brasileira*. São Paulo: Companhia Editora Nacional, 1936, p.134.

cionários federais eram, em norma geral, modificadas em sus instalações e ampliadas em dependências, sem a menor justificação objetiva, ao gosto de cada novo ocupante. Visando a mantê-las brotaram soluções discutíveis do ponto de vista moral.

Finalmente, no julgamento administrativo, inverteu-se a lógica das prioridades, passando o ESSENCIAL a ser SUPÉRFLUO e este a ESSENCIAL.

O Exército, incrustado nesse ambiente, foi afetado pela mentalidade dominante.

A eficiência do Exército estava e está condicionada ao seu preparo técnico e à assistência social aos seus membros; esta última assegura-lhes a tranqüilidade de espírito para exercer a profissão.

Determinei, de início, um levantamento de todas as nossas necessidades materiais; providência que ficou a cargo do Estado-Maior do Exército. Esta tarefa, que deveria ser rápida, foi, contudo, penosamente lenta. As informações eram colhidas pelo consuetudinário e arcaico processo dos mapas, sendo trabalho fatigante conseguir interpretá-las, em face de suas discordâncias constantes.

Com o objetivo de mostrar as estapafúrdias disparidades desse confronto, basta relatar que os dados remetidos pelas Regiões Militares jamais foram iguais à soma dos enviados pelas unidades que lhes eram subordinadas, nem os mapas locais daquelas coincidiam com os dos órgãos provedores.

Como poderia eu planejar a aquisição do material e definir a prioridade dessa obtenção se desconhecida a existência precisa de cada artigo?

O general Fritz, Chefe do Estado-Maior do Exército, ficou preocupadíssimo com as dúvidas e divergências afloradas nos trabalhos. As falhas não poderiam ser atribuídas à negligência ou a equívocos na manipulação dos mapas, sendo de admitir ocorressem por circunstâncias peculiares ao nosso Exército. Realmente, organizações militares, salpicadas por todo o país, muitas em locais de precárias comunicações, dificultavam o controle dos dados remetidos.

Entretanto, a causa principal desta balbúrdia situava-se no ultrapassado processo de arrolamento usado.

Nesse labirinto só existia uma saída – a da mudança do processo de colheita de dados para um sistema moderno, eficiente e rápido.

O Centro de Processamento de Dados do Exército, em vias de organização, solucionaria o problema.

Outra providência de caráter prioritário, cuja realização, quer pelo interesse técnico quer pelas repercussões econômicas, reclamava urgência, era a criação de um órgão que incentivasse e controlasse a produção bélica no Brasil.

Já tendo abordado este assunto permito-me, contudo, em vista de sua importância, a apreciá-lo, ainda, em ligeira síntese.

Das vantagens que nos traria essa indústria – passado o período difícil da transição do setor militar para o civil – disse-o, publicamente, no dia em que foi criada a Indústria de Material Bélico.

Hoje, as exportações de armamento e a sua fabricação no Brasil mostram o acerto da medida tomada em 15 de julho de 1975.

A marcha para a consolidação da Imbel, todavia, foi feita através de terrenos escarpados, somente vencidos pela pertinácia dos idealistas. As restrições iniciais contiveram por seis meses a aprovação de seus estatutos; a indicação de seu presidente – um general de elevado conceito moral e profissional – demorou dois meses para atravessar, lentamente, o filtro das apreciações palacianas, e a absorção das fábricas militares, selando definitivamente a independência da Imbel, aguardou 14 meses, na luta diária para vencer resistências criadas pela legislação vigente, sem que algo se fizesse para atenuá-las. Finalmente, a 1º de junho de 1977, integraram-se as fábricas militares à Indústria de Material Bélico.

O grande passo estava dado e o caminho a trilhar não dependeria mais de mim a partir de outubro de 1977. Que a caminhada, em benefício do Brasil, conduza à libertação econômica nesse setor!

Já aludi aos três grandes empreendimentos,[2] no campo social, que constavam de meus planos ao assumir o Ministério do Exército, todos eles pedidos com insistência pelos meus comandados.

Um deles, o Colégio Militar para Brasília, cidade onde se localizaram grandes efetivos das Forças Armadas, transformara-se numa quase obsessão dos militares. Referi-me à questão, de modo genérico, no início deste livro; desejo agora tratá-la em minúcias. Como foi dito, encontrava-me em delicada posição – o governador do Distrito Federal declarava-se sem condições para cumprir um convênio, assinado pelo seu antecessor, que o responsabilizava pela construção daquele educandário. Os trabalhos de engenharia resumiram-se em um serviço de terraplenagem e algumas escavações com um ou dois incipientes alicerces. Praticamente nada tinha sido feito, além do aplainar do terreno. Por outro lado, a ansiedade pela edificação do colégio persistia.

Acresce, ainda, que o governo não proporcionaria, como não proporcionou, verbas para esta realização.

Decidi, então, com os recursos do próprio Fundo do Exército, encetar a construção do Colégio Militar, sob a integral responsabilidade do Exército. As obras estavam programadas para três fases. Dei ordem ao Chefe do Departamento de Engenharia e Comunicações para iniciar a construção da primeira fase, constante do pavilhão de administração e de um pavilhão de aulas, afora outras dependências.

Vali-me, para isto, dos recursos obtidos pela Comissão Executiva de Alienação de Imóveis (Ceai); no entanto, estas possibilidades financeiras eram parcas, não

---

2. Construção, em Brasília, de um Colégio Militar, do novo Hospital Central do Exército e de um Clube do Exército.

obstante o dinamismo e a dedicação com que o general-de-divisão Ênio Pinheiro dos Santos dirigia aquela Comissão.

Pretendi, a esta altura dos acontecimentos, buscar apoio nos meus colegas, os ministros militares, visto que o Colégio Militar recebia, em igualdade de condições, os filhos dos militares de qualquer Força.

Não fui feliz nesta tentativa, porque nenhum dos meus dois ilustres colegas deu sequer atenção ao meu pedido de uma cooperação financeira.

Procurei, em conseqüência, conversar com o Ministro da Educação, militar integrado na política, que talvez entendesse as vantagens para o seu setor ministerial da implantação em Brasília de um educandário daquele porte e tradição. Convidei-o e a outras autoridades da área econômica federal para um almoço no Ministério do Exército; então, valendo-me da oportunidade, fiz-lhes uma exposição, à vista de maquetes, da obra ensejada, de seus custos e das dificuldades de realização. Lamentavelmente todo o nosso esforço para sensibilizar os ilustres visitantes foi perdido. O ministro Ney Braga prometeu apenas examinar a possibilidade de obter um auxílio de dez milhões de cruzeiros para uma obra orçada em mais de duzentos e cinqüenta milhões, e ainda assim não assegurou o obtivesse.

A questão educacional, por princípio, pertence àquele ministério, todavia o Exército arca com a quase totalidade das despesas de um ensino que não lhe cabe, obrigatoriamente, ministrar. Dele se servem todos, inclusive os civis, e de sua eficiência, padrões morais e rigor falam, nas épocas oportunas, os responsáveis pelos candidatos à matrícula, na ânsia de conseguir vagas.

Reconheço que esse descaso por um empreendimento que tantos benefícios traria à população de Brasília deixava-me perplexo.

O Presidente da República, a quem participei o reinício das obras, abandonadas nos alicerces, e ao qual dei notícias constantes da evolução dos trabalhos, nunca concedeu ao Exército recursos específicos para o prosseguimento da construção, e o ministro Ney Braga, forçado pelas circunstâncias, estava pretendendo dar-nos um óbolo e não um apoio substancial.

O Exército nada estava postulando, porquanto a missão de educar, a rigor, naquele nível e tipo de ensino, não lhe cabia. O que se desejava era uma cooperação, que deveria ser feita em termos elevados. Nós compreendíamos a histórica vocação militar para o sacrifício, desde que beneficiasse a Nação, e nos orgulhávamos de possuí-la. Não tratei mais deste problema com ninguém e passei a equacioná-lo, exclusivamente, com os nossos meios.

Os militares, quando se transfiguram em políticos, só se lembram do Exército nos momentos de suas dificuldades, para nele se escudarem. Nestas ocasiões despem rapidamente as casacas e vestem as fardas, transformando-se, num passe de mágica, em severos e ciosos guardiões dos brios da instituição.

O fenômeno não é novo. Já existia no passado, consoante as observações de Oliveira Vianna contidas em seu excelente livro, ao tratar do panorama do Congresso Nacional em 1889:[3]

> Desde que nas discussões com os civis, os militares agiam como *cidadãos* e não como *militares*, as injúrias que porventura resultassem desses debates deviam recair logicamente sobre elles, não como *militares* e sim como *cidadãos*; mas o facto é que não acontecia assim, ... quando ofendidos pelos civis, invocavam logo, ... a sua condição de militares e passavam a agir como taes, na defesa da honra da farda e da dignidade da classe.

A Revolução de 1930 trouxe-nos um exemplar perfeito dessa mentalidade no general e senador Pedro Aurélio de Góis Monteiro, para só citar o mais ilustre vulto do grupo adepto dessa esdrúxula doutrina.

Entretanto, a despeito de tudo, as obras do Colégio Militar prosseguiam.

O Alto Comando do Exército, naquele ano de 1976, teve mais de metade de seus membros substituídos, decorrência natural de promoções e agregações. Todos os comandantes de áreas, com exceção dos do II Exército e do Comando Militar do Planalto, foram movimentados. Compareci, em conseqüência destas modificações, às sedes dos Comandos dos I, III e IV Exércitos e do Comando Militar da Amazônia para presidir as respectivas transmissões de comando. Dois departamentos, pelos mesmos motivos, tiveram seus chefes substituídos.

Prossegui em minhas visitas de inspeção às Organizações Militares. Logo em março estive no Hospital Central do Exército, onde confirmei o meu juízo de que aquele nosocômio já estava ultrapassado, não somente pelo seu condenado sistema pavilhonar como pelo desgaste de suas instalações. Impunha-se, de qualquer maneira, encontrássemos recursos para construir no Exército uma unidade hospitalar de primeira ordem, bem equipada, situada em local adequado, que atendesse às aspirações da comunidade militar e aos anseios do nosso serviço de saúde.

Realizei, em março e julho, duas viagens ao estado de Minas Gerais e revi, com prazer, as unidades ali aquarteladas.

A 4ª Região Militar, que permaneceu em Juiz de Fora, e a 4ª Divisão de Exército, cuja sede fora transferida para Belo Horizonte, viviam em ambiente de intenso trabalho de absoluto interesse profissional. Suas instalações, como as de todas as guarnições, careciam de recursos para restaurá-las ou ampliá-las, de acordo com exigências da vida castrense. Nunca lhes neguei meios para atender a esta finalidade, no que fiz muito bem.

O nosso Plano de Organização do Exército previa a criação de brigadas e grupamentos de tropa em certos pontos do nosso território, visando a ocupar vazios

---

3. *O occaso do Império*. 2ª ed. São Paulo: Melhoramentos, 1933, p.180-1.

existentes e a completar efetivos estipulados para determinadas áreas. A Amazônia mereceu do Plano uma relativa prioridade nessa previsão.

O Estado-Maior do Exército julgou de interesse imediato, naquela época, fossem ativadas a 23ª Brigada de Infantaria de Selva e o 3º Grupamento de Fronteira, com sedes respectivamente em Santarém e Porto Velho. O Decreto de 9 de junho de 1976 criou estas duas Organizações Militares, nos locais previstos; no entanto, por imperativos da situação, a sede de Comando da 23ª Brigada de Infantaria de Selva foi transferida, por outro decreto, em novembro do mesmo ano, para Marabá, onde se encontra.

CAPÍTULO 25

A cilada nas manobras

O Exército adestra-se para a guerra na instrução de seus quadros e tropa, e afere esta preparação através de exercícios de combate, que coroam fins de fases ou períodos de trabalho. As verificações, sistemáticas e obrigatórias nessas épocas ou inopinadas por decisões dos comandos em outras, permitem aquilatar a eficiência operacional das unidades militares.

Em princípio, reserva-se a denominação de exercício às ações de combate mais simples, desenvolvidas, em geral, no âmbito da própria Arma. As manobras são exercícios de maior envergadura, realizados pelas Armas em conjunto. As grandes manobras do Exército contam, não raro, com a cooperação das demais Forças.

Todo ano, de acordo com plano estabelecido pelo Estado-Maior do Exército, um dos nossos Exércitos prepara e realiza uma manobra à qual comparecem o ministro, o Chefe do Estado-Maior do Exército e, quando é possível, o Presidente da República. A partir da crise do petróleo, as amplitude e intensidade desses exercícios foram reduzidas, tendo sido, com isso, prejudicadas as manobras de escalão Exército.

O Estado-Maior do Exército não marcara, em 1976, nenhum exercício daquela espécie para o I Exército; no entanto, seu comandante decidira realizar, em Campos, manobras para sua grande unidade. Nada havia a dizer, caso o exercício se mantivesse restrito ao seu Exército, entretanto, o general-de-exército Reynaldo Mello de Almeida resolvera dar certo destaque ao acontecimento militar. Justificava-se sua atitude pela circunstância de sua nomeação para o Superior Tribunal Militar e ser, portanto, aquela a sua última oportunidade de comandar uma tropa em manobras.

A retumbância que se fez sobre uma atividade castrense normal, permitida ou não por aquele general, foi desagradável e tinha aroma de autopromoção. Os jornais, aludindo ao exercício, anunciavam ter sido o Presidente da República convidado e que estaria presente, acompanhado de outras autoridades.

É preciso esclarecer, aos que desconhecem o rigor dos regulamentos militares, que tal convite só poderia ser feito, sem burla da hierarquia, pelo Ministro do Exército. Como eu não havia tomado nenhuma iniciativa neste sentido, as notícias, do ponto de vista oficial, eram inverídicas.

Houve mesmo quem, influenciado pela insistência do noticiário, perguntasse se eu já tinha falado ao presidente sobre o seu comparecimento a Campos.

Resolvi, então, durante um despacho presidencial, tratar do assunto e perguntei ao general Geisel, referindo os fatos, se ele recebera convite para ir a Campos ou se pretendia ir àquela cidade. Respondeu-me o presidente que sabia das próximas manobras do I Exército, apenas por informações de imprensa, mas se eu o convidasse ele iria, com prazer, porque desejava prestigiar o general Reynaldo. Declarei-lhe não ter pensado em convidá-lo, por julgar que exercícios daquela natureza não mereciam a presença presidencial, a qual deverá ser reservada para outros mais importantes.

O presidente lembrou que, sendo praticamente a despedida do general Reynaldo do Comando do I Exército, gostaria de presenciar o acontecimento.

Ficou assentada, assim, a ida do presidente a Campos e convites foram enviados aos ministros militares e outras autoridades para assistirem às manobras, naquela cidade fluminense.

Na quarta-feira, 13 de outubro, véspera do início daqueles exercícios, o Comandante do I Exército ligou-se comigo, de Campos, por telefone. Participou-me que, infelizmente, não havia mais lugares nos hotéis daquela cidade, porquanto a Marinha, a Aeronáutica e o Serviço de Segurança da Presidência da República tinham se antecipado e reservado todos os quartos.

Surpreendi-me com a informação e perguntei-lhe como haviam deixado o Ministro do Exército sem acomodações.

Desculpou-se o general, dizendo que não esperavam tanta afluência e que, por outro lado, os hotéis eram poucos e pequenos. Entretanto, em vista deste imprevisto, conseguira uma excelente casa, onde eu e meus assistentes poderíamos passar a noite, com todo o conforto. Pertencia a um médico que se prontificara a cedê-la.

Pedi outros esclarecimentos. Quais as ligações do dono da residência? A casa estava vazia?

Esclareceu-me o general Reynaldo que o proprietário iria viajar com a família e, por isso, oferecera a sua residência; que não o conhecia e as informações não o davam como político.

Considerando estes esclarecimentos, concordei em hospedar-me na casa cedida.

No dia seguinte, pela manhã, desloquei-me por rodovia, tendo como primeiro destino o forte de Marechal Hermes, em Macaé, visando a assistir ao encerramento da Campanha de Tiro da 1ª/10º G A Cos M.[1]

O exercício de tiro de artilharia transcorreu normalmente e os alvos sentiram a eficiência da boa instrução. Deles nada restou.

À tarde do mesmo dia, devendo seguir para Campos, determinei à minha equipe de segurança lançasse na frente elementos para reconhecer a residência em que me iria hospedar e colher todas as informações de interesse a ela relacionada.

Aproximadamente às três da tarde, parti de Macaé. O carro do ministro era acompanhado por uma viatura com equipamento de comunicações rádio. Ao atingirmos a metade de caminho que nos separava de Campos, começamos a receber informações de nossos elementos avançados, bastante interessantes, aliás.

A casa continuava ocupada. Pertencia a um parente do prefeito local que, segundo informaram, fora eleito pelo partido da oposição. Tudo indicava, pelos preparativos notados, que se preparava uma festa – residência engalanada e criados muito ativos.

Ouvi a informação e passei a desconfiar de que se tramava algo para envolver-me numa cerimônia de caráter político. Imediatamente, mandei estabelecer contato por rádio com o forte Marechal Hermes e avisar ao seu comandante da probabilidade de o ministro voltar a Macaé, para ali pernoitar.

Prosseguindo viagem atingi o quartel do 56º Batalhão de Infantaria, ao cair da tarde. Recebido pelo Comandante do I Exército e seus generais, dirigi-me a um salão, transformado em auditório, onde ouvi minuciosa exposição sobre o tema da manobra e as operações que proporcionara.

Ao encerrar a exposição, perguntou-me o general Reynaldo se eu desejava ir logo para a residência que indicara ou aguardaria o jantar do Batalhão.

Chamei, nesta ocasião, o capitão do serviço de minha segurança que me precedera e enviara as informações e mandei dissesse ao general Reynaldo as observações que fizera.

O capitão confirmou as informações anteriores e acrescentou, ainda:

— Agora, estão chegando pratos com encomendas de doces e salgados, feitas às confeitarias. Há, também, políticos, aguardando a chegada do ministro.

O Comandante do I Exército demonstrou não acreditar e chamou o coronel Homem de Carvalho, de seu Estado-Maior, determinando-lhe fosse ao local e apurasse a verdade, quanto ao que se dizia.

Terminado o jantar ouvimos, eu e o general Reynaldo, do próprio coronel Homem de Carvalho, palavras que ratificaram as do capitão.

---

1. 1ª Bateria do 10º Grupo de Artilharia de Costa Motorizado.

Não havia mais dúvidas de que estava sendo montada uma recepção para o ministro, sem o devido conhecimento deste. Aprofundando-se as informações, soubemos que vereadores locais e de municípios vizinhos lá estavam, muitos com as esposas, esperando o ministro.

O general Reynaldo mostrou-se aborrecido com aquelas notícias e propôs permanecesse eu no quartel do 56º Batalhão de Infantaria. Preferi, no entanto, afastar-me da cidade e regressar a Macaé, onde passaria a noite no forte Marechal Hermes. Acompanhou-me na viagem o general Hélio João Gomes Fernandes, Comandante da Artilharia de Costa da 1ª Região Militar.

No dia seguinte, 15 de outubro, retornei a Campos pela manhã e fui receber o Presidente da República, no aeroporto local. No auditório do quartel do 56º Batalhão de Infantaria foi realizada, pelos comandantes das Forças que executaram os exercícios, uma apreciação dos resultados. O ministro, dando por concluídos os trabalhos, agradeceu a presença das autoridades, destacando, em particular, a do Presidente da República pelo estímulo que trouxera aos militares.

Fato ainda não bem explicado, até hoje, foi a emoção que dominou o presidente ao subir à tribuna para comentar as manobras, como é de praxe nos nossos regulamentos. Declarou que a oportunidade de ver as três Forças reunidas no mesmo exercício, cooperando fraternalmente, demonstrou-lhe quão desnecessário seria o Ministério da Defesa, num ambiente de tanta compreensão. Repentinamente, embargou-se-lhe a voz, marejaram-lhe nos olhos as lágrimas, desceu do estrado e ia chorar. Toquei-lhe de leve no braço, apontei-lhe a porta e saímos para o pátio do quartel. Em poucos minutos recuperou-se.

O que teria levado o presidente àquela depressão, iniludível estado de angústia, a ponto de, com dificuldade, conter o pranto?

Jamais se saberá, conquanto seja possível especular sobre suas verdadeiras causas.

Uma coisa, contudo, era certa – estava submetido a alguma preocupação avassalante, cuja dissipação ou agravamento levara-o àquele desequilíbrio emocional.

À tarde, após participar de outras atividades militares e políticas, o general Geisel embarcou para Brasília. Ao entrar no avião presidencial dirigiu-se a um de seus assessores, o então coronel Wilberto Luiz Lima, segundo o meu informante, oficial de meu gabinete ali presente, e disse-lhe com visível irritação:

— Está aí... não houve nada!... Tudo correu normal!... Vocês estão inventando!...

O que teriam dito ao presidente seus assessores em Brasília? Indubitavelmente, que algo de grave ou de estranho iria acontecer em Campos.

Muitas coisas estranhas, realmente, haviam ocorrido e que nunca foram bem elucidadas. Entre elas menciono:

• A circunstância de o I Exército não ter reservado acomodações para o ministro, quando as demais instituições o fizeram para seus chefes. Este comportamento poderia ter sido, na melhor das hipóteses, interpretado como uma desconsideração ao comandante superior do Exército, desde que não se admitisse a existência de uma hostilidade latente;

• a escolha ou aceitação prévia e tácita de uma residência para hospedar o ministro, sem que fossem colhidas informações visando a preservá-lo de explorações futuras, de caráter político ou de qualquer outra espécie. Semelhante conduta, se não revelou descaso, traduziu certamente cumplicidade ou, no mínimo, o interesse em criar-lhe situações difíceis que o desgastassem perante o presidente, objetivo sempre perseguido pelo grupelho do Planalto;

• a inexplicável e insólita emoção do presidente, quase levada às lágrimas, ao encerrar a manobra do I Exército, denunciando uma grave tensão nervosa, e

• a frase proferida, com indignação, pelo general Geisel ao entrar no avião presidencial, que realçou seu sentimento de revolta ante mexericos que provavelmente ouvira.

Seria difícil àquela altura dos acontecimentos precisar com isenção de ânimo a participação dolosa do pessoal do I Exército, pelas contrariedades que todos esses fatos causaram-me. Escrevendo aqueles eventos, recordando-os e analisando-os friamente, como o faço agora, não consigo, porém, escapulir do cerco dos argumentos que me levam à única ilação de que se armou, em Campos – com a valiosa conivência do I Exército –, uma sórdida cilada para desmoralizar o ministro. Se o Comandante do I Exército dela participou, ou se foi vítima da deslealdade de seus comandados, na ânsia de derrubar o ministro para colocá-lo em seu lugar, são teses de difícil comprovação. No entanto, como a convicção é um sentimento subjetivo que nem sempre carece de provas materiais para que a tenhamos, eu estou convencido de que a "armadilha de Campos" foi elaborada com o apoio do Comandante do I Exército.

Falam a favor dessa conivência as ligações de quase intimidade entre o seu comandante e o Presidente da República, cujo assistente – coronel Wilberto Luiz Lima – saíra do Estado-Maior do I Exército para aquele cargo, ao que se dizia na época, por indicação do general Reynaldo. Isto, como é lógico perceber, facilitava relacionamentos de "caráter particular" entre os elementos do Planalto e os do Rio de Janeiro. Soube, por intermédio do CIE, que o então coronel Lima comparecia ao aeroporto de Brasília para receber o general Reynaldo todas as vezes que ele ia àquela cidade. A circunstância de receber o seu ex-comandante de Exército era uma prova de consideração plenamente elogiável, porém as informações e notícias que, naturalmente, transmitia ao general poderiam ser tomadas pelos maledicentes, como realmente o foram, por entendimentos antecipados sobre soluções de problemas do Exército.

Em várias ocasiões, tanto o general como o coronel confirmaram-me, em conversas, estes encontros e, pelo que explanavam, não era justo acreditar em maledicência.

Outro fator que teria influído nessas deploráveis ocorrências era a velada inimizade do general Reynaldo para comigo, reconhecida pelos meus amigos, e sobre a qual fui, em oportunidades diversas, avisado.

Muita razão tinha o meu ex-amigo general Walter Pires, quando me aconselhava cautela quanto ao procedimento dúbio do Comandante do I Exército, a quem estava subordinado naquela época.

Nunca me considerei inimigo do general Reynaldo, embora tivesse a certeza de que ele não era meu amigo. Este juízo encontrava sustentação nas inúmeras situações embaraçosas que me foram criadas pelo general, propositadamente ou não.

Entre elas selecionei apenas duas das menos graves, já do domínio público, para que os leitores reconheçam como é difícil caminhar no lodo.

Em uma de minhas primeiras viagens como ministro ao Rio de Janeiro, estando no meu gabinete do palácio Duque de Caxias, procurou-me o general Reynaldo, então Comandante do I Exército, para tratar de matéria relativa à tropa de seu comando. Depois de abordar diferentes assuntos, elogiar a disciplina e a eficiência de suas unidades, dirigiu-me um pedido que associou ao interesse do serviço. Desejava fosse transferido o Comandante da 9ª Brigada de Infantaria, localizada na Vila Militar – general-de-brigada Rosalvo Eduardo Jansen.

Surpreendi-me com a solicitação, visto que aquele general-de-brigada servira comigo e o considerava um comandante excelente. Ótimo administrador, destacara-se nas manobras que eu realizara no Espírito Santo, empregando, com absoluto êxito, sua brigada. Declarei naquela ocasião ao general Reynaldo que apreciava o comandante da 9ª Brigada como soldado disciplinado, eficiente, corajoso e como homem de nobre caráter.

Insistiu o comandante do Exército, afirmando que o homem era temperamental e que vivia "criando casos", não só com os comandantes de unidades, como até com o comandante da sua Divisão de Exército. Finalmente, interpretando a sua insistência como um propósito de evitar se agravassem incompatibilidades de comando na área de seu Exército, prometi-lhe que proporia a transferência do general após as promoções de julho daquele ano de 1974.

Comentei o fato somente com os chefes de meu gabinete e do CIE, e aguardei a marcha do tempo.

Na época das promoções de julho, o general do I Exército telefonou-me lembrando a sua solicitação de transferência do general-de-brigada. Falava alto e o chefe de meu gabinete, que despachava comigo, ouviu e perguntou:

— O general Reynaldo está querendo a saída do Comandante da Brigada?

Respondi:

— Está, você não escutou? Já é esta a segunda vez que me faz este pedido.

Antes de movimentar os oficiais-generais – e também os comandantes de corpos – comunicava-lhes com razoável antecipação a notícia, visando a que não fossem surpreendidos com o ato público. Constituía isso uma forma de consideração com meus colegas. Procedi da mesma maneira com o Comandante da 9ª Brigada, informando-o de que, por necessidade absoluta do serviço, deveria ir ocupar uma das mais importantes de nossas diretorias, localizada em Brasília. Nada mais me permitiram dizer a ética e a lealdade.

Depois da expedição do telegrama, o meu Chefe-de-Gabinete, durante um despacho, contou-me que recebera um telefonema do Comandante da 2ª Brigada de Infantaria[2] – seu amigo particular – indagando os motivos da transferência de seu amigo, Comandante da 9ª Brigada. Existia algo contra ele?

Respondeu-lhe o meu Chefe-de-Gabinete que a movimentação tinha sido feita a pedido do general Reynaldo, acrescentando que ele próprio – Chefe-de-Gabinete – tinha ouvido um telefonema neste sentido. Sabia, ainda, que era a segunda vez que o Comandante do I Exército solicitava aquela medida.

Pasmou o Comandante da 2ª Brigada com a informação e narrou que seu amigo, ao receber o telegrama, procurara o Comandante do I Exército, a quem mostrara o documento, revelando sua contrariedade pela mudança de função. O general Reynaldo, segundo o narrador, aparentou surpresa e, tomando o telegrama, declarou que iria falar ao ministro sobre o assunto. Mandou voltasse o general dentro de dois ou três dias para conhecer a solução definitiva. Esgotado este prazo retornou o Comandante da 9ª Brigada à presença do general Reynaldo, que lhe disse estar o ministro intransigente no manter a transferência, não esclarecendo por que assim procedia.

Seu colega e amigo procurara-o, então, para contar-lhe os acontecimentos e pedir soubesse das razões de tal medida. Este era o motivo de sua ligação telefônica.

Muitos meses depois desses eventos, numa reunião social, em Brasília, encontrei o antigo Comandante da 9ª Brigada, já em exercício de seu novo cargo. Conversamos, num grupo de generais, e tive a oportunidade de elogiar um trabalho realizado pelo mencionado general. Recordei, no momento, sua participação em vários exercícios de sua ex-brigada, quando eu comandava o I Exército.

Afastando-me para palestrar com outros oficiais, disse o ex-Comandante da 9ª Brigada:

— Não compreendo este homem! Sempre me tratou com especial consideração, no entanto, transferiu-me, repentinamente, tirando-me de um comando de que eu gostava!

Estava naquele grupo de generais o Chefe do CIE,[3] conhecedor de toda a trama, que não se conteve e, voltando-se para o ex-Comandante da 9ª Brigada, a quem estimava, disse:

— Se você quer saber o motivo de sua transferência eu lhe direi o que houve. Vamos sair deste salão.

Saíram e, mais tarde, o próprio Chefe do CIE contou-me o ocorrido.

---

2. General-de-brigada Milton Tavares de Souza.
3. General-de-brigada Confúcio Danton de Paula Avelino.

29. Passagem do Comando do III Exército, do general Oscar Luiz da Silva (à esquerda) para o general Fernando Belfort Bethlem (à direita), presidida pelo autor (ao centro), em 11 de agosto de 1976.

30. Homenagem do Senado ao Duque de Caxias, em 2 de setembro de 1976.

31. Posse do general Argus Lima (à direita) no Comando do IV Exército, em 10 de setembro de 1976.

32. A partir da esquerda: o general Walter Pires de Carvalho e Albuquerque (Comandante da 1ª Divisão do Exército, Vila Militar do Rio de Janeiro), o autor e o general Reynaldo Mello de Almeida (Comandante do I Exército), em 1976.

33. *Passagem do Comando do I Exército, do general Reynaldo (ao centro) para o general José Pinto de Araújo Rabello (à direita), presidida pelo autor, em 3 de dezembro de 1976.*

34. *Almoço de confraternização de fim de ano, em 22 de dezembro de 1976.*

35. Cumprimentos dos generais ao ministro pelo fim do ano de 1976. Com o autor aparecem: em cima, em ordem a partir da direita, os generais José Pinto, Cesar Montagna, Arnaldo Calderari e Edmundo da Costa Neves; no meio, à esquerda, o general Ariel Pacca da Fonseca; à direita, o general Carlos Alberto Cabral Ribeiro; embaixo, o general Euler Bentes Monteiro.

Outro fato que muito me aborreceu e levou a um encontro áspero com o presidente foi o da transferência de um oficial de Artilharia – o tenente-coronel Bittencourt, do Estado-Maior do I Exército, para o Comando do 26º Grupo de Artilharia de Campanha, em Guarapuava.

Em certa ocasião o general Reynaldo pedira-me para dar comissões de comando a três tenentes-coronéis de Artilharia que, satisfazendo as exigências regulamentares, encontravam-se em condições de recebê-las.

Anotei os nomes e aguardei a oportunidade de atender à solicitação do Comandante do I Exército. Abertas as vagas de comando, procedi, pessoalmente, como era de meu hábito, à seleção e nomeação dos novos comandantes. Na guarnição do Rio de Janeiro, a mais desejada, havia duas vagas de comando na Arma de Artilharia. Nelas coloquei os dois tenentes-coronéis mais antigos, dos três nomes apresentados pelo general Reynaldo, um dos quais tinha sido indicado, também, pelo Comandante da Artilharia Divisionária da 1ª Divisão de Exército.

O tenente-coronel Bittencourt, como o mais moderno dos três, foi classificado no Grupo de Artilharia em Guarapuava. Soube que não ficou satisfeito e extravasou seus ressentimentos sobre o ministro. Deve ter, pelo que ouvi dizer, transmitido ao Comandante do I Exército sua insatisfação.

O general Reynaldo, conversando comigo, apenas aludiu aos méritos do tenente-coronel, admitindo que poderia ter tido uma classificação melhor, ao que retruquei serem as unidades de difícil comando os lugares mais indicados para os oficiais de reconhecida capacidade de chefia.

Nada mais foi dito sobre este assunto.

Dias depois de publicadas as movimentações de oficiais, recebi de Porto Alegre, onde se encontrava o Presidente da República, um chamado telefônico do general Hugo Abreu. Convocava-me para comparecer ao palácio da Alvorada, às oito horas da noite, a fim de falar com o presidente Geisel, podendo ir em traje civil.

Acreditei logo se tratasse de assunto muito grave, porquanto levara o presidente a chamar à sua residência, de noite, depois de viagem cansativa, um de seus ministros militares.

À hora aprazada estava eu no palácio da Alvorada. Recebeu-me o general Geisel na biblioteca e foi direto ao assunto. Disse-me que eu estava transferindo oficiais dos Estados-Maiores dos generais sem consultá-los, orientação que os aborrecia. Referiu-se, em seguida, ao caso do I Exército, declarando que o general Reynaldo não ficara satisfeito de ter sido transferido um oficial de seu quartel-general sem o seu conhecimento.

Incontinente, dei-lhe a resposta, encetando o diálogo:

— Presidente, a transferência de oficiais é prerrogativa do Ministro do Exército e não tenho satisfações a dar aos comandantes de Exército, quando as faço. Durante o tempo em que comandei o I Exército, nunca perguntei ao ministro Orlando Geisel quem ele iria tirar ou colocar no meu Exército.

— Bem... mas você não devia gostar disso!

— Jamais me preocupei com medidas normais que fugiam à minha alçada administrativa. Entretanto, quero dizer ao senhor que sempre participei, com antecedência, aos comandantes de Exército e ao comandante de unidade transferido, as movimentações que lhes interessavam. No caso abordado pelo senhor, os fatos ocorreram de modo bem diferente.

Narrei-lhe, então, em minúcias, que o próprio general Reynaldo solicitara a transferência de três oficiais; que eu o atendera, colocando dois deles nas únicas vagas existentes no Rio e o terceiro no Grupo de Guarapuava; não via, portanto, motivos para ressentimentos. O que o general Reynaldo pretendia era fazer as classificações a seu gosto, porém isto não era sua atribuição.

Transmiti ainda ao presidente outras informações sobre os oficiais designados para os comandos da Vila Militar – a sua grande preocupação, pois estava propenso a vislumbrar, a todo momento, nas designações para aquela guarnição, montagem de perigoso dispositivo.

Outros assuntos, sem importância, foram ventilados e retirei-me.

Tinha esclarecido mais um dos costumeiros mexericos. Quem, todavia, o teria feito?

Não era de espantar tivesse sido gerado no I Exército e levado ao presidente pelos prestimosos colaboradores e, também, intrigantes que perambulavam no circuito entre aquele grande comando e a Presidência.

Todavia, o que espantava era a atitude do Presidente da República, chamando, de noite, à sua residência, o Ministro do Exército, para saber por que um tenente-coronel, protegido de um amigo seu, tinha sido preterido numa comissão que ambicionara.

Isto somente por eufemismo poderia ser chamado de espantoso, porque, a rigor, era calamitoso!

Esse alvoroço, o telefonema interestadual, a urgência da convocação do ministro à noite, tudo, apenas, para evidenciar o desagrado de um amigo, lembravam bem a famosa fábula de La Fontaine – “O parto da montanha”.

Esses acontecimentos, confrontados e projetados no quadro político que se estava formando no país, só permitem uma conclusão: em Campos, armou-se, naqueles dias, uma habilidosa cilada para o Ministro do Exército. Se tivesse caído na armadilha estaria desmoralizado como um ambicioso sedento de apoio político. Infelizmente, não pode escapar, nem aos menos perspicazes, que sem o auxílio de elementos do I Exército esse ardil não poderia ser preparado.

CAPÍTULO 26

O problema de Conceição do Araguaia

A questão fundiária não é só nossa nem da época em que vivemos. Os romanos, para não irmos mais longe, já a haviam agitado, antes da era cristã, com a Lei Agrária de Cássio. O objetivo de dar melhor aplicação às terras devolutas, a par do de impedir fossem acumuladas em exorbitantes propriedades, esteve sempre presente na solução do problema agrário. Suas implicações econômicas e sociais emergiam até de superficiais exames, criando dificuldades muitas vezes insanáveis.

Em nosso país, os grandes espaços agrários vazios de utilização constituíram sério problema cujo delicado equacionamento, além das condições históricas de evolução da propriedade, encontrou o choque de sensíveis pressões antagônicas para conturbá-lo.

As soluções, formuladas pelo malabarismo político, careciam de equilíbrio e senso da realidade, exacerbando constantemente o que pretendiam atenuar. Esse problema torna-se mais grave nos países como o Brasil, no qual, antes de 1964, mais de 60% da população dependia, para viver, da agropecuária e da silvicultura.

A falência da legislação agrária, no nosso caso específico, quer pela sua inexeqüibilidade quer pela inadequabilidade, a despeito de todo o interesse dos governos revolucionários, tem permitido a proliferação de incidentes, confrontos e lutas entre os ocupantes das terras e seus proprietários, ou pretensos proprietários, legais.

Durante a minha longa vida militar, fui testemunha de fatos que fortalecem o conceito acima expendido.

Em 1943, no Oeste brasileiro, onde servia, a escravatura era fato comprovado em quase toda aquela região. Voltando a Mato Grosso, em 1964, encontrei a mesma situação. Como general Comandante da 4ª Divisão de Cavalaria tive que intervir, a pedido, numa fazenda situada no vale de um dos afluentes do rio Paraná – se não me foge a memória o Ivinhema – na qual se praticava abominável escravidão. Um empregado, não suportando a pressão e os maus-tratos, burlou a vigilância, fugiu e trouxe-me a denúncia, pois deixara sua mulher no local e temia por sua segurança.

Aberto o inquérito tudo foi confirmado; o capataz da fazenda, indignado com a fuga e querendo ser ressarcido de uma pequena dívida, colocou em leilão, entre os demais empregados e peões, a mulher do foragido.

Foi arrematada por pouco menos de cinqüenta cruzeiros!

Este fato degradante, inadmissível numa nação civilizada, define bem o aviltamento a que fica sujeito o homem da zona rural, no desamparo das autoridades.

No Nordeste, as oscilações cíclicas da produção de açúcar levaram, nos períodos de crise, os donos de engenhos a despedirem seus empregados que, morando nos locais de trabalho e tendo obtido direito ao cultivo de um pequeno trato de terra, quando expulsos, perdiam a moradia e a subsistência. Ficavam, assim, na mais negra miséria.

As Ligas Camponesas naquela região e as questões de posseiros no Sul mostraram as reações do camponês às injustiças do meio em que vivia.

A Amazônia, o Eldorado que, na fase áurea da borracha, atraiu as populações nordestinas, vítimas das secas e de seus males, na busca de melhores padrões de vida, continua a fascinar os infelizes desprotegidos da sorte.

A ocupação irregular da hiléia brasileira por aventureiros e famílias vindos do Sul, acossados pela necessidade de sobreviver, ou ali levados pelas irresponsabilidade e ganância de empresas comerciais na exploração dos recursos naturais daquela área, complicou a solução do problema fundiário. Os descarados "grileiros" – falsos proprietários de terras – e também autoridades estaduais e federais procuram, por todos os meios, afastar esses incômodos ocupantes de terras que legalmente não lhes pertencem. Os invasores resistem às demarcações das glebas que cultivam, unem-se e tornam-se agressivos.

Há, ainda, a considerar a torpe maquinação dos criminosos grileiros que iludem a ingenuidade de nossos campônios, vendendo-lhes, sob documentação falsa, lotes de terra. Os compradores, julgando-se espoliados pelos demarcadores, revoltam-se e defendem pelas armas o que acreditam ser suas propriedades.

É este o panorama – matizado em cores brandas – no qual se desenvolveram os episódios de Perdidos, localidade do sul do estado do Pará.

Antes de apreciá-lo quero, à guisa de preâmbulo, mencionar os acontecimentos da fazenda Capaz, para que se possa melhor estimar os padrões de violência e ódio que regem as disputas e negociações sobre questões agrárias naquela região.

Todavia, se difíceis são essas situações, gravíssimas tornam-se quando a incitação extremista – lobo em pele de cordeiro –, mascarada e insidiosa, assenhoreia-se da alma do caboclo para, através de velhacos argumentos, incutir-lhe na mente que é um pária, perseguido da sociedade e esquecido da Justiça.

A fazenda Capaz, no estado do Pará, próxima de Vila Rondon, pertencia oficialmente ao ex-coronel da Força Aérea dos Estados Unidos John Weaver Davis, que possuía, igualmente, a Companhia Agropecuária Água Azul, donde o nome Capaz. O coronel Davis conseguira da Sudam aprovação de um projeto agropecuário, mas dizia-se que a sua atividade principal consistia em extrair e comercializar madeira, uma das finalidades daquela companhia.

Do empreendimento, ao que parece, muito pouco fez.

A partir de 1966 suas propriedades formaram um latifúndio com a aquisição de mais de duas dezenas de novas glebas, que não estavam bem demarcadas. Não se satisfez, entretanto, Davis com este acréscimo de seus domínios e a sua empresa passou a agir, segundo boas fontes de informações, numa superfície de, aproximadamente, 250 mil hectares, ou seja, 2.500km^2 – quase duas vezes a do antigo estado da Guanabara, que era de 1.356km^2.

Parte desta extensa área era ocupada por mais de 200 famílias de posseiros, muitas das quais há vários anos.

O americano, querendo obrigar os posseiros a abandonarem a região, começou a hostilizá-los, cerceando-lhes os meios de subsistência. Obstruiu as estradas que conduziam a Vila Rondon, para impedir vendessem os camponeses os produtos de suas lavouras; proibiu a permanência de estranhos – os posseiros eram considerados invasores – nas terras de sua fazenda e bloqueou o único lago que abastecia os lavradores.

Em revide, os posseiros armaram-se e atacaram a fazenda, a 3 de julho de 1976, matando dois filhos homens do ex-coronel e ferindo-o mortalmente. Tropas estaduais e federais acorreram a chamado das autoridades e, das escaramuças e tiroteios, resultaram a morte de três camponeses e a fuga dos demais para as matas circunvizinhas. Encerrou-se, deste modo, em tragédia, a aventura fundiária do ex-coronel Davis que, depois de combater na Guerra da Coréia, ser missionário presbiteriano no interior de Goiás, impulsionado pela esperança do enriquecimento, foi morrer na floresta amazônica.

Não havia decorrido cinco meses desses sangrentos episódios quando outras ocorrências, muito semelhantes às da fazenda Capaz, vieram agitar a localidade de Perdidos, na região de Conceição do Araguaia, ao sul do estado do Pará.

Os novos acontecimentos, embora não ultrapassassem em violência os anteriores, foram, contudo, de conseqüências muito mais sérias pelas implicações que trouxeram as sindicâncias preliminares e o inquérito abertos para apurar suas causas. Vejamos sinteticamente como ocorreram esses fatos.

Em 1976, agrimensores do Incra, ao demarcarem terras naquela localidade, protegidos por um contingente da Polícia Militar do Pará, foram bruscamente atacados por posseiros, que mataram dois soldados da escolta. Pretendiam os moradores impedir a delimitação das áreas por propriedades.

Este embate inicial evoluiu para um conflito que ameaçava agravar-se pela obstinação dos agricultores e o propósito da Polícia Militar de prender os assassinos e assegurar o prosseguimento dos trabalhos.

Considerando-se sem condições para dominar a situação, o governador do estado do Pará solicitou auxílio ao comandante da 8ª Região Militar, general Euclydes de Figueiredo Filho, com o objetivo de manter a ordem naquela área.

Sobre a participação do Exército em acontecimentos dessa espécie existiam rigorosas normas, estabelecendo que somente por determinação do Ministro do Exército nossas tropas seriam empregadas. Os governadores, em caso de extrema necessidade, deveriam pedi-la ao Ministro da Justiça, declarando-se sem recursos para a normalização da vida pública em seus estados. Este ministro, então, analisaria junto à Presidência da República a exigência de tal medida. As ligações posteriores regulariam a intervenção.

Tudo isto, porém, considerado em tese, porque, em situações que exigem imediatas providências, não podendo o governador do estado tomá-las, a autoridade militar federal é obrigada a adotá-las. A presença da tropa federal, neste caso, é apenas preventiva, enquanto decisões dos comandos superiores não são transmitidas.

O governador do estado do Pará, dr. Aluízio Chaves, participou ao general Comandante da 8ª Região Militar as suas dificuldades em conter a agitação dos posseiros em Conceição do Araguaia. O general Euclydes de Figueiredo, em face da ameaça de um conflito armado, fez deslocar elementos do Batalhão de Infantaria de Selva, de Marabá, para aquela área a fim de assegurar a ordem pública. Tal medida foi imediatamente levada ao conhecimento do Ministro do Exército que, aprovando-a, recomendou ficasse a cooperação militar restrita à presença da tropa no local, mais preventiva, portanto, do que repressiva. Proibiu, por isso, qualquer outra forma de seu emprego. O governador, disse o ministro, se desejasse real apoio militar federal, que o solicitasse ao Ministro da Justiça.

O Comandante da 8ª Região Militar, em entendimento com o governo estadual, decidiu-se pela abertura de um Inquérito Policial Militar, porquanto, chegando a Perdidos, pôde observar e colher veementes indícios de incitamento subversivo no comportamento dos agricultores. À primeira vista parecia haver ligações estranhas, comprometendo autoridades eclesiásticas nos eventos.

Em situações semelhantes, sempre aconselhei que os inquéritos fossem realizados pela Polícia Federal, evitando envolver o Exército em possíveis complicações político-ideológicas. Assim procedi quando comandava o I Exército; contudo, no acontecimento de Perdidos existiam condições peculiares que, na procura da verdade, ditavam a solução tomada. Um tenente-coronel foi encarregado de proceder ao inquérito.

O general Euclydes de Figueiredo, ao chegar à região de Conceição do Araguaia, sentiu a iminência do choque entre posseiros e policiais. Os agricultores com suas famílias reuniram-se num barracão, onde pretendiam resistir à ação das autoridades. Qualquer elemento que se aproximasse deste local correria perigo de vida.

O Comandante da Região, com acerto, decidiu ligar-se pessoalmente com os sublevados, tendo-o conseguido com riscos, mas com pleno êxito. Todos aceitaram, como solução de garantia para o caso, o inquérito aberto pelo Exército.

Estas foram as ocorrências verificadas na longínqua localidade de Perdidos; citemos, agora, suas repercussões em Brasília, em conseqüência das informações extra-oficiais, muito a gosto de habitantes do palácio do Planalto.

Acompanhei através das informações oficiais as diferentes fases de mais esta questão fundiária e agradou-me o seu desfecho sem outras lamentáveis perdas de vidas. Para mim o assunto seria devidamente esclarecido pelo relatório do inquérito, cabendo a decisão final à Justiça. Entretanto, fui, por outras circunstâncias, obrigado a novamente interferir no caso.

Dias após o início das investigações decorrentes do inquérito, em data que não posso precisar bem, estando à tarde no meu gabinete em despacho com o general-de-divisão Edmundo da Costa Neves, fui chamado ao palácio do Planalto, visto que o presidente desejava falar-me com urgência. Tomei imediatamente aquele destino.

Encontrei o presidente Geisel aborrecidíssimo, batendo com a mão aberta sobre sua mesa. Sem esperar que me sentasse, iniciou um áspero diálogo o qual procurei traduzir exatamente, para um julgamento real do homem que por cinco anos dirigiu os destinos de nossa Pátria. Ei-lo:

— Vocês querem me criar problemas com a Igreja! Estou fazendo tudo para evitá-los e vocês não entendem...

— Não sei ao que o senhor se refere, presidente...

— Estou falando do inquérito que vocês mandaram abrir, lá no Norte... O encarregado ameaçou indiciar dois bispos.

— Eu ainda não tomei conhecimento da orientação do encarregado do inquérito, uma vez que há dezenas de inquéritos em andamento no Exército. Não posso saber o que se passa, especificamente, em cada um deles... Como foi que o senhor soube disso?

— Soube aqui no palácio! (Mais tarde, eu vim a saber, por fontes do próprio palácio do Planalto, que uma alta autoridade eclesiástica procurara o Chefe da Casa Civil e lhe dera essa informação.)

— Presidente, o encarregado do inquérito – tenente-coronel Ernani Guimarães Teixeira – é um oficial sensato que não indiciará ninguém sem provas... Ele tem a obrigação de apurar a verdade. Se ele indiciar os bispos, o seu relatório irá ao Comandante da 8ª Região Militar para exame e apreciação. Deverá passar depois pelo Comando Militar da Amazônia, visando a nova análise. Quero lhe dizer, no entanto, que, se os dois comandos concordarem com as conclusões e eu as achar justas, vou homologá-las.

— Então... eu avoco o inquérito... (Gritou o presidente, batendo na mesa.)

— O senhor, presidente, não pode avocar o inquérito... O senhor é o Presidente da República e o problema está restrito ao Exército e à Justiça Militar. A lei não permite... (Fui interrompido pelo presidente.)

— Mas... então eu faço uma lei, permitindo...

— Neste caso... o senhor poderá avocar... Mas presidente, veja bem, o que o tenente-coronel Ernani está fazendo é MORAL e é LEGAL...

— Não governo somente com o que é MORAL e é LEGAL...

— Eu vou mandar chamar o general Euclydes de Figueiredo para ouvi-lo e esclarecer tudo... Com licença...

Levantei-me e regressei ao Ministério, de onde fiz expedir rádio chamando o Comandante da 8ª Região Militar à Brasília.

No dia seguinte recebi-o em minha residência e almoçamos juntos. Narrei-lhe a audiência com o presidente, sem aludir às descabidas manifestações de histeria a que assistira. Não o fiz dado que nunca foi do meu feitio moral revelar a subordinados as debilidades de comportamento ou sinais megalomaníacos surpreendidos em meus chefes. Eles que os percebessem ou descobrissem.

A entrevista com o general Euclydes de Figueiredo foi produtiva e franca; produtiva porque conheci, em minúcias, todos os fatos já aqui descritos, e franca visto que não me ocultou a sua convicção de que as provas existentes inculcavam os sacerdotes como cúmplices na fermentação social de Conceição do Araguaia.

Examinei os documentos e, na realidade, a serem verdadeiros, deixavam-nos atônitos quanto ao procedimento dos religiosos ali citados. Constituíam-se, essas pretensas provas, em declarações de posseiros, alguns papéis com conselhos ou recados, todos, porém, sem identificação dos seus autores. Existia, também, uma declaração de um padre, bastante comprometedora para o bispo de Conceição do Araguaia.

Note-se, em tudo isto, que o Comandante da 8ª Região Militar não tinha a menor prevenção com o clero católico, mas, como eu, ficara estarrecido com os elementos que colhera nas buscas e inquirições preliminares.

Todo julgamento sofre, em última análise, influências subjetivas. Não estaríamos nós, por isso, dando interpretação errônea àquelas supostas provas?

Não se tratava de fugir à responsabilidade de uma acusação, contudo, esta deveria ser tão cristalina e convincente que se tornasse irrespondível. Nessa circunstância estava, do meu ponto de vista, a sua consistência jurídica. Sem esta evidência o assunto certamente descambaria em explorações e os militares, na difamação de nossos inimigos, seriam tachados de caluniadores.

Decidi, como mais interessante para prosseguimento dos trabalhos, fosse ouvido o consultor jurídico do Ministério do Exército, que diria da importância e valor das provas obtidas perante um órgão judicial.

Achava-se em Brasília o Comandante do Comando Militar da Amazônia que, responsável por aquela extensa área do Norte, acompanhava, de perto, os acontecimentos. Levei-o, em companhia do general Euclydes de Figueiredo, ao consultor jurídico a quem entreguei o exame do problema e solicitei traçasse uma orientação adequada, sem esquecer o nosso objetivo principal, de averiguar responsabilidades e entregar os delinqüentes aos tribunais.

Horas depois, conversei com os dois generais e soube que o consultor mostrara-se cético quanto à possibilidade de serem sustentadas aquelas imputações no decorrer do processo.

O general Euclydes de Figueiredo disse-me que iria rever o assunto sem se afastar de seu propósito de apontar à Justiça os culpados, quaisquer que fossem.

Era esta, também, a minha maneira de pensar.

A meu pedido, um procurador da Justiça Militar foi indicado para acompanhar o processo.

Esgotados os prazos legais, o inquérito foi entregue à Auditoria da 8ª Região Militar, desinteressando-me eu, por fugir à minha esfera administrativa, de acompanhar a sua evolução.

Após a audiência não rotineira que tive com o presidente Geisel nunca mais tratei, com ele, do caso de Conceição do Araguaia. Todavia, passado algum tempo, recebi telefonema do general Hugo Abreu, informando-me de que o presidente mandava pedir minha interferência junto ao Comandante da 8ª Região Militar para reformular o relatório do já mencionado inquérito. Explicava o general Hugo que as conclusões da Auditoria indiciavam o bispo de Conceição do Araguaia, sacerdotes e agentes pastorais, além de três dezenas de posseiros.

Disse ao general Chefe da Casa Militar que o Exército nada mais tinha a ver com este ruidoso assunto, porque sua solução ficara a cargo da Auditoria; portanto, fugia à minha alçada a solicitação apresentada.

Pretendendo saber o que se passara, recompus, através de informações oficiais e documentos, os fatos, a partir do momento em que o inquérito passou às mãos da Auditoria.

O promotor José Manes Leitão, designado pela Justiça Militar para orientar o encarregado do inquérito, ao ler os autos, julgou-os incompletos na parte relativa às argüições que, de acordo com seu parecer, deviam estender-se a outros religiosos e agentes pastorais. Considerou, ainda, que certos depoimentos precisavam ser rematados com informações indispensáveis ao esclarecimento definitivo do conflito, em suas causas e decorrências.

Retornou, por conseguinte, o processo ao Comando da 8ª Região Militar para novas diligências, devendo o interrogatório dos religiosos ocorrer sob sigilo de justiça.

Naturalmente, esta atitude não deve ter agradado ao general comandante daquela Região Militar, que se esmerava em fazer realizar trabalho judicioso. Os dados colhidos, ao que se informou, agravaram a situação dos religiosos.

O relatório do tenente-coronel Ernani capitulava de crime contra a Segurança Nacional as violências praticadas em Perdidos. O processo, ao que tudo leva a crer, foi remetido com estas conclusões à Procuradoria Geral da Justiça Militar.

Ora, o procurador-geral da Justiça Militar, ao contrário do que muitos pensam, não é elemento integrante desta Justiça, porém, na realidade, um agente do Poder Executivo junto ao Poder Judiciário. Há, em conseqüência, uma subordinação direta desse agente ao Ministro da Justiça.

Ao receber o inquérito e verificar a indiciação dos religiosos, em particular do bispo de Conceição do Araguaia, deve ter o procurador-geral fremido de preocupações; talvez por isso tenha enviado à consideração do Ministro da Justiça a espinhosa solução.

No Ministério da Justiça, o assessor do ministro que estudou o processo, não atentando bem para a gravidade da decisão ou por admiti-la normal e lógica, levou à assinatura daquela autoridade o simples despacho: "Cumpra-se a Lei."

Assinado e devolvido o processo ao procurador-geral, a imediata rudeza do ato ministerial gerou o pânico e foi dado o alarme.

No Ministério da Justiça falou-se em equívoco e à Procuradoria Geral faltava competência para modificar a seqüência judicial.

Neste exato momento telefonou-me o general Hugo Abreu para transmitir o pedido presidencial que, como já vimos, não foi atendido.

A manobra técnica foi aventada pelo governo, visando a sair dessa entaladela burocrático-jurídica em que se metera. Uma reunião – as reuniões são sempre vantajosas nas situações difíceis, pois diluem a responsabilidade das resoluções infelizes – feita às pressas naquele Ministério, decidiu, consoante me informaram, que a Procuradoria Geral da Justiça Militar, no âmbito de suas atribuições, mandasse rever as conclusões do inquérito.

Tudo isto ocorreu, no ano de 1977, antes da farsa de 12 de outubro.

Não ouvi falar mais no conflito de Conceição do Araguaia, entretanto, lendo o *Jornal do Brasil* de 21 de fevereiro, de 10 de março e de 9 de junho de 1978, verifiquei que a questão não perdera incandescência e que se arrastava, vagarosamente, pelos tribunais. Considerando o que escreve e transcreve o matutino, a Justiça Militar julgou-se incompetente para apreciar os crimes praticados em Perdidos, configurando-os como da competência da Justiça Civil. Não houve, diz o auditor substituto da Auditoria da 8ª Região Militar, "comportamento atentatório ao bem jurídico penalmente tutelado – Segurança Nacional" sendo, por isso, encaminhado o processo ao juiz de direito da comarca de Conceição do Araguaia. Estávamos em julho de 1978 e não se havia, ainda, começado o sumário de culpa.

Da abertura do inquérito à sua entrega à Auditoria correram dois meses e meio, e deste momento até a data das publicações aludidas já tinham transcorrido mais de 17 meses. Se houve presos, eles estavam, nesta referência, cumprindo mais de 18 meses de cadeia sem julgamento. Não sei se continuam assim. Veleidades políticas e discussões bizantinas não podem e não devem conter o passo da justiça.

Lá diz o adágio "A justiça de Deus tarda mas não falha"; todavia, a dos homens, muito mais morosa, não tarda porquanto quase nunca chega.

O general Ernesto Geisel constitui-se, do meu ponto de vista, um dos homens mais contraditórios que conheci. Moviam-no, em suas decisões, muito mais os interesses de momento do que a fidelidade a critérios sadios já adotados. Nos problemas de promoções, como ressaltarei mais adiante, estas oscilações eram impressionantes. Casos idênticos, mas tendo como protagonistas personagens diferentes, recebiam soluções antípodas. Tudo dependia de suas simpatias e interesses pessoais.

Aparentemente conciliador nos acontecimentos de Conceição do Araguaia, procurando evitar a todo custo atritos com a Igreja, usou da sua autoridade para pressionar seus subordinados e assessores, no propósito de desviar o curso da Justiça, o que era desnecessário, porque não seria a conduta dúbia de um prelado – pendente ainda de interpretação judiciária – que iria macular a Igreja de Cristo, do mesmo modo que o comportamento condenável e pouco digno de um general jamais mancharia o Exército. Ambas as instituições são eternas e, pela magnitude de suas missões e nobreza de suas obras, pairam muito acima dos homens.

No entanto, quando da elaboração do famoso "Pacote de abril", em 1977, persistiu na manutenção de um quórum de maioria absoluta para as modificações dos preceitos constitucionais, em qualquer caso, não somente para os projetos partidos do Executivo, como se esperava e asseguraram-me destacadas autoridades eclesiásticas. Esta resolução tomou-a, segundo voz corrente, como revide às da pastoral de Itaici, lançadas pela CNBB.[1]

O procedimento hostil, facilitando o divórcio, feriu muito mais a Igreja em sua secular doutrina, em seu princípio de preservação da família, do qual é a lídima defensora, do que a inquirição de um prelado para esclarecer e explicar atitudes muitas vezes mal compreendidas.

Em Conceição do Araguaia os interesses do presidente aconselhavam a tolerância; depois de Itaici, destilou ele seu rancor, por se encontrar em campo oposto ao da Igreja.

Tudo era questão, apenas, de interesses, opiniões e amizades pessoais.

A democracia para o general Geisel continuava a ser relativa. Dava ele, com isso, razão ao célebre romano Catão o Censor, quando proclamava: "As Leis são como teias de aranha; só seguram as mosquinhas. Os moscardos e os besouros atravessam-nas facilmente."

1. O "Pacote de abril" determinou a redução da exigência de maioria de 2/3 para maioria absoluta como condição para a aprovação de emendas constitucionais, inclusive para projetos elaborados no Poder Legislativo, facilitando a aprovação da proposta originada naquele poder de emenda constitucional estabelecendo o divórcio no Brasil, contrariando a posição adotada pela Igreja Católica a respeito.(N.R.)

CAPÍTULO 27

As promoções e a politicagem

O Presidente da República, em 1976, submeteu à apreciação do EMFA e dos ministros das pastas militares uma proposta sobre modificação da Lei de Promoções do Exército. O documento visava, especificamente, à ampliação das listas de escolha enviadas ao chefe do Executivo, as quais, pelo pequeno número de oficiais ali colocados, restringiam – na opinião proponente – a liberdade presidencial.

Ao exame da matéria aflorou, novamente, uma questão interessante, já debatida no passado, e que consistia em opinar se a seleção dos chefes do Exército deveria caber, integralmente, à instituição ou ao Presidente da República, ou, ainda, a ambos, e, neste caso, em que condições ocorreria.

As idéias divergentes nunca permitiram uma solução pacífica; convém, por isso, revolvê-las a partir do período pré-revolucionário, a fim de que se possa ter uma compreensão mais exata dos interesses em jogo e da delicadeza do assunto a tratar.

Um bosquejo histórico e algumas considerações oportunas, estou certo, trarão esclarecimentos muito úteis à percepção do assunto, em seus aspectos mais sutis.

Foi uma antiga e ansiada reivindicação dos militares a de que seus chefes fossem selecionados, exclusivamente, pelo Alto Comando, levando-se em consideração somente os predicados morais, intelectuais e físicos dos oficiais, que lhes permitissem desempenhar com austeridade, brilho e vigor todas as missões profissionais. Evitar-se-ia, desta maneira, que nomes sem mínimas condições de liderança, cujo único mérito decorresse do bafejo

– não raro peçonhento – dos chefes político-partidários, preterissem oficiais de notável e reconhecida capacidade profissional.

Os fatos ocorridos antes de 1964, em particular no governo João Goulart, eram estarrecedores, do ponto de vista da desmoralização do sistema de promoções, tornado instrumento da politicagem e do aviltamento da instituição. Oficiais freqüentadores dos arraiais políticos, que conheciam melhor do que seus quartéis, promovidos por suas públicas manifestações ideológicas e, outros, ascendendo ao generalato por subserviência inextinguível (justificada sempre sob o jargão – "sou soldado, cumpro ordens!" – como se no confronto do mando com a consciência esta devesse ser amordaçada em troca de vantagens e da tolerância com comportamentos avessos ao regime democrático), davam a exata medida da desvalorização profissional do Exército.

O descaramento pasmava até os despersonalizados incensadores de todos os governos, sempre omissos e concordantes, na esperança de compensadoras migalhas. Houve uma promoção em que candidatos fortemente amparados pela proteção política disputavam número reduzido de vagas e, por isso, nem todos seriam promovidos. Todavia, a imaginação habilidosa e criadora dos governantes encontrou solução para tão grave empecilho – todos foram promovidos, considerando-se claros que deveriam ocorrer meses depois, e, então, já no novo posto, aguardaram, agregados, o epílogo da comédia.

Foi a época dos "generais do povo", dos chefes sem compostura, sequiosos do poder, que bajularam superiores porque só deste modo seriam notados, e mergulharam na condescendência com a indisciplina, concorrendo para o menosprezo da hierarquia e a quebra da unidade do Exército. Chefes que se desonraram, encarregando comandados de espreitarem seus comandantes – seguindo-lhes os passos e devassando-lhes a vida particular. Homens que desceram à promiscuidade com subordinados, enojando-os com agrados viscosos – incompatíveis com a tradição militar e o respeito de si mesmos; carreiristas incorrigíveis, que se exibiam publicamente, nos ombros de inferiores hierárquicos, em comícios de operários e reuniões estudantis, no deleite de uma liderança que não possuíam, mas se esmeravam em aparentar.

É evidente que não podemos creditar, tudo isso, à falsa seleção de valores profissionais, concluída por inegável influência política, muito ao sabor dos presidentes da República, conhecedores da força da hierarquia, numa comunidade educada para acatá-la com fervor quase religioso. Este comportamento militar, na realidade, resultava de uma complexa série de fatores, entre os quais, entretanto – insisto em assim julgar –, destacavam-se a politicagem que invadiu o Exército e o sistema de promoções existente.

A Lei de Promoções então vigente facilitava as manobras político-militares, visto que, para cada vaga de general-de-brigada, poderiam concorrer quinze coronéis, o que significava, no caso da existência de quatro vagas – quota muito comum –, que o Presidente da República disporia de um universo de sessenta nomes para escolha, feita, praticamente, sem a participação do Exército.

É fácil compreender que, numa faixa tão larga, as injunções políticas tinham preferência absoluta, dado o caráter esquerdista do governo, mais preocupado em promover comparsas do que em selecionar chefes militares capazes profissionalmente.

O ponto dolente era a faixa de escolha concedida ao presidente, sobre a qual atuavam, e ainda atuam, idéias contrárias, visando a alargá-la para dar maiores possibilidades à preferência presidencial ou a restringi-la, gradativamente, até dela constarem, apenas, os nomes que, selecionados pelo Alto Comando, seriam homologados pelo chefe do Executivo.

Firmavam-se, assim, duas correntes de opinião diametralmente opostas. Os que, identificando a profissão das Armas com o sacerdócio, não aceitavam imiscuir-se o militar em tramóias político-partidárias, só encontrando a solução de retirar do presidente a prerrogativa de elevar ao generalato oficiais de sua exclusiva predileção. E os que, mais tolerantes com a imagem profissional, muitos futuros beneficiários das benesses políticas, encaravam a prerrogativa presidencial como um direito do comandante supremo das Forças Armadas de eleger os chefes militares que deveriam assessorá-lo, e apoiá-lo. Estes viam a influência política nas Forças Armadas como válida, ainda que as politizasse. Murmuravam que o militar, no cumprimento de ordens, não devia raciocinar, porque cabia aos chefes ditá-las; todavia, é bom recordar que estes chefes eram, cuidadosamente, escolhidos dentro dos parâmetros políticos do governo e, conseqüentemente, imbuídos dos mesmos intuitos.

Esqueciam-se, do mesmo modo que se esquecem hoje, os partidários desta solução que um chefe militar – em especial, os altos chefes do Exército – deve ter condições incontestáveis de liderança e que um líder não se faz por decreto, nem é legitimado pelas bênçãos presidenciais. A legalidade pode transmutar um HOMEM em CHEFE, no entanto jamais o transformará em LÍDER. A liderança é concedida ao homem pelo grupo o qual dirige e nunca por artifícios institucionais. O líder a conquista, basicamente, por estar identificado em idéias e atos com seus subordinados e merecer destes irrestrita confiança. A legitimidade do líder é fruto, portanto, do julgamento do grupo, e não conseqüência de uma decisão governamental. A autoridade e o prestígio do chefe decorrem da instituição, ao passo que, no líder, são qualidades intrínsecas; decorrem do próprio líder.

Um exército precisa de homens independentes, de verdadeiros líderes, patriotas empolgados com a profissão das Armas, e não de chefes burocráticos, fascinados pelos cargos e submissos ao poder, na preocupação mórbida de acesso e nos anseios de merecer ocupação civil vantajosa, quando transferidos para a reserva.

Estas apreciações, embora superficiais, são suficientes para sustentar a tese, da qual sou adepto e defensor, de que cabe exclusivamente aos militares a seleção e a escolha de seus chefes, afastando, por conseguinte, a malfadada influência da politicagem no Exército, à qual os presidentes, mesmo os militares, não têm sido imunes.

Os males da impregnação política e o interesse por promoções mais rápidas, deformando as atividades profissionais, levavam os chefes, no julgamento das questões disciplinares ou administrativas, a critérios duvidosos, traduzidos em decisões suaves e acomodações com os que eram ou são "nossos", ou rigorosíssimas e até injustas com os que eram ou são "contra nós".

Como é lógico reconhecer, estas idéias, restritivas da participação presidencial, não agradavam aos governos; entretanto, a partir de 1964, foram tomando consistência prática e consideradas nas duas leis de 1964 e 1965, a primeira das quais limitada ao Exército e a segunda extensiva às Forças Armadas. A lei de 29 de outubro de 1964, talvez pelo fogo revolucionário, ainda crepitante, atendia melhor ao pensamento castrense puro, enquanto a de 10 de novembro de 1972 já lhe fazia brandas restrições.

A Revolução conseguira através de uma fórmula – conciliatória e aceitável – amenizar os efeitos da intromissão política, contudo sem extirpá-la. A nova legislação adotou uma solução intermediária entre as tendências extremas e opostas – encontradiça, com freqüência, quando não se deseja desgastar partes poderosas. Era uma solução política, com as acomodações que caracterizam todas desta espécie. Preconizava a participação do Alto Comando do Exército e do Presidente da República na seleção e promoção dos oficiais, cabendo ao chefe do Executivo a escolha definitiva. Ao Alto Comando tocava a incumbência de compor as listas – chamadas de escolha – em ordem de sua preferência; ao Presidente da República, a designação dos candidatos que desejava promover, sem tomar em consideração a seqüência preferencial apresentada.

Foi uma razoável conquista, porque a lei trazia, em si, um evidente cunho profissional. Nela crescia o Alto Comando e surgiam contenções à ação presidencial, de tão tristes recordações. Visando a elucidar esta asserção direi apenas que para uma vaga de general-de-exército concorreriam apenas três generais e mais um por vaga subseqüente, o que constituía um limite bastante interessante. Fixava-se, pela primeira vez, uma nítida distinção entre o caráter da seleção no Alto Comando e o da escolha presidencial. Enquanto aquela era ou devia ser rigorosamente profissional, esta, claramente política ou protecionista. Além disto, determinava o novo sistema de promoções que o oficial-general ou coronel que por três vezes consecutivas constasse do primeiro lugar da lista de escolha seria promovido independentemente da vontade presidencial. Evitava-se, deste modo, prevalecessem antipatias políticas em detrimento do valor militar e prestigiava-se o Alto Comando.

Se compararmos as leis de 1964 e 1972 com a que vigorava ao tempo do governo João Goulart, veremos que para quatro vagas de general-de-brigada – promoção de máxima importância – àquela época concorriam 60 oficiais, e pelas novas leis, apenas nove.

Julgo ter ficado bem realçado, neste bosquejo, que o alargamento da lista de escolha, submetida ao Presidente da República, é de grande interesse para o chefe político, ao passo que a sua redução e, até como solução ideal, a sua definitiva extinção é uma das mais ambiciosas reivindicações dos militares que almejam afastar o Exército da política.

Em síntese, o que desejava o presidente em sua proposta?

Exatamente ampliar a faixa da lista de escolha, contrariando o tradicional e justo desejo do Exército, já atendido, em parte, pelos governos revolucionários anteriores.

Estudamos o problema em minúcias e o dissecamos em todas as suas facetas. Aspectos históricos afluíram para mostrar a inconveniência do aumento solicitado e o interesse militar em trazer ao Exército a responsabilidade exclusiva de escolher seus chefes. Focalizamos a temeridade de colocar nas mãos de um presidente, eleito sob o signo de um movimento político-partidário – como ocorreu no período de 1961 a 1964 – um instrumento tão poderoso que lhe permitisse compor o quadro de oficiais-generais a seu bel-prazer.

Tratava-se, todavia, de um general, que colocado pelas forças revolucionárias no governo, deveria mui logicamente, como militar, estar imbuído dos mesmos propósitos de lavar, das promoções, as manchas políticas. Não víamos nesta solicitação nada além da reconhecida vaidade do presidente de ser árbitro de tudo, impondo sua vontade nutocrática em todas as decisões. Queria mais nomes para que não lhe fosse cerceado o direito de escolha melhor, do seu ponto de vista, é claro.

No parecer que enviei à Presidência, a par da sugestão e considerações sobre a medida lembrada, fiz ressaltar que a nossa concordância – do Exército – decorria, unicamente, do fato de ser o chefe do Executivo um militar revolucionário. Os fatos posteriores vieram, no entanto, evidenciar que as raízes desta proposta eram muito mais políticas do que poderia admitir a decantada boa-fé militar. Uma análise serena do almanaque militar em 1975 patenteia como uma simples medida, usada com discrição e habilidade no pertinaz desígnio de atingir objetivos preestabelecidos, tornou possíveis promoções tecnicamente impossíveis.

O Presidente da República examinava com o Ministro do Exército a lista composta pelo Alto Comando, trocavam idéias e opiniões sobre os oficiais dela constantes, contudo, o presidente nada decidia, alardeando sempre que as promoções e classificação do general eram prerrogativas suas, das quais não abriria mão, em hipótese nenhuma. Muitas divergências tivemos nestas apreciações.

Às vésperas das datas fixadas para as promoções, o Chefe do Gabinete Militar – general Hugo Abreu – transmitia-me a decisão presidencial, com a recomendação de só divulgá-la na manhã seguinte.

As promoções, na realidade, sofriam a influência dos conceitos emitidos pelo grupo de assessores imediatos do presidente. Este grupelho – para ser coerente com a denominação que, publicamente, já lhe dei – agia dentro de um plano adrede preparado, de manifesto ranço político. As propostas de designações para comandos e chefias constavam de duas ou três linhas de ação, em que se combinavam os nomes e os cargos. O presidente examinava-as mas não decidia, deixando a decisão para mais tarde, ao que se dizia para ouvir os mesmos assessores. Determinadas áreas constituíam objeto de constante preocupação do governo, em se tratando de designar generais para ali servirem. O estado de São Paulo só recebia generais ungidos pelos óleos da confiança dos sacerdotes do Planalto. Fácil é verificar as íntimas relações de amizade e as anteriores ligações de serviços que os escolhidos mantiveram com o presidente e, ainda, perceber como estes fatores predominaram na seleção, embora muitos desses oficiais fossem dotados de destacadas e reconhecidas qualidades profissionais.

A manobra político-militar em São Paulo saltava aos olhos. O governador do estado privava da intimidade do Presidente da República, que desejava ter ali um dispositivo militar de sua confiança pessoal para, em caso de uma crise institucional, nele se apoiar.

Outra área de sua preocupação era a Vila Militar, no Rio de Janeiro. A escolha do substituto do general Edgard Bonnecase Ribeiro – atingido pela compulsória – no Comando da 1ª Divisão de Exército não foi muito tranqüila.

Apresentei ao presidente nomes de três generais. Não aceitando os sugeridos, lembrou o nome do general Walter Pires de Carvalho e Albuquerque. Disse-lhe que não achava conveniente colocá-lo na Vila Militar, porque me havia confessado, tempos atrás, que a sua grande aspiração era comandar a 5ª Divisão de Exército. Desejava atendê-lo em sua pretensão, que não se chocava com os interesses do Exército. Replicou o general Geisel que eram os interesses do Exército, justamente, que impunham sua ida para a 1ª Divisão de Exército. Recomendou-me, a seguir, que chamasse o general Walter Pires e lhe expusesse, nestes termos, a questão.

Retirei-me e, ao chegar ao meu gabinete ministerial, determinei chamassem aquele general, ao qual narrei o que ocorrera na audiência presidencial. Terminei lamentando não tivesse impedido sua ida para o Rio, pois estava certo de que atenderia a um desejo seu caso o mandasse servir em Curitiba. Não me respondeu, dando-me a impressão de que gostaria de ser classificado na 1ª Divisão de Exército. Surpreso com aquela atitude perguntei-lhe:

— Lembra-se de que você me disse que desejava servir em Curitiba, onde tinha ligações de família e, por isso, não queria ir para o Rio?

Permaneceu calado. Tinha eu, entretanto, um testemunho da declaração anterior – o meu Chefe-de-Gabinete; mandei chamá-lo. Confirmou o general Bento ter presenciado o general Walter Pires dizer que, por sua vontade, não serviria no Rio de Janeiro, porém, com satisfação, em Curitiba.

Em face desta confirmação, revelou o general Walter Pires ter agido daquela maneira para evitar que o ministro Dale Coutinho o classificasse no Comando

Militar da Amazônia, quando de sua promoção a general-de-divisão; todavia, o que ele na realidade pretendia era comandar a 1ª Divisão de Exército.

Soube, posteriormente, que tudo resultara de um pedido do general João Baptista de Figueiredo ao presidente, solicitação feita, naturalmente, de acordo com o general Walter Pires, versão que admito correta.

Este simples fato comprova a montagem de um esquema político-militar, feito sob a máscara de atender a conveniência do Exército. Os generais Figueiredo e Walter Pires nada me falaram sobre este assunto, o que foi lastimável, particularmente, em relação ao general Pires, que se dizia, desde tenente, meu amigo, e que usufruiu bastante desta amizade durante todo o tempo em que fui ministro. Reconheço, contudo, que outros interesses, mais promissores, o ligavam ao então Chefe do SNI.

A política, ou melhor, a politicagem, com todas as mazelas, levada pelas mãos das próprias autoridades, continuava a ameaçar o Exército. Os processos e artimanhas usados para isso oscilavam do severo ao jocoso. Os critérios variavam para casos idênticos e neles eram facilmente notados motivos pessoais e políticos. Eu, que jamais tolerei a política partidária no Exército, que nunca dirigi aos meus comandados uma palavra sequer sobre assuntos desta espécie, via, com tristeza, o mais elevado mandatário de nossa Nação esgrimir com argumentos bem frágeis para provar a coerência militar da movimentação dos generais.

O presidente Geisel, é preciso que se diga, temendo um choque com o Ministro do Exército, a quem os intrigantes aduladores de sua vaidosa personalidade procuravam denegrir e aviltar,[1] empenhou-se em neutralizá-lo através de uma habilidosa aproximação direta com os generais, em particular os de exército. É difícil acreditar – mesmo em se tratando de homem de vocação esquerdista – tenha ele lançado mão da famigerada hierarquia paralela, tão gostosamente acolhida e manipulada nos exércitos da Europa Oriental. Mas, é quase certo terem existido contatos diretos ou por intermédio de seus assessores mais chegados com os comandantes de Área,

---

1. *Meio século de combate – Diálogo com Cordeiro de Farias*. Rio de Janeiro: Nova Fronteira, 1981, p.625-6: "Tudo indica que o marechal, diante dos velhos amigos como o general Golbery, tenha muitas vezes defendido pontos de vista como o que manifestou a propósito da atuação crescente do Ministro do Exército, general Sylvio Frota, que ele via como séria ameaça no caminho da liberalização. Esclarece Tales Ramalho que Cordeiro acompanhou com inquietação a formação do grupo frotista no Congresso e os encontros promovidos informalmente com parlamentares em Brasília, o que o levou à capital federal na semana em que ocorreu a demissão do Ministro do Exército: 'Ouvi de Petrônio Portella que Cordeiro de Farias vinha a longo tempo preocupado com isso, insistindo sempre: 'Tenha cuidado!' Ele não queria afastar Sylvio Frota, nem hostilizá-lo. O ministro era apenas uma peça que estava dificultando o projeto no qual ele trabalhava, e que era o da liberalização do regime. Sei que ele teve muita importância nesse episódio, mas se tiver que dar detalhes não serei capaz. Ele era um contraforte. Soube de coisas através do próprio general Cordeiro e de Petrônio. Petrônio me contou até mais: que ele tinha posição muito contundente nesse caso. Uma posição muito teimosa."

embora os generais-de-exército a quem interpelei o tenham negado. Ocorrências de conhecimento restrito levadas ao palácio do Planalto e informações de várias fontes, todavia, afirmavam o contrário. Saltava assim sobre a autoridade ministerial, com a conivência dos maus e ambiciosos generais.

Se dúvidas ainda persistissem sobre este comportamento presidencial, as ligações que estabeleceu ou fez estabelecer com os generais, nos dias que antecederam a minha demissão, numa sórdida confabulação para depor seu Ministro do Exército, seriam suficientes para dissipá-las.

Infelizmente, estes acontecimentos só podem ocorrer quando num ambiente militar não mais se reverenciam os valores morais do soldado; quando, na miragem de soberbos lucros materiais, o soldado põe a sua consciência a preço, e, finalmente, quando um Exército, vergado ao peso das maquinações políticas, transforma-se numa comunidade dócil e abúlica.

A História dá-nos um exemplo muito triste dos exércitos em decomposição, ocorrido há pouco mais de meio século, quando o general Dukonin – comandante-em-chefe do exército russo na frente alemã – foi demitido sumariamente por ordem de Lenin e substituído pelo aspirante da reserva Krilenko. O general foi linchado pela soldadesca.[2]

Este perigo existe e existirá sempre, nas ocasiões em que as cúpulas dos governos, traindo regimes, abraçam teses ideológicas que agridem os lídimos postulados democráticos. Os três ministros militares, em agosto de 1961, no manifesto que dirigiram à Nação Brasileira, tiveram a coragem moral de proclamar que, em situações semelhantes, sob influência política e pressão do chefe do governo – que no presidencialismo roça as fronteiras da prepotência – "as próprias Forças Armadas, infiltradas e domesticadas, transformar-se-iam, como tem acontecido noutros países, em simples milícias comunistas".[3]

Pensando do mesmo modo, tentei prevenir o Exército, em 12 de outubro de 1977. Se o aviso foi ouvido e entendido só o destino dirá.

---

2. Cristopher Hill, *Lênin e a Revolução Russa*. Rio de Janeiro: Zahar Editores, 1963, p.135.
3. "Manifesto à Nação" in *1964: Golpe ou contragolpe*, de Hélio Silva e Maria Cecília Ribas Carneiro. 2ª ed. Rio de Janeiro: Civilização Brasileira, 1975, p.87.

CAPÍTULO 28

O falecimento de dois ex-presidentes

A MORTE DE JUSCELINO E O LUTO NACIONAL

No domingo, 22 de agosto de 1976, na altura do quilômetro 165 da via Dutra, em sério desastre de automóvel, faleceu o ex-presidente Juscelino Kubitschek. Atendendo a chamado urgente do Presidente da República, na segunda-feira pela manhã compareci ao palácio do Planalto, onde já encontrei o ministro Armando Falcão em audiência com o chefe do governo.

Fui logo recebido pelo general Geisel, que assentava com o Ministro da Justiça algumas providências quanto aos funerais do ex-presidente.

Após comentar o trágico acontecimento, que todos três lamentamos, e anunciar que o sepultamento de Juscelino seria em Brasília, disse-me o general Geisel:

— Vou decretar luto nacional pelo falecimento de Juscelino; quero que você explique a situação aos generais.

Discordei e expendi, para justificar esta divergência, a argumentação que, em síntese, transcrevo:

— O senhor não pode fazer isto, presidente! A Revolução cassou os direitos políticos de Juscelino Kubitschek por considerá-lo um dos responsáveis pela desagregação social-moral-econômica que levou o país à beira do caos em 1964. Como se justifica, agora, a mesma Revolução que o afastou da política brasileira, em expurgo tido como saneador, determinar luto nacional, por ter morrido?

O presidente ouviu em silêncio e depois murmurou algo referindo-se ao povo, como se a medida fosse para agradá-lo. O ministro Armando Falcão, impassível, assistia a tudo.

Prossegui:

— Se o senhor conceder, presidente, luto nacional, terá, no futuro, que proceder do mesmo modo com João Goulart, Jânio Quadros e outros cassados que venham a falecer no seu governo.

O presidente reafirmou sua decisão e voltando-se para o ministro Armando Falcão disse-lhe:

— Você, Armando, irá representar-me no enterro...

O ministro Falcão agitou-se na cadeira e com veemência respondeu:

— Mas, presidente, aquela senhora irá desfeitear-me! O senhor não conhece aquela senhora.

Nada mais tendo a fazer, solicitei autorização ao presidente para retirar-me.

Não soube, nem me interessava saber, quem representou o presidente Geisel na cerimônia fúnebre do ex-presidente.

A política é realmente uma arte difícil!

Um ex-Presidente da República é acusado, por um governo revolucionário que se instala, de ter sido cúmplice na calamitosa situação em que se achava o Brasil em 1964. Os revolucionários – em grande maioria – viam nele o presidente que abrira as portas à desenfreada corrupção que grassava no país. Através de medidas excepcionais, seus direitos políticos são cassados. O homem, no entanto, por seu feitio simples e facilidade de comunicação, possuía inegável prestígio popular, que não se abalou com a cassação revolucionária. Morrendo em situação trágica, vem este mesmo governo revolucionário conceder-lhe luto nacional. É um paradoxo!

Se era um benemérito, se tinha serviços importantes prestados à Nação, por que o cassaram?.

Se, ao contrário, concorreu para a ruína do país, por que luto nacional, convidando a Nação a chorá-lo?

Não havia coerência nos atos revolucionários. Se a Revolução tinha errado, deveria ter tido a coragem de reabilitar em vida o injustiçado.

Se não havia erro e, dentro dos cânones revolucionários, tinha sido feita justiça, por que a medida divulgada, logo, com alarde?

Em certa oportunidade, o presidente Geisel, referindo-se ao caso Herzog, realçou o interesse das oposições, em todas as épocas, na "exploração dos cadáveres". O que se fazia, naquele momento, era a tentativa de conquistar a simpatia dos juscelinistas com um ato de "falsa elevação moral".[1]

---

1. Um dos argumentos do presidente Geisel para afastar de Campinas o general Mário Sousa Pinto, visando a colocar ali seu amigo general Morais Rego, era o de ser o general Mário "juscelinista". Veremos mais adiante esse episódio.

Nenhum dos homens do Planalto, que eu o soubesse, mudara sua opinião sobre o ex-presidente, todavia, era de grande interesse político aparentar o oposto.

Estas apreciações mostravam-me como paradoxal a decisão presidencial. Já disse algures, e não me canso de repeti-lo, que estes fatos só ocorrem quando a política consegue asfixiar a moral.

Não há dúvidas de que a política, com suas artimanhas e manobras, muitas vezes de objetivos inconfessáveis, é arte ou ciência para os iluminados. Nós, os militares, formados na linha de rígidos princípios morais, víamos o sofisma como vizinho da velhacaria e a coerência como um dever de consciência. Não podia eu, por isso, entender como homens de farda, que vieram na esteira de uma Revolução que pregava a moralidade em todos os setores, agissem daquele modo.

Houve, no passado, quem dissesse que a palavra tinha sido feita para esconder o pensamento; poderíamos, hoje, completar a sentença acrescentando: e muitos decretos presidenciais também.

O PASSAMENTO DE JOÃO GOULART

O falecimento do ex-presidente João Goulart deu ensejo a que se apreciasse, mais uma vez, a balbúrdia que dominava o Planalto quando de acontecimentos inesperados. Eram ordens e modificações de ordens, numa tentativa precipitada de ir amoldando as decisões aos interesses pessoais e políticos. Não havia coordenação nem controle dos diversos setores que as recebiam, facilitando, assim, a intromissão de setores espúrios.

Vejamos a ocorrência.

Na manhã do dia 6 de dezembro, recebi do general Chefe do Centro de Informações do Exército a notícia do falecimento de João Goulart, ocorrido na cidade argentina de Mercedes. A família do morto havia solicitado permissão do governo brasileiro a fim de conduzir o corpo para a cidade de São Borja, onde desejava sepultá-lo.

O presidente Ernesto Geisel autorizara que o féretro fosse levado àquela cidade rio-grandense, mas não permitira o transporte por via terrestre. Duas soluções foram lembradas:

- Deslocamento por via aérea direto a São Borja, ou
- ida do caixão até Santo Tomé, pelo território argentino, e transposição do rio Uruguai, em São Borja.

Dei, imediatamente, ordem ao Comandante do III Exército para que fosse cumprida a determinação presidencial e soube que, sem perda de tempo, fora transmitida ao delegado do Departamento de Polícia Federal – coronel Solon D'Ávila – e ao Comandante da 2ª Brigada de Cavalaria Mecanizada, em Uruguaiana.

Ao cair da tarde, uma informação do III Exército dizia que o ataúde, com apreciável acompanhamento, em Paso de los Libres, cidade fronteiriça à nossa

Uruguaiana, preparava-se para transpor a Ponte Internacional e penetrar no Brasil. Acrescentava ainda a informação de que a Polícia Federal recebera autorização superior para não se opor à passagem.

Não tendo recebido do presidente qualquer comunicação que modificasse a ordem anterior, reiterei-a ao Comandante do III Exército. O trânsito por terra estava proibido, para evitar, segundo informes colhidos pelo SNI, a possibilidade de tumultos ou explorações de caráter emocional.

Pouco mais tarde, por cerca das seis horas, comunicou aquele Exército que o corpo do ex-presidente e a coluna de acompanhamento já tinham atravessado a fronteira e deslocavam-se para São Borja, pelo itinerário de Itaqui.

Temiam os órgãos de informações o alongamento do trajeto por Alegrete–Cacequi–Santiago, numa marcha de possíveis agitações políticas.

Felizmente isto não ocorreu e o corpo do ex-presidente, em sua triste e última viagem por terras brasileiras, atingiu a cidade de destino, onde foi inumado.

O que teria acontecido nos bastidores palacianos e no Rio Grande do Sul para conturbar dessa maneira o ambiente, criando situação de choque entre as autoridades?

O Departamento de Polícia Federal recebera ordem para autorizar a transposição da Ponte Internacional, enquanto o Exército cumpria determinação presidencial de impedi-la. Este panorama confuso, em que flutuavam oscilações de decisão, pode ser explicado, porém não justificado.

Retrocedamos no tempo para tentar explicá-lo.

O Vice-Presidente da República – general-de-exército Adalberto Pereira dos Santos –, no consenso dos órgãos de informações, mantinha ligações eventuais com elementos da família Goulart. Encontrando-se em Porto Alegre no dia do falecimento do ex-presidente, foi naturalmente procurado e instado a conseguir autorização para o deslocamento do corpo de Mercedes para São Borja. Visando a obtê-la, ligou-se com o coronel chefe de seu gabinete, em Brasília, determinando-lhe que transmitisse ao Presidente da República a solicitação, o que foi feito, segundo o coronel, por intermédio do general Chefe da Casa Militar.

A resposta de anuência presidencial foi transmitida ao vice-presidente, que a difundiu ao Comandante do III Exército e ao governador do Rio Grande do Sul.

O ponto dolente da questão não era, contudo, a autorização do transporte do corpo para São Borja, mas sim a proibição de que o deslocamento fosse feito por terra.

As autoridades militares estavam cientes desta restrição e o delegado da Polícia Federal, do mesmo modo, a conhecia. Foram portanto tomadas providências neste sentido. Entretanto, familiares do ex-presidente, inconformados com a interdição da Ponte Internacional, ligaram-se diretamente com o Chefe-de-Gabinete do vice-presidente e este estabeleceu novos contatos telefônicos com o delegado da Polícia Federal, lembrando-lhe que o presidente autorizara o transporte.

Este emaranhado de ligações balburdiou a situação, levando – consoante informações posteriores – o delegado da Polícia Federal a liberar a Ponte Internacional. Tal decisão propiciou o deslocamento em condições rigorosamente proibidas pelo presidente.

Um dos grandes responsáveis pelo não cumprimento da ordem presidencial foi o Chefe-de-Gabinete do vice-presidente, que exorbitou de sua autoridade para insinuar ao delegado um procedimento. Deveria, antes, entender-se com a Casa Militar presidencial ou o gabinete do Ministro do Exército, atualizando-os sobre as recomendações e ordens.

É possível que tivesse sofrido influências do vice-presidente, relacionado, no dizer geral, aos familiares de João Goulart. Ratificando este conceito, julgo interessante narrar um fato ocorrido em setembro daquele mesmo ano, às vésperas da minha partida para o Chile e da visita do Presidente da República à Europa.

Informações, trazidas pelo general-de-divisão Chefe do SNI, davam como possível a vinda de João Goulart para o Brasil, em dias próximos.

Numa reunião convocada pelo presidente, em que compareceram, entre outros, o Chefe do SNI e o Ministro do Exército, ficou estabelecido que, na hipótese de confirmada a notícia, deveria o ex-presidente ser cassado ou banido e, em conseqüência, devolvido ao exterior.

Opinei, então, considerando que o vice-presidente assumiria o governo na ausência do presidente, que não fosse lavrado por aquele o decreto previsto, sendo mais conveniente que o ex-presidente aguardasse detido o regresso do general Geisel. A proposta foi aceita.

Terminada a reunião, disse-me o Chefe do SNI que fora muito acertada a minha sugestão, porque o vice-presidente tinha suas querenças por Jango e poderia criar dificuldades. Dizia isto um homem que dispunha de dados abundantes sobre a esfera política.

Não é de estranhar, pois, que a influência do vice-presidente tivesse atuado fortemente sobre seu Chefe-de-Gabinete.

A viagem do féretro e o sepultamento do ex-presidente João Goulart ocorreram normalmente em São Borja.

O Ministro do Exército, no entanto, não aceitou as explicações que lhe foram dadas pelas autoridades militares da área, que atribuíram às emoções do momento e ao entrechoque de comunicações a desobediência de uma determinação categórica que fizera.

Era necessário saber quem dera uma ordem contrária à do presidente e por que o Comandante da 2ª Brigada de Cavalaria Mecanizada não cumprira aquela determinação, procurando, caso achasse preciso, esclarecimentos junto aos escalões superiores.

Uma sindicância, por sua ordem, foi aberta pelo Comandante do III Exército e seus resultados trazidos à sua apreciação.

CAPÍTULO 29

As intrigas palacianas

O ambiente em Brasília, talvez pela circunstância de ser aquela cidade de caráter administrativo, habitada quase exclusivamente por funcionários públicos, que se interpenetrando em suas atividades diárias difundiam com facilidade notícias, era propício ao boato. Sendo, porém, a balela o gérmen do mexerico, desenvolve-se habitualmente ao sabor da maledicência e da inveja, muitas vezes criando intrincados problemas de relações sociais e, mesmo, funcionais. Elementos dos órgãos de informações eram, em grande parte, responsáveis pelo vazamento de informes que, transmitidos "em particular a pessoas de absoluta confiança", espraiavam-se pela comunidade. Durante o tempo em que servi naquela guarnição, raro foi o dia em que não tive conhecimento de fatos dessa natureza. Traziam, em maioria, o poderoso aval de terem sido captados no palácio do Planalto, argumento que, se não chegava a convencer, lançava fortes dúvidas nos ouvintes.

Muitos desses boatos constituíam meticuloso trabalho dos próprios serviços de informações, visando a neutralizar elementos cujas atividades eram consideradas prejudiciais à orientação política do governo. Procuravam, deste modo, através de informações mentirosas, meias-verdades e deturpações de fatos, situar em posições falsas todos que não se ajustavam aos desígnios dos homens do Planalto. Estabeleciam, além disso, um clima de desconfiança e, até, de animosidade entre alguns oficiais, suas famílias e seus amigos.

Forjavam-se assim grupos, dividindo em benefício do governo, quando os interesses da Pátria e da Revolução mandavam unir. Mas é inegável que esse estado de coisas ajudava a ambição do grupo dominante.

Os fatos a que assisti e que anotei dariam matéria para grosso volume, iniciativa válida para o conhecimento de uma época de irresponsabilidades e ambições. No entanto, como dele não recenderão aromas, é conselho de higiene não compô-lo.

Destaco apenas três dos mais simples e inocentes, como amostra do conjunto.

A PROMOÇÃO DO CORONEL MORAIS REGO

O coronel Gustavo Morais Rego Reis era, em novembro de 1975, quando foi promovido a general-de-brigada, assistente do Presidente da República.

Após sua promoção, disse-me o general Geisel que o general Morais Rego desejava ser classificado na 11ª Brigada de Infantaria Blindada, localizada em Campinas.

Lembrei ao presidente que aquela Brigada não estava vaga e que seu comandante – general Mário Sousa Pinto – vinha fazendo um bom comando, como pessoalmente verificara em inspeção.

— É um juscelinista, vou tirá-lo de lá..., foi a reação do general Geisel.

Retirei-me e mandei chamar o general Morais Rego que, pouco depois, procurou-me em minha residência.

Disse-lhe, então, que o presidente pretendia classificá-lo – a seu pedido – em Campinas, deslocando para isto o general que ali estava. Interroguei-o sobre o seu interesse de servir numa Divisão de Cavalaria, em vista de sua Arma de origem. Recordei-lhe a circunstância de ser amigo do governador Paulo Egídio Martins, condição que lhe poderia criar situações embaraçosas, porque este governador procuraria, naturalmente, apoiar-se nele na solução de problemas político-militares da área paulista. Nesta hipótese, poderiam surgir desentendimentos ou melindres com os comandos superiores. Acrescentei, ainda, que a 4ª Brigada de Infantaria, em Belo Horizonte, estava sem comandante efetivo e que ele poderia ser designado para aquele comando. Fazia somente apreciações sobre a conveniência, para ele, daquela comissão, sugerindo alternativas, visto que a decisão final era do presidente.

Respondeu-me o general Morais Rego que, como soldado, iria para qualquer lugar – o que não era o caso, porquanto tinha pedido ao presidente a classificação em Campinas. Prosseguiu reafirmando seu propósito militar de ajustar-se às exigências hierárquicas, das quais não fugiria.

Despedimo-nos cordialmente.

Esta simples entrevista, destituída de qualquer sentido político, deu origem a uma intriga, lançando-me contra o presidente. Naquela época passou-me despercebida a preocupação do general Geisel de articular, em São Paulo, um dispositivo militar, sob a égide política do governador seu amigo. Já estava em avançado estado de gestação a candidatura Figueiredo, escondida sob os mais diferentes disfarces, com a conivência do próprio general Geisel e a participação ativa do grupelho do Planalto. O Comando de Campinas era força importante do sistema planejado; devia, pois, ser ocupado por elemento de confiança do esquema político-militar. A possibilidade de outro general ocupá-lo produziu certamente preocupações no Planalto; a reação e irritabilidade do general Geisel não permitem ilações diversas.

Acompanhemos o desenrolar dos fatos.

No dia seguinte o presidente mandou chamar-me em sua residência, no palácio da Alvorada. Estava muito irritado e abordou-me com a indagação:

— Você parece, Frota, que não entendeu ser prerrogativa minha classificar os generais?

E continuou...

— Assim nós não nos entendemos...

Perguntei-lhe quem lhe dissera isso e, como não respondesse, descrevi-lhe o que tinha passado. Esclareci que tendo partido do general Morais Rego o pedido, só ele poderia solicitar ao presidente sua modificação. Era procedimento lógico, sem traços de pressão ou qualquer intento de alterar a decisão adotada.

Serenou o presidente, mas, descobrindo-se, lançou-me a pergunta:

— Você não gosta do Paulo Egídio?

— Minhas relações com o governador Paulo Egídio têm sido muito cordiais, entretanto sem fugirem ao campo protocolar e social. Por que gostar ou não gostar dele?, foi a resposta.

A palestra tomou outro rumo e retirei-me pouco depois. Falhara mais uma cilada.

Alguns dias depois, o general Geisel ofereceu um churrasco na Granja do Riacho Fundo para o qual fui convidado. Um enxame de boatos esvoaçava sobre nossas cabeças, com picadas mais venenosas do que as das perigosas abelhas-africanas.

O ministro era o alvo predileto, se não o único. Propalavam os boateiros que estava com os dias contados; que ouvira "poucas e boas" do presidente etc.

Todavia o general Geisel tratou-me, naquele dia, de modo bem cordial.

Ao encerrar a descrição deste acontecimento desejo chamar a atenção para o argumento do presidente, justificando a saída do general Sousa Pinto de Campinas:

— É um juscelinista...

Está evidente que não lhe agradavam os juscelinistas, contudo, em agosto de 1976, agiu de maneira bem diferente.

A COMENDA DE ADIRSON DE BARROS[1]

A concessão da Ordem do Mérito Militar é feita pelo Conselho da Ordem do Mérito Militar, presidido pelo Ministro do Exército e do qual participa o Ministro das Relações Exteriores. Os generais, dependendo de posto e função, têm direito a propor militares e civis ao julgamento daquele Conselho.

As vagas existentes e o resultado da votação do Conselho reduzem o número de agraciados, visto que os pretendentes são normalmente em apreciável quantidade.

O jornalista Adirson de Barros escrevia, com coragem, inteligência e riqueza de lógica, interessantes artigos de caráter cívico e de combate à doutrina marxista. Buscava fundamentos históricos e colhia no mundo contemporâneo acontecimentos para demonstrar quão pernicioso é o comunismo. Tinha sempre uma palavra de elogio e uma frase de estímulo, em sua coluna jornalística, para os que também se empenhavam naquela luta – que não é apenas nossa, mas de toda uma civilização que, abominando a opressão, deseja sobreviver.

Lia constantemente seus trabalhos e decidi indicá-lo para a Ordem do Mérito Militar, tendo em uma oportunidade falado ao Comandante do I Exército, que aplaudiu a idéia. Constituía uma homenagem que pretendia lhe prestasse o Exército.

Apresentei ao Conselho o nome do jornalista Adirson de Barros, amparando-o de razões sólidas. Foi admitido por unanimidade.

Encerradas as reuniões do Conselho da Ordem do Mérito, elaborava o gabinete ministerial um decreto com nomes de todos os agraciados para submetê-lo à homologação do Presidente da República – chanceler daquela Ordem.

Após a assinatura presidencial ficava, então, liberada a divulgação. Era esta a ordem, ou melhor, a seqüência dos atos burocráticos.

Embora o presidente mui raramente rejeitasse um nome, mandava a ética e a prudência que não fossem avisados os galardoados antes da assinatura. Ocorreu, entretanto, que o oficial encarregado do setor da Ordem do Mérito, por equívoco, autorizou a difusão.

Neste mesmo dia, à tarde, recebi telefonema do general Hugo Abreu, Chefe da Casa Militar, informando-me que o presidente Geisel decidira vetar o nome do jornalista Adirson de Barros, por solicitação do Chefe do SNI. Perguntou quem o havia proposto.

Respondi-lhe que tinha sido eu e que queria conhecer os motivos que levaram o presidente a essa decisão estranha.

O general Hugo Abreu não se fez de rogado e explicou que, segundo o SNI, Adirson de Barros fazia habitualmente intrigas, por telefone, entre políticos, dei-

1. Adirson Antonio de Barros e Silva.

xando o general Geisel em má situação. Lamentei não ter sido avisado destes fatos e mostrei-me admirado do meu CIE, sempre ativo, desconhecê-los.

Tomei, a seguir, a decisão aconselhável – reter a documentação para estudar em profundidade o assunto. Com surpresa soube já ter sido expedida, pela manhã, aos Exércitos. Uma ligação com o Comandante do I Exército revelou a participação da notícia aos agraciados.

Encontrava-me em difícil dilema; contido por princípios de lealdade, não poderia levar ao jornalista a contundente resolução do general Geisel; por outro lado, seria indignidade não avisá-lo do ocorrido.

O general Comandante do I Exército ficou encarregado de transmitir-lhe a desagradável notícia, sob a mais eufêmica forma possível, e o meu Chefe-de-Gabinete, general Bento, de dar a Adirson de Barros todas as explicações possíveis.

Não aceitava, todavia, a decisão, por julgá-la fruto de precipitações do SNI. Telefonei ao general Hugo Abreu e solicitei-lhe falasse diretamente ao presidente que o jornalista fora proposto por mim e que nada existia no CIE em seu desabono. Classificava de grave desconsideração o que se estava fazendo, não só ao jornalista como ao ministro. Pedia, portanto, ao general Geisel que incluísse o seu nome na Ordem do Mérito.

Dávamo-nos muito bem, eu e o general Hugo, como já frisei algures, por isso tenho a certeza de dever aos seus interesse e persistência junto ao presidente a restrição desfeita e a condecoração do jornalista a 25 de agosto de 1976.

Este fato dá uma rápida idéia do difícil trabalho em ambientes onde as informações, moldadas em interesses pessoais, levianas e despudoradas, influem nas decisões dos chefes. Neles a desconfiança e as prevenções borbulham nas relações entre superiores e subordinados. Nem o presidente tinha o direito de desconfiar de seu ministro, eliminando um candidato seu sem ouvi-lo, nem o seu ministro podia confiar integralmente num chefe que tacitamente o julgava displicente, colocando na maior Ordem do Exército um cidadão sem investigar sua conduta. A repulsa é maior quando se reconhece que tudo isto, muitas vezes, é feito na base de informes extorquidos por beleguins.

Não sei das versões que chegaram ao jornalista, partidas do Planalto, mas acredito não tenham fugido aos eternos e convenientes sofismas.

A matrícula na Escola Superior de Guerra

O coronel Francisco Homem de Carvalho serviu sob minhas ordens quando eu comandava o I Exército. Oficial trabalhador e inteligente, comandou com acerto e habilidade uma tropa de elite, o I Batalhão de Polícia do Exército.

Atravessamos fase difícil, em período de turbulência subversiva, tendo a sua unidade, a par de excelentes serviços, conservado-se dentro da mais rígida e sadia disciplina. Em 1976, achava-se classificado no Estado-Maior do I Exército, já sob o comando do general Reynaldo Mello de Almeida.

Em fins desse ano, pretendendo realizar o Curso Superior de Guerra, solicitou de seu comandante de Exército que o indicasse para concorrer às vagas concedidas à Força pelo Estado-Maior das Forças Armadas.

Infelizmente, apesar de atender às exigências, não foi, em virtude do critério fixado, incluído na relação de matrículas. Posteriormente, em conseqüência de um acréscimo de vagas, encaminhou o ministro ao presidente a indicação de mais três coronéis para preenchê-las, entre eles o coronel Homem de Carvalho.

O ato do ministro chegou ao conhecimento do I Exército e o coronel foi avisado, a fim de que tomasse as medidas preparatórias de seu interesse.

Essas atividades eram normais e correntes, seguindo os documentos, sem óbices, todos os trâmites administrativos.

Contudo, com a indicação do coronel Homem de Carvalho tal não aconteceu, e o general Hugo Abreu, na sua habitual função de Chefe da Casa Militar, telefonou-me uma tarde para informar ter o presidente cortado o nome do coronel Homem de Carvalho da relação de matrícula, mas aprovado as duas outras indicações.

General Hugo esclareceu ter a medida decorrido de recomendação pessoal do Chefe do SNI, que considerava inconveniente a permanência daquele oficial no Rio. Soubera-o, naturalmente, do general Geisel.

Pedi que me dissesse precisamente os motivos. Respondeu desconhecê-los, mas julgava serem negativos.

Fiz imediata ligação telefônica para o Comandante do I Exército e comuniquei-lhe a decisão do presidente. Pedidos os motivos, disse-lhe crer, de acordo com o que declarara o general, serem informações negativas dadas pelo SNI.

O coronel Homem de Carvalho e o Chefe do SNI eram amigos antigos, um pouco estremecidos nos últimos tempos em virtude de, consoante voz corrente, não vir o coronel Carvalinho – como era conhecido – cumprindo os seus deveres de vassalagem quando ia a Brasília, que consistiam em visitar e homenagear o Chefe do SNI no palácio do Planalto.

Ao saber da medida, telefonou, ou alguém telefonou por ele, para o SNI, reverberando com palavras acres o procedimento de seus colegas que ali serviam, dizendo-lhes que estava a par de tudo em decorrência de um telefonema do ministro ao Comandante do I Exército.

O general Figueiredo, Chefe do SNI, procurou, então, o general Hugo Abreu e interpelou-o sobre a informação prestada ao ministro, declarando que não tinha sido ele, Figueiredo, que informara o presidente negativamente a respeito do coronel Carvalho.

O Chefe da Casa Militar ligou-se com o general Chefe do CIE e quis saber se a informação negativa partira daquele Centro, ao que o general respondeu de forma incisiva:

— Se fosse daqui, o ministro não encaminharia o documento!

Nesta balbúrdia, disse o general Hugo Abreu, segundo consta, muito indignado, que em vista de não ter sido ninguém, ele assumiria a responsabilidade da informação. Não se pode omitir, aqui, uma referência à lealdade do general Hugo Abreu ao presidente, de quem recebera a informação.

Dias depois, ao término de despacho normal, o presidente declarou-me:

— Você me mandou nomes de três coronéis para matricular na Escola Superior de Guerra. Aprovei os de dois e tirei o do coronel Homem de Carvalho. O Figueiredo esteve aqui e deu-me a respeito dele informações negativas, e fui obrigado a cortá-lo da relação. Eu até gosto desse rapaz que foi Secretário de Segurança do estado do Rio de Janeiro, onde prestou bons serviços. Dispensou-me sempre consideração. O Hugo já lhe comunicou. Não?

Respondi-lhe que sim e retirei-me.

Nem sempre os fatos passados no silêncio e sigilo dos gabinetes deixam de transpirar, em bem da verdade. A comunicação do Chefe da Casa Militar ao Ministro do Exército traduziu o que na realidade ocorreu.

Os romanos, talvez mais céticos em relação à humanidade, tinham um deus bifronte. Nós não o temos.

CAPÍTULO 30

O almoço de confraternização das Forças Armadas

Constituiu, nos primeiros tempos revolucionários, uma manifestação de salutar confraternização o oferecimento de um almoço ao Presidente da República pelos oficiais-generais das três Forças Armadas. Era uma demonstração pública de união dos chefes militares, em apoio ao chefe da Nação, representante da Revolução de 1964. A época propícia e sempre escolhida era a dos festejos natalinos, quando todos os espíritos cristãos estavam voltados para a compreensão e a fraternidade.

Não posso precisar se esta homenagem verificou-se sem solução de continuidade durante os governos da Revolução, no entanto, por considerá-la de alto sentido consolidativo da coesão militar e de afirmação da autoridade revolucionária do presidente, decidi realizá-la todos os anos. Convidava para isto mais de cem almirantes, generais e brigadeiros que compareciam ao salão de recepção do Quartel-General do Exército, fraternalmente unidos pelo mesmo sentimento patriótico de assegurar a marcha revolucionária para o engrandecimento do Brasil, preservando-o da contaminação das doutrinas totalitárias que, sob os mais variados subterfúgios semânticos, encadernam-se de democráticas.

Em todos os meus discursos procurei, sistematicamente, fortalecer a autoridade do Presidente da República, sopitando as minhas desconfianças de que não era sincero em suas manifestações públicas e de que enveredara por caminhos da chamada "esquerda ideológica". Os atos de seu governo, dos quais discordara, impeliam-me a assim pensar e, posteriormente, uma declaração que me fez, em maio de 1977, extinguiu dúvidas persistentes quanto àquela tendência.

Atribuía-lhe a responsabilidade de chefe da Revolução, cujos propósitos renovadores e saneadores cabia executar, por ser o comandante supremo das Forças Armadas, que a fizeram e o colocaram no poder para dirigi-la.

Acalentava a esperança de que o presidente, sendo um militar, em face daquelas provas de apreço, prestadas pelas Forças singulares em conjunto, sentir-se-ia a elas mais ligado, auscultando-as nos momentos difíceis da vida nacional sobre as graves decisões a tomar. Na realidade e em rude franqueza, ele nada mais era do que um delegado das Forças Armadas, porquanto não fora eleito pelo povo.

Incidia eu, todavia, em lamentável equívoco. O general Ernesto Geisel tinha idéias próprias sobre a condução dos destinos do Brasil, nem todas cabíveis no pensamento revolucionário. Só ouvia os chefes militares para assegurar apoio a uma decisão, antecipadamente tomada, nos momentos em que temia as repercussões públicas. Nessas ocasiões os problemas eram apresentados, habilmente, com tonalidades revolucionárias. Usou os chefes militares mais como escudos, e jamais como assessores. A supervalorização que faz de si levara-o a confundir-se com a Revolução que acabou, por isto, destruindo em suas bases, com a cooperação do grupo palaciano, interessado apenas em conservar, a qualquer preço, o poder.

Não sou adepto do kardecismo, embora respeite suas teses, mas se a reencarnação existe, não haverá melhor exemplo para sustentá-la do que a personalidade do general Ernesto Geisel. O espírito dos Bourbon da época do absolutismo nele provavelmente se reencarnou. Ninguém estranharia que dissesse – *La Révolution c'est moi!*[1]

Em dezembro de 1976, às vésperas do Natal, ofereceu o presidente Geisel um jantar aos seus ministros. Os visitantes, em grupos, palestravam no imenso salão do palácio da Alvorada. Encontrava-me bem próximo de um pequeno grupo em que conversavam o presidente e alguns ministros da área econômica, debatendo, em voz cujo tom às vezes excedia ao normal, soluções para a difícil situação que enfrentávamos. Um dos participantes daquele grupo sugeriu medidas por demais vantajosas no presente, porém com reflexos perniciosos no futuro. Outro as rejeitou dizendo que, em 1979, as conseqüências daquelas medidas seriam desastrosas para a economia nacional. Ao ouvir esta restrição, o presidente pronunciou, nitidamente, em voz alta:

— Pouco me incomodo, porque já me fui embora!

Risos gerais acolheram esta declaração, versão brasileira e hodierna da famosa frase:

---

1. Referência à famosa frase de Luís XIV ("*L'État c'est moi*"). (N.R.)

— *Après moi le déluge!*[2]

Talvez os kardecistas tenham razão.

Estava eu enganado, portanto, quando admitia sensibilidade do general Geisel em relação ao Exército. O que ele queria, e conseguiu, era implantar as suas idéias e consolidá-las através de uma sucessão que garantisse no poder o seu grupo, instalado no palácio do Planalto. Acredito que a opinião do Exército pouco lhe interessasse.

A data de 22 de dezembro foi, naquele ano de 1976, a escolhida para a homenagem conjunta das Forças Armadas ao Presidente da República.

Como anfitrião, falaria em nome, também, da Marinha e da Aeronáutica.

Dias antes do acontecimento, em despacho habitual, abordou o general Geisel a feitura das orações que pronunciaríamos – ele e eu. Disse-me que pretendia aproveitar a oportunidade para reafirmar aos céticos ser a condução do problema sucessório de sua inteira responsabilidade, da qual não abdicaria. Achava cedo para ventilar o assunto, tencionando reservar o ano de 1977 exclusivamente para os problemas administrativos. As questões relativas à sucessão só teriam cabimento a partir de 1978. Queria que eu, na redação de meu discurso, lançasse um trecho que lhe permitisse realçar e desenvolver em benefício desse propósito.

Era, em outras palavras, uma moção de confiança que o presidente pedia-me.

Estava de pleno acordo com o general Geisel de que a questão sucessória deveria ser procrastinada ao máximo. Os ambiciosos, assediando os quartéis, já se arvoravam em exegetas do pensamento de militares. Nomes de generais, citados à revelia ou não, davam margem a especulações. O Serviço Nacional de Informações, muito interessado no controle de atividades desta espécie, sempre atualizado com os informes – muitas vezes capciosos e dirigidos –, difundia-os quando de seu interesse. Comentários e boatos sobre a sucessão começavam a tomar a atenção da tropa, afastando-a de seus deveres precípuos e desgastando-a disciplinarmente. Urgiam medidas que modificassem esta situação.

As minhas preocupações não eram fantasiosas, guardando muito de concreto e objetivo, como se deduz do caso que passo a contar.

Os órgãos de informações e informantes diversos assinalaram oficiais da reserva, ligados à vida política, em permanentes entendimentos com oficiais da ativa que serviam na Vila Militar. Entre aqueles apareciam com insistente freqüência os nomes dos ex-ministros coronéis José Costa Cavalcanti e Mario David Andreazza.

Nada de apavorante havia nisto, visto que os oficiais poder-se-iam encontrar, em sua vida privada, com quem desejassem.

A vigilância, entretanto, nos quartéis era rigorosa para evitar a contaminação política.

---

2. Frase atribuída a Luís XV, um dos representantes do auge do absolutismo na Europa moderna. (N.R.)

O grave ocorreu quando informantes de primeira categoria identificaram, certa noite, num de nossos quartéis da Vila Militar, o ex-ministro coronel Mario David Andreazza acompanhado de um general da ativa que pensam ter reconhecido, cujo nome, porém, não ousavam, pelas dúvidas, enunciar, por ocupar importante cargo no Exército. Dando-me muito bem com o Comandante da 1ª Divisão de Exército, desde os tempos de capitão, aguardei o momento de encontrá-lo para preveni-lo e pedir-lhe, também, fiscalização maior sobre os quartéis.

Essa oportunidade aconteceu durante a Semana do Exército ou da Pátria, numa recepção dada pelo Comandante da 1ª Brigada de Infantaria Motorizada, em Petrópolis.

Aproximei-me do general Walter Pires e coloquei-o a par das informações, dizendo-lhe que, embora cético em relação às mesmas, se fossem confirmadas eu prenderia os oficiais.

Concluí, assim:

— Pires, estou apurando com todo o rigor a veracidade destas informações a respeito do Andreazza e se tiverem fundamento eu o prenderei, sem a menor consideração.

Surpreendeu-me, entretanto, a atitude do general Walter Pires. Franziu o cenho, fechou a fisionomia, não proferiu palavra e permaneceu, por muito tempo, isolado, no mesmo local. Considerando nossa longa amizade, estranhei que nada me dissesse.

Este fato – praticamente confirmado, mas não devidamente comprovado – e outros eram, de sobejo, preocupantes.

Reconhecia que o presidente devia orientar a sucessão e que sua opinião pesaria muito na escolha de seu substituto, porém não concebia que a escolha definitiva ocorresse sem o conhecimento e anuência das Forças Armadas, representadas no concerto nacional pelos respectivos Altos Comandos. Do mesmo modo compreendia que caberia ao presidente eleger a época oportuna do desencadear das articulações políticas.

Declarei ao presidente que comporia a minha saudação de modo a facilitar o que desejava.

Saí da audiência satisfeito com a decisão presidencial. Passaríamos um ano mais tranqüilo, voltados para a administração e a instrução do Exército. O general Geisel parecia ter percebido que as intrigas e mexericos deviam cessar.

No dia seguinte enviei-lhe o meu discurso, já em forma definitiva, bem como aos ministros da Marinha e da Aeronáutica. Por gentileza, o general Geisel remeteu-me o que proferiria.

Estes documentos, por sua importância nos acontecimentos políticos posteriores, foram transcritos em anexo. Destaco, entretanto, deles alguns trechos de maior repercussão, que relacionam mesmos pensamentos dos oradores.[3]

---

3. Ver Anexos A e B.

Disse o ministro:

> Nesta ocasião ... cabem algumas afirmações destinadas a afastar, de vez, dúvidas que, ainda, pairam na mente doentia dos pregoeiros das discórdias.
>
> Sabemos – e todos o sabem – da existência de falsas versões de acontecimentos, engendradas com o objetivo ... de gerar a intranqüilidade, estabelecer confrontos e suscitar incompatibilidades...
>
> Repelimos esses arautos da intriga que, forjando maquiavelicamente situações diversas, propagam boatos dissociadores, jactando-se ... sequiosos de um desmentido em torno do qual possam realizar novas e torpes explorações.

Acentua o presidente em sua oração:

> Registro com destaque a viva repulsa que se contém nas palavras de vosso intérprete – o Excelentíssimo Senhor Ministro do Exército – à ação presente dos pregoeiros da discórdia, dos arautos da intriga, geradores de intranqüilidade e que visam a estabelecer confrontos e suscitar incompatibilidades entre altos chefes militares.
>
> Na qualidade de comandante supremo... sinto-me no dever de também alertar-vos... contra as mesmas e eternas manobras dos pescadores de águas turvas e ambiciosos vulgares, os quais já começam a rondar os quartéis como vivandeiras impenitentes ... buscando aqui e ali, despertar aspirações e estimular ambições ...
>
> Tempo há, bastante ainda, para que se venha a cuidar, na hora própria, do problema sucessório ... Açodamentos ditados por interesses egoístas de indivíduos ou grupos – interesses, em alguns casos, até mesmo inconfessáveis – servem apenas para perturbar a vida nacional ... delicado processo de sucessão presidencial que a mim – pela posição em que estou situado e pela responsabilidade que me foi conferida – caberá conduzir, no seu justo e devido tempo.

Ao término do banquete, todos os que ouviram o discurso presidencial ficaram convencidos de que o general Geisel dera um golpe de morte nos pretensos candidatos à Presidência da República e que o assunto só voltaria a ser ventilado por sua iniciativa ou autorização. O ano de 1977 estaria destinado aos trabalhos administrativos e os problemas sucessórios só viriam a exame a partir de 1978.

Tinha sido demonstrada, publicamente, uma perfeita consonância entre o presidente e o Ministro do Exército; seus discursos entrelaçavam-se em vários pontos, afirmando a mesma compreensão daquele momento histórico.

No entanto, os fatos subseqüentes evidenciaram que aquela peça oratória, ao contrário do que dava a entender, era a cena inicial da ópera bufa – uma das maiores farsas conhecidas da História do Brasil – que culminou no dia 12 de outubro de 1977, com a minha demissão do Ministério do Exército. Visava, na realidade, a restringir a liberdade de uns, sem limitar a de outros. Infelizmente, esta Ópera teve como figurantes, embora secundários, muitos generais do Exército, meus colegas. Todavia, a representação continuou e encerrou-se no início de janeiro do ano seguinte, quando os personagens, na rigorosa obediência de preceito de Maquiavel, ou a ele atribuído – de que a máscara só se tira na última cena do último ato –, revelaram-se, em suas verdadeiras fisionomias, à Nação.

A fala do presidente, respondendo ao discurso com que o saudei, foi o primeiro ato da campanha sucessória e constituiu uma providência preliminar com objetivo de paralisar qualquer atividade em torno de um eventual candidato militar à Presidência da República. Enquanto isso, continuariam, sob suas vistas tolerantes, talvez com o seu consentimento, as articulações no sentido de consolidar apoio ao seu preferido.

O elemento mais visado era o Ministro do Exército, candidato tido como natural numa estratocracia, conquanto este nunca tivesse aspirado a qualquer cargo público ou eletivo, pelas suas naturais desambição e indiferença às lides políticas. Contudo, desejava o ministro que o Exército, responsável com as outras Forças singulares perante a opinião pública pelos erros e acertos da Revolução, fosse consultado quanto à sucessão e não ficasse esquecido, recebendo apenas comunicações tardias de decisões universalmente conhecidas.

Deste seu pensamento nunca fez segredo e houve quem com ele muito se incomodasse.

Excelentíssimo Senhor Presidente da República, general-de-exército ERNESTO GEISEL;

Excelentíssimos Senhores Ministros de Estado;

Excelentíssimos Senhores Ministros do Superior Tribunal Militar;

Excelentíssimo Senhor Ministro da Marinha, almirante-de-esquadra GERALDO AZEVEDO HENNING;

Excelentíssimo Senhor Ministro da Aeronáutica, tenente-brigadeiro JOELMIR CAMPOS DE ARARIPE MACEDO;

Excelentíssimos Senhores Oficiais-Generais da MARINHA, do EXÉRCITO e da AERONÁUTICA;

Senhores Oficiais;

Senhor Presidente

As ternas comemorações cristãs do Natal, evocando o advento do Redentor e a instauração de uma nova era para a humanidade, oferecem-nos o grato ensejo deste encontro do comandante supremo das Forças Armadas com os seus comandados, numa festa de congraçamento e confraternização que vem se tornando saudável tradição militar brasileira.

Aqui estamos, Senhor Presidente, para dizer-lhe do nosso profundo apreço pela meritória obra governamental que, lucidamente, vem realizando, e para hipotecar-lhe nosso integral apoio à sua permanente fidelidade aos ideais da Revolução de março de 1964 - dos quais Vossa Excelência é legítimo executor - na busca das melhores soluções para os problemas que ainda angustiam a comunidade nacional.

O ano que ora finda trouxe-nos, a par de inegáveis vitórias, sérios desafios e graves preocupações, em conseqüência, principalmente, da aguda crise econômica mundial. As enérgicas e corajosas medidas tomadas por Vossa Excelência para superar os antagonismos surgidos dão-nos a verdadeira dimensão de sua estatura de estadista, e induzem-nos à certeza de que não nos afastaremos dos rumos revolucionários, que conduzem ao bem-estar social e à liberdade com responsabilidade.

Nesta ocasião, Senhor Presidente, em que os mais altos chefes da Marinha, do Exército e da Aeronáutica reúnem-se para demonstrar a sua consideração e o seu respeito ao responsável maior pela condução do País, cabem algumas afirmações destinadas a afastar, de vez, dúvidas que, ainda, pairam na mente doentia dos pregoeiros das discórdias.

Sabemos - e todos o sabem - da existência de falsas versões de acontecimentos, engendradas com o objetivo não declarado, porém mal disfarçado, de gerar a intranqüilidade, estabelecer confrontos e suscitar incompatibilidades entre aqueles que, investidos de cargos da mais alta hierarquia, necessitam de paz de espírito para trabalhar e produzir, e não podem despender tempo, inutilmente, na análise de hipóteses vagas e capciosas, sem fundamentos reais e sustentadas por enredos fantasiosos.

Repelimos esses arautos da intriga que, forjando maquiavelicamente situações diversas, propagam boatos dissociadores, jactando-se de serem bem informados, quando, na realidade, tudo ignoram, enveredando pelos tortuosos caminhos da mentira, sequiosos de um desmentido em torno do qual possam realizar novas e torpes explorações.

Felizmente, os Governos Revolucionários, alicerçados nos mais elevados princípios morais e éticos, têm se colocado acima de todas as especulações malévolas e conduzido a Nação para o seu glorioso destino, com o pulso firme dos homens que sabem querer.

As Forças singulares, em nome das quais tenho, como anfitrião, o privilégio de saudar Vossa Excelência, estão sempre prontas a defender os autênticos interesses do povo brasileiro - de cujas aspirações comungam - certas de que a atuação patriótica do nosso Presidente, a quem não regateiam solidariedade, impedirá a ação dos agentes do comunismo internacional, dos ingênuos inocentes úteis ou dos interessados na desordem interna.

Entre as virtudes caracteristicamente militares sobressaem as da disciplina e da camaradagem, asseguradoras da unidade de ação e da coesão grupal, indispensáveis à eficiência da instituição castrense. Cultivadas ambas, zelosa e continuadamente, pelos marinheiros, soldados e aviadores do Brasil, exteriorizam-se, também, nesta reunião de companheiros de armas, na fraterna convivência e na presente homenagem que prestamos a um eminente e digno Chefe, sobre cujos ombros recai a árdua tarefa de governar a Nação Brasileira, em tão difícil época.

A natural rudeza da vida militar, modelada no duro labutar da caserna e nas fadigas das campanhas, não abafa, no peito do soldado, a sensibilidade para as coisas do espírito. Enrijecendo-lhe a fibra moral e revigorando-lhe a capacidade de arrostar riscos e desconfortos, aguça-lhe, ao mesmo tempo, os sentimentos, levando-o a dar-se, por inteiro, a um ideal, imune às tentações da pecúnia e às recompensas materiais.

O ideal que professamos, Senhor Presidente, é o de contribuir, anônima e desinteressadamente, porém com firmeza e decisão, para a grandeza da Pátria, e o sentimento que nos empolga, neste momento, é o da afetividade, inspirado nas comemorações natalinas e na tradicional união militar.

Ao agradecer a Vossa Excelência a honra que nos concede de conviver conosco, neste ambiente que lhe é tão familiar, formulo os nossos sinceros e ardentes votos de que desfrute, no seio de sua Excelentíssima Família, das alegrias puras do nascimento do Senhor, e apresento-lhe os nossos augúrios de fecundas realizações pessoais e funcionais em 1977.

Convido os presentes a me acompanharem num brinde ao Excelentíssimo Senhor Presidente da República, general-de-exército ERNESTO GEISEL.

SYLVIO FROTA

Meus camaradas da Marinha, do Exército e da Aeronáutica.

Mais uma vez, como tem ocorrido em todo fim de ano, às vésperas das festividades do Natal, encontram-se reunidos neste almoço de confraternização os altos chefes das Forças Armadas brasileiras.

E, mais uma vez, na intimidade desse encontro, manifestam sua união e identidade de propósitos no cumprimento harmônico e integral das missões que constitucionalmente lhes cabem e - em atenção especial às responsabilidades que assumiram em 1964 perante a Nação - na realização dos objetivos da Revolução de março.

Pessoalmente, nesta oportunidade, venho ao vosso convívio retemperar forças e rememorar as longas jornadas e vigílias de minha formação profissional e moral, sob a tutela das tradições vivas de virtudes cívicas e guerreiras que são apanágio glorioso das nossas Forças Armadas.

O ano que se finda foi todo de trabalho e, mesmo, muito difícil de vencer. Os resultados, entretanto, são satisfatórios. Em largos traços, posso destacar o crescimento econômico alcançado. A luta contra o recrudescimento da inflação, o esforço ingente para melhorar o balanço de pagamentos, a maior projeção internacional, a manutenção de nosso crédito externo, o fortalecimento político-partidário com as eleições municipais, o aperfeiçoamento da vida social, a ordem interna reinante. A Marinha, o Exército e a Aeronáutica, apesar dos limitados recursos de que puderam dispor, desempenharam cabalmente suas atribuições com eficiência e devotamento. Dedicaram-se, particularmente, ao adestramento do pessoal nos diferentes escalões e à ação vigilante, preventiva, contra todas as modalidades de subversão.

No próximo ano, continuarão a se manifestar as mesmas dificuldades de 1976 - provavelmente numa escala ainda maior -, em decorrência da nova elevação dos preços do petróleo, das restrições que se verificarão nos mercados externos, principalmente nos países industriais, e da necessidade de se reduzir o ritmo de nosso crescimento, para arrefecer a excessiva pressão da demanda e, assim, simultaneamente, atuar contra a inflação e o déficit da balança comercial.

Apesar da gravidade com que se apresenta esse quadro - que é o da grande maioria das Nações e não somente o nosso -, confio em que o Brasil saberá enfrentá-lo e vencê-lo, sem exageros de pessimismo nem otimismo irresponsável, mas com realismo e resolução, graças ao potencial de recursos de toda ordem de que dispomos e deveremos mobilizar e, sobretudo, ao reconhecido valor de nosso povo, conjugado com a pertinaz ação governamental.

Senhores oficiais-generais

Agradeço vossas manifestações cordiais e aceito-as como testemunho de um espírito de coesão entre as três Forças Armadas e no seio de cada uma delas e como penhor da lealdade retilínea e franca que exalta, a planos de nobreza sem jaça, o relacionamento entre subordinados e chefes militares.

Registro com destaque a viva repulsa que se contém nas palavras de vosso intérprete - o Excelentíssimo Senhor Ministro do Exército - à ação presente dos pregoeiros da discórdia, dos arautos da intriga, geradores de intranqüilidade e que visam a estabelecer confrontos e suscitar incompatibilidades entre altos chefes militares.

Na qualidade de comandante supremo e em consonância com essas considerações, sinto-me no dever de também alertar-vos, nesta hora, e, por vosso intermédio, aos mais jovens, aos menos experientes, aos que ainda não viveram situação análoga, contra as mesmas e eternas manobras dos pescadores de águas turvas e ambiciosos vulgares, os quais já começam a rondar os quartéis como vivandeiras impenitentes - assim os qualificou, em outros tempos, o grande Presidente Castelo Branco -, buscando, aqui e ali, despertar aspirações e estimular ambições, dessa forma espalhando a cizânia, a desconfiança, a discórdia, capazes de enfraquecer, pela desunião que propagam, a estrutura militar.

Tempo há, bastante ainda, para que se venha a cuidar, na hora própria, do problema sucessório, de significação capital para o futuro da Nação. Açodamentos ditados por interesses egoístas de indivíduos ou grupos - interesses, em alguns casos, até mesmo inconfessáveis - servem apenas para perturbar a vida nacional e frear o progresso do País, numa quadra em que, como já disse, somos chamados a enfrentar novos e mais sérios desafios.

O cargo de Presidente da República, como nós o entendemos, não constitui privilégio ou posição de desfrute pessoal ou de grupos. É, antes, posto de renúncia, de sacrifício, em que a tônica é servir. Não pode ser objeto de ambições, nem deve ser postulado, mas entendido como atribuição, pela vontade nacional, de transcendente missão a cumprir.

Confio plenamente em vossa esclarecida percepção, a cada momento, da realidade nacional, na fortaleza de vosso espírito militar e no devotamento provado de vosso patriotismo, certo de que do campo das Forças Armadas não partirão nem ambições, nem reações que venham a comprometer o sempre delicado processo de sucessão presidencial que a mim - pela posição em que estou situado e pela responsabilidade que me foi conferida - caberá conduzir, no seu justo e devido tempo.

Com renovados agradecimentos, formulo meus melhores votos pela felicidade de todos os nossos marinheiros, soldados e aviadores e de seus familiares neste Natal e no ano de 1977 - e peço que me acompanhem no brinde que faço pela união inabalável das Forças Armadas do Brasil, alicerce sólido em que se assentam, hoje, amanhã e sempre, a ordem e tranqüilidade públicas e os destinos maiores da grande Pátria.

CAPÍTULO 31

Fatos esparsos de 1976

A CONIVÊNCIA COM CUBA

No segundo semestre de 1976, soube, por oficiais brasileiros que estiveram nos Estados Unidos – notícias confirmadas, acidentalmente, em fontes diplomáticas – que os militares integrantes da Junta Interamericana de Defesa (JID) encontravam-se extremamente preocupados, após a conquista soviético-cubana de Angola, com as possíveis ameaça e penetração marxistas no continente americano.

Os elementos da Junta, órgão de planejamento e recomendação de medidas que visem à legítima defesa do nosso continente, considerando aquela situação e as finalidades da JID, aventaram, no início daquele ano, providências para impedir a interferência cubana nos assuntos internos das nações americanas.

Coube, consoante se disse, ao chefe da representação brasileira a iniciativa desta proposta, logo aprovada sem votos contrários pelos membros da Junta. Asseguraram as mesmas fontes que, sem reações, os trabalhos preparatórios prosseguiram, também sem votos contrários, aguardando a reunião para votar a recomendação definitiva.

Neste intervalo de tempo, as representações das nações americanas receberam orientação de seus governos, e a do Brasil determinação para que votasse contra tal moção. Esta resolução deixou-a aturdida.

Fora decisão pessoal do Presidente da República, que achava não ter o Brasil que se envolver nas atividades de Cuba nos países americanos, o que somente interessava aos próprios países atingidos. Os ministros Chefe do EMFA e das Relações Exteriores já tinham, no entanto, sido favoráveis à moção. Com muita insistência foi permitida pelo presidente a abstenção.

Estes fatos foram muito comentados pela repercussão que teve, nos meios militares de Washington, o comportamento da delegação brasileira, tomando posição de abstenção num problema considerado vital por todas as nações e que constituía tema obrigatório de debates veementes naquela Junta. Os comentários focalizavam, em particular, o ridículo em que ficou o chefe da delegação, ao levantar-se para emitir o seu voto de abstenção a uma proposta que fizera e que recebera o apoio da maioria dos membros da Junta.

Inevitável foi que, entre sorrisos discretos, olhassem-no com sarcasmo.

Tudo isto fruto da tal política de desconhecer a atitude de Cuba, esquecendo, também, o espírito do Tratado Interamericano de Assistência Recíproca. Mantinha-se o Brasil na mesma orientação protecionista das atividades cubanas, já manifestada de modo iniludível em 1974 e 1975, nas cidades de Quito e São José da Costa Rica.

O AUXÍLIO FINANCEIRO AO CLUBE MILITAR

O Clube Militar é uma entidade privada que congrega oficiais das três Forças singulares, com absoluta predominância quantitativa dos que pertencem ao Exército, prestando a todos, sem distinção, invulgar assistência social que se estende, também, aos seus familiares.

Tradicionalmente ligado ao Exército, nele se tem amparado nas árduas fases de sua vida administrativa.

Foi palco, no passado, de grandes e importantes reuniões que tiveram influência decisiva nos acontecimentos nacionais. Ali, sempre presente, o sentimento nacionalista iluminou os debates, impedindo se estorvassem nobres causas e combatendo aquelas que, por mórbidas, eram perniciosas à Nação brasileira.

A Abolição, a República, a consolidação republicana de Floriano, os movimentos revolucionários que espocaram na primeira metade deste século, a queda do Estado Novo getuliano e a Revolução de 1964 tiveram, ali, magníficos lidadores, cuja fé nos destinos da Pátria era inabalável.

Consideramo-lo um patrimônio moral do nosso Exército, uma relíquia histórica que a qualquer preço é preciso preservar.

Após 1964, os ministros do Exército socorreram-no em sérias e inopinadas dificuldades, proporcionando-lhe recursos para sobrepujá-las. E não houve um que, aos apelos da entidade, ficasse insensível.

Em maio de 1976, o presidente do clube, general-de-divisão José Pinto de Araújo Rabello, dirige ao Ministro do Exército uma solicitação de empréstimo, no valor de cinco milhões de cruzeiros, visando à conclusão de obras já encetadas e ameaçadas de paralisação, em face de exigências complementares da Prefeitura do Rio de Janeiro.

Seu pedido, remetido ao consultor jurídico do Ministério, foi apreciado sob as imposições do Regulamento do Fundo do Exército, e contou ainda, para isso, com excelentes esclarecimentos sobre os empréstimos anteriores, fornecidos pelo presidente do Clube Militar.

Os estudos da consultoria, pela delicadeza da matéria – interpretação controvertida de alguns artigos do Regulamento do Fundo do Exército – foram demorados; porém, no fim de agosto, emitiu o consultor brilhante parecer em que discordava do empréstimo por não ter guarida nos preceitos daquele Regulamento. No entanto, admitia como viável a concessão, a título de despesa definitiva, caso o ministro e o Conselho Superior de Economia e Finanças (Consef) a considerassem oportuna e cabível.

Desejava atender à solicitação do Clube Militar, cujos serviços e atividades em prol da comunidade militar eram e são relevantes; contudo, achava que o espírito da legislação em vigor cerceava este interesse, visto que se referia, invariavelmente, às unidades administrativas do Exército, ao tratar da concessão e aplicação dos recursos.

Sendo o Clube Militar uma sociedade civil, entidade de economia privada, repugnava-me fazer-lhe a concessão por julgá-la em conflito com as nossas normas regulamentares. Aliás, o brilhante consultor jurídico do nosso Ministério já se descartara, habilmente, de uma afirmação incisiva, ao usar a expressão *lato sensu*, referindo-se à possibilidade de serem os serviços e comodidades que o clube prestava considerados como realizações de assistência social aos oficiais da ativa e na inatividade. Aconselhara mesmo fossem auscultados o Conselho Superior de Economia e Finanças e o próprio ministro sobre a oportunidade da medida, como a sugerir exame mais cauteloso do assunto.

Realmente, a questão em si tinha raízes mais profundas, porquanto no passado outras concessões haviam sido realizadas, não nos agradando estabelecer comparações nem nos atingindo o direito de examiná-las. Era um terreno que não nos pertencia, no qual não pisaríamos.

Decidi, portanto, reunir, em 30 de setembro, o Conselho Superior de Economia e Finanças e expor-lhe o problema. O Conselho opinou, por unanimidade, pela concessão ao Clube Militar da quantia de cinco milhões de cruzeiros, como despesa definitiva, recomendando que constasse da Ata tal permissão ocorrer com sacrifício do Fundo do Exército, porém plenamente justificada em vista da assistência social prestada pela entidade aos militares do Exército. Resolveu, então, o ministro autorizar a remessa da quantia solicitada.

Todavia, não obstante a unânime interpretação dos conselheiros, eu não estava convencido da legalidade da providência. Os generais-de-exército – membros do Consef

– eram somente assessores, enquanto a responsabilidade do emprego de recursos do Fundo do Exército cabia, exclusivamente, ao ministro, como rezava o seu regulamento.

Procrastinei, ao máximo, a ordem de abertura de crédito em favor do clube, porquanto via no processo de remessa da quantia uma burla às exigências legais, em particular às estipuladas na Portaria de 14 de março de 1974, sobre a gestão do Fundo do Exército. A obediência a esses preceitos impunha fossem os recursos entregues às unidades administrativas – isto é, às Organizações Militares, que deveriam empregá-los e prestar contas de como o fizeram.

Ora, sendo o Clube Militar uma entidade civil, não havia – respeitando a lei – possibilidade de receber diretamente o dinheiro pedido. O artifício sugerido era o de remeter a quantia de cinco milhões à 1ª Região Militar – coincidentemente comandada pelo general José Pinto – com a finalidade de transpassá-la ao clube, solução que não estava isenta de erro.

Retardei, como já disse, a doação, ganhando tempo para sanar dúvidas que, para mim, persistiam. O parecer da minha consultoria alertara-me sobre a extensiva interpretação de "assistência social" que podia ser dada, mas não dizia, em momento algum, que devesse ser feita. Opiniões esparsas colhidas na Secretaria do Planejamento da Presidência discordavam da concessão. Entretanto, nas administrações anteriores, prevalecera o entendimento de que os suprimentos feitos pelo Fundo do Exército ao Clube Militar, para seu desenvolvimento, estavam abrangidos na aplicação legal do Fundo.

Resolvi, pois, em Aviso de 3 de novembro, liberar a quantia de cinco milhões de cruzeiros, como concessão, em caráter definitivo, ao Clube Militar, devendo a 1ª Região Militar recebê-la e transferi-la àquela entidade.

Esta solução, embora num pretenso procedimento consuetudinário, para mim, ludibriava a lei. Meditei à noite sobre a controvertida matéria e convenci-me de que não estava a minha decisão em harmonia com as prescrições legais. No entanto, pretendia apoiar o nosso clube por achar justíssima a sua solicitação.

E, como a noite é boa conselheira, na manhã seguinte determinei ao general Diretor de Economia e Finanças que bloqueasse o crédito concedido até ordem posterior. A seguir, liguei-me com o Ministro do Planejamento, a quem relatei o problema, pedindo sugestões para solucioná-lo.

O ministro João Paulo dos Reis Velloso ouviu pacientemente minha exposição, achou que minhas dúvidas sobre a legalidade daquela concessão eram fundamentadas e aconselhou-me a dirigir-lhe ofício dissecando a questão. Disse mais, que faria o possível para atender a pretensão do Clube Militar.

Em 12 de novembro encaminhei à Secretaria do Planejamento um ofício sustentado por argumentação judiciosa e, praticamente, irrespondível.

O ministro Velloso, usando de sua experiência, manifestou o máximo interesse em colocar a solicitação do Ministro do Exército nos limites da legalidade e levou sua proposta ao exmo. sr. presidente que, em 17 de novembro, a aprovou.

Eis a solução transcrita do *Diário Oficial* de 18 de novembro, página 15.145:

Secretaria de Planejamento
Exposição de motivos

....
....
....

Nº 402, de 17 de novembro de 1976. Destaque de recursos do projeto Financeiro de Projetos Especiais no valor de Cr$ 5 milhões, em favor do Ministério do Exército, para aplicação, pelo Clube Militar, nas condições que menciona.
Autorizo. Em 17/11/1976.

Processara-se, deste modo, uma das mais justas concessões dos recursos da União.

PARTE IV

Meus dias ministeriais em 1977: tempo de ruptura

CAPÍTULO 32

O Acordo de Assistência Militar Brasil-EUA

O Brasil mantinha com os Estados Unidos, em 1977, um Acordo de Assistência Militar, assinado em 1952. Eram 25 anos de uma ligação estreita entre os militares dos dois países, decorridos em bom entendimento. Obtínhamos vantagens de caráter técnico-doutrinário, bem como de apoio em material bélico, embora este último não se processasse gratuitamente. Possuíamos, cedidos por contingência da situação internacional, há longo tempo, grande cópia desse material, que não sendo propriamente nosso estava, contudo, sob nossa responsabilidade. Usávamo-lo como queríamos, no entanto estava sujeito a fiscalização ianque.

Os estabelecimentos de ensino militar americanos concediam-nos vagas, quer como alunos quer como assistentes, permitindo-nos assim uma atualização permanente da doutrina militar. Estas eram as vantagens.

Entretanto, existiam algumas desvantagens, como a de não podermos dispor do material vendendo-o ou modificando-o, a da fiscalização e controle de conservação, sempre desagradável, e, finalmente, a da dependência inevitável em que ficávamos de suprimentos e acessórios.

Os americanos, dentro de uma política de aproximação, ofereciam-nos créditos em dólares para serem consumidos na compra de material bélico, condicionando que aquisições fossem feitas nos Estados Unidos. Era, em última análise, uma maneira de comerciar que nos obrigava a aceitar os preços de seu mercado. A despeito de todas as aparências, não se pode negar o sentido predominantemente mercantil das ligações americanas com outros países.

Estas transações de governo a governo, realizadas no tipo de dólares inconversíveis, assim chamados pelos economistas, raramente trazem vantagens iguais para as duas nações. A maioria dos países compra o que deseja e oferece-nos, em compensação, o que tem para vender, isto é, produtos e artigos que quase sempre não nos interessam.

São negociações que devem ser acuradamente estudadas.

Nas transações com o Exército, todavia, os Estados Unidos não procediam desta maneira. Nada compravam, porém concediam créditos.

Meses depois de ter assumido o Ministério, recebi, através dos órgãos do governo, uma oferta de cinco milhões de dólares, que seriam postos à disposição do Exército para a compra de material bélico nos Estados Unidos. Fazia-se a sugestão de que a escolha, caso fosse aceito o oferecimento, recaísse sobre moderno material de comunicações, existente no mercado daquele país, em condições satisfatórias. Tive sempre como princípio não endividar as organizações que dirigia, limitando-me, mui especialmente, às despesas para atender às necessidades essenciais, que no nosso Exército poderiam ser chamadas de vitais. O supérfluo não me tentou em época alguma.

Diz o professor Afonso Arinos, quando estuda em excelente livro a civilização brasileira e os nossos resíduos afro-índios, que "a simplicidade não se confunde com indigência".[1] Esta feliz assertiva emerge da mais rudimentar análise da situação da nova capital – Brasília. As obras faraônicas, o conforto confundido com fausto e a ostentação estavam criando uma mentalidade de luxo oriental e sorviam torrentes de recursos que poderiam ser aplicados em realizações mais úteis e necessárias.

Os recursos do Exército deveriam, portanto, ser empregados no essencial, mas nunca no supérfluo.

A aquisição de material moderno e caríssimo, cujo emprego e manutenção exigiriam novas e polpudas despesas, só seria admissível em pequenas quantidades, para prover os estabelecimentos de ensino e assegurar a atualização de nossos graduados e oficiais. Afora isto, somente servia para exibições em desfiles, nas enganosas apresentações públicas. Como armamento para emprego, no conjunto do Exército, era deficiente pela exigüidade e proibitivo pelo preço altíssimo da munição e suprimentos.

Dos abundantes exemplos, o da compra da artilharia antiaérea Oerlikon é bem significativo. Deste material, aliás excelente, só pudemos adquirir na Itália, onde

---

1. Afonso Arinos de Mello Franco, *Conceito de civilização brasileira*. São Paulo: Companhia Editora Nacional, 1936, p.172.

dispúnhamos de crédito favorável, número ínfimo de grupos. De elevada cadência de tiro – 1.100 por minuto –, proporcionavam as rajadas consideráveis despesas, visto que o preço unitário do projétil era bastante alto. Além da munição havia, também, o problema do suprimento em peças.

A guerra é realmente muito cara e o comércio de armas bastante rendoso.

Do meu ponto de vista, a solução estava na criação da indústria de material bélico, idéia obsessiva que agasalhava havia muitos anos e que consegui concretizar na Imbel.

Não aceitei, portanto, a oferta norte-americana, que reverteu, segundo soube, em benefício de outros ministérios.

Tinha, entre as numerosas preocupações, a de resolver o problema do material do acordo que nos interessava manter, embora na realidade não nos pertencesse.

Por muitas razões convinha-nos conservá-lo; assim pensava também o meu inteligente Chefe do Estado-Maior do Exército. Os norte-americanos, no entanto, consideravam-no um verdadeiro peso morto porque, na evolução quase diária do armamento, o material do acordo não tinha para eles qualquer serventia militar.

Neste quadro de apreciações, como resultado de hábeis conversações entre o nosso Estado-Maior do Exército e os membros da missão norte-americana, surgiu a proposta, de iniciativa desta missão, da venda do material aqui existente. Pediram determinada quantia que julgamos exagerada. Contrapusemos uma oferta que não foi aceita, entretanto, após estas especulações, chegamos à concordância sobre um preço – na realidade simbólico – de 300 mil dólares, o que perfazia um total de quase quatro milhões de cruzeiros.

Concretizamos a aquisição nos primeiros dias de março, libertando-nos da incômoda situação de responsáveis por considerável quantidade de material bélico que não nos pertencia. Estávamos, assim, livres das periódicas visitas dos oficiais americanos para "conhecer o estado do material".

Poucos dias depois estoura a questão do Relatório Americano.

O assunto, pela gravidade de que se revestiu, merece apreciações mais profundas e extensas, visando a melhor elucidá-lo, naturalmente, nos limites de meu conhecimento.

Os empréstimos e concessões de recursos, sob estas ou qualquer outra denominação, feitos pelos Estados Unidos a outros países, dependiam, de acordo com lei norte-americana de 1976, da aprovação pelo Legislativo daquele país. Entre os documentos exigidos para apreciá-los estava um relatório, elaborado pelo Executivo norte-americano, sobre a situação interna do país beneficiado. A lei estabelecia que nenhuma ajuda – de qualquer espécie – fosse concedida sem a satisfação desta exigência. O fulcro desta orientação era a política dos Direitos Humanos que o presidente Jimmy Carter defendia com obstinação religiosa.

Em que pese todo o elogiável sentimento humanitário dessa política, não se pode fugir à ilação de que tinha, e tem, nítido caráter intervencionista. Realçava-se nela a arrogância norte-americana de interferir nos assuntos internos dos outros países, provocando reações e cancelamentos de programas de ajuda, pois, por mais tolerante que seja um governo, não se fustigam os brios nacionais de um povo sem uma resposta altiva e adequada à afronta.

Era, e é, uma política ingênua porque se restringia este controle apenas aos países que, de uma maneira ou doutra, vegetavam na órbita de influências norte-americanas.

As nações que não recebiam ajuda dos Estados Unidos e as semi-independentes, que perambulavam na faixa de domínio soviético, estavam livres desta fiscalização.

Os russos olhavam com maior descaso este procedimento norte-americano que devassava a vida interna, justamente, dos países seus amigos. Isto permitia-lhes intensificar a propaganda marxista através das vulnerabilidades conhecidas. O desprezo com que Yuri Andropov,[2] chefe da KGB – Comitê da Segurança do Estado – aludiu, mais tarde, em 1979, à Política dos Direitos Humanos está patente quando declarou, consoante notícias da imprensa, que sua instituição não persegue os defensores dos direitos humanos, mas somente fiscaliza "as atividades criminosas dos renegados, porque estes renegados são condenados por todo o povo soviético" e, logo a seguir, "proteger a sociedade destes criminosos é uma atividade justa e democrática".

Compreendendo essa disparidade e reconhecendo que, moralmente, essa política só teria amparo se fosse universal, um deputado republicano – partido contrário ao de Carter – apresentou uma emenda à lei tornando obrigatórios relatórios sobre todos os países membros da ONU.

Era esse o panorama geral. No nosso quadro particular, o Ministro das Relações Exteriores, homem avesso aos americanos do norte, estava sempre mais disposto a agravar ressentimentos do que a atenuá-los. Abandonada a orientação fixada pelo primeiro governo da Revolução e adotado o pragmatismo responsável e ecumênico, os azedumes entre os diplomatas dos dois países começam a aparecer com freqüência.

A conturbar mais o ambiente estava a figura do embaixador norte-americano John Crimmins, diplomata que não fazia jus ao tradicional conceito de negociador hábil. Parecia-me mais um feitor de fazenda do Arizona do que um representante da maior potência do mundo. Estava arraigado, ainda, à ultrapassada e insultuosa concepção de que a América Latina era o quintal dos Estados Unidos. Primava por desfeitear-nos. Já mencionei aqui o caso do pastor Morris e a petulante exigência que fez ao nosso Ministro das Relações Exteriores. Em maio de 1977, comentava-se entre

2. Yuri Vladiminovich Andropov chefiou a KGB de 1967 a 1982. Sucedeu Brejnev, sendo hoje – 1983 – o secretário-geral do Partido Comunista da União Soviética.

militares um radiograma ostensivo do embaixador aos norte-americanos ligados à Embaixada dos Estados Unidos, captado por uma de nossas estações, no qual aconselhava aos seus compatriotas que não mantivessem relações sociais com os militares brasileiros, porque estes eram os responsáveis pela situação difícil em que se encontrava o país. Um colega de Ministério também transmitiu-me essa notícia. Em encontro com o general Geisel, pouco antes da viagem da sra. Jimmy Carter ao Brasil, o nosso presidente confirmou o fato, mostrando-se contrariado com o que assistia.

Perguntei-lhe, então, por que não mandava o embaixador Crimmins de volta à sua terra, tirando-lhe a condição de *persona grata*. O general Geisel achou a medida impertinente, em vista da próxima visita da esposa do presidente Carter.

Outro fato que comprovou a antipatia, ou melhor, a hostilidade do embaixador Crimmins pelos brasileiros foi o do atrito, segundo se disse, violento, entre dois oficiais americanos – o coronel-aviador Giles e o adido do Exército, coronel Jack Gardner. Ocorreu o incidente, ainda consoante informações muito seguras, no segundo trimestre de 1977. O coronel Giles teria feito referências depreciativas e ultrajantes ao Brasil, logo repelidas, com dignidade e coragem, pelo coronel Gardner. O desentendimento agravou-se pela insistência do primeiro daqueles coronéis em manter as difamações e do coronel Gardner em refutá-las. Tempos depois, o coronel Gardner foi, antes do término de sua missão, mandado regressar aos Estados Unidos. Lógico pareceu a todos que as informações do embaixador não lhe foram favoráveis.

O coronel Jack Gardner era dessa plêiade de excelentes adidos, como os generais Vernon Walters e Arthur Moura, estimadíssimos pelos oficiais do Exército, que concorreu de modo excepcional para o fortalecimento dos laços de amizade entre os Exércitos das duas grandes nações do Novo Mundo.

O embaixador, no entanto, do meu julgamento, muito fez para predispor os militares e brasileiros em geral contra os americanos do norte. Seria de pasmar que um relatório, elaborado sobre informações – capciosas e injustas – prestadas ao Departamento de Estado por um homem de mentalidade interferente e prepotente, pudesse traduzir algo de sério e imparcial.

Numa situação delicada e sob certos aspectos até confusa, porquanto oficiais que serviram naquela época em Washington deixaram escapar informações de que o relatório estava sendo feito em sentido favorável ao Brasil, vem à tona dos acontecimentos o problema do Acordo Nuclear Brasil-Alemanha.

As pressões norte-americanas para impedi-lo e os esforços, de mesmas origens, empreendidos para forçar-nos a assinar o Tratado de Não-Proliferação de Armas Nucleares (TNP) predispunham o governo brasileiro, com muita razão, a reações contra os Estados Unidos.

O general Hugo Abreu, em seu livro, já abordou a questão do Acordo Nuclear com apreciável profundidade, contudo, por não ter focalizado alguns ângulos da interferência norte-americana nos assuntos dessa importante área, tomo a iniciativa de fazê-lo para mostrar a obsessão ianque do controle nuclear.

Não é de hoje a preocupação dos Estados Unidos de monopolizarem a energia atômica; desde o lançamento da bomba sobre Hiroxima, em 6 de agosto de 1945, o demonstraram claramente. Se falharam neste propósito, não foi por culpa própria. O que nos interessa, entretanto, são os aspectos brasileiros da questão.

Os tratados, trocando monazita por trigo, a chantagem da Guerra da Coréia, a apreensão pelos ingleses do material das ultracentrífugas destinadas pelos alemães ao Brasil, no início da década de 1950, e o infeliz Acordo de 1955 permitindo, praticamente, o controle dos minerais brasileiros pelos Estados Unidos são acontecimentos lamentáveis e expressivos, bem conhecidos dos estudiosos do assunto nuclear. Particularmente guardo, deste último Acordo – de 1955 – a tristeza de ter lido, quando servi, em 1956, no EMFA, uma proposta norte-americana de minuta muito pouco honrosa para uma Nação que se julga independente, como o Brasil.

Em 1977, persistiam os Estados Unidos nesta idéia, na continuidade de uma política dominadora das atividades relacionadas com a exploração do átomo.

Incidiam conseqüentemente, naquele ano, duas fortes pressões sobre o governo brasileiro: Direitos Humanos e o Acordo Nuclear Brasil-Alemanha.

Esta era a conjuntura, agravada, assim o julgo, pela tendência esquerdista do Governo Geisel.

Em início de março, dentro da primeira dezena do mês, o presidente Geisel convocou os ministros militares para uma reunião, à noite, no palácio da Alvorada. Presentes ao encontro estavam ainda os chefes da Casa Militar e do SNI e, também, se não me engano, o Chefe do Estado-Maior das Forças Armadas.

O general Geisel referiu-se sucintamente à situação criada pelo relatório norte-americano sobre o Brasil e a sua decisão de repelir a desconsideração, por resposta enérgica, o que já fizera. Abria mão, assim, de qualquer auxílio vindo dos Estados Unidos. Não nos foi dado conhecimento do texto desse relatório.

Mencionou, depois, as pressões norte-americanas para dificultar ou mesmo impedir se concluísse o Acordo Nuclear com a Alemanha. Insistiam os norte-americanos que assinássemos o Tratado de Não-Proliferação Nuclear, no que não estava de acordo. O Brasil só pretendia usar a energia atômica para fins pacíficos, contudo não podia amarrar-se a esse Tratado.

Desejava denunciar o Acordo de Assistência Militar Brasil-Estados Unidos e queria conhecer a opinião de seus ministros militares quanto a essa resolução.

Ouvidos os ministros, na ordem de precedência funcional, tocou-me a vez de opinar. Disse que a ajuda norte-americana podia ser encarada sob dois aspectos: a material e a de aprimoramento profissional. Quanto ao primeiro, não mais nos prendiam vínculos ao Acordo, considerando que o Exército já havia adquirido, nos primeiros dias daquele mês, todo o material – armamentos, viaturas etc. – que aqui estava sob nossa custódia, numa transação bastante favorável ao Brasil.

Em relação ao segundo, poderia ser prosseguido em outros países integrados na mesma doutrina militar. No passado tivéramos a missão francesa – do meu ponto de vista muito superior à norte-americana – e muito aproveitamos os seus ensinamentos. Não via, pois, maiores óbices na denúncia do Acordo de Assistência Militar Brasil-Estados Unidos.

Comunicou o presidente a intenção de tomar outras medidas paralelas, citando entre elas a equivalência de postos dos adidos militares. Se mandávamos a Washington um general como adido militar, por que os ianques designavam para funções idênticas um coronel?

Iria substituir o general Celso Meyer, então nosso adido militar, por um coronel. E isto foi feito; todavia, os americanos substituíram o coronel Jack Gardner por um tenente-coronel.

O atual governo voltou a enviar aos Estados Unidos um adido militar do posto de general, embora os norte-americanos tenham aqui mantido um oficial superior. Os maledicentes atribuem a modificação ao propósito de abertura de vagas. Desconheço os reais motivos desta alteração, todavia, se foram os difundidos, será difícil defendê-los moralmente.

A denúncia do Acordo de Assistência Militar Brasil-Estados Unidos ocorreu em 10 de março, encerrando um ciclo de bons entendimentos entre as Forças Armadas dos dois países.

CAPÍTULO 33

O Pacote de abril

Tratarei, agora, do que zombeteiramente se chamou "Pacote de abril". Recebeu este nome um conjunto de atos – dos mais revoltantes da administração Geisel – assim considerados não somente pela forma capciosa de que se revestiu a sua preparação como pela essência de muitas de suas medidas, de caráter nitidamente perpetuador, desconhecidas da maioria dos ministros.

Os homens públicos que praticam ações político-administrativas condenáveis e têm consciência disto, temendo a repulsa da comunidade, procuram, no limite do possível, ocultá-las. Mas, se sua divulgação é inevitável, tentam justificá-las com alardeadoras manifestações de bons propósitos e de defesa de interesses imediatos da coletividade.

É uma maneira ardilosa de agir, típica da conduta dos irresponsáveis, que bem define o administrador de falsa austeridade.

Entretanto, um chefe de governo revolucionário, que se apóia em sólidos princípios morais, exatamente por isso não pode permitir – excluída a hipótese de ter sido iludido – que um grupo de seus assessores diretos escamoteie intenções e ludibrie os ministros, na elaboração de importantes atos públicos cuja boa recepção pela maioria da Nação é duvidosa. E, particularmente, quando destes atos evola-se forte cheiro de perpetuidade daquele grupo no poder.

O general Hugo Abreu, em visita que me fez após sua exoneração da Chefia da Casa Militar, ao comentar a reunião do Conselho de Segurança Nacional que precedeu ao Pacote de abril, disse-me que naquele dia o presidente tinha traído o Ministério. Achava, porém, que o fizera de boa-fé, iludido pelo grupo palaciano.

Conhecendo o autoritarismo de Ernesto Geisel, coloquei em dúvida a sua condescendência.

No seu livro, reafirma Hugo Abreu essa impressão ao dizer: "Tenho quase a certeza de que o presidente Geisel não participou da farsa inicial." E ainda: "Das idéias que aparecem no Pacote, a única que ele pensava realmente era a eleição indireta de governadores."[1]

O famoso Pacote foi gerado na mente ambiciosa dos homens do palácio do Planalto e a sua gestação teratológica só pode ser compreendida pelos patologistas, sendo negado aos seres normais entendê-la. Não obstante esta circunstância, procurarei descrevê-la, a partir de 31 de março, dia em que foi confirmada a intenção presidencial de fechar o Congresso.

Na véspera deste dia, o general Hugo Abreu avisara-me do propósito do presidente de pôr em recesso o Congresso a fim de efetivar a reforma do Judiciário, cujo projeto tinha sido rejeitado pelo Legislativo.

Após esta comunicação, procurei entrar em ligação com os generais comandantes de área e transmitir-lhes a informação. Aqueles generais com quem consegui falar mostraram-se preocupados com o fechamento do Congresso e insistiam em que o fosse por poucos dias. Posso dizer, sem temor de errar, que todos ao receberem a notícia perguntavam, de imediato:

— Mas, por quanto tempo?...

Naquela data comemorativa da Revolução, o Exército oferecia ao Presidente da República um almoço na Vila Militar, para o qual eram convidados os ministros militares e os oficiais-generais de suas Forças servindo no Rio de Janeiro.

O presidente Geisel, tendo chegado cedo, reuniu no gabinete de Comando da 1ª Divisão de Exército os ministros militares, o Chefe do Estado-Maior das Forças Armadas e os chefes da Casa Militar e do Serviço Nacional de Informações. Não me recordo da presença do vice-presidente neste encontro.

O general Geisel expôs, de modo sintético, o motivo da reunião: o governo não obtivera, no Congresso, os dois terços exigidos para a aprovação da emenda constitucional relativa à reforma do Judiciário. Era uma atitude reacionária do partido da oposição, que pretendia negociar sua concordância, trocando-a pela extinção do Ato Institucional nº 5 ou pela revogação do Decreto-Lei 477, relacionado, como sabemos, ao setor estudantil.

A reforma do Judiciário era imprescindível para agilitar a marcha dos processos criminais, dando ao povo justiça mais rápida.

---

1. *O outro lado do poder*. Rio de Janeiro: Nova Fronteira, 1979, p.69.

A Revolução estava, em virtude desta incompreensão do Legislativo, impedida de realizar o aprimoramento da Justiça – projeto essencialmente técnico – visto que a oposição condicionava seu apoio à concessão de medidas de caráter político.

Decidira, em virtude da situação criada, colocar o Congresso em recesso e, a seguir, promulgar a reforma do Poder Judiciário.

Não posso informar se os meus colegas ministros presentes já conheciam o assunto; o silêncio de aprovação, no entanto, dava a impressão que sim.

Perguntei, então, ao presidente Geisel:

— Por quanto tempo o senhor pretende fechar o Congresso? Eu preciso informar os generais sobre isto.

— Por uma semana, no máximo, respondeu o presidente.

Alguns comentários gerais sobre a conjuntura encerraram o encontro. O presidente recebera, ali, o respaldo das Forças Armadas à sua decisão de pôr em recesso – por pouco tempo – o Congresso Nacional, com o objetivo de promulgar a reforma do Judiciário.

Horas depois, ao término do almoço de que participou, discursou de improviso. Desta oração, por pertinentes ao assunto, destaco os trechos:

> Lamentavelmente, em função da atuação de uma minoria... não foi possível obter a aprovação... É, sem dúvida, um fato lamentável. Prejudicado com esta medida não é o governo, prejudicado é o povo, prejudicada é a Nação brasileira, que precisa de uma nova Justiça. Eu lhes afirmo que essa nova Justiça se fará.

Neste mesmo dia fui convocado para uma sessão do Conselho de Segurança Nacional que deveria ocorrer em Brasília, na manhã seguinte.

Na capital da República, a 1º de abril, processou-se a reunião prevista. O presidente, abrindo os trabalhos, fez exposição sucinta dos últimos acontecimentos, já públicos, e apresentou três linhas de ação normais para resolver as dificuldades deste tipo, criadas pela rejeição do projeto pelo Legislativo:

1. Conformar-se o governo. Neste caso a Nação continuaria a sofrer com uma Justiça lenta e inadequada.

2. Aguardar dois anos para apresentar novo projeto, de acordo com as exigências legais.

3. Colocar o Congresso em recesso – faculdade que lhe era atribuída pelos Atos anteriores – a fim de decretar a reforma do Judiciário.

Apresentava-as, portanto, ao exame dos presentes, cuja opinião desejava ouvir.

Passaram, então, os ministros a opinar. A proposta de pôr em recesso o Congresso para decretar a reforma do Judiciário foi aprovada por unanimidade. Alguns ministros aludiram a outras medidas de caráter administrativo que poderiam ser tomadas sem, contudo, especificá-las. A maioria absoluta limitou-se a apreciar as três soluções propostas. Ao término da reunião, ficou decidido o recesso, por curto prazo, do Congresso Nacional, o que foi decretado, ainda no dia 1º, pelo presidente Geisel. Estabelecida, também, a decretação da reforma do Judiciário – conseqüência imediata e lógica daquela medida –, foram ainda lembradas, por alguns, a eleição indireta dos governadores e redução do quórum para a aprovação das emendas constitucionais. Nada mais ocorreu, visto que copiei e guardei tudo que ali se disse, sem omitir os nomes dos que o disseram.[2]

Soube, posteriormente, que às vésperas daquele dia o presidente tinha reunido os líderes da Arena no Congresso e participara-lhes a sua idéia do recesso, sendo esta intenção bem recebida.

Saí daquela reunião convencido de que tínhamos assegurado ao presidente a oportunidade de realizar a reforma tão ansiada. Embora conhecesse o interesse do governo em modificar o quórum para evitar a repetição do caso que acabávamos de viver e a preocupação que revelara com a eleição direta dos governadores, não julguei, no entanto, que estas medidas tivessem ficado assentadas, em definitivo.

Durante quase uma quinzena, pouco soube do que se passava no palácio do Planalto, com respeito ao futuro Pacote. Algumas informações esparsas, trazidas pelos órgãos de informações, não eram suficientes para dar uma simples idéia do golpe traiçoeiro que o governo estava dando na Nação.

No dia 13 de abril promulgou o governo a Emenda Constitucional nº 7 e no dia seguinte a de nº 8. O Congresso foi reaberto a 15 de abril.

Um governo é, na palavra valorosa – pela coragem e lucidez – do ilustre escritor Ivan Lins, "um órgão de reação da coletividade sobre os indivíduos". Como os governos agem através das leis, isto significa que as leis são instrumentos de defesa da coletividade contra o indivíduo.

Os governos democráticos, por sua estrutura política e princípios liberais, atuam desta maneira. Os governos totalitários ou os ditos democráticos – na perversão semântica do marxismo atual – fabricam as leis para assegurar sua permanência no poder.

Visam à sua preservação e jamais à defesa da coletividade. Ao contrário, revelam, à saciedade, comportamentos inconfundíveis de nepotismo e de proteção de indivíduos ou grupos em detrimento da coletividade.

O famigerado Pacote de abril é um exemplo típico desse propósito de perpetuação de um grupelho no poder.

O Ministério, em grande parte, foi iludido, ou melhor, traído. Se o presidente participou do início da farsa, pode ser para muitos ainda um aspecto a examinar, mas, em face de outras atitudes sonsas que teve, eu estou convencido de que sabia de tudo. Somente conheci o conteúdo das Emendas nºs 7 e 8 depois de publicadas

---

2. Ver, no Anexo A, a transcrição das anotações feitas. (N.R.)

nos jornais. A reunião citada pelo general Hugo Abreu, na página 71 do seu livro *O outro lado do poder*, na minha opinião, não ocorreu, e se houve a ela não compareci nem tive dela conhecimento. Fora o único ministro militar que, na reunião do dia 31 de março, no Quartel-General da 1ª Divisão de Exército, interpelara o presidente sobre a duração do pretendido recesso do Congresso. Talvez não fosse interessante a minha presença.

O Pacote de abril foi, na realidade, uma comédia, ao que tudo indica cuidadosamente planejada, sendo a cena de sua apresentação, no palco da ópera bufa, muito bem preparada. O seu título de atração, "A reforma do Poder Judiciário", selecionado com desvelo, sugerindo um melodrama, sensibilizou a platéia, predispondo-a a bem recebê-lo.

Ministros, coadjuvantes que não conheciam o enredo, surpreenderam-se com o desvendar das cenas posteriores, em flagrante disparidade com o nome da peça. Seu título adequado seria "A perpetuação no poder".

E, para a democracia, a comédia transformou-se em drama.

É interessante recordar algumas de suas medidas, para evidenciar, mais uma vez, que o único objetivo das reuniões de 31 de março, na Vila Militar, e de 1º de abril, em Brasília, foi assegurar a permanência do grupo palaciano no poder.[3]

Ao encerrar os comentários sobre o Pacote de abril, devo aludir a informações, transmitidas por elementos que freqüentavam o Congresso, de que o governo recusara sempre entendimentos com a oposição. Segundo essas fontes, todas as sugestões conciliatórias foram sumariamente rejeitadas. Procurou o governo forçar a oposição a impedir a aprovação da emenda constitucional, proporcionando, assim, um ambiente favorável ao fechamento do Congresso.

O general Hugo Abreu, à página 70 de seu livro já citado, confirma as tentativas do relator do projeto, senador Aciolly Filho, para obter compreensão dos homens do governo, nas articulações políticas que se processaram. Não foi, portanto, somente a oposição a responsável pela grave situação que conduziu ao recesso; talvez nela tenha tido maior culpa o governo.

Este fez o que pretendia, ficando de mãos livres para realizar o que julgasse de seu exclusivo interesse.

Os tartufos do Planalto, em hipocrisia, fariam inveja ao personagem de Molière.

---

3. Ver, no Anexo B, um extrato da Emenda Constitucional nº 8 e dos Decretos-Lei nº 1541 e 1542, todos de 14 de abril de 1977. (N.R.)

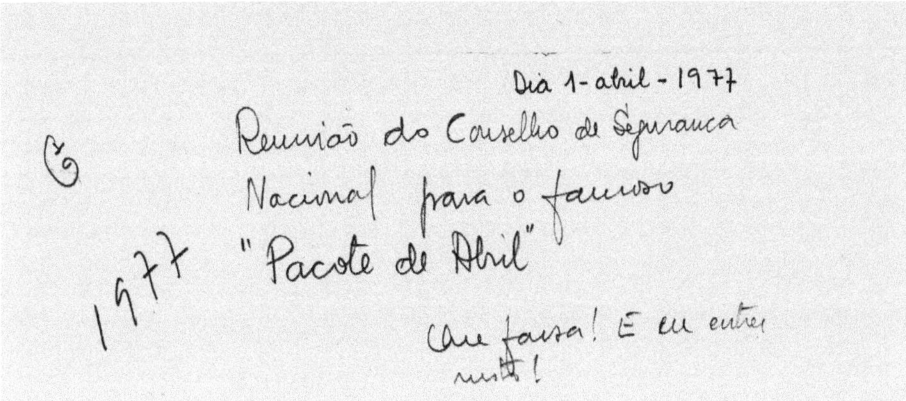
Dia 1-abril-1977
Reunião do Conselho de Segurança Nacional para o famoso "Pacote de Abril"
1977
Que farsa! E eu entrei nisto!

Anotações feitas pelo ministro Sylvio Frota durante a Reunião do Conselho de Segurança Nacional do dia 1° de abril de 1977[1]

[Apresentação da questão]

1. <u>Presidente</u>:
Debateu as emendas constitucionais. [Considera a] questão da Justiça incomparável com os nossos níveis: funcionamento demorado, etc... Há necessidade de uma Justiça adequada para evoluir. Acordou com o Poder Judiciário que, após ouvir Órgãos, Procuradores, Tribunais, prepararia a Reforma, que foi acompanhada de um Relatório. Fez-se então a Emenda (Procuradores e Ministros do Supremo Tribunal Federal). O estudo do STF [compreendia] 94 volumes.

Encaminhou-se ao Executivo a Emenda Constitucional aprovando o Projeto. A Arena em massa, com só um voto discordante (Lígia Lessa Bastos), [aprovou]. Não houve, portanto, questão fechada. O MDB fechou a questão por influência de um grupo radical. Embora tivéssemos maioria absoluta, não tivemos 2/3.

O assunto interessa a toda a Nação e é urgente, pois há necessidade de outras medidas que, desta maneira, não virão logo.

Soluções:
- Conformar-se; a Nação sofrerá;
- Após dois anos apresentar de novo (Constituição de 69);
- Colocar o Congresso em recesso (faculdade dada pelos atos anteriores).

Votação [dos membros do Conselho de Segurança Nacional]

2. <u>Ministro da Justiça [Armando Falcão]</u>:
Falou sobre a Reforma do Judiciário. Estudo com 94 volumes. Uma comissão com a Emenda correu os Estados. [Trata-se de] matéria técnica sem ligação partidária. A oposição [queria]: o restabelecimento da magistratura e o restabelecimento do Hábeas-Corpus para os crimes políticos. O MDB insistiu no Hábeas-Corpus para os crimes a serem julgados pelo Supremo Tribunal Militar

e no restabelecimento da magistratura. A votação: 241 x 156. Não houve 2/3. Foi rejeitada. *Na exposição de motivos haveria referências a outras medidas indispensáveis à marcha da Revolução.*

O Senador Petrônio Portella disse que desejava saber da oposição se seu voto poderia ser dado a outros projetos do governo necessários ao regime e foi evidenciado que não. Nesta situação só restaria a solução do recesso para atender aos anseios das novas reformas. Achou as duas primeiras soluções covardia.

3. <u>Ministro da Marinha [Almirante Henning]</u>:
De acordo. Há uma contestação do MDB.

4. <u>Ministro do Exército [general Sylvio Frota]</u>:
De acordo. [Ouvidos os] Comandantes de Área.

5. <u>Ministro das Relações Exteriores [Azeredo da Silveira]</u>:
[Sobre] a opinião pública e internacional: há predominância da interna sobre a externa. A fase de exceção é transitória. Há necessidade de explicar o imperativo desta medida. Deve-se fazer tudo que possa dar ao País [a noção de] que as medidas são permanentes e que atendem aos anseios do País, em particular dar uma forma que no futuro evite novos casos iguais a este. *O governo não deve hesitar em tomar estas medidas*, até modificar a Constituição no que for necessário.

6. <u>Ministro da Fazenda [Mário H. Simonsen]</u>:
A Constituição não impede que seja posto o Congresso Nacional em recesso. A Constituição Francesa é mais drástica. [Deve-se dar] clara explicação à opinião pública de que é constitucional, mostrando que o recesso será breve, no tempo necessário. A morosidade da Justiça clama por solução. [É preciso] neutralizar o impacto interno. Não estamos inovando nada.

7. <u>Ministro dos Transportes [Dyrceu Nogueira]</u>:
A 1ª e a 2ª soluções seriam a falência do regime; como disse o Ministro Falcão, seria uma covardia. Acho que deveria ser também limpo o Congresso.

8. <u>Ministro da Agricultura [Alysson Paulinelli]</u>:
Julgo que a alternativa proposta deve ser tomada com explicações ao povo. *Todas as medidas propostas são oportunas.*

9. <u>Ministro da Educação e Cultura [Ney Braga]</u>:
É uma situação especial. A Reforma do Judiciário é necessária. Todos sabem disto: [a Justiça deve ser] mais rápida e mais barata. Se é necessária e urgente, logo caem as duas primeiras alternativas. O MDB não é oposição; é um partido contestador. A Nação ficaria mais traumatizada se esta medida não fosse tomada, em face do que a Constituição permite. Teríamos assim uma minoria dominando a maioria. Estou pois de acordo.

10. <u>Ministro do Trabalho [Arnaldo Prieto]</u>:
Parece que das alternativas a última é a que atende à promulgação da Reforma do Judiciário e é também um dever revolucionário. Se o governo não consegue [a aprovação de] uma reforma de natureza neutra, não fará nada mais. O recesso [deve ser] o mais breve possível, o mais curto.

11. <u>Ministro da Aeronáutica [Brigadeiro Araripe Macedo]</u>:
Está de acordo com a 3ª solução e que *devem ser tomadas outras medidas. Faz restrições a alguma medida política porque acha que [seria] perigoso para o futuro tirar os 2/3, etc...* Está de acordo.

12. <u>Ministro da Saúde [Paulo Machado]</u>:
Acha que foi um desafio frontal ao governo da Revolução. Que já surgiu um desafio - em São Paulo, etc... - ao governo da Revolução. [O Congresso] deve pois ser posto em recesso.

13. <u>Ministro da Indústria e Comércio [Calmon de Sá]</u>:
Está de acordo com o Ministro da Justiça. Estão claros os argumentos. Deve haver a manutenção do governo revolucionário em face da provocação e não antes. [A] orientação a ser dada pelo governo dentro da constituição [será] uma resposta. Este é um primeiro passo para a Reforma do Judiciário. É importante a divulgação de que as reformas não vão parar. Acha que deve[-se] pesar, como disse o ministro Araripe, [e] não acha que devam ser tomadas outras [medidas] de reforma de caráter político.

14. <u>Ministro de Minas e Energia [Shigeaki Ueki]</u>:
Favorável, sem comentários, à 3ª solução, isto é, o recesso.

15. <u>Ministro do Planejamento [Reis Velloso]</u>:
Caminhamos para uma ampla maioria, senão unanimidade. De acordo. Há [outras] alternativas:

- Alterar de 2/3 para maioria absoluta;
- Deixar os 2/3 mais a Reforma do Judiciário;
- Reformas política e da Justiça.

Quanto à reforma política, acho que é melhor deixar o Congresso fazer. Isto [está ocorrendo] porque a oposição foi responsável por tudo. Acho que as reformas políticas devem ser do Congresso. [As] decisões devem ser tomadas em função da política interna (como [disseram] o Silveira e o Simonsen). Cabe-nos reduzir ao mínimo as reações. Estudei as três soluções e dentro delas as alternativas: fazer a Reforma do Judiciário sem as reformas políticas ou fazê-la com as reformas políticas e outras ainda que se tornem necessárias. [É preciso] ressaltar que é um dispositivo constitucional e reduzir o prazo de recesso.

16. <u>Ministro do Interior [Rangel Reis]</u>:
Seria normal ao povo brasileiro ver o Congresso Nacional examinar os projetos mas, em face do Congresso não ter solucionado, estou de acordo que seja a 3ª [solução] com medidas políticas.

17. <u>Ministro das Comunicações [Euclides Quandt]</u>:
Acha que a Reforma do Judiciário não justifica a aplicação de medidas de exceção, pois seria uma prova de fraqueza. Por outro lado, vê na rejeição da Reforma do Judiciário a intenção de não mais [se] aprovar o que for proposto. Está pois de acordo, não só pela Reforma do Judiciário, mas pelas conseqüências. *Vê, além da aprovação da Reforma do Judiciário, a de outros projetos de aspectos políticos indispensáveis, em particular aqueles que não agradarem ao congresso.* É a favor.

18. Ministro da Previdência e Assistência Social [Nascimento Silva]:
Está de acordo com o Ministro das Comunicações. A tomada do processo legislativo pelo Governo deve ser curta. Está em tese [de acordo] com o [Ministro das] Comunicações, pois o MDB está contestando a Revolução. A retomada da contestação é clara. Logo, se não tomarmos uma decisão, será uma abertura ao processo contestatório. De acordo com a solução 3. Tudo, no entanto, tem o seu preço. O processo francês permite uma consulta à Nação. *[Deve-se] aproveitar o recesso para [implementar] as medidas necessárias também políticas.* [O recesso] deve ser curto e [baseado] na justificativa constitucional. [Deve-se dar uma] explicação à opinião pública.

19. Chefe da Casa Militar [general Hugo Abreu]:
A consideração do Simonsen de que a Constituição dá ao Presidente da República o direito de fazer isto é certa. Está de acordo com o recesso.

20. Chefe da Casa Civil [general Golbery]:
Está de acordo. Já disseram que dentro de cada solução há alternativas. *Urge que se aproveite para realizar todas as leis - políticas além da Reforma do Judiciário* - para permitir a continuidade revolucionária. Falou na hipótese do [ministro] Araripe (maioria). É esta a oportunidade de fazer tudo.

21. Chefe do Serviço Nacional de Informações [general Figueiredo]:
Nada mais a dizer. Não há alternativa senão a 3ª solução. Em caso contrário é aceitar o fim da Revolução. As conseqüências a que aludiu o ministro Silveira, na área externa, merecem ser enfrentadas pela 3ª solução.

22. Chefe do Estado-Maior das Forças Armadas [general Potiguara]:
Vários governos da Revolução têm sofrido desafios de contestação à Revolução e os têm respondido. Logo, opto pela Linha de Ação 3. Será a resposta de hoje, *com todas as reformas necessárias.*

23. Chefe do Estado-Maior da Armada:
O assunto foi muito bem debatido. A parte da segurança, como militar, me preocupa muito, em vista da atuação dos banidos na Europa. Estou de acordo com a 3ª solução.

24. Chefe do Estado-Maior do Exército [general Fritz]:
Não tenho a menor dúvida em concordar com a 3ª solução, com o tempo julgado necessário a todas as *medidas necessárias ou oportunas.*

25. Chefe do Estado-Maior da Aeronáutica:
De acordo com a 3ª linha de ação.

26. Vice-Presidente da República [general Adalberto]:
[Efetuada] consideração do Vice sobre o fato de ser último [a votar], pois é revolucionário e militar. [Disse que] esteve na 6ª Divisão de Infantaria e agiu revolucionariamente. [Citou] a ida de um emissário do general Castelo à 6ª DI [levando] documento importante, [que] está no livro do Luis Vianna, e [que] tomou parte em vários Atos.

O assunto foi inteiramente debatido; está de acordo com a 3ª alternativa. É natural que haja reações, não só do MDB e dos comunistas. *Outras medidas devem ser tomadas*; lembra a modificação do processo de eleição dos governadores.

[Decisão do Presidente]

Presidente:

Há unanimidade na solução básica. Surgiu, à margem do estudo, [a idéia da] elaboração de novo Ato, que seria ilegal, pois não está na Constituição; logo, não deverá ser feito. A medida de colocar em recesso não é punição, mas apenas uma medida para permitir ao Governo legislar em assunto de interesse revolucionário.

[Houve uma] reunião no Gabinete, antes, dos líderes do Congresso (Arena), etc... e nesta ocasião aventou a idéia do recesso; todos eles acharam a 3ª solução melhor. Tomou esta atitude para não surpreender os homens que o apoiavam.

Minha decisão hoje será esta.

As outras medidas serão examinadas e bem pesadas.

Sairá uma nota oficial, imediatamente... [Se] fará (TV) um programa esclarecendo a situação.

[Outras intervenções]

Simonsen:

Pode-se dar publicidade? [E] os jornalistas que me aguardarão na saída?

Araripe:

Pede cuidado com as justificativas, que devem ser diferentes.

Golbery:

Não deve ser uma nota que tenha cunho de força, mas sim constitucional - sem considerandos - mas simples, de acordo com o artigo tal da Constituição.

Presidente:

A conduta do MDB neste caso mostra que não há possibilidade de qualquer medida revolucionária passar. Não passará. Foi a conduta da oposição que me levou a isto.

Simonsen:

[Acha que] devem examinar bem as *reformas políticas, pela delicadeza do assunto*. Acha que devem ser equacionadas as medidas políticas. Como tratar disto na televisão? *Vê necessidade de medidas políticas*.

Falcão:

Nota deve ser feita com muito cuidado por causa da *não* censura da imprensa. [Isto] pode levar a notícias deformadoras. Poucos jornais [são] do lado do governo - citou os jornais do lado do governo (*O Globo*, etc...) [e os contra] (*Jornal do Brasil*, *Folha de S. Paulo*, *Estado de S. Paulo*, *Veja*, jornais de Brasília - *Correio Brasiliense*-, etc...). O quadro geral é de oposição da imprensa. [Ela] será contra o ato complementar que em boa hora vão assinar.

Hugo [Abreu]:

Pede para redigir com o Falcão.

Presidente:

Sei de tudo; manda aguardar.

Falcão:

Nada a comentar: resposta sugerida para a imprensa.

Henning:

Basta dizer aos repórteres que nada [há] a declarar, pois haverá um pronunciamento.

Simonsen:

[Deve-se] reduzir ao mínimo a informação.

Calmon:

[Deve-se] falar em todas as reformas que são necessárias [e] serão também tomadas.

Simonsen:

Há uma nuança: [deve-se] *dizer as ["]medidas necessárias ao aperfeiçoamento político["].*

Presidente:

Acha que o MRE deve examinar com cuidado as medidas que vamos tomar. Há ainda o aspecto interno de manutenção da ordem. Vamos permitir manifestações públicas? Cuidado nas áreas. Não pretende coagir a imprensa, mas não permitirá que elementos nocivos façam perturbações; nem debates na TV.

Dyrceu:

Na fala de hoje à noite, poderão os políticos dizer que [a] eles é que cabe a competência de fazer reformas.

Presidente:

Ouvirá, logicamente, nestas medidas, elementos credenciados na política. Não serão feitas à revelia.

Silveira:

Acha que no campo externo não será [preciso] justificativa, pois é constitucional o comportamento do governo. Deve-se ficar prontos para responder a todos. O problema mais difícil será o fato do Hábeas-Corpus, que deve ser bem explicado. Haverá, certamente, um insuflamento externo. Existe, na realidade, um problema político que deve ser enfrentado dentro da Constituição, como justificativa.

Presidente:

No Brasil existe o Hábeas-Corpus, mas não no sentido político; existe em outros casos.

Falcão:

[Deve-se enviar uma] nota aos governadores sobre o Ato Complementar, para evitar qualquer tipo de manifestação. O Hábeas-Corpus só existe no Brasil e em pouquíssimos países.

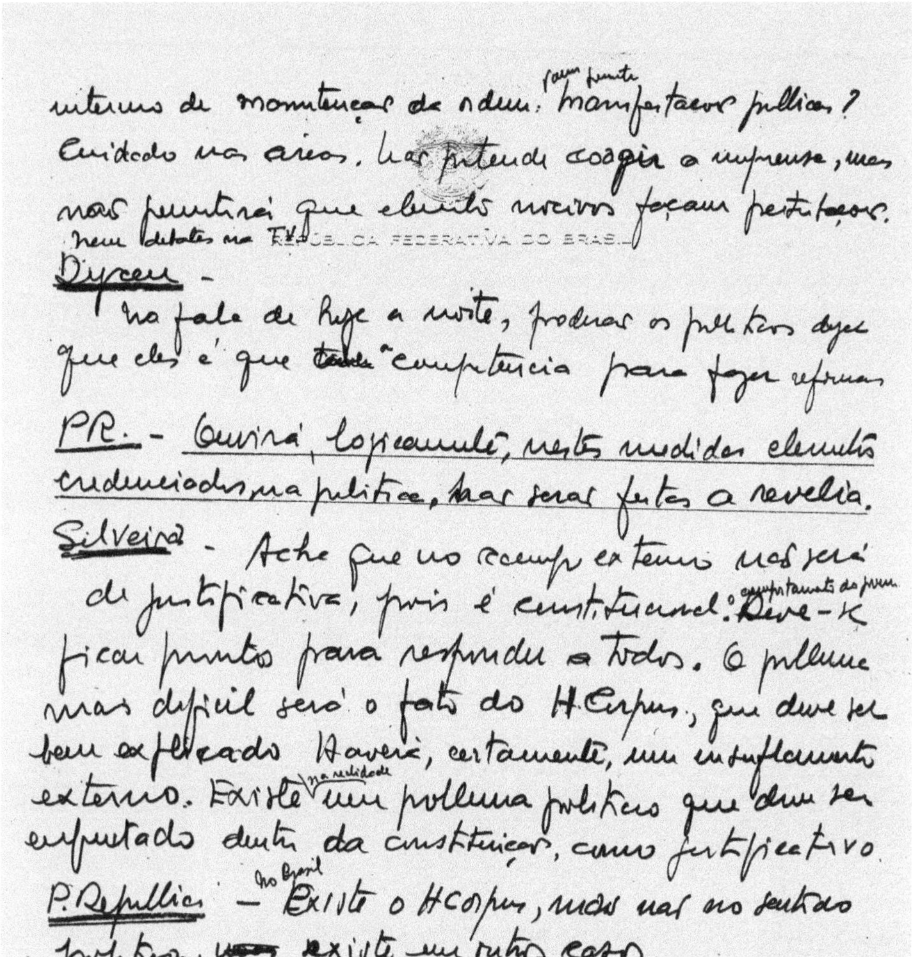
internos de manutenção da ordem: (fazem parte) manifestações públicas?
Cuidado nos aéreos. Não pretende coagir a imprensa, mas não permitirá que elementos nocivos façam provocações.
nem debates na TV
REPÚBLICA FEDERATIVA DO BRASIL
Dyceu - Na fala de hoje à noite, prodigar os políticos dizer que eles é que têm competência para fazer reformas
PR. - Ouvirá, logicamente, nestas medidas elementos credenciados na política, mas serão feitas à revelia.
Silveira - Acho que no campo externo não será de justificativa, pois é constitucional. o comportamento da imprensa Deve-se ficar pronto para responder a todos. O problema mais difícil será o fato do H. Corpus, que deve ser bem explicado. Haverá, certamente, um insuflamento externo. Existe na realidade um problema político que deve ser enfrentado dentro da constituição, como justificativo.
P. República - no Brasil Existe o H Corpus, mas não no sentido político, existe em outros casos.
Falcão - Nota aos governadores sobre o Ato Complementar para evitar qualquer tipo de manifestação 69.
H Corpus não existe no Brasil e em pouquíssimos países.

EMENDA CONSTITUCIONAL Nº 8, DE 14 DE ABRIL DE 1977.

O PRESIDENTE DA REPÚBLICA,

No uso da atribuição que lhe confere o § 1º do artigo 2º do Ato Institucional nº 5, de 13 de dezembro de 1968, e

CONSIDERANDO que, nos termos do Ato Complementar nº 102, de 1º de abril de 1977, foi decretado, a partir dessa data, o recesso do Congresso Nacional;

CONSIDERANDO que, decretado o recesso parlamentar, o Poder Executivo Federal é autorizado a legislar sobre todas as matérias, como preceitua o citado dispositivo do Ato Institucional nº 5, de 13 de dezembro de 1968;

CONSIDERANDO que a elaboração de emendas à Constituição, compreendida no processo legislativo (Artigo 46, I), está na atribuição do Poder Executivo Federal,

PROMULGA a seguinte Emenda ao texto constitucional:

Artigo único. A Constituição Federal passa a vigorar com as seguintes alterações nos artigos adiante indicados, incluindo-se em seu Título V os artigos 208, 209 e 210:

"Art.13.[1]..

2º A eleição do Governador e do Vice-Governador de Estado, para mandato de quatro anos, far-se-á pelo sufrágio de um colégio eleitoral, em sessão pública e mediante votação nominal, obedecidas as seguintes normas:

a) o colégio eleitoral compor-se-á dos membros da respectiva Assembléia Legislativa e de delegados das Câmaras Municipais do respectivo Estado;

....

....

Art.39.[2] A Câmara dos Deputados compõe-se de até quatrocentos e vinte representantes do povo, eleitos, dentre cidadãos maiores de vinte e um anos e no exercício dos direitos políticos, por voto direto e secreto, em cada Estado e Território.

....

....

§2° Obedecido o limite máximo previsto neste artigo, o número de deputados, por Estado, será estabelecido pela Justiça Eleitoral, para cada legislatura, proporcionalmente à população, com o reajuste necessário para que nenhum Estado tenha mais de cinqüenta e cinco ou menos de seis deputados.

....

....

Art.41.[3] O Senado Federal compõe-se de representantes dos Estados, eleitos dentre cidadãos maiores de trinta e cinco anos e no exercício dos direitos políticos.

§1º Cada Estado elegerá três senadores com mandato de oito anos, renovando-se a representação, de quatro em quatro, alternadamente por um e por dois terços.

§2º Na renovação do terço e, para o preenchimento de uma das vagas, na renovação por dois terços, a eleição far-se-á pelo voto direto e secreto, segun-

---

1. A alteração do artigo 13 possibilitou que o partido do governo, a Arena, continuasse a ter a grande maioria dos governadores estaduais. (N.R.)

2. A alteração do artigo 39 aumentou, percentualmente, a participação dos estados do Nordeste, dominados pela Arena, na Câmara dos Deputados e, conseqüentemente, no Colégio Eleitoral. (N.R.)

3. A alteração do artigo 41, criando o "senador biônico", como passou a ser conhecido o senador eleito por voto indireto, garantiu à Arena a maioria no Colégio Eleitoral. (N.R.)

do o princípio majoritário. O preenchimento da outra vaga na renovação por dois terços, far-se-á mediante eleição, pelo sufrágio do colégio eleitoral constituído, nos termos do § 2º do artigo 13, para a eleição do Governador do Estado, conforme disposto em lei.

....

....

Art.75. O colégio eleitoral reunir-se-á na sede do Congresso Nacional a 15 de outubro do ano anterior àquele em que findar o mandato presidencial.

....

....

§3º O mandato do Presidente da República é de seis anos.

Art.77. ....

....

§1º O candidato a Vice-Presidente, que deverá preencher os requisitos do artigo 74, considerar-se-á eleito em virtude da eleição do candidato a Presidente com ele registrado; seu mandato é de seis anos e, na posse, observar-se-á o disposto no artigo 76 e seu parágrafo único.

....

....

Art.208.[4] Os mandatos do Presidente e do Vice-Presidente da República eleitos a 15 de janeiro de 1974 terminarão a 15 de março de 1979.

Art.209. Os mandatos dos prefeitos, vice-prefeitos e vereadores eleitos em 1980 terão a duração de dois anos.

Art.210. Na aplicação do disposto no § 2º do artigo 39, para a legislatura a iniciar-se em 1979, não haverá redução do número de deputados de cada Estado, fixado para a legislatura iniciada em 1975.

Brasília, 14 de abril de 1977; 156º da Independência e 89º da República.

ERNESTO GEISEL

DECRETO-LEI Nº 1.541, DE 14 DE ABRIL DE 1977

Institui sublegendas para as eleições de senador e prefeito e dá outras providências.

O PRESIDENTE DA REPÚBLICA, no uso da atribuição que lhe confere o §1º do artigo 2º do Ato Institucional nº 5, de 13 de dezembro de 1968, tendo em vista o artigo 182 da Constituição e o disposto no Ato Complementar nº 102, de 1º de abril de 1977,

DECRETA:

Art.1º.[5] Os partidos políticos poderão instituir até três sublegendas nas eleições diretas para senador e prefeito.

---

4. A alteração do artigo 75 e o artigo 208, juntamente com as alterações anteriores, garantiram a permanência do grupo palaciano no poder até 15 de março de 1985. (N.R.)

5. A criação da sublegenda possibilitou à Arena a manutenção dentro do partido de grupos divergentes na política local, garantindo a maioria de representantes do partido no Colégio Eleitoral. (N.R.)

Parágrafo único. Sublegendas são listas autônomas de candidatos concorrendo a um mesmo cargo em eleição, dentro do partido político a que são filiados.

Art.2º. Os votos do partido serão a soma dos votos atribuídos aos candidatos das sublegendas.

§1º Considerar-se-á eleito o mais votado dentre eles.

....

....

Art.13. O presente Decreto-lei entra em vigor na data de sua publicação.

Art.14. Ficam revogadas a Lei nº 5.453, de 14 de junho de 1968, e demais disposições em contrário.

Brasília, 14 de abril de 1977; 156º da Independência e 89º da República.

ERNESTO GEISEL
Armando Falcão

DECRETO-LEI Nº 1.542, DE 14 DE ABRIL DE 1977

Altera a Lei Complementar nº 5, de 29 de abril de 1970, modificada pela Lei Complementar nº 18, de 10 de maio de 1974.

O PRESIDENTE DA REPÚBLICA, no uso da atribuição que lhe confere o §1º do artigo 2º do Ato Institucional nº 5, de 13 de dezembro de 1968, tendo em vista o artigo 182 da Constituição e o disposto no Ato Complementar nº 102, de 1º de abril de 1977,

DECRETA:

Art.1º.[6] São fixados em 3 (três) meses os prazos a que se referem as alíneas do item II; a alínea "a" e os números 1 (um) e 3 (três) da alínea "b" do item III; a alínea "b" do item IV; a alínea "c" do item V; a alínea "c" do item VII do artigo 1º, e os §§1º, 2º e 3º do artigo 2º da Lei Complementar nº 5, de 29 de abril de 1970, e a alínea "a" do item V do artigo 1º da mesma lei, com a nova redação que lhe foi dada pela Lei Complementar nº 18, de 10 de maio de 1974,

....

....

Art.3º. Este Decreto-lei entra em vigor na data de sua publicação, revogadas as disposições em contrário.

Brasília, 14 de abril de 1977; 156º da Independência e 89º da República.

ERNESTO GEISEL
Armando Falcão

6. A redução do prazo de inelegibilidade para três meses proporcionou tempo suficiente para a promoção do general-de-divisão João Baptista de Oliveira Figueiredo ao último posto da sua carreira no Exército antes de desincompatibilizar-se do cargo de Chefe do Serviço Nacional de Informações, para inscrever-se como candidato à Presidência da República. (N.R.)

CAPÍTULO 34

A subversão e as tentativas de destruir o Sistema de Segurança

No dia 12 de outubro de 1977, por ocasião de uma das maiores farsas políticas a que a Nação brasileira assistiu, desde que os primeiros adventícios pisaram o solo baiano, lancei ao Exército um manifesto. Sobre ele farei em oportuno momento considerações indispensáveis, entretanto, agora, apenas desejo dele destacar dois trechos, cujas asserções comprovam-se facilmente:

- As investidas constantes para destruir ou tornar inócua a estrutura da Segurança Nacional. Questionam-se esferas de competência, sugerem-se modificações doutrinárias e permitem-se maldosas campanhas de descrédito dos órgãos de informações e segurança, visando a apresentar seus componentes como bestiais torturadores, para desmoralizá-los perante a Nação.

- A complacência criminosa com a infiltração comunista e a propaganda esquerdista que se revitaliza, diariamente, na imprensa, nos setores estudantis e nos próprios órgãos governamentais, os quais acolhem, no momento, nos escalões de assessoramento e de direção, noventa e sete comunistas militantes, conforme comuniquei ao Serviço Nacional de Informações, marxistas que permanecem intocáveis em suas atividades desagregadoras.

As investidas para destruir o Sistema de Segurança começaram cedo. Em fins de 1974, conforme referência já feita, foi ensaiada a modificação da Diretriz de Segurança Interna, e em outras ocasiões, como nos casos dos suicídios do DOI do II Exército, o Presidente da República não escondia seu interesse em desativar os órgãos de segurança, reduzindo-os a meras fontes de notícias. Não autorizava fossem divulgadas, nos relatórios semanais nem nos periódicos, informações relativas a acontecimentos políticos, graves fatos de corrupção e dados sobre a situação econômica. Enfim, só era permitido mencionar nesses boletins assuntos de exclusivo interesse profissional.

Fixava-se, assim, uma fórmula de manter a nossa oficialidade – e os militares em geral – na mais absoluta ignorância dos destacados e inquietantes acontecimentos da conjuntura. Vedar aos militares o conhecimento da realidade nacional constituía o deliberado propósito do general Geisel. Sua obstinação neste sentido manifestava-se em todas as oportunidades e para comprová-la é suficiente recordar a cena de minha exoneração, no dia 12 de outubro. Entre as "numerosas provas" que deveria ter de meu "propalado golpe" somente achou, depois de nada ter a dizer quanto à minha lealdade, para justificar a sua decisão, o pueril e ridículo argumento de que os meus relatórios de informações faziam crítica ao seu governo.

Havia grande interesse do presidente em controlar, diretamente, as ações de combate à subversão nos comandos de áreas – Exércitos e Comandos da Amazônia e do Planalto. Podia e devia fazê-lo através do Ministro do Exército, o que era correto e digno. No entanto, parecia não proceder deste modo, pois suas ligações extra-oficiais, mas concernentes ao serviço, com os comandantes do I e III Exércitos eram tidas como habituais, embora delas jamais tivesse reunido provas substanciais.

Processavam-se à base de antigas amizades.

As atividades e agitações subversivas assentam-se em fundamentos políticos, por isso, nas épocas em que ocorrem, crescem de importância os Comandos Militares de Área.

A pretendida alteração da Diretriz de Segurança Interna, em 1974, não visava a outro objetivo que o de colocar, nas situações de crise, esses comandos sob a regência presidencial, anulando, é lógico, o Ministro do Exército.

A questão do controle das áreas de comando, em sua plenitude, já suscitara problemas desde a criação do Centro de Informações do Exército, visto que as ligações diretas de informantes com esse Centro aguçara a susceptibilidade dos generais. Pretendiam eles que nesse percurso, obrigatoriamente, passasse a informação por suas mãos. O acionamento da repressão agravou esta situação, porquanto os comandantes de área, na defesa de suas prerrogativas de comando, não admitiam ações no território de sua jurisdição sem o seu conhecimento e participação.

O ministro Lyra Tavares, com inteligência e habilidade, solucionou esses incipientes problemas. Respeitando a dignidade funcional de seus generais sem afetar, contudo, a rapidez de transmissão, determinou ao elemento informante que, ao expedir a informação ao ministro, remetesse cópia ao general seu comandante direto.

Quanto às ações de repressão, ocorreriam sob responsabilidade dos comandantes de área. O CIE fornecer-lhes-ia, se necessário, apoio em pessoal especializado e assistência técnica e financeira. As operações deste tipo que abrangessem mais de uma área seriam coordenadas pelo CIE, podendo o ministro, em casos excepcionais, avocar a responsabilidade de sua execução. Surgindo a necessidade de uma intervenção direta na área, criada por imperativos da situação, o seu comandante seria avisado e esclarecido sobre a finalidade do evento.

Durante a gestão Lyra Tavares foi esta a maneira de atuar do CIE; contudo, ao assumir eu, em julho de 1972, o Comando do I Exército, encontrei as normas de ação modificadas. O CIE atuava diretamente e com intensidade em todas as áreas, muitas vezes sem participar aos seus comandantes, e dispunha de instalações próprias para acolher e interrogar os subversivos que prendia.

Sob a égide ministerial, ocupou parte das instalações do 1º Batalhão de Polícia do Exército e melhorou outras dependências para fins específicos de busca de informações.

Paralelamente, o I Exército mantinha, naquele local, porém completamente independente, o DOI de sua responsabilidade, recolhendo os elementos detidos às prisões normais do Pelotão de Investigações Criminais, naquele batalhão.

Esta organização de trabalho não me parecia a mais conveniente para o I Exército, ainda que pudesse ser de grande eficiência para o CIE.

Dificultava as respostas às solicitações da Justiça e das autoridades federais sobre a presença de subversivos ou pseudo-subversivos nas unidades do I Exército, particularmente na citada unidade. Não raro recebia o Comandante do I Exército de Tribunais e Auditorias Militares petições de advogados, considerando-o coator da liberdade alheia e responsabilizando-o por indivíduos que jamais estiveram sob sua guarda.

Discordava abertamente desta estrutura, por diluir as responsabilidades na imprecisão dos destinos dados aos presos.

Ao tomar posse do cargo de Ministro do Exército, verifiquei que meu antecessor – general Dale Coutinho – mantivera a mesma orientação do general Orlando Geisel. Isto lhe valera alguns desentendimentos com o Comandante do I Exército – general Reynaldo de Almeida, que reagira contra a presença do CIE atuando em território de sua jurisdição e mantendo, ainda, no Rio de Janeiro, forte escalão recuado.

Voltara a borbulhar a justa susceptibilidade do chefe militar, ferido em suas prerrogativas de comando.

O general Coutinho, todavia, não atendeu o general Reynaldo, e persistiram, por isso, as normas estabelecidas pelo ministro Geisel.

Entretanto, em junho de 1974, por minha determinação, retomou-se a orientação inicial, e os comandos de área reassumiram a integral responsabilidade pela segurança interna, nos territórios de sua jurisdição. Iniciei, a partir daquele momento, a transferência dos elementos do Escalão Recuado do CIE para Brasília, extinguindo-o por desnecessário no Rio de Janeiro.

Enquanto procurávamos aplainar divergências internas, os comunistas não perdiam tempo, e a campanha contra os órgãos de segurança, orientada do exterior e sustentada por recursos alienígenas, recrudescia. Encarregavam-se disto as "organizações de fachadas" do marxismo, entre as quais destacavam-se a Frente Brasileira de Informações, que contava com a ativa cooperação de Miguel Arraes, Márcio Moreira Alves, Glauber Rocha e outros, a Amnesty International e o Tribunal Bertrand Russel.

Esta última organização, no paroxismo do ódio, levou a afronta ao extremo de pedir, em dias recentes, à ONU, que julgasse e processasse os torturadores brasileiros.

Um pedido desta espécie, feito por uma associação desse tipo, não nos poderia surpreender. O que nos deixou, porém, boquiabertos foi um sacerdote da Igreja de Cristo, um cardeal – homem que cumpre a sublime missão de salvar os cristãos das garras do materialismo dialético –, vir a público aconselhar o governo brasileiro que proceda com urgência a esse julgamento, para não passarmos por um vexame internacional.

Ao ler suas declarações,[1] claro endosso às calúnias e vis imputações, lançadas aos militares, apesar da perplexidade, só podemos chegar a uma ilação – ou esse cardeal é um santo ingênuo ou um inveterado marxista.

A partir de 1974, extintos os focos de guerrilhas rurais e neutralizadas as ações urbanas, voltaram-se os órgãos de segurança para as atividades clandestinas do Partido Comunista Brasileiro. Este partido era, e continua sendo, a única organização subversiva marxista que, na realidade, constitui uma ameaça latente à democracia.

Muito bem estruturado, contando com quadros capazes e experientes, recebendo ininterruptamente apoio externo, tem facilidade de penetração na classe operária e nos setores político, religioso e dos intelectuais. Não obstante as divergências doutrinárias e dissidências que grassaram entre os marxistas – correntes ortodoxa, pacifista, maoísta, militarista etc. – que chegaram a dilacerá-los em cerca de 30 facções, fixou-se o PCB na linha de ação pacifista. Em torno desta orientação estabeleceu-se a unidade comunista, embora haja ainda duas nuanças a considerar: a liberal e a nacionalista. A primeira não admite composições com o governo e reivindicava naquela época uma abertura política, a revogação do AI-5 e do Decreto 477, a anistia, liberdade sindical e de imprensa, uma Constituinte, direito de *habeas corpus* etc. A segunda, aparentemente mais tolerante, consistia em assistir e permitir o avanço do processo revolucionário militar e ir nele se integrando, quando surgissem as oportunidades, para dominá-lo, à semelhança do lendário cavalo de Tróia.

Perigosíssimas a longo prazo, estas duas modalidades de atuar inserem-se na concepção do domínio gradativo, preconizado por Marx, em 1848, no Manifesto do Partido Comunista. São eficientíssimas nos países de regime representativo. A orientação nacionalista, no entanto, sofre sérias objeções do Partido Comunista

---

1. *Tribuna da Imprensa,* 22 e 23/1/1980, p.5.

da União Soviética, o que é fácil de entender, pelos arroubos de independência que poderão surgir.

Depois do fracasso da linha ortodoxa, em 1935, os marxistas do PCB passaram a aplicar, aqui, com excelentes resultados, a intervenção gradual, usando exuberantemente a infiltração. Este método foi empregado na dominação da Hungria, merecendo do chefe comunista húngaro Mátyás Ràkosi o nome de "tática do salame", visto que permite devorar gradual e imperceptivelmente – fatia por fatia – a ingênua democracia. A Revolução de 1964 conteve-os, mas abriu-lhes outras sendas – como o abandono da juventude – para novas investidas. E eles aproveitaram-nas bem.

Renunciando, talvez temporariamente, à violência armada, o PCB incita, em 1977, a agitação subversiva em todo o país.

A esquerda clerical transforma a XV Assembléia Geral da CNBB em arena de debates essencialmente políticos, para atacar o regime e o sistema sociopolítico vigentes.

O movimento estudantil, confiante na fraqueza e dubiedade das autoridades escolares, coordenado em nível nacional, apoiado pelos marxistas e seus simpatizantes, intensifica-se nas grandes cidades e prepara o III Encontro Nacional de Estudantes.

Quanto aos políticos, o MDB, influenciado pelos chamados autênticos, mais parece uma agremiação de esquerda do que um partido democrático. Dois de seus vereadores, por contestação ao regime, foram cassados e, em maio, o deputado Marcos Tito dá uma demonstração pública e inequívoca das ligações desse partido com o PCB, ao ler da tribuna da Câmara o "Manifesto à Nação" publicado pelo jornal clandestino *Voz Operária*, órgão de divulgação marxista.

A conjuntura trazia gerais preocupações, naqueles primeiros meses de 1977. Na posição de Ministro do Exército, eu era o ponto de universal convergência de todos os que temiam a desmoralização do sistema revolucionário e a crescente ameaça comunista. Recebia de civis e particularmente de congressistas manifestações de temores em face do que viam e ouviam. Um destes últimos enviou-me uma carta relatando longa conversa que tivera com J.A. Mafra, um antigo militante comunista, mandando-me dizer pelo portador estar impressionado com a firmeza e lucidez dos conceitos e opiniões expostos. Desta carta, em que há outros comentários, destaquei e reproduzo a parte principal, suficiente para conhecer a visão do experimentado marxista quanto à situação nacional naquela época.[2]

Acossado pelas apreensões com a crescente infiltração marxista em todos os setores públicos, fiz relacionar, após cuidadoso estudo, os comunistas militantes que ocupavam lugares em diferentes repartições federais e estaduais e encaminhei a relação ao Chefe do Serviço Nacional de Informações, em 24 de maio de 1977.

Saibam os leigos e os céticos que a infiltração não se processa apenas nos escalões de direção. Ela se efetua em todos os níveis, transformando-se, imperceptível

2. Ver Anexo A.

e lentamente, numa rede que não deixa escapar documento ou notícia de interesse para os marxistas, sob cuja orientação seus elementos atuam. Alastra-se e cresce dominando, assim, horizontal e verticalmente todo o organismo social.

Esta lista de comunistas continha 96 nomes, um deles repetido em dois locais, o que levou ao equívoco de mencioná-la como composta de 97.

O governo, também infiltrado dos inovadores socialistas – marxistas da primeira fase –, não deu a menor importância à denúncia que lhe era feita pelo Ministro do Exército e permitiu que permanecessem intocáveis em suas atividades desagregadoras, como declarei no meu manifesto, em 12 de outubro de 1977.

Entre os apontados, posteriormente, houve quem fosse condecorado, quem ascendesse de posição recebendo cargos de grande responsabilidade e até quem merecesse ser cumprimentado publicamente, em São Paulo – com fotografias estampadas em jornais –, pelo Presidente da República, numa clara demonstração de quanto este prezava a atuação marxista do cortejado e desprezava a leal e democrática informação de seu ex-ministro.

O general João Baptista Figueiredo, nas comemorações do quadragésimo aniversário de sua formatura, no Clube da Aeronáutica, ao ser entrevistado por um jornalista, não negou o conhecimento e, portanto, a existência dos comunistas mencionados na minha denúncia, afirmando que havia muito mais do que isto. Descartou-se da responsabilidade de nenhuma providência ter sido tomada, porque lhe cabia informar e não julgar.

Eis o trecho relativo ao assunto, divulgado pelo *Jornal do Brasil* de 27 de novembro de 1977:

> No Clube da Aeronáutica, a algumas centenas de metros de distância, o general Figueiredo voltaria a conversar com os jornalistas, ao se ver cercado antes do almoço. Perguntaram-lhe sobre a lista dos 97 comunistas em cargos públicos segundo a denúncia atribuída ao ex-ministro Sylvio Frota e recentemente publicada na imprensa.
>
> — Eu já conhecia há muito tempo, disse ele. Não traz nada de novo. Existem muito mais do que os 97.
>
> Ele se recusou, porém, a falar sobre o significado da denúncia:
>
> — Minha função é informar e não julgar.

Então, era o Chefe do SNI que afirmava à imprensa existirem muito mais do que 97 comunistas infiltrados nos setores públicos. E declarava, ainda, ser a sua tarefa a de informar, o que significava ter tido o presidente Geisel conhecimento da presença deste grande número de marxistas nos órgãos federais e estaduais de seu governo.

O general Ernesto Geisel nenhuma providência tomou, o que não constituiu surpresa para mim que sabia de seus pendores esquerdistas, aliás, confirmados sete dias depois, em 31 de maio, na audiência que me concedeu.

E o general Figueiredo por que não agiu quando, como Presidente da República, não mais lhe cabia informar, mas sim julgar?

O documento relacionando 96 elementos marxistas em funções públicas estava classificado como CONFIDENCIAL, isto é, de rigorosa recomendação sigilosa, todavia, foi divulgado, em novembro de 1977, em alguns jornais. O matutino paulista *O Estado de S. Paulo* publicou-o, no dia 24 de novembro de 1977. A cópia difundida não era, entretanto, idêntica ao original que remeti ao Serviço Nacional de Informações. Vejamos o justificar desta asserção.

Em fins de maio, ao examinar o trabalho que deveria ser enviado ao SNI, achei conveniente dele retirar, na parte "Governo de S. Paulo", todo o trecho referente à criação do Serviço Estadual de Análise e Dados Estatísticos (SEADE) por não interessar especificamente ao assunto tratado. Feito o corte, a relação foi enviada ao SNI.

Entretanto, o documento primitivo ficou arquivado no CIE, contendo as informações sobre o SEADE.

Quem o teria dado à imprensa e com que finalidade o teria feito?

Especulemos sobre a questão.

O SNI não possuía o documento difundido, logo não poderia entregá-lo à imprensa. O único exemplar existente encontrava-se, quando eu era ministro, arquivado no CIE.

Acredito que o documento tenha sido cedido pelo CIE, visto que se o SNI o tivesse entregue seria cópia do que recebeu, sem a parte relativa ao SEADE, e não um documento completo.

A forma por que foi cedido é de interesse secundário, o importante é ter saído do CIE, único, repito, que o possuía.

Com que objetivo teria sido dado o documento à imprensa?

Afasto a hipótese de corrupção, embora em São Paulo tenham corrido boatos de que órgãos de imprensa pagariam cinco milhões de cruzeiros por sua posse. Esta suposição é inadmissível, em se tratando de um órgão militar.

Restam, então, duas conjeturas que podem coexistir: a insinuação de que eu o tenha divulgado, incidindo em preceitos legais, ou o propósito de prestigiar o governo pela tolerância com que encarava estas manifestações radicais, ao mesmo tempo que, revelando nomes, criava uma legião de inimigos para o denunciante.

A publicação movimentou os esquerdistas da imprensa, que acorreram às suas colunas, célere e irritadamente, tentando desmoralizar a denúncia pelo ridículo e sensibilizar o público, induzindo-o a ter comiseração dos modestos funcionários acusados.

Era a fé púnica dos comparsas dos falsos democratas, que os marxistas justificam como necessária à solidariedade recíproca. Os comunistas, despidos de preconceitos e escrúpulos que dizem burgueses, só vêem os interesses de seu partido, enquanto os democratas, alardeadores de nobres princípios, só vêem seus interesses pessoais e, assim, assistem passivamente à destruição de nossos valores morais.

Não há que distinguir entre o alto e o modesto funcionário quando se trata de argüí-los de comunistas, porque ambos são perniciosos à democracia. Se o primeiro age mais em campo teórico, usando sutilezas de argumentação para catequizar e conquistar prosélitos, ligando-se aos dirigentes do partido para colher e difundir orientação, o último atua, predominantemente, na área da realização prática, instigado e comandado por aquele.

Entre os elementos citados como marxistas havia um que trabalhava em alto nível, relacionando-se a espião soviético, entretanto não era menos nocivo ao regime democrático do que um funcionário do Banco do Brasil, de baixo nível hierárquico, que espoliou essa organização de vários milhões de cruzeiros para entregá-los ao Partido Comunista.

Finalmente, é preciso que apaixonados críticos não se esqueçam que as fábricas francesas, durante a insurreição de 1871, foram danificadas por modestos operários, colocando seus tamancos – *sabots* – nas máquinas. A sabotagem, como ficou conhecido este ato de violência, não contou – pelo que narra a História – com nenhum dos chefes da Comuna de Paris.

Em junho de 1977, deveria ir à cidade de Curitiba a fim de inspecionar a guarnição militar. Ali servira, como tenente e capitão, por três anos e meio, e guardara daquela época gratas recordações.

Sendo das poucas guarnições do Exército que ainda não visitara, decidi fazê-lo no início daquele mês.

Os primeiros meses do ano marcaram a intensificação das atividades subversivas.

Dom Geraldo Sigaud – arcebispo de Diamantina – denuncia a infiltração comunista no clero nacional. Um dos denunciados, d. Pedro Casaldáliga – bispo de São Félix –, que se declarara marxista ao escrever, em um de seus livros,[3] que a vida à luz da Fé e o contato com os oprimidos "me levaram à compreensão da dialética marxista e a uma metanóia política total", ataca chefes militares perante a Comissão Parlamentar de Inquérito, acusando-os de favorecimento a poderosa companhia de desenvolvimento em prejuízo de peões e posseiros.

O Ministério do Exército, alicerçado nos fatos, imediatamente repele e esboroa as cínicas calúnias.

No setor político, o deputado Marcos Tito lê, no plenário da Câmara, o "Manifesto à Nação", documento do PCB publicado pelo jornal clandestino *Voz Operária*.

O movimento estudantil, com suas ações coordenadas em nível nacional, auxiliado pelos marxistas, empenha-se no preparo do III Encontro Nacional de Estudantes que pretende realizar, em 4 de junho, no estado de São Paulo ou no de Minas Gerais. Em fins de maio as agitações estudantis tomam vulto e agressividade.

Este panorama de turbulência generalizada preocupa o governo, no momento em que aguarda a visita oficial da esposa do presidente dos Estados Unidos.

No dia 31 de maio, uma terça-feira, fui ao despacho normal com o presidente, que se mostrava bastante aborrecido com os acontecimentos, porquanto admitia

---

3. *Yo creo en la justicia y en la esperanza!* Bilbao: Editorial Española/ Desclée de Browver, 1976.

estivessem sendo provocados por agitadores, visando a perturbar a recepção da sra. Rosalynn Carter.

Extintos os assuntos administrativos, perguntou-me o general Geisel:

— Por que aquele almoço com discursos no dia 27?

Referia-se o presidente a uma homenagem que os generais haviam prestado ao Ministro do Exército, no dia em que completara três anos de administração no cargo.

Disse ao presidente que essas manifestações de solidariedade e respeito eram integrantes do sentimento de camaradagem dos militares. Emergiam da caserna, nas datas natalícias e naquelas que marcavam as assunções de comando. Ele, como militar, sabia perfeitamente disso.

Nada mais quis dizer, mas poderia mencionar o fato de dois meses antes o Ministro da Aeronáutica ter recebido dos brigadeiros idêntica homenagem, sem que eu tivesse ouvido falar em desagrado do presidente.

A questão, como vemos, não era de caráter geral, porém específica ao Ministro do Exército, a quem o presidente, assim penso, não gostaria de ver prestigiado.

Participei ao presidente, após aquele esclarecimento, que marcara viagem à cidade de Curitiba para visitar a guarnição do Exército. Perguntei-lhe se, em face das agitações ocorrentes e da próxima visita da sra. Carter, achava conveniente não ir. Eu estaria de regresso antes da chegada da ilustre visitante, devendo partir no dia seguinte, 1º de junho.

O general Geisel, naquele dia, estava sob forte tensão, talvez em decorrência do movimento estudantil que se agravava. Expandindo-se com revolta e amargor, recriminou "gregos e troianos" pelos acontecimentos, como bem define o diálogo:

— Estão criando-me dificuldades... um deputado leu o manifesto comunista na Câmara...

— Mas o senhor deveria prever isso. Outros congressistas proporcionaram recursos ao Partido Comunista. Este, na certa, comprometeu-se a ler...

— E lá no Nordeste... os radicais prenderam, agora, dois pastores protestantes norte-americanos... criando um caso...

— Que radicais, presidente? Agentes de polícia que detiveram dois indivíduos malvestidos, em local de constantes roubos e latrocínios, transportando mercadorias, podem ser chamados de radicais?

O presidente, à proporção que falava, excitava-se e sob indignação prosseguiu:

— E os estudantes... Estão provocando desordens... Estão se excedendo... Mandei prender...

E voltando-se para mim, apontando-me o dedo, liberou o seu pensamento:

— E... tu sabes perfeitamente que eu não sou infenso às esquerdas... (Palavras rigorosamente exatas pronunciadas em voz lenta.)

Embora soubesse das tendências socialistas do presidente Ernesto Geisel, não esperava uma declaração tão incisiva e afrontosa neste sentido. Uma Revolução, que tem entre suas principais finalidades a de combater o marxismo, que é, portanto, por sua natureza, infensa ao socialismo, encontra, por infelicidade dos revolucionários, na rota de suas realizações, um presidente – homem responsável pela aplicação desses princípios – que não é infenso às esquerdas, conforme declarou-me.

A 1º de junho segui para Curitiba. A agitação estudantil, manipulada claramente por elementos comunistas, ia em crescendo. Escolhida a cidade de Belo Horizonte para Sede do III Encontro Nacional dos Estudantes, iniciou-se a convergência destes para aquela cidade. Na obstinação de realizar o Encontro e mais do que isso, na de provocar e desmoralizar o governo, acorreram de todos os pontos do país para a capital mineira.

De Curitiba liguei-me com o Ministro da Educação, Ney Braga, e assentamos medidas para impedir a realização do evento, em face das ordens proibitivas da Presidência da República. Em Brasília o termômetro da reação já marcava temperaturas elevadas. Estabeleci contato com o Comandante Militar do Planalto e aconselhei-o a reunir o Conselho de Defesa Interna (CONDI) de acordo com o que preconizava a "Diretriz de Segurança Interna".

Destinava-se – não sei se ainda hoje a estrutura é idêntica – aquele Conselho ao assessoramento dos comandantes de área, a quem cabia o efetivo comando das operações de Segurança Interna e a orientação das medidas indispensáveis à manutenção da ordem pública nos territórios de sua jurisdição.

Compunham-no os governadores dos estados, os comandantes de Distritos Navais e os comandantes de Zonas Aéreas geograficamente situados nesses territórios.

O Conselho era um órgão de funcionamento delicado em virtude do nível de seus componentes e por processar-se a sua convocação – da iniciativa do general comandante da área – em momentos de graves crises político-sociais. Não obstante isso, ou talvez por isso, suas reuniões traziam ótimos resultados. Disse, pois, ao general-de-divisão Darcy Lázaro que, considerando a gravidade do momento, reunisse o CONDI.

Brasília, no entanto, é uma cidade administrativa e burocrática, onde as outras atividades – que não as governamentais – são meramente de sustentação dessa massa de funcionários que predomina em sua população. Todos ali são importantes; a interferência em qualquer setor, por mais justificada e razoável que seja, fere sensibilidades – mais melindres pessoais – de destacadas autoridades. Contudo, o general Darcy houve-se sempre com muito equilíbrio e correção e as providências que tomou foram muito eficazes.

Regressei à capital federal na manhã do dia 4, tendo as condições de tempo retardado a partida do avião, motivo por que somente desci em Brasília após as 12 horas. Aos primeiros contatos com os meus oficiais-de-gabinete, soube que vivíamos um sábado de fortes agitações estudantis. O oficial de serviço da base aérea aguardava-me para transmitir uma ordem do presidente Geisel: queria o presidente que eu lhe telefonasse imediatamente. Fiz a ligação, sem perda de tempo. Travamos o seguinte diálogo:

— Bom dia, presidente! É o Frota, houve um atraso em virtude do mau tempo em Curitiba...

— Já sei...

— O senhor deseja alguma coisa?

— A situação estudantil, aqui, não melhorou...

— Estou informado disso...

— E o Darcy não está indo bem! Resolvi dar o problema para o Figueiredo resolver. Quero que você coloque à disposição dele a tropa de que ele necessitar...

— Presidente, pela Diretriz de Segurança Interna o comando da tropa, em situações como esta, cabe ao Comandante da Guarnição Federal, responsável pela manutenção da ordem pública...

— Não é bem assim...

— É, sim senhor! O comando cabe ao general Darcy...

— Então, você manda dar todas as informações ao Figueiredo...

— Isto é normal e posso mandar fazer...

— Está bem.

Desligamos os telefones.

Estando o general Darcy Lázaro no aeroporto, dei-lhe ordens terminantes para que não cedesse qualquer tipo de tropa a nenhuma autoridade. Imediatamente estabeleci contato telefônico com o general Hugo Abreu e solicitei que fosse à minha residência, no mais curto prazo. Em face dos antecedentes, já aqui comentados, estava convencido do interesse do grupo palaciano em extinguir o Sistema de Segurança, desarticulando-o em todas as oportunidades. A ordem do presidente não poderia ser cumprida sem a desmoralização do ministro e o conseqüente achincalhe do Comandante Militar do Planalto. A Diretriz de Segurança Interna, sob este aspecto, era de limpidez inquestionável. Acentuava-se, pois, o propósito de afastar o ministro ou os ministros militares da repressão à desordem e do esforço para conter a subversão.

Em minha residência, recebi o general Hugo Abreu, que não se fez esperar. Estava presente o meu Chefe-de-Gabinete – general Bento José Bandeira de Mello. O general Hugo Abreu desconhecia a intenção do presidente de colocar tropa à disposição do general Figueiredo e surpreendeu-se bastante com isso visto que, além de ser uma violação estapafúrdia da Diretriz, as ligações com os ministros militares eram feitas, normalmente, por ele. Percebeu e sentiu o alijamento. Indignado com a sordidez da trama, identificou-a como originária da Casa Civil e, irritado, soltou a expressão:

— Isso é coisa daquele... (usou uma filiação insultuosa) do Golbery.

Foi-lhe, nesse momento, lançada a pergunta:

— Então, por que o Figueiredo não esclarece o presidente?

A resposta veio célere:

— Porque ele também é outro... (e repetiu a aludida filiação).

Retirou-se o general Hugo declarando-me que iria conversar com o presidente.

Informou-me o CIE, horas mais tarde, que outra tentativa de subordinar elementos das Forças Armadas ao Chefe do SNI ocorrera. O major-brigadeiro Vassalo, Chefe do Serviço de Informações e Segurança da Aeronáutica (SISA), segundo ainda informações daquele órgão, não desejando afastar-se do espírito e da letra da Diretriz de Segurança Interna, discordou da orientação aventada. Quanto ao Cenimar, nada soube a respeito.

Na segunda-feira, dia 6, data da chegada da sra. Carter, recebi pela manhã um sucinto, mas muito acrimonioso, relatório do CIE sobre os últimos acontecimentos. Escoimado de considerações ousadas, embora justas, ressaltava de modo irrespondível que o governo tentara desprestigiar o "nosso ministro" e colocar em ridículo o Comandante Militar do Planalto. Cindira o Sistema de Segurança porque afetara a sua unidade. Abrira uma séria crise cuja evolução, ou involução, estaria pendente de fatores ocasionais. De qualquer maneira, apunhalara as bases da repressão.

Eu não me aviltaria, nem humilharia o general Darcy, ordenando-lhe que passasse a sua tropa à disposição do general Figueiredo. Isto era uma decisão e o general Hugo Abreu dela tomou conhecimento, quando esteve em minha residência.

Acredito que o momento da conjuntura – presença da esposa do presidente dos Estados Unidos – tenha concorrido para uma contemporização e desistência da absurda idéia; contudo, a obsessão de anular o Sistema de Segurança persistiu.

Em agosto de 1977, avolumaram-se nos órgãos de informações notícias sobre o socialismo. Políticos brasileiros, pactuando com elementos cassados pela Revolução, agiam na Europa, em especial nas cidades de Lisboa e Paris, ligando-se aos movimentos desse caráter, sob a égide da Internacional Socialista.

Informes mais esparsos davam conta de reuniões de militares e destes com políticos, para tratar da redemocratização, como definiam suas confabulações de cunho socialista.

Eram citados com freqüência nesses informes o empresário Fernando Gasparian e o sociólogo Fernando Henrique Cardoso, do Centro de Estudos Brasileiros de Assuntos Políticos (CEBRAP).

Em fins de 1976, realizou-se, em Caracas, uma reunião dos partidos socialistas organizada pela Internacional Socialista, que contava com mais de 50 filiados. Consoante comentários correntes no Congresso, participaram daquela assembléia Fernando Gasparian e o senador Marcos Freire, convidados pelos venezuelanos. Constou nessa ocasião que o Partido Socialista Português forneceria fundos para a criação de um Partido Socialista Brasileiro. Várias especulações foram feitas, na época, por elementos radicais do Movimento Democrático Brasileiro, segundo propalavam círculos políticos, sobre o nome da nova organização, que poderia ser Partido Democrata Social.

Os entendimentos dos socialistas europeus eram públicos e constantes com muitos políticos brasileiros, ditos de esquerda. A imprensa portuguesa insistia em anunciar encontros de deputados brasileiros com dirigentes socialistas em Paris, Londres e Madri. A Internacional Socialista designou, em 1977, uma delegação para atuar na América Latina, sob chefia de Mário Soares, visando a desenvolver o que denominou "socialismo democrático".

Considerando a gravidade dessa situação, determinei que meu gabinete selecionasse da imprensa nacional e estrangeira os fatos que definissem a investida socialista no Brasil.

Trabalho bem coligido, robustecido com apreciações de oficiais conhecedores do assunto, foi mandado ler, por mim, em reunião do Alto Comando do Exército. A matéria, embora de divulgação conhecida, recebeu classificação sigilosa, com o objetivo de evitar explorações. Julgaram, entretanto, os generais membros do Alto Comando de grande interesse fosse difundida pelos demais generais seus subordinados.

Concedi a autorização condicionando-a, contudo, a que o próprio general-de-exército procedesse à leitura, proibindo-se cópias do documento.

A recomendação, todavia, não foi cumprida à risca pelo Chefe do Departamento de Material Bélico, que delegou ao seu subchefe – general-de-divisão José Maria de Andrade Serpa – a incumbência de proceder à leitura. Não houve, também, cuidado na escolha da dependência destinada à reunião dos generais, e o que lá se disse foi ouvido nas salas contíguas.

Ao ler a síntese, em dado momento, o general Serpa deteve-se e pronunciou termos do teor seguinte:

— É melhor que façam logo esse partido, porque assim nós saberemos quais são os comunistas...

Ao ouvir estas palavras, o general-de-brigada Newton Araújo de Oliveira Cruz, homem muito ligado ao general Golbery, reagiu intempestivamente:

— Com licença, general! Acho que o senhor está enganado. Socialismo não é comunismo. Nada tem com o comunismo...

Antes que o general Serpa pudesse responder, outro general-de-brigada – José Luiz Coelho Netto – levantou-se e replicou com energia:

— Não é comunismo, mas é marxismo... é um problema, apenas, de gradação...

O general Serpa imediatamente cortou o debate e a leitura prosseguiu normalmente.

Foram estes os fatos de que tomei conhecimento, por intermédio de oficiais do CIE e do Departamento de Material Bélico. No entanto, no mesmo dia, o Chefe da Casa Civil soube da reunião em suas minúcias e a Agência Central do SNI, consoante informações que recebi, foi interpelada sobre a origem de documento tão hostil ao socialismo, divulgado pelo ministro.

É lamentável que um oficial-general, cujo nível de instrução não é baixo, tentasse engodar com expressões dúbias seus colegas, entre os quais encontravam-se homens de reconhecidos preparo e inteligência.

Socialismo é doutrina marxista; quem diz socialismo refere-se a uma doutrina que se assenta na trilogia – aqui o termo bem aplicado de acordo com a etimologia que o foi buscar na Grécia: três tragédias – domínio da produção pelo Estado, eliminação da propriedade privada e distribuição forçada, ainda pelo Estado, do trabalho comum e dos bens de consumo.

Não adiantam tentativas semânticas para modificar-lhe a acepção, através de rótulos ou títulos que embevecem os ingênuos e os desprevenidos bem-intencionados. Socialismo cristão, socialismo agrário, socialismo utópico, socialismo europeu, socialismo democrático, o nosso socialismo reformista e muitas outras fórmulas, forjadas e adequadas à índole e às condições socioeconômicas dos povos em que se pretende implantá-los, são nuanças do marxismo que, em estágio superior, atingirão o comunismo, na opinião unânime dos radicais adeptos de Marx.

Este conceito é oficial e a ele já fiz menção, porém é conveniente repeti-lo para avivar memórias. Diz o *Pequeno dicionário filosófico*, obra editada pelo Gospolitizdat de Moscou, em 1959, ao definir o verbete *socialismo*, nas páginas 527 e 528: "SOCIALISMO – Primeira fase, inferior, da formação econômico-social comunista, que advém em substituição ao capitalismo (vide *Comunismo*)."

No caos da semiótica, em que já está a democracia, entra agora o socialismo. No vértice destas denominações aparece até uma democracia ditatorial e um incipiente socialismo democrático.

É difícil compreender, pois, como oficiais da mais alta hierarquia das Forças Armadas dão públicas demonstrações de balburdiarem conceitos sociais e filosóficos.

Confundindo socialismo com justiça social, igualitarismo etc., sem pendor para dicotomizar, vejo somente duas explicações: a ignorância ou a acomodação.

A ignorância não pode ser invocada em considerações tão rudimentares. Resta-nos a acomodação, qualidade política que assegura a defesa de seus interesses no apoio disciplinado aos desígnios do governo, visto ser inconcebível que qualquer militar, sabendo ser o socialismo o feto do comunismo, o aceite e aplauda, de consciência.

É, também, uma ilusão pensar que este comportamento garantirá o bem-estar futuro, porque o comunista tem valores e linguagem diferentes dos nossos e sabe aplicá-los, oportuna e implacavelmente.

Luís Carlos Prestes, brasileiro de nascimento e russo por opção, visitou Moçambique em fins de junho e princípios de julho de 1977, onde assinou, como representante do Partido Comunista Brasileiro, um acordo com a Frente de Libertação de Moçambique (Frelimo) para reforçarem e desenvolverem o internacionalismo proletário e o marxismo-leninismo, à base de relações fraternas e cooperação.[4]

Os jornais de Maputo e o *Jornal de Angola* comentaram o acontecimento.

Hoje, ele e seus correligionários, com a mesma falácia cínica de sempre, estão pregando a democracia e a difusão do socialismo. Não mais se fala em comunismo, em ditadura do proletariado, na extinção da propriedade privada e no controle da produção, expressões abolidas por inconvenientes e inoportunas à sua propaganda, nesta fase de "travessia", como a denominou ilustre militar.

Chegaram os marxistas à "compreensão" de aceitar a conciliação ardorosa e ingenuamente proposta pelo governo.

Mas o que é conciliação para os marxistas?

O jornal *Voz Operária* de junho de 1977 divulga a sua interpretação pela comissão executiva do PCB:

> O mecanismo da livre discussão e representação dos mais diversos setores e camadas da sociedade é o mecanismo que permite a conciliação nacional, entendida como um consenso em torno de algumas questões básicas, que se referem fundamentalmente à própria existência de um regime democrático, mas não exclui as divergências, por vezes mesmo profundas, sobre o encaminhar os problemas relativos ao desenvolvimento econômico e social do Brasil.

Assim é que os comunistas entendem e almejam a conciliação.

Anistia ampla e irrestrita, liberdade de organização das correntes políticas e livre manifestação de idéias e tendências políticas era em 1977 o que pediam. Em parte, estas reivindicações já foram obtidas, mas todas, certamente, a julgar pelo que ocorre, o serão com o tempo. Isto conseguido, voltar-se-ão os marxistas para as "divergências profundas" de que trata o artigo do citado jornal.

O modo de solucioná-las está escrito na história dos povos dominados pelo comunismo, porém nessa não encontramos os vocábulos conciliação e tolerância.

E, a nossa democracia, perplexa e titubeante, semidevorada pela "Tática do Salame de Mátyás Ràkosi" depois da "travessia pelo socialismo", cairá inerme e combalida nos braços, ou garras, do materialismo dialético.[5]

É justamente isto que jamais desejarei ver e os legítimos brasileiros tudo devem fazer para impedir.

---

4. Ver Anexo B.
5. Thomas T. Hammond, *Anatomia da subversão*, tomo I. Rio de Janeiro: ArteNova, 1975, p.43.

Entrevista com o militante comunista J.A. Mafra

Documento com base em carta que me enviou um deputado, cuja rubrica não consegui identificar.[1]

CONVERSAS COM J.A. MAFRA, UM VELHO AMIGO.
Antigo militante comunista:

1 - Em 1963, quando se fazia uma advertência, ninguém escutava e a intolerância era total. Veio o desastre, em 1964// O Jango era despreparado e desmoralizado. Tinha inimigos poderosos e queria ludibriar os militares. Sonhava com um novo 37// Não sei se os comunistas já terão aprendido alguma coisa. Jamais compreenderam as vantagens da chamada Revolução de 64// Burrice maior sempre foi a do Prestes - errado desde o dia em que acreditou em sua inteligência. Fosse ele tão inteligente, teria alcançado o poder e hoje seria marechal. Até santo vivo.

2 - A Revolução de 64 *abriu condições* para o socialismo. Acabou com o getulismo, o janguismo, o peleguismo. Com o Jango, o Jânio, o Adhemar, o JK, o Lacerda. Mais dia menos dia, o Arraes e o Brizola// Acabaram-se os caciques (políticos civis) quase totalmente desmoralizados// Não vejo lideranças militares. O Médici fez futebol. O sr. E. Geisel quer fazer sucessor. Como se tivesse autoridade moral para tanto. O governo é um chorrilho de erros, a começar pelo Ministério - mal escolhido. No meu entender, *o campo está aberto*. Levará a melhor quem estiver organizado. O Exército, ainda considero o *general Frota particularmente perigoso//*

3 - Se eu pudesse pensar para os militares, preferiria o general Frota - *capaz de ações mais positivas*. Cercado de elementos novos que poderão atuar com outro estilo. Embora ele participe do governo, pode sair com outra estratégia.// O J. Figueiredo é *apenas um palaciano*. Cinco anos com o Médici e cinco com o atual. Haja vista o SNI. Que representa o SNI? Inepto. Inoperante.// A única preocupação é combater o comunismo. O fantasma do comunismo - que não se combate com inflação. Com mordomias (que o Frota não tem, como declarou)// Desequilíbrio da renda per capita. Corrupção nas repartições. Oligarquias estaduais. Roubo e desmando nas administrações municipais.// Tudo isto, *sob a complacência do chefe da Nação - que não vê, não toma conhecimento//*.

4 - Os políticos civis - só a dinheiro. Voto comprado. Os militares não conseguiram o que muitos desejaram: - uma ordem nova. Foram tragados em 64, pelo L. Viana, Juraci e tantos outros//. *A coisa mais fácil deste mundo é provar-se que os militares falharam*. A não ser que surja um líder entre eles. Atrás do Frota, o Azevedo Manso - *para mim, os mais perigosos*.// Tenho o general Frota por honesto e parece voltado para o povo.// Analisando-se friamente, o povo acreditou na Revolução até certo ponto. O povo quer governantes capazes e honestos. Se estes não apareceram - *O Geisel tem quase todos os vícios da Petrobras*. Se estes não apareceram - *nossa vez está chegando. Os políticos estão desacreditados. Os militares também.*

O campo está aberto.

1. Anotação feita pelo autor no início do documento. (N.R.)

ANEXO B

Informação do Centro de Informações do Exército sobre visita de Luís Carlos Prestes a Moçambique

CONFIDENCIAL

Ch S-102

MINISTÉRIO DO EXÉRCITO
GABINETE DO MINISTRO
CIE

BRASÍLIA-DF, de 19 SET 1977 de 19

INFORMAÇÃO N.º 1225/S-102-A5-CIE

1. Assunto: RELAÇÕES COMERCIAIS ENTRE O BRASIL E PAÍSES COMUNISTAS - VISITA DE LUÍS CARLOS PRESTES A MOÇAMBIQUE
2. Origem: A-5
3. Difusão: Ch S-102
4. Difusão Anterior: -
5. Referência: -
6. Anexo: -

Acrescentar ao caso Angola

1. No período de 24 Jun a 01 Jul 77, visitou MOÇAMBIQUE, a convite do ditador SAMORA MACHEL, uma delegação de seis membros do Partido Comunista Brasileiro (PCB), chefiada pelo soviético LUÍS CARLOS PRESTES (natural do BRASIL, mas russo por adoção), Secretário-Geral do partido. Os demais integrantes da delegação, por questões de segurança, não tiveram seus nomes revelados.

Anteriormente, estiveram em MOÇAMBIQUE, preparando a visita do líder fascista vermelho, os militantes OSCAR NIEMEYER e MARCOS JAIMOVICH ("KURTS FONSECA").

As conversações entre a delegação do PCB e os membros do governo moçambicano tiveram início em 28 Jun 77 e realizaram-se em MAPUTO, capital de MOÇAMBIQUE, na sede da FRELIMO (Frente de Libertação de MOÇAMBIQUE), transformada em partido político único, após a comunização daquela ex-colônia portuguesa.

A delegação moçambicana era dirigida pelo próprio ditador SAMORA MACHEL e integrada ainda por elementos de destaque do governo e da FRELIMO:

- MARIANO MATSINHA, Ministro do Trabalho e membro do CC e da CEx da FRELIMO;
- JACINTO VELOSO, do CC e CEx da FRELIMO;
- ÓSCAR MONTEIRO, do CC e Sec Organização da FRELIMO;
- SÉRGIO VIEIRA, do CC/FRELIMO;
- JOÃO BATISTA COSME, do CC/FRELIMO.

CONTINUA...

CONFIDENCIAL

(Cont da INFORMAÇÃO n.º 1225 / S-102 / A5 -CIE, de 19 SET 1977 - 02-)

Falando na abertura das conversações, o ditador SAMORA MACHEL frisou que, para a FRELIMO, "*receber LUÍS CARLOS PRESTES, à frente de uma delegação do PCB, que representa os interesses dos operários e camponeses do BRASIL, significa uma vitória contra a dominação e a opressão. Conhecemos a sua história de luta, contra todas as forças de dominação e opressão, contra todas as formas de humilhação e exploração. A luta não está somente no BRASIL, mas em toda parte. É por isso que o nosso povo identifica-se com a luta do povo brasileiro.*" (Os grifos são do CIE)

Encerrando sua saudação, enfatizou SAMORA MACHEL: "*não haverá nenhuma força no mundo capaz de travar o ímpeto revolucionário dos povos, no qual se inscreve, também, o movimento desencadeado por LUÍS CARLOS PRESTES no BRASIL. Enquanto houver forças de opressão, enquanto houver exploração no mundo, a luta permanecerá. Mas a causa essencial dos povos, a razão fundamental da luta que nos leva a pegar em armas, sempre triunfará.*"

As delegações analisaram as relações entre o PCB e a FRELIMO (isto é, o governo de MOÇAMBIQUE) e decidiram reforçar e desenvolver, na base do internacionalismo proletário e do marxismo-leninismo, as relações fraternais de amizade e cooperação militantes já existentes, convencidas de que assim estarão em condições de dar maior contribuição ao movimento revolucionário mundial.

Com os objetivos acima, as duas delegações assinaram, em nome dos respectivos partidos, um acordo de cooperação. Pelo PCB, assinou LUÍS CARLOS PRESTES; pela FRELIMO, assinou MARIANO MATSINHA, Ministro do Trabalho de MOÇAMBIQUE e membro do CC e CEx da FRELIMO.

Ambas as delegações assumiram uma posição solidária para "com todos os povos da ÁFRICA e AMÉRICA LATINA que, no momento atual, lutam em difíceis condições contra regimes ditatoriais e antipopulares".

Segundo o "Jornal de ANGOLA", que comentou o evento, "as conversações entre o PCB e o governo de MOÇAMBIQUE tiveram por escopo principal a troca de experiências na luta comum. Cada delegação relatou as suas vivências, apresentando seus pontos de vista com profundidade e franqueza, o que permitiu um útil intercâmbio de experiências".

CONTINUA...

(Cont da INFORMAÇÃO n.º 1225/ /S-102/A5 -CIE, de 19 SET 1977 - 03-)

No dia 01 Jul 77, os jornais de MAPUTO noticiaram a assinatura do acordo e publicaram, com destaque, entrevista de LUÍS CARLOS PRESTES encabeçada pelo título: "BRASIL: onde a tortura é método de governo". Nessa entrevista, o líder fascista vermelho repete todas as declarações, dentro da campanha de difamação do BRASIL no exterior e de formação de uma opinião pública mundial contrária ao nosso País.

Outro aspecto profundamente deplorável, é o fato do governo de um país, com o qual o BRASIL mantém relações diplomáticas, receber um foragido da Justiça Militar Brasileira, LUÍS CARLOS PRESTES, com pompas e "status" de chefe de uma representação do povo brasileiro. Como se sabe, LUÍS CARLOS PRESTES fugiu do BRASIL clandestinamente, em 1971, passando a viver na URSS, juntamente com sua família, às expensas do governo soviético. Para viajar, possui passaporte cubano. Estes fatos, por si só, são suficientes para que perca a nacionalidade brasileira. Por outro lado, a delegação do PCB era integrada por cinco outros militantes, todos inegavelmente saídos clandestinamente do País, portando documentos falsos e, com certeza, com condenações pela Justiça Brasileira. Esta afirmação é feita baseada em fatos anteriores, bastando relembrar a ida de MARCOS JAIMOVICH, portando passaporte falso com o nome de KURTS FONSECA, a MOÇAMBIQUE, para preparar a visita da delegação do PCB, que, muito provavelmente, tenha integrado.

O governo de MOÇAMBIQUE, como de resto o governo de qualquer país comunista, não teve o menor escrúpulo em proceder inamistosamente para com o governo brasileiro. Inclusive, assinou um acordo de cooperação com uma organização subversiva que se propõe a derrubar este regime, através de um movimento revolucionário. O que significa dizer que o atual regime moçambicano está empenhado em derrubar o governo brasileiro. Incompreensivelmente, nem a Embaixada Brasileira em MAPUTO, nem o Ministério das Relações Exteriores, apresentaram um protesto brasileiro. Pelo contrário, no mesmo período em que a delegação do PCB se encontrava em MOÇAMBIQUE, o representante do BRASIL na ONU solicitou uma reunião do seu Conselho de Segurança, para pedir a condenação da RODÉSIA por agressão a MOÇAMBIQUE, atitude que o próprio governo moçambicano não tomara, pois sabia perfeitamente que a ação da RODÉSIA fora de autodefesa, a fim de destruir bases de terroristas e guerrilheiros instalados em MOÇAMBIQUE, cujo território fora transformado em "santuário" e de onde partem para matar popula-

CONTINUA...

CONFIDENCIAL

Andrade Netto
TC

res rodesianos e perpetrar ações de guerrilha rural na RODÉSIA.

Os responsáveis pela política exterior brasileira, embriagados pela miragem de conseguir mercados para nossos produtos e prestígio entre os países ditos "não-alinhados", procuram ganhar a amizade dos tiranos comunistas, para fazer com eles "comércio" e trocar "cultura". Esta ânsia de fazer negócios, conseguiu silenciar-lhes a voz da consciência e o próprio instinto de conservação, a ponto de admitirem que o BRASIL seja vilipendiado no exterior e que hajam interferências abertas em nossos assuntos internos, como se nada houvesse acontecido.

O BRASIL está comerciando com MOÇAMBIQUE e ANGOLA. Tem apoiado esses países, em ações contra nações não-comunistas. Somente os leigos em matéria de comunismo podem afirmar que política e comércio são duas coisas diferentes. É um terrível engano. Através dos depoimentos de militantes do PCB, presos em 1975, ficou constatado que o PCUS (vale dizer: o governo da URSS) financia o PCB com uma dotação anual de algumas centenas de milhares de dólares, como também, que as firmas brasileiras que comerciam com a URSS são obrigadas a se valerem da interferência de LUÍS CARLOS PRESTES, junto às autoridades daquele país, sem o que não são concretizadas suas transações comerciais. Essa interveniência de LUÍS CARLOS PRESTES, por outro lado, é feita a fim de conferir-lhe prestígio, bem como, para exigir uma contribuição dessas firmas ao PCB, retiradas de uma parte de seus lucros em seu comércio com a URSS. Inúmeras outras considerações poderiam ser feitas, para mostrar que o comércio exterior da URSS é utilizado como arma política e fonte de recursos para financiar atividades subversivas em países ocidentais.

Há ainda um outro aspecto negativo a considerar no comércio com países comunistas: as relações são sempre bilaterais, isto é, BRASIL x URSS; BRASIL x ANGOLA; BRASIL x MOÇAMBIQUE; etc. Deste modo, o saldo existente não pode ser usado para compensar eventuais "deficits" no comércio com terceiros países. Em 1976, o BRASIL teve um "superavit", isto é, um saldo positivo de aproximadamente US$ 850.000.000,00 (oitocentos e cinqüenta milhões de dólares) em suas atividades de importação e exportação com os países comunistas. Só com a URSS, esse saldo foi superior a US$ 350.000.000,00. Aparentemente deveria ser motivo de satisfação para nós, mas não é. Esse saldo não pode ser utilizado para compensar nosso prejuízo com outros países. Assim, somos credores, isto é, estamos financiando o desenvolvimento de países co-

CONTINUA...

CONFIDENCIAL

(Cont d a INFORMAÇÃO n.º 1225 / S-102 / A5 -CIE, de 19 SET 1977 — 05 —)

munistas, inclusive da URSS, uma superpotência. Por outro lado, esses dólares são inconversíveis, obrigando-nos a emitir cruzeiros para o pagamento dos exportadores brasileiros, pois os produtos foram gerados internamente, com todos os seus custos contabilizados e saldados em cruzeiros. Este fato contribui para o aumento da inflação e, logicamente, de nossas dificuldades econômicas.

As atividades do governo comunista de MOÇAMBIQUE, recebendo uma delegação de subversivos do PCB e assinando um acordo de cooperação com essa entidade ilegal, que pretende derrubar o regime brasileiro, ao mesmo tempo em que o BRASIL mantém relações diplomáticas e comerciais com MOÇAMBIQUE, parecem confirmar a sinistra profecia feita por LENIN: "*CHEGARÁ O TEMPO EM QUE OS PAÍSES CAPITALISTAS EMPURRAR-SE-ÃO ENTRE SI, DISPUTANDO A PRIORIDADE DE VENDER-NOS AS CORDAS COM AS QUAIS NÓS OS ENFORCAREMOS.*"

2. APRECIAÇÃO

A atitude do governo de MOÇAMBIQUE, caracteriza uma ingerência nos assuntos internos brasileiros. Além de inamistoso, é aético, pois mantemos relações políticas e comerciais com aquele país. Por outro lado, coloca-se o governo moçambicano no mesmo nível da delegação que recebeu: um bando de criminosos, fugitivos da Justiça brasileira, ali entrados portando documentos falsos, que evidentemente não são representativos do povo brasileiro.

Faz-se necessária uma reformulação da política exterior brasileira, para que não fique sem resposta ato como o praticado pelo governo de MOÇAMBIQUE. Não se pode admitir que a ânsia de comércio com os países comunistas, comércio este em tudo prejudicial ao BRASIL, prejudique a nossa imagem de país respeitável no concerto das nações.

MINISTÉRIO DO EXÉRCITO — CIE

Andrade Netto TC

CAPÍTULO 35

As preterições no Exército

Hodiernamente, muitos aspectos da conduta militar serão mais bem esclarecidos ao tempo em que se fizer conhecido em todos os seus meandros o curso das promoções no Exército. O panorama do acesso e da movimentação dos oficiais, embora em traços simples e cores suaves, já foi apresentado num dos capítulos anteriores. Ficaria, entretanto, incompleto e confuso, se não fosse retocado, visando a torná-lo mais nítido e a reavivar-lhe a paisagem.

Uma análise serena das preterições dará este retoque.[1]

A sombra e o silêncio facilitam a delinqüência. Os grandes crimes da humanidade tiveram como cenário a calada da noite; o exemplo da Noite de São Bartolomeu dispensa outras citações. Hoje, as grandes injustiças têm como palco a penumbra dos acortinados gabinetes, ocultas pelo sigilo das convenções oficiais.

Ser justo é dar a cada pessoa aquilo que, por suas virtudes ou defeitos, bem merece.

No âmbito deste juízo tanto é de justiça galardoar como castigar. Evitar a injustiça nada mais é, portanto, do que estabelecer e aplicar normas de

1. Na sistemática de promoção aos postos de oficial-general, diz-se que um oficial foi "preterido" quando não foi incluído pelo Alto Comando na lista de escolha ou, embora incluído naquela lista, não foi escolhido pelo presidente para ser promovido. A lista de escolha é uma relação de oficiais elaborada, a cada promoção, pelo Alto Comando, com base no mérito militar, para ser submetida ao Presidente da República, de modo que este selecione, entre os relacionados, quem será promovido. (N.R.)

equidade. Os critérios, como são conhecidas na vulgaridade essas normas, norteiam na administração pública a apreciação dos valores. Lamentável, no entanto, é reconhecer que sofrem estes critérios, em sua elaboração, sensível influência subjetiva que, não raro, deforma-os em benefício de pontos de vista pessoais, com conseqüentes e graves prejuízos para as exigências vitais das instituições.

Certos chefes, agrilhoados pela vaidade, considerando-se dotados de onisciência, chegam ao absurdo de criar "o critério de não ter critério", sempre aceito pela bajulatória condescendência humana.

Com o objetivo de ilustrar estas considerações, mencionarei, colhidos num amplo exemplário, alguns dos mais interessantes fatos a que assisti.

No entanto, antes de discorrer sobre o delicado tema – as preterições no Exército – deparo-me com uma premissa básica às apreciações que desejo fazer:

O que, na realidade, constitui MÉRITO MILITAR?

Não há dúvidas de que é a resultante de um sistema de valores.

Como, porém, aquilatá-lo para que possa servir de suporte às promoções?

Os altos órgãos do Exército, em particular o Estado-Maior do Exército, empenharam-se na solução desse importante problema – a medição do mérito militar – chegando, após complexos e cuidadosos estudos, a estabelecer normas que permitem, de modo bem razoável, defini-lo.

Os méritos foram, então, representados por valores e estes, colocados em ordem decrescente, passaram a compor relações seletivas que alicerçam as promoções. É o que denominamos, no linguajar castrense, as listas de merecimento.

Não quero ir aos fundamentos das investigações que conduziram a este resultado, nem especular sobre elas; todavia, não hesito em afirmar que se assentaram na valorização das virtudes militares.

Convém lembrar, aqui, que virtude é o atributo positivo, ou melhor, favorável, enquanto valor é grau de importância, no caso, a gradação do atributo.

Quando se fala em virtudes militares, pretende-se dizer atributos que capacitam ao bom desempenho da função militar. Quanto mais valorizados forem estes, maiores probabilidades de êxito bafejarão seus detentores.

Em última análise, procurou o Exército revelar, através do mérito militar, os mais capazes para comandar.

Mérito militar traduz, por conseguinte, o valor profissional do soldado.

Este é o conceito de merecimento militar que serve de base à seleção dos oficiais, visando, principalmente, ao acesso. Considero espúrio qualquer outro, ainda que defendido por bombásticos argumentos.

Entretanto, os interesses políticos e as inclinações sentimentais burlam-no muitas vezes em benefício dos menos capazes.

Passo, a seguir, aos casos concretos prometidos.

Num dos primeiros despachos presidenciais, em que foram examinados assuntos atinentes às promoções, o general Ernesto Geisel, à guisa de uma orientação, disse-me categoricamente que não salvaria ninguém da passagem para a reserva do Exército usando artifícios legais. Todo aquele que fosse atingido pela lei teria que se conformar, pois nada seria feito para beneficiá-lo.

Era este o seu ponto de vista, e também o meu. Expressei-lhe, por isso, a minha plena concordância com a sua decisão.

Infelizmente, tais disposições de espírito afogaram-se no pântano das ambições pessoais, comprimidas pelas pressões ilegítimas de seus assessores. Havia, outrossim, a julgar pelos fatos posteriores, um interesse velado do próprio presidente em ser dócil àquelas pressões. Não existia, por conseguinte, sinceridade nas promessas presidenciais, feitas com tanta ênfase.

O general-de-brigada João Baptista de Oliveira Figueiredo já era, naquela data, o candidato em potencial do general Ernesto Geisel à Presidência da República. Afirmam-no gregos e troianos que participaram dessa esdrúxula campanha pela cadeira do Planalto.

Existia, no entanto, o "tabu" da hierarquia, que poderia ser o primeiro óbice às pretensões do oficialismo vigente. O problema da hierarquia era capital, dada a importância que os militares lhe atribuíam. A violação hierárquica tornava-se, na mentalidade militar, inaceitável. As circunstâncias de os presidentes anteriores terem sido do mais alto posto do Exército fortaleciam este ponto de vista.[2]

Era preciso, portanto, ao governo, vencer esse obstáculo inicial.

Nomeado ministro, em maio de 1974, as primeiras promoções de que participei foram as de 31 de julho daquele ano. O presidente, conforme elucidei num dos capítulos anteriores, examinava comigo a lista de escolha, ouvindo a minha opinião; fazia, entretanto, questão de acentuar em todas as oportunidades:

— É uma prerrogativa minha a de escolher, promover e movimentar os generais.

Esta observação desnecessária, porque constante de lei, eu a debitava ao zelo com as suas atribuições e ao seu temperamento centralizador. Ninguém, que eu soubesse, a contestara a partir de 1964 e todos os presidentes revolucionários a exerceram em sua plenitude.

Em junho e novembro de 1974 as promoções transcorreram normalmente, sendo respeitada a lista de escolha composta pelo Alto Comando. A instalação do novo governo, as nomeações para cargos públicos, as cotas obrigatórias e as

---

2. Os postos de oficial-general, no Exército, em ordem hierárquica crescente, são: general-de-brigada; general-de-divisão e general-de-exército. (N.R.)

limitações de idade propiciaram numerosas vagas. Aconteceu porém um fato que constituiu indício – embora não percebido – de que o valor militar não era decisivo no acesso.

O coronel engenheiro militar Argus Fagundes Ourique, durante uma conferência de cunho exclusivamente técnico, fizera, em termos corretos, alusão a uma medida governamental que considerara inócua. O ministro Orlando Geisel, presente, não gostara e mandara adverti-lo. Tempos depois, em novembro daquele ano, o presidente Geisel, que fora informado do caso, quis ultrapassá-lo, sob pretexto de que desconsiderara o ex-ministro, só não o fazendo em virtude dos esclarecimentos que lhe prestei e de minha insistência em contrário.

O coronel Argus, oficial de inegáveis qualidades profissionais, esteve às portas da preterição por ressentimentos pessoais, sem que se atendesse ao seu invulgar mérito militar.

O ano de 1975 seria, todavia, o das "vacas magras", o que não deveria surpreender os meios militares, porquanto não estavam previstas promoções normais. Não houve, realmente, promoções a general-de-exército e, apenas, uma a general-de-divisão, o que deve ter atormentado os caçadores de vagas do Planalto.

Ocorreram, todavia, promoções a general-de-brigada que deram lugar a algumas divergências com o presidente.

Entre os coronéis candidatos ao acesso estavam os coronéis Hélio Ibiapina de Lima e Arídio Brasil, homens de reconhecida capacidade profissional e acentuado valor revolucionário.

O coronel Arídio Brasil, primeiro colocado na relação do Alto Comando, comandara com brilho e energia o Forte Copacabana, o qual revoltou às primeiras horas de abril, quando ainda era bem nebuloso no Rio de Janeiro o panorama da Revolução. Por ocasião do ataque ao Quartel-General da Artilharia de Costa, nas proximidades daquela unidade, realizado por um grupo de alunos da Escola de Estado-Maior do Exército, já o Forte estava, desde a madrugada, com sua guarnição a postos, pronta a combater pela nossa nobre causa.

O coronel Ibiapina, soldado valente e capaz, tivera participação destacada nos acontecimentos revolucionários, em Recife, nos primeiros e difíceis momentos, em que só se arriscaram os idealistas.

O presidente, envenenado por capciosas informações, não considerava o coronel Arídio revolucionário e tinha o coronel Ibiapina como radical.

As restrições eram, até, pueris e fáceis de destruir com argumentos da realidade. Consegui fazê-lo, recordando os fatos. Cedeu o general Geisel e os dois coronéis foram promovidos.

Criada a Imbel, sugeri ao general Geisel a nomeação de um general-de-exército para presidi-la. Na fase inicial de transição do sistema militar para o do empresariado civil não haveria, do meu ponto de vista, solução melhor. Embora reconhecesse a necessidade de um general naquelas funções, divergiu quanto ao posto, que deveria, no máximo, ser o de general-de-divisão. Isto, acrescentou o presidente, para facilitar a subordinação ao Ministro do Exército, pois sendo o Chefe do Departamento de Material Bélico do posto de general-do-exército, a Imbel deveria ser dirigida por general de patente mais baixa. A observação do presidente pareceu-me sincera e sensata; posteriormente, porém, como veremos, mudou de opinião.

Os hermeneutas das leis relativas às promoções, que pululavam no Planalto, devem ter entrado em pânico com as perspectivas para 1976, quando perceberam que, dificilmente, seria atingida a cota mínima – oito vagas – estabelecida para o posto de general-de-divisão sem a aplicação da medida legal da expulsória. Estes cálculos, naturalmente, eram feitos admitindo-se o processamento normal das promoções, no âmbito da legislação vigente. Somente situações imprevistas poderiam modificá-los.

Um mês antes das promoções de março de 1976, o presidente, ao examinar comigo o Almanaque do Exército, fez ligeiras apreciações sobre os papáveis ao posto de general-de-exército e emitiu restrições às possibilidades de acesso de alguns deles.

O segundo da relação era o general Ariel Pacca da Fonseca, Comandante da 2ª Região Militar, em São Paulo. Ao ler o seu nome disse-me o presidente em tom de censura:

— Está aí... Você quis deixá-lo na ativa e agora vai ser general-de-exército. É o dono da verdade... vai criar problemas e contestar o ministro...

Recordei-me das palavras do presidente em julho de 1974, quando lhe propusera a transferência do general Ariel para São Paulo, evitando daquela maneira insistisse em seu pedido de transferência para a reserva. Eram as mesmas ou quase as mesmas.

Repeti-lhe, como naquela época, que considerava o general Ariel um homem de muito caráter, por quem tinha sincera admiração. Entretanto, como não era voltado para especulações maliciosas, às vezes confiava demais naqueles que não mereciam crédito.

Continuando em suas apreciações, leu os nomes dos generais Bethlem e Tácito, pelos quais demonstrava simpatia, e reteve-se no do general Adauto Bezerra de Araújo, acusando-o de tibieza no comando da atual Brigada Pára-quedista, onde não refreava atos de indisciplina.

Discordei, imediatamente, dos conceitos expendidos pelo general Geisel. Conhecia o general Adauto, desde capitão; era um homem corajoso e disciplinado. Além disso, eu vivera, como Comandante da 1ª Região Militar, os acontecimentos de 1969, aos quais o presidente fazia referência. As informações que, maldosamente, lhe davam, não traduziam a verdade. Narrei-lhe os acontecimentos em minúcias.

O presidente ouviu-me calado, prosseguiu depois em suas considerações e mais dois generais mereceram conceitos depreciativos.

Saí dessa audiência convencido que eram mínimas as probabilidades de os generais sobre os quais o presidente emitira juízos pouco favoráveis ascenderem ao posto superior.

Mantive, no entanto, sobre o assunto, rigoroso sigilo, visto que considerava uma falta de lealdade dar conhecimento aos interessados de conceitos formulados pelo presidente. Seria, indubitavelmente, uma atitude típica de intrigante.

Não houve, contudo, preterições, e os três primeiros colocados na lista de escolha, entre eles o general Ariel, foram elevados ao posto de general-de-exército.

Passaram-se os meses e, ao aproximar-se a data da nova promoção – 31 de julho – o presidente, como era habitual, voltou a examinar os candidatos ao acesso. O general Adauto era o segundo general-de-divisão, na ordem do Almanaque do Exército; estava, portanto, dentro das duas vagas existentes.

O general Geisel repetiu, então, as mesmas restrições, já feitas anteriormente, e declarou que estava decidido a não promovê-lo, bem como aos outros dois generais – um de divisão e um de brigada – porque não possuíam condições para o posto superior. Acentuou, no momento, a sua tese de que o general não deveria ser promovido pelo que fizera, mas sim pelo que poderia fazer, pois a promoção não representava um prêmio. Era um argumento válido desde que circunscrito à esfera militar e não se evadisse desta para a política ou a sentimental. Julgava-se, assim, o militar unicamente sob o seu mérito profissional, despido de qualquer veleidade ou importância extracastrense. Constituía a aplicação do princípio de que cada indivíduo tem o seu nível de capacidade, acima do qual é inoperante e, até, ruinoso. Acreditava, naquela época, na sinceridade do general Geisel, não podendo admitir que uma opinião tão corretamente fundamentada escondesse outros propósitos, como, mais tarde, diferentes fatos vieram revelar.

Embora a resolução do presidente estivesse tomada, reportei-me às minhas considerações da promoção de março, sem o menor êxito; sua decisão era inabalável.

Solicitei-lhe autorização para comunicar aos generais visados seu propósito de não promovê-los, não somente porque constituiria um golpe profundo em suas aspirações como, também, pela consideração que deveria dispensar aos meus colegas, evitando-lhes essa desagradável surpresa.

Concordou o presidente que eu participasse aos generais a sua decisão.

Regressando ao Quartel-General do Exército mandei chamar o general-de-exército Fernando Belfort Bethlem – Chefe do Departamento do Pessoal – e informei-o da intenção do presidente de não promover dois generais, um de divisão e outro de brigada, que serviam às suas ordens. Determinei ao general Bethlem que participasse a esses generais a resolução presidencial. Não fiz qualquer comentário sobre o assunto; foi uma ordem simples e seca.

Retirando-se o general Bethlem, convoquei ao meu gabinete o general-de-exército Ariel Pacca da Fonseca – Chefe do Departamento de Ensino e Pesquisa –, a quem o general Adauto era subordinado, colocando-o a par da situação.

Os generais Ariel e Adauto eram amigos, colegas de turma e pertenciam à mesma Arma – a Artilharia. Senti, por tudo isso, a delicadeza da comunicação e a reação que provocaria num homem sincero e franco como reconhecidamente é o general Ariel.

Ao tomar conhecimento dos fatos, o general Ariel, mostrando-se surpreendido, disse-me que, não obstante a opinião do presidente, ele votaria no general Adauto.

Respondi-lhe que não estava pedindo que ele não votasse no general Adauto, nem o presidente pedira isto. Cada general deveria votar de acordo com a sua consciência. Fazia-lhe apenas uma comunicação que deveria ser transmitida ao general Adauto.

Redargüiu o general Ariel aproximadamente nos seguintes termos:

— O general Geisel é meu amigo, porquanto antes das promoções de março mandou o coronel França a São Paulo, em caráter particular, avisar-me para não acreditar em ninguém que me fosse dizer não gostar ele de mim. Recomendava-me não pedir reforma porque ele iria promover-me a general-de-exército. Eu sou amigo dele, mas vou votar no Adauto.

Aquela declaração do general Ariel que "antes das promoções de março" fora procurado, em caráter particular, pelo coronel Roberto França Domingues, parente afim do presidente, visto que é casado com sua sobrinha, deixou-me estatelado.

Cerca de um mês antes daquelas promoções, realmente, debatera o presidente comigo as possibilidades dos generais-de-divisão, tendo em vista acesso. Os nomes dos generais Ariel e Adauto, focalizados, mereceram sérias restrições do próprio presidente, mas tudo, como já frisei, ficou "intramuros". A lealdade e a ética obrigavam-me silenciar.

Teria o general Geisel duvidado de meu comportamento e temido que fosse ao general Ariel contar o que ouvira?

Não poderia, logicamente, ser dada outra interpretação à viagem do então coronel França a São Paulo.

O general Ariel é um homem digno e não mente; ainda atônito indaguei:

— O general Geisel fez o quê?

O general Ariel confirmou o que dissera em relação à ida a São Paulo do coronel França. Visivelmente contrariado, pediu-me licença para retirar-se e foi cumprir a árdua missão.

Dos oficiais-generais atingidos pelo veto presidencial, o de brigada, que lamentavelmente sofria de uma afecção ocular, foi o único que manteve uma atitude de excelsa dignidade. Ouviu a comunicação transmitida pelo general Bethlem, retirou-se e apresentou, a seguir, pedido de transferência para a reserva do Exército. Fora integrante da gloriosa Força Expedicionária Brasileira e fizera jus, nos combates da península itálica, à Cruz de Combate de 2ª Classe. O brio e o valor emergem sempre das situações difíceis para enaltecer, moralmente, os fortes de caráter. Cito-o, nominalmente, como salutar exemplo – foi o general Luiz Dantas de Mendonça. Os outros dois perderam-se nas baixezas dos pedidos e humilhações.

Dois dias não se haviam passado ainda quando espocou, em Brasília, a notícia de que o presidente não promoveria os dois generais-de-divisão e que já os cientificara disso.

Quem praticara a inconfidência, deturpando-a solertemente ou permitindo fosse deturpada?

O ambiente de mexericos em que vivíamos na capital do país admitia qualquer hipótese; não obstante, afirmava-se que os dois generais-de-divisão foram os próprios difusores da informação, violando deste modo o sigilo recomendado. Esta versão foi mais tarde confirmada.

Qual o objetivo deste procedimento?

Despertar a comiseração dos generais do Alto Comando? Criar uma pressão de bastidores para alterar o propósito presidencial? Ou, ainda, provocar um confronto entre o Alto Comando e o presidente?

Essas especulações e muitas outras eram passíveis de aceitação, todavia, a julgar pelas reuniões e ligações dos futuros preteridos com os generais-de-exército, fomentava-se uma crise que lançasse o Alto Comando contra o presidente.

A questão fervilhou e duas correntes de opinião surgiram, como sói acontecer nessas ocasiões, intransigentes. Segundo uns, o presidente estava interferindo nas decisões do Alto Comando, que deveria reagir, colocando os dois generais na cabeça da lista de escolha; segundo outros, os dois generais nada mereciam, porque tinham tomado atitudes pouco recomendáveis.

Constantemente informado, acompanhei a tentativa de transformar o Alto Comando num instrumento de contestação ao presidente, manobra que eu não permitiria, de modo nenhum. Tais maquinações poderiam conduzir a uma ruptura de hierarquia cujos desdobramentos seriam imprevisíveis.

Palestrei com os membros do Alto Comando, separadamente.

Dissequei-lhes o problema, desde a sua gênese, mostrando-lhes a exploração que se processava em torno do caso. Os generais que foram informados da preterição agiram de maneira incorreta, portanto não eram mais dignos de consideração. Se outra tivesse sido sua conduta, ao Alto Comando caberia a simples tarefa de classificá-los, segundo seus méritos. Patente, agora, o demérito, opinava que deveriam ser colocados nos dois últimos lugares daquela lista.

Realizada a reunião do Alto Comando, em julho, foi adotada esta solução e o resultado prestigiou a decisão do presidente.

Em fins daquele mês, encontrando-se o presidente no Rio de Janeiro, em virtude do estado de saúde de sua filha, vim a esta cidade para despachos normais.

O general Geisel acompanhara com atenção a evolução dos acontecimentos; estava satisfeito e interessou-se por particularidades da reunião.

Nesta oportunidade, recordei-me do diálogo com o general Ariel e decidi esclarecer a informação que dele colhera. Dirigi-me ao presidente, indagando:

— O senhor recorda-se quando me disse que o general Ariel iria criar-me problemas se continuasse na ativa? Que eu iria torcer a orelha sem sair sangue...?

Sacudiu a cabeça, afirmativamente, esperando, talvez, fosse ouvir referência a caso concreto que justificasse aquele conceito. Sem interrupção, acrescentei:

— Entretanto, disseram-me que o senhor havia mandado o coronel França a São Paulo dizer ao general Ariel que não acreditasse em informações de que não gostava dele, nem pedisse reforma, porque seria promovido a general-de-exército.

— Quem lhe disse isso?, foi a rápida pergunta do presidente.

— Foi o próprio general Ariel.

— Mas... ele não tinha o direito de usar isso...

Confirmava-se, assim, o que dissera o general Ariel.

Era esse o chefe pelo qual eu enfrentara uma reação na saída do general D'Ávila Mello e que acabara de apoiar, irrestritamente, na última reunião do Alto Comando do Exército. Se eu tivesse dito ao general Ariel algo sobre os comentários tecidos a seu respeito pelo general Geisel, teria passado por intrigante.

As angústias dos interessados em imediatas promoções exigiam um sedativo que foi encontrado na proposta presidencial, alterando dispositivo da Lei de Promoções dos Oficiais da Ativa das Forças Armadas, o que foi conseguido em 23 de setembro de 1976.

Sobre este assunto já me estendi à saciedade e dispenso-me de a ele retornar.

A técnica aconselhada para um acesso rápido consiste na abertura de claros dos postos superiores, através de artifícios legais, que se traduzem, na prática, por agregações, preterições que forçam a transferência para a reserva e manobras diversas, ora retardando a abertura de vagas, ora apressando-as. A lei de 23 de setembro ampliou estas possibilidades, assertiva que, ao simples exame do Almanaque do Exército, ficará comprovada.

O general Ernesto Geisel usou bem estes artifícios!

Em novembro de 1976, elaborou-se pela primeira vez a lista de escolha de conformidade com a nova lei. Existindo duas vagas de general-de-exército, seriam apresentados ao presidente cinco nomes. Eram eles os generais-de-divisão Carlos Alberto Cabral Ribeiro; José Pinto de Araújo Rabello; Cesar Montagna de Souza; Edmundo da Costa Neves e Arnaldo José Luiz Calderari.

O presidente Geisel, por motivos que procurava esconder sob termos vagos, não gostava do general-de-divisão Carlos Alberto Cabral Ribeiro. Em época anterior, nas apreciações de caráter geral que costumava fazer sobre os generais, já revelara esta antipatia. Dissera-lhe, então, do elevado conceito em que eu tinha o general Carlos Alberto.

Naquele mês, às vésperas da promoção, ao apreciar a lista de escolha organizada pelo Alto Comando, disse em relação ao referido general:

— O Carlos Alberto é um radical... não posso promovê-lo...

Era o mesmo chavão de sempre; os que não comungavam das idéias de esquerda dos ocupantes do palácio do Planalto eram radicais. As tríades de Aristóteles explicam perfeitamente esta tendência de os comunistas e fascistas chamarem os democratas de antiliberais, imperialistas e radicais.

Não deixei sem resposta o presidente:

— Isto não é verdade, presidente! Ele deve ser promovido!

O Carlos Alberto fora meu comandado e provara sobejamente, em todas as missões que desempenhara, ser um grande chefe militar. Comandara o 4º Regimento de Infantaria, em Quitaúna, unidade que se constituiu a peça básica do êxito revolucionário em São Paulo. Lançara-se com um Destacamento Motorizado sobre Curitiba, chegando ali, em excelentes condições de combate, após ter percorrido em onze horas de marcha mais de 400 quilômetros. Os argentinos estudaram este importante feito sob o título de "Operações tidas como impossíveis".

Coração magnânimo, chefe de família exemplar, homem que não sufocava seus ideais com as vantagens das posições, era, antes de tudo, um sincero patriota. Não via razões para que fosse preterido. Defendi, portanto, com ardor a sua promoção.

O presidente prosseguiu:

— Você é amigo dele?

— Sim, mas não é por isso. Ele merece ser promovido... pelo que é.

— Está bem, posso promovê-lo, porém vou nomeá-lo, depois, Ministro do Superior Tribunal Militar. Ele aceitará...?

— O que o senhor não pode, presidente, é deixar de promovê-lo... quanto ao resto, estou certo que aceitará. Por que não aceitar? É uma honra...

Ficou, assim, assentada a promoção do general Carlos Alberto Cabral Ribeiro e evitada a consumação de clamorosa injustiça.

A lista de escolha para general-de-divisão trouxe-me alguns aborrecimentos. Todavia, antes de expô-los, desejo reportar-me a algumas apreciações feitas, anteriormente, pelo presidente sobre os generais-de-brigada mais antigos de posto.

Ao ler, em início de novembro, o Almanaque do Exército, o general Geisel emitiu certas restrições aos generais Magarinos e Arnizaut, detendo-se no nome do general-de-brigada Darcy Jardim de Mattos, para advertir:

— Este é irmão do Délio, um comandante da Aeronáutica!

Quanto ao general Milton Pedro de Carvalho, nome seguinte, teceu-lhe muitos elogios, aliás bastante justos, afirmando:

— É um excelente general! Entretanto está arriscado, se não for promovido em dezembro próximo, a ser atingido pela lei, passando para a reserva...

O Alto Comando, no entanto, não manteve a ordem de antigüidade dos candidatos e ultrapassou o general Darcy, colocando-o atrás do general Milton Pedro.

Quando o presidente tomou conhecimento daquela lista disse-me:

— Vocês ultrapassaram o irmão do Délio, o general Darcy...

— Mas nós não julgamos o brigadeiro Délio, e sim o general Darcy...

O presidente ficou de decidir sobre o assunto, como sempre fazia; mandar-me-ia avisar, oportunamente, de sua decisão.

Fiado na promessa do presidente, aguardava a promoção do general Carlos Alberto, porém, pelas predileções presidenciais, temia fossem preteridos os generais Magarinos e Arnizaut, em benefício dos generais Darcy e Milton Pedro.

Soube, mais tarde, que o grupelho do Planalto atuou acirradamente no sentido de demover o presidente da promoção do general Carlos Alberto.

Outro ponto de insistência foi o da promoção do general Darcy: se o general Milton Pedro fosse promovido ele também deveria ser, pois era mais antigo. Contudo as promoções de Darcy e Milton Pedro importavam nas preterições de Magarinos e Arnizaut.

Todavia, não se poderia esquecer que Arnizaut destacara-se nos combates da Força Expedicionária Brasileira e fora condecorado com a Cruz de Combate. A circunstância de julgarem-no homem de difícil trato não poderia justificar a preterição.

Por outro lado, o general Darcy era irmão do brigadeiro Délio e amigo íntimo do general João Figueiredo, aos quais não convinha desagradar.

A obediência da antigüidade excluiria do acesso os generais Darcy e Milton Pedro, solução que eliminaria este último, visto que seria alcançado pela compulsória em janeiro de 1977. Em compensação, o general Darcy sairia beneficiado, porque passaria a ser o número um dos generais-de-brigada.

Não obstante tudo que foi dito, convinha não menosprezar o conceito do presidente sobre o general Milton Pedro.

Desse cipoal de interesses, pretensões, suscetibilidades e intenções inconfessáveis dificilmente surgiria um critério justo. Apelou-se para o da antigüidade, por coincidência o mais conveniente. As promoções de novembro de 1976, segundo informações que me foram trazidas, desgostaram os assessores do presidente, de um dos quais foi ouvida a frase: "Ou o general Geisel tira o general Frota do Ministério ou ele acabará sentado em sua cadeira." Esta expressão, dita por Humberto Barreto ao brigadeiro Délio Jardim de Mattos, foi ouvida pelo ex-senador, meu amigo, Vitorino Freire.

Constituía esta manifestação uma evidente prova do descontentamento pela decisão presidencial.

Frustrados com a promoção do general Carlos Alberto Cabral Ribeiro – o candidato dos auxiliares do presidente, ao que tudo indicava e como ficou demonstrado em março de 1977, era o general Arnaldo José Luiz Calderari –, que lhes impedia de aproveitar, em cheio, as vantagens da nova lei, abrindo de uma só vez três claros no acesso a general-de-exército, voltaram-se os partidários das "promoções rápidas" contra o ministro e criticaram o presidente por não o ter contrariado.

As promoções de coronéis a general-de-brigada serviam para índice de prestígio de chefes militares, que procuravam agir no sentido de promover seus auxiliares ou amigos. Os membros do Alto Comando esforçavam-se por alicerçar no mérito militar a organização das listas de escolha, no entanto, em última análise, os condicionantes que prevaleciam na Presidência eram os de simpatia, amizade ou afinidades políticas.

O fator "revolucionário de 1964" tornara-se, com o tempo, depreciativo, quando não atendia a estas exigências. Recebia, então, o oficial o apodo de "radical", muito ao gosto dos esquerdistas do Planalto. Paradoxalmente, outros oficiais eram rejeitados pelo presidente por não os reputar revolucionários.

Estas maliciosas fórmulas de julgamento permitiam manipular as promoções em torno dos interesses pessoais dos governantes. Circunstancialmente, e a duras penas, muitos escaparam desta triagem, contudo homens de imenso valor moral e profissional foram sacrificados ou levados pela dignidade à reserva. A veracidade dessas considerações aflora da simples leitura do nosso Almanaque.

O ano de 1976 fora fértil em promoções, embora os ambiciosos não ficassem plenamente satisfeitos.

As perspectivas para 1977, porém, não eram das melhores. Três vagas de general-de-exército, considerada neste número uma do Superior Tribunal Militar (STM), e quatro de divisão não compunham panorama muito agradável. O mínimo da cota compulsória para general-de-divisão não seria, portanto, atingido.

Em março daquele ano de 1977, reuniu-se o Alto Comando para organizar as listas de escolha. Havia uma vaga, decorrente da transferência para a reserva do general-de-exército Euler Bentes Monteiro, e conseqüentemente três nomes deveriam ser apresentados ao presidente. Aquele alto órgão militar manteve a ordem de antigüidade dos candidatos por considerá-los em condições de ascender ao posto superior.

O general Ernesto Geisel, entretanto, fazia restrições aos dois primeiros generais constantes da relação – Cesar Montagna de Souza e Edmundo da Costa Neves.

Os membros do Alto Comando nada tinham contra qualquer dos três, no conceito unânime militares dignos e capazes. Apreciamo-lhes o mérito militar e, na equivalência, respeitamo-lhes a antigüidade. Era a solução justa.

Mas o presidente Geisel não pensava da mesma maneira e preteriu os generais Cesar Montagna e Edmundo Neves para promover o general Arnaldo Calderari. Dias antes da promoção, disse-me o presidente que não iria promover o general Montagna, acrescentando que a ação por ele realizada, em 1964, quando tomara de assalto o Quartel-General da Artilharia de Costa, no Rio de Janeiro, já lhe rendera os dividendos suficientes, nada mais merecendo. Sobre o general Edmundo nada falou.

Não acreditei nas palavras do general Geisel, consideradas por mim como uma nuvem de fumaça, visando a ocultar habilidoso gesto de prestidigitação, na abertura de maior número de vagas do último posto da hierarquia militar.

Não lhe pedi, também, autorização para avisar os generais vetados, porque a experiência com o caso do general Adauto Bezerra, ocorrido em julho do ano anterior, fracassara.

A repercussão das preterições daqueles dois generais foi péssima, em particular, nos lídimos meios revolucionários.

O general Edmundo da Costa Neves, a quem eu dedico profunda e sincera estima, sempre fora um homem de atitudes definidas. Não postulara o generalato, quer direta quer indiretamente, e jamais cortejara os detentores do poder. Em 1967, quando estava para ser promovido a general-de-brigada, ao saber que lhe faziam restrições por ser amigo do marechal Cordeiro de Farias, de quem fora ajudante-de-ordens, replicou com indignação.

— Sou, sim! Se depender de negar esta amizade ou repudiá-la prefiro não ser promovido.

Os habituais informantes do palácio levaram a Costa e Silva esta resposta e o velho chefe militar, que conhecia a grandeza da lealdade, declarou:

— Mais uma razão para promovê-lo...

Os generais Edmundo e Montagna participaram da Força Expedicionária Brasileira, possuindo ambos a Cruz de Combate, as Medalhas de Campanha e as de Guerra. O general Edmundo fora ainda condecorado com a Legião do Mérito dos Estados Unidos.

Ao tomar conhecimento de sua preterição o general Edmundo da Costa Neves solicitou a sua transferência para a reserva do Exército.

O general Cesar Montagna, todavia, não agiu do mesmo modo; preferiu aguardar, considerando que o julgamento realmente válido era o de seus colegas do Alto Comando, do qual muito se orgulhava.

Nos primeiros dias de abril, o general Arnaldo José Luiz Calderari procurou-me, na minha residência, em Brasília, a fim de agradecer sua promoção a general-de-exército. Conversamos como amigos que éramos, porquanto Calderari fora meu comandado no I Exército e servia, no momento da promoção, como Secretário-Geral do Ministério do Exército, cargo vinculado diretamente ao ministro.

Disse-me Calderari que tinha sido avisado de sua promoção, no dia 30 de março, pelo jornalista Paulo Vidal. Não aceitara a informação e respondera que o ministro nada lhe comunicara sobre aquele assunto.

O jornalista Paulo Vidal insistiu e para convencê-lo declarou:

— Estou aqui na casa do João, na Granja do Torto. É verdade, você foi promovido.

Replicou Calderari que somente quando o ministro Frota transmitisse a comunicação oficial ele acreditaria. No entanto, ao ler no dia 31 de março as publicações, verificou que Paulo Vidal estava, realmente, muito bem informado.

Este fato significativo do tráfico de influência não foi o único, visto que tomei conhecimento, por pessoas idôneas, de vários outros.

O general Hugo Abreu, conforme já esclareci e era habitual, participou-me no dia 30 à noite os nomes dos promovidos, com a recomendação presidencial de só divulgá-los a partir das onze horas do dia seguinte. Este aviso foi sempre rigorosamente atendido, contudo elementos do palácio do Planalto difundiam entre os seus amigos e antecipavam aos interessados, antes do prazo fixado, os atos presidenciais. Apenas duas explicações poderiam ser dadas a esse comportamento: ou o presidente dava a seus assessores autorização para isso ou estes não cumpriam a sua determinação. Em qualquer das hipóteses havia patente deslealdade; no primeiro caso ao ministro e no segundo ao próprio presidente.

Na semana seguinte à das promoções, recebi em audiência o general Cesar Montagna, que estava revoltadíssimo com a preterição. Sentado ao meu lado, num gesto de desespero, levantando os braços, interpelou-me:

— Frota! Diga-me por que eu não fui promovido?

— Não sei com certeza... Mas se soubesse não o diria sem autorização do presidente (na realidade tinha posto em dúvida a explicação presidencial quanto à preterição de Montagna. Hoje, com o desenrolar dos acontecimentos e a análise de outras promoções e preterições, adquiri a convicção de que aquelas alegações escondiam a verdadeira causa – abertura de claros).

— Procurei o João e perguntei-lhe: João, viu o que fizeram comigo? Ele me respondeu: "Estou sabendo agora dessa bandalheira que eles fizeram com você."[3]

Continuando, muito irritado, o general Montagna declarou que o general Figueiredo informara-lhe, ainda, nada ter sabido do general Geisel, que se mantivera silencioso em relação às promoções.

Esta resposta, confrontada com a comunicação feita pelo jornalista Paulo Vidal e com a informação do general Hugo Abreu – constante de seu livro *O outro lado do poder*, à página 160 – em que afirma ter o general Figueiredo participado de uma reunião na qual o presidente decidira preterir Montagna, sem que articulasse uma só palavra em defesa deste general, não pode ser entendida.

O general Montagna, após a conversa que tivemos, entrou em gozo de férias, protelando uma solução definitiva sobre sua transferência ou não para a reserva.

Concluídas as férias solicitou-me uma nova audiência. Voltamos a conversar sobre a sua situação e ele me entregou uma carta na qual traduzia o desejo de continuar concorrendo às promoções, uma vez que tinha grande desejo de atingir o ápice da sua carreira.

A carta vinha timbrada por dois carimbos: "Pessoal" e "Reservada" (ou "Confidencial").

---

3. O vocábulo foi outro, semipornográfico, porém da mesma acepção.

No primeiro despacho presidencial, antes de retirar-me, disse-me o general Geisel, fitando-me com arrogância:

— O Montagna andou escrevendo cartas aos membros do Alto Comando, declarando que iria permanecer...

— Escreveu e eu recebi uma destas cartas, entretanto, não me senti na obrigação de mostrá-la ao senhor, porque era pessoal e reservada...

— Mas eu não o promoverei...

— Mas ele virá na relação, respondi com voz firme, encarando-o.

— Desde que não seja em primeiro lugar...

A nossa Lei de Promoções dos Oficiais da Ativa das Forças Armadas previa em seu artigo 40: "O oficial-general..., cujo nome constar por 3 (três) vezes consecutivas em primeiro lugar em lista de escolha, será promovido, quando da apresentação desta ao Presidente da República, pela terceira vez."

Era este o temor do general Geisel, pois tendo sido a última lista de escolha elaborada por unanimidade, seria necessário mudasse a maioria dos membros do Alto Comando de opinião sobre o mérito militar do candidato, em vista da restrição do presidente.

É preciso não esquecer, no entanto, que o voto, no Alto Comando do Exército, é secreto, o que, na minha maneira de pensar, reputo de prescrição errônea. Os generais-de-exército constituem a cúpula hierárquica da instituição; são, portanto, os responsáveis pela renovação das lideranças e os culpados pelo abastardamento das mesmas, se mal escolhidas. O voto a descoberto, do meu ponto de vista, é saneador nos colegiados desta espécie, porque a publicidade expõe à análise e à crítica, embora se processe em ambiente restrito. Isto permite gerar e difundir a OPINIÃO – inexorável juíza no tribunal da consciência.

Os próprios debates que precedem os julgamentos, paradoxalmente, servem, não raro, para explicar o sentido do voto secreto.

Quando assumi o Ministério do Exército, propus adotássemos o voto a descoberto, porquanto não seria crível que os maiores dignitários da instituição tomassem suas decisões ocultas no anonimato pessoal. As decisões coletivas pulverizam a responsabilidade que os verdadeiros chefes militares repugnam fragmentar.

Somente um general-de-exército – Euler Bentes Monteiro – concordou comigo; os demais alegaram que este modo de proceder, além de não regulamentar, trazia o grave inconveniente de facilitar a divulgação do comportamento e votos dos membros do Alto Comando. Consistia este o argumento capital, porque, apesar do caráter secreto do órgão, suas atividades eram difundidas nos jornais e debatidas, pelas manhãs, nas baias e picadeiros do Regimento de Cavalaria de Guardas.[4]

---

4. O general Figueiredo costumava praticar equitação, pelas manhãs, acompanhado de auxiliares e amigos, no citado regimento. (N.R.)

Permaneceu, assim, o general Montagna na ativa e, em novembro de 1977, os mesmos generais que o colocaram por unanimidade – com exceção do general Calderari, que não participara da reunião anterior – mudaram de opinião sobre seu mérito militar, em face de um fato novo: a rejeição presidencial.

Concederam-lhe um primeiro lugar, dividido com outro general.

Depois de 12 de outubro de 1977 a experiência lhe foi bem amarga.

As promoções a general-de-divisão não transcorreram, em março de 1977, sem reações, como era de esperar em vista do quadro anterior descrito. Transferido para a reserva o general-de-brigada Milton Pedro de Carvalho, ocupou o número um da relação de antigüidade o general-de-brigada Darcy Jardim de Mattos, amigo íntimo do atual Presidente da República, que fora um dos responsáveis por sua promoção àquele posto, e irmão do tenente-brigadeiro Délio Jardim de Mattos, hoje Ministro da Aeronáutica.

O general Darcy, por motivos profissionais, fora ultrapassado na lista de escolha anterior e o Alto Comando retirara-o desta lista na reunião de março.

Era publicamente o candidato do palácio do Planalto, tendo constado, na época, que o próprio general Figueiredo lhe assegurara a promoção.

Enviei o resultado, como era de praxe, ao Presidente da República, antes de difundi-lo à imprensa.

O meu Chefe-de-Gabinete, general-de-divisão Bento José Bandeira de Mello, mostrara-se bastante apreensivo com a minha plena aquiescência à decisão tomada. Justificava sua preocupação com os fatos anteriores, nos quais ficara evidente o interesse político do presidente Geisel em promover aquele general.

Remetido o documento, continuamos no desempenho de nossas tarefas correntes quando o general Bento foi chamado ao telefone pelo general Hugo Abreu, Chefe da Casa Militar, de quem é colega de turma. Olhou-me de modo significativo e, pronunciando um "não disse"..., foi atender o telefonema. Voltou, todavia, com a fisionomia descontraída e alegre para confidenciar-me:

— O Hugo disse-me que o presidente ficou satisfeito com o resultado, declarando que o Alto Comando o livrara da difícil situação de promover um general que não tem mérito profissional.

(O sentido da expressão foi este, contudo, recordo-me bem de que "mérito profissional" foi traduzido de outra forma – por uma locução pejorativa.)

A exclusão do nome do general Darcy da lista de escolha causou violento choque nos homens da assessoria presidencial, mas não ao presidente, como já mencionei. Os boatos, numa cidade que deles se alimenta, foram fartos e para todos os paladares. As informações oficiais – do CIE – confirmavam-nos. O ministro sofreu a carga da responsabilidade integral da decisão do Alto Comando e nunca se eximiu dela. Cabia-lhe o dever moral e funcional de selecionar chefes, missão que sempre cumpriu, rigorosamente, com os olhos fitos no futuro dessa magnífica instituição que é o nosso Exército e nunca voltados para objetivos políticos.

Conforme notícias persistentes, o general João Figueiredo e o tenente-brigadeiro Délio estavam indignados. O primeiro por ter sido alijado da promoção um amigo seu e o segundo por admitir como uma desconsideração do Alto Comando do Exército a atitude de preterir seu irmão. Embora nenhum crédito merecessem estas informações[5] – transmitidas por vários oficiais – respondia-lhes que as promoções no Exército não podiam ser feitas por amizades ou genética e que os Altos Comandos das três Forças eram soberanos em suas decisões, não devendo delas dar satisfação a ninguém.

A 29 de março embarquei para o Rio de Janeiro; na noite de 30 o Chefe da Casa Militar deu-me conhecimento das promoções, com a solicitação de rotina de não serem divulgadas antes das onze horas do dia seguinte.

Na manhã do dia 31, dirigi-me à Vila Militar, onde o Exército ofereceria um almoço ao presidente, comemorando o aniversário da Revolução. Deveriam comparecer os ministros militares e, também, almirantes e brigadeiros que serviam na área. Cheguei ao Quartel-General da 1ª Divisão de Exército ainda cedo. Aos toques regulamentares um oficial do Estado-Maior da divisão aproximou-se para informar:

— O general Pires está no seu gabinete com o brigadeiro Délio, mas já virá recebê-lo.

Realmente, pouco depois o comandante da 1ª Divisão de Exército apresentou-se e subimos para a varanda do andar superior. Ali, perguntou-me por que o general Darcy não fora incluído na lista de escolha. Respondi-lhe:

— Você não é de Cavalaria? Não o conhece profissionalmente? Logo...

Palestramos durante algum tempo e descemos para aguardar, à porta do quartel, a chegada do presidente.

Prosseguindo na conversa quis o general Walter Pires saber os nomes dos promovidos. Indaguei se já não os conhecia. O general citou, então, sem erros, os nomes dos 14 contemplados com as promoções.

— Foi o Figueiredo quem lhe disse?

— Não! Concluí pelo que se dizia e do exame da lista...

— Você, Pires, deve jogar na loteria esportiva, pois acertará, disse-lhe rindo.

Era evidente que o general Walter Pires soubera das promoções antes do dia 31. Isto nada teria de grave, se não houvesse uma recomendação do presidente – repetida sempre ao ministro – para não divulgá-las antes das onze horas das datas fixadas em lei. O ministro estava, portanto, impedido de fazê-lo, porém os assessores presidenciais tinham campo livre. Difundiam-se informações a título de amizade ou consideração, colocando os difusores na situação simpática de chefes interessados pelos subordinados. Manipulavam-nas, sistematicamente, em busca de prestígio, no que se denomina, com asco, tráfico de influência.

---

5. Essas informações eram, também, levadas ao CIE, em certo número.

Na tarde da quarta-feira, 30 de março, vários oficiais do Quartel-General da 1ª Divisão de Exército já sabiam da promoção do coronel Geraldo de Araújo Ferreira Braga, nosso adido militar na Argélia, em virtude de um telefonema que lhe fizera o comandante daquela divisão de Exército; no entanto, o ministro, que se interessara pelo coronel, chegando às minúcias de esclarecer ao presidente fatos da vida profissional do militar, ainda desconhecia a decisão presidencial.

A comunicação de Paulo Vidal a Calderari, no mesmo dia 30 de março, constitui outro claro exemplo dessa divulgação capciosa.

Pretendia-se, julgo eu – hoje a par de outros procedimentos –, demonstrar a omissão do ministro pelas promoções, abandonando seus subordinados, em flagrante contraste com o comportamento de seus amigos do Planalto, que por eles se interessavam. Enfim, enfraquecê-lo em sua autoridade. Era a neurose do Palácio.

Tudo isto conduzia ao dilema do qual não podemos fugir e que volto a focalizar:

Ou o presidente era desleal com seu ministro, autorizando seus assessores a divulgarem as promoções enquanto lhe negava permissão para isto, ou esses assessores não mereciam sua confiança e o traíam, sem qualquer escrúpulo.

O esvaziamento dos quadros tinha os seus ardis e os seus segredos. Para alguns poderia parecer de grande vantagem a abertura imediata de claros, ao passo que para outros isso se apresentaria como desvantajoso. Explica-se esta divergência de pontos de vista pelo alcance dos objetivos que colimavam.

As vagas de ministro do Superior Tribunal Militar destinadas ao Exército são denominadas "cativas", isto é, permanecem em estado latente até que o presidente nomeie outro general para o cargo. Esta circunstância dá relativa flexibilidade ao governo para preenchê-las logo ou, usando da tolerância legal, mais tarde. Tivemos, a partir de 1974 até o término do ano de 1977, três vagas de ministro do STM, todas ocupadas sob critérios diferentes.

A primeira foi a do general-de-exército Jurandir Bizarria Mamede, que completaria a idade limite para sua permanência naquela Alta Corte de Justiça a 27 de setembro de 1976. O presidente desejava colocar no STM pessoa que não lhe criasse dificuldades e ninguém melhor para isto do que seu amigo general-de-exército Reynaldo Mello de Almeida, que deveria deixar o Exército a 25 de novembro. Tal decisão suprimiu no cômputo geral uma das vagas de general-de-exército previstas. Era uma solução econômica, porém nepotista.

Havia a previsão de duas vagas de general-de-exército, em 1976, considerando as transferências para a reserva dos generais Mamede e Reynaldo. Entretanto, no Exército, a efetivação da vaga decorria da nomeação de um general para o STM. Tendo sido escolhido o general Reynaldo, logicamente, só ocorreu uma vaga. Caso tivesse sido outro general nomeado ministro do STM, teríamos tido duas vagas: a do general Mamede, em setembro e a do general Reynaldo em novembro, ou duas promoções, visto que a vaga do general Reynaldo seria aproveitada.

Em 3 de julho de 1977 o general Syseno Sarmento terminaria sua estada no STM. Soube que o Syseno, excelente companheiro, propusera solicitar aposentadoria mais cedo, visando a permitir o aproveitamento de sua vaga antes do recesso do Congresso. Este procedimento daria liberdade ao presidente para nomear, se desejasse, qualquer dos dois generais que seriam alcançados, naquele ano, pela compulsória: Alcy Jardim de Mattos e Carlos de Meira Mattos, se desejasse manter o critério anterior.

O general Alcy completaria o tempo na ativa a 13 de setembro e o general Meira Mattos a 23 de julho. Ninguém, parece-me, tomou conhecimento da sugestão do general Syseno, porquanto ambos foram transferidos para a reserva.

O primeiro era irmão do brigadeiro Délio, amigo do presidente, a quem este não desejava desgostar – como vimos no caso do general Darcy – transferindo para a reserva seu irmão quando existia uma vaga no STM. A solução, julgo, foi a da contemporização.

Quanto ao segundo, oficial de destacado valor intelectual, atuara na Revolução com entusiasmo e eficiência. Se, no conceito do general Geisel, um oficial deveria ser promovido pelo que poderia fazer, o general Meira Mattos seria o homem indicado para o STM, que honraria com suas firmeza moral e convicções democráticas.

Acredito que neste caso o interesse primordial do governo estivesse na abertura de claros. Assim, iam-se ceifando os verdadeiros revolucionários, sem qualquer outra consideração, em proveito de objetivos políticos imediatos ou remotos.

A disparidade de critérios chegava a confundir os homens bem-intencionados. A vaga do general Mamede, por conveniência do governo, foi absorvida pelo general Reynaldo; a do general Syseno deixou de ser antecipada por não interessar seu imediato preenchimento, ao passo que o general Augusto Fragoso, em novembro de 1977, conforme voz corrente em Brasília, apressou, a pedido do governo, sua passagem para a reserva, com objetivo de permitir tivesse acesso ao STM o general Dilermando Gomes Monteiro, dos íntimos do presidente.

Se isto não ocorresse, o general Dilermando seria atingido pela compulsória antes do general Fragoso, sem possibilidades de prestar novos serviços ao general Geisel.

Em 1975, quando foi criada a Imbel, sugeri ao presidente a designação de um general-de-exército para dirigir esta empresa. Já citei as razões pelas quais justificou sua discordância, contudo, em 1978, o general-de-exército Arnaldo José Luiz Calderari foi nomeado para essa organização, ainda a tempo de proporcionar uma segunda vaga para as promoções de março daquele ano.

A relação dos generais-de-divisão que concorriam ao acesso, na ordem do Almanaque do Pessoal Militar do Exército, era a seguinte: Antonio Carlos de Andrada Serpa; Hugo de Andrade Abreu; Walter Pires de Carvalho e Albuquerque; Ernani Ayrosa da Silva; João Baptista de Oliveira Figueiredo; ...

Pela lei que vigorava antes de setembro de 1976, a lista de escolha submetida à decisão presidencial, ocorrendo duas vagas, comportaria quatro nomes.

A nova lei, de 23 de setembro de 1976, e a designação do general Calderari foram providenciais e vieram solucionar o difícil problema da promoção do general Figueiredo. É interessante, todavia, lembrar que, nestas circunstâncias, o presidente, ao nomear o presidente da Imbel, não se preocupou com as incompatibilidades hierárquicas a que se apegara em 1975.

A lista de escolha, de acordo com a nova lei, comportou cinco nomes para duas vagas. O governo concedeu a quarta estrela a três generais.

Houve duas preterições: a do general Hugo Abreu, já esperada, que passou para a reserva, e a do general Ernani Ayrosa, regiamente compensado, posteriormente, por sua "compreensão".

No caso que acabei de mencionar poder-se-ia admitir, logicamente, a seguinte ilação – em 1975, a nomeação de um general-de-exército para a Imbel não interessava ao governo, embora beneficiasse o Exército; em 1978, no entanto, tal designação, muito conveniente à política de esvaziamento dos quadros, foi concretizada.

Tenho insistido em mostrar que, *in fine*, as promoções ficavam pendentes de outros fatores que não o mérito militar.

Esforçar-me-ei, à custa de exemplos, em justificar esta asserção.

Apreciemos apenas dois, bastante elucidativos.

Um coronel, não obstante ser um homem bom, ficara mal colocado na lista da Comissão de Promoções, não subindo seu nome à apreciação presidencial. Ao vê-lo naquela posição, o general Geisel interpelou-me e mantivemos o seguinte diálogo:

— Por que razão veio neste lugar?

— Porque os generais o julgam dos piores...

— Isto ocorre porque ele ocupou uma Secretaria de Segurança...

Pediu-me, então, conversasse com os generais sobre o assunto; respondi que não lhes desejaria falar sobre isto, porém que transmitiria ao general Chefe do EME a impressão do presidente. A situação do oficial, entretanto, continuou desfavorável, e o artifício do próprio general Geisel foi matriculá-lo na Escola Superior de Guerra, visto que os agregados não preenchiam vagas.

Um general ficara num dos últimos lugares da lista de escolha. Era amigo do presidente e, profissionalmente, capaz. O general Geisel, ao examinar a lista, semi-irritado, indagou, apontando o nome do oficial:

— Por que Fulano está colocado aqui atrás? É um homem de caráter...

— Para o senhor... Para mim, não tem caráter... Um homem que espanca a esposa e desrespeita-a, escrevendo-lhe carta em que alude a amante... para mim não tem caráter...

Contei-lhe, a seguir, alguns fatos que comprovavam a afirmação.

Ouviu-me e nada mais disse. Deu, porém, mostras de que não estava satisfeito, mas o general não foi promovido.

A ânsia de abertura de vagas dos postos de generais era incontida e dava margem a comentários. Os manipuladores das funções que podiam ser ocupadas por generais das três Forças, indiretamente, não permitiam o salutar revezamento dos anos anteriores. Seis generais-de-exército, designados para o EMFA e a ESG, facilitaram um acesso mais rápido.

Era este o panorama geral.

Tudo aqui narrado o foi sem exageros e, até, com certos escrúpulos. Permitiu, porém, reunir matéria suficiente para reconhecermos que o mérito militar estava sendo gradativamente enodoado pela política, aviltado pela bajulação e desmoralizado pelas influências de amizade. Esta situação acontecia menos por culpa dos subordinados mais jovens do que pela responsabilidade de chefes ambiciosos e alienados de sua profissão.

Os velhos chefes militares, dos quais me recordo com respeito e admiração, marcavam suas vidas por definições claras e prestigiavam-nas pela grandeza de seus atos.

Guardo de um deles, general João Theodureto Barbosa, que serviu de exemplo a uma geração, lembrança muito viva e saudosa.

Certo dia – ainda coronel – autorizou um capitão a acompanhar sua esposa a São Paulo, a fim de visitar parente gravemente enfermo, afastando-se do quartel por 48 horas. O general seu superior não aprovou o ato. O coronel ponderou que não haveria qualquer prejuízo para o serviço.

O general insistiu, secamente:

— Estamos em guerra... não pode... não pode...

(Note-se que a guerra era na península itálica e estávamos em Curitiba.)

O coronel sentiu a desconsideração, mas a resposta veio com serenidade e altivez:

— Excia., como Comandante do Regimento de Cavalaria, concedi permissão ao capitão para ir a São Paulo... Ele irá...

(E, realmente, fui...)

Depois da preterição do general-de-divisão Cesar Montagna de Souza, contou-me um general que perguntara a um colega, membro do Alto Comando do Exército:

— Você votará, ainda, no Montagna?

— Não!

— Mas... Por quê?

— Há, agora, um fato novo...

— Qual?!

— O presidente não o promoveu...

O confronto dessas duas atitudes, intervaladas de quatro decênios, ressalta, além do espaço cronológico, uma distância moral muito grande.

Julgo que o pensamento militar, desde a época em que pisei na saudosa Escola Militar do Realengo, vem descambando do idealismo para o pragmatismo, na confusão progressiva de princípios morais com interesses materiais. Isto forçá-lo-á a trocar, em breve tempo, aqueles por estes. Mas esse é um assunto que pretendo abordar no momento oportuno.

As promoções e preterições fazem parte da dinâmica do acesso, portanto existirão sempre. Volto a insistir que o seu único parâmetro deveria ser o mérito militar, que nada mais é do que a resultante de um sistema de virtudes militares. As oscilações de seus valores indicariam, naturalmente do ponto de vista profissional, os mais bem credenciados ao acesso. Fórmulas as mais variadas têm sido encontradas para a medição do mérito militar; o que não se conseguiu ainda encontrar foi um critério que não "pipoqueasse" ao calor das amizades e das afinidades políticas.

Durante todo o tempo em que desempenhei o cargo de Ministro do Exército organizei, pessoalmente, as propostas de promoções de oficiais, mantendo-me rigorosamente dentro do critério do mérito militar estabelecido nas leis. Entretanto, entre as qualidades militares nelas citadas não se liam amizades e simpatias políticas.

Levei o rigor ao extremo de elaborar as relações de merecimento, atendo-me somente aos conceitos das Escolas e às contagens de pontos, de acordo com os regulamentos específicos, sem a mínima preocupação com o nome do candidato. Tive a satisfação de ver este modo de agir reconhecido e tacitamente aprovado por meus subordinados, que adquiriram tal confiança no processo a ponto de predizerem os resultados.

No entanto, não era na faixa de tenente a coronel que surgiam as maquinações e manobras, mas sim na dos generais. Aquelas promoções sempre foram realizadas no quadro da proposta ministerial, pois não tinham muito interesse conjuntural para o presidente. A sua preocupação, já demonstrada, residia na composição do Alto Comando do Exército, a curto e a longo prazo. E ele o constituiu bem para os seus desígnios políticos, como o futuro o provou.

Finalmente, estou convencido de que, se esses processos de promoção não se modificarem, o Exército retrogradará civicamente no tempo, e se tornará, lentamente, instrumento de governantes, deixando aos poucos de pertencer à Nação, da qual é a sua lídima instituição representativa.

A partir desse momento aceitará o mercenarismo moral que já ronda os muros de seus quartéis. Então, os velhos chefes militares estremecerão em suas tumbas.

CAPÍTULO 36

A administração do Exército até outubro de 1977

A ADMINISTRAÇÃO

A administração do Exército – repisando o assunto – cinge-se, em sentido lato, à preparação da Força Armada para a guerra, apresto que é, ou melhor, deveria ser norteado por planejamentos. O reaparelhamento do material sofre, como já foi dito, fortes injunções dos créditos orçamentários, sempre minguados quando se trata de aquisições de material bélico. Falham, assim, as previsões em vista dos cortes inopinados e sucessivos, agravada a situação com restrições impostas pela Secretaria de Planejamento – órgão tirânico em matéria de despesas. O diferimento, a que já aludi, é uma delas.

No período de paz, num país como o nosso – carente de tudo que é essencial e com exuberância do supérfluo –, o Exército tem que atender a muitos setores que não lhe cabem por missão constitucional, mas que sustentam a nossa "retaguarda social", satisfazendo as necessidades vitais de nossas famílias. Estão neste caso as questões educacionais e de saúde, com tanto alarde pregadas nesta terra e com maior descaso tratadas.

Em 1977, continuava o ministro lutando, sem fugir a esta orientação, por um Colégio Militar para Brasília e um novo Hospital Central para o Exército. Um grande clube para a já numerosa guarnição da capital, proporcionando aos oficiais e suas famílias local para reuniões sociais e prática esportiva, fazia, também, parte de nosso programa de ação. Em casos de absoluta necessidade, valíamo-nos dos clubes da Marinha e da

Aeronáutica, sempre cedidos com o sentimento de fraternidade e compreensão que nos une àquelas Forças. Todavia, era uma situação de constrangimento para o Exército perturbar os programas sociais daquelas agremiações irmãs.

As dificuldades para obter recursos do governo cresciam dia a dia, justificadas pela crise do petróleo, cavalo de batalha presente em todas as explicações para a contenção das despesas e mascaramento de nossa incapacidade na recuperação econômica do país.

Logo no início daquele ano, em janeiro, resolveu o governo criar o Certificado de Recolhimento Restituível para controlar o gasto de carburantes. Houve uma reunião ministerial para conhecimento da decisão e esclarecimento da dinâmica do novo processo de fiscalização. É preciso notar que o Ministério não foi convocado para opinar mas, sim, para conhecer a decisão presidencial e aplicá-la. Contudo, não foi tranqüilo este encontro de ministros, visto que surgiram numerosas perguntas sobre o uso dos talões e o "depósito restituível". Ao meu lado, o Ministro das Relações Exteriores achava-o inexeqüível para os motoristas profissionais, outros admitiram a possibilidade de fraudes com os talões e alguns consideraram as "simonetas", como o sarcasmo popular batizou os talões de empréstimo restituível, a mais balburdiante e precipitada providência tomada pelo governo para fiscalizar e conter o gasto de carburantes. Entretanto, o Conselho Monetário Nacional aprovou-a e disciplinou a matéria através de sua Resolução nº 414, de 26 de janeiro de 1977.

As Forças Armadas não estavam liberadas do uso dos talões, o que vinha emperrar mais a burocracia do reabastecimento das viaturas do Exército. Nenhum resultado positivo foi obtido.

Felizmente tal sistema durou pouco: afogou-se na inexeqüibilidade.

A venda de terrenos considerados imprestáveis e inadequados às finalidades militares propiciou razoáveis fundos para as obras indispensáveis à restauração dos quartéis. Todavia, as edificações de vulto, como as que mencionei, não podiam ser concluídas, nem mesmo iniciadas. Os quartéis, muitos deles em péssimo estado, pediam apoio imediato, o que não era possível com os normais recursos orçamentários.

O presidente jamais concedeu algo em benefício do Exército além do que constava dos orçamentos. Autorizou, certa vez, em 17 de novembro de 1976, pelo Financiamento dos Projetos Especiais da União, a entrega de cinco milhões de cruzeiros ao Ministério do Exército para aplicação no Clube Militar, e nada mais nos foi dado. Pelo contrário, a extinta Coudelaria de Jaraguá, em Campo Grande, apesar de toda a minha relutância, foi cedida ao Ministério da Agricultura para a implantação de um Centro Experimental Agropecuário. Esta área, das que podiam ser negociadas, foi entregue de mão beijada a esse ministério, dando-me a Secretaria de Planejamento a ridícula compensação de 20 milhões de cruzeiros por terras cuja avaliação, de acordo com órgãos credenciados, excedia a 200 milhões de cruzeiros.

O general Hugo Abreu deu à nossa Força o auxílio de aproximadamente 30 milhões de cruzeiros para as incipientes obras do Clube do Exército, completado em seu custo total, de cerca de 88 milhões de cruzeiros, com recursos obtidos pela Comissão Executiva de Alienação de Imóveis (CEAI). O general Hugo cedeu-nos parte das verbas que lhe eram destinadas, apoiando-nos em momento difícil. A transferência de verbas nesta circunstância, sob o controle da Seplan, era perfeitamente legal.

Os comandantes de tropa debatiam-se na penúria, pois não mais dispunham das "economias administrativas", verba que lhes facilitava o atendimento de suas necessidades inadiáveis. Já me referi a esta modificação da legislação militar, encharcada de bons propósitos, porém em completo divórcio com a realidade militar brasileira.

Dela senti as perniciosas conseqüências nos comandos que exerci.

Eles, os comandantes, eram – não sei se continuam sendo – os responsáveis diretos perante o Tribunal de Contas da União por qualquer irregularidade no emprego de verbas de suas unidades. Como os órgãos provedores não reabasteciam em condições normais, poderia ocorrer a circunstância de um desses oficiais receber missão inopinada e ter dificuldades em realizá-la. Não escasseiam exemplos de ocorrências desse tipo, verificadas, particularmente, nos corpos de tropa isolados.

Um comandante de unidade motorizada, desprovida, em parte, de carburantes e pneumáticos, ao receber ordem para longo e inesperado deslocamento, defrontar-se-ia com sério problema. Ou lançava mão de verbas não destinadas à aquisição daqueles artigos ou não cumpriria a ordem, participando ao comando superior as razões deste comportamento. O brio de militar impelia-o a executar a missão, usando os meios que fossem possíveis, ainda que irregulares, para aguardar posterior apoio do escalão a que estava subordinado.

As "economias administrativas", verba que assegurava recursos para atender a situações de emergência, teria sido a solução legal. Mandava a vivência na tropa que uma pequena reserva de recursos, em poder do comando, era imprescindível para sanar imprevistos, em especial nas épocas de anormalidade. Quando ministro tentei restabelecê-las sem conseguir.

Este era o panorama geral. Como apoiar as unidades? Como prosseguir nos programas de construções e de aquisição de material com verbas tão ridículas em face das necessidades?

Vali-me com êxito da ação da CEAI.

Torna-se interessante agora mostrar a dinâmica financeira do Exército, em geral, realçando a parte pessoalmente gerida pelo ministro através do Fundo do Exército.

Os departamentos e comandos de área empregam, sob sua responsabilidade, as verbas orçamentárias estipuladas pelo Estado-Maior do Exército, no planejamento geral aprovado pelo ministro.

A Diretoria de Finanças do Exército, órgão assessor do ministro, examina e controla a documentação em sua parte técnica e legal, encaminhando-a ao Tribunal de Contas da União (TCU), ao qual está afeta a apreciação geral.

A responsabilidade legal da gestão de fundos, no Exército, é atribuída aos agentes diretores – oficiais designados, na forma regulamentar, para gerir os recursos financeiros das unidades administrativas. No entanto, como exceção, o emprego dos recursos do Fundo do Exército é da responsabilidade pessoal do ministro.

Vimos que, conquanto equacionados, os problemas vitais do Exército, sem apoio do governo, entravam em fase de estagnação.

Somente através do Fundo do Exército poder-se-ia fazer alguma coisa; contudo, este Fundo apenas era contemplado, no orçamento, com insignificante parcela. A política de alienação de imóveis permitiu fosse ele provido de recursos para atender às prementes necessidades de nossa instituição.

A regularização de nossos imóveis perante o Patrimônio da União, que não pude completar, ainda que a realizasse em elevada porcentagem, não constituiu tarefa agradável – em vista dos atritos quase sempre sérios. Impunha-se, todavia, por ser providência básica à alienação. A venda de prédios ou áreas condenados pelo Estado-Maior do Exército por imprestáveis a finalidades militares não se fez também sem aborrecimentos, porque havia sempre interessados em abocanhá-los. Citarei como exemplo o terreno da rua Francisco Otaviano, cuja resistência à alienação, para atender a interesses políticos e outros não políticos, prejudicou de forma irrecuperável o reaparelhamento do Exército, impediu a construção do novo Hospital Central do Exército, retardou a edificação do Clube do Exército e do Colégio Militar de Brasília e atrasou a organização do Centro de Processamento de Dados do Exército.

O assunto foi muito explorado por interessados, convindo, por isso, dele fazer uma síntese histórica, sem omitir as peripécias provocadas por ladinos malabaristas.

Existia, em 1974, entre as ruas Francisco Otaviano e Francisco Behring, no bairro de Copacabana, uma área de aproximadamente 26 mil metros quadrados – 25.836,50m^2 – jurisdicionada ao Ministério do Exército.

A faixa voltada para a rua Francisco Otaviano fora adquirida pelo Exército, em 11 de agosto de 1913, a um estrangeiro, Henry William Pritchard, e registrada, devidamente, no Registro de Imóveis no dia seguinte. Era muito maior do que aquela que encontrei, porque da área inicial já haviam sido cedidos gratuitamente:

– à Cúria Metropolitana do Rio de Janeiro, pelo Decreto 43.728, de 25 de fevereiro de 1958, um lote para construção de uma igreja de culto católico; e

– à Fundação Octávio Mangabeira, sob regime de utilização gratuita, um lote para construção de uma escola pública estadual, conforme Decreto nº 56.279, de 13 de maio de 1965.

Esta faixa, que vinha sendo reduzida aos poucos, em detrimento dos legítimos interesses do Exército, estava, porém, perfeitamente legalizada.

A outra parte da área, aquela voltada para a rua Francisco Behring, pertencia aos terrenos do Forte de Copacabana e deles foi desmembrada. No entanto, do mesmo modo que os demais terrenos daquele Forte, não estava registrada em nome da União federal.

Esta situação dos terrenos do Forte de Copacabana não representava exceção, pois encontrávamo-na em quase todos os ministérios. Os funcionários do Patrimônio da União lutavam para regularizar os bens da Federação e, nisso, não eram apenas interessados, mas devotados. A falta de cooperação dos órgãos e repartições, ligados àquele setor, conduziram, não é exagero dizer, às proximidades da balbúrdia o patrimônio nacional.

A irresponsabilidade e o descaso permitiram que numerosos bens da União ficassem em situação irregular, ou melhor, ilegal. Os limites das Organizações Militares nunca foram bem definidos e os comandos de área jamais deram prioridade a este assunto. Quando comandei a 1ª Região Militar, a seção relacionada com o patrimônio estava localizada na parte final de um corredor, sem luz e espaço. Organizá-la e montar um arquivo minucioso de cada Organização Militar foi providência imediata, embora de execução lenta e difícil.

A área do Forte de Imbuí encontrava-se, então, sob litígio. Não tínhamos em mãos documentos comprobatórios de aquisição ou de posse, enquanto os pretensos proprietários de grande parte de nossos terrenos apresentavam certidões de compra, algumas de dezenas de anos, declarando-se os legítimos donos. Uma grande companhia imobiliária disputava com ardor mercenário extensa faixa daquela área. Conheciam seus diretores – é lamentável declarar –, através de informações de militares que haviam servido na Seção de Patrimônio Regional, as áreas e Organizações Militares das quais não possuíamos comprovação de posse e documentação regular. Sobre elas incidiam as ações judiciais de reintegração de domínio.

Um representante da mencionada companhia – dirigida por homens de muito prestígio político – procurou-me no Comando daquela Região Militar. Homem educado, tentou convencer-me de que a área do Forte do Imbuí lhes pertencia porque possuíam certidões de compra – evidentemente falsas – com mais de 100 anos de transmissão. Por pitoresca reproduzo a resposta que lhe dei:

— Doutor, nessa região do estado do Rio de Janeiro, só aceitamos certidões passadas pelo índio Araribóia, o primitivo proprietário daquelas terras.

A CEAI prestou ao Exército relevantes serviços, porquanto mais de uma centena de imóveis tiveram documentação regularizada. Os problemas fundiários apresentavam aspectos graves, embora esdrúxulos. Um general doou parte de uma coudelaria a uma olaria, por julgar a fabricação de ladrilhos, louças etc. muito útil à região de Minas Gerais, de sua jurisdição. O fato, ocorrido há dezenas de anos, foi assinalado pela Comissão e a fábrica prontificou-se a indenizar, no valor atual, o Exército.

Quando da criação do Ministério das Comunicações, incluíram uma área em que estava montada uma estação radiotelegráfica do Exército na relação dos bens do novo ministério; posteriormente, anunciaram a venda do terreno. A Comissão denunciou o equívoco e evitou o que poderia ser uma negociata.

No momento em que pretendi alienar a faixa de terreno da rua Francisco Behring, verificamos que o Forte de Copacabana e os seus terrenos ainda não poderiam ser considerados bens da União, por não constarem do Registro Geral de Imóveis. A legalização foi autorizada em 12 de maio de 1975. Era essa a confusa situação do patrimônio do Exército.

Em novembro de 1974, em portaria ministerial, criei a CEAI e todos os recursos obtidos pela alienação de imóveis foram, religiosamente, empregados em benefício do Exército – de seu aparelhamento, da preservação de suas Organizações Militares e de construções vitais não postergáveis.

Mostrarei isto depois, ao analisar o Fundo do Exército.

Nos terrenos de Copacabana, muito valorizados, assentavam-se as nossas esperanças de recursos. Ao preço da época, poderiam ser vendidos por quantia em torno de dois bilhões e 400 milhões de cruzeiros, auxílio poderoso para o Fundo do Exército e, em conseqüência, para a administração castrense.

A inclusão destes terrenos no plano de alienação e a decorrente aprovação presidencial abriu-nos caminho à licitação. Elaborou-se projeto de construções de apartamentos, constante de quatro ou cinco blocos, em obediência ao gabarito em vigor. O documento, todavia, não foi aprovado, em virtude de a municipalidade estar revendo as posturas relativas à construção naquela zona. Aguardamos fossem codificadas e conhecidas as novas posturas e com surpresa vimos que a nossa área de edificação tinha sido reduzida a um terço, por exigências de afastamento entre os blocos – muito aumentadas – e maior distância das ruas Francisco Otaviano e Francisco Behring.

Tal situação influía diretamente no preço da área, ficando o valor do imóvel, segundo nova apreciação, rebaixado a 700 milhões e 750 mil cruzeiros.

O que desagradou foi a circunstância de nas ruas limítrofes de nosso imóvel as posturas não surtirem o menor efeito; parece ter sido medida específica para os terrenos do Exército, assim aviltados em seu valor. Fortalece este raciocínio o fato de o prefeito do Rio de Janeiro solicitar ao ministro, pouco depois do lançamento dessas posturas, uma audiência na qual pediu prioridade para aquisição daqueles terrenos. Desejava criar ali uma zona de lazer muito útil à população da Zona Sul. Oferecia, à vista, a quantia de 650 milhões. A operação interessava-nos porque todas as outras ofertas eram a prazo, em pequenas parcelas, o que trazia restrições ao início das obras. Além disso, a diferença seria sobejamente compensada na concessão dos juros e da correção monetária.

Ficou o prefeito Marcos Tamoyo de obter um empréstimo na Caixa Econômica Federal para concluir a transação, mas não o conseguiu, por alegar a direção daquela autarquia que seu limite de endividamento estava esgotado.

Naquela ocasião, falei ao Presidente da República sobre o interesse do Exército na realização da operação financeira, porque estávamos com as obras do Colégio Militar em lento progresso, pela precariedade de recursos, e todos nós ansiávamos pelas do novo Hospital Central do Exército.

O presidente, como sempre, demonstrou pouco interesse em atender ao Exército e disse-me que o prefeito não poderia pagar uma dívida tão alta; desta maneira acabaria o governo por adquirir os seus próprios terrenos, incoerência a evitar.

E o tempo caminhava, reduzindo inexoravelmente as possibilidades de, em breve espaço de tempo, termos o nosso hospital. Fiz abrir novas concorrências.

Começou, então, uma campanha sórdida e covarde para arrancar do Exército a posse do imóvel.

Sociedades particulares vinham a público dizer que o Exército queria vender o Forte de Copacabana – relíquia histórica de uma fase de heroísmo; que a edificação de novos blocos de apartamentos na rua Francisco Otaviano iria sobrecarregar a infra-estrutura de Copacabana, cujo abastecimento de água e rede de esgotos tornar-se-ia insuficiente; que o arejamento daquele ponto da cidade seria sensivelmente afetado; e, finalmente, que o Exército poderia doar ao Estado, para uma praça pública, aquela cobiçada área.

Um deputado estadual – o senhor Claudio Moacyr –, falando na Assembléia em 11 de maio de 1976, deu curso à campanha para tomar do Exército a área de que tratamos. Usou da palavra nos seguintes termos:

> Sr. presidente, srs. deputados, abordarei hoje assunto que reputo da maior importância, relacionado com o município do Rio de Janeiro.
>
> Tenho lido, agora, que é desejo do prefeito deste município endividar ainda mais o município do Rio de Janeiro, contraindo um empréstimo para a aquisição do Forte de Copacabana, transformando-o numa grande área de lazer para a Zona Sul. Idéia perfeita. Realmente, necessita a Zona Sul do Rio de Janeiro de uma grande área de lazer. Entendo apenas que não pode e não deve o prefeito Marcos Tamoyo endividar ainda mais o município do Rio de Janeiro para adquirir área que pertence ao próprio governo, já que pertence ao Ministério do Exército.
>
> E a Lei Complementar nº 20 foi sábia quando cuidou deste assunto, determinando, no § 3º do Art. 2º: "Fica o Poder Executivo autorizado a transferir para o novo estado ou para os municípios as propriedades pertencentes aos ministérios civis ou militares que se tenham tornado desnecessários aos serviços desses órgãos da União."
>
> A prova de que esta área foi considerada "desnecessária" é a publicação de um edital colocando-a à venda. Conseqüentemente, deve o Presidente da República transferir para o município do Rio de Janeiro a área do Forte Copacabana para que este município não se endivide cada vez mais, para que proporcione efetivamente o êxito da fusão.

> Há necessidade da interveniência do sr. Presidente da República para determinar que a área seja transferida para o município do Rio de Janeiro que...
>
> ... Daí porque, sr. Presidente, nesta hora, como primeiro pronunciamento sobre este assunto, faço um apelo ao presidente Geisel e ao Ministro do Exército para que transfiram a área do Forte de Copacabana para a Prefeitura do Rio de Janeiro, para não aumentar a dívida deste município, tanto quanto para não permitir que o município, não podendo adquiri-lo, transforme aquela área numa área de espigões, contrariando os interesses da cidade do Rio de Janeiro.

Quando defini, linhas atrás, como sórdido e covarde esse comportamento para tumultuar a alienação dos terrenos do Exército, estava sendo feliz em minhas expressões, pois os argumentos mentirosos e propiciadores de intriga entre a população e o Exército eram difundidos às escondidas, através de elementos que, por ignorância ou interesses inconfessáveis, a isso se prestavam.

O meu Serviço de Informações – CIE – trouxe-me notícias de que interesses das companhias imobiliárias opunham-se, naquela área, a construções que se tornariam competitivas em relação às que estavam em execução na Barra da Tijuca.

Envolviam nisso o próprio prefeito e o chefe de seu gabinete como testas-de-ferro das grandes empresas. A este último os informes atribuíam esforços no sentido de evitar as edificações, porque também tirariam a vista do mar aos apartamentos do prédio número 92 da rua Francisco Otaviano, onde residia.

Não acreditei, absolutamente, nestas versões.

Entretanto, estes comentários não ficaram restritos aos órgãos de informações, visto que o *Diário de Notícias* de 13 de julho de 1976, à página 5, levou-os ao conhecimento público:

> ***O Forte de Copacabana e o Exército***
>
> A pior coisa que pode acontecer é uma pessoa falar de um assunto sem que esteja devidamente informado [*sic*]. O problema do Forte Copacabana [*sic*] é típico, e muita gente fala sem saber exatamente do que se trata. Vamos contar tudo.
>
> Tudo começou com uma audiência concedida pelo ministro Sylvio Frota ao prefeito do Rio de Janeiro, em Brasília. Na oportunidade, o sr. Marcos Tamoyo pediu ao ministro prioridade para a compra do imóvel, dando, inclusive, preço: 700 milhões de cruzeiros.
>
> Evidentemente que o Exército Brasileiro precisa de dinheiro, principalmente para realizar obras de restauração dos prédios onde funcionam quartéis, e em conseqüência, o general Sylvio Frota ficou satisfeito com a oferta, aceitando-a imediatamente.
>
> Para surpresa do ministro e de todo o Exército, o deputado Cláudio Moacyr pediu na Assembléia que o Ministro do Exército doasse à cidade o prédio do Forte Copacabana [*sic*], e, segundo se soube mais tarde, o parlamentar em questão estava falando "a pedido do prefeito Tamoyo"...
>
> O Ministério do Exército tomou então a seguinte (e correta) medida: abriu concorrência para vender o imóvel, o que já foi feito, e está em curso, esperando-se para os próximos dias o anúncio do nome da empresa vencedora. Foi só isso que aconteceu, e o Exército não pode agir com benemerência, pois ele também precisa de dinheiro.

Neste período de lutas para obter recursos a fim de equipar o Exército, não podia deixar de estranhar a indiferença do presidente no porfiado combate que travava. Pressentia nele uma satisfação indisfarçável pelo fracasso nas tentativas de alienar aquela área.

Aberta a nova concorrência pública, mencionada linhas atrás, a Cia. Brasileira de Habitação e a Construtora Ocidental Ltda. apresentaram proposta razoável, cobrindo em 180 dias a quantia de 650 milhões de cruzeiros e, no dia 30 de março de 1979, o restante, de 50 milhões e 750 mil de cruzeiros. Contudo dependia a aquisição de um empréstimo que, sob todas as garantias, tinham solicitado à Caixa Econômica Federal.

Negado este pedido a operação caiu no vazio.

Novos oferecimentos, acima de um bilhão de cruzeiros, foram feitos, e seria inevitável a venda com imediatos benefícios para o Exército.

Ocorreu, então, inesperada reviravolta. O senhor Humberto Esmeraldo Barreto, homem de íntima ligação com o general Ernesto Geisel, nomeado, há tempos, presidente da Caixa Econômica Federal, propôs-se a adquirir o imóvel para negociá-lo diretamente com o prefeito Marcos Tamoyo, visando a permitir a criação de mais uma área de lazer no Rio de Janeiro.

Tendo o presidente, como referi anteriormente, dito que não achava justo emprestar dinheiro ao prefeito Tamoyo para adquirir o que já era seu, porque o município não tinha condições de quitar a dívida, pasmei com a proposta de Humberto Barreto, que me foi comunicada pelo próprio presidente Geisel.

Muitas explicações surgiram, no entanto, fiquei na alternativa: ou procurava-se sustentar uma pretendida candidatura de Humberto Barreto a deputado pelo Rio de Janeiro,[1] com um ato de agrado à população carioca, ou temia-se que a área fosse vendida por maior preço, favorecendo a administração do general Frota e robustecendo seu prestígio no Exército, o que claramente não era do interesse político do governo, por paradoxal que pareça.

Aceita a oferta, por vantajosa em face das posturas, firmaram-se, em 12 e 13 de abril de 1977, as condições de pagamento que em síntese transcrevo:

> Preço da operação – Cr$700.750,00 (setecentos milhões, setecentos e cinqüenta mil cruzeiros).
> Forma de pagamento – Sinal e oito parcelas trimestrais de Cr$77.860,00 (última em 5 de março de 1979).
> Outras exigências – Juros e correção monetária exigíveis, no pagamento de cada parcela, sobre o saldo devedor, de acordo com o valor da ORTN.[2]

---

1. Foi notícia constante nos jornais daquele ano que Humberto Barreto pretendia candidatar-se a esse cargo eletivo.
2. Obrigações Reajustáveis do Tesouro Nacional. (N.T.)

– As quantias serão depositadas para livre movimentação na conta especial do Fundo do Exército.
Justificativa de operação – "O valor obtido pela venda dos terrenos se destina a suprir recursos para a construção do Colégio Militar, em Brasília, e do Hospital do Exército, no Rio de Janeiro, obras de interesse não somente do Ministério do Exército, mas também de grande importância educacional e social."
(Esta justificativa consta da documentação remetida pelo presidente da Caixa Econômica, em 13 de abril de 1977, ao Ministro da Fazenda, visando à aprovação da compra.)

O Exército conseguia, enfim, vender seus terrenos de Copacabana considerados, comprovadamente, inservíveis para fins militares. Seu preço real era muito maior – foi avaliado, de início, em 2 bilhões e 400 milhões de cruzeiros –, mas com a mudança do governo estadual, mudaram também as posturas municipais para reduzi-lo a menos de um terço daquele valor. Na outra extremidade da mesma avenida Atlântica, o sentido dessas alterações foi o oposto – beneficiaram largamente, porém, não ao Exército. Há, ali, um edifício – Dra. Regine Feigl – que gozou de concessões inexplicáveis, em face dos rigorismos estadual e municipal. Os poeirentos arquivos contam bem a sua história, a qual não estiveram alheios grandes homens da República.

Não se pense, todavia, que houve tolerância ou boa vontade dos órgãos do Estado na comprovação de posse dos nossos terrenos – o que jamais pediríamos ou desejaríamos. Exigências descabidas como a de sanar divergências entre nomes de ruas, separadas no tempo por mais de 60 anos, e a de explicar a diferença nas dimensões tomadas em 1913, em aclives, que não coincidiam logicamente com as respectivas e atuais reduzidas, evidenciavam o propósito de retardar a solução do problema. Muitas outras, mesquinhas e arbitrárias, levaram o meu representante da CEAI a perguntar por que não se procedia da mesma maneira com o edifício do Leme, onde severas restrições, ao sopro de ventos da conveniência, caíam como frutos maduros.

Reforçado o Fundo do Exército com uma quantia cuja previsão oficial situava – com juros e correção monetária – próximo de um bilhão de cruzeiros, ampliaram-se as minhas possibilidades de administração.

Os ótimos resultados da alienação de imóveis já haviam permitido fosse aberta concorrência pública para construção integral do Colégio Militar de Brasília, nas três fases anteriormente projetadas. Segui de perto o evoluir das negociações com a firma vencedora e, pessoalmente, em fevereiro, debati com seus responsáveis, ajudado pela argumentação técnica dos generais do Departamento de Engenharia e Comunicações, a redução de algumas despesas e o melhoramento e ampliação de certas dependências. Tudo assentado, ficou assegurada a construção do Colégio.

Em setembro, novamente inspecionei as obras; subiam os pavilhões em muito bom ritmo. Em conseqüência foram tomadas providências para que o educandário, embora em regime de efetivo reduzido, funcionasse a partir de março de 1978. Dois blocos de apartamento, um dos quais já em construção, supririam as necessidades domiciliares, e a verba para equipar as instalações estava garantida.

A urbanização da área circundante, consoante cláusula imposta, quando da denúncia do antigo convênio, cabia ao governo do Distrito Federal; por conseguinte, não mais constituía objeto de preocupação.

Era esta a situação em 12 de outubro de 1977. Avancemos, porém, no tempo.

Em 23 de janeiro de 1978 o governo deu vida oficial ao Colégio Militar e em dezembro do mesmo ano ocorreu sua inauguração. Hoje, está em pleno funcionamento.

Concretizava-se, assim, uma das mais caras aspirações dos militares. Entretanto, outras também de alta prioridade, como o novo Hospital Central do Exército (HCE), o Clube do Exército de Brasília e o Centro de Processamento de Dados do Exército, conquanto sempre lembrados, dependeriam ainda, em meados de 1977, de disponibilidades financeiras.

É o momento oportuno de voltar a tratar delas.

Estudos realizados com o objetivo de selecionar um local para a construção do novo HCE indicavam como área favorável a antiga Ilha de Bom Jesus, onde se localizava uma Companhia da 1ª Região Militar.

Menos de um mês após a alienação dos terrenos do Forte de Copacabana, em 11 de maio de 1977, criei, pela Portaria 637, uma Comissão de Construção para o novo HCE. Em agosto foram selecionadas as maquetes e respectivos planos, tendo a firma vencedora recebido encargo de desenvolver os projetos para a execução da obra.

Creio que a idéia de construir um grande hospital, moderno e eficiente, pode ser incluída na legião das ilusões perdidas – sem a pretensão de parodiar Balzac. A solução para os problemas de saúde deveria ser plena: um grande Hospital Central, a recuperação dos Hospitais Regionais e um Fundo de Saúde seriam realizações básicas neste caminho. Pessoal insuficiente para atender às necessidades e verbas exíguas para um funcionamento eficaz e decente criam dificuldades, muitas vezes insuperáveis, para a abnegação dos médicos que ali servem.

O administrador severo e capaz, insisto em dizer, não pulveriza recursos para tornar-se agradável, pelo contrário, concentra-os nos empreendimentos prioritários. Não se trata de agradar, mas sim de realizar.

Os recursos de Copacabana destinavam-se à construção do Colégio Militar e do hospital. A parte do colégio seria complementar e eventual visto que já tinha sido contabilizada, logo a quase totalidade do dinheiro obtido, cerca de 900 milhões de cruzeiros, deveria, do meu ponto de vista, ser empregada nas obras do nosocômio. Infelizmente não o foi.

A História lega-nos frases interessantes que podem ser adaptadas a circunstâncias análogas. Quando Augusto perdeu suas legiões, pela incapacidade do general Varo de saber bem empregá-las, bradou em desespero:

— Varo! Varo! Que fizestes de minhas legiões?[3]

Caso o Exército, como entidade, pudesse falar, possivelmente perguntaria a algum moderno Varo: que fizestes dos meus milhões?

A constituição de um Fundo de Saúde, que beneficiasse a família militar em seu todo, era prevista em lei. Apesar disso, organizar este Fundo não era tarefa fácil, em virtude das dificuldades em obter recursos para formar um capital de giro e da inexistência de uma estrutura de saúde que suportasse o volume de pacientes beneficiados.

Em 1974, após assumir o cargo de ministro, abordei o problema da assistência médica aos militares e seus dependentes. A questão era, além de difícil, muito complexa. Faltava-nos o principal – os recursos –, embora a lei autorizasse o desconto de até 3% no soldo, o que poderia manter um Sistema de Saúde, mas, na verdade, não permitiria seu funcionamento inicial por falta de uma reserva financeira. Uma fórmula para solucionar este óbice seria determinar os descontos no seu valor máximo – 3% – estipulando um prazo de carência para o início do gozo das vantagens. Tal medida, no entanto, nos acarretaria graves aborrecimentos, porquanto muitos militares não compreenderiam este descompasso entre os descontos e o atendimento gratuito ou semigratuito. A agravar este aspecto estava a generosidade da lei, que colocava nas concessões sem despesas, medicamentos, aparelhos, trabalhos radiográficos, exames químicos etc., onerando os gastos.

Nesta situação, procurei obter apoio do governo, visando a instituir o Fundo de Assistência Médico-Social do Exército (FAMSEx) para facilitar uma estrutura capaz de evitar a solução de continuidade entre o desconto e o uso da vantagem. Um projeto foi elaborado neste sentido. Tomando como base o nosso efetivo e o fator de saúde estipulado pelo EMFA, oficiei, em agosto de 1974, ao Ministro do Planejamento, solicitando uma verba de 180 milhões, anualmente, para o FAMSEx, com objetivo de compor e sustentar uma estrutura básica conforme as imposições determinadas em lei. Fiz acompanhar a solicitação do projeto do FAMSEx.

Este pedido, sob o pretexto de sempre – a premente necessidade de economizar –, não nos foi concedido. Voltei a insistir, reduzindo o fator de saúde de metade, o que nos daria apenas 90 milhões. Nova negativa, em que a inflação e a redução de despesas impunham-se como argumentos decisivos.

Todavia, como já disse algures, de conformidade com o discurso do deputado Faria Lima, em 27 de junho de 1977, "bilhões da poupança popular são entregues a aventureiros apadrinhados dos tecnocratas...".

---

3. Referência à célebre frase pronunciada pelo imperador romano Augusto quando soube que todas as legiões do Exército do Reno, o mais poderoso de Roma, sob o comando do general Quintílio Varo, haviam sido aniquiladas pelos germanos, liderados por Armínio, na batalha de Teutberg, no ano 9, deixando o Império quase sem defesas ante aqueles belicosos "povos bárbaros". (N.R.)

O tempo corria sem que o problema caminhasse para solução imediata; tornei-me, em vista disso, mais modesto em minhas pretensões. Tentei organizar, com nossos próprios recursos, o Fundo de Saúde do Exército (FUSEx). Precisávamos, contudo, de uma estrutura que se estendesse a todo o país e, como a nossa, por sua finalidade e restrições financeiras, não estava preparada para tomar esse compromisso de atender militares e famílias em qualquer lugar de nosso território, voltei-me para as organizações civis.

Deste trabalho foi encarregado o brilhante general que é Mário Silva O'Reilly Sousa, naquela época diretor de Assistência Social. Ligou-se o general O'Reilly a todos os setores relacionados com a assistência social, dialogou nas regiões sobre os objetivos do FUSEx e suas limitações iniciais que se iriam extinguindo com o consolidar de nossa experiência. Obteve compreensão e despertou interesse. Tudo isto robusteceu-me a esperança de vê-lo em pleno funcionamento no início de 1978.

A semente plantada haveria de germinar, e isto aconteceu. Ainda no mês de outubro de 1977, apenas 15 dias após eu ter deixado o Ministério do Exército, criava o novo ministro o Sistema de Assistência Médico-Hospitalar. Este sistema era estrutural e necessitava de alicerces financeiros para dinamizá-lo, sendo em conseqüência instituído, por Portaria Ministerial em 7 de dezembro de 1978, o FUSEx. Seis meses depois, em maio de 1979, o ministro aprovava as instruções para o Fundo de Saúde do Exército.

Tivesse o Exército construído o seu novo hospital, com a efetivação do Sistema de Assistência Médico-Hospitalar e o apoio permanente aos Hospitais Regionais, disporiam hoje os seus militares da melhor e mais eficiente estrutura médico-hospitalar de todos os tempos da instituição.

O Clube do Exército em Brasília foi inaugurado em 6 de setembro de 1977, devendo-se, em particular, à dedicação e competência do general Ênio dos Santos Pinheiro a sua sólida e perfeita construção. Uma semana antes convidara o general Geisel, no aeroporto onde fora aguardá-lo, para a inauguração. Tive a impressão que não esperava o convite, talvez por insinuações de elementos do Planalto de que eu não o faria. Perguntou-me se era extensivo à família e prometeu ir. O presidente compareceu e, por deferência, na presença de almirantes e brigadeiros, agradeci o apoio que nos prestara, embora na realidade nada nos tivesse dado. Foi agradecimento simples e simbólico, visando mais a evitar explorações dos intrigantes de todos os matizes, sempre propensos a ver nos discursos do ministro desconsiderações ao chefe do governo.

Estava o nosso Clube construído e praticamente equipado, em condições de proporcionar à família militar do Exército, em Brasília, ótima área de lazer.[4]

---

4. Cerca de dois meses antes de sua inauguração, um grande incêndio destruiu uma parte considerável da obra. Numa apuração preliminar, as causas do sinistro não pareceram acidentais, surgindo daí forte suspeita de ação criminosa. A retomada imediata dos trabalhos, em ritmo acelerado, impossibilitou uma

A inauguração, em 24 de agosto de 1977, do Centro de Processamento de Dados do Exército abriu novos horizontes às atividades de coleta e apreciação de dados. O Chefe do Departamento Geral dos Serviços recebeu do ministro todo o apoio financeiro e material para concretizar esta aspiração básica ao planejamento. O general-de-brigada Jayme Miranda Mariath – possuidor do Curso de Comunicações – foi o dedicado executor desta obra.

AS TRANSFERÊNCIAS PARA A RESERVA

As despedidas no Exército sempre tiveram um caráter hierárquico-sentimental. Hierárquico porque se dava ao chefe que se afastava da ativa, após dezenas de anos de serviço, uma demonstração de respeito e reconhecimento pelo que de construtivo fizera.

Sentimental porquanto o militar, apegado durante tanto tempo a condições peculiares da caserna, adaptar-se-ia com dificuldade a novo ambiente, guardando sempre saudades insopitáveis da vida castrense.

Ele leva e deixa lembranças inapagáveis de fatos dos quais participou e que marcaram fases ou épocas de sua passagem pelo Exército. Jamais dirá "o regimento em que servi", mas, sim, "o MEU regimento". Realmente, ele também lhe pertence pois permanece em seu coração.

Vemo-lo, por isso, quando se vai, após transpor o portão da guarda, voltar-se, e lançar ao velho pavilhão do quartel um olhar de tristeza e afetividade, afastando-se, lentamente, como se caminhasse para o túmulo.

Entretanto, os velhos chefes não morrem, afastam-se apenas. Perduram na memória de seus subordinados através dos exemplos que lhes legaram. Preserva-os a tradição, que se alicerça no afastado presente do acontecimento pretérito, porque, em última análise, o presente nada mais é do que o futuro do passado ao tempo que é o passado do futuro. Estas manifestações são, portanto, além de salutares, necessárias.

Procurei sempre prestar aos generais que exerceram cargos no EMFA e no STM as homenagens do Exército, quando deixavam definitivamente suas funções.

Em julho e setembro ocorreram, respectivamente, as despedidas dos generais Syseno Sarmento e Moacyr Potyguara – este ainda no cargo de Chefe do EMFA. As cerimônias, conduzidas com natural emoção, transcorreram com extrema cordialidade.

Em relação ao EMFA havia uma preocupação do presidente de substituir o general no curto prazo de 48 horas após ter passado para a reserva, o que ocorria

investigação técnica mais acurada, mas permitiu a prontificação do clube com apenas duas semanas de atraso, já que estava prevista para data anterior ao Dia do Soldado – 25 de agosto. (N.R.)

normalmente na data em que completava o tempo de permanência no Exército. Assim aconteceu com os generais Humberto de Souza Mello e Antonio Jorge Corrêa que, forçados a transmitir a chefia daquele alto órgão, o fizeram em curto prazo. O general Corrêa passou a função às pressas ao general Moacyr Barcellos Potyguara, que se empossou no cargo sem deixar o Comando do IV Exército, o que só conseguiu fazer depois.

A insistência partia do Presidente da República, argumentando que não se podia permitir a um general da reserva ocupar a Chefia do EMFA. Este argumento, no entanto, não era o verdadeiro, visto que o general Potyguara, que foi atingido pela compulsória a 22 de setembro de 1977, permaneceu naquelas funções até depois do dia 12 de outubro daquele ano e teve parte ativa nos acontecimentos daquele dia.

Falei ao presidente, quando se aproximou a data do afastamento do general Potyguara, sobre a sua substituição em vista do prazo de 48 horas que vinha sendo, sistematicamente, cumprido. Respondeu-me o presidente que um preceito regulamentar amparava a sua permanência por 45 dias após a transferência para a reserva.

Todavia, este preceito já era antigo e não foi invocado para Humberto de Mello nem para Antonio Jorge Corrêa. Abandonou-se, também, a escrupulosa norma de não consentir que um oficial da reserva permanecesse nesses cargos. Por quê?

Talvez uma análise mais profunda das promoções no quadro de oficiais-generais possa trazer esclarecimentos porquanto, em 1975, não houve uma única promoção a general-de-exército e apenas uma a general-de-divisão. Isto significa, em linguagem clara e simples, que o futuro Presidente da República, selecionado pelo Planalto, subira somente um degrau na ascensão ao generalato-de-exército, faltando-lhe, ainda, 32. São dados que entrego aos interessados para resposta.

O general Potyguara, homem ligado aos Geisel, amigo íntimo do general Orlando Geisel, foi mantido no cargo até depois do dia 12 de outubro de 1977. Desconheço se participou da preparação da Farsa de Outubro, mas foi inegável que cooperou na execução.

As relíquias de Osório

Visitei, no meado desse ano, a casa da rua do Riachuelo nº 303, onde habitou e faleceu o general Osório e, a seguir, desloquei-me para o município de Duque de Caxias a fim de rever o Museu de Caxias, organizado no local do nascimento do nosso Grande Duque. Perlustrei ambos, procurando inteirar-me de suas exigências financeiras. Pretendia recuperar a casa do patrono da Cavalaria e prosseguir na tentativa de transformar a antiga Fazenda de S. Paulo[5] num Parque Nacional Histórico, ampliando a área já ocupada.

Dos Grandes Homens – afora outras manifestações e provas de respeito – procuramos preservar os lugares em que nasceram e morreram para manter presentes, na lembrança dos povos, aqueles que os honraram em vida.

Dos seus feitos e de suas gloriosas existências falarão os seus biógrafos, por delegação da História.

O culto de Osório pelos oficiais de Cavalaria do Exército Brasileiro toca as fimbras do infinito na religiosidade que o define; para eles, tudo que pertenceu a Osório é sagrado. O Parque Histórico Marechal Manoel Luiz Osório, no quilômetro 16 da rodovia Osório–Tramandaí, em Porto Alegre – obra do ilustre cavalariano general Médici –, tem como principal atração a casa em que nasceu o nosso herói, em Conceição do Arroio.

É a Meca da Cavalaria brasileira, que deve ser visitada "pelo menos uma vez na vida" pelos homens da Arma que, segundo as narrativas bélicas, teve a inalienável glória de ter aberto, durante séculos, a golpes de sabre e pontaços de lança, a rota dos exércitos vitoriosos.

Ao lado dessa modesta casa está, sobre estacas, outro monumento célebre; o lanchão *Seival*, comandado por Garibaldi na Revolução Farroupilha, que ornamenta e valoriza o quadro histórico.

Em maio de 1977, estive presente às festividades que, todos os anos, ali se realizam no aniversário de nascimento de Osório.

Há algum tempo vinha manifestando o Exército, em especial a sua Cavalaria, o desejo de possuir e guardar as espadas e lança de Osório. Em setembro de 1977, em cerimônia realizada na Fundação Osório, no Rio de Janeiro, concretizou-se esta aspiração. Um dos bisnetos de Osório – dr. Fernando Morena Osório –, em nome da família, entregou ao Ministro do Exército a lança de ébano e a valiosa espada que pertenceram ao Centauro dos Pampas.

O proeminente historiógrafo professor Pedro Calmon, com sua palavra vibrante e persuasiva, que faz o auditório viver os fatos narrados, em nome do Exército, agradeceu aos descendentes de Osório a carinhosa doação.

Ao retirar-me declarei que os cavalarianos de hoje, orgulhosos da Cavalaria do Império, saberiam guardar e preservar, religiosamente, as sacrossantas relíquias recebidas.

5. Fazenda de Inhomirim, segundo o historiador Vilhena de Morais, no fascículo "O gabinete de S. João", 1977.

O Fundo do Exército

É um assunto que julgo digno de destaque o da gestão do Fundo do Exército, sob responsabilidade pessoal do Ministro do Exército.

Foi criado pela Lei nº 4.617, de 15 de abril de 1965, com a finalidade de auxiliar o provimento de recursos financeiros para o aparelhamento do Exército e para realizações ou serviços que se façam necessários, a fim de que possa o Exército dar cabal cumprimento às suas missões.

Decretos posteriores, de 1974, ainda no governo Médici, fizeram ligeiras modificações sobre a maneira de administrá-lo, sem afetar sua finalidade.

A lei que o criou definiu, em seu artigo 3º, as receitas de que disporia, entre elas, uma doação anual, prevista no orçamento da República, para 1965 e 1966, no valor de 20 bilhões de cruzeiros, que seria elevada, em 1967, para 25 bilhões de cruzeiros. As quantias estavam expressas nos cruzeiros da época, significando em moeda atual milhões e não bilhões.

As demais receitas – indenizações, saldos de algumas verbas etc. – careciam de importância. Manejava-se, portanto, o Fundo na base da concessão orçamentária, sendo nestas condições indispensável que lhe fossem concedidos outros recursos financeiros para que se pudesse fazer algo de concreto pelo Exército.

O governo Geisel pouco ou nada deu ao Fundo, além dessa dotação, nos anos em que dirigi o Ministério do Exército; pelo contrário, sobrecarregou-o com uma parcela no pagamento dos canhões antiaéreos Oerlikon, adquiridos numa transação comercial de governo a governo entre o Brasil e a Itália.

Não me recordo com precisão da dotação orçamentária para o Fundo do Exército durante os anos que o administrei, todavia, parece-me que, em 1977, era da ordem de 70 milhões e, logicamente, bem superior às dos orçamentos anteriores. Cresceu, de 1965 a 1977, em 12 anos, sob impulsos inflacionários, de 3,5 vezes, mas somente em valor absoluto.

Com a criação da CEAI, começavam a ingressar no Fundo recursos decorrentes da venda de imóveis. Este dinheiro, no entanto, colocado simplesmente nos bancos, ia diariamente se desvalorizando, corroído pela inflação e sem uma compensação, por mínima que fosse, em juros. Era uma imposição legal que assim ocorresse visto que as verbas orçamentárias, provenientes de fontes governamentais, não poderiam usufrutuar vantagens do próprio governo.

Entretanto, os recursos da CEAI tinham origens diferentes; provinham de organizações civis, empresas estatais, autarquias etc., e jamais do orçamento da República. Estribado neste argumento, procurei o Ministro da Fazenda. Examinamos o assunto e chegou-se à ilação de que, nestas condições, não haveria restrição legal que impedisse o dinheiro de auferir lucros.

Precisava-se, porém, que a legislação oficializasse este ponto de vista.

Surgiu, por isso, o Decreto nº 76.295, de 18 de setembro de 1975, especificando os títulos do Fundo do Exército que poderiam ser empregados em operações financeiras, solucionando dessa maneira a questão.

Até esta data, quase um ano após a criação do CEAI, não pôde o Exército impedir que seus recursos financeiros, obtidos por essa Comissão, fossem depreciados. Contudo, posteriormente, os juros e as correções monetárias revalorizaram os nossos depósitos. Como um único exemplo cito a operação dos terrenos da rua Francisco Otaviano, em que estas vantagens atingiram a pouco mais de 200 milhões de cruzeiros, no prazo de dois anos.

No ano de 1974 pouco se conseguiu com a ação da CEAI devido, naturalmente, às medidas relativas à sua implantação e à adaptação à dinâmica de seu funcionamento. Os primeiros resultados positivos apareceram no segundo semestre de 1975, porém, com as providências do Decreto nº 76.295, acima mencionado, a partir de 1976, a mais vigorosa fonte de recursos que o Exército possuiu foi aquela Comissão.

Uma síntese do movimento do Fundo do Exército – na parte dos recursos que concedeu às Organizações Militares ou empregou em benefício da instituição – permitirá apreciar as vantagens em alienar os imóveis inservíveis. Trocou-se, obstino-me em afirmar, o que era imprestável pelo que nos faltava e, em muitos casos, era vital. O quadro "Concessão de recursos" expressa bem esta assertiva (ver Quadro A).

QUADRO A

Destino dos recursos	Recursos concedidos (a)					
	1974	1975	1976	1977(b)	Subtotal	Total
Construções, reparos e adaptações. Aquisições de imóveis.	50.442.760	33.714.558	194.576.808	294.366.890	573.101.076	787.920.345
Aquisições de material bélico.	—	4.414.062	50.740.000	53.861.000	108.715.062	
Outros destinos: assistência social, combustíveis, manutenção, diversos etc.	22.557.131	35.032.837	31.981.974	16.532.325	106.104.267	

Observações: (a) Em Cr$1,00; (b) Até 20 de setembro

Examinando-o, vemos que o Fundo do Exército, no período em que o geri, aplicou, até 20 de setembro de 1977, a apreciável quantia de quase 800 milhões de cruzeiros.

É possível que, de 20 de setembro a 12 de outubro de 1977, mais algumas concessões tenham ocorrido, ultrapassando este número; todavia, dadas as circunstâncias em que me afastei do cargo, não consegui o documento que relacionava as últimas distribuições feitas às Organizações Militares.

Uma rápida análise desse resumo mostra-nos que, somente a partir de 1976, com a vigência do Decreto nº 76.295, de 18 de setembro de 1975 – autorizando colocar na Caixa Econômica Federal os recursos obtidos com a venda de imóveis –, pôde-se usufruir em sua plenitude as vantagens dessa alienação. Daquele total – 800 milhões – concedido pelo Fundo do Exército, 642 o foram no biênio de 1976/1977, o que corresponde a pouco mais de quatro quintos do despendido nos quatro anos.

Ao término de minha gestão, deixei à disposição de meu sucessor um saldo de, aproximadamente, um bilhão de cruzeiros nas condições ressaltadas no esclarecimento sinótico abaixo (Quadro B).

É interessante ressaltar que o balancete de junho de 1974 registra em caixa o que recebi de meu antecessor e o de 14 de outubro de 1977 a soma que ali ficou.

QUADRO B

Demonstração de valores			
Documentos comprovantes	**Em caixa no Fundo do Exército**	**Na Caixa Econômica Federal (a)**	**Total contabilizado**
Balancete de 14/6/1974	112.438.320,20	—	—
Balancete de 14/10/1977	421.098.547,86	—	1.010.546.437,11
Escritura de alienação de imóvel (b)	—	589.447.889,25(c)	

Observações:
a) Assegurado o depósito na Conta nº 980.026-3/Agência Montese, em nome do "Fundo do Exército", de acordo com as condições de venda.
b) Tendo com base a ata nº 329 de 12.4.1977, o Ofício nº 323 de 13.4.1977 da Diretoria da CEF *e a homologação do Ministro da Fazenda.*
c) Recursos já pertencentes ao Fundo do Exército em 12/10/1977.

Conforta-me dizer que, quando fui exonerado, o Fundo do Exército possuía em caixa mais de três vezes e meia a quantia que encontrei e dispunha, ainda, na Caixa Econômica Federal, de um crédito pouco superior a 589 milhões de cruzeiros.[6]

6. Efetuando-se a atualização monetária, com base no valor do dólar norte-americano convertido em cruzeiros, em outubro de 1977 (US$1 = Cr$15,28), e da mesma moeda convertida em reais, em outubro de 2004 (US$1 = R$2,85), considerando-se como índice de desvalorização do dólar nesse período (1977/2004) o Gross Domestic Product Deflator Index (GDPDI) de 2,53, tem-se que um cruzeiro em outubro de 1977 equivaleria a R$0,47 em outubro de 2004. Utilizando-se esta taxa de atualização monetária, o valor do saldo do Fundo do Exército em outubro de 1977 era de R$476.672.476,00. (N.R.)

CAPÍTULO 37

A fala da oposição

Na segunda-feira 27 de junho, atendendo a convite do consultor jurídico do Ministério, fui a uma reunião social em sua residência.

Compareceram, também, os ministros Antonio Neder e Leitão de Abreu, sendo este o último a chegar. Justificando a demora, esclareceu o ministro Leitão de Abreu que ficara ouvindo os pronunciamentos de quatro congressistas da oposição, vazados em termos violentos. Voltando-se para mim, exclamou, evidentemente preocupado:

— General! O senhor vai ter aborrecimentos amanhã!

A seguir, fez uma ligeira referência aos discursos e à linguagem agressiva empregada pelos oradores.

Surpreendi-me por não terem sido estes discursos censurados, mas esclareceram-me que a lei autorizava-os, sem censura prévia.

Já tarde da noite, chegando a minha residência, fui informado de que o telefone não parara de tilintar. Eram ligações dos Exércitos, procurando o ministro.

Realmente, esta insistência confirmou-se, logo, com um telefonema do Comandante do IV Exército, general Argus Lima, visivelmente irritado:

— Frota! Estamos perplexos com o que ouvimos na televisão. Ficamos indignados com os ataques à Revolução. É preciso uma providência para que não se repita esta afronta.

— Não ouvi o pronunciamento, porém já soube do seu teor. É um amontoado de calúnias e insultos. Amanhã tratarei do assunto com o presidente. Você saberá do resultado.

Encerramos assim o diálogo telefônico.

Na manhã seguinte, recebi informações de todos os Exércitos e Comandos sobre as repercussões negativas causadas pelos pronunciamentos. Realçavam os generais que causara estupefação ter sido consentida tal transmissão, já que se sabia, antecipadamente, de seu caráter contestatório.[1]

No despacho normal com o presidente, coloquei-o a par da forte reação, generalizada, contra a agressão ao Exército e seus oficiais. Prometeu-me o general Geisel tomar imediatas e enérgicas providências. Desta decisão de S. Excia. dei ciência aos grandes comandos e chefes de departamentos através do rádio abaixo:

> N. 664-MIN EX de 28 JUN 77 COMUNICO VEX QUE EM DESPACHO COM O SR PRESIDENTE REPUBLICA VG ABORDANDO PRONUNCIAMENTOS POLITICOS MDB PELA TV VG INFORMEI S EXA REPERCUSSOES NEGATIVAS NA AREA MILITAR PT DISSE S EXA SER ACONSELHAVEL PRONTA RESPOSTA AQUELES PRONUNCIAMENTOS ATRAVES MESMOS MEIOS UTILIZADOS LIDERES MDB PT SR PRESIDENTE REPUBLICA DISSE JAH TER PROVIDENCIADO RESPOSTA ENERGICA AQUELA MANIFESTACAO CONTRARIA AA REVOLUÇÃO QUE O ATINGIU ACIMA DE TUDO PT TORNA-SE VG MAIS QUE NUNCA IMPRESCINDIVEL VG EM BENEFICIO IDEAIS REVOLUCIONARIOS VG MANTER COESÃO COMANDADOS EM TORNO SEUS CHEFES VG VISTO QUE QUALQUER ATITUDE EM CONTRARIO SOH BENEFICIARAH INIMIGOS REVOLUCAO PT SYLVIO FROTA MIN EX

O general Hugo Abreu, com quem desejava falar, acompanhou-me ao meu gabinete. Mostrei-lhe, então, as informações que recebera dos comandos e pedi-lhe reiterasse ao presidente a necessidade de medidas rigorosas, visto que todo o Exército estava na expectativa de uma pronta resposta àquela inusitada e vil agressão.

O general Hugo elucidou que já se encontravam em andamento providências para responsabilizar e processar os quatro políticos que tinham feito uso da palavra.

Continuando eu a especular sobre os fatos ocorridos, estranhei não tivesse a transmissão sido proibida, visando a evitar agitações. Surpreendeu-me, sobretudo, que o SNI houvesse concordado com a publicidade, o que me parecia inacreditável, em vista de sua finalidade e do conteúdo das orações.

O general Hugo retomou o diálogo para esclarecer que estivera fora de Brasília, regressando nos últimos dias da semana anterior. Ao chegar, ouviu comentários sobre a grosseria e brutalidade das acusações lançadas à Revolução, cientificando-se, pessoalmente, ao escutar as gravações, que as expressões eram realmente agressivas e desabridas. Procurou, a seguir, ligação com outras autoridades no sentido de evitar a sua divulgação, no que não foi feliz.

Segunda-feira, dia 27, na reunião habitual do palácio do Planalto, na presença do presidente, manifestou sua preocupação quanto à difusão dos discursos, usando

---

1. Ver, no Anexo A, as mensagens dos Comandos dos Exércitos. (N.R.)

de incisivos argumentos e finalizando com a afirmação "Na minha área haverá reações". Os presentes, entre os quais estava o general Figueiredo, discordaram de suas ponderações, admitindo que nada aconteceria. Em vista disto, foi a transmissão liberada, sob alegação de que a lei não permitia a censura prévia. Restou-lhe, apenas, a consciência tranqüila pelo alerta dado ao presidente.

No dia 29, ocorreu a transmissão do Comando Militar do Planalto e 11ª Região Militar. Estavam presentes quase todas as autoridades militares e civis de Brasília, entre as quais o Chefe do SNI, general-de-divisão João Baptista de Oliveira Figueiredo, que neste dia iniciou o ciclo de suas famosas e discutidas entrevistas. Ao fim da cerimônia permaneci ainda, por algum tempo, no palanque, em conversa com generais. O general Figueiredo foi cercado por jornalistas que desejavam esclarecimentos quanto ao discurso do deputado Alencar Furtado. Respondeu às indagações dizendo não ter gostado da fala da oposição e acrescentou que já havia recebido mais de 500 telefonemas sobre o assunto. Creio que nesta mesma ocasião falou, também, em resposta a perguntas, sobre sua candidatura à Presidência, estabelecendo condições para aceitá-la.

Em busca da verdade defrontava-me com difícil charada. O general Figueiredo disse aos jornalistas que não gostara dos pronunciamentos, no entanto, na reunião do Planalto, julgou-os inócuos. Nem o fio de Ariadne tirar-me-ia deste labirinto.

A 30 de junho, o governo, com base no AI-5, cassou o mandato do deputado Alencar Furtado. Na manhã deste dia, eu já participara aos Exércitos a aplicação de severas medidas governamentais, todavia sem especificá-las.[2] A satisfação pela atitude do governo foi geral, como demonstra um dos rádios recebidos:

> NR 0767 E/2-AB DE 01 JUL 77 PT INFO VOSSA EXCELENCIA REPERCUSSAO ALTAMENTE FAVORAVEL VG AREA II EX VG MEDIDAS CONSTANTES TX 665 MIN EX DE 30 JUN VG ET ESPECIALMENTE CASSACAO DEP ALENCAR FURTADO PT GEN DILERMANDO CMT II EX

Outra decisão importante foi a de suspender, por ato complementar, em caráter provisório, o acesso dos partidos à televisão e ao rádio.

A tempestade amainou e a oficialidade, ressarcida moralmente, retornou às suas atividades normais.

Naqueles tempos – usando a linguagem bíblica –, todo o Exército ainda se insultava com as ofensas dirigidas à instituição, aos seus símbolos e integrantes. Sinais dos tempos, dirão hoje os mais céticos, desculpando mudanças. Entretanto, os mais ponderados e realistas vêem nos fatos hodiernos a triste involução do pensamento militar – do idealismo para o pragmatismo.

Não será, pergunto eu, a penosa e indigna transição do sacerdócio para o mercenarismo, sob a influência danosa do materialismo?

---

2. Ver Anexo B.

611094MNEX BR
2121564MNEX BR
K K K

I Ex

DE RIO - RJ NR 958 NIL 281830P RTM
C I E
BRASILIA - DF

NR 958 E/2 DE 28 JUN77 PT -
MSG DIARIA PTPT
1. MIL PTPT S ALT PT
2. POL PTPT
COM REFERENCIA AOS PRONUNCIAMENTOS DE LIDERES DO MDB PELA TV VG A
REPERCUSSAO NO PUBLICO INTERNO FOI A SEGUINTE PTPT
A) REPERCUSSAO ALTAMENTE NEGATIVA NO PUBLICO INTERNO PTVG.
B) ESTUPEFAÇAO POR TER SIDO CONSENTIDA A TRANSMISSAO DO PROGRAMA/
QUE VG JAH DE ANTEMAO SE SABIA CONTESTATORIO PTVG
C) PERPLEXIDADE PELA VEEMENCIA DOS ORADORES VG PELA DISTORÇAO DOS
FATOS E PELO USO DE MEIAS VERDADES CARACTERIZANDO UMA ATITUDE ///
AGRESSIVA AO GOVERNO E AOS PRINCIPIOS REVOLUCIONARIOS PTVG
D) NOTA-SE GRANDE PREOCUPAÇAO PELA AUSENCIA DE MEDIDAS A FIM DE /
IMPEDIR QUE O PROGRAMA FOSSE AO AR PTVG
E) HAH UMA GRANDE EXPECTATIVA PELAS MEDIDAS QUE SERAO TOMADAS PE-
LO GOVERNO A FIM DE RESTAURAR OS PRINCIPIOS QUE NORTEIAM O MOV //
REV 1964 PTVG
F) APESAR DO ESTADO DE ESPIRITO ACIMA DESCRITO UMA PARCELA JULGA/
VG DE CERTA FORMA VG PROCEDENTE ALGUMAS CRITICAS NO QUE SE REFERE
AO ASPECTO ECONOMICO PT
3. ECO ET 4. PSI PTPT S ALT PT CEL MASSELLI E/2 I EX

TRNS POR RTM 281907P JUN
RCB POR?RR BHG

C

II Ex

102

1123898MNEX BR
611094MNEX BR
K K K

DE SAO PAULO /SP NR 754-NIL-173528P LUD
CIE
BRASILIA/DF

NR 754 E/2-LS DE 28 JUN 77 PT COM REF PRONUNCIAMENTOS POLITICOS TRANSMITIDOS VG ONTEM VG PELA TV VG INFO VEX QUE PELA MANEIRA AGRESSIVA E DEMAGOGICA COMO OS ASSUNTOS FORAM FOCALIZADOS PELOS DIRIGENTES DO MDB CAUSOU REFLEXOS NEGATIVOS NA AREA MILITAR PT
--GEN DILERMANDO - CMT II EX ---

TRANS LUD AS 1749 HS
REC POR +? R ARD 281749P/JUN

III Ex

611094MNEX BR
511011MNEX BR
K K K

DE PALEGRE - 1032 - NIL - 280617:00P ONO
MINISTRO EXERCITO
BRASILIA/DF

TLX NR 1021 M29 E2/III EX DE 28 JUN 77 PT TRANSMISSAO CADEIA TV PRONUNCIAMENTOS LIDERANÇAS MDB REPERCUTIU NEGATIVAMENTE / ENTRE COMANDOS VG OFICIAIS ATIVA ET RESERVA ESTA AREA SEGUINTES RAZOES PTPT MOMENTO ATUAL EM QUE CAMPO POLITICO VG ECONOMICO VG ESTUDANTIL VG CLERO VG ALIMENTADOS IMPRENSA ET GRUPOS ESQUERDISTAS PRESSIONAM SENTIDO MUDANÇAS ET ABERTURAS / AÇAO GOVERNAMENTAL PTVG MENSAGEM MOTIVADORA PARA UNIAO ET / CONGREGAÇAO ESFORÇOS FIM CONQUISTAR NOVAS ADESOES SETORES OPERARIADO PTVG ABUSO LIBERDADE PARA DESTRUIR ET CONFUNDIR SETORES REVOLUCIONARIOS EM BASES CONTESTATORIAS PREGANDO DERRUBADA REGIME PTVG LANÇAMENTO DUVIDAS SETORES CONSERVADORES ATEH MOMENTO TRANQUILIDADE PT REMESSA RELATORIO CURTO PRAZO PT GEN ALENCAR - CH EM/III EX ---

TR ONO 2819:42P JUN
REC POR? RR BHG MM DTHH

EMBRATEL

611145MNEX BR
811283MNEX BR
KKK

ESTAÇÃO - CM 1101 IV Ex

DE RECIFE-PE NR 1968-NIL-281450P TCI 28 JUN 1561 F 005372
MINISTRO DO EXERCITO
BRASILIA-DF

NR 364-E/2 CR/7 CM DE 28 JUN 77 PT REPERCUTIU NEGATIVAMENTE AREA IV EX VG TRANSMISSAO TV NOITE ONTEM ENCERRAMENTO SIMPOSIO MDB VG PARTICULARMENTE SEGUINTES PONTOS PTPT DEFESA ELEMENTOS CASSADOS VG SABIDAMENTE COMUNISTAS PTVG APRESENTAÇAO DADOS ESTATISTICOS ET FILOSOFIA MARXISTA SOBRE SALARIOS ET DISTRIBUIÇAO RENDA PTVG EXPLORAÇAO ''PRISOES VG TORTURAS ET MORTES'' PTVG DESCRIÇAO UM QUADRO EM QUE REVOLUÇAO APARECE COMO FRACASSADA ET DESVIRTUADA COM UM PRESIDENTE VG PREPOTENTE ET ARBITRARIO PT ------ GEN ARGUS LIMA - CMT IV EX

TR POR TCI 281555P JUN
REC POR+.ƦƦAEG MMDTHR

RADIOGRAMA

Nome e cargo do expedidor fechando o texto. Escrever separando as palavras em 2 espaços

Preâmbulo			Carimbo da Estação
Espécie OFICIAL	Número ESTAÇÃO	GM 1101 Data Hora	
Origem	Palavras 30 JUN 1316 77	Via a seguir 006037	
INDICAÇÕES DE SERVIÇO TAXADAS	T E L E X		Hora da Transmissão
Endereço	RELAÇÃO ANEXA COM 9 ENDEREÇOS		Iniciais do Operador

TEXTO A TRASMITIR

N. 665 MIN EX de 30 JUN 77 COMUNICO VEX QUE ONTEM VG ATRAVÉS CH GAB MIL PRES REP VG REAFIRMEI SENHOR PRESIDENTE REPERCUSSÃO NEGATIVA ÁREA MILITAR PRONUNCIAMENTOS LÍDERES OPOSIÇÃO PELA TV ET REITEREI EXPECTATIVA EXÉRCITO PELA PRONTA RESPOSTA AQUELE ATAQUE REVOLUÇÃO PT AINDA ONTEM RECEBI VG DO CH GAB MIL PRES REP VG SEGUINTES INFORMAÇÕES PTPT RÉPLICA IMEDIATA SENDO FEITA ATRAVÉS CONGRESSO NACIONAL PTVG RESPOSTA OFICIAL ARENA PELA TV NÃO PODE SER INSTANTÂNEA POR MOTIVOS BUROCRÁTICOS JUNTO JUSTIÇA ELEITORAL PTVG MIN JUSTIÇA ESTAH AGINDO SENTIDO RESPONSABILIZAR ET PROCESSAR OS QUATRO POLÍTICOS MDB FIZERAM USO PALAVRA DURANTE PROGRAMA TV PTVG SR PRESIDENTE REPÚBLICA REVOGARAH LEI PROPICIOU PROGRAMA APÓS RESPOSTA ARENA VG VALENDO-SE MESMOS MEIOS UTILIZADOS PARA PROMULGÁ-LA PT MANIFESTO VEX MINHA CONVICÇÃO TRATAR-SE AÇÃO COMUNISTA PARA ATACAR BRIOS FORÇAS ARMADAS ET COLOCÁ-LAS OPOSIÇÃO GOVERNO VG RAZÃO PELA QUAL RENOVO RECOMENDAÇÕES SENTIDO NECESSIDADE MANTER COESÃO COMANDOS TORNO SEUS CHEFES PT PRESENTE MSG EH EXTENSIVA SUBORDINADOS PT SYLVIO FROTA MIN EX

Assinatura ou rubrica do expedidor Sylvio Frota

CAPÍTULO 38

A política e a sucessão

O ano de 1977 despontou sob os mais tranqüilizadores auspícios. O Presidente da República declarara em seus discursos de dezembro do ano anterior que ainda era cedo para tratar do problema sucessório e afirmara, em várias ocasiões, que o ano de 1977 destinava-se à administração.

Estava eu convencido de que estariam banidas, por um ano, as constantes especulações políticas com suas conseqüentes e desagradáveis intrigas.

Infelizmente, apesar de três anos de exercício ministerial, não conhecia bem o grupo palaciano, que sabia, com habilidade e hipocrisia, disfarçar seus intentos, valendo-se, para isso, de sua vantajosa posição junto ao sistema de comunicações e do sigilo que o isolamento do palácio do Planalto proporcionava.

Com o conhecimento do Presidente da República, como a maioria acredita, ou sem a sua autorização, como ainda alguns ingênuos remanescentes admitem, trabalhava aquele grupelho no sentido de manter-se no poder. Ligações com militares e políticos, divulgações pela imprensa, favorecimentos, aliciamentos e insídias eram os seus métodos prediletos. Ninguém melhor do que seus elementos usou e abusou do amoralista conceito de que os fins justificam os meios.

Sua infindável preocupação de arrasar – este é bem o termo – todos os possíveis candidatos à Presidência da República levava-os a caminhar por terrenos lamacentos. Com esta finalidade não mitigavam esforços. O campo político recebia de sua parte fiscalização permanente; todas as ligações de chefes militares com políticos, mesmo as de caráter funcional ou particular, eram logo detectadas e apreciadas.

Comporei este ambiente de intrigas e ambições, narrando fatos a que assisti e vivi, para uma melhor compreensão da sórdida farsa que se preparou no palácio do Planalto.

AS RELAÇÕES COM POLÍTICOS

Nos meus primeiros despachos com o presidente, em 1974, procurei conhecer sua orientação sobre as ligações do Ministro do Exército com os congressistas e políticos em geral. Disse-lhe que deputados e senadores, alguns conhecidos, pediam-me audiências. Perguntei-lhe se tinha algo a aconselhar-me quanto a esses contatos, do ponto de vista político.

Achou o presidente interessante recebesse todos, pois "a sua missão agora também é política. Que os ouça e atenda na medida do possível."

Esta era a minha maneira de pensar e agradou-me, por isso, a opinião presidencial. Entretanto, as visitas de congressistas ao meu quartel-general transformavam-se em matéria de comentários e explorações.

O deputado Synval Boaventura, da Arena de Minas Gerais, no tempo em que presidiu a Comissão de Segurança Nacional do Congresso, pediu-me uma audiência, solicitando-me uma exposição sobre a Amazônia e seus problemas. Homem simples e bem-intencionado, agradou-me pelo interesse de melhor conhecer a área amazônica, sobre cujos aspectos interessantes conversamos longamente. Seu sentimento democrata, longe dos extremismos, algo conservador, fortaleceu uma simpatia recíproca. Atendi o seu pedido, atribuindo ao Chefe do Estado-Maior do Exército a missão de mandar preparar a conferência, dias após realizada. Ao término da exposição, os congressistas, a meu convite, almoçaram no gabinete ministerial.

Este fato corriqueiro, normal em qualquer administração em que os três poderes estejam em harmonia, foi desvirtuado e apresentado pelos sagazes observadores do Planalto como indícios de tendenciosas ligações políticas.

Em 25 de maio de 1977, o deputado Amaral Netto completava nove anos de exibições de excelente programa de televisão, de cunho cívico e instrutivo, visto com prazer pelos militares. Visando a comemorar tal acontecimento, ofereceu recepção no Hotel Nacional de Brasília. Procurou-me, pessoalmente, para transmitir um convite, tendo insistido não faltasse.

Compareci à recepção, acompanhado de minha esposa e filha; lá estavam muitos ministros, mas a massa dos visitantes era de políticos. Os deputados do Ceará, terra de meu pai, vários ligados a parentes meus, cercaram-me para conversar; outros integraram-se ao grupo. O senador Luiz Viana, presente, deu-nos o ensejo de falar do marechal Castelo Branco, de sua personalidade, da austeridade que deu ao cargo presidencial e de sua fina ironia em criticar os fatos. Permaneci pouco tempo na recepção, sendo dos primeiros que se retiraram.

No despacho com o presidente, na semana seguinte, depois do exame dos assuntos administrativos, o general Geisel, em tom de censura, iniciou o diálogo:

— Você foi à festa do Amaral Netto?

— Fui. Não sou homem de festas, entretanto, resolvi ir.

— Mas não devia ter ido...

— Por quê? Não havia restrições que o impedissem. Os ministros foram. O Armando Falcão, Henning, Araripe, Hugo e outros estavam lá.

— Mas os políticos não cercaram o Henning nem o Araripe...

— Mas, o que tenho eu com isto? Não cercaram porque não quiseram.

Terminou, assim, mais um despacho presidencial.

Soube, depois, pelo general Hugo Abreu, que Heitor Aquino Ferreira, secretário particular do presidente, entregara a este um exemplar da revista *Veja* com reportagem sobre a recepção do deputado Amaral Netto. Constava da publicação que eu, muito bem trajado, circulava pelo salão com "ar presidenciável". Segundo Hugo Abreu, o secretário Aquino sublinhou o trecho em vermelho – cor naturalmente de sua predileção – e mostrou-o ao presidente. Foi uma "inocente" informação, muito ao sabor dos intrigantes do palácio do Planalto.

A ENTREVISTA DO GENERAL GOLBERY

Em junho, no dia do sepultamento da esposa do general Orlando Geisel, um jornalista do *Estado de S. Paulo* conseguiu, no palácio do Planalto, uma ligeira entrevista com o general Golbery do Couto e Silva. Esta entrevista, que o saiba, não chegou a ser publicada, segundo consta, por ter o general Golbery sustado-a posteriormente. Recebia-a em "xerox", trazida à minha residência por meu colega de turma e amigo general-de-exército Ramiro Tavares Gonçalves, que a obtivera de pessoa ligada àquele jornal. Estava em sua forma original, com as correções feitas pelo próprio entrevistado, ainda consoante informações dadas ao general Ramiro.

É uma peça muito interessante na apreciação do quadro político da época e em face dos acontecimentos ulteriores, ali colocados esquematicamente.[1] Sua análise deixa perceber claramente que a intenção do presidente era sair da "estaca zero", em relação às consultas, articulações etc...

---

1. Ver Anexo A.

A viagem que, nessa ocasião, empreendeu Heitor Aquino Ferreira, secretário particular do presidente, por vários estados da Federação, não deveria estar divorciada desse propósito. É preciso compreender que o Presidente da República não poderia estar alheio a estas articulações, porquanto seu secretário particular não teria a audácia de realizá-las – nem a viagem nem as articulações – sem o seu conhecimento. Sobre este desaparecimento de Heitor Aquino cabe, aqui, relatar um fato que reafirma este último comentário.

Um de meus assistentes, ao encontrar Heitor Aquino, após algum tempo sem vê-lo, perguntou por onde tinha ele andado. A resposta foi significativa da extensão do percurso:

— É melhor eu lhe dizer por onde não andei, pois é mais fácil...

Julgo que os discursos de 22 de dezembro de 1976 e as insistentes declarações de que o problema sucessório somente seria tratado em 1978, compromissos tomados pelo Presidente da República e seu Ministro do Exército perante a Nação, invalidaram-se em virtude dessa conduta.

E a Nação, que os ouviu? Ora, a Nação que fosse mandada às favas, porque, na realidade, o que interessava era o poder.

Em certo trecho da entrevista do general Golbery há uma alusão sibilina quanto a fazer o jogo "de uma determinada área que nós conhecemos".

Seria a área militar?

Perscrutando o documento, o que pode e deve ser feito pelos historiadores, vemos em sua essência a hipocrisia de um governo – para não dizer deslealdade, termo mais adequado – que declara publicamente algo à Nação enquanto age sigilosamente de modo contrário. Os ungidos da simpatia palaciana são ali mencionados e, por caminhos tortuosos, deviam estar a par desta unção.

O comportamento que tiveram a 12 de outubro de 1977 estaria, assim, muito bem esclarecido.

Há a ressaltar, ainda, que o entrevistado não diz ser aquele o pensamento do presidente, admitindo que o general Geisel provavelmente tomará "a deliberação de deflagrar a sucessão já no segundo semestre". Mais adiante, mostra-se "convencido de que Geisel será sensibilizado a agir desta maneira". Este sentido ardiloso de focalizar a questão confunde aquele que a lê, tornando-se difícil perceber se ambos – ele e Geisel – já se achavam de acordo, mas Golbery não queria dizê-lo, ou se era apenas uma orientação do Chefe da Casa Civil a ser sugerida ao presidente. Embora Golbery procure dar força a esta segunda hipótese, penso que os dois estavam conluiados, não sendo, no entanto, conveniente ao general Golbery demonstrá-lo.

Esta era a linguagem habitual do palácio, repleta de dubiedades, sofismas e insídias.

Se o destino uniu estes dois homens para o Bem ou o Mal do Brasil é resposta a cargo do futuro.

Ao entregar-me o documento, disse-me o general Ramiro que o jornalista ouvira do general Golbery, ao término da entrevista, a afirmação que "eles não abandonariam o governo", frase bastante enigmática. O repórter, tomado de dúvidas, ficou sem saber se a locução era uma ameaça de manterem-se pela força no poder ou de continuarem, por outros meios, no novo governo.

No mesmo momento em que recebi esta informação complementar anotei-a, abaixo do texto da entrevista, para assegurar sua fidelidade, sem traições da memória.

As entrevistas do general Figueiredo

Como já foi dito, o general Figueiredo, assediado pelos jornalistas, no dia da transmissão do Comando do Planalto, falou à imprensa sobre o caso do deputado Alencar Furtado e a sucessão presidencial.

Ao ler nos jornais suas declarações, que provocaram numerosos comentários no meio militar, liguei-me telefonicamente com o general Hugo Abreu e mostrei-lhe a inconveniência da entrevista, em flagrante desrespeito à orientação presidencial.

Como poderia eu evitar que um outro general tratasse da sucessão se um general, diretamente subordinado ao Presidente da República, era o primeiro a abordar publicamente a questão?

O general Hugo reconheceu que o acontecimento era desagradável, dizendo que iria conversar com o presidente. Nada transpirou, no entanto, sobre as reações no palácio do Planalto quanto a esse escaldante assunto.

Todavia, em 6 de junho, na ocasião da missa por alma de dona Alzira Geisel, rezada à tarde na igreja de Santo Antônio, a ocorrência repetiu-se. À entrada do templo encontravam-se o general Figueiredo, em traje civil, e dois oficiais superiores – o coronel Danilo Venturini e o tenente-coronel Idyno Sardenberg Filho. Cumprimentei-os, mas não me detive.

No dia seguinte a imprensa divulgou nova entrevista do Chefe do SNI que, entretanto, parece não ter soado bem no palácio do Planalto, dada a presteza com que os assessores do presidente tentaram desmenti-la. Conversei, mais uma vez, com o general Hugo Abreu, lamentando esta teimosia em burlar uma orientação presidencial.

O general Figueiredo, interpelado pelo presidente, na presença do general Hugo Abreu, negou a autoria da entrevista; contudo esta foi, na verdade, concedida, e os jornais a divulgaram sem deformações. Não se esqueçam, os que lêem, possuir eu na época excelente serviço de informações, que só falhou, por motivos até hoje inexplicáveis, no dia 12 de outubro de 1977.

O general Hugo Abreu, de quem, como já disse algures, era amigo, narrou-me a cena da negativa no palácio, bem como a conversa que mantivera com dois jornalistas e um dos oficiais que estavam com o general Figueiredo à porta da igreja. Todos lhe asseguraram a veracidade da entrevista e fidelidade de sua publicação, porquanto fora gravada.

Estas declarações do general Figueiredo, para mim, estavam inseridas no contexto de um plano iniciado com os discursos de 22 de dezembro de 1976 e que teve seu ponto alto na sórdida Farsa de Outubro.

Assim agia sem exceções o grupo palaciano. O secretário Heitor Aquino, um de seus mais lídimos representantes, certa vez disse a um de meus assessores que, politicamente, um homem não deveria ser vencido, porém destruído.

Talvez este fosse o pensamento dominante naquele grupelho, porque, após a Farsa, houve a difusão, pelas revistas e jornais ligados ou dependentes do palácio, de um noticiário explicativo dos acontecimentos, falseando a verdade e distorcendo fatos, objetivando deixar em situação antipática e condenável o ex-Ministro do Exército e enaltecer a atitude do general Geisel. Todavia, esta era uma nova fase da sucessão, da qual trataremos oportunamente.

O LANÇAMENTO DA CANDIDATURA FIGUEIREDO

Neste mesmo mês de julho, rico em acontecimentos políticos, o antigo assessor de imprensa do presidente, nomeado presidente da Caixa Econômica Federal, deu à revista *Veja* uma entrevista em que declarava: "Pode botar em letra de forma. Assim que o presidente abrir a temporada, eu estarei ao lado da candidatura Figueiredo a candidato."

No dia 11 de julho, confirmou à imprensa estas palavras e acrescentou: "Como qualquer cidadão brasileiro, também tenho as minhas preferências. Se o general for realmente candidato, terá o meu aplauso e o meu irrestrito apoio, o que não é significativo, mas isso eu não nego."

Estava, na opinião geral, lançada formalmente a candidatura do general Figueiredo. E por quê?

O sr. Humberto Barreto era elemento da intimidade da família Ernesto Geisel, recebendo do presidente, segundo pessoas que freqüentavam a Granja do Riacho Fundo, tratamento filial. Homem de sua confiança, sempre atento às suas recomendações, não cometeria a imprudente puerilidade de fazer uma declaração deste teor se não estivesse bem escudado com a proteção presidencial. A análise dos fatos posteriores, conduzida com bom senso e lógica, não repele esta ilação. Vejamos.

Por que o presidente, sempre cioso de sua autoridade, não demitiu Humberto Barreto da Caixa Econômica Federal?

Era, de todos, conhecida a sua determinação de somente abordar o problema sucessório a partir de 1978. Seu discurso de 22 de dezembro de 1976 e as afirmações de seus assessores davam a entender que este era seu deliberado propósito.

Por que, então, suas reações limitaram-se, consoante fontes palacianas, a arrufos sentimentais com o arauto do lançamento, seguidos de rápida reconciliação, por interferência de familiares?

Nos dias imediatos à fala de Humberto Barreto, um grande matutino carioca publicou extenso noticiário sobre a vida do candidato – adrede preparado – do qual, pelas minúcias, faltou apenas mencionar a marca do bico de sua mamadeira. Tal documentação – na palavra do diretor daquele jornal – foi-lhe entregue pelo secretário do Presidente da República, Heitor Aquino Ferreira. Disse-me ainda esse jornalista que um conceituado periódico paulista recusara-se a divulgá-la.

Por que iria proceder deste modo o secretário do presidente, desgostando e contrariando seu chefe e amigo, se este não estivesse a par das manobras – e as consentisse – dos politiqueiros do Planalto?

Seria uma vocação para traidor?

Uma ou duas semanas após estes fatos, um general-de-exército foi ao palácio do Planalto tratar de assuntos de seu Departamento e ali encontrou o general Figueiredo. Cumprimentaram-se cordialmente e à pergunta do general ao Chefe do SNI, de como estava passando de saúde, deu o general Figueiredo a resposta abaixo, que transcrevo no seu exato sentido, embora possa ter diferença de vocábulos:

— Não vou bem, general! Viu a safadeza que o Humberto fez comigo? Disse-me ele que foi ao presidente e informou-o de que estava com vontade de lançar a minha candidatura, pois já era tempo. Pediu a opinião do presidente, que permaneceu calado. Insistiu, reafirmando este desejo, sem obter resposta. Admitiu, portanto, que o general Geisel estivesse de acordo com a sua iniciativa. Deu em conseqüência uma declaração pública.

É difícil dissociar, numa apreciação coerente dos acontecimentos, a conduta do general Geisel do comportamento do grupo palaciano.

As especulações sobre o procedimento de H. Barreto foram gerais, quer no meio militar quer no político. Alguns julgaram-no um intérprete consentido do pensamento do presidente, enquanto outros, na precipitação de defender o general Geisel da acusação de hipócrita, tacharam-no de desleal.

Ainda em julho, durante uma reunião preparatória do Conselho da Ordem do Mérito Militar, ao exame da relação dos militares e civis indicados para receber condecorações, foi lido o nome do sr. Humberto Esmeraldo Barreto. Como as propostas partiam obrigatoriamente de generais-de-exército e do Ministro das Relações Exteriores – também membro do Conselho –, perguntei ao oficial encarregado da elaboração das listas quem tinha sido o proponente do referido cidadão. Respondeu-me que o seu nome viera, entre outros, em indicação feita pelo palácio do Planalto.

Nesta ocasião, o general-de-exército Ariel Pacca da Fonseca, antecipando-se ao julgamento, pediu ao ministro para usar da palavra em primeiro lugar. Autorizado, declarou que votaria contra a inclusão de Humberto Barreto na Ordem do Mérito Militar porque ele tinha sido desleal ao presidente, deixando-o em posição difícil.

Aprovando o seu ponto de vista, disse que este senhor não poderia ser incluído da Ordem do Mérito Militar por duas importantes razões. A primeira por ter sido desleal ao presidente, que além de seu chefe era seu protetor e amigo. A segunda, porque seria interpretada esta inclusão como um aplauso do Exército às suas palavras, com as quais não estávamos de acordo.

O nome do sr. Humberto Barreto foi rejeitado por unanimidade. No dia seguinte ao desta reunião, o general Chefe do CIE participou-me que recebera telefonema do Chefe da Agência Central do SNI,[2] querendo conhecer, a pedido do palácio do Planalto, os motivos por que fora eliminado Humberto Barreto. Em vista de o conceito final ter sido expedido por mim, desejava saber se deveria transmiti-lo.

Dei-lhe autorização plena para isto.

Havia, portanto, no palácio do Planalto, muita gente interessada em premiar, publicamente, o pioneiro da candidatura Figueiredo. Na hipótese da sua inclusão na Ordem do Mérito Militar, surgiriam inevitáveis e variadas interpretações, entre as quais a de que o Exército via com simpatia a atitude de H. Barreto, pois o condecorara. Entretanto não seria descabido admitir que, neste caso, algum inteligente analista do Planalto – qual exegeta bíblico – visse na concessão uma afronta ao presidente, que oficialmente estava alheio ao pronunciamento. O ministro, então, seria o inspirador e responsável pela decisão, em vista de sua posição de presidente do Conselho da Ordem do Mérito Militar.

Hoje, anos passados destes acontecimentos, estou convencido de que a trama foi bem urdida, dela participando todo o grupelho palaciano, sem exceção dos dois presidentes, o que já deixou o cargo e o que o assumiu. A figura central de todo este conluio, acredito tenha sido, como sempre, o discreto porém astucioso Chefe da Casa Civil,[3] seguidor bem-sucedido das normas do famoso funcionário da Chancelaria de Florença e imitador feliz do duque de Otranto.[4]

A CAMPANHA VELADA PELA SUCESSÃO

A declaração de Humberto Barreto e a suposição generalizada de que o presidente, tacitamente, a aceitava liberaram as ambições, abrindo aos políticos campo para especulações. O assunto começou a ser murmurado nos quartéis e, na esfera civil, transformou-se no saboroso acepipe das reuniões sociais. Todos tinham uma simpatia, um interesse ou uma "velha" amizade ligando-os a um nome público. Os

2. General-de-brigada Sebastião Ramos de Castro.
3. General Golbery do Couto e Silva.
4. Referências a Niccollo Maquiavel, funcionário da Chancelaria de Florença de 1498 a 1512, e a Joseph Fouché, duque de Otranto, famosos, respectivamente, por seus ensinamentos e ações inescrupulosos. (N.R.)

grupos definiram-se, embora muitos, sem consistência e valor político, carecessem de importância. Entretanto, não obstante isto, foram inevitáveis as conjeturas sobre os papáveis ao cargo de presidente, com os elogios e retaliações que estes ambientes proporcionam.

Os nomes do Ministro do Exército e de alguns generais, particularmente Reynaldo de Almeida, Euler Bentes e Dilermando Monteiro, vinham à baila constantemente. Os políticos Magalhães Pinto, Ney Braga e Aureliano Chaves foram os mais lembrados entre os congressistas. Numa livre disputa democrática esse panorama poderia ser considerado salutar e construtivo, mas, segundo praxe revolucionária, o futuro presidente deveria ser indicado pela escolha ou simples aval das Forças Armadas, as quais, pelo que eu admitia e ouvia, não prescindiriam desta participação, visto que eram as responsáveis perante a Nação pelos êxitos e fracassos da Revolução de 1964. Assim ocorrera com os quatro primeiros presidentes; não se poderia, pois, negar-lhes este pretenso direito.

O Presidente da República, logicamente, teria predominante desempenho na orientação do delicado problema sucessório; todavia, às Forças Armadas caberia, obrigatoriamente, opinar sobre o seu sucessor. Do contrário seria aliená-las de decisão vital aos destinos revolucionários, sem retirar-lhes a culpa dos insucessos, ficando, porém, resultados felizes creditados ao presidente. Esta assertiva é plenamente confirmada hoje, quando as Forças Armadas, em particular o Exército, são os "bodes expiatórios" dos fracassos do governo Geisel, sofrendo as mais torpes e injustas acusações que, moralmente, muito as flagelam.

Em oportunidades várias expendi o meu ponto de vista de que o Alto Comando do Exército não poderia ser alijado da sucessão presidencial. Não constituía, também, segredo que me considerava um representante do Exército junto ao presidente para lutar pelo engrandecimento da instituição e bem-estar de seus integrantes. As missões do Exército estavam expressas na Constituição e elas seriam cumpridas disciplinada e rigorosamente. Repugnava-me, no entanto, a idéia de agir como submisso representante ou emissário do presidente perante o Exército, emitindo pareceres favoráveis a pretensões políticas em detrimento dos pensamento e interesses da coletividade que dirigia. O presidente tinha o direito e a responsabilidade de aceitá-los ou rejeitá-los, mas o imperioso era que os conhecesse.

Assim procedi ao receber o documento sobre o reatamento de relações diplomáticas com a China e discordei, naquele momento histórico, da observação do general Hugo Abreu de que, sendo da equipe do presidente, deveria opinar favoravelmente. Contudo, esta minha interpretação era quase solitária porque, consoante informações seguras, dos sete oficiais-generais que, inicialmente, discordaram do reatamento, cinco "pensaram melhor" e modificaram os seus pareceres, para dar base militar à decisão presidencial.

O grupo palaciano, após a manifestação pública de H. Barreto, não perdeu tempo e passou a agir quase ostensivamente. A ele se juntaram ou dele já faziam parte, mas não apareciam, os ex-ministros Mario David Andreazza, José Costa Cavalcanti e Delfim Neto e o ex-governador Cesar Cals. Outros políticos foram aparecendo, como Antônio Carlos Magalhães e Laudo Natel, os mais entusiasmados adeptos do candidato Figueiredo.

Outros acontecimentos poderiam ser lembrados para mostrar que a campanha velada para sucessão estava em curso desde o início do governo Geisel. O candidato "visado" pelo grupo palaciano já era, naquela época, o general Figueiredo, segundo afirmou Heitor Aquino Ferreira a um de meus ex-assistentes, em visita que lhe fez, altas horas de uma noite de abril de 1978. O general Geisel, ainda de acordo com o que afirmou Aquino, pretendendo evitar a repetição do "caso Costa e Silva", começara a governar com o problema sucessório equacionado.

O general Figueiredo procurava, através de churrascos semanais, atrair a oficialidade, em particular a da Arma de Cavalaria, para a Granja do Torto, lugar em que se realizavam. O comparecimento da maioria dos oficiais do SNI era normal, conforme se comentava. Todos percebiam nesses encontros de confraternização uma forma de conquistar simpatias e aproximar elementos do futuro candidato. Isto tornava-se de capital importância visto que o general Figueiredo era muito pouco conhecido na tropa.

Dois partidários da candidatura Figueiredo

Entre os militares da reserva os coronéis Mario Andreazza e Costa Cavalcanti eram os mais fervorosos. Dedicarei algumas linhas a estes oficiais objetivando torná-los mais conhecidos.

Do aliciamento discreto, sob forma de convites para visitar o João, muitos feitos pelo secretário do presidente, passaram os elementos do grupelho a uma campanha mais arrogante, pois não havia temores de repressão.

Contou-me o deputado Synval Boaventura que encontrara, no Hotel Nacional de Brasília, o ex-ministro Mario David Andreazza. Cumprimentaram-se e palestraram amigavelmente, tendo Andreazza lhe perguntado:

— Boaventura! Por que você é contra o João?

— Não sou contra o general Figueiredo. Sou amigo do general Frota e aprecio-o muito.

Em face desta resposta disse-lhe Andreazza:

— Você poderá se arrepender!

Pouco depois deste fato, tomei conhecimento de que o coronel Andreazza dissera a um amigo comum, de grande influência junto ao presidente Médici, o seguinte:

— Seu candidato é um inimigo meu! (Referindo-se à minha pessoa.)

A resposta não se fez esperar:

— Então, estamos pagos, pois o seu candidato é um inimigo meu. (Referindo-se ao general Figueiredo.)

Surpreendiam-me estas informações, porquanto não me considerava inimigo de Andreazza. Rebusquei no passado a explicação.

Conheci o major Andreazza quando servi, antes da Revolução de 1964, na Escola Superior de Guerra, onde éramos adjuntos da Divisão de Assuntos Militares.

Oficial muito inteligente e trabalhador, destacava-se pela eficiência.

Não era homem de recursos, e suas dificuldades financeiras, sabidas de todos. Todavia, isto só poderia enaltecê-lo, porquanto ser pobre não constitui desonra. Eu, também, o sou e sinto-me orgulhoso de continuar a ser depois de ter ocupado altos cargos na vida administrativa do país.

No entanto, não considero que a riqueza – e seria absurdo considerar – obtida através das oportunidades, concedidas aos homens dignos e de valor, traga descrédito.

O que desacredita, avilta e desonra, o que finalmente esboroa a probidade do homem, é o enriquecimento pelos caminhos tortuosos e escabrosos da corrupção, em suas diferentes modalidades, que são muitas.

Mario Andreazza era inegavelmente pobre, porém um homem que acalentava ambições – não as normais de conquistar posição de respeito na sociedade, assegurando vida decente, em lar cristão – mas, indubitavelmente, ambições de mando e de viver o *finesse* social.

Nas campanhas para a Presidência do Clube Militar, no biênio de 1950-1952, integrou a famigerada "Chapa Amarela", reconhecidamente apoiada pelos esquerdistas do Exército, sendo eleito para o Conselho Fiscal. Graças à Cruzada Democrática foram os esquerdistas derrotados.

Participara eu de toda a luta eleitoral como partidário da corrente oposta, de cunho democrático, que procurava, por todos os meios, evitar a penetração na nossa sociedade de classe dos indesejáveis "nacionalistas".

Não cria muito, por isso, nos ardores revolucionários do major Andreazza. Talvez, com o tempo, tivesse amadurecido e mudado de opinião.

Vencedora a Revolução, formou-se o gabinete Costa e Silva, mas o major Andreazza não foi de início lembrado. Suas lamúrias, que ouvi, chegaram às salas ministeriais sem resultados imediatos. O general Clóvis Bandeira Brasil, revolucionário sincero, era, naqueles tempos, meu amigo. Exercendo a Chefia de Gabinete, falou-me de sua vontade de levar o major Andreazza para aquele setor. Disse-lhe que faria ótima aquisição.

Conheceu o marechal Costa e Silva, conquistou a sua confiança, fez-se íntimo da família – eu o vi passeando na praia com netos do marechal – e terminou ministro. Hoje dizem que está rico.

Não chegamos, em momento algum, a ser amigos, embora fôssemos bons companheiros. Nossos princípios não se identificavam, porque me parecia vislumbrar nele algo de oportunista. Contudo nunca fomos inimigos.

Entre fatos passados que podiam ser explorados, visando a incompatibilizarnos, estava uma advertência – já citada páginas atrás – que fizera ao general Walter Pires sobre a suposta ida do coronel Andreazza a quartéis da Vila Militar. Não acredito, porém, que aquele general, pela amizade que mantínhamos, tivesse levado o fato ao conhecimento de Andreazza.

O general Figueiredo e o coronel Andreazza eram amigos, sendo que aquele encampara a permanência deste no governo Médici, segundo ele próprio me disse no meu gabinete de comando, na 1ª Região Militar, antes da posse do terceiro presidente da Revolução. Nada de surpreender que o apoiasse.

O general Costa Cavalcanti tomara posição contrária ao ministro, supondo-o candidato competidor de seu amigo Figueiredo. Em certa oportunidade teria até falado em lançar tanques nas ruas para sustentar a situação vigente.

Conhecia-o pouco e mantínhamos relações eventuais e cerimoniosas. Dele guardo, todavia, recordação muito triste pela atitude que dizem ter tomado, concordando com a cassação de seu irmão, coronel Francisco Boaventura Cavalcanti Filho, e permanecendo Ministro do Interior do governo Costa e Silva.

Naquela época exercia eu o cargo de Chefe-de-Gabinete do Ministro do Exército, e acompanhei todo o processo do coronel Boaventura, estando, portanto, a par de tudo que ocorria. Sendo membro da CISEx, conhecia os resultados das sindicâncias. O parecer do CIE, após estudar exaustivamente a questão, foi de que o coronel Boaventura deveria ser punido e transferido. Nada mais. Estava assinado pelo coronel Adyr Fiuza de Castro e por mim homologado.

O coronel estava inocente de qualquer acusação criminosa; ocorrera somente uma transgressão disciplinar.

O processo da CISEx, porém, não chegou a ser encaminhado ao presidente.

O que realmente aconteceu no gabinete presidencial, nunca soube. Disseram-me, com relativa certeza, que o marechal Costa e Silva chamara o ministro Costa Cavalcanti e mostrara-lhe uma documentação, pedindo-lhe procurasse seu irmão – coronel Boaventura – e colhesse a verdade, visto que não pretendia puni-lo severamente e talvez não o punisse.

Falou-se, então, do propósito de o governo transferir o coronel para a Amazônia, procedimento que contava com o apoio do general Rodrigo Octávio Jordão Ramos, comandante daquela área militar.

O ministro Costa Cavalcanti – consoante informações de fontes merecedoras de crédito – ouviu o irmão e levou ao presidente um relato dos fatos ocorridos.

Aparentemente tudo terminara, quando surgiu a cassação do coronel Boaventura.

O ministro Costa Cavalcanti aceitou-a e continuou no cargo.

Sempre tive náuseas ao ouvir falar desse caso.

A CONVERSA TELEFÔNICA

Em princípios de setembro visitou-me, no meu gabinete em Brasília, meu amigo, o senador Luiz Fernando Freire.

Disse-me o Lula – como é tratado pelos amigos – ter ido procurar-me para tratar de um assunto de suma gravidade que considerava de muito interesse para mim, não só como Ministro do Exército mas, também, como cidadão brasileiro. Contou-me então que recebera um telefonema de seu amigo Lourenço José Tavares Vieira da Silva, presidente do Instituto Nacional de Colonização e Reforma Agrária (INCRA), narrando-lhe o seguinte fato de que fora testemunha:

Conversava ele – Tavares –, em seu gabinete de presidente do INCRA, com o general José Costa Cavalcanti sobre assuntos de caráter administrativo, quando o *bip* daquele general deu sinal de que o estavam procurando. Pediu, por isso, o general Costa Cavalcanti para usar o seu telefone. Feitos os primeiros contatos soube Costa Cavalcanti que o coronel Mario David Andreazza desejava com urgência comunicar-se com ele. Obtida esta nova ligação ouviu Tavares, parcialmente, o seguinte diálogo, que tentou reproduzir:

— É o Andreazza? Aqui é o Costa Cavalcanti...

— ...

(O coronel Andreazza falou por algum tempo.)

— Neste caso, é preciso botar os tanques na rua antes que *eles* os ponham...

— ...

(Novamente falou o coronel.)

— É melhor você vir logo a Brasília para resolvermos isso. Você toma um avião, aí no Rio, e vem sem perda de tempo...

Encerraram a intercomunicação e o general voltou a palestrar com Tavares, sem nenhum esclarecimento, ou mesmo alusão, ao assunto tratado telefonicamente.

Preocupadíssimo com o que ouvira, já que considerava muito grave a afirmação de que iam colocar "os tanques na rua", referência inequívoca a uma rebelião, decidiu Tavares cometer a indiscrição de avisar o seu amigo Lula.

Este fato dá uma medida das intrigas que, engendradas pelo grupo palaciano – como o afirma o general Hugo Abreu em seu livro –, estendiam-se a diferentes setores, criando um estado de espírito favorável a qualquer ação de força do governo. Esta seria vista, ao clamor da propaganda mentirosa que fariam os homens do Planalto, "donos das comunicações", como um revide ou uma medida preventiva para a preservação da democracia, confundida com o poder de um grupelho.

Um mês depois desse acontecimento, o presidente Geisel exonerava o Ministro do Exército, sob uma alegação que poderia ser considerada pueril se não fosse cavilosa. Espalhou-se, a partir deste momento, a calúnia que eu estava preparando um golpe para depor o presidente. Os jornais e revistas que difundiam a infâmia recebiam notícias do próprio palácio do Planalto, que aparece, assim, como a provável fonte de todas as infâmias que visavam ao Ministro do Exército. Não acredito, apesar da irresponsabilidade demonstrada por muitos jornalistas, que estes tivessem a coragem de divulgar de moto próprio certas versões do evento. Receberam-nas empacotadas e como confiavam nos informantes publicaram-nas, desinformando, quando deveriam informar corretamente. Fatos como o que narrei evidenciam bem a preparação psicológica que os interessados na sucessão presidencial desenvolviam.

A URNA DO *CORREIO BRAZILIENSE*

Partidários do general Figueiredo, seguros da tolerância do presidente, não hesitavam em lançar mão dos mais diferentes processos para dar publicidade ao seu candidato. Muitos eram homens inteligentes, embora sem escrúpulos, que dispunham de recursos financeiros. As entrevistas com pessoas dos mais variados setores de atividades estavam, quase diariamente, nos jornais. Desde um estivador baiano a um presidente de confederação esportiva, todos teciam encômios – verdadeiras loas – ao candidato Figueiredo, homem que raros deles conheciam, pois, a rigor, como já disse, até no Exército, de cuja tropa estava afastado há mais de oito anos, poucos o conheciam bem.

Surgiram, também, as "eleições prévias", em Câmaras estaduais e, se não me engano, em algumas municipais. Um deputado, naturalmente simpático ao candidato de Humberto Barreto, lançava idéia de apurar entre os possíveis aspirantes ao cargo o da preferência da Câmara. Os nomes apontados eram muitos, porém entre eles apareciam, permanentemente, os dos generais Frota, Figueiredo, Euler, Reynaldo e dos políticos Magalhães Pinto e Ney Braga.

Feita a apuração, despontava em posição destacada o general Figueiredo, invariavelmente na primeira ou segunda colocação, resultado logo difundido pela imprensa. Estas "prévias" eram, contudo, de veracidade duvidosa, admitindo-se, até, fossem adrede preparadas e ajustadas à propaganda pretendida.

O *Correio Braziliense*, jornal da capital, resolveu, creio que em agosto, realizar uma prévia eleitoral no Congresso Nacional, visando a colher as simpatias dos parlamentares quanto aos nomes sugeridos para Presidente da República. Com este objetivo colocou naquele recinto uma urna.

Os jornalistas que acompanhavam a votação – embora esta fosse secreta – pelas conversas com os congressistas, iam formando uma idéia da tendência geral, que não era, em absoluto, favorável ao general Figueiredo. Afloraram desta observação comentários e especulações que, no ambiente de Brasília, correram qual rastilho de pólvora até ao palácio do Planalto. A reação não se fez esperar – houve ordem de apreender a urna. Entretanto, antes de entregá-la, os jornalistas procederam a uma verificação. Menciono, por interessante, o resultado que me foi transmitido pelo meu serviço de informações. Na primeira colocação Magalhães Pinto, na segunda os votos em branco, na terceira Frota, na quarta, se não me engano, Euler, na quinta Figueiredo, com muito poucos votos. A urna, depois disso, segundo afirmaram posteriormente jornalistas, foi entregue a elementos do Ministério da Justiça.

A divulgação deste resultado seria arrasador para os homens da candidatura Figueiredo; portanto, nada difundiu a imprensa.

O general Hugo Abreu, em seu livro *O outro lado do poder*, às folhas 99 e 91, alude a este episódio, não o fazendo, no entanto, de forma completa.

Não sei os motivos que o levaram a isto, porém penso não desejou abordá-lo por extenso.

Dias depois de ter sido apreendida a urna, fui procurado em minha residência pelo tenente-coronel José Vilson Foschiera, assessor de meu gabinete junto ao Congresso. Contou-me ele ter sido procurado por um repórter do *Correio Braziliense* que, mostrando-se apreensivo com a sua segurança, narrara-lhe, em síntese, o seguinte:

Fora instado pelas autoridades a entregar as urnas expostas no Congresso, entretanto, procrastinara em fazê-lo, sob a alegação de que tinha compromissos com outros órgãos de publicidade de enviar-lhes os resultados. Compelido a ceder, exigiu que as urnas fossem incineradas. Contudo, deu às autoridades outras urnas, pois obstinava-se em tornar pública a tendência dos congressistas.

Descoberto o engodo, procurou-o um sargento do Exército, que o intimou a dar as verdadeiras urnas. Recusou-se a entregá-las, apesar das ameaças, tendo o militar se retirado. Mais tarde, outro militar, o coronel Osmany Maciel Pillar, assistente do general-de-exército Moacyr Barcellos Potyguara, não sendo mais feliz na insistência de obter as urnas, levou-o à presença daquele general.[5]

No Estado-Maior das Forças Armadas, disse-lhe o próprio general estar agindo por ordem direta do presidente Geisel, acrescentando que ou o jornalista entregaria as urnas verdadeiras ou permaneceria preso. Nesta situação decidiu passar às mãos das autoridades, mediante recibo, as desejadas urnas.

Participou-me ainda o tenente-coronel Foschiera que o jornalista estava temeroso de que viesse a sofrer represálias.

---

5. O general Potyguara era o Chefe do Estado-Maior das Forças Armadas. (N.R.)

Na manhã imediata, coloquei o general Chefe do CIE a par desta narrativa, dizendo desconfiar de sua veracidade, porquanto não havia explicação para que o presidente, podendo empregar a Polícia Federal ou a Militar de Brasília, através do governador, ou, em último caso, qualquer dos órgãos de segurança das três Forças, fosse dar aquela missão ao Estado-Maior das Forças Armadas, órgão normativo e de planejamento. *Mutatis mutandis*, seria o caso de o Ministro do Exército encarregar o Estado-Maior do Exército, também órgão normativo e de planejamento, de efetuar prisões.

Algo deveria estar errado; que o Chefe do CIE apurasse.

Procedidas as investigações, confirmaram-se, integralmente, as declarações do jornalista.

Somente uma ilação era plausível – o presidente queria, em definitivo, sepultar os resultados da eleição prévia do Congresso, valendo-se, para isso, de um órgão que, na sua opinião, lhe assegurasse absoluto sigilo.

E por quê?

Por que não tomou providências no mesmo sentido em relação às eleições que se faziam, com resultados favoráveis ao general Figueiredo, nas Câmaras estaduais?

Porque as primeiras, se divulgadas, prejudicariam a campanha velada de seu candidato, ao passo que as últimas a beneficiariam.

ATIVIDADES DE ESPIONAGEM E INTRIGAS

O grupo do palácio do Planalto, contudo, era incansável em seus mexericos. Os recursos fornecidos às unidades para atender necessidades prementes, verificadas em minhas inspeções, do seu ponto de vista, destinavam-se a angariar simpatias entre os comandos, conquistando-os para a minha suposta candidatura, no momento oportuno. Em palavras rudes, eu estava corrompendo e comprando os oficiais, como se os militares fossem mercenários, capazes de negociar deveres.

A espionagem constituía um ramo muito interessante das atividades dos homens daquele grupelho, do qual não abdicou. Exerceu-a sem escrúpulos e sem restrições.

Fatos ocorridos nos bastidores de meu gabinete eram levados imediatamente ao conhecimento dos setores presidenciais. Em determinada ocasião, fui visitado por dois amigos – os drs. Nascimento Brito e Armando Daudt de Oliveira. Isto ocorreu ao cair da tarde, quase ao escurecer. No dia seguinte pela manhã, ao despachar com o general Geisel, disse-me ele:

— O Nascimento Brito, diretor do *Jornal do Brasil*, visitou-o ontem. Ele anda dizendo, por aí, que é seu amigo, mas não apóia o governo.

— Realmente, ele e o Armando Daudt visitaram-me ontem à tarde; tomamos chá juntos, somos amigos.

Deviam os bisbilhoteiros do palácio estar muito interessados em levar ao presidente um acontecimento corriqueiro, de o ministro receber em seu gabinete particular dois amigos. Procuravam, por todos os meios, insinuar meu envolvimento na política partidária.

Outro triste e lamentável comportamento era o de um general-de-divisão – classificado no Departamento de Material Bélico – amigo do general Golbery, o qual fiscalizava os meus passos, sem que o soubesse. Destituído do mínimo constrangimento, estabelecia ligações telefônicas com o palácio do Planalto, o que fez, até, em presença de colegas. Alertava os seus amigos sobre minhas viagens com frases que sugeriam fossem controladas.

Este homem, revolucionário dos mais exigentes – em épocas passadas, é lógico –, obstinava-se em impor suas interpretações personalistas dos acontecimentos, sendo de uma impermeabilidade alarmante às soluções alheias. Contudo, era um cidadão corajoso e honesto. Nem por hipótese teria eu admitido estivesse desempenhando papel tão degradante, mais próprio de um alcagüete.

Só explico tais procedimentos pela deformação que vem sofrendo a mentalidade militar, na ânsia de ascender aos postos superiores da carreira, a qualquer preço. Esvaem-se, nos estertores da dignidade castrense, os últimos sentimentos puros que nos sustentavam nos momentos de amargura e nas situações de crise.

A carreira das Armas tem complexidades que a singularizam. Funda-se em fatores espirituais, conquanto tenha como argumento decisivo a força material. Entretanto, o emprego deste instrumento só será legítimo se assentado em bases morais.

Um chefe valoroso e digno não se pode deixar atordoar pela ambição, diluindo princípios na complacência com a bajulação, numa subserviência de agrado aos mantenedores do poder.

O colega que assim procedia teve a sua recompensa, pois foi promovido por serviços prestados em duas situações muito difíceis, modificando, segundo se dizia, propósito anterior do governo de não promovê-lo.

Deter-me-ei ainda sobre este assunto, não somente para trazer mais uma comprovação da solerte conduta palaciana, como também para repor a verdade sobre uma citação feita pelo general Hugo Abreu às folhas 127 de seu livro *O outro lado do poder*.

Faz ali o general Hugo referência a uma reunião havida no Rio de Janeiro, da qual teríamos participado eu e o filho do ex-senador Vitorino Freire, suplente de senador pela Arena do Maranhão. Acrescentava, sob forma de esclarecimento, no sentido de dá-la como verdadeira, que o próprio filho do ex-senador fizera o relato do ocorrido ao então Comandante Militar do Planalto, general Heitor Arnizaut Furtado.

Trata-se de uma descarada impostura levada pelo general Arnizaut ao Chefe da Casa Militar, ao qual não estava subordinado, ultrapassando desta maneira o Ministro do Exército, seu comandante direto.

Esta atitude manchou o conceito que o general Arnizaut conquistara nos campos de batalha da Itália e evidenciou ligações espúrias entre os dois generais, comportamento que não honrou nenhum dos dois.

Outra inverdade, levada ao Planalto pelo general Arnizaut, foi a de que o filho de Vitorino Freire – o ex-suplente de senador Luiz Fernando Freire – denunciara a hipotética confabulação, atribuindo a este o infame papel de delator.

Torna-se, portanto, indispensável a elucidação dos acontecimentos.

O ex-senador Vitorino Freire criara como filho o indivíduo Henrique Soares, a quem apoiara e introduzira na política. Acompanhava-o o sr. Henrique em suas visitas, beneficiando-se do prestígio e relações do velho cacique maranhense. Penetrou, assim, nos gabinetes ministeriais, lugares em que, por insinuante, era complacentemente aceito. Nunca me inspirou confiança, no entanto, o meu Chefe-de-Gabinete, general Bento, atendia-o com muita atenção e com ele palestrava longamente. Freqüentava, consoante informações seguras, o ambiente palaciano, tendo acesso ao presidente Geisel.

Um informe, nos meados do ano de 1977, dava-o como espião da Presidência da República, para a qual colhia informações.[6]

Em setembro daquele mesmo ano, Luiz Fernando – o legítimo filho de Vitorino Freire – visitou-me no Ministério. Estava visivelmente irritado e revoltado contra o procedimento de Henrique Soares, que definia como de um canalha. Disse-me indignado, ao avistar-me:

— General Frota! O meu pai criou um monstro! O Henrique vem ao seu gabinete para captar confiança, colher informações e transmiti-las ao general Geisel. É um monstro!

Procurei acalmá-lo, mostrando-lhe que um alcagüete do palácio não teria êxito num ambiente sadio e de trabalho, como era o nosso. Mandei, porém, chamar o general Bento, a quem avisei da real qualidade moral do seu suposto amigo Henrique.

O fato narrado pelo general Hugo Abreu realça o alastramento da irresponsabilidade e da baixeza nos círculos oficiais de Brasília.

O espião Henrique inventa ou, levianamente, apoiando-se em notícias tendenciosas muitas vezes colocadas em circulação por elementos do SNI, dá curso a boatos. Estes, pela incapacidade ou iniqüidade do serviço de informações da 11ª Região Militar, transvestem-se em límpidas verdades, entregues logo ao Comandante Militar do Planalto. O general apressa-se, à surdina, em revelar a "confabulação" ao Chefe da Casa Militar – pela presteza não devia ser a primeira vez que o fazia – intrigando seu comandante direto com o governo.

6. Ver Anexo B.

E o general Hugo Abreu? Este não teve a lealdade de amigo – que se dizia meu – para tratar do assunto, ventilando-o clara e diretamente comigo. Aceitou a insinuação torpe de um subordinado sobre seu comandante, homologou a violação da linha hierárquica e ainda o protegeu de punição inevitável, silenciando e escondendo-me a entrevista.

Talvez quisesse preservar não o general, mas o informante, ente valiosíssimo nas fases de pré-traição.

Foi um comportamento surpreendente para um bravo capitão da FEB, que sempre se orgulhou de ser soldado, a quem muito estimava e cujo sistema circulatório não suportou as pressões de uma conjuntura de traições, perseguições e baixezas.

UM PROCEDIMENTO SÓRDIDO

As lutas políticas, com suas campanhas agitadas, radicalizam-se com freqüência em torno de temas, principalmente, quando têm caráter ideológico.

Entretanto, só as processam em condições rasteiras os candidatos sem dignidade. Repugna aos homens de bem invadir a vida particular de seus oponentes, enlameando-os com acusações sem fundamento, trazidas por aduladores sequiosos de compensadores sorrisos. Precisamos entender que apenas existe um caminho correto de o homem destacar-se no seio da coletividade em que vive: a estrada do mérito próprio percorrida com honra.

Detrair competidores pode abaixar-lhes o nível, porém, moralmente, não eleva o detrator.

Os contemporâneos, pelas pressões e influências conjunturais, não julgam em definitivo; a inapelável sentença sobre os homens é dada pela posteridade, no julgamento da História.

Partidários do general Figueiredo – não podiam ser outros – lançaram-se afoitamente pela senda tortuosa e lamacenta da maledicência e da calúnia, visando a denegrir os possíveis opositores do seu ídolo de pés de barro.

O SNI exercia severa vigilância sobre os oficiais-generais e civis papáveis, devassando-lhes a vida íntima e fiscalizando seus atos públicos. Uma frase de sentido dúbio, o comparecimento a reuniões sociais, uma visita a qualquer instituição ou a homens da esfera política eram logo explorados junto ao presidente por aquele órgão.

Reavivo o que já citei sobre a recepção do deputado Amaral Netto, e a ida ao Congresso – na homenagem prestada a Caxias – e as visitas às guarnições militares para inspecionar a tropa. Nestas ocasiões, não faltavam observadores acurados, propensos a ver comportamentos irregulares e tendenciosos naquilo que era imposto pela função. Cartas difundindo fatos ocorridos, porém habilmente deformados, inundavam os quartéis sob nomes de remetentes falsos. Chegou-se às ruínas da moralidade quando, por este mesmo processo, visando claramente a fins políticos, folhetos insultuosos aos generais chegaram às organizações e unidades militares. Entre os numerosos exemplos destas infâmias, destacarei um que objetivava, exclusivamente, atingir o ministro, babujando-lhe a reputação de soldado íntegro e homem avesso à covardia.

Uma reprodução desse folheto – se a repugnância permitir lê-lo todo – facilitará uma compreensão mais exata de como o paul da politicagem corrói e torna pestilento o procedimento militar.[7]

A realidade, no entanto, foi bem diferente.

Em 1932, egressos da Escola Militar do Realengo, quatro aspirantes a oficial da Arma de Cavalaria, beneficiados por sua classificação na turma, escolheram o 1º Regimento de Cavalaria Divisionário – os Dragões da Independência – para iniciar sua carreira no oficialato. Estava incluído neste número.

O período era difícil, pois as seqüelas da Revolução Constitucionalista, ainda não curadas, atormentavam o governo, predispondo-o à tolerância.

O nosso regimento combatera pela legalidade, atuando com êxito no vale do rio Paraíba. Ao término do conflito, um de seus esquadrões foi destacado para Pirassununga, visto que a unidade de tropa ali localizada – 2º Regimento de Cavalaria Divisionário – participara da Revolução.

Regressando ao Rio, o regimento foi recompletado pelo voluntariado, em medida de exceção, recebendo neste contingente de novos soldados acentuada maioria de elementos perniciosos residentes nos bairros próximos – Saúde, Gamboa, Mangueira etc. –, dos quais alguns conhecidos pela agressividade e turbulência de seus moradores.

Sendo a seleção praticamente inócua, porquanto a inclusão dependia apenas de uma inspeção de saúde e de um comprovante de idade que poderia ser dado por dois oficiais da ativa, ficou aberta uma válvula de proteção aos homens com menos de 29 anos que fossem malquistos pelos órgãos policiais.

O Exército acolheu, portanto, naquela época, elementos brigões que, acobertados pela farda, sentiam-se à vontade para confirmar suas rixosas tendências.

Por outro lado, os combatentes que, enquanto lutaram, foram alvo de todas as atenções, ao regressar julgavam-se credores de regalias. A euforia da volta e a auto-supervalorização levava-os a desejar disciplina lassa e um tratamento que, não chegando a ser privilegiado, devesse ser bastante condescendente com suas faltas e concedesse prioridade às suas pretensões. É este um fenômeno característico da readaptação, ligado ao sentimento individualista.

Além disso, há a considerar nessas situações o natural abrandamento da rigorosa disciplina de campanha, nas atividades normais do tempo de paz.

---

7. Ver Anexo C.

Encontrávamos, assim, nesse panorama da caserna, dois tipos bem definidos de homens – os que se achavam com direito a não ser contrariados e aqueles que, oriundos de ambientes de agressividade, não gostavam de o ser.

É de interesse lembrar, também, que nas unidades de cavalaria hipo as pesadas fainas e a brutalidade das cargas e dos exercícios em geral induziam à rudeza e à violência.

Procurei bosquejar, num quadro simples, aspectos da vida do meu antigo regimento, amenizada em suas dificuldades pela compreensão e solidariedade que uniam oficiais e graduados no cumprimento do dever.

Em tais condições somente a disciplina consciente e o severo uso dos regulamentos militares seriam capazes de assegurar a ordem e a obediência.

Em dezembro de 1933, deparei-me com um grave problema de insubordinação. Não o procurei e tentei mesmo evitá-lo com providências adequadas e legais, porque sabia que as insubordinações são, em maioria, provocadas pela inabilidade ou arbitrariedade dos superiores hierárquicos.

Estávamos em período de férias, com as atividades reduzidas à parte administrativa de manutenção. Ao entrar de serviço – oficial de dia – verifiquei que o cabo da guarda – Salvador Batista Pinheiro – não era o escalado pelo boletim regimental. Interroguei-o sobre a irregularidade, respondendo-me ele, de modo grosseiro, que havia trocado de serviço por conta própria.

Cabe aqui uma explicação aos que não conhecem as normas regulamentares – o subordinado só poderá fazer qualquer alteração na escala oficial mediante autorização superior.

Como estávamos numa quarta-feira, dia em que o expediente administrativo encerrava-se pela manhã, disse-lhe que continuasse no posto, mas que o fato seria comunicado ao comando.

Estas trocas de serviço – nos dias de meio expediente, domingos e feriados – eram processadas à base de boas remunerações. Os soldados de recursos pagavam com prodigalidade aos mais pobres para substituí-los, quando designados para serviço nas grandes datas. Os dias de Natal, Ano Bom etc. eram os dias dos soldados pobres, para estes muito rendosos. No carnaval os preços atingiam níveis altíssimos!

Esta prática, uma venalidade, não podia ser tolerada; conseqüentemente, exercíamos cuidadosa fiscalização sobre as relações de serviço e os militares que as burlavam eram severamente punidos.

Nós, os tenentes, víamos nesse procedimento embriões da corrupção e combatíamo-lo com todo os nossos entusiasmo e idealismo de jovens.

O cabo Salvador, portanto, sabia que iria ser punido e, por isso, ou porque fosse homem irritado e agressivo, relaxou no cumprimento de ordens. Advertido por mim, disse-me em atitude de indisciplina que iria retirar-se porquanto "já estava ficando nervoso e perdendo a calma". E afastou-se para o corpo da guarda, sem permissão.

Enfrentava eu uma insubordinação latente e quis, ainda, evitá-la. Determinei ao sargento comandante da guarda que o recolhesse ao xadrez, colocando no seu lugar um soldado antigo.

Partiu o sargento para voltar, pouco depois, declarando que o cabo recusara-se a entrar na prisão. Perguntou como deveria proceder, já que a guarda estava no rancho e não tinha meios para cumprir a ordem.

Dirigi-me, então, à prisão, que era ampla, e depois de mandar abri-la determinei ao cabo Salvador que entrasse.

O graduado aproximou-se do xadrez e, em atitude de completo descontrole, lançou-me a frase: "Entro como cabo porque o senhor não é homem para mim!"

Atirou-me o equipamento individual às pernas e projetou-se em minha direção para agredir-me. Senti o insulto, a iminência da agressão física e da desmoralização.

Saquei do revólver e, como não se detivesse, o tiro partiu.

Caiu aos gritos: "Justiça! Piedade! Não me mate, tenente!"

A bala ferira-o na coxa. Providenciei seu imediato transporte para o Hospital Souza Aguiar – mais próximo e de mais rápido atendimento. Esta medida salvou-lhe a vida uma vez que o projétil afetara a veia femoral.

Depois disso, respondi processo na 2ª Auditoria da 1ª Circunscrição de Justiça Militar e fui absolvido, por unanimidade. O Supremo Tribunal Militar homologou a absolvição.

Nada se fez a este cabo insubordinado. Restabelecido, sem a mínima seqüela, empregou-se no Banco do Brasil em 24 de novembro de 1944, e aposentou-se em 22 de fevereiro de 1973. Procurou-me, em duas ou mais ocasiões, para pedir mudança de agência, alegando estar sendo perseguido. Pretendi atendê-lo, porém, por não o terem como homem normal – fora internado por motivos psiquiátricos por duas vezes, em 1963 e 1967 –, surgiram empecilhos.

Há muito tempo não o vejo; está casado e tem filhos.

Foi esta a vítima que, segundo os detratores, fora morta e esfaqueada, num acampamento, pelo "capitão" Frota. Apreciando a vil retaliação, podemos aferir o caráter dos elementos que se batiam ardorosamente contra o ministro.

Os oficiais do CIE, revoltados com a baixeza, empenharam-se em descobrir a sua origem. Informes abundantes atribuíram-na a elementos do SNI, em particular a um oficial da Armada.

É difícil que meus colegas tenham se enlameado a este ponto e impossível mesmo aceitar que um elemento da gloriosa Marinha de Tamandaré fosse figura central dessa torpeza.

A difusão do panfleto pelo Exército causou indignação geral e recebi, não só de colegas como de subordinados, manifestações de absoluta solidariedade e de repulsa a tão covarde ato.

Finalizando a narrativa desses desagradáveis eventos, desejo esclarecer que a insubordinação do cabo Salvador não foi um caso isolado num regimento que, naqueles anos 30, recebera a missão de alimentar e dar hospedagem a centenas de nordestinos voluntários, destinados a preenchimento de vagas nas unidades do sul, ou que regressavam, após a baixa, aos seus estados de origem. Esses homens tumultuavam a vida do quartel, criando problemas de disciplina e agravando os de alimentação e pousada.

Muitos dos meus colegas tenentes, no serviço de dia ao regimento, foram obrigados a usar de suas armas ou empregar o argumento das baionetas para chamá-los à ordem.

A ATUAÇÃO DO GENERAL JAYME PORTELLA

A participação do general Jayme Portella nos acontecimentos relacionados à sucessão foi motivo de preocupações e grande celeuma no grupo palaciano. Agitaram-se os partidários do general Figueiredo, passando Portella a ser vigiado em todas as suas atividades, uma vez que era um exímio articulador político, como o havia demonstrado na campanha do presidente Costa e Silva. Seus movimentos e presença em Brasília, onde tinha parentes, eram cuidadosamente observados.

Jayme Portella, embora mais moderno do que eu, foi meu contemporâneo na Escola Militar do Realengo. Ocupando alojamentos distantes, voltados para as atividades escolares, conhecíamo-nos pouco, sendo as nossas ligações, eventuais e superficiais, próprias de alunos do mesmo estabelecimento de ensino.

Escolhemos Armas diferentes; eu a Cavalaria e ele a Artilharia, o que não concorreu para aproximar-nos. Revelava um certo interesse pela política, quer em seus problemas quer na tecedura de seus difíceis fios, que urdia com precisão e habilidade. Antijuscelinista, acompanhou o presidente Carlos Luz quando o cruzador *Tamandaré* abicou a Santos.

Após a novembrada do general Henrique Lott, sofreu as conseqüências de sua conduta reacionária. Ignoro qual foi a sua atitude no episódio da posse do vice-presidente João Goulart; eu fui contra. Teríamos evitado muitos males e agitações se a tivéssemos impedido. Amigo do marechal Costa e Silva, acompanhou-o no movimento revolucionário de março de 1964. Nos primeiros dias de abril daquele ano, teve violento atrito com o general Ernesto Geisel, a quem tomou ódio. Afirmou-me certo dia que todo o anedotário desmoralizador a respeito de Costa e Silva, na época em que foi ministro e depois presidente, tinha sua origem num grupo orientado pelo general Geisel. Participou do gabinete do marechal, quando ministro, e foi chefe de sua Casa Militar, na Presidência.

Neste último cargo manteve comigo ligações quase diárias, pois desempenhava eu a função de Chefe-de-Gabinete do general Lyra Tavares. Até então pouco nos víamos.

Adquiriu, ao longo de sua acidentada carreira, uma legião de inimigos, que o acusam de ter abusado das posições que ocupou para beneficiar amigos e perseguir desafetos. Partem estas imputações especialmente dos homens ligados à corrente político-militar Castelo-Geisel. Atingido pela compulsória no governo Médici, afastou-se para a vida civil e jamais tivemos oportunidade de encontrarmo-nos.

Não éramos, como se depreende desta síntese, amigos íntimos, porquanto nunca nos visitáramos. Admirava sua lealdade e a profunda estima que dedicava ao marechal Costa e Silva, das quais deu provas mantendo-se à sua cabeceira, no leito de morte, até seu passamento. Foi dos poucos que o fizeram porque a maioria, os "amigos de ontem" do velho marechal, já estava engajada, a essa altura dos acontecimentos, na procura do "senhor de amanhã".

Encontrei-o em Brasília, no setor comercial, ao tempo em que era ministro; isto já em 1977. Conversamos sobre generalidades e revivemos fatos passados, como sói acontecer nos encontros de velhos companheiros.

Dias depois, no Congresso, começavam a surgir citações mais constantes do meu nome, insinuando a possibilidade de ser candidato a Presidente da República, e os jornais aludiam a reuniões de políticos para ventilar o assunto. No centro destas especulações aparecia sempre o nome do general Jayme Portella.

Habituado às intrigas que enxameavam Brasília, pouca importância dava a estas notícias. O general Hugo Abreu, preocupado com os fatos, aconselhou-me a declarar pela imprensa que não autorizara tais manifestações e encontros.

Respondi-lhe que estavam sendo feitas à minha revelia, não me achando com o direito de interferir. Os deputados usavam a palavra como bem entendiam; uns elogiavam o general Figueiredo, outros o general Sylvio Frota, eram pontos de vista. Por que o general Figueiredo, citado aos quatro ventos pelos congressistas, não desautorizava essas referências ao seu nome?

O general Hugo deveria estar a par dos mexericos palacianos, mas nada me disse.

Realmente, se havia alguém que tinha obrigação de falar de modo incisivo, acabando de vez com as explorações dos jornais e das rodas políticas, era o general Chefe do SNI, que sabia, através de sua eficiente rede de informações, mentirosos os enredos maldosos que percorriam a capital, no iniludível propósito de criar balbúrdia sobre a questão sucessória.

Contudo, não o fazia, pois nas suas declarações, como as do dia 29 de julho – no palanque do Exército – e as da igreja de Santo Antônio, abundavam termos no condicional, excluindo possibilidades no presente sem negar a aquiescência no futuro.

Tínhamos, o presidente Geisel e eu, um compromisso de honra com a Nação – de não tratar do problema sucessório antes do ano de 1978. Honrei-o até o último instante em que fui ministro. Seus auxiliares diretos, todavia, agiram de forma contrária às suas afirmações públicas.

Por quê?

Conhecido o temperamento autocrático do general Geisel, não se pode admitir que o fizessem contrariando o presidente. Tinham, estou hoje convencido disto, a sua tácita anuência.

Nunca disse a ninguém que me julgava presidenciável – nenhum homem de dignidade afirmaria o oposto, porque mentiria – no entanto fui assediado, sob uma série de argumentos, por amigos, colegas e políticos, para que me manifestasse favoravelmente neste sentido.

Jamais veleidades presidenciais sensibilizaram-me. Mas, poderia agasalhá-las, sem que isto constituísse um crime; outros o fizeram.

Certa ocasião, em que inspecionava as unidades da 2ª Brigada de Infantaria, em Niterói, contou-me o general Walter Pires que o general Reynaldo de Almeida, então Comandante do I Exército, na viagem de regresso ao Rio, dissera-lhe que não seria candidato a presidente por não querer dividir o Exército. Citou, na oportunidade, meu nome e o do general Figueiredo, acrescentando que o general Euler não votaria no general Frota.

Ouvi a informação sem comentá-la.

O general Euler ambicionava o cargo, como prova o fato de ter-se ligado, depois de sua passagem para a reserva, aos políticos do Movimento Democrático Brasileiro, sem êxito.

Na entrevista – admitida como do general Golbery – são citados os generais Figueiredo, Dilermando e Reynaldo.

Eram especulações que se teciam, porém nenhum destes generais, à exceção do general Figueiredo – que publicamente o fez – manifestou-se direta ou indiretamente, que o soubesse, sobre esta pretensão.

O general Ariel Pacca da Fonseca, em audiência especial com o presidente Geisel, no dia 12 ou 13 de outubro de 1977, afirmou-lhe, de forma categórica, nunca ter ouvido, quer nas reuniões do Alto Comando do Exército quer nos despachos com o seu Departamento, o ministro Sylvio Frota falar em política. Soube-o pelo próprio general Ariel.

Posteriormente, reafirmou perante os oficiais do Estado-Maior do Exército aquelas declarações.

No dia exato em que o deputado Marcelo Linhares pronunciou discurso na Câmara relacionando a sucessão ao Alto Comando do Exército, recebi em minha residência, em Brasília, o general Jayme Portella. A visita revestiu-se de relativa surpresa, porque apenas um telefonema do general, horas antes, a solicitara. Portella, apesar de nosso antigo conhecimento, nunca me visitara. Era, por conseguinte, a primeira vez que, em toda a minha vida, ia à minha casa.

Iniciou a conversa dizendo que não se conformava com o procedimento do general Geisel, querendo impor um nome para seu sucessor, sem ouvir ninguém. Ele tinha direito, da mesma maneira que o teve Humberto Barreto, de opinar sobre um candidato. Não discutia a preferência do governo, mas decidira trabalhar pelo meu nome, tendo com este objetivo conversado com vários deputados simpatizantes do ministro. O presidente não poderia alijar o Exército da participação na escolha do candidato. Sobre este delicado tema falaria ou estava falando na Câmara Federal o deputado Marcelo Linhares. Dissera ao deputado que eu, também, não concordava que o Exército fosse posto à margem da questão sucessória.

Tudo isto, admitia, tinha sido feito por sua iniciativa, em virtude de julgar-me um excelente candidato, pelas minhas convicções democrático-revolucionárias.

Esses fatos e entendimentos, está claro, ocorreram à minha revelia.

Disse ao general Portella que tinha tomado um compromisso com o presidente de não tratar de problemas relativos à sucessão antes de 1978, e que não o romperia. Quanto ao ponto de vista de que o Alto Comando do Exército deveria ser consultado sobre a sucessão, esposara-o há muito tempo. Estávamos num regime revolucionário, sustentado pelas Forças Armadas; por que então impedi-las de manifestar-se, através de seus altos órgãos, sobre tão importante matéria?

A vocação ditatorial do general Geisel – eleito infelizmente com o beneplácito das Forças Armadas – deveria ser contida.

O general Portella é inimigo figadal do general Ernesto Geisel. As raízes desta rancorosa inimizade encontram-se em incidente ocorrido entre os dois, nos primeiros dias da Revolução de 1964.

Costa e Silva assumira, como o general mais antigo, o comando do Exército Nacional. Neste caráter, tomara como acertada e improrrogável medida a substituição dos grandes comandos e comandos de unidades de tropa da guarnição da Guanabara. O general Oromar Osório foi substituído no comando da 1ª Divisão de Exército pelo general Orlando Geisel que, contrariamente à determinação de Costa e Silva, procurou conservar alguns comandos antigos, ditos de sua confiança pessoal, mas que não o eram da Revolução.

Talvez tenha sido esta a primeira dificuldade séria no caminhar já trôpego do Movimento Revolucionário de 1964. Dois altos chefes militares desentendiam-se e um deles, por vaidade pessoal, obstinava-se em não cumprir as ordens do outro. Reconhecendo a gravidade do momento, Costa e Silva dispensa o general Orlando Geisel daquele grande comando e designa para ocupá-lo o general José Ulhoa Cintra.

No mesmo dia, ou no dia seguinte pela manhã, voltando o então coronel Jayme Portella da Agência do SNI da Guanabara, ao entrar no Salão D. João VI – antecâmara do gabinete do Ministro do Exército – deparou-se com um grupo de oficiais, no centro dos quais estava o general Ernesto Geisel, gesticulando e verberando com palavras ácidas o procedimento de Costa e Silva.

Aproximou-se Portella e repeliu de modo áspero as acusações do general Ernesto Geisel, defendendo com ardor Costa e Silva. Homens que 48 horas antes estavam dispostos a metralhar-nos não podiam, para segurança do incipiente movimento, permanecer nos comandos de tropa; foi este um dos argumentos lançados à face do general Ernesto Geisel.

O atrito agravou-se, porém a feliz interferência de colegas presentes evitou conseqüências desagradáveis.

Estes fatos foram-me contados pelo próprio Jayme Portella e confirmados, em linhas gerais, por vários oficiais que os assistiram.

As ofensas morais são como queimaduras, deixam marcas indeléveis, estas na pele e aquelas na memória.

Os dois generais, a partir daquele momento, tornaram-se inimigos, suportando-se apenas nas questões de serviço. Ambos faziam-se péssimas referências.

A candidatura do marechal Costa e Silva, que não era estimado pelo grupo do presidente Castelo Branco, proporcionou motivos para que esta inimizade evoluísse para o ódio. A campanha sarcástica, vil e covarde de tentar desmoralizar o marechal Costa e Silva, através de um anedotário que, a par de ridicularizá-lo, o difamasse, era e é atribuída por Jayme Portella a uma tríade integrada por Ernesto Geisel-Golbery-Leitão, este último um coronel de Artilharia conhecido pelo desagradável e sugestivo apelido de "Caveirinha".

Reafirmou-me Portella, em oportunidades várias, que sua convicção, robustecida por provas circunstanciais, era esta.

Retorno ao meu diálogo com Portella.

Depois de ter reafirmado a minha deliberação de esquecer aquele assunto até 1978, conforme compromisso assumido, ouvi de Portella reiteração de que continuaria atuando, por achar um dever de consciência fazê-lo, embora conhecesse minha maneira de pensar. Entretanto, por sentimento de lealdade, avisar-me-ia, como estava ocorrendo naquele dia, de suas iniciativas. Apesar deste seu propósito, somente depois que deixei o Ministério soube de muitas coisas que foram feitas sem meu conhecimento.

Não consegui dissuadi-lo deste intento. Achava-se com o direito de escolher um candidato e de divulgar sua escolha – argumentava em resposta.

Portella não podia aceitar a idéia da perpetuação no poder do grupo palaciano, inimigo de Costa e Silva. Muito menos o fortalecimento e predomínio de Geisel na solução do problema sucessório. Este parecia-me o seu "ponto de honra", pois aparentava o mesmo ódio antigo a Geisel e Golbery, podendo-se acentuar, com certo exagero, que o seu interesse maior estava na derrota da dupla Geisel-Golbery do que propriamente na minha pseudocandidatura.

No entanto, o general Hugo Abreu, conhecedor profundo dos velhacos processos do grupelho palaciano, diz, às folhas 123 do seu livro já citado, que a presença do general Jayme Portella, em Brasília, "conduz à conclusão de que ele estava a serviço dos inimigos do Ministro do Exército".

Eu não chegaria a esta ilação, porquanto, o general Portella tendo muitos inimigos, não seria de surpreender que tentassem enodoá-lo.

Todavia, sua adesão à candidatura Figueiredo, em 1978, usando como trampolim um dos políticos mais odiados e desacreditados nas fileiras revolucionárias de 1964 – Petrônio Portella – e a circunstância de encontrar, de chofre, no candidato oficial, qualidades às quais antes jamais aludira, podem levar-nos a meditar mais sobre a opinião de Hugo Abreu.

Recentemente, sua entrevista, em 25 de setembro de 1979, ao *Jornal da Cidade*, matutino da capital espírito-santense, enaltecendo o general Golbery, numa bajulação repugnante ao homem que considerava um dos detratores do seu amigo marechal Costa e Silva, e do qual, em épocas passada e presente, dizia horrores, força-nos, contra a vontade, a encarar o dilema – ou o general Jayme Portella agiu sempre ligado aos meus inimigos do palácio do Planalto, como bem conclui Hugo Abreu, ou entrou na confusa fase da arteriosclerose, agravada por impulsos de paranóia.

A lógica – a arte de conduzir o raciocínio em busca da verdade – examinará fatalmente essas premissas, das quais não poderá fugir.

O Grupo de Ação Solidária

A declaração de Humberto Barreto e as explorações sobre uma candidatura do Ministro do Exército acabaram com o falso sigilo em torno da sucessão presidencial e deram azo a definições públicas que, por não serem unânimes em favor do candidato oficial, muito preocuparam os palacianos.

Existia na Câmara Federal um grupo de deputados, ligados pelos mesmos objetivos e princípios políticos, que se autodenominava Grupo de Ação Solidária. Esses congressistas passaram, espontaneamente, em sessões semanais, a fazer referência ao meu nome, enaltecendo-o sempre; por isso ficaram conhecidos por frotistas. Em setembro, seu número ascendia a 80 e insistia em crescer.

Seria ingenuidade pensar que essas manifestações, das quais nunca tomei conhecimento prévio, fossem feitas a esmo. Claro estava que alguém as coordenava. Tanto poderia ser o general Portella como qualquer deputado daquele grupo. Entretanto, este aspecto da questão não ficou esclarecido.

Às audiências que dava todas as tardes, no Ministério, compareciam de modo geral, isoladamente, muitos políticos. Procuravam-me para tratar de assuntos concernentes às suas áreas, todavia jamais dei margem a que abordassem o problema sucessório. Algumas investidas tentadas nesse sentido foram inúteis.

Numerosos amigos escreveram-me, incentivando-me a declarar-me candidato; muito tomavam a iniciativa de fazê-lo por conta própria. Soube, após ter deixado o cargo de ministro, que, no Rio de Janeiro, partidários de minha candidatura pensavam, até, em organizar um escritório de propaganda.

Contudo, jamais estimulei, direta ou indiretamente, qualquer ação para considerarem-me candidato. Como já disse, não haveria mal que o fizesse, pois a maioria de meus colegas generais-de-exército o eram em potencial e talvez alguns aspirassem ao cargo.

Tomara com o presidente um compromisso, que honrei até o fim de minha permanência no Ministério, de não tratar desse espinhoso assunto antes de 1978, embora, hoje, acredito que ele, presidente, o tenha burlado.

Como poderia rompê-lo sem ferir os princípios de lealdade que me vinculavam ao general Geisel?

A campanha sucessória, não obstante as pressões oficiais, começou a borbulhar em várias áreas. Ninguém, de bom grado, aceitava a imposição governamental de um candidato. Eu, particularmente, não admitia fosse feita uma indicação sem consulta ao Exército. Somente a aplaudiam aqueles que estavam certos de auferir futuras vantagens.

O grupelho do palácio, contudo, estava no deliberado propósito de rejeitar qualquer candidato que não fosse o general Figueiredo. Contou-me, há poucos meses, um coronel ligado naquela época ao general Golbery, porém agora em divergências com o governo, que este general lhe assegurara ser necessário abrir, quanto antes, a campanha sucessória, visto que os candidatos já estavam surgindo. Passou a citá-los: o general Frota era, pela posição, um deles, dos mais fortes; Reynaldo, candidato de um grupo com algum respaldo na política nordestina; Ariel, de outro grupo, e Dilermando, agindo em São Paulo.

O coronel perguntou, então, a Golbery se não ia mencionar os generais-de-divisão, entre os quais Figueiredo e Antonio Carlos Serpa poderiam ser incluídos, pelo que se propalava à boca pequena. Não obteve resposta.

A CENSURA TELEFÔNICA E A SITUAÇÃO POLÍTICA

Não é segredo que o SNI exercia censura telefônica, aplicando-a, talvez, mais em proveito de ações politiqueiras do que em assuntos de interesses nacionais. Nessas tarefas de espionagem rasteira, consoante cópias de gravações entregues pelo SNI ao CIE, foi colhida uma conversa, entre familiares do deputado Marcelo Linhares, versando sobre a sucessão e suas intrigas. Dela, por importante, desejo fazer uma síntese, que esclarece fatos e comportamentos ainda tidos como nebulosos.

A censura atuou de dez horas e dez minutos às cinco da tarde do dia 5 de outubro de 1977, espaço de tempo em que se teriam entreligado o deputado Marcelo, seu irmão, o coronel Heitor Caracas Linhares e duas senhoras da família.

Da análise desta conversação brotaram, bem vivas, as seguintes afirmações:

• O deputado Marcelo e o general Jayme Portella eram decididamente contra a candidatura Figueiredo. O primeiro por motivos de política regional e o último por não aceitar a imposição de um candidato tirado do "bolso do colete", como disse. Considerava esta imposição uma afronta ao Exército.

• O ministro Frota mantinha-se fiel à orientação de Geisel de não tocar no assunto. Por isto, tudo estava sendo feito à sua revelia.

Estas palestras telefônicas, ocorridas no dia 5 de outubro, mostram que, em matéria de sucessão, somente a candidatura Figueiredo era realidade. O restante não passava de especulações, algumas transbordantes de má-fé, assentadas invariavelmente sobre alicerces moralmente fracos. Quem estava na área do poder teimava em ficar. Quem não gozava deste privilégio, lutava para ocupá-la.

Nestas disputas, os meios empregados por facções oponentes são de infinita variedade e desdobram-se, no campo das acomodações, desde a simples adesão às complexas e inescrupulosas conversões. O exemplário está no nosso panorama político – vazio de convicções e atulhado de interesses pessoais.

O partido da situação despersonalizava-se na irrestrita obediência, enquanto o da oposição, não a fazendo num sentido construtivo, enveredava pela linha negativista da reação e da contestação, correndo o risco de radicalizar-se. Em suas raízes, no entanto, ambos agitavam-se e atuavam mais em defesa de interesses regionais – que lhes assegurassem e aumentassem o prestígio junto aos seus eleitores – do que em prol das grandes causas e realizações nacionais.

Os políticos – com raras e dignas exceções, porquanto temos em seus quadros homens de real valor – penduleiam entre posições de interesse pessoal, não hesitando em trocá-las desde que, sob este aspecto, venham a usufruir lucros. Entendem-se sempre e têm métodos específicos para isso.

Considerações conclusivas

A análise deste punhado de fatos – poderiam ser dezenas, pois o manancial permitiria – bem significativos, apresentados neste capítulo, autoriza-nos a realçar algumas ilações que já se esboçavam na narrativa:

1) O general João Figueiredo estava escolhido, pelo presidente Geisel, para seu sucessor, se não desde o seu escritório no Largo da Misericórdia, pelo menos a partir do início de seu governo. As atitudes tomadas pelo presidente e seus assessores de simular indiferença sobre o assunto, abstendo-se de abordá-lo e exigindo que ninguém o ventilasse, faziam parte de um plano para evitar especulações sobre nomes de outros possíveis candidatos ao cobiçado cargo.

2) A minha suposta candidatura foi uma manobra muito bem engendrada pelo grupelho do Planalto. Criava a incompatibilidade entre o presidente e o ministro; justificava uma vigilância mais rigorosa do SNI e de seus alcagüetes militares sobre o general Frota; revelaria os simpatizantes do ministro a tempo de neutralizá-los;

explicaria, por parte dos administradores do general Figueiredo, uma propaganda mais aberta de seu candidato, conjugada certamente com uma campanha de difamação à pessoa do ministro e, finalmente, o que era mais importante, serviria para dar a qualquer atitude, tomada pelo ministro, de rejeição ao candidato do Planalto, o caráter de interesse pessoal, desvirtuando-a. Havia ainda a possibilidade de o ministro desmenti-la, publicamente, agrilhoando-se a mais um compromisso com a Nação e fortalecendo, deste modo, a candidatura oficial, que continuaria solertemente sem empecilhos. Esta solução era de agrado do palácio e o general Hugo Abreu, na sua *boa-fé*, chegou a sugerir-me a adotasse.

A exploração de meu nome, o alarde que se fazia em torno de minhas visitas às guarnições militares, a divulgação, os incentivos e as invencionices ligadas a minha suposta candidatura foram atividades urdidas no palácio, em particular, segundo informações, no próprio Gabinete Civil da Presidência, visando a criar-me choques e incompatibilidades com o general Geisel. O próprio general Hugo Abreu disse-me isto e confirmou em um dos seus livros.

Obstino-me em negar tivesse manifestado com alguém, em qualquer circunstância, pretensões ao cargo presidencial. As especulações que se faziam surgiam à minha revelia e delas, como já disse, nunca tive prévio conhecimento.

Não aceitava, e isto era pensamento antigo, a imposição ao Exército de um candidato único, mui especialmente quando o ungido pelas graças presidenciais trazia a reboque um grupo de elementos de carcomidos conceitos na opinião pública. E a voz do povo é a voz de Deus, na concordância inequívoca expressa pelo adágio.

3) A afirmativa da participação de elementos, considerados meus amigos, nessa manobra, consciente ou inconscientemente ligados aos homens do Planalto, é perigosa, porquanto só tem sustentação em observações de caráter subjetivo e na apreciação de provas circunstanciais. Pode haver uma evidência física, porém não suficiente para uma persuasão absoluta. É preciso não dar valor exagerado a essas indicações. Os indícios, encadeados por um raciocínio lógico, podem induzir a uma ilação tida como verdadeira, embora muitas vezes não o seja. Isso porque no aquilatar os fatos a subjetividade é fator preponderante.

Os exemplos não escasseiam. Uma das mais revoltantes injustiças praticadas pelos homens foi a condenação do capitão Alfred Dreyfus, do Exército francês, procedida com base em provas circunstanciais. Semelhanças caligráficas e a origem israelita de Dreyfus, insinuando ser este o criminoso, bastaram para degradar e deportar para a Ilha do Diabo o jovem capitão, que sempre protestou inocência.

Tudo que é subjetivo depende do homem, e já dizia o latino Plauto: "O homem é o lobo do homem."

Certas personalidades tiveram nesses acontecimentos papéis aparentemente dúbios, sendo difícil esclarecê-los com os dados que conhecemos. A maioria de meus amigos inclui neste grupo o ex-deputado Synval Boaventura e o general Jayme

Portella. Repugnou-me sempre aceitar estas insinuações pois, se assentisse neste julgamento, seria reconhecer que estávamos moralmente à borda de um precipício. Um deputado alcagüete do SNI e um general bifronte eram figurações abjetas que só podiam ser entendidas num ambiente putrefacto.

O deputado Synval Boaventura, um dos congressistas que mais citaram e defenderam uma candidatura do ministro Frota, era, sem menor dúvida, um homem freqüentador das salas do SNI.

Preocupados com esta circunstância, amigos particulares confidencialmente manifestaram sua desconfiança de que o político mineiro agia em consonância com os manobreiros do palácio do Planalto. Não aceitei essa advertência, julgando-a mais um injustificável temor do que uma realidade.

O fato de ter sido beneficiado com boas comissões, após a "estrondosa" vitória do general Figueiredo, não modificou minha opinião. Foi mera conseqüência de suas ligações políticas e não deve ser reputado como um pagamento de serviços prestados.

O general Jayme Portella também não foi poupado de acusações semelhantes, que julguei injustas.

Entretanto, a sua súbita integração ao oficialismo planaltino, que sempre combateu, realizando em segredo entendimentos com o senador seu xará e talvez parente, visando a arrastar para as desfalcadas hostes do candidato oficial um grupo de deputados independentes, pode explicar aquelas imputações. Indica mais um prosseguimento de conduta do que uma mudança de posição.

A corroborar com este ponto de vista está a já citada entrevista ao *Jornal da Cidade*, em que se lê:

> Portella finalizou sua entrevista ao *Jornal da Cidade* fazendo um rasgado elogio ao homem que ele considera (nós também consideramos), o general de maior visão e inteligência em atividade no governo: o ministro Golbery do Couto e Silva. Portella afirmou que ele e Golbery viveram momentos difíceis no Exército, que tentou evitar que ele fosse para a reserva, mas que hoje sente-se feliz em vê-lo na Casa Civil da Presidência, já no segundo governo, dando um verdadeiro "Show de habilidade, inteligência e capacidade".

O difícil para os homens de bem é admitir que, no círculo de seu relacionamento profissional ou de amizade, os outros não o sejam.

As decepções, quando ocorrem, além de inesperadas são confrangedoras. Mas os homens não mudam, apenas revelam, nos dias penosos, o seu genuíno feitio moral.

4) Não tive em minha vida militar oportunidade de servir com o general João Figueiredo; conhecia-o através de excelentes conceitos, emitidos por nossos colegas. Sua colocação na turma de Cavalaria deu-lhe certa projeção e foi muito amparado pelo prestígio político-militar de seu pai, em sua carreira.

Sabia-o exigente no cumprimento dos regulamentos e capaz no exercício da profissão. Durante o governo do general Emílio Garrastazu Médici – o maior de todos os presidentes da Revolução –, por imposição funcional, passei a vê-lo mais amiúde. Confirmei a impressão íntima de que era um homem cheio de si, bastante vaidoso, com aspirações a líder. Mas isto era de pouca importância porque a vaidade é como a água benta – cada um toma a porção que quer – e aspirações nada mais são do que desejos. Mostrara-se, a todos os momentos, revolucionário ardoroso e atuante, fazendo alarde de sua formação militar. Seu rigor na defesa da causa revolucionária levou-o, consoante informações difundidas em Brasília, a interrogar pessoalmente, até altas horas da noite, os subversivos presos, no tempo em que exercia o Comando do Regimento de Cavalaria de Guardas.

Ao chegar a Brasília, no cargo de ministro, vi-o e apreciei-o mais de perto. Então, foram ruindo pouco a pouco os pilares de seu conhecido conceito, naturalmente, do meu ponto de vista.

Lembrando, em sentido inverso, a linguagem comparativa de Henrique III, de longe era muito maior do que de perto. Defini-o como um homem mais político do que militar, disposto a penetrar por qualquer caminho desde que o conduzisse ao poder. Considerei-o um homem sem convicções, ou melhor, de convicções rotantes, o que torna difícil analisá-lo visto que, na opinião de Carlyle, a primeira condição para que se possa estudar um homem é saber em que ele acredita.

Ao longe se afigurava como fulgurante farol, mas, de perto, não passava de bruxuleante lamparina.

Não poderia eu, portanto, de sã consciência, aplaudir a indicação do general João Figueiredo. Outro nome que surgisse constituiria objeto de apreciação. Todavia, o do general Figueiredo, se aceito, seria uma calamidade para a exausta Revolução, a necessitar de uma urgente reintegração em seus lídimos princípios e não de uma fase de concessões ilimitadas, que fatalmente levarão este país a situações dificílimas. O general Figueiredo eleito presidente significaria, ainda, a continuação, à frente dos destinos do país, do grupelho palaciano que, desde 1974, vinha desgastando a Revolução de 31 de março e cuja presença no palácio do Planalto poderia, quando muito, em nome da unidade revolucionária, já bastante abalada, ser tolerada até o fim do mandato de Ernesto Geisel. Sua permanência no poder seria, do meu ponto de vista, catastrófica e inaceitável. Os fatos estão aí para confirmar que a Revolução de 1964 exalou o último suspiro quando o presidente Médici desceu a rampa do palácio do Planalto.

A partir daí começou a cavilosa contra-revolução branca do general Ernesto Geisel.

A Importante Em junho 7 1

ESTADO DE S. PAULO

CÓDIGO	PAG.	RETR. DE REDAÇÃO	RETR. DE LIBERAÇÃO	EDITORIA	REDATOR	LAUDA
ɸ ɸ		RELATÓRIO INTERNO				1

MINISTRO GOLBERY

Foi um encontro rápido-- uns 20 minutos -- pois o Ministro precisou sair para ir ao enterro da esposa do Gen. Orlando Geisel, e o primeiro mantido reservadamente. De qualquer forma, algumas indicações importantes: 1 - é provável que Geisel tome a deliberação de deflagar a sucessão já nó segunto semestre, agindo sem pressa, como é de seu feitio, mas de qualquer forma saindo da estaca zero , no que diz respeito às consultas, articulações etc. Desta maneira, estando a decisão em marcha, embora não definida, tiraria o Governo dois proveitos: o de não antecipar demais a decisão mas de passar a controlá-la formalmente, de vez que com a questão colocada em marcha, oficialmente, os candidatos em potencial estariam inibidos de articulações em faixa própria e assim agindo imprimir ao processo das consultas a dimensão e avelocidade que julgasse conveniente. O ministro entende que esta seria a fórmula mais adequada e manifestou-se convencido de que Geisel será sensibilizado a agir desta maneira, o que implica no reconhecimento de que ainda hesita quanto à decisão a ser tomada. Para Golbery, é muito provável que entremos no ano de & 78 com o nome já conhecido.

ESTADO DE S. PAULO						
CÓDIGO	PÁG.	RETR. DE REDAÇÃO	RETR. DE LIBERAÇÃO	EDITORIA	REDATOR	LAUDA
ϕ.Q. ϕ						2

Para ele, a protelação da decisão com a finalidade de se evitar um supósto enfraqecimento do Governo uma vêz conhecido o nome do sucessor é um risco. Isto porque além deste problema ser natural, comum a qualquer Governo, mais valeria antecipar um pouquinho um desgaste que é inevitável mas que jamais se traduziria pela perda do comando ou pela tentativa de se impor comandos paralelos a manter-se um imobilismo que certamente funcionaria com um acelerador de divisões na área militar.

2 - O ministro reconhece que, neste momento, a exemplo do que acontece em maior ou menor gráu em diferentes oportunidades, registra-se uma tentativa de sondagem da força do Governo, um ensaio visando a estabelecer comandos paralelos se ficar constatada fraqueza do Governo ou se este, inadvertidamente vier a fazer o jogo " de uma determinada área que nós conhecemos ". Não basta portanto, a análise do fato em si, e das decisões que são tomadas em função dele. É importante que o Governo se atenha aos seus desdobramentos, identifique, antes de agir, quais as implicações de sua ação, Uma linha de procedimento que teoricamente poderia ser a melhor deixaria de ser na medida em que trouxesse

O ESTADO DE S. PAULO						
CÓDIGO	PAO.	RETR. DE REDAÇÃO	RETR. DE LIBERAÇÃO	EDITORIA	REDATOR	LAUDA
φ Cm φ'						3

como consequencia, benefícios para os setores radicais. Especialmente se uma imagem do fortalecimento destes setores -- e aí não importa se verdadeira ou real -- viesse a ser projetada nos diferentes escalões militares e na área política, este sempre sensível às nuances da luta pelo poder.

3 - Não é possível continuar-se a punir indefinidamente, mas também não é concebível que a punição com base na legislação revolucionária/ seja utilizada de maneira indiscriminada e por demais abrangente. Em outras palavras, se o Governo partisse para uma "caça às bruxas" ele proprio seria uma das vítimas, possivelmente a maior, pois na atual fase de ensaios na luta pelo poder um erro de cáculo neste particular poderia ser desastroso. Sem dúvida, sairia enfraquecido.

4 - Nomes: Figueiredo como opção principal e Reynaldo, Dilermando e Ney como "segundas opções", parecem ser as alternativas de Geisel. Note-se que não houve uma afirmação conclusiva; lançou-se uma observação sobre uma suposta preferencia presidencial. E isto ficou bem claro.

ESTADO DE S. PAULO

CODIGO	PÁG.	RETR. DE REDAÇÃO	ELTR. DE LIBERAÇÃO	EDITORIA	REDATOR	LAUDA
Φ Cal Φ						4

5 - O Governo pretende manejar com habilidade o fator tempo, de tal forma que com o recesso do Congresso e as férias estudantis de julho tenha tempo para acabar de absorver os efeitos das crises mais recentes e planejar sua ação no segundo semestre. Acredita-se que se não acontecer nada de excessivamente grave até o final do mês, este objetivo estará atingido e o pior terá passado. Julho ser´ o mes de pensar grande, pensar em termos de país e de instituições elogicamente de sucessão, pois o Governo não poderia dissociar o aperfeiçoamento das instituições -- a segunda etaPa das reformas a que se referiu Paulo Egydio poderia ser esta, ~~segunda~~ -- da figura do futuro Presidente. Se for alguem que desagrade o Presidente o planejamento não poderia ser compartilhado a a sequencia de qualquer projeto de aperimoramento das instituiçoes ficaria preju..icado.

Após a entrevista Golbery declarou ao repórter que "eles" não abandonariam o governo. O repórter entendeu o "eles" mas ficou em dúvida quanto à interpretação do "não abandonariam o governo" não sabe se era uma ameaça de não entregar pela FORÇA ou de continuar no novo governo.

INFORME

O Sr HENRIQUE SOARES, pessoa a quem o Senador VITORINO FREIRE tem como filho e o introduziu na política, está, atualmente, ligado à Casa Civil da Presidência da República e é íntimo do Presidente Geisel.

Consta que o dito cidadão vem trabalhando, com afinco, pela candidatura Figueiredo, percorrendo, inclusive, vários Estados, colhendo informações para a Presidência da República.

Consta, também, que o Sr HENRIQUE SOARES vem frequentando, com assiduidade, o Quartel-General do Exército, onde mantem vários contatos, inclusive no Gabinete do Ministro. O proprio Chefe Gab Min Ex, Gen BENTO, deve ter sido procurado pelo referido Sr.

Confirmado pelo filho do Vitorino Freire, o suplente de senador. Este Henrique é um patife. Usou e abusou do Bento.

Informe de Brasília / julho/77. Frota.

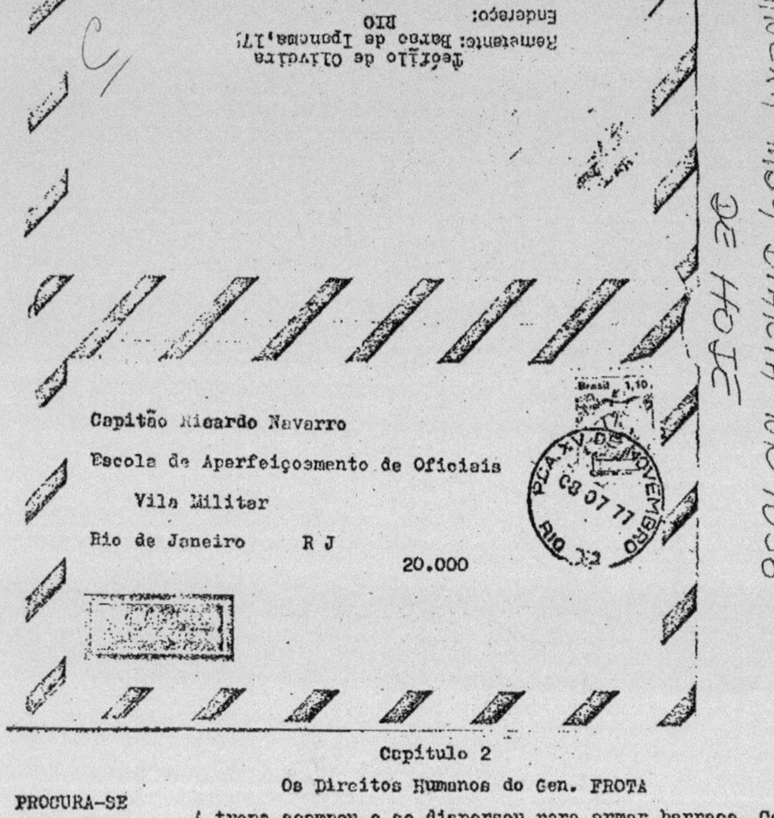

Capítulo 2

Os Direitos Humanos do Gen. FROTA

PROCURA-SE

Sylvio Frota

A tropa acampou e se dispersou para armar barraca. Como a barraca do pobre cabo ficou mal armada, o Cmt do Esquadrão, o então Capitão Frota irrompeu em gritos e aos pontapés derruba a barraca e dá uma bofetada no cabo que tenta se justificar.

O cabo ao tentar o revide à covarde agressão, leva um tiro de 45 no peito do "afável" Capitão Frota, que ainda não satisfeito aplica golpes de facão no cadáver do jovem cabo. Realmente, o cabo violentara o Exército naquilo que o capitão Frota, daquela época até hoje ele mais entende: armar barraca (de duas praças, somente)

Pergunta: Pode um assassino ser Presidente da República?

Este documento foi elaborado pelo SNI, em particular pelos elementos do Figueiredo. Falam num cent Loyola

CAPÍTULO 39

A ordem do dia de 25 de agosto

As grandes datas nacionais, em particular aquelas que rememoram os notáveis feitos do Exército e seus insignes vultos, exigem do ministro uma glorificação pública. Esta exaltação exprime-se na ordem do dia, através da qual emite o comandante superior do Exército o seu pensamento e acentua aspectos de grandeza cívica que devem ser seguidos, por construtivos e patrióticos.

Em todos os comandos que exerci, de modo geral, elaborei sempre as minhas ordens do dia, ainda que aceitasse com satisfação sugestões de meus oficiais sobre pontos e temas a abordar. Tive sob meu comando oficiais de destacado valor, não somente profissional como também do ponto de vista de cultura, entendido o termo em sua acepção de desenvolvimento intelectual e ilustração, todos capazes de excelentes redações. Reservava-me, todavia, esta missão, o que muito me agradava porque assim traduzia minhas idéias dentro de uma maneira que me era peculiar. Quando, por circunstâncias eventuais ou impostas por restrições de tempo, delegava a um oficial essa tarefa, ao ler o documento, embora nada tivesse a dizer quanto à essência, era normal divergir da forma. Tratava-se de uma questão de estilo. Em virtude disso, evitava essa delegação para não ferir melindres.

Consideradas a extensão do território nacional, salpicado de unidades e guarnições militares, e a exigência regulamentar de ser lida a ordem do dia na data comemorativa do acontecimento, impunha-se ao comando superior a obrigação de remetê-la a tempo de satisfazer essa prescrição.

Ao aproximar-se o dia 25 de agosto, destinado às comemorações do Exército, começou a surgir na imprensa de Brasília e nos ambientes freqüentados por congressistas a notícia de que o ministro Frota faria naquela data um pronunciamento político e que no dia seguinte, 26 de agosto – dia de seu aniversário –, um deputado lançaria da Câmara sua candidatura à Presidência da República. O *Jornal de Brasília* de 7 de agosto de 1977 chegou a conceder duas colunas ao assunto, intrigando deputados de provada dignidade – mas insensíveis aos cantos das sereias do Planalto – como participantes de confabulações para esse lançamento.

Soube, mais tarde, que correram boatos em Brasília, oriundos de "fontes fidedignas", assegurando que a ordem do dia traria grandes repercussões políticas.

Na terça-feira 9 de agosto eu deveria despachar com o presidente; não tinha, contudo, naquela data, redigido a ordem do dia que seria enviada aos comandos militares.

O despacho transcorreu, inicialmente, na parte administrativa, sem qualquer divergência. O presidente fez algumas considerações sobre a classificação de um oficial que regressara de um curso no estrangeiro e silenciou. Íamos entrar no exame dos casos conjunturais, deixados sempre para o final das audiências, conforme a orientação seguida. Cruzou a perna esquerda sobre o joelho direito, começou a alisar a meia – atitude que nele evidenciava certo nervosismo – e, olhando para o exterior pela larga vidraça, disse-me, sem voltar-se:

— O dia 25 de agosto vem aí...

Julguei que fosse reiterar recomendações sobre o consumo de carburantes no desfile do "Dia do Exército", em face do problema do petróleo, providência já tomada com a formatura, apenas, de tropas a pé e a cavalo. Aguardei, portanto, falasse.

Brusca e intempestivamente, descruzou a perna, virou-se para o meu lado, dedo em riste e falando alto – quase gritando – proferiu a frase:

— E eu quero ler a sua ordem do dia, general, quero ler...

Se eu tivesse, em maio de 1974, sabido ou, ao menos, percebido que o general Geisel era uma personalidade temperamental, que alterna períodos de equilíbrio com inusitadas explosões de violência, comumente ornamentadas de obscenidades, não teria aceitado seu convite para ocupar a pasta do Exército. Entretanto, iludido por sua aparência austera, fiz ouvidos moucos a algumas informações que recebi de amigos sobre suas reações emocionais.

Ao ouvir aquela intimação grosseira, sem o mínimo motivo que a justificasse, tomei-me de indignação, que a custo consegui controlar. Debrucei-me sobre a cadeira, procurando aproximar-me do presidente, estendi o braço e, com o indicador apontado em sua direção, respondi com voz pausada à desconsideração do general Geisel, iniciando um áspero diálogo:

— Se o senhor não confia em mim, se o senhor não tem confiança em mim, exonere-me, demita-me, mas as minhas ordens do dia nunca lhe deram motivos para censuras. Foram feitas sempre na base da disciplina e da hierarquia.

— Mas você está levando isso para outro lado... O Armando Falcão mostra-me tudo e eu vou pedir aos ministros militares para mostrarem.

— Presidente, este ambiente aqui – apontei o dedo para o chão – é de podridão moral e eu não me acerto com podridão moral. E, o pior, o mais grave, é que tudo isso é feito pelos nossos próprios companheiros. Há tempos um ministro do Superior Tribunal, aceitando calúnias, pediu abertura de um inquérito para apurar torturas a presos no I Exército. Uma indignidade! O senhor está avisado, eu ministro ninguém irá fazer um inquérito destes no Exército.

O general Geisel, um pouco pálido, ouviu calado. Levantei-me e disse-lhe:

— O senhor tem mais alguma ordem? Então, com licença!

No automóvel, de regresso, o meu ajudante-de-ordens perguntou-me o que tinha ocorrido, visto que eu parecia muito aborrecido. Disse-lhe que mais tarde conversaríamos.

Dirigi-me ao quartel-general e reuni imediatamente elementos do que chamamos Estado-Maior Pessoal – chefes-de-gabinete e do CIE, os dois assistentes e o ajudante-de-ordens.

Em conversa sigilosa narrei-lhes o acontecimento e avisei-os de que se prevenissem quanto à minha provável exoneração porque, conhecendo melhor, agora, o presidente, não colocava dúvidas sobre o seu procedimento futuro. Iria aguardar uma oportunidade, ou prepará-la, para exonerar-me.

O general Hugo Abreu, tratando especificamente deste assunto, diz às páginas 120 e 121 do seu livro já citado:

> Em agosto, conseguiu o grupo da intriga envolver o presidente em manobra que seria infalível para derrubar o ministro. Convenceram Geisel de que a ordem do dia de Frota para 25 de agosto, Dia do Soldado, seria de caráter político e conteria acusações ao próprio presidente. Num despacho da primeira quinzena de agosto, ele pediu a Frota que lhe mostrasse previamente a ordem do dia. A manobra era realmente digna de nossos maquiáveis de botequim: talvez não tão inteligentes, mas dotados da mais absoluta falta de escrúpulos. O impasse estava criado.
>
> Falei com o presidente sobre a inormidade do que estava fazendo, mas ele não quis ceder. Dizia que, como presidente, tinha direito de tomar conhecimento prévio de qualquer discurso a ser feito em sua presença e não concordou com meus argumentos de que não se tratava de discurso, mas de uma ordem do dia. Tentei uma solução junto a Frota, inclusive mostrando-lhe que se tratava de manobra para afastá-lo da função. Ele permaneceu irredutível.
>
> A solução só foi conseguida graças a um entendimento meu com o general Bento Bandeira de Mello, chefe-de-gabinete do ministro.

Esta narrativa ajusta-se bem ao que descrevi, linhas acima.

Realmente, o general Hugo Abreu procurou-me, ainda na mesma semana do incidente que tive com o general Geisel, para convencer-me de levar ao presidente a ordem do dia. Narrei-lhe em minúcias o fato – anotei-o logo que, no dia 9 de agosto, voltei a minha residência, à semelhança do que fazia com todos os fatos importantes – e perguntei-lhe:

— Hugo, se o presidente lhe pedisse, nas condições que o fez, a ordem do dia, elaborada por você e de sua responsabilidade, você a daria?

O general Hugo permaneceu calado e eu disse-lhe:

— Se o fizesse você estaria desmoralizado!

Estou de pleno acordo com o que relata o general Hugo Abreu, quanto à instigação do presidente pelo "grupo da intriga" contra mim. Mas que homens poderiam chegar ao general Geisel para contar estes mexericos?

A equipe com a qual normalmente se reunia era constituída do general Golbery, general Figueiredo, general Hugo Abreu, coronel Wilberto Lima, coronel Toledo Camargo e o ex-capitão de Cavalaria Heitor Aquino Ferreira. Estes homens tinham possibilidades de, diariamente, inocular no general Ernesto Geisel os germes das intrigas a que, com tanta firmeza, alude o general Hugo Abreu e sobre as quais não poderemos ser céticos, porquanto o general Hugo estava, embora por dever funcional, no epicentro das ações. Os generais Golbery e Figueiredo, bem como o ex-capitão Aquino, no entanto, seriam provavelmente os principais transmissores desses boatos e informações falsas, nascidos e manipulados, na minha opinião, no próprio SNI.

O coronel Wilberto Lima, soldado de fracos méritos, que ascendeu à posição por inegáveis influências de nepotismo, não era alcoviteiro desse nível.

Quanto ao coronel Camargo, que servira comigo no gabinete ministerial da gestão Lyra Tavares, no passado era dotado de muito bom caráter, cuja integridade, acredito, não tenha sido erodida pela ambição dos bordados de general.

No mesmo dia 9 de agosto, à noite, em minha residência, dei início à elaboração de um documento, em forma de manifesto, para dirigir e fazer ler à tropa, no momento em que fosse exonerado das funções de ministro, pois tinha a certeza de que o seria, quando menos esperasse. Dele falarei oportunamente.

Após a visita do general Hugo, nada disse sobre a ordem do dia, contudo ouvi de amigo meu, industrial no Rio de Janeiro, que nos dias subseqüentes ao meu desagradável despacho com o presidente noticiou-se, no Rio, que o general Geisel pedira-me esse documento e eu o entregara passivamente.

Esta difusão já deveria estar preparada por elementos do Planalto, porém, apesar de minha negativa, não pôde ser evitada.

Redigi a ordem do dia no sábado e domingo, dias 20 e 21 daquele mês, e, na manhã do dia 22 de agosto, entreguei-a ao meu assistente, tenente-coronel Athos Marques de Amorim, para fins de datilografia, recomendando-lhe, expressamente, que nenhuma cópia seria tirada do trabalho, nem cedida a quem quer que fosse, antes da expedição geral efetuada. Nestas condições foi realizada a tarefa. Li e reli o documento, procurando escoimá-lo de qualquer acidental falha que pudesse dar margens a interpretações capciosas. Feitas as correções, determinei ao tenente-coronel que expedisse, através de telex, a ordem do dia, iniciando a distribuição pelas guarnições mais afastadas. Reiterei que nenhuma cópia seria dada do documento e que ele – tenente-coronel Athos – deveria assistir à expedição. Ao término do trabalho, próximo das cinco horas da tarde, voltou o oficial a minha presença para participar que a distribuição tinha sido realizada, de conformidade com o estabelecido.

Disse-lhe, então:

— Você, Athos, vai levar agora uma cópia da ordem do dia ao palácio do Planalto e entregá-la ao general Hugo Abreu. Diga-lhe que é o exemplar destinado ao presidente e, também, que já fiz enviar o documento para todas as guarnições.

A minha determinação foi, rigorosamente, cumprida pelo meu assistente, que chegou ao palácio próximo das seis horas da tarde, fazendo a entrega pessoalmente ao general Hugo Abreu. Isto se passou, é bom precisar, no dia 22 de agosto de 1977. No dia seguinte, terça-feira 23, apresentei pela manhã os generais recém-promovidos ao Presidente da República. Encerrada a cerimônia, disse-me o general Geisel, encetando um diálogo:

— Gostei muito de sua ordem do dia.

— E... o senhor estava esperando outra coisa de mim?

— Não! E você?

— Também não, presidente!

Terminou assim a comentada e deturpada questão da ordem do dia de 25 de agosto de 1977.

Há um fato, todavia, que nunca consegui compreender ou, ao menos, encontrar para ele explicação plausível. Trata-se da referência do general Hugo Abreu à entrega da ordem do dia, três dias antes, pelo meu Chefe-de-Gabinete, general-de-divisão Bento José Bandeira de Mello, ao próprio general Hugo Abreu, como se depreende da leitura do trecho abaixo, transcrito da página 121 de seu livro já mencionado:

> A solução só foi conseguida graças a um entendimento meu com o general Bento Bandeira de Mello, chefe-de-gabinete do ministro. Três dias antes da solenidade, conseguimos uma cópia da ordem do dia que seria distribuída no dia seguinte. Mostrei-a ao presidente, que a leu e nada teve contra o seu texto. Desculpe-me o general Frota essa pequena traição, pois ele até hoje não sabe que mostramos o documento ao presidente antes da divulgação.

O general Hugo não era homem de mentir. O tenente-coronel Athos incapaz, por sua bela formação moral, de contrariar uma determinação do ministro; garantiu-me – o que não precisava, pois não me assaltaram dúvidas a este respeito

– que não cedera o documento a ninguém, antes de que o liberasse à difusão. O general Bento servia comigo praticamente há 13 anos; considerava-o meu amigo, dedicando-lhe amizade fraternal – não entregaria, pois, a ordem do dia sem o meu conhecimento, especialmente por dois sérios motivos: o primeiro deles era o de saber que isso iria amesquinhar-me perante o presidente e aviltar-me à face do Exército; o segundo, porque só poderia obter o documento através do tenente-coronel Athos e este oficial não lho daria.[1]

Se conseguiu a ordem do dia por outros caminhos, a "pequena traição" a que se refere o general Hugo foi muito maior, porquanto atingiu, além do seu chefe e amigo, general Frota, ainda ao tenente-coronel Athos. No entanto não posso aceitar que um homem que estivera comigo durante tantos anos viesse a apunhalar-me deste modo.

1. Ver a ordem do dia no Anexo.

Soldado brasileiro!

Falo a ti usando o termo no sentido genérico do homem que serviu e serve a Pátria, através do Exército. Expresso-me aos que, hoje, nas fileiras, em silenciosa eficiência, realizam-se na grandeza de servir. Volto, ainda, meu pensamento para os antigos companheiros e chefes que, no recesso dos lares, muitos dos quais já envolvidos pela solidão da velhice, galvanizam-se aos acordes do Hino Nacional ou das cadenciadas marchas militares.

Vou falar-te, agora, soldado, precisamente, do Exército Brasileiro - objeto de nossa constante devoção - e do Grande Duque, seu insigne patrono.

O Exército é uma instituição sublime, que tem como dogma a veneração à Pátria e como axiomas o culto da verdade, da justiça e da dignidade humana. Merece, portanto, de todos nós, uma meditação mais profunda quanto às suas origem, formação e inestimável contribuição prestada ao engrandecimento do Brasil. Aflora, desta análise, a inquestionável ilação de que ele é o mais nítido reflexo do nosso povo, pois nele se aglutinam patrícios de todos os rincões, sejam quais forem suas procedências, sem distinção de classes sociais, de grupos étnicos ou de religiões. Sua índole nasceu com a gente brasileira que a terra natal aprendeu, não somente a amar, como também a defender. Seu espírito de luta, plasmado no ambiente da agressividade aborígine, desenvolveu-se, no combate aos adventícios, proporcionou prodígios de sacrifício e de bravura, nos montes das Tabocas e nos Guararapes, lançou ao mar os franceses, no Rio de Janeiro e no Maranhão, e preservou nossas fronteiras no sul. Desde o amazonense da mata espessa e dos igarapés sinuosos ao gaúcho das verdejantes coxilhas, todos robusteceram este espírito, nos movimentos nativistas ou nas guerras da independência. Surge, assim, o Exército com a própria Nação Brasileira, e a partir deste momento, estando seus destinos estreitamente ligados, pode-se afirmar que um não sobreviverá ao outro. Sua histórica e incontestável qualidade de guardião da causa nacional tornou-o depositário das aspirações patrióticas do homem brasileiro que sempre soube interpretar com absoluta fidelidade.

Esta instituição lidimamente democrática - que é o Exército - foi bafejada pela inspiração divina ao escolher para seu patrono a figura ímpar de Luiz Alves de Lima e Silva - Duque de Caxias - dotado de nobres sentimentos com os quais se identificava e se identifica.

Homem de excelsas virtudes cívicas e humanas, viveu Caxias dias angustiosos da vida do Império, em que foi ilustre chefe militar, impoluto soldado, hábil político e, acima de tudo, generoso cidadão.

Exímio comandante, destacou-se nas lutas internas e nas campanhas do Prata. Na guerra da Tríplice Aliança, idealizou e realizou a famosa manobra de Santo Antônio, obra-prima da estratégia brasileira, que possibilitou a Dezembrada e apressou a rendição do valoroso exército inimigo.

Considerava a disciplina um dos fundamentos da vida castrense, mas nunca a exerceu para tripudiar sobre a dignidade de seus subordinados. Tinha pela Lei profundo respeito, pois sabia que a Lei é a Força, repelindo a amoralidade do conceito de que a Força é a Lei.

Entretanto, o que elevou Caxias, muito acima de seus contemporâneos, foi a magnanimidade de seu coração e a sua lucidez política que lhe permitiram consolidar o segundo reinado, assegurando a unidade do Império.

As revoluções trazem, em seu bojo, crises de autoridade e liberam forças que, muitas vezes, os próprios revolucionários não podem conter. Assim ocorreu após a insurreição de 1831 e a abdicação de Pedro I. Os distúrbios, os motins, as sedições que - de norte a sul do País - provocados e conduzidos pelos ambiciosos do poder, alastraram-se pelo período regencial e tumultuaram os primeiros anos do governo de Pedro II, foram, na maioria, dominados pelo tino político e o sentimento de pacificação de Caxias, apoiado em sua gloriosa espada, posta, invariavelmente, a serviço da lei e da ordem.

Muito mais tarde, em 1869, ao regressar da guerra, com a saúde seriamente abalada, não escapou Caxias à maledicência - arma habitual dos medíocres - que sob mesquinha acusação o levou ao Senado do Império para defender suas probidade de cidadão e dignidade de soldado. As palavras, então, proferidas perante um auditório estarrecido, pela simplicidade e elevação moral, deixaram os acusadores envergonhados.

Delindo, na resignação, a amargura de tantas injustiças, lanceado pela crueldade do destino com a morte da esposa, retira-se para o velho solar de Santa Mônica, às margens do caudaloso rio Paraíba, onde aguarda, com a serenidade dos justos, o chamado de Deus. E, na noite de 7 de maio de 1889, o toque de silêncio anuncia que entrara na eternidade o maior dos generais brasileiros. A humildade de sua alma está contida no último desejo: ser conduzido ao túmulo por seis soldados de bom comportamento.

A gratidão da posteridade, num juízo isento de influências emocionais, calcado, exclusivamente, em suas obras, cognominou-o "Pacificador".

Soldado brasileiro!

Dirijo-me, neste instante, particularmente, ao militar que, na tropa, cumpre o sagrado dever de servir. O Exército de Caxias tem a tradição da disciplina e da solidariedade. É um Exército unido, por isto, é um Exército forte. É um Exército de homens de Fé que só enriquecem em esperança de vê-lo cada vez mais eficiente e mais poderoso. Servi-lo é um privilégio. Não mitigues, portanto, esforços, privações ou renúncias para bem servi-lo. Faze-o, porém, com altivez e brio, porque na linguagem aflita que aos pósteros legou um rei prisioneiro, tudo se poderá perder menos a honra, e desonrado estará todo aquele que, servindo ao Exército, desservir à Pátria.

Serve, pois, ao nosso Exército como Caxias o serviu, com lealdade e desambição, visando, em qualquer circunstância, aos destinos do Brasil.

CAPÍTULO 40

O insulto a Caxias

Em 1º de setembro achava-me no Rio, na Fundação Osório, na cerimônia do recebimento das relíquias do Patrono de minha Arma.

Neste mesmo dia um jornal da capital paulista – *Folha de S. Paulo* – publica um artigo, subscritado pelo jornalista Lourenço Diaféria, em que, usando linguagem desabrida, o autor insulta o Duque de Caxias e incita o povo à descrença em nossos heróis.

Intitulou-o "Herói. Morto. Nós.", peça elaborada em mente doentia, transbordante de frustrações, ferina em relação aos militares e sob todos aspectos incompatível com o pretenso e nobre objetivo de enaltecer o gesto heróico de um sargento que salvara da morte um menino, sacrificando-se. Transcrevo-o para uma mais judiciosa apreciação do seu conteúdo:

> Não me venham com besteiras de dizer que herói não existe. Passei metade do dia imaginando uma palavra menos desgastada para definir o gesto desse sargento Silvio, que pulou no poço das ariranhas para salvar o garoto de catorze anos, que estava sendo dilacerado pelos bichos.
>
> O garoto está salvo. O sargento morreu e está sendo enterrado em sua terra.
>
> Que nome devo dar a esse homem?
>
> Escrevo com todas as letras: o sargento Silvio é um herói. Se não morreu na guerra, se não disparou nenhum tiro, se não foi enforcado, tanto melhor.
>
> Podem me explicar que esse tipo de heroísmo é resultado de uma total inconsciência do perigo. Pois quero que se lixem as explicações. Para mim, o herói – como o santo – é aquele que vive sua vida até as últimas conseqüências.

O herói redime a humanidade à deriva.

Esse sargento Silvio podia estar vivo da silva com seus quatro filhos e sua mulher. Acabaria capitão, major.

Está morto.

Um belíssimo sargento morto.

E todavia.

Todavia eu digo, com todas as letras: prefiro esse sargento herói ao duque de Caxias.

O duque de Caxias é um homem a cavalo reduzido a uma estátua. Aquela espada que o duque ergue ao ar aqui na praça Princesa Isabel – onde se reúnem os ciganos e as pombas do entardecer – oxidou-se no coração do povo. O povo está cansado de espadas e de cavalos. O povo urina nos heróis de pedestal. Ao povo desgosta o herói de bronze, irretocável e irretorquível, como as enfadonhas lições repetidas por cansadas professoras que não acreditam no que mandam decorar.

O povo quer o herói sargento que seja como ele: povo. Um sargento que dê as mãos aos filhos e à mulher, e passeie incógnito e desfardado, sem divisas, entre seus irmãos.

No instante em que o sargento – apesar do grito de perigo e de alerta de sua mulher – salta no fosso das simpáticas e ferozes ariranhas, para salvar da morte o garoto que não era seu, ele está ensinando a este país, de heróis estáticos e fundidos em metal, que todos somos responsáveis pelos espinhos que machucam o couro de todos.

Esse sargento não é do grupo do cambalacho.

Esse sargento não pensou se, para ser honesto para consigo mesmo, um cidadão deve ser civil ou militar. Duvido, e faço pouco, que esse pobre sargento morto fez revoluções de bar, na base do uísque e da farolagem, e duvido que em algum instante ele imaginou que apareceria na primeira página dos jornais.

É apenas um homem que – como disse quando pressentiu as suas últimas quarenta e oito horas, quando pressentiu o roteiro de sua última viagem – não podia permanecer insensível diante de uma criança sem defesa.

O povo prefere esses heróis: de carne e sangue.

Mas, como sempre, o herói é reconhecido depois, muito depois.

Tarde demais.

É isso, sargento: nestes tempos cruéis e embotados, a gente não teve o instante de te reconhecer entre o povo. A gente não distinguiu teu rosto na multidão. Éramos irmãos, e só descobrimos isso agora, quando o sangue verte, e quando te enterramos. O herói e o santo é o que derrama seu sangue. Esse é o preço que deles cobramos.

Podíamos ter estendido nossas mãos e te arrancado do fosso das ariranhas – como você tirou o menino de catorze anos – mas queríamos que alguém fizesse o gesto de solidariedade em nosso lugar.

Sempre é assim: o herói e o santo é o que estende as mãos.

E este é o nosso grande remorso: o de fazer as coisas urgentes e inadiáveis – tarde demais.

Regressando a Brasília, na manhã de segunda-feira, dia 5, encontrei a guarnição em polvorosa. Aos primeiros contatos com os oficiais de meu gabinete, fui indagado se porventura lera o artigo citado. Respondi-lhes que não o conhecia; então mostraram-mo. Examinei-o e classifiquei-o de provocante e aviltador. Soube pelo Chefe do CIE que também os generais estavam indignados com os ultrajes escritos e difundidos pelo jornal.

Ânimos aquecidos no Exército são perigosíssimos, especialmente nos casos em que a instituição é achincalhada, como o foi. Qualquer faísca criará a labareda inicial do incêndio, que pode alastrar-se pela floresta.

É preciso, de imediato, desanuviar as mentes com medidas enérgicas que resguardem o Exército das aleivosias dos difamadores e restaurem o respeito devido às Forças Armadas. Em caso contrário, propicia-se oportunidade de desagradáveis confrontos cujos resultados são imprevisíveis.

Ouvi, já no meu gabinete, o meu ilustre e brilhante consultor jurídico – dr. Nelson Pecegueiro do Amaral – sobre as providências a tomar; julgou-se acertado processar o detrator.

Estabeleci ligações com o Ministro da Justiça e perguntei ao dr. Armando Falcão se tinha lido o artigo da *Folha de S. Paulo*. Respondeu negativamente. Aconselhei-o então a lê-lo para bem aquilatar a que ponto chegara a hostilidade de certos jornalistas em relação às Forças Armadas. Disse-lhe, ainda, que entraria com um pedido para levar Lourenço Diaféria à Justiça. Lembrei, naquela ocasião, ao ministro Armando Falcão, que por duas vezes já agira analogamente em outros casos, mas os processos resultantes, acreditava eu, deviam estar convenientemente encalhados em resistências burocráticas. Entretanto, desta vez, se não surtisse efeito mais esta tentativa de atuar através dos tribunais, eu me considerava liberado para seguir outros caminhos, porquanto não poderia permitir que se enxovalhassem o Exército e seus chefes impunemente.

Retorquiu o ministro Falcão que reconhecia certa lentidão nesses tipos de processo, porém faria o possível para evitar qualquer retardo no encaminhamento da documentação.

No mesmo dia 5 remeti aos comandos de Exército e de áreas um telegrama comunicando essa decisão e recomendando sua difusão na tropa.[1]

Todavia, sendo o dia 6 – terça-feira – destinado ao despacho presidencial, antes de qualquer medida efetiva, visando a evitar novas intrigas, preferi participar ao general Geisel a minha disposição de processar o jornalista. Esta providência, embora fosse de minha iniciativa, seria fatalmente explorada pelo famigerado bloco do Planalto como uma desconsideração ao chefe do governo, caso eu não lhe desse ciência prévia desse propósito. Durante a audiência o presidente não fez alusão ao artigo "Herói. Morto. Nós.", porém antes que a encerrasse perguntei-lhe:

— O senhor leu o artigo do jornalista Diaféria, publicado no dia 1º, insultando o Duque de Caxias e incitando a opinião pública contra o Exército?

---

1. Ver Anexo A.

— Li...

Aguardei que o presidente dissesse algo a respeito, pois além de general era o comandante supremo das Forças Armadas – entre as quais, logicamente, estava o Exército –, título que alardeava sempre que queria auferir vantagens. Entretanto, manteve-se em silêncio. Caxias era uma figura do passado, não havia por que criar problemas com a imprensa. Assim deve ter pensado ele, um adepto do pragmatismo responsável, nada infenso às esquerdas conforme, em certa ocasião, declarou-me.

Estávamos a 6 de setembro e o artigo ultrajante era do dia 1º; se tivesse pretendido tomar algumas disposições preventivas ou mesmo repressivas já lhe sobrara tempo. Convém não esquecer que os jornais eram lidos, ao clarear do dia, pelos elementos do SNI e, se os homens do governo permitiram difundir a publicação, o fizeram por insensibilidade cívica ou pelo interesse incontido de gerar problemas no Exército. Não creio que a desconhecessem, visto que o próprio presidente declarou conhecê-la.

Vendo-o impassível prossegui:

— Participo ao senhor que vou processar o jornalista, expedindo hoje um ofício ao ministro Armando Falcão.

Sem que obtivesse resposta, levantei-me e despedi-me.

Chegando ao meu quartel-general, remeti ao Ministro da Justiça o Aviso nº 87/3, de 6 de setembro de 1977, solicitando fosse processado o jornalista Lourenço Diaféria, por estar, do meu ponto de vista, incurso na Lei de Segurança Nacional.[2]

À noite do dia 6, inaugurou-se com presença do Presidente da República o Clube do Exército, como já mencionei anteriormente. Os oficiais comentavam com indignação o comportamento da imprensa em geral e do jornalista paulista Diaféria, em particular, classificando-o de provocação que merecia resposta imediata.

O general José Maria de Andrade Serpa transbordava de revolta e mencionava outros fatos de agressão a militares, feitos pela imprensa. Precisávamos pôr um cobro nesta campanha, dizia ele.

Os rádios expedidos aos comandantes de área tiveram, portanto, o benéfico efeito de conter os mais exaltados.

Contudo, eu reconhecia que o Ministério da Justiça não tinha conseguido impulsionar os processos anteriores que lhe enviara, os quais marchavam para a prescrição, fórmula usual de impunidade, naqueles setor e nível.

Por outro lado, não notara no presidente grande interesse em responsabilizar o jornalista. Obliterara as sensibilidades militares, se é que as teve realmente algum dia, em proveito de seu prestígio político.

Uma digressão torna-se, agora, indispensável para percepção do meu ponto de vista.

---

2. Ver Anexo B.

O político e o militar – formados para viver em ambientes profissionais dessemelhantes – têm, forçosamente, de usar técnicas de vida diferentes. Seus instrumentos de ação, não raro, são antagônicos e suas formas de solucionar questões, bem diversas. A conciliação integral entre as duas mentalidades, encarada num sentido lato, sempre me pareceu irrealizável.

O político instala-se na acomodação para resolver seus conflitos; cede aqui, porém invariavelmente tomará algo ali, em compensação.

O militar obstina-se na dominação e, normalmente, não transige.

Seus problemas resolvem-se pela imposição.

O sofisma – mentira eufêmica ou verdade desvirtuada – tem largo emprego na acomodação, ao passo que é repelida nas soluções castrenses. No choque desses valores e concepções realça-se o desajuste de procedimentos.

O militar político defronta-se, pois, com o dilema: ou decide de acordo com os preceitos de sua educação militar ou, abandonando-os, adota solução politicamente vantajosa.

Todavia, é preciso que o político não se esqueça de que o poder que empunha, quando legítimo, é assegurado pelo militar. Não pode, por conseguinte, a instituição militar ser abalada por investidas de irresponsáveis ou marxistas, visando a desmoralizá-la e enfraquecê-la perante a opinião pública. Gravíssimo é permitir que o façam visto que, além de debilitar indiretamente o governo, escarnece e ultraja o militar.

No entanto, não soube de uma única autoridade no palácio do Planalto que, ao menos, demonstrasse laivos de indignação. Pensavam todos como políticos.

Ocorreu, como já mostrei, universal omissão.

Resolvi, pois, tornar pública, por intermédio de uma nota a decisão de levar às barras dos tribunais o caluniador. Redigi-a na noite de 7 de setembro, deixando, para isso, de comparecer à recepção do Itamaraty. O coronel Chefe da Assessoria de Relações Públicas do Exército recebeu ordem de expedi-la no dia seguinte.

Ei-la:

> O Ministério do Exército, ante as públicas e notórias aleivosias lançadas aos militares, vê-se na contingência de expedir a seguinte Nota:
>
> Os jornais têm divulgado, constantemente, matéria que, direta ou indiretamente, visa a atingir o Exército, emitindo referências depreciativas e, não raro, insultuosas contra seus integrantes de todos os níveis da hierarquia, deformando fatos e enodoando-lhes a imagem, construída ao longo de um passado de lutas e idealismo pelo bem do País.
>
> À aproximação da Semana da Pátria, e mesmo no seu início, intensificaram-se publicações, sob formas diversas, configurando uma campanha de agressão às Forças Armadas e de descrédito da Revolução. Procuram seus promotores, em última análise, denegrir a reputação do Exército para incompatibilizá-lo com a Nação.
>
> Entretanto, tal propósito jamais será alcançado, pois somente a fé púnica ou o desconhecimento da sadia formação do militar podem conduzir alguém a admitir tenhamos atitudes desumanas ou reprováveis.

É contristador, por isto, que periódicos de reconhecidos conceito e equilíbrio agasalhem declarações de indivíduos condenados por delitos previstos na legislação, comum e especial, dando-lhes publicidade para acusar militares que se sacrificam no sentido de proteger a família brasileira e a segurança geral.

Esta escalada de divulgação de injúrias e falsidades tomou caminhos inaceitáveis, enveredando pela afronta – pública e clara – à cultuada figura do Duque de Caxias, acinte vomitado sobre a farda e a espada, símbolos da honra do Exército Nacional. Os militares repelem, indignados, tais ultrajes e provocações descabidas, certos de que a Nação, também, os repele, pois o Exército é o seu próprio povo em armas.

Em circunstâncias como esta, o ministro, na qualidade de Comandante Superior do Exército e de seu defensor natural, adota a providência legal para responsabilizar, criminalmente, os ofensores, com o objetivo de aguardar, confiante na Justiça, abata-se sobre os detratores o rigor da lei. Acaba, portanto, de encaminhar representação, a quem de direito, em defesa da honra da nossa instituição, tão vilmente atingida.

A 8 de setembro embarquei para Salvador a fim de visitar, no dia 9, a fragata *Niterói*, recém-incorporada à Marinha. À cerimônia deveriam comparecer o Presidente da República e os ministros militares, além de outras personalidades.

No dia 9 de setembro foi a nota divulgada pelos jornais. Sua repercussão pública foi grande e muito favorável à atitude do Ministro do Exército. Recebi, de vários setores, dezenas de telegramas felicitando-me pelo procedimento, dito patriótico. Entretanto vozes do palácio do Planalto, sempre amortecidas pelos reposteiros, murmuravam que eu havia ultrapassado o presidente. Esta estúpida intriga foi difundida, conforme o *Jornal de Brasília* de 31 de agosto de 1978, no livro *A segunda guerra: sucessão de Geisel* de autores inexpressivos, pois se não o fossem, evitariam papaguear em assuntos que não conheciam, desinformando o público, como era de interesse do famoso grupelho do Planalto.

O ministro Sylvio Frota não entrou em negociações diretas com o ministro Armando Falcão porque não as procurou nem tinha que procurá-las. Participou-lhe apenas a remessa de documentação substancial para processar o jornalista difamador. Era meu direito fazê-lo e dever funcional dele acionar o processo. Por outro lado, o Ministro da Justiça não deixaria, por temperamento e função, de ligar-se ao presidente Geisel.

Quanto ao presidente Geisel, se não disse aos seus devotados assessores que fora avisado por mim, foi porque não quis. Preferiu, nesta hipótese, dar-se por ofendido; no entanto, não parece ter sentido os jatos de lama lançados sobre o nosso patrono, visto que ele, também, ainda era considerado militar.

Encontrava-me, naquele dia pela manhã, a bordo da fragata, quando recebi de Brasília um telefonema do ministro Armando Falcão. Disse-me ele que pretendia, também, lançar uma nota, explicando que processaria o jornalista, a meu pedido. Indagava se eu via algum inconveniente nesta medida. Respondi-lhe negativamente porquanto, para mim, era até muito interessante que ficasse bem claro ter sido o Ministro do Exército quem tivera essa iniciativa.

Pediu-me que eu falasse ao presidente sobre o assunto e ouvisse a sua opinião, mas recusei-me, aconselhando-o que o fizesse pessoalmente.

O processo iniciou-se, então, com o maior rigor, entretanto, após a minha exoneração – já não estava à frente do Exército quem exigia reparação moral –, a tolerância e a comiseração envolveram os julgamentos iniciais, decepcionando os que acreditavam na severidade da justiça e na sensibilidade dos militares juízes da primeira instância.

Uma síntese de sua evolução até ao Supremo Tribunal Federal facilitará entender, se possível, as reações antagônicas por que passou.

Em janeiro de 1978, o juiz auditor da 2ª Auditoria da 2ª Circunscrição da Justiça Militar (CJM), sob substancial sentença, rejeita a denúncia apresentada pelo procurador da Justiça Militar contra o jornalista Diaféria. Admitiu em última análise a ausência de *animus injuriandi*.

Em abril de 1978, acolhendo recurso da Procuradoria Militar, o Superior Tribunal, com apenas um voto discordante, julgou "ao desamparo da lei" a decisão do juiz auditor de rejeitar a denúncia. O ilustre ministro dr. Lima Torres, relator do feito, em certo trecho de sua sentença diz que a crônica é "uma profunda grosseria e o jornalista perdeu uma boa oportunidade de ficar calado". Extravasou, assim, o eminente jurisconsulto e lídimo patriota que é o dr. Lima Torres sua repulsa à inaceitável verrina de Diaféria. Em virtude dessa determinação o processo seguiu os trâmites normais.

Em setembro de 1978, o Conselho Permanente de Justiça Militar da 2ª Auditoria da 2ª CJM, por maioria de quatro votos a um, absolveu Lourenço Diaféria "da irrogação que lhe foi feita, dada a insuficiência de plena certeza probante, para fundamentar uma condenação". Dos militares juízes somente um – o capitão intendente Luciano Menitti Narciso – votou pela condenação. Foi um voto honroso, sob todos os aspectos.

Em 16 de abril de 1979, julgou o Superior Tribunal Militar a apelação, reformando, por unanimidade, a sentença anterior do Conselho Permanente da 2ª Auditoria de Justiça Militar, para condenar o réu a oito meses de detenção com direito a *sursis*. Atuou como relator o preclaro jurista dr. Jacy Guimarães Pinheiro, cidadão de magníficas virtudes.

Em fevereiro de 1980, entrou o processo em sua fase decisiva e o Supremo Tribunal Federal absolveu, definitivamente, o jornalista Diaféria. O insigne relator ministro Cunha Peixoto foi voto vencido, no conjunto dos quatro juízes da 1ª Turma daquele tribunal. O ministro Rafael Mayer, entre os argumentos invocados a favor do jornalista, disse que "injúrias e manifestações mais acres já haviam sido publicadas na imprensa, nos últimos dois anos". Apesar de todo respeito que me merecem os nobres membros da mais Alta Corte de Justiça do meu país, não posso agasalhar tal justificativa no pálio da razão ou do direito. Não me parece racional aceitar passivamente uma rotina de insultar, nem esta, por anômala fraqueza tolerada, em nenhum momento poderá germinar direitos.

Revolvamos, agora, este episódio Diaféria para colher algumas ilações...

O jornalista escolhe o dia em que se iniciou a Semana da Pátria para injuriar a instituição militar, seus símbolos representativos e o patrono do Exército – o Duque de Caxias. Leva a afronta ou a irresponsabilidade a ponto de escrever, em linguagem rasteira e virulenta: "O povo está cansado de espadas e de cavalos. O povo urina nos heróis de pedestal." E, maldosamente, usa o nome do heróico sargento Silvio Holenbach como trampolim para suas invectivas aos militares: "Esse sargento não é do grupo do cambalacho" e, ainda, "Duvido, e faço pouco, que esse pobre sargento morto fez revoluções de bar, na base do uísque e da farolagem ...".

A indignação é geral. Os oficiais, segundo informações recebidas do CIE, falavam em desforço. O ministro toma a iniciativa de processar o detrator e comunica ao presidente. Este omite-se sem dar palavra sobre o assunto.

O jornalista é chamado aos tribunais, porém o auditor, calcado no depoimento do acusado, rejeita a denúncia da Procuradoria. Não houve *animus injuriandi*, disse ele. Penso, em vista da posterior decisão do STM, que seria um excelente advogado de defesa.

Um homem tido e citado como jornalista e escritor, dispondo de uma coluna num dos grandes jornais do país, já possui tirocínio suficiente para não se deixar emaranhar em redações delicadas. No seu artigo, a seqüência das idéias na desvirtuação do tema é habilidosa, embora ressentimentos ou, talvez, frustrações tenham-no aquecido e levado à linguagem desabrida. Não foi infeliz como interpretou o auditor; disse o que quis, na forma que desejou. Foi ladino ao apelar para a falta de intenção em ofender e, também, para a errônea interpretação do que escrevera.

Se o signatário fez de seu artigo um cipoal de infâmias, deboches, incitações perniciosas e grosseiras, redigindo-o de maneira dúbia sem pretender fazê-lo insultuoso às Forças Armadas é, certamente, um irresponsável, já que um escritor não pode ser um analfabeto.

Centenas de milhares de leitores julgaram-no bastante ofensivo às Forças Armadas.

Ocorrendo o julgamento – determinado pelo Superior Tribunal Militar – o réu foi absolvido. Compunha-se o Conselho Permanente de quatro oficiais, contudo somente o capitão intendente Luciano Menitti Narciso condenou.

Do ponto de vista militar foi esta a fase triste do processo. Oito meses antes eu fora obrigado a agir com severidade e presteza para evitar excessos na defesa do Exército insultado. No dia do julgamento, um Conselho presidido por um major absolve, por maioria de votos, o detrator do nosso patrono, sobre cuja estátua – no dizer sarcástico do acusado – o povo urinava, em torno da qual se reuniam os ciganos e as pombas do entardecer e cuja espada oxidara-se no coração do povo, ainda no seu expressar peçonhento.

Ter-se-iam esvaído a sensibilidade cívica e o pundonor profissional dos jovens militares?

Não posso admitir isso, porque seria a falência de nossa instituição.

Sabemos que a moderna seleção profissional assenta-se na ajustagem dos pendores e aptidões do indivíduo às características e exigências típicas da atividade a exercer. Todavia, às vezes, razões complexas conduzem elementos para uma profissão em que apenas se adaptam, mas não se realizam. As Forças Armadas, pelas facilidades que oferecem seus recrutamento e cursos, mostram-nos muitos desses exemplos. Jovens pobres e inteligentes, porém sem a mínima vocação castrense, visando a ascender a posição respeitável na sociedade, enveredam pela carreira das armas. Em pouco tempo dizem-se decepcionados, visto que, não tendo inclinação vocacional, não podem entender a grandeza militar do servir. Cortejam, como derivativo, outras atividades, lançam-se na política, acomodam-se em lugares públicos, locupletam-se em comissões rendosas e passam a menosprezar, até mesmo ridicularizar, comportamentos e preceitos militares. Fazem do Exército um ponto de apoio para levantar fortuna com a alavanca de suas ambições.

Os juízes militares que optaram pela absolvição, decididamente, não se incluíam nesse grupo. Aceitaram como verdadeiras as declarações do réu – de não intenção do insulto – e, por questão de consciência, absolveram-no. Na dúvida, em benefício do réu.

A sentença de absolvição da 1ª Instância foi reformada pelo Superior Tribunal Militar que condenou o jornalista. Não estavam convencidos da "insuficiência de plena certeza probante" para fundamentar uma condenação como o estavam os juízes daquela instância. Os juízes militares do mais alto nível não tiveram dúvidas quanto à ação dolosa de Lourenço Diaféria. Eram de boa cepa militar.

O egrégio Supremo Tribunal Federal selou o processo com absolvição, considerando, ao que foi publicado, mais a personalidade do jornalista e sua afirmação de não intencionalidade de insultar as Forças Armadas do que, julgo, qualquer outro aspecto do processo. Falara a mais Alta Corte de Justiça do país, cujos saber e integridade todos respeitamos. Nada mais havia a dizer. *Consummatum est!*

Os militares, no Brasil, defrontam-se com lamentável dilema quando insultados publicamente. Se tomam a si um desforço são acusados de violentos, arbitrários e outros apodos mais rudes e menos publicáveis. Se agem de acordo com a lei, processando os difamadores, a inegável morosidade própria da Justiça encarrega-se de aguardar a prescrição ou de amortecer os rancores e atenuar rigores dos julgamentos. Escapa sempre o caluniador sob proteção da inexistência do *animus injuriandi*, que abala a consciência dos juízes pela ausência de dolo.

No entanto, seus insultos e injúrias são lidos ou ouvidos por milhões de brasileiros que, vendo os detratores absolvidos, sem conhecer das particularidades dos julgamentos, acreditam fundamentadas as ofensas e, até, seus autores homens de coragem por proferi-las.

Pode-se chegar, assim, à absurda conclusão de que a assacadilha é livre, isenta de dolo ou crime, desde que o assacador declare com veemência não ter tido o menor intuito de ofender o atingido.

ANEXO A | Mensagem do Ministro do Exército a seus subordinados

TELEX NR 934-MIN EX DE 5 SET 77 PT CONSIDERANDO AS CONSTANTES REFERÊNCIAS DEPRECIATIVAS ET VG MUITAS VEZES VG INSULTUOSAS QUE VÊM SENDO FEITAS PELA IMPRENSA VG AOS MILITARES EM GERAL VG PARTICULARMENTE VG AOS DO EXÉRCITO VG REFERÊNCIAS ESTAS QUE CULMINARAM NO DIA 1º DE SETEMBRO COM UM ARTIGO NA IMPRENSA PAULISTA VG EM QUE EH TRATADO COM O MAIOR DESRESPEITO ET IRONIA O VULTO INSIGNE DO NOSSO PATRONO VG O DUQUE DE CAXIAS VG COMUNÍCO A VEX QUE ESTOU TOMANDO VG MAIS UMA VEZ VG RIGOROSAS PROVIDÊNCIAS JUNTO AO MINISTRO DA JUSTIÇA PARA COIBIR VG DEFINITIVAMENTE VG ESTA CAVILOSA CAMPANHA DE DESMORALIZAÇÃO ET RESPONSABILIZAR VG PERANTE A LEI VG SEUS AUTORES PT SOLICITO POIS A VEX DAR CONHECIMENTO DESTE TELEX A TODOS OS SEUS COMANDADOS VG RECOMENDANDO-LHES MANTENHAM-SE SERENOS ET DISCIPLINADOS VG PORQUANTO O MINISTRO SABERAH VG COMO O PRIMEIRO ATINGIDO VG REPELIR QUALQUER OFENSA AO EXÉRCITO PT SYLVIO FROTA MINISTRO EXÉRCITO

Aviso nº 87/3 Brasília, DF, 6 Set 77

Senhor Ministro

Tenho a honra de dirigir-me a V Exa a respeito das constantes referências depreciativas e, muitas vezes, insultuosas que vêm sendo feitas pela Imprensa aos militares, em geral, e aos integrantes do Exército, em particular, referências estas que culminaram, no último dia 1º de setembro, com um artigo de autoria do jornalista LOURENÇO DIAFÉRIA, publicado na "FOLHA DE SÃO PAULO", tratando com o maior desrespeito e ironia o vulto insigne do Duque de Caxias e conclamando a opinião pública a desprezar os heróis nacionais e as Forças Armadas.

Tais fatos, julgo, configuram uma solerte campanha de desmoralização do regime, cujos atos, passados e presentes, são deformados ao talante dos seus disseminadores, a maioria dos quais comprometidos com o processo, em curso, de descrédito da Revolução.

Em face do exposto, Senhor Ministro, acreditando, salvo melhor juízo, esteja o jornalista, acima, citado incurso nas penas da Lei de Segurança Nacional, solicito a V Exa sejam tomadas, neste sentido, as providências que se impõem.

Ao ensejo, renovo a V Exa meus protestos de consideração e apreço.

Ao Exmº Sr
Dr ARMANDO RIBEIRO FALCÃO
DD Ministro de Estado da Justiça
N E S T A

CAPÍTULO 41

A tentativa de retorno de Brizola

Recebi, exatamente, na quinta-feira 15 de setembro, um telefonema do Ministro das Relações Exteriores – Azeredo da Silveira – informando-me de que o seu colega uruguaio comunicara ao governo brasileiro que o político cassado Leonel Brizola, asilado na República Oriental do Uruguai, tivera seu asilo revogado pelo presidente daquele país, tendo sido intimado a abandonar o território uruguaio.

Decorrera este ato de extrema energia do seu governo – esclarecia ainda o ministro uruguaio – de uma solicitação do Ministro do Interior em vista de o aludido cidadão não se estar comportando de acordo com suas condições de asilado. O Ministro do Interior daria o prazo para Brizola deixar o país.

Esse prazo foi fixado em cinco dias, devendo extinguir-se à zero hora do dia 21 de setembro, quarta-feira próxima.

Informações complementares do próprio Ministério das Relações Exteriores diziam ter a decisão caráter secreto, mas, apesar disso, era possível que Brizola a difundisse. Constava ainda, segundo as mesmas fontes, que o político expulso pretendia viajar para o Brasil.

Não acreditava que Leonel Brizola voltasse ao Brasil, pois sua situação perante a Justiça brasileira era precária, todavia, considerando a irresponsabilidade e fanfarrices de suas atitudes, determinei aos comandos de área que o prendessem e o recolhessem a uma unidade do Exército, na hipótese de penetrar em território brasileiro.

Poucas horas após essa comunicação, o CIE apresentou um relatório verbal sobre a matéria, resultante de informações e informes de nossos agentes:

• Leonel Brizola envolvera-se em assuntos internos do Uruguai, solicitando aos seus amigos ligados à subversão dados sobre as organizações militares e policiais do país vizinho;

• Os informes ou informações que pretendia colher destinavam-se a comparsas seus que se encontravam no México;

• Todas as informações obtidas pela polícia uruguaia foram dadas pelo jornalista Flávio Tavares, durante o interrogatório a que fora sujeito pelas autoridades orientais;

• Os advogados de Leonel Brizola – ente eles Wilson Wirza – empenhavam-se em conseguir asilo para o político indesejável, não sendo fantasiosa a hipótese de o tentarem no Brasil;

• Ligara-se Brizola, pessoalmente, com o escritor Jesué Guimarães, pedindolhe intercedesse, através de seus amigos em Lisboa, para que o ministro Mário Soares autorizasse sua ida para Portugal;

• Miguel Arraes participava das atividades para o acolhimento de Brizola na Argélia.

Esta foi a primeira visão global que tive do *affaire* Brizola. No fim dessa semana ou no início da seguinte, não posso bem precisar, li rádio do nosso embaixador em Portugal, general Carlos Alberto da Fontoura, informando-me de que o ministro Mário Soares, por uma questão de humanidade, daria asilo a Brizola.

Estava encaminhado o problema para uma solução que não nos afetaria e, portanto, de nosso interesse e agrado. Considerei a questão ultrapassada.

Grande foi, porém, a minha surpresa quando, às primeiras horas da manhã de terça-feira, 20 de setembro, atendi, ainda em minha residência, telefonema do Ministro da Justiça – Armando Falcão. Em síntese, assim dialogamos:

— Bom dia, Frota! O Brizola virá para o Brasil; foi o seu advogado que informou...

— Não pode vir, Armando... Ele instigou os sargentos contra oficiais, nos insultou... Os oficiais não o toleram...

— Mas, Frota... O presidente mandou que eu visse um lugar, assim como Corumbá, para confiná-lo...

— Não é possível, Armando... Ele não pode vir para o Brasil... Vou para o QG reiterar as ordens, visando a prendê-lo, caso desembarque em nosso território... Bom dia...

Assim procedi, muito preocupado com os rumos dos acontecimentos.

Como poderia o presidente Geisel, general do Exército, chefe militar que merecera a confiança de seus colegas da Revolução para exercer o mais alto cargo político-administrativo do país, acoitar um homem odiado pelo Exército, visceralmente inimigo dos revolucionários e que acabara de ser expulso de uma nação irmã por ter desonrado compromissos assumidos?

Seus comportamento e linguagem, em 31 de março e 1º de abril de 1964, foram infames. É salutar, portanto, relembrar aos que perderam a memória por debilidade orgânica ou conveniência política os ultrajes que nos dirigiu e seu apelo à guerra civil. Eis alguns trechos de seus pronunciamentos e declarações que contêm várias de suas invectivas – das menos virulentas.

Tiremo-los:

• do discurso proferido no Largo da Prefeitura Municipal de Porto Alegre e transmitido pela "rede da legalidade", em 1º de abril de 1964:

> Atenção sargentos do III Exército, destas unidades que me ouvem neste momento. Atenção sargentos das unidades chefiadas por estes militares golpistas. Atenção oficiais nacionalistas destas unidades... atenção sargentos... o povo do qual sois uma parte inseparável vos pede neste instante... pedem a todos vós neste momento... pedem aos sargentos que se levantem... tomem os quartéis e prendam os gorilas... Atenção sargentos de Uruguaiana... atenção sargentos de Bagé... atenção sargentos da Terceira Divisão de Santa Maria. O povo gaúcho confia na vossa bravura... no vosso heroísmo e no vosso amor à causa do povo brasileiro. Chegou a vossa hora, aliem-se... procurem os oficiais nacionalistas... tomem conta dos quartéis e prendam os oficiais gorilas e golpistas.
>
> Agora vai chegar a vez dos golpistas e gorilas... Tomem esta noite as necessárias iniciativas. Hoje à noite, amanhã no momento oportuno, ocupem os quartéis e prendam estes golpistas que querem garrotear os nossos direitos e as nossas liberdades... É possível que estes grupos de gorilas civis e militares tenham levado no dia de hoje alguma vantagem, surpreendendo-nos até com a extensão de suas articulações, mas agora eles cessaram, agora eles não mais irão nos surpreender... Mas eles não se esqueçam que até agora ainda não correu bala... ainda não correu bala... ainda não correu bala. Ainda não se deu um tiro... Na hora do cheiro de pólvora nós iremos ver a covardia dos traidores e dos gorilas...
>
> Atenção trabalhadores de São Paulo... atenção trabalhadores da Guanabara... trabalhadores do Nordeste e de Minas Gerais. A nossa palavra, a partir de hoje é a greve geral dos trabalhadores... Parem! Greve geral de trabalhadores de São Paulo para defender o próprio direito de greve das classes trabalhadoras...

• do livro de Glauco Carneiro, *História das revoluções brasileiras*, 2º volume, páginas 590 e 591:

> As últimas horas de Jango em Porto Alegre foram agitadas e incertas. Conferenciou com ministros de seu (decretado) extinto governo, cabendo numa dessas reuniões, realizada pela manhã, ao general Floriano Machado, da 3ª RM, ser a voz acauteladora que evitou mesmo a guerra civil, pois o general Ladário, estimulado por Brizola, insistia numa "gauchada", achando-se com condições para a luta. Disse Floriano que Jango deveria conhecer a realidade; não contava com a unanimidade do III Exército e na própria Porto Alegre havia muitos oficiais descontentes: "Militarmente, nada é possível fazer, presidente",

declarou. "Sinto ter de dizer-lhe estas palavras, que são, entretanto, uma impressão sincera, fundada em razões muito fortes. V. Excia. não deve pensar em resistência, nas condições atuais. Qualquer outro tipo de luta (já não há condições para a de tropas regulares) será a guerra civil, será investir contra o Exército, que está unido e disciplinado."

Brizola reagiu e falou: "Não importa que muitos digam não haver mais condições para a luta. Se há oficiais que discordam da resistência, haverá, junto de cada um, sargentos que darão cabo deles. Os que reagirem serão eliminados sem vacilação. Comissionaremos sargentos em todos os postos!"

O general Floriano Machado redargüiu: "O que o dr. Brizola prega é a guerra civil, o assassinato de irmãos, o morticínio da população indefesa, a desordem generalizada, a anarquia e a chacina!"

Jango decidiu-se: iria embora. Diria depois: "Resolvi, pelo conhecimento real da situação militar, não consentir no massacre do povo".

Brizola ficou sozinho ruminando imprecações. Ameaçou o general Floriano: "Um dia haveremos de nos encontrar em trincheiras opostas." E obteve como resposta: "Não acredito no que dizem." Quando lhe perguntaram se também iria embora, redargüiu o ex-governador do Rio Grande do Sul: "Não me chamo Goulart." Mas foi também...

• de uma entrevista concedida por Leonel Brizola, em 27 de setembro de 1979, à TV Guaíba, em Porto Alegre:

Nessa ocasião confirma ter enviado correligionários seus a Havana para ali serem adestrados em guerrilhas.

Ante a pergunta se era verdade que tinha recebido do governo comunista de Cuba vultoso auxílio econômico para empregar na subversão, no Brasil, admitiu ser insignificante este auxílio, recusando-se a estender-se sobre o assunto.

Consta, entretanto, de informações divulgadas nas Forças Armadas e em outros setores, que a quantia recebida atingia a centenas de milhares de dólares, dos quais metade foi entregue ao ex-cassado Darcy Ribeiro.

Soube, ainda naquele dia do telefonema do ministro Falcão (20 de setembro), que agitada reunião tivera lugar no Ministério da Justiça, dela participando o ministro e os procuradores-gerais da República e da Justiça Militar. O tema foi: situação de Leonel Brizola perante a justiça.

Admito, pelo informes que me deram, não ter sido muito sereno este encontro de juristas, em busca, talvez, de uma fórmula para transformar um agitador socialista em pacata vítima do radicalismo de direita, de modo a dar suporte à ordem presidencial de permitir o seu regresso.

Como era habitual, por ser terça-feira, compareci nesse dia 20 de setembro ao despacho no palácio do Planalto. A parte administrativa transcorreu sem qualquer discordância; passamos rápido aos problemas conjunturais. Disse-me o presidente:

— O Brizola vem aí! Já dei ordem ao Armando Falcão para escolher um lugar, assim como Corumbá, para confiná-lo...

Confirmava-me o general Geisel, pessoalmente, as palavras do Ministro da Justiça.

— Mas não pode vir, presidente! Este homem insultou os oficiais do Exército, instigou os sargentos contra nós, oficiais... Declarou, no auge da crise, que os sargentos deviam matar os oficiais revolucionários... Eu não me posso responsabilizar por sua integridade física, visto que não é possível impedir que um oficial, ou mesmo um grupo, venha a agredi-lo em revide.

O presidente ouviu-me e, um pouco inseguro em face de minha reação, declarou:

— Mas... já dei ordem para confiná-lo...

— Então coloque-o numa ilha... Trindade tem uma guarnição da Marinha, ou em Fernando de Noronha.

— Deste modo vão dizer que eu o estou perseguindo... respondeu o general Geisel.

— E... que mal há que o digam, presidente?, perguntei-lhe, ao retirar-me.

Nenhuma alteração fiz nas ordens que dera anteriormente quanto à detenção desse político cassado.

À tarde, ainda, do dia 20, foi revelado em Brasília que o governo dos Estados Unidos da América do Norte dera asilo a Leonel Brizola. Estava encerrado o caso.

Minha participação nesse acontecimento está restrita ao que foi descrito.

A primeira informação que recebi sobre a expulsão de Brizola veio-me do ministro Azeredo da Silveira e os motivos deste ato esclarecidos por aquele ministro, de modo vago e sucinto. O CIE procurou aprofundá-los e ligou-os à conivência com Flávio Tavares, evidenciada, segundo fontes mui seguras de informações, no depoimento do jornalista, também expulso pouco antes do Uruguai.

Entretanto, os jornalistas, que trataram da divulgação do evento, não se cansaram de, direta ou indiretamente, citar-me como o solicitante obstinado da medida.

Se o Ministro do Exército fizesse uma solicitação dessa espécie, a teria feito pelos caminhos normais, às claras, como sempre agiu, assentando-a em justificativas graves. O que o Ministro do Exército não concordou foi com a vinda do incitador de assassínio de seus colegas e subordinados para o Brasil. Fazê-lo, depois de tantas ameaças, insultos e escárnios com que nos feriu, quando dispunha da proteção de seu cunhado presidente, seria fraqueza imperdoável ou desfibramento moral incurável.

A saída de Leonel Brizola da República Oriental do Uruguai deve ser examinada mais cautelosamente, com o objetivo de encontrar a sua verdadeira causa, empanada por uma versão fantasiosa muito conveniente ao político.

A análise, todavia, só poderá ser realizada com os esparsos dados que obtive dos órgãos de informações oficiais e com aqueles que vazaram emocionalmente pela imprensa através de comentários e entrevistas.

A explicação correta foi a do CIE: Brizola envolvera-se em questões internas do Uruguai, ligando-se a elementos subversivos orientais, conforme concluíram as autoridades daquele país, firmadas nos depoimentos de Flávio Tavares.

Era esta, ainda, a versão lacônica que me fora dada pelo ministro Azeredo da Silveira.

A insistência do político em dizer que desconhecia as causas de sua expulsão poderia até ser considerada ingênua se algo de inocente pudesse ser notado no comportamento de Leonel Brizola, mesmo acidentalmente.

É evidente que Brizola não confessaria publicamente sua ingerência em assuntos uruguaios, preferindo assegurar que ignorava os motivos dessa "violência". Fazia, assim, brotar a idéia de perseguição, sempre execrável, ao tempo em que levantava a suspeita de pressões sobre o governo uruguaio. Realmente, se as autoridades orientais não lhe diziam as razões de seu ato, essas deveriam ser razões secretas, talvez "de Estado", provavelmente de origem exterior.

Contudo o governo do Brasil não teve – que eu o saiba – a mínima interferência nessa expulsão e constitui profunda estupidez aceitar a insinuação que o Ministro do Exército do Brasil fizesse à revelia do seu governo solicitação desse teor. Nem o ministro pediria, nem o governo uruguaio atenderia algo que não tivesse o apoio do governo brasileiro.

A minha audiência com o presidente Geisel, em que foi tratada a volta de Brizola, iniciou-se exatamente às onze horas do dia 20 de setembro – último dia do prazo concedido a esse político para permanecer no Uruguai. O despacho foi breve, não excedendo a trinta minutos.

Nela, como já mencionei, declarei ao presidente não me responsabilizar pela integridade física de Brizola, em face de possível reação dos oficiais. Isto ocorreu, quero acentuar bem, entre onze e onze e meia do dia 20, no entanto, poucas horas depois, a informação de que eu me opunha à sua vinda, apesar de o presidente Geisel inclinar-se a permiti-la, já chegava a Brizola, em Montevidéu.

Transcrevo, aqui, o trecho da reportagem do jornalista Tarso de Castro, difundida na revista *Status* de agosto de 1978, página 102.

> A família toda está presente: as irmãs de Neusa, a irmã e o irmão de Leonel, os filhos João Otávio, José Vicente e Neusa Maria. Os repórteres, na sala, perguntam a Brizola o que ele vai fazer, que rumo vai tomar.
>
> — Meu desejo, mesmo, é voltar ao Brasil.
>
> O assunto tinha sido discutido já exaustivamente nas horas anteriores, entre familiares e amigos, a maioria concordava na tese de impedir que ele fizesse isso. E a oposição ao retorno se fortalecera diante de uma certa informação vinda de um amigo residente em Brasília: o presidente Geisel, quando soubera da expulsão, se inclinara por um gesto largo – admitiria a volta do exilado sob certas condições. Mas a hipótese teria sido rechaçada pelo tal ministro, com veemência e com uma insinuação:
>
> — Não sei se poderei conter meus homens.

A frase dita no gabinete presidencial ao general Geisel fora transmitida – pode-se dizer imediatamente – para Montevidéu.

Eu não divulgava, como era de meu hábito, a matéria tratada com o presidente, porquanto só o fazia quando havia autorização ou o assunto era de rotina. Questão de ética e lealdade.

Quem a teria transmitido?

O presidente deve ter dado conhecimento da audiência a seus assessores e estes, por motivos políticos, difundiram-na. O que não é possível negar é que a primeira divulgação partiu do palácio.

A comunicação a Brizola era nitidamente vantajosa à política dúbia do governo – mostrava o espírito liberal do general Geisel, jogava sobre o Ministro do Exército a inteira responsabilidade de uma recusa em receber o político cassado e, acima de tudo, angariava simpatias do grupo janguista.

O grupo palaciano – na denominação do general Hugo Abreu – que via no ministro um adversário em potencial dos seus propósitos de permanência no poder, certamente, não deixou escapar essa oportunidade de criar-lhe dificuldades e inimigos.

Engendrou-se, também, um motivo para justificar o meu suposto interesse em afastar Leonel Brizola do Uruguai: o ministro preparava um golpe para depor Geisel e duas guarnições do Rio Grande do Sul discordantes ameaçaram, então, convocar o político cassado para uma resistência.

A mesma revista *Status*, já citada, diz à página 120:

> ... o Ministro do Exército, Sylvio Frota, tramava, nessa ocasião, um golpe contra o presidente Ernesto Geisel. E que duas guarnições do Rio Grande, próximas à fronteira, teriam dito não, ameaçando convocar o sr. Leonel Brizola para organizar a resistência, num novo movimento pela legalidade, nos mesmos moldes de 1961, quando da renúncia de Jânio...

Com ligeiras modificações esta asneira foi publicada em jornais, desinformando o público, sempre confiante na boa-fé e na responsabilidade dos jornalistas.

Sua difusão pode ser encarada sob dois ângulos. No primeiro, ajudava a esconder a verdadeira causa da expulsão; no segundo dava a entender que, já naquela época, o ministro preparava um golpe contra o presidente. Se a primeira hipótese interessava a Brizola, indubitavelmente a última agradava muito ao grupelho do Planalto, sem dúvidas já em adiantada manipulação da Farsa de Outubro.

Nenhum militar aviltar-se-ia, chamando um homem que tripudiara sobre a nossa dignidade, recebera de um país comunista auxílios financeiro e técnico para destruir a ordem revolucionária e cujos arrebatamentos – mais histéricos do que corajosos – são bem descritos pelo meu saudoso ex-colega de turma na Escola de

Estado-Maior do Exército, general-de-divisão Carlos Luiz Guedes, no seu livro *Tinha que ser Minas*, páginas 132 e 145:

> Brizola decidiu enfrentar-nos, dispondo-se a realizar um comício em plena Belo Horizonte. Ao tomar o avião da FAB, com sua numerosa comitiva, a que não faltavam, como de costume, sargentos do Corpo de Fuzileiros Navais a mando de Aragão, dissera: "Vou quebrar a castanha dos mineiros." Entretanto, fugindo apavorado, corrido, desmoralizado, sem realizar o que projetara, sua opinião se modificou, exprimindo-se nestas palavras: "A coisa lá está preta."
>
> Neusa Goulart Brizola, aparentemente, atendera ao apelo da progenitora do deputado José Aparecido, permanecendo em casa dela, a uns 500 metros do local onde o comício iria ser realizado. Entretanto, alguns minutos após a saída de Brizola, saiu também e nada a demoveu. Na praça Raul Soares, enfrentara o povo gritando: "Vim matar a fome de vocês; ainda voltarei como rainha e terão que beijar-me os pés." Fora mesmo indispensável sua proteção pela polícia. Em Belo Horizonte se comentou que ela era mais "homem" que o marido.
>
> Quanto a Brizola, ao chegar ao local do comício, cercado de seus guarda-costas e correligionários, nem conseguiu penetrar no edifício da Secretaria de Saúde. Seus acompanhantes, trazendo maletas de material plástico contendo armas que nem sequer tentavam dissimular e que foram logo apreendidas, nada ousaram fazer. Brizola ainda tentou falar em um microfone ligado num gravador, para simular havê-lo feito como pretendera, mas, sentindo cada vez mais iminente uma agressão, se deslocara até o meio da rua, sempre protegido. Depois, ameaçando com seu revólver o proprietário de um carro que por ali tentava passar, obrigara-o a seguir para o aeroporto, levando-o e a seus seguidores.

Quanto ao Ministro do Exército, embora se tenha oposto frontalmente à vinda do político cassado para o Brasil, por julgá-la perniciosa à ordem e insultuosa a seus colegas, não podia levar a sério as histrionices de um homem a quem o marechal José Machado Lopes – meu preclaro professor na Escola Militar do Realengo – com precisão, assim define, na página 88 do seu livro *O III Exército na crise da renúncia de Jânio Quadros*:

> Admirador de Fidel Castro, procurava imitá-lo nos gestos e atitudes. Era grotesco vê-lo, no auge da crise, com uma metralhadora portátil numa das mãos e a Constituição na outra.
>
> Sem levar em conta que, no Brasil, cabem muitas dezenas de Cubas e que o seu sistema orográfico não possui uma só Sierra Maestra, imaginava repetir aqui o que lá fizera Fidel, na esperança de poder cubanizar o Brasil.
>
> Em sua ambição desmedida aspirou, certa ocasião, a ser Ministro da Fazenda e encheu o Brasil do *slogan* "cunhado não é parente". Não o conseguindo, moveu forte campanha contra o Ministério que acabou derrubando, afastando assim do sr. João Goulart os melhores elementos que o cercavam ...
>
> Dessa forma, o sr. Brizola, cercado pelos seus asseclas, ficou dono da situação e impôs ao sr. João Goulart uma radicalização nacionalista extremada e a demagógica reforma de bases, da qual nada sabia e entendia.

CAPÍTULO 42

O cancelamento da audiência presidencial

O subsecretário norte-americano para os negócios da América Latina, Terence Todman, esteve no Brasil em meado de 1977, tendo desenvolvido atividades políticas desagradáveis e infelizes. Ligou-se a elementos da oposição sondando-os sobre a nossa situação interna e inteirando-se de suas reivindicações. Suas demonstrações de simpatia ao Movimento Democrático Brasileiro, reveladas pela imprensa, se não chegavam a ser hostis ao governo eram, no mínimo, impertinentes.

Militares comentaram discretamente o que chamavam a "ousadia do gringo" sem que tivessem suas apreciações qualquer ressonância.

No entanto, ao término da reunião do Alto Comando do Exército de 27 de setembro daquele ano, o assunto foi, inesperadamente, ventilado pelos generais. Tomou a palavra o general-de-exército Ariel Pacca da Fonseca para dizer que não se podia tolerar que um norte-americano viesse ao Brasil incentivar o partido da oposição, fazendo-o com o maior desplante, menoscabando as autoridades brasileiras. Era preciso levar ao presidente a nossa repulsa a esse comportamento hostil do visitante estrangeiro. Far-se-ia, por isso, um documento de protesto dirigido ao presidente Geisel, assinado por todos os generais ali presentes. O silêncio da aprovação dominou o ambiente.

Mas, por que um documento assinado por todos os membros do Alto Comando?, foi a pergunta que lancei.

Os generais Ariel Pacca da Fonseca e Tácito Théophilo Gaspar de Oliveira, ao mesmo tempo, deram a resposta.

— É para preservá-lo, ministro!

Nessa exata ocasião o general Dilermando Gomes Monteiro, dirigindo-se diretamente aos seus dois colegas, ensaiou uma defesa do general Geisel – que, em absoluto, não estava sendo atacado – para dizer que o presidente sempre tinha resguardado os interesses e a imagem do Brasil.

Intervim, então, para esclarecer que os dois generais estavam sendo mal interpretados pelo general Dilermando. O que eles desejavam evidenciar era a nossa repugnância por ver um estrangeiro intrometendo-se em nossos assuntos internos, sob as vistas tolerantes do governo.

Houve, ainda, insistência para que o documento fosse elaborado sob o pretexto de preservar-me.

Eu não poderia, de modo nenhum, permitir tal manifestação, que considerava de flagrante indisciplina. Um documento desta espécie entregue ao presidente era uma desconsideração que tocava as fímbrias da insolência.

Rejeitei o argumento e perguntei aos membros do Alto Comando se todos estavam, realmente, de acordo fosse levada ao general Geisel a nossa indignação pela conduta inamistosa de Terence Todman. Repetiu-se o geral silêncio de aprovação. Comprometi-me, pois, com os generais a dar conhecimento ao presidente, no próximo despacho, das reações negativas que a visita do secretário norte-americano provocara.

Assim ficou decidido.

Este fato, entretanto, difundiu-se. Inicialmente, nos círculos militares de Brasília e, após a minha exoneração, em 12 de outubro, chegou às colunas dos jornais, como se depreende da reportagem de Lúcio Asfora, publicada em 25 de fevereiro de 1979 no *Estado de S. Paulo*. É um dos mais fiéis e equilibrados noticiários sobre a matéria, o qual, escoimado de um equívoco de nomes, que não afeta a essência dos acontecimentos, é a expressão da verdade. Transcrevo-o, na parte relativa ao evento que mencionei, por julgar interessante um confronto. Desta maneira é que cabe à imprensa informar:

> Excluindo o "grupo palaciano", sobre o qual se concentram as suspeitas de haver coordenado a inviabilização da candidatura Frota, três generais ainda não tiveram suas posições devidamente esclarecidas no afastamento do ministro, quando analisadas à luz de um fato, ou por outra, de um pequeno incidente que precedeu a exoneração em alguns meses. Numa reunião do Alto Comando, Ariel Pacca e Dilermando Monteiro reprovaram a visita do subsecretário norte-americano para a América Latina, Terence Todman, a dirigentes do MDB, e seu interesse em conhecer melhor as reivindicações e o programa oposicionista. A reunião guardava caráter informal, como acontecia sempre que o Alto Comando analisava assuntos conjunturais. Os microfones estavam desligados, por ordem do próprio Frota, e, neste ambiente, o ministro foi surpreendido com a sugestão de redigir-se, ali mesmo, uma nota de protesto à visita de Todman,

assinada pelos integrantes do Alto Comando. Frota a levaria ao presidente Geisel. O ministro discordou, com veemência, considerando esta formalidade sem nenhum propósito. Ele poderia tratar do assunto, verbalmente, na próxima audiência. A idéia, insistiram os autores da proposta, teria por objetivo "apenas preservá-lo, nada mais". Desconfiado, Frota reiterou a negativa. Um terceiro general, Tácito Theóphilo Gaspar, interveio em favor dos dois companheiros afirmando que não haveria problema em que o ministro fosse o portador da nota ao presidente, "pois Geisel defende o Brasil", observação prontamente endossada por Frota.

Qual o sentido da insistência? Incompatibilizar Frota com Geisel? Identificá-lo, aos olhos da Nação, como intransigente e radical? O fato é que prevaleceu a decisão do ministro, e o documento foi vetado.

A próxima audiência que teria com o presidente seria na terça-feira, 4 de outubro, dia em que deveria, de acordo com o compromisso assumido com os generais, participar-lhe a nossa aversão ao procedimento de Todman e, também, nossa estranheza pela passividade com que as autoridades aceitaram-no.

Tinha certeza que as nossas relações – minhas com o presidente – pela sórdida campanha de intrigas do grupelho do Planalto, tornavam-se, dia a dia, mais difíceis, pretendendo eu, por isso, abordar a questão com habilidade na última parte do despacho, reservada aos problemas conjunturais.

Mas... o homem põe e Deus dispõe. Naquela terça-feira, em virtude da ausência de alguns generais-de-exército, em Brasília, e de não terem os Departamentos e o Estado-Maior do Exército remetido documentos pendentes de decisão presidencial, nada tinha de caráter administrativo para apresentar ao general Geisel.

Nestas circunstâncias, iria ao palácio do Planalto somente para transmitir ao presidente o protesto dos generais, o que, por mais eufêmica fosse a participação, não deixaria de soar como uma censura ao governo, especialmente por estar o general Geisel sempre propenso a interpretar maldosamente minhas palavras e atitudes. Veria provavelmente, na minha ida ao palácio, o propósito de pressioná-lo ou desgastar a sua autoridade. E, depois do áspero desentendimento do dia 9 de agosto, eu evitava novas fontes de atrito.

Contudo, a promessa feita aos generais deveria ser cumprida, a qualquer preço. Decidi, portanto, tratá-la em despacho posterior, no correr das apreciações conjunturais.

Telefonei, por conseguinte, ao general Hugo Abreu, Chefe da Casa Militar, e disse-lhe que, não tendo expediente para submeter à consideração do presidente, perguntava se este não via inconveniente em dispensar-me da audiência.

A resposta positiva veio logo, acrescida da informação de que o general Geisel nada tinha de importância a tratar comigo.

Não era rara esta solicitação de ministros, muitas vezes forçados a isto por mudanças imprevistas em seus programas de trabalho ou em face de acontecimentos inesperados. O presidente, segundo o próprio general Hugo Abreu, aproveitava estas oportunidades para desafogar outros setores da administração. Nunca me valera dessa norma permissiva, comparecendo invariavelmente aos despachos, nos horários fixados.

Em seu livro tantas vezes aqui mencionado – *O outro lado do poder* – à página 123, diz Hugo Abreu:

> Ao mesmo tempo que se desenvolviam tais acontecimentos na área parlamentar, o general Frota cometeu um erro que lhe foi fatal. 4 de outubro era dia de audiência do Ministro do Exército com o Presidente. Apesar do tenso ambiente de intrigas que estávamos vivendo naqueles dias, o general Frota mandou solicitar o cancelamento da audiência, já que não tinha assunto a tratar com o Presidente.
>
> Parece-me que tal procedimento mostra, na realidade, a ausência de malícia ou de segundas intenções por parte de Frota. No entanto, esse fato foi colocado junto ao Presidente como prova de que o ministro desejava fugir ao contacto direto com ele para não ter que dar explicações de suas atividades políticas como candidato à Presidência.
>
> Está claro que a intensificação das manobras em torno da candidatura Frota, no início do mês de outubro de 1977, contou com muita participação de Golbery e seu grupo. Tratava-se, para eles, de criar um fator maior, mais flagrante, que obrigasse o Presidente a exonerar o Ministro Frota. Tratava-se de convencê-lo, afinal, de que o desembaraço com que Frota estimulava sua candidatura punha em risco a própria autoridade do governo.

Foi, pois, mui acertada a minha decisão de não ir à audiência do dia 4 de outubro visto que, administrativamente, nenhum proveito teria o Exército, enquanto no setor conjuntural proporcionaria um saboroso prato a ser devorado pela perfídia de meus inimigos.

Mesmo assim os tartufos palacianos não perderam a oportunidade de tentar desmoralizar-me. Fizeram correr pela imprensa e espalharam em todos os setores militares que eu, nos últimos tempos, vinha faltando aos despachos presidenciais, procurando através dessas caluniosas mentiras apresentar-me como um militar negligente. Acredito que a imprensa, por desconhecer o punhado de farsantes que agia no palácio do Planalto, tenha dado credibilidade às suas informações capciosas; entretanto, o que não posso compreender é que oficiais-generais, muitos dos quais haviam lidado comigo, tenham aceito e homologado tal calúnia.

Ingenuidade não era admissível em homens de têmporas grisalhas, ocupantes dos mais altos postos do Exército, portanto só poderemos explicar esses comportamentos pela irresponsabilidade. Sim, porque somente um irresponsável repete acusações sem estar seguro de sua veracidade, particularmente quando tem a impulsioná-lo a ânsia bajulatória. Neste caso chega ao desvario. Desejo, apenas, citar um exemplo, dos mais repugnantes, destas imputações.

O Comandante da Escola de Aperfeiçoamento de Oficiais (EsAO), general encarregado pelo ministro de dirigir um estabelecimento de ensino destinado a jovens capitães que ali vão aprimorar seus conhecimentos profissionais, fortalecer sua crença nos chefes e reafirmar sua sublime missão de defender a Pátria, não pode ser um homem vulgar. É preciso que seja um militar que inspire respeito por suas atitudes e mereça estima de seus subordinados pela elevação moral de suas ações. Infelizmente muitas vezes isto não acontece. Homens que, no máximo, poderiam ser eficientes em funções burocráticas, guindados por falsos conceitos – obtidos sob o manto da hipocrisia e suportes de nepotismo – ascendem a cargos que podem ocupar fisicamente, mas jamais exercer profissionalmente.

No dia 12 de outubro de 1977, o Comandante da EsAO, já a par de minha exoneração e abastecido de mentiras recebidas dos escalões superiores, fez reunir os capitães alunos e falou-lhes sobre os acontecimentos.

Entre as sandices que dizem ter proferido destaco esta:

— O general Frota há muito não ia aos despachos...

Esta proposição isolada pode parecer inocente, todavia, examinada no contexto da citação das causas de minha demissão, tem inegável sentido pejorativo e pode assim ser entendida: um dos motivos da exoneração foi a negligência do general Frota, não comparecendo às audiências. Numerosos daqueles capitães que o ouviam tinham sido meus comandados em circunstâncias e lugares diversos. Houve quem chorasse, quem se retirasse, no entanto, a maioria repeliu pelo asco a vileza da imputação.

A Escola de Aperfeiçoamento de Oficiais é uma escola de jovens idealistas. Soldados que devem receber de seus chefes nobres estímulos através de provas de dignidade, coragem física e desassombro moral. Nunca demonstrações de fraqueza.

Parece que, pelas inúmeras versões coincidentes, colhidas entre os capitães alunos, o comandante daquela Escola, visivelmente atemorizado, não deu, naquele dia, nenhum desses nobres estímulos. Pelo contrário, do meu ponto de vista, foi de uma irresponsabilidade e uma fraqueza inesgotáveis.

É preciso que esse general saiba, se ainda não aprendeu, que o posto básico na formação de um Exército é o de capitão, em que se reafirmam as vocações castrenses. O valor de um regimento – diziam-me os velhos chefes, encanecidos nas lides da caserna – afere-se pela capacidade profissional dos seus capitães. Sequiosos de experiência, procuram-na na observação dos fatos e acontecimentos que testemunham. São, por isso, censores empedernidos das ações de seus chefes. Seu julgamento, conseqüentemente, é implacável, porque aponta com frieza as vulnerabilidades, particularmente morais, dos visados. Neste mister, se ainda preservam o ardor estuante do primeiro posto, a moderação que lhes trazem os anos compensa eventuais exageros encontradiços nas apreciações dos jovens.

E, em 12 de outubro de 1977, o julgamento dos capitães alunos da EsAO, pelo que sei, não me parece ter sido favorável ao seu general comandante.

CAPÍTULO 43

A Farsa de Outubro

Os acontecimentos de 12 de outubro de 1977 tiveram suas raízes na ambição política que dominava os homens do Planalto, geraram-se no ambiente de fervilhantes intrigas que ali pululavam e vieram a público sob caluniosas imputações e mentirosos esclarecimentos.

Foi um quadro infamante – obra-prima dos tartufos do Planalto – confeccionado por mãos hábeis no uso do pincel da falsidade. A fraqueza humana, comparsa do poder, guarneceu-o com a moldura de ébano da deslealdade de alguns generais.

Sempre que procedemos à narrativa de um acontecimento com o objetivo de bem dissecá-lo, devemos ter em mente que sua apreciação não deve ficar restrita ao espaço de tempo em que ocorre. É óbvio, pois, que muitas ações realizadas antes e depois do evento, não raro em larga faixa de tempo, devem ser citadas e comentadas, visando a colher dados consistentes que permitam dele uma exata compreensão.

Assim pretendo tratar a "Farsa de Outubro", denominação que dou, por mui adequada, ao complexo de enigmáticos fatos, traições e lamentáveis demonstrações de indisciplina que, num ambiente de hipocrisia e cinismo, enodoaram o dia 12 daquele mês, por ironia reservado às comemorações do Dia da Criança e da Padroeira do Brasil.

O MENTOR DA FARSA

No preâmbulo de minha exoneração, muitos fatos podem ser computados como indícios reveladores do propósito de afastar-me do cargo. Faltavalhes – aos homens do Planalto – um motivo real que a justificasse. Todavia, por não conseguirem encontrá-lo em meu comportamento, inventaram-no. A revista *Veja*, conhecida de todos por sua aproximação com o Chefe da Casa Civil do governo Geisel, de quem recebe, segundo se diz, incondicional apoio, publicou, em 19 de março de 1980, às páginas 23 e 24, o seguinte:

> *Eu também* – De qualquer forma, e à revelia dos presidentes, o general Golbery, cujo rastro a história política do Brasil já tem impresso, foi, é e será temido e detestado por ser misterioso. O general Sylvio Frota, por exemplo, jamais deixará de ter certeza de que sua queda foi obra acabada do Chefe do Gabinete Civil. Ele não sabe, contudo, que, durante pelo menos dois anos, conseguiu derrotar bravamente seu rival. Chegou a tê-lo fora de combate quando, em 1975, descolou as retinas dos dois olhos e teve que ser embarcado às pressas para uma clínica na Espanha. No final de 1975 acreditava-se que o Chefe do Gabinete Civil não teria saúde para ficar no posto. Até 1976 e durante toda a primeira metade de 1977, Golbery foi um desencantado pela permanência de Frota no Ministério. Prova disso foi sua resposta a um comentário do industrial Augusto Trajano de Azevedo Antunes, da Icomi. "Há muita coisa nesse governo com que eu não concordo", disse-lhe Antunes. "Eu também não", respondeu Golbery.
>
> Golbery queria a retirada do Ministro do Exército porque sentia nele um candidato à Presidência – e tal candidatura seria uma reedição do que sucedera com o general Costa e Silva, que "emparedou" o governo Castelo Branco em 1965-1966. Geisel, porém, sentia que mais importante que demitir Frota era demiti-lo no momento oportuno. Talvez o general Frota jamais tenha sabido, mas esteve a um passo da demissão no início de 1977. Salvou-o o senador Petrônio Portella, que convenceu Geisel da desimportância da medida, pois, garantia Portella, o Congresso era impermeável à candidatura. Em outubro, quando militares já se reuniam com deputados "frotistas", Portella assustou-se. Levou seus temores a Golbery e foi aconselhado a narrar imediatamente o quadro ao presidente. Depois de conversar com Portella, Geisel decidiu que chegara a hora.
>
> No dia 12 de outubro de 1977, quando Frota foi demitido às 8 da manhã, Golbery demonstrou que nada tem a ver com chuvas. Sabia da decisão há dez dias e só falara dela a um amigo militar, o general Heitor Arnizaut de Mattos, comandante da estratégica guarnição do Planalto. No mais, cumpriu a rotina...

Na ânsia de glorificar o general Golbery do Couto e Silva, o autor da reportagem,[1] desejando convencer que o tortuoso procedimento do grupelho do Planalto era uma inteligente e habilidosa manobra política, põe às claras as solertes intrigas forjadas nos corredores palacianos, confirmando, de modo indireto, o que relata o general Hugo Abreu no seu livro aqui citado.

---

1. O autor da reportagem, intitulada "O fabricante de nuvens", é o jornalista Elio Gaspari, à época diretor-adjunto da revista *Veja*. (N.R.)

Montava-se, portanto, na própria sede do governo, uma capciosa trama para destituir o Ministro do Exército. Os redatores atribuem ao general Golbery papel predominante nessa confabulação e num desvario bajulatório chegam ao ridículo de cognominá-lo o "Mago da Abertura".

O general Hugo Abreu relata, na página 80 do seu livro, a preocupação do general Golbery com o Ministro do Exército, intrigando-o com o presidente: "... pouco tempo após sua nomeação, já o general Golbery alertava o presidente, inclusive na minha presença, sobre a necessidade de ter cuidado para que o novo Ministro do Exército não viesse a se transformar em um novo Costa e Silva."

Afirma, pois, em essência, o teor da reportagem da *Veja*.

DOIS EVENTOS SOCIAIS PRECEDENTES

O general Hugo Abreu, a quem muito considerava e que acreditava dispensar-me sincera amizade, convidou-me, no início de outubro, para jantar com ele, em sua residência, "na próxima quinta-feira". Pretendendo comparecer ao aniversário de meu amigo e consultor jurídico do Exército dr. Pecegueiro do Amaral no dia 7 daquele mês, relutei na resposta afirmativa, pois desejava verificar se havia coincidência de datas. Palestramos um pouco e explicou o Hugo que tomara aquela decisão de convidar-me porque queria mostrar publicamente não estar com o grupo do palácio useiro e vezeiro em intrigar-me com o presidente, continuando meu amigo. Acrescentou que a sua ida ao enlace matrimonial da filha de Humberto Barreto, a realizar-se no dia 10, obrigatória em vista de o presidente comparecer, não deveria ser vista como uma aproximação aos palacianos nem admitida como hostilidade ao ministro Frota. Tomara, portanto, a decisão de ter-me em sua casa, entre os seus convidados. Fazia além disso questão de divulgar pela imprensa notícia sobre o jantar.

Sensibilizou-me bastante a manifestação de estima do general Hugo e, após averiguar que não havia justaposição de datas, aceitei o convite. Contudo, vi essa ocorrência como mais uma confirmação da existência de uma campanha contra mim, visando a demitir-me.

Há uma referência a esse evento na página 91 do livro *O outro lado do poder*.

Todos os fatos que podiam ser explorados pelo grupelho do Planalto o eram sem perda de tempo. O meu não comparecimento ao casamento da filha de Humberto Barreto, no dia 10 de outubro, foi um deles. O presidente seria uma das testemunhas, circunstância que assegurava de antemão uma igreja cheia. Apesar de convidado, não compareci visto que não me sentiria bem entre alguns convivas, exímios bajuladores, freqüentadores assíduos de reuniões às quais comparecia o general Geisel. De outro ponto de vista, não se justificaria, moralmente, comparecesse eu àquela cerimônia nupcial, porquanto tinha participado do Conselho que negara a Medalha do Mérito Militar ao pai da noiva, em agosto, por não considerá-lo, àquela época, digno de ostentá-la.

Minha ausência foi notada e tomada como uma desconsideração ao presidente – idéia que jamais tive – havendo, até, quem mostrasse grotesca indignação com esse pretenso desapreço.

Isto, às vésperas da Farsa, deu margem a comentários ferinos que, maldosamente ou não, predispunham os ouvintes a não estranharem os acontecimentos futuros.

As confabulações do general Figueiredo

Li nos jornais, no dia 13 de agosto, a visita inusitada do Chefe do SNI, general-de-divisão João Baptista de Oliveira Figueiredo, ao Quartel-General do III Exército, prédio em que também está o Quartel-General do Comando da 3ª Região Militar. Segundo o noticiário da imprensa – *Jornal do Brasil* de 13 de agosto de 1977 – o Chefe do SNI, tendo desembarcado em Porto Alegre, às oito e meia da manhã, após ir ao hotel em que se hospedaria, dirigiu-se ao Quartel-General do III Exército, onde conversou com o general Antonio Carlos de Andrade Serpa, Comandante da 3ª Região Militar, não querendo – já que podia – falar ao general Bethlem, que recebia, no seu gabinete de Comando do Exército, a visita de alguns cônsules.

Procurou em seguida – às onze horas – o governador do Rio Grande do Sul, com quem palestrou, no dizer da imprensa do palácio do governador, "sobre o problema das cheias no Rio Grande do Sul, entre outros assuntos".

À tarde, retornou ao Quartel-General do III Exército, ali permanecendo durante hora e meia, em conversa, que não transpirou, com o general Bethlem. Consultou o cardiologista e às quatro e meia da tarde a agência local do SNI.

Regressou a Brasília às nove horas da manhã de sábado 13, tudo, ainda, consoante a mesma fonte.

Ao ler o noticiário, estabeleci imediata ligação com o general Bethlem, a quem interpelei sobre o fato, estranhando que ele, o Comandante do Exército, não me tivesse participado o ocorrido. Desculpou-se o general Bethlem, dizendo que tinha sido uma visita particular, de companheiro, uma ligação de amizade, não julgando por isso necessária uma participação ao ministro. Não via motivos para que eu me aborrecesse. Aceitei as escusas do Bethlem, ainda que não justificassem o procedimento do general Figueiredo.

O comportamento do general Figueiredo era, no mínimo, aético. Não poderia, como ministro, visitar um quartel do Exército e entender-se com generais, sobre quaisquer assuntos, sem que o Ministro do Exército fosse avisado.

A análise de sua estada na capital gaúcha, em especial do horário que cumpriu, não abona a informação de que o verdadeiro motivo da viagem tenha sido um *check-up*. Era uma explicação pueril como infantis foram os esclarecimentos do Comandante do Exército.

Não atribuí todavia à ocorrência a grave finalidade que se admite hoje – a de um entendimento prévio com os comandantes do III Exército e da 3ª Região Militar sobre a minha exoneração. Válida esta especulação, o general Figueiredo deve ter assentado com aqueles comandantes medidas e condutas, prevendo a evolução dos acontecimentos. Claro está que o nome do provável sucessor do ministro deve ter sido cogitado.

Não imaginei, nem por absurdo, que se estivesse dando curso a uma confabulação, ou melhor, a uma conspiração.

A imprensa divulga, através da revista *Visão* de 28 de novembro de 1977, página 7, uma versão destes acontecimentos, reforçando as reflexões que acima fiz:

> Em meados de agosto, o general João Baptista Figueiredo viajou para o Sul, a fim de fazer exames médicos, segundo se noticiou na ocasião. Mas o Chefe do SNI aproveitou a estada em Porto Alegre para fazer contato com o então Comandante do III Exército, com quem conversou longamente. Ao retornar a Brasília, Figueiredo levou ao presidente Ernesto Geisel a tranqüilizadora garantia de que poderia contar com o general Fernando Belfort Bethlem, se viesse a precisar dele para assumir, numa emergência, o Ministério do Exército.

A TRAIÇÃO DO GENERAL BETHLEM

O general Figueiredo deveria estar agindo em nome do general Geisel, participando de uma atividade que, tudo leva a crer, não lhe era politicamente desagradável, considerando as vantagens a auferir. Não me surpreenderia, portanto, que se comportasse dessa maneira.

No entanto, em relação ao general Bethlem, as coisas não poderiam ser vistas sob o mesmo prisma. Fora meu Chefe-de-Gabinete; propusera-o ao presidente para o Comando Militar da Amazônia, cargo de destaque ligado ao ministro; assumira com meu integral apoio o Comando do III Exército e dava-me, a todos os momentos, demonstrações de consideração e estima. Finalmente, era subordinado direto do ministro – de quem recebera inequívocas provas de amizade –, único que lhe poderia dar ordens e com o qual mantinha constantes ligações.

Embora reconhecesse em Bethlem uma personalidade complacente, achava inadmissível que, estraçalhando padrões de lealdade, ele conspirasse contra o general Sylvio Frota.

Por essa atitude mereceu de vários oficiais a pecha de traidor e, eu mesmo, no dia 12 de outubro, incriminei-o de traição, sem que reagisse.

Depois desses acontecimentos, não posso precisar bem a data, mas julgo que foi por ocasião da reunião do Alto Comando, em 29 de setembro, o general Bethlem pediu-me lhe concedesse, em boletim, dez dias de dispensa de serviço para gozá-los em época que considerasse adequada. Disse-lhe que não havia necessidade dessa publicação antecipada, porque bastaria uma participação sua no momento oportuno. Em outubro o general Bethlem usou da autorização; viajou para São Paulo, onde foi visto no Comando do II Exército. Em 11 de outubro encontrava-se na casa de sua filha, à rua Andrade Neves, no bairro da Tijuca, no Rio de Janeiro. Ali, recebeu o chamado de Geisel.

Datado de 5 de setembro de 1977, foi expedido pelo Comandante do III Exército, general-de-exército Fernando Belfort Bethlem, um documento – Relatório Especial de Informações – que analisava friamente a situação do país, do ponto de vista de Segurança Nacional, em particular a penetração marxista em setores da vida administrativa. Sua distribuição, por via de regra, deveria ser feita ao comando superior e aos escalões subordinados, podendo, a título de informação, ser remetido aos comandos vizinhos do mesmo nível, caso lhes pudesse interessar.

O relatório do III Exército, no entanto, teve difusão ampla, o que revelava o propósito de vê-lo conhecido de todo o Exército. Como ministro recebi-o e examinei-o à luz dos conhecimentos que tinha do panorama brasileiro. Era um trabalho corajoso, escrito em linguagem vigorosa em que a verdade surgia sem floreios de retórica, com rudeza militar. Apontava alguns nomes – do Senado e da alta hierarquia militar – como participantes das pressões espúrias que se faziam sentir no governo.[2]

Achei-o excelente, porquanto traduzia, exatamente, o meu julgamento da situação nacional, e quando o general Bethlem chegou a Brasília para a reunião do Alto Comando, marcada para 29 de setembro, tive a oportunidade de manifestar-lhe minha opinião. Até esta data nenhuma notícia tivera que me desse a conhecer o pensamento dos setores ligados à Presidência sobre o assunto. Entretanto, na véspera da "Farsa", borbulharam no caldeirão de intrigas do palácio os boatos sobre a repulsa presidencial ao relatório. Era uma medida de desinformação, que surtiu efeitos, como veremos mais adiante.

Na tarde do dia 11 de outubro, chegaram-me algumas informações de que o presidente Geisel estava aborrecidíssimo com o Relatório Especial de Informações expedido pelo Comandante do III Exército do qual, somente naqueles dias, tomara conhecimento. Um oficial do Centro de Informações e Segurança da Aeronáutica telefonou para o meu gabinete pedindo que enviasse àquele Centro um oficial de minha inteira confiança. Dei a missão ao meu ajudante-de-ordens que, ao regressar, trouxe-me informação idêntica às já recebidas.

Em síntese, dizia-se que o presidente vacilava entre três soluções:

2. Ver Anexo A.

• Prender e afastar o general Bethlem do Comando do III Exército;
• afastar o general do Comando do III Exército; ou
• mandar que eu prendesse o general Bethlem.

Nunca coloquei em dúvida que o grupo do Planalto fosse integrado por homens inteligentes, porém sem escrúpulos. Venderiam até as almas, se o Diabo caísse na asneira de comprá-las. O trabalho de diversão ou, para usar linguagem mais moderna, de desinformação que realizaram foi perfeito.

Convencido de que iria defrontar-me com sérios problemas, decidi telefonar para o general Bethlem, preveni-lo do que estava ocorrendo e tranqüilizá-lo sobre minha solidariedade dado que aprovara o relatório e iria assumir as responsabilidades decorrentes.

Todavia, não se conhecia o paradeiro certo do general Bethlem, já em gozo de dispensa de serviço. Recomendei, por conseguinte, fosse procurado com urgência seu endereço e retirei-me para minha residência. Pouco depois recebi a visita de ilustre industrial, meu amigo, que regressaria ao Rio de Janeiro naquela noite. Conversávamos quando soube da estada de Bethlem no Rio e imediatamente liguei-me com ele.

Travamos um diálogo, assistido pelo meu ajudante-de-ordens e, também, pelo meu amigo:

— Bethlem? É o Frota. Quero avisar-lhe que segundo informações insistentes o presidente leu e não gostou do seu Relatório de Informações.

— Que relatório, Frota?

— Ora, Bethlem... o único relatório que você fez...

— Não me lembro...

Neste momento, persuadido de que Bethlem não lera o relatório, tapando com a mão o fone, disse para o meu ajudante-de-ordens:

— O homem assinou sem ler... (e voltei ao diálogo).

— Aquele em que você fala de duas pressões... de três generais...

— Agora me lembro...

Trocamos mais algumas palavras e informei-o de que iria escrever-lhe e, realmente, o fiz. Durante esta ligação, o general Bethlem nada me disse sobre a conversa que, momentos antes, já tivera com Hugo Abreu. Ocultou-a, naturalmente, para não comprometer a manobra política do Planalto da qual, estou convencido, desde agosto – época do encontro com o general Figueiredo – participava solertemente.

Sobre seus contatos com Bethlem diz Hugo Abreu, nas páginas 133 e 134 de seu livro referido:

> ... O coronel Francisco Fernandes, do Gabinete Militar, ficou encarregado de procurar o general Fernando Bethlem, Comandante do III Exército, em férias no Rio de Janeiro. A missão do coronel Fernandes era informar o general Bethlem do ocorrido, avisá-lo de que o Presidente de República desejava falar com ele o mais cedo possível e acom-

panhá-lo a Brasília. Um jatinho H.S. da Força Aérea Brasileira estaria à disposição do general, na Base Aérea do Galeão, desde às nove e trinta da manhã do dia 12. ...

À noite fiquei preocupado com a possibilidade de não ser encontrado o general Bethlem que, como vimos, estava de férias no Rio. Telefonei para ele e pedi-lhe para receber um oficial do Gabinete Militar que lhe iria levar um documento meu. A finalidade do telefonema era apenas deixar marcada a hora do encontro do oficial com Bethlem, mas quase provocou problema maior. É que, por coincidência, o ministro Frota também telefonou para Bethlem pouco depois. Frota queria falar-lhe a respeito do relatório de informações emitido pelo III Exército e assinado por Bethlem, que estava provocando muita reação pelo seu radicalismo e pelas críticas formuladas contra o próprio governo. O general Bethlem disse então a Frota que deveria ser essa a razão que me levara a lhe mandar um oficial para falar sobre um documento. O ministro Frota estranhou que eu estivesse discutindo tal assunto diretamente com um Comandante de Exército, sem falar com ele, e, depois de se despedir de Bethlem, mandou ligar para mim. Felizmente não me encontrou em casa. Eu ficaria em dificuldade para explicar ao general Frota qual era realmente a missão do oficial que deveria procurar Bethlem no dia seguinte.

O general Bethlem, como disse linhas atrás, sonegou-me a notícia do telefonema de Hugo Abreu, nada me tendo contado sobre esse assunto. Não sei quem transmitiu ao Chefe da Casa Militar esta versão, porém, tudo leva a admitir tenha sido o próprio Bethlem, direta ou indiretamente. Procurava, assim, escamotear a verdade da seqüência dos acontecimentos.

Redigi, rapidamente, um cartão ao Bethlem, alertando-o sobre as intrigas de Brasília e orientando-o quanto aos meus propósitos de defendê-lo.

O dr. Armando Daudt de Oliveira – o industrial aludido –, que, a meu pedido, aceitara a incumbência de entregar a missiva, no aeroporto do Rio, a um oficial do gabinete, partiu célere para não perder o avião das nove horas da noite.

Entretanto, em virtude do desconhecimento das novas instalações do aeroporto do Galeão, houve um desencontro e o documento não foi recebido no mesmo dia. Na manhã seguinte, quando se dirigia para apanhá-lo, o oficial do gabinete soube de minha demissão, regressando rapidamente ao quartel-general sem fazê-lo. Posteriormente, o dr. Armando Daudt devolveu-me diretamente.

Eis seu teor:

Brasília, 11/10/1977

BETHLEM
Um abraço.

Soube, hoje, através de informes, que o Relatório Especial de Informações nº 01/77 foi do conhecimento de elementos do Palácio do Planalto, que estão envenenando junto ao Presidente da República o assunto do mesmo. Nada vi de anormal, senão um exame sincero e franco da situação. É possível que alguém lhe procure para falar, *oficiosamente*, sobre a matéria.

É apenas um alerta, mas acho que você não deverá tratar com ninguém sobre isto. Diga que neste terreno, especialmente, só se entenderá com o ministro, que nada lhe falou a respeito, devendo, por isto, estar de acordo. *E... estou com tudo que você fizer!*

Entretanto, creio que estas coisas não passam de boatos que alimentam Brasília.

Estarei sempre solidário com você, velho e estimado amigo.

Com um abraço do

Frota.

A revista *Veja* publicou, em reportagem sobre o assunto, uma cópia desse cartão. Não sei quem o divulgou, porquanto após tê-lo recebido, pessoalmente, do dr. Armando, cedi-o a vários companheiros que desejavam lê-lo.[3]

Retirando-se o dr. Armando Daudt, procurei, ainda naquela noite, uma ligação com Hugo Abreu, que não foi encontrado. Pretendia ouvi-lo sobre os boatos da prisão de Bethlem, por confiar nas suas informações, pois tinha Hugo como amigo. Entretanto, em *O outro lado do poder*, ele, com a consciência pesada, ao saber que o procurara, interpretou o telefonema como uma manifestação de desagrado pelo vínculo direto com o Comandante do III Exército, que ele estabelecera.

Findou-se, assim, num ambiente de incertezas e preocupações, o dia 11 de outubro.

Os sorrateiros preparativos militares

Justificando este estado de espírito, na calada da noite, graves decisões foram tomadas no campo militar e movimentos de tropa realizados. Suas repercussões, porém, somente foram sentidas no dia 12.

Não podemos desprezar, portanto, para a exata compreensão da Farsa, em suas montagem e execução, uma síntese das providências tomadas no campo militar e dos fatos ali ocorridos, antes do dia 12, na noite de 11 para 12 e na manhã deste dia. Consegui, com este objetivo, fornecido por oficiais de minha confiança que permaneceram em Brasília, um conjunto de informações – colhidas pelo CIE e de boas fontes testemunhais – evidenciando a meticulosidade do preparo da operação que o grupelho do Planalto empreendeu, visando à exoneração do Ministro do Exército. Destas informações destaco, por confirmadas posteriormente, as mais interessantes.

• O Comandante da 1ª Divisão de Exército – atual Ministro do Exército – determinou, talvez cumprindo ordens do Comandante do I Exército, para a tropa

3. Ver Anexo B.

da guarnição da Vila Militar, um exercício de quadros no dia 12 de outubro. Esta espécie de exercício realiza-se normalmente apenas com oficiais; desenvolve-se nas cartas topográficas e exige, constantemente, a ida dos participantes ao campo para verificar o acerto das decisões tomadas e ajustá-las às realidades do terreno.

A tropa – sargentos e soldados – permanece no quartel, podendo esta exigência ser dispensada, a critério de seu comandante. Quando ocorre esta circunstância os quartéis ficam vazios. Foi exatamente a situação em que se encontravam as unidades da Vila Militar no dia 12 de outubro.

O exercício foi marcado com antecedência não sei de quantos dias, mas é preciso ser dotado de ingenuidade virginal para acreditar em mera coincidência numa escolha que trazia a vantagem de afastar naquela data, dos quartéis, comandantes e oficiais que me eram dedicados. Somente à tarde soube a oficialidade do que se passara em Brasília. Tal medida, claro está, engastava-se perfeitamente no plano concebido pelo Planalto.

Não sei até que ponto o general Walter Pires esteve envolvido na conspirata ou mesmo se dela participou, entretanto, suas afinidades e relações com o general João Figueiredo e seu procedimento após a Farsa deixam poucas dúvidas de que não estivesse a par, com antecedência, do que iria acontecer.

Nesta hipótese, nivelo-o ao general Arnizaut, na traição que me fez, agravada pelo rompimento abrupto dos laços de amizade que há mais de 40 anos mantínhamos – fiadores da confiança imerecida nele depositada.

Comportamento semelhante teve o Comandante da Artilharia de Costa da 1ª Região Militar, pelo menos em relação ao 3º Grupo de Artilharia de Costa – Forte de Copacabana – cujos oficiais encontravam-se em exercício da mesma espécie, fora de seu quartel.

Ao que indica um exame sensato da situação, esta ordem deve ter partido do Comandante do I Exército, única autoridade militar com jurisdição sobre as duas grandes unidades. Se houve também coincidência de datas, esse dia 12 de outubro deverá ser batizado, na História de nossa Pátria, como o "Dia das Coincidências", marcado que foi pela justaposição de fatos, visando ao mesmo fim, porém ocorridos acidentalmente.

• O general-de-brigada Roberto França Domingues – genro do general Orlando Geisel, irmão do presidente –, Comandante da 3ª Brigada de Infantaria Motorizada, fez deslocar, na noite do dia 11 de outubro, viaturas de transporte da Companhia de Engenharia localizada em Ipameri para a sede do 43º Batalhão de Infantaria Motorizado (BIM), de Cristalina, povoação mais próxima de Brasília. Este batalhão entrou em ordem de marcha nessa mesma noite e, usando aquelas viaturas, deslocou-se para a capital, onde, pela manhã do dia 12, já se encontravam duas companhias de infantaria reforçadas por elementos de apoio, nos arredores do Quartel-General da Brigada, próximo à residência do ministro.

O 42º Batalhão de Infantaria Motorizado, de Goiânia, embora entrasse de prontidão, não concordou em cerrar sobre Brasília caso o general Frota reagisse. Em virtude desta atitude, o Comandante da 3ª Brigada de Infantaria Motorizada, para precaver-se, deu a ordem ao 41º Batalhão de Infantaria Motorizado, de Jataí, para ficar em condições de investir sobre Goiânia ou Brasília. Por seu comportamento digno e desassombrado, passou o Comandante do 42º BIM a sofrer pressões do comando superior.

Nesta mesma noite a 3ª Brigada entrou de prontidão e os oficiais foram convocados ao alvorecer do dia 12, para não despertar atenção.

Tudo isto, que se passou na calada da noite, num ambiente de silêncio que a deficiente iluminação tornava penumbroso, causaria inveja aos chacais, animais que mesclam a ferocidade com a velhacaria.

Enquanto toda esta traição avançava, o ministro Frota dormia tranqüilamente, em sua residência, imbuído do propósito de defender, *à outrance*, o general Bethlem das acusações de que era vítima por parte da gente do palácio do Planalto.

• Oficiais da Aeronáutica, que serviam na Base Aérea de Anápolis, confirmaram notícias difundidas em Brasília, na manhã de 12 de outubro, de que aquela Base recebera ordem superior de entrar, integralmente, de sobreaviso no dia 12 de outubro. Esta determinação causou estranheza em virtude de a Base conservar, habitualmente, nestas condições, apenas um terço de seu efetivo. A ordem teria partido do tenente-brigadeiro Délio Jardim de Mattos e teria sido transmitida pelo brigadeiro Rodopiano de Azevedo Barbalho.

Se foi dado conhecimento, aos oficiais superiores da Base, das razões desta rigorosa providência e quais foram estas, nunca consegui saber com precisão. Entretanto, assegurou-se, posteriormente, que o coronel Nelson José de Abreu do O de Almeida, comandante da Base Aérea de Anápolis, discordou em cumprir aquela ordem, tendo idêntico procedimento seu colega brigadeiro Alberto Bins Neto, Comandante de Defesa Aérea. Tais sensatas e patrióticas recusas, se realmente ocorreram, não teriam, na gama de especulações que pode ser feita, motivo mais plausível do que o de evitar a absurda interferência da Aeronáutica na demissão de um ministro de outra Força, violentando com medidas prévias e hostis a amizade fraternal e indestrutível que unia e une a Aeronáutica ao Exército.

Todavia aviões sobrevoaram Goiânia, na manhã de 12, segundo informações, para fazer um reconhecimento, em vista das notícias de que o 42º BIM estava se deslocando para Brasília.

Judiciosamente não é possível admitir que o tenente-brigadeiro Délio tenha emitido essa ordem, não obstante afirmações ao contrário. Ele já era Ministro do STM e, agindo desta maneira, invadia a área do Comando Geral do Ar, exercido àquela época, se não me falha a memória, pelo tenente-brigadeiro Leonardo Teixeira

Collares. Porém, se premido pelo devotamento ao presidente Geisel e pela amizade do general Figueiredo tomou essa impensada decisão, arriscou-se a repetir o nefando episódio de novembro de 1955, quando o desvario de um oficial, dominado pela paixão política, colocou sob fogo da artilharia de costa o poderoso cruzador *Tamandaré* que, afrontando insólita e insultuosa proibição, rompera corajosamente a barra do Rio de Janeiro, caturrando forte para o sul com o Presidente da República a bordo. Os projéteis, graças à sabedoria divina, não atingiram a soberba nave de guerra, mas o troar dos canhões ainda ressoa na consciência dos verdadeiros brasileiros, como um dos mais abomináveis atos de insânia e irresponsabilidade que um militar possa praticar.

Voltando às ocorrências de Anápolis – descritas, como já disse, por fontes fidedignas – tornam-se imperativas duas indagações:

• Que hecatombe aconteceria se a situação evoluísse desfavoravelmente ao governo e os *Mirages* entrassem em ação contra o 42º BIM e tropas de Brasília?

• Como repercutiria no Exército esta intervenção agressiva da Força Aérea contra as Forças Terrestres?

Felizmente! Graças a Deus! a coragem moral e o patriotismo daqueles dois brilhantes oficiais da Aeronáutica mataram no nascedouro essa lamentável possibilidade de choque entre as duas Forças irmãs.

Algumas possíveis reações militares

Na manhã do dia 12, em várias guarnições militares, a situação era indefinível e oficiais de minha inteira confiança acompanhavam o evoluir da questão, aguardando ordens do ministro. Destes, para somente citar aqueles que, por terem passado à reserva, não mais estão sujeitos às perseguições governistas, lembro alguns nomes.

• No Nordeste, o Comandante da 6ª Região Militar, general-de-brigada Adyr Fiuza de Castro, meu leal amigo, cuja lúcida inteligência incomodou sempre os "intelectuais" do Planalto, estava pronto a agir em favor do ministro, ao menor sinal que dele recebesse ou a qualquer esboço de reação.

• Em Minas Gerais, o meu inesquecível amigo general-de-brigada Arídio Brasil – soube-o posteriormente – tomou todas as medidas para apoiar-me e esteve em ponto de rebelar-se.

General de nobres dotes morais, ocultava nas suas bonomia e modéstia um caráter firme e convicções inabaláveis que por várias vezes pôs à prova, em momentos difíceis. Quando, às vésperas da Revolução de 1964, o presidente João Goulart esteve acidentalmente no Forte de Copacabana, seu comandante era Arídio Brasil. Nesta ocasião fez ver ao presidente o perigo das manifestações de fundo marxista que freqüentemente ocorriam. Em palavras respeitosas mostrou o seu desagrado e o temor de reações castrenses.

João Goulart respondeu, mui secamente, que agradecia o alerta, mas estava seguro do seu dispositivo militar.

Arídio conhecia, de experiência própria – seu irmão, o meu saudoso amigo general Arione Brasil, fora gravemente ferido pelas costas por comunistas, no levante de 1935 –, a fúria sanguinária dos adeptos da "Democracia" de Marx.

No dia 12 de outubro, percebeu logo que estava em jogo, não o prestígio do general Sylvio Frota, porém o da própria instituição, pelas condições em que fora demitido o Ministro do Exército, motivo que o dispusera a reagir.

• Os fatos de Brasília serão tratados com relativas minúcias mais adiante. Meses depois de minha demissão, conversando com o meu amigo general Diegues sobre situações passada e presente, disse-me ele que lamentava não ter naquela ocasião – 12 de outubro – assumido o comando da 3ª Brigada de Infantaria Motorizada sem pedir a minha autorização; certo estava que se assim tivesse procedido as coisas teriam mudado. Também acredito.

Este simples bosquejo do quadro militar, que não pode ser ampliado para não comprometer nomes ainda em plena atividade castrense, dá uma idéia da instabilidade do governo Geisel naquele dia. Foi exatamente por este motivo que o Planalto liberou a minha nota – dirigida especificamente aos meus comandados – para divulgação pela imprensa. Todavia, determinou aos generais-de-exército que proibissem sua difusão nos quartéis e departamentos, temeroso que estava de suas imprevisíveis conseqüências. Não se encontrava o governo, no setor militar, tão convencido de seu prestígio como acontecia na área da imprensa, em que contava com a simpatia de numeroso contingente de esquerdistas sequiosos de eliminar o que um senador – muito conhecido por suas idéias marxistas – chamou de "última pedra no caminho da democracia".

Os generais-de-exército, praticamente prisioneiros do Planalto, não se envergonharam de impedir fosse a nota ministerial – emitida por quem ainda era ministro – lida na tropa.

E... esta nota tivera como base todas as informações que eles próprios me traziam, tendo eu a certeza de que estava redigida de acordo com o pensamento militar da época. Foi mais um "belo" exemplo de indisciplina dado pelos homens de quatro estrelas aos oficiais em geral.

A AUDIÊNCIA COM O PRESIDENTE E A MINHA EXONERAÇÃO

Na manhã do dia 12 de outubro, fui despertado por um telefonema do general Hugo Abreu. Era o ato final da Farsa.

Disse-me Hugo Abreu – naquela ocasião já aliado do grupo do Planalto, em cujo benefício trabalhou ardorosamente – que o presidente Geisel desejava falar-me às nove horas. Indaguei se conhecia o motivo; respondeu-me que não sabia.

Tinha de agir desta maneira, pois participava da confabulação.

Estabeleci imediata ligação com o coronel meu assistente recomendando-lhe que não se afastasse de sua casa – o dia fora considerado feriado em Brasília – até meu regresso do palácio do Planalto.

— O senhor irá se aborrecer muito hoje, ministro! É o caso do Bethlem...

Também pensava deste modo. O presidente, admitia eu, resolvera abordar o caso do relatório do III Exército.

Acompanhado de meu ajudante-de-ordens, pouco antes das nove horas, tomei o caminho do palácio. Ao passar pela sede do Comando da 3ª Brigada de Infantaria Motorizada notei, no mastro do quartel, o pavilhão do general comandante da Brigada. Não me recordo se comentei o fato com meu ajudante-de-ordens, mas estranhei que num dia sem expediente nos quartéis o general Roberto França Domingues – casado com a sobrinha do presidente – ali estivesse naquela hora.

Completamente alheio ao que estava ocorrendo, convencido de que o chamado do general Geisel prendia-se ao caso do relatório do III Exército, não dei maior atenção à ocorrência.

O palácio do Planalto estava deserto; nem o general Hugo Abreu, que obrigatoriamente recebia os ministros militares, lá estava. Deve ter se ocultado, num espasmo de vergonha, pela traição que fazia ao seu amigo general Frota.

Na ante-sala do gabinete presidencial o major ajudante-de-ordens aguardava-me:

— O presidente quer falar com o senhor... E franqueou-me a passagem.

O general Geisel estava sentado à cabeceira da mesa de despachos, na posição que normalmente ocupava. Cumprimentei-o e sentei-me.

Foi direto ao assunto, dizendo-me que não conseguia se acertar (empregou exatamente este vocábulo) comigo. Afirmei-lhe que jamais lhe fora desleal; asserção que confirmou. Acrescentei que sua orientação tinha sido sempre respeitada.

Discordou o presidente, referindo-se aos relatórios de informações que – do seu ponto de vista, naturalmente – faziam críticas ao seu governo. Repeli esta insinuação, alegando que se algo ocorrera nesse sentido passara despercebido.

Compreendi, de imediato, que o presidente não diria a verdadeira causa de minha desejada demissão. As razões eram de ordem especificamente política, prendiam-se à permanência do grupelho no poder, transformando desta maneira o país num feudo de compadres.

Insisti, portanto, dissesse os motivos, recusando-se ele categoricamente a fazê-lo.

Irritado, porque um de seus objetivos, que era meu pedido de demissão, não estava sendo alcançado, declarou o presidente em tom áspero:

— Eu estou incompatibilizado com você; solicite demissão!

O meu pedido de demissão colocar-me-ia nas mãos dos intrigantes do palácio, que buscariam no seu arsenal de calúnias as mais vituperiosas para explicá-lo. Não poderia ceder e usei em revide à grosseira irreverência de Geisel a resposta abaixo sintetizada:

36. *O autor com o dr. Nelson Pecegueiro do Amaral, consultor jurídico do Ministério do Exército durante seu período como ministro.*

37. *O autor com o presidente Geisel em 10 de junho de 1977.*

38. *Visita às obras do Clube do Exército, em 1977. Os generais, a partir da esquerda, são: Ênio dos Santos Pinheiro, o autor, Arnaldo Calderari e Bento Bandeira de Mello.*

39. *Posse do general Heitor Furtado Arnizaut de Mattos (à direita) no Comando Militar do Planalto, em 28 de junho de 1977.*

***40.** Uma das últimas reuniões do Alto Comando do Exército presidida pelo autor, em 23 de agosto de 1977. Sentados à mesa, a partir do autor, no sentido horário: generais Vinitius Nazareth Notare, Ariel Pacca da Fonseca, Tácito Theóphilo de Oliveira, Carlos Alberto Cabral Ribeiro, Calderari, Arnizaut, Ênio (secretário da reunião), Ernani Ayrosa da Silva, José Pinto de Araújo Rabello, Argus Lima, Fernando Bethlem, Dilermando Gomes Monteiro e Fritz Manso.*

***41.** Foto da maquete do projeto vencedor para o novo Hospital Central do Exército, em 1º de agosto de 1977.*

***42.** Jantar de inauguração do Clube do Exército em Brasília, em 6 de setembro de 1977.*

***43.** Leitura pelo autor da ordem do dia referente ao Dia do Soldado, em 25 de agosto de 1977.*

44. *Visita às obras de construção do Colégio Militar de Brasília, em 13 de setembro de 1977.*

45. *Homenagem ao general Moacyr Barcellos Potyguara em sua despedida do Exército, em 22 de setembro de 1977. Ao fundo, a partir da esquerda, os generais Fritz, Ariel, Tácito, Carlos Alberto e Calderari.*

46. *Última foto do Ministério com a presença do autor, em setembro de 1977. Ao alto, a partir da direita, os generais Potyguara (EMFA), João Baptista de Oliveira Figueiredo (SNI), Golbery do Couto e Silva (Casa Civil) e Hugo Abreu (Casa Militar).*

***47.** Uma das últimas fotos do autor como Ministro do Exército, em outubro de 1977.*

***48.** Passagem do cargo de Ministro do Exército, em 12 de outubro de 1977.*

***49.** Chegada do autor ao Rio de Janeiro, em 13 de outubro de 1977.*

***50.** Recebimento do título de Cidadão de Sobral, em setembro de 1979.*

— Não vejo razão para demitir-me porque não me julgo incompatibilizado com o cargo.

Exasperou-se o presidente, o que por seu temperamento emocional não constituía surpresa, bateu com a palma da mão na mesa e gritou:

— Mas o cargo é meu!

Incontinenti, retruquei:

— Por isto cabe ao senhor demitir-me, pois não pedi para ocupá-lo...

Replicou o general Geisel, em voz alta:

— É o que farei!

Levantamo-nos ao mesmo tempo. Estendeu-me a mão e melifluamente pediu:

— Não fique meu inimigo...

Cumprimentei-o sem proferir palavra sequer, dei-lhe as costas e retirei-me.

Na saída da sala contígua, encontrei o general Hugo Abreu e informei-o:

— Hugo, o presidente acaba de exonerar-me..., e continuei andando em direção ao elevador.

— Estava previsto desde sábado, respondeu Hugo Abreu.

Parei surpreso e olhando-o fixamente perguntei:

— E você sabia disso, Hugo?

O general Hugo deu alguns passos e esclareceu:

— O motivo foi meramente político... Vou escrever-lhe uma carta...

Cumprindo o que prometera, enviou-me uma carta no mesmo dia.[4]

Os fatos narrados na página 138 de seu livro *O outro lado do poder* não expressam a verdade. O general Hugo não apareceu para receber-me no palácio do Planalto, no dia 12 de outubro. Aguardou-me, sim, à saída do gabinete presidencial. As únicas palavras que trocamos estão contidas no diálogo acima. O meu ajudante-de-ordens testemunhou-o e confirma o que narrei.

Por que teria Hugo Abreu dado esta versão que não é verdadeira?

Especulemos, em especial, sobre a locução "O motivo foi meramente político".

Quem lê o livro de Hugo Abreu não pode ter dúvidas de que o objetivo do grupelho palaciano era expelir-me do Ministério. A afirmação disto encontra-se, a todo momento, no decorrer da leitura.

Ora, há meses, o general Hugo mandara-me dizer pelo seu assessor, tenente-coronel Kurt Pessek, que, se eu fosse exonerado por qualquer motivo sem vinculação militar-administrativa, ele – Hugo Abreu – sairia da Casa Militar comigo. Transmitiu-me a informação um de meus assistentes, que a recebeu.

No momento em que me retirava, no entanto, o general Hugo proferiu aquela expressão, acentuando a causa política como responsável pela exoneração. No en-

4. Ver Anexo C.

tanto, não se demitiu. Em sua carta de 12 de outubro modifica essa versão, adotando a dos palacianos, talvez por influência do presidente ou por conveniência própria. Procurava, assim, desobrigar-se de um compromisso espontâneo.

O meu chefe da segurança pessoal conhecia essa promessa de Hugo Abreu, por isso interpelou-o, ainda no palácio, sobre sua intenção de cumpri-la.

A CONVOCAÇÃO DO ALTO COMANDO DO EXÉRCITO

Dirigi-me diretamente para a minha residência, onde apanhei a nota que pretendia enviar aos comandos subordinados. Iniciara sua elaboração no dia 9 de agosto e apenas deixara em branco a data e os motivos de minha demissão. Faltava, portanto, completá-la com estes dados.

Sem demorar-me, segui para o gabinete ministerial, lugar em que se encontravam meus auxiliares diretos. Tomei de uma folha de papel e, às pressas, redigi a cena do palácio – meu encontro com Geisel – atendo-me mais à precisão dos fatos e expressões pronunciadas, sem preocupações redacionais. Entreguei-a ao meu assistente, tenente-coronel Athos Marques do Amorim, para incluí-la na nota visando a preencher lacuna existente. Não a revi, porquanto tinha urgentes assuntos a tratar.

Absolutamente desinformado sobre a situação, resolvi comunicar-me com os generais-de-exército, tencionando avisá-los das últimas ocorrências e convocá-los para uma reunião do Alto Comando, na qual pretendia esclarecer as razões da nota distribuída.

Estabeleci ligação telefônica com o Comandante do II Exército, general Dilermando Gomes Monteiro, a quem dei a notícia de minha exoneração. O general mostrou-se surpreendido e usou a expressão:

— Oh! Mas como foi isto, ministro?

Todavia, já tomara conhecimento, aproximadamente às nove horas, pelo coronel Kleber Frederico de Oliveira, enviado pelo general Hugo Abreu, do propósito do presidente a meu respeito.

Pedi ao general Dilermando que informasse o general Calderari – ocasionalmente em São Paulo – do ocorrido e convoquei ambos para uma reunião do Alto Comando. Disse-lhe ainda que desejava falar-lhes sobre um documento que ia lançar.

O general Dilermando prometeu seguir imediatamente com destino a Brasília, no entanto, pouco depois, telefonou para o general Hugo Abreu e comunicou-lhe que eu estava reunindo o Alto Comando, indagando se ele e Calderari deveriam ir. Consoante informações de vários oficiais e do próprio Hugo Abreu – quando esteve em minha residência – essa comunicação foi feita nos seguintes termos:

— O homem está reunindo o Alto Comando... É para ir ou ficar?

Na página 140 de *O outro lado do poder* está a confirmação desta atitude subserviente.

Esta expressão sarcástica, mais digna de um esperto político do interior brasileiro, abastardou o procedimento do general Dilermando.

A informação do Comandante do II Exército desencadeou o pânico no palácio do Planalto. O presidente, avisado, decidiu evitar de qualquer maneira houvesse a reunião e teria proferido, segundo um homem que articulou as providências para evitá-la, a seguinte frase:

— Não deixe os generais reunirem-se com o Frota! Os generais são fracos e o Frota vai dominá-los!

Telefonemas foram dados pelo próprio presidente e por Hugo Abreu para os generais-de-exército pedindo, até implorando, fossem ao encontro do presidente antes de atenderem à convocação do ministro.

Conta Dionísio Cerqueira, em suas *Reminiscências da Campanha do Paraguai*,[5] que os guaranis ridicularizavam as tropas da Tríplice Aliança definindo-as deste modo: orientais[6] – generais sem exército; brasileiros – exército sem generais; argentinos – nem generais nem exército.

Parece-me que, pelo menos em relação ao Alto Comando do Exército, em 1977, ainda era válido o conceito.

Os generais-de-exército Fritz de Azevedo Manso e Ariel Pacca da Fonseca, respectivamente Chefe do Estado-Maior do Exército e Chefe do Departamento de Ensino e Pesquisa, não se achavam em Brasília. O primeiro estava no Norte do país e o general Ariel no Sul. Estes dois generais, por deficiência de transportes, somente chegaram após a transmissão do cargo. O general Fritz visitou-me à noite e o general Ariel no dia seguinte.

O general-de-exército Tácito Theóphilo Gaspar de Oliveira, Chefe do Departamento Geral de Serviços, estava no Rio a serviço; todavia não foi encontrado. É difícil que ignorasse os acontecimentos divulgados, intensamente, pela imprensa falada e escrita em âmbito nacional. Desapareceu e nunca mais o vi. É voz corrente no Exército ser ele exímio em ações desta natureza, nos momentos de crise. Hugo Abreu em seu livro alude à sua chegada ao palácio do Planalto.

O general-de-divisão Ernani Ayrosa da Silva não integrava o Alto Comando, todavia, por ser Comandante Militar da Amazônia e 12ª Região Militar, comparecia às reuniões daquele órgão. Disseram-me que foi avisado da decisão ministerial, no entanto também jamais o vi. Conhecíamo-nos há mais de 20 anos e fazia alarde de ser meu amigo.

---

5. Biblioteca Militar, vols.CXXVI e CXXV, p.143.
6. Assim eram chamados os uruguaios. (N.R.)

O meu Chefe-de-Gabinete, general-de-divisão Bento, estava no Rio de Janeiro; dei-lhe ciência do que estava acontecendo e mandei que comunicasse a situação ao general José Pinto de Araújo Rabello, Comandante do I Exército, participando-lhe a convocação para o Alto Comando.

O general José Pinto, contudo, já devia estar a par do que estava acontecendo em Brasília, porque conversara longamente com o general Ernesto Geisel, durante a estada deste no dia 10, no Rio de Janeiro, para a inauguração da I Feira Marítima Internacional do Rio de Janeiro. No dia 11, o general Pinto parece ter revelado ao seu Chefe de Estado-Maior, general-de-brigada Adhemar da Costa Machado – um dos mais nobres e capazes generais do Exército Brasileiro – o que no dia seguinte, 12 de outubro, provavelmente deveria ocorrer. O general Adhemar, ante a gravidade da notícia, afastou-se para seu gabinete de trabalho, muito emocionado. Seus auxiliares, vendo-o pálido, temeram por sua saúde e solicitaram a presença de um médico.

Atendido pelo facultativo, este perguntou-lhe o que sentia.

— Nada!, respondeu o general. Soube de um fato muito grave que acontecerá amanhã e emocionei-me bastante.

Todavia o general Adhemar retirou-se para sua residência.

Fizeram-me do fato esta narrativa, confirmada em termos gerais por alguns oficiais que disseram tê-lo assistido.

Conversei, ainda, com o general Argus Lima, Comandante do IV Exército, e solicitei sua vinda para a reunião do Alto Comando. Éramos amigos há quase 50 anos e eu lhe dispensava consideração especial. Argus embarcou em Recife para atender à convocação do ministro, já se encontrando no avião, quando recebeu chamado telefônico do presidente. Relutou em ir ao palácio, declarando que se dirigia para o Ministério a fim de participar da reunião marcada pelo ministro.

Ocorreu, então, uma circunstância que retrata bem o general Ernesto Geisel: ao ouvir o general Argus rejeitar o convite, refutando-o com argumento sério e racional, perdeu um pouco de sua habitual empáfia, amaciou a voz e solicitou comiseração na frase:

— Mas, Argus... será que eu não mereço que você venha primeiro falar comigo...

Se a situação fosse outra, se o general Geisel estivesse seguro de sua força, não teria falado pessoalmente ao general Argus. Mandaria, na certa, um de seus prestimosos assessores fazer a comunicação ao general, marcando hora para comparecer ao palácio.

Contou-me este fato o próprio general Argus, no dia 12 de outubro, ao ir ao Quartel-General do Exército, após ter assistido a posse do general Bethlem, no palácio do Planalto.

Quanto ao general-de-exército Fernando Belfort Bethlem, Comandante do III Exército, pela manhã já recebera, no Rio, onde desfrutava licença de serviço, um chamado presidencial.

O general-de-exército Vinitius Nazareth Notare, Chefe do Departamento de Engenharia e Comunicações, achava-se em Brasília. Era um homem extremamente nervoso, sempre atormentado por problemas de saúde. Tinha a psicose das enfermidades e julgava-se, não raro, vítima de perseguições do ministro. Qualquer restrição ou comentário mais francos, ditos sobre as atividades de seu Departamento, eram tomados no sentido depreciativo, sensibilizando-o bastante.

Procurei em todas as circunstâncias apoiá-lo, no entanto não consegui evitar alguns desentendimentos que deixaram diversas mossas em nossas relações.

Estava, pois, Vinitius na capital quando foi informado da minha exoneração. Consta que se dirigiu ao quartel-general, porém, tendo tomado conhecimento de que nenhum general-de-exército tinha ido ao gabinete ministerial, regressou ao seu lar. Se assim procedeu não posso afirmar, apesar de ser voz corrente ter deste modo se comportado. O fato, entretanto, é que lá não apareceu.

O coronel Alberto dos Santos Lima Fajardo, emissário do general Hugo Abreu, procurou-o em sua residência, consoante informações que recebi. Ao ouvir o pedido do presidente para ir ao palácio do Planalto, teria indagado do coronel se o general Geisel tinha algum convite para fazer-lhe. Justificava-se a pergunta porque dois cargos de ministro – do Exército e de Chefe do Estado-Maior das Forças Armadas – estavam vagos. E, lá diz o provérbio, "presunção e água benta, cada qual toma a contento". Apesar de todas estas vacilações, esteve no Planalto, onde tentou, através de medidas junto ao sistema de comunicações, impedir a transmissão da nota que eu expedira.

No dia 13, visitou-me pela manhã, tentando, entre lamúrias e afirmações de respeito, esclarecer seu procedimento da véspera. Era um tímido, que vivia sob permanente depressão, mais digno de comiseração do que de rancor. Contraditório, neste mesmo dia 13 não compareceu ao meu embarque.

A "EVOLUÇÃO" DO GENERAL BANDEIRA

A minha ligação telefônica com o general Antonio Bandeira, comandante da 4ª Divisão de Exército, foi das primeiras. O Bandeira tinha sido meu subchefe de gabinete, no escalão avançado de Brasília, durante a gestão Lyra Tavares. Considerava-o meu amigo e jantara em sua casa, com a minha família, ao passar pela capital mineira, em fins de setembro, em caráter particular.

Homem de convicções democráticas, ferrenho anticomunista, preocupava-se com a crescente infiltração marxista no país. Ao embarcar eu, no dia 27 de setembro de 1977, no aeroporto da Pampulha, de regresso ao Rio, disse-me o general Bandeira, na escada do avião:

— Ministro, se houver alguma coisa com o senhor, em Brasília, venha para aqui que eu o apoiarei.

Ri e agradeci o espontâneo e "sincero" oferecimento.

Temia, pois, que o general Bandeira, por seu temperamento impulsivo, tomasse a iniciativa de repelir o insulto que se fazia ao Exército, na pessoa de seu ministro. Este temor era mais justificável por ter o Comandante da 4ª Divisão de Exército reafirmado, dias antes, a ilustre deputado mineiro, a sua irrestrita solidariedade ao ministro, pedindo ao congressista que me transmitisse as suas palavras.

Naquele dia 12, tivemos pelo telefone um diálogo rápido. Comuniquei ao Bandeira a minha demissão, que já era de seu conhecimento visto que o general Pinto já o tinha informado. Perguntei se estava tudo em ordem e, em face da resposta positiva, recomendei que assim se mantivesse. Referi-lhe as minhas providências para reunir o Alto Comando – idéia que julgou excelente.

Ao determinar aos meus auxiliares de gabinete que procurassem ligação telefônica com Bandeira, dois deles interpretaram a ordem e foram executá-la. Por esta razão, minutos após ter encerrado o diálogo com o Comandante da 4ª Divisão de Exército, um de meus assessores procurou-me para dizer:

— Pronto, senhor ministro! Foi feita a ligação com o Comando da 4ª Divisão de Exército, mas o general Bandeira não estava, tendo ido ao palácio do governador, conversar com o dr. Aureliano.

— Já falei com ele! Não há mais necessidade...

Ali, no palácio da Liberdade, na divulgação unânime da imprensa, foi render homenagem ao presidente Geisel, ultrapassando seu comandante de Exército. Se assim procedeu, deu mostra de ser um homem prático; cambalachou a abstrata consciência por concretas quatro estrelas, atributos mais úteis e consistentes.

O triste papel do general Arnizaut

Naquela manhã, ao chegar ao meu gabinete, soube que tropas do 43º Batalhão de Infantaria Motorizado, localizado em Cristalina, tinham se deslocado durante a noite para Brasília. Não dei crédito à informação, todavia, para esclarecer devidamente o assunto, mandei telefonar para o general-de-divisão Heitor Furtado Arnizaut de Mattos, chamando-o ao Ministério.

Sobre o papel de Arnizaut nesses acontecimentos não pode mais haver dúvidas. Já fiz referências às suas ligações diretas com o Chefe da Casa Militar, caracterizando-o como um indisciplinado, entretanto faltava-me narrar, na oportunidade, que agora surge, outras "travessuras" deste general ladino.

Na minha presença negou soubesse algo sobre o deslocamento de tropas em Brasília, ao correr da noite anterior, declarando que somente o general-de-brigada Roberto França Domingues, Comandante da 3ª Brigada de Infantaria Motorizada, poderia dar uma informação precisa. Era uma explicação inverossímil, visto que o Comando do Planalto não deveria estar alheio ao movimento de tropas em sua área de comando.

Insinuou, a seguir, que seria interessante uma ligação telefônica com o Comandante da Brigada. Recomendei-lhe que a fizesse, porquanto caberia a ele ligar-se com seu subordinado e informar-se. Simulou uma ligação chamando o general França ao Ministério, e participou-me que o general viria logo – sórdida mentira em face do que se lê no livro de Hugo Abreu, textualmente, abaixo transcrito da página 134:

> O General Arnizaut de Mattos, Comandante Militar do Planalto, foi a única autoridade militar a tomar conhecimento do problema no dia 11. Naquela tarde, chamei-o ao palácio do Planalto e conversei com ele sobre a decisão do presidente e combinamos algumas providências a serem tomadas, inclusive do reforço das guardas do Planalto e das residências presidenciais, que foram dobradas a partir das oito horas da manhã no dia 12. Solicitei-lhe que mantivesse o assunto em sigilo, podendo informar apenas ao Comandante da 3ª Brigada de Infantaria, general-de-brigada França Domingues, seu subordinado. Aliás, o general França é genro do general Orlando Geisel, irmão do presidente.

E da página 139:

> Por volta das dez horas, o general Arnizaut informou-me de que iria ao Ministério atender a um chamado de Frota. Recomendei-lhe deixasse o general França respondendo pelo Comando do Planalto e avisasse a este para não deixar o posto e não atender a qualquer chamado do ministro enquanto ele, Arnizaut, não voltasse.

Como o general França não se apresentasse – o que não poderia fazer pelo que acima acabamos de ler –, insisti junto a Arnizaut para repetir o chamado, ao que respondeu que seria melhor o ministro convocar França pessoalmente. Confirmando as suspeitas de um conluio, do qual desconfiara pelo procedimento dúbio de Arnizaut, disse a este general que se ele não se fazia obedecer era porque a disciplina ia mal.

Dois generais que se encontravam no meu gabinete, Carlos Alberto Cabral Ribeiro e Luiz Serff Sellmann – padrões morais e de lídima conduta revolucionária –, fizeram-lhe azedas recriminações por sua maneira de proceder.

Em dado momento disse-me Arnizaut que se achava em situação difícil, pois era meu amigo. Nada mais disse, mantendo-se calado sem manifestar solidariedade a Geisel.

Em nenhuma ocasião esteve preso; se desejasse sair, como posteriormente o fez, bastava solicitar autorização.

Ainda o general Hugo Abreu revela, na página 147 do seu livro mencionado, conversa que manteve com o meu Chefe-de-Gabinete, general Bento José Bandeira de Mello, sobre boatos que enxameavam o Planalto. Dela cito, por interessante, os trechos:

> Falei inicialmente com o general Bento, Chefe-de-Gabinete. ... Com base nessa intimidade, fiz-lhe ver a insensatez de uma resistência por parte do general Frota, já que todos os comandantes de Exército e comandantes militares de área estavam solidários com o presidente, quase todos eles reunidos no próprio palácio do Planalto. Ele me tranqüilizou, dizendo não ter o general Frota a intenção de resistir à ordem do presidente. Perguntei-lhe sobre o general Arnizaut que, segundo constava, estaria preso no Quartel-General do Exército. Ele desmentiu tal versão e disse que Arnizaut estava lá porque queria e chamou-o ao telefone para conversar comigo. A situação dele nunca chegou a ser muito bem explicada. Ele havia deixado o seu posto de comando pouco depois das dez horas da manhã e permaneceu no gabinete do ministro até depois das quatro horas da tarde. Não confirmou sua detenção, mas disse que o general Frota teria determinado que ele lá permanecesse. Ele considerava importante a sua permanência junto de Frota, onde podia influenciá-lo no sentido de conter os ânimos.

A traição de Arnizaut não pode, sob qualquer aspecto, ser negada, uma vez que ELE PRÓPRIO a confessou, quando, em fins de agosto de 1979, realizou visita de despedida na Escola de Material Bélico. Declarou naquela oportunidade que às 17:45 horas do dia 11 de outubro foi chamado ao palácio do Planalto pelo general Hugo Abreu, que lhe pôs a par do que iria acontecer no dia seguinte e com quem combinou tudo.

O general Roberto França Domingues também pode ser acusado de traição, embora suas ligações de parentesco com os Geisel pudessem explicar sua atitude. O nepotismo estava lhe assegurando brilhante carreira; não iria certamente prejudicá-la com pruridos morais. Além disso, não era diretamente subordinado ao ministro, como o seu comandante, o que atenua, mas não invalida a imputação.

A ATITUDE DO GENERAL DIEGUEZ

Mais de uma dezena de generais compareceram ao meu gabinete; seus nomes foram citados e anotados pelo grupo palaciano. Não me interessa repeti-los porquanto será entregar à sanha daquela gente algum que tenha escapado.

Abro exceção para um general-de-brigada, cujas atitudes no decorrer de sua vida castrense alçaram-no ao pedestal da honra e da veneração patriótica. Trata-se do general Lauro Rocca Dieguez. Não conhecia pessoalmente Dieguez, o que somente ocorreu em Brasília. Todavia, sabia-o militar de atitudes definidas, identificado com os preceitos revolucionários e executor fiel dos sublimes postulados morais que enobrecem a existência humana. Chefe enérgico e equilibrado, cultor de exemplar patriotismo, jamais se intimidou com perigosas crises internas nem se inebriou na euforia dos dias de glória.

Poucos minutos após ter eu chegado ao quartel-general apresentou-se ali o general Dieguez. Vinha em completo uniforme de campanha – pronto para o combate.

Falamo-nos.

Disse-me com voz firme em que se percebia ligeira emoção:

— Senhor ministro! Estou pronto para assumir o comando da 3ª Brigada. Peço autorização para fazê-lo...

Disse ao general Dieguez que pensasse com calma porquanto não desejava ver ninguém sacrificado pelo ministro. Respondeu-me com a firmeza habitual que eram os destinos do Brasil que se jogavam naquela insensata cartada presidencial e que somente isto deveria ser levado em consideração.

Mandei que aguardasse a evolução dos acontecimentos.

Esse diálogo não teve testemunhas pois estávamos a sós no meu gabinete.

Soube depois que Dieguez voltou à sua residência, onde recebeu telefonema do general-de-divisão José Maria de Andrada Serpa. O diálogo transcorreu nos termos abaixo, que podem não ser idênticos mas que preservam o sentido da conversação:

— Dieguez? O que é que você está fazendo com uniforme de campanha?

— Fui ao reembolsável, Serpa!

— Você está "me gozando"... Dieguez

— Não, Serpa, você é que está "me gozando"... No momento em que o país enfrenta uma crise séria, você vem me perguntar por que estou neste uniforme. Eu fui ao quartel-general apresentar-me ao ministro, colocar-me à sua disposição.

— Foi o Frota que o chamou?

— Não. O general Frota não me chamou. Eu fui espontaneamente...

Esta conversa foi gravada e serviu, provavelmente, de base à preterição do general Dieguez em sua promoção a general-de-divisão. Deve ter sido um dos leais serviços prestados ao governo Geisel, a que alude Hugo Abreu na página 97 de seu livro.

MINHAS RAZÕES PARA NÃO REAGIR À INFÂMIA

O pedido de Dieguez colocou-me em situação difícil. Não pretendia agir contra o presidente Geisel, dado que nunca tivera essa intenção.

Sustentavam-me neste procedimento princípios de disciplina e lealdade, arraigados num passado de quase 50 anos de caserna e pregados, por mim, em todos os comandos que exerci. A lealdade, do meu ponto de vista, é virtude integral, porquanto não pode haver lealdade parcial. Ou há lealdade ou não há lealdade, esta é uma afirmação irrefutável. Deve-a o militar, de forma irrestrita, ao seu chefe imediato.

Entretanto, eu não era mais subordinado de Geisel, que acabara de proceder com vilania inexcedível na minha exoneração, confabulando com os generais meus comandados e incitando-os à indisciplina.

Havia, contudo, o problema moral. Por que motivo iria eu me rebelar contra o presidente, se era dele a prerrogativa de exonerar-me?

A forma de fazê-lo é que foi insultuosa; no entanto, muito mais ao Ministro do Exército do que propriamente ao general Sylvio Frota.

A instituição, realmente, foi gravemente atingida naquele dia. Tirava-se um Ministro do Exército sob falsos motivos, com o objetivo de beneficiar um grupelho político, que queria perpetuar-se no poder. Mas os generais do Alto Comando não pensavam assim e não seria o ministro demitido que tomaria tal iniciativa para que lhe atribuíssem propósitos golpistas e se transformasse, historicamente, num caudilho.

Além de tudo, seria inevitável o derramamento de sangue em combates fratricidas, o que me repugnava ocorresse por motivo de tão duvidosa exigência moral.

A guarnição de Brasília era-me fiel e cumpriria ordens – quaisquer que fossem – mui especialmente sob o comando de Dieguez. Apenas uma unidade, o Regimento de Cavalaria de Guardas, cujo tenente-coronel comandante – apaixonado incensador do general Figueiredo, como o comprovou publicamente em ordem do dia –, penduleava. Não chegaria a proporcionar embaraços visto que um coronel de Cavalaria – dos melhores – voluntariamente se apresentara para assumir, mediante ordem, aquele comando.

Na última vez em que visitei, em despedida, o Centro de Informações do Exército, opus-me firmemente a que um grupo de, aproximadamente, 60 oficiais – muito bem armados – desse um "golpe de mão" no palácio do Planalto. Considerando a reconhecida coragem de seus integrantes e a sua experiência em ações deste tipo, não obstante as prováveis perdas de vida, não poderia ser duvidoso o êxito da operação, mui especialmente se atendermos à circunstância de um general estar disposto a comandá-la. Foi um momento crucial. Houve quem chorasse, solicitando a liberação do grupo para o assalto, justificando que não se tratava do general Sylvio Frota, mas de impedir que a Revolução de 1964 morresse naquele dia. Em virtude disso não viam como válidos os meus escrúpulos.

Consegui evitar ocorresse o pretendido ataque ao palácio, do que não me penitencio.

Com eventuais e ligeiras reações, pouco prováveis, dominaria facilmente Brasília e, com a posse da capital, controlando as comunicações, choveriam, como sempre, as adesões. Todavia, forte motivo de ordem íntima – não queria estender à instituição um caso pessoal – aconselhava-me à transmissão da pasta. A interpretação de que o presidente tinha vilipendiado o Exército era geral, porém, eu, que fora o instrumento deste vilipêndio, não poderia tomar a iniciativa de um revide. Constituía dever dos generais-de-exército, caso pensassem da mesma maneira, realizá-lo. Se não o fizeram foi porque nada de anormal viram no ocorrido.

A DEFECÇÃO DOS GENERAIS-DE-EXÉRCITO

Considerando a convocação dos generais-de-exército, determinei fossem automóveis buscá-los no aeroporto, como de praxe. Um oficial acompanhava cada carro, com a missão de dizer ao general que o ministro o esperava, em seu gabinete, para a reunião do Alto Comando prevista.

Cerca das duas horas da tarde recebi informações do aeroporto de que chegavam àquele local automóveis da Presidência com o objetivo de conduzir os generais ao palácio do Planalto. Temendo qualquer atrito determinei ao Comandante do Batalhão de Polícia do Exército de Brasília que enviasse um pelotão ao aeroporto para manter a ordem caso fosse necessário. A determinação foi imediatamente cumprida e, nos temerosos homens do Planalto, medida tão simples causou preocupações.

O oficial mais graduado presente no aeroporto de Brasília, vendo chegarem carros do palácio para conduzir ao generais esperados, estabeleceu ligação direta com o gabinete e, através do general Chefe do CIE, perguntou ao ministro como deveria proceder, caso um general não quisesse ir para o Ministério.

Em linguagem rude, porém clara, indagou:

— É para levar os homens de qualquer maneira para o gabinete?

Tratei, rapidamente, de precisar a sua missão:

— Não! O general será convidado para vir ao meu gabinete, onde o espero para a reunião de Alto Comando. Caso não queira vir, que siga para onde quiser. Ele é um general, deve saber o que está fazendo.

Parece-me que os primeiros generais que chegaram a Brasília foram Dilermando, Calderari e José Pinto. Este último nem deu atenção ao mensageiro do ministro; dirigiu-se ao carro do palácio, embarcou e partiu. Já estava integrado no esquema há mais tempo e sabia o que fazer. O segundo, Calderari, hesitou ante a mensagem do ministro, empalideceu, mas não resistiu à atração do poder e lançou-se atrás do Dilermando.

Deve ter pensado como o general Verdy du Vernois quando, mandando ao Diabo os princípios, perguntou: "Afinal, de que se trata?"[7]

Para ele, Calderari, tratava-se de assegurar as posições de mando, quiçá com as vistas voltadas para os dois cargos de ministro que estavam vagos ou qualquer outra comissão rendosa.

As notícias do desembarque dos generais eram transmitidas diretamente ao general Bento, meu Chefe-de-Gabinete, recebendo-as eu de imediato. Ao saber da ida de Calderari para o palácio do Planalto, Bento disse-me surpreendido:

---

7. Referência à conhecida frase do escritor e pensador militar alemão, general Justus Friedrich W.L. von Verdy du Vernois, que, encontrando-se em situação difícil na batalha de Nachod, abandonou os princípios que tanto pregava e tratou de arranjar uma nova solução que o conduzisse à vitória. (N.R.)

— O Calderari foi para o palácio...

Ao ouvirem, os meus assessores e outros oficiais presentes, a informação, exclamaram, quase unissonamente:

— Mas... O general Calderari? Secretário-geral...

A minha surpresa não foi menor, todavia, controlando-me, disse-lhes:

— Ele foi... porém o Argus não irá...

Infelizmente, também foi...

Alguns contatos telefônicos e pessoais

Beirávamos as três horas da tarde e compreendi que se frustrara a reunião do Alto Comando por mim pretendida, dado que os generais não se apresentariam. No meu gabinete o afã era grande no sentido de "limpar as gavetas" dos documentos inúteis, uma vez que a surpresa tinha sido geral. Havia necessidade de deixar o gabinete arrumado.

Resolvi, pois, cumprir uma tarefa, mais sentimental do que obrigatória, de despedir-me dos oficiais do Centro de Informações do Exército, do qual fora, na gestão Lyra Tavares, o organizador. Órgão de extremos sacrifícios no cumprimento de sua difícil missão de bem informar, merecera de mim todo o apoio. Fora alvo de contínua e intensa campanha difamatória por parte dos elementos de esquerda e de seus "companheiros de viagem", beneficiários permanentes do enfraquecimento das instituições que defendem o regime democrático.

Dirigi-me, portanto, ao CIE e o que ali se passou já tive oportunidade de narrar em item anterior.

Encontrava-me falando aos oficiais quando o general Chefe do CIE avisou-me de um chamado telefônico do general Bethlem, que acabara de assumir no Planalto o cargo de Ministro do Exército. Atendi-o no gabinete do Chefe do Centro, presentes o general Campos e os coronéis Nilson Mello e Mendonça, o primeiro meu assistente e o segundo subchefe do CIE:

— Pronto! Quem fala?

— É o Bethlem, Frota. Você deve estar muito deprimido com tudo isto...

— Deprimido por quê? Estou tranqüilo com a minha consciência, mas estou surpreendido com você, meu amigo, que conhecia os meus pensamentos e que no momento de ficar com a Revolução ficou com a TRAIÇÃO...

— Não diga isto Frota...

— É isto mesmo...

— Quando é que você vai passar a função?

— Mais tarde! Agora não é possível, pois estão arrumando o gabinete. Eu fui surpreendido...

— O Argus quer falar com você.

— Então coloque-o no telefone...

O general Argus Lima, Comandante do IV Exército, usou o telefone:

— Oh! Frota! Eu quero falar com você... posso ir aí ao CIE?

— Não, porque vou sair para o gabinete.

— Então, vou ao gabinete...

— Pode ir... Chame o Hugo que eu quero falar com ele...

A seguir, o general Hugo Abreu atendeu:

— Pronto, ministro! É o Hugo Abreu...

— Hugo, peço-lhe para providenciar, imediatamente, as exonerações dos generais Campos e Bento das funções que exercem, porquanto não desejam permanecer nos cargos. Eles pediram...

— Pode deixar, ministro! Vou dizer ao presidente que o senhor pediu...

— Não! Não fale mais em meu nome com esse sujeito... Os cargos são de confiança e os generais não querem continuar...

Cabe, aqui, um esclarecimento sobre este episódio. Na realidade, apenas o general-de-brigada José da Silva Campos fizera-me esta solicitação, considerando inadmissível sua permanência visto que, tendo merecido a minha confiança para a delicada função, moralmente, nela não podia continuar. Campos servia sob minhas ordens diretas aproximadamente há três anos e dele, em retidão de caráter, nada mais se poderia exigir.

Incluí, também, no pedido que fiz a Hugo Abreu, o nome do meu Chefe-de-Gabinete, general-de-divisão José Bento Bandeira de Mello, admitindo interpretar o seu pensamento, porque julguei que infalivelmente o faria, tendo em vista o cunho profissional do cargo que desempenhava. Agi espontaneamente sem consultar o general Bento, acreditando ter para isto razões robustas, pelo menos, do meu ponto de vista.

Bento fora durante 13 anos meu auxiliar imediato, dispensando-me uma amizade que me parecia sincera. Foi meu Chefe de Estado-Maior na 4ª Divisão de Cavalaria – no meu primeiro comando de general –; reservei-lhe idênticos cargos na Divisão Blindada, 1ª Região Militar e I Exército, e esteve comigo nas chefias dos gabinetes do Chefe do Estado-Maior e do ministro. Dedicava-lhe fraternal estima, não podendo, portanto, imaginar discordasse ele da solicitação que fiz a Hugo Abreu.

No entanto, pelo que constou em Brasília e os fatos parecem ter confirmado, aceitou sustar sua demissão, visando a assessorar o novo ministro, o que ocorreu, no mínimo, até 27 de outubro de 1977, data em que presenciou, ao lado do general Bethlem, a passagem de Comando do Batalhão da Guarda Presidencial.

A fotografia publicada no *Noticiário do Exército* de 10 de novembro de 1977 é documento que dissipa dúvidas.

Deixando o Centro de Informações do Exército regressei ao meu gabinete, onde era visível a azáfama com que trabalhavam meus auxiliares. Recebi nessa ocasião telefonema do general-de-exército Moacyr Barcellos Potyguara, que me indagou quando pretendia passar as funções. A pergunta foi feita em tom normal refletindo uma certa ansiedade. Respondi-lhe que estava terminando a "limpeza" do gabinete, o que não ocorreria antes das seis horas da tarde. Pediu, então, que fixasse uma hora, ao que atendi estabelecendo as seis e meia.

Os difamadores de sempre procuraram deformar este diálogo, dizendo que Potyguara, a mando de Geisel, intimara-me a passar as funções. Tal intriga carece de consistência dado que faltavam ao general Potyguara condições funcionais para isto, por ser Chefe do EMFA, nada tendo com o Ministério e, ainda, porque não admitiria esta interferência sem que a repelisse à altura com resposta adequada. Transmitir-me ordem de Geisel naqueles instantes era expor-se a uma réplica agressiva.

A rápida ligação refletiu apenas naturais emoções do momento.

Conforme assentáramos, procurou-me o general Argus Lima. Foi um encontro difícil e, para mim, muito penoso. Não desejo repisar a afirmação de nossa recíproca estima, a que já aludi por várias vezes, contudo quero acentuar que Argus estava bastante comovido.

Disse-lhe palavras amargas que o abrangiam e a todos os generais do Alto Comando. Desta conversa áspera, em que fluíam aos borbotões censuras aos meus colegas generais-de-exército, recordo-me com precisão apenas das locuções iniciais:

— Então, Argus? Vocês generais a quem eu sempre tratei com o máximo de consideração, a quem apoiei e prestigiei em todas as ocasiões, no momento em que os convoco para uma reunião, vão se ajoelhar aos pés do Papa Doc... É incrível!

O general Argus manteve-se sereno e ouviu pacientemente o extravasar de minha indignação. Contou-me a cena de Recife e o telefonema melífluo do presidente Geisel, ocorrências a que já fiz menção páginas atrás. Pôde verificar, ao contrário do que se espalhava no palácio do Planalto, que eram normais as condições de vigilância no quartel-general, cuja guarda nem fora reforçada. Demorou-se pouco e retirou-se convencido de que a transmissão do cargo far-se-ia breve. É mais uma calúnia que se tem divulgado, a de que tinha ido ao quartel-general para espionar-me. Não é verdade porque fui eu, na conversa telefônica do CIE, que o aconselhei a ir ao Ministério, pois pretendia ir ao Centro para falar-me.

Os acontecimentos no palácio do Planalto

Enquanto esses fatos ocorriam no quartel-general, no palácio do Planalto aconteciam outros não menos interessantes e dignos de serem descritos para que se possa bem ajuizar do comportamento dos atores da Farsa.

Precisamente ao meio-dia e quarenta, o general Hugo Abreu dirigiu-se à Assessoria de Imprensa do palácio e leu uma NOTA MENTIROSA sobre a minha exoneração. Ele mesmo, Hugo, sabia disso e é suficiente ler o seu livro para reforçar esta afirmativa. Ao lê-la, cometeu Hugo um ato de extrema fraqueza e de incoerência com suas atitudes anteriores, porquanto a leitura da nota presidencial ajudou a mascarar e a facilitar a candidatura Figueiredo, que tenazmente combatia.[8]

Por que acedeu Hugo em proceder à leitura perante milhões de brasileiros, acumpliciando-se com o governo na divulgação de uma inverdade, quando não lhe competia essa tarefa? Interesse de adular Geisel? Falta de coragem moral para repelir a armadilha clara de comprometê-lo com a Farsa? Outro motivo?

Infelizmente ele, o único que possuía a chave deste enigma, por desígnios divinos não mais poderá elucidá-lo.

Os generais-de-exército chegaram ao palácio a partir das duas e meia. Juntaram-se na sala do Chefe da Casa Militar, quais tímidas ovelhas acolhendo-se ao redil, temerosas da tempestade que se avizinhava, em busca da proteção do pastor, de cuja trompa ouviram os roucos sons de chamada.

Davam crédito a qualquer boato, por mais estapafúrdio que fosse, aumentando, assim, a tensão do ambiente.

Contou-me ainda Hugo Abreu, na visita que me fez, em minha residência, que esses homens encontravam-se em tal estado de temor que ele Hugo ficou enojado.

Terminou, ao levantar-se, no momento de despedir-se, com a frase:

— Ministro Frota... eu tive nojo deles... tive asco...

O general Bethlem chegou a Brasília quase ao meio-dia, sendo conduzido imediatamente ao palácio do Planalto. Desde a véspera estava avisado de que um emissário do presidente o procuraria e, como já acentuei algures, ocultou-me deslealmente o contato telefônico mantido com Hugo Abreu. Nesta ligação devem ter tratado de algo mais do que uma simples comunicação sobre a ida de um oficial ao Rio, do contrário nada tinha a esconder, visto que eu focalizara especificamente esse assunto.

Caso tivesse sido correto, a informação viria fortalecer a minha convicção de que queriam prendê-lo, em virtude dos termos do seu relatório.

Sua vinda para Brasília, com o suposto nome de Bernardo Geisel, identidade que, além de mantê-lo incógnito, permitiu-lhe viajar em traje civil, burlando ordens rigorosas da Aeronáutica sobre o transporte de oficiais da ativa, mostra-nos a inconfundível figura do conspirador. Assim, escafedeu-se ele, nas névoas da manhã, de

---

8. Nota presidencial lida pelo general Hugo Abreu em 12 de outubro de 1977: O Presidente da República exonerou o general Sylvio Frota do cargo de Ministro do Exército, nomeando para substituí-lo o general Fernando Belfort Bethlem. A exoneração do ministro Frota é uma decisão de caráter pessoal, sem qualquer vinculação com o problema político da sucessão presidencial.
No sentido de evitar explorações e mal-entendidos, o Presidente da República manda reafirmar a informação já fornecida, mais de uma vez, de que nunca autorizou qualquer gestão focalizando nomes de futuros candidatos. Considera as especulações que se fazem sobre o assunto prejudiciais aos interesses do país, pretendendo tratar do problema somente a partir de janeiro de 1978.

sua residência na Tijuca, protegido por um nome germânico, disfarçado à paisana, para alcançar um avião especial, posto à sua disposição no Aeroporto Militar do Galeão, tudo de acordo com seus comparsas do palácio do Planalto.

Depois de toda esta indecorosa e planejada aventura vem Bethlem dizer publicamente, no seu discurso de posse: "...fui tomado de surpresa porque não esperava..."

Surpreendido fiquei eu – como lhe disse pessoalmente – com seu procedimento. Jamais pensaria que Bethlem pudesse trair-me, embora não me agradasse o riso alvar que integra sua personalidade e o complexo de frases neutras – sem significação precisa – que emprega em suas palestras para não se definir.

Que apodo poderei eu dar, com justiça, a um homem que se comporta desta maneira com seu chefe imediato, que o considerava amigo?

Foi este o general que Hugo Abreu, segundo narra, encaminhou naquele dia 12 ao presidente Geisel, visando ao golpe final na gestão Sylvio Frota no Ministério do Exército.

Às quatro horas ocorreu no palácio do Planalto a posse do general Bethlem no cargo de Ministro do Exército, assistida por cinco generais-de-exército, além de outras autoridades federais.

Iniciou o novo ministro sua gestão com um discurso em que reconheceu, num arroubo de bajulação, sua falta de merecimento para as novas funções, ao dizer, na sua oração de agradecimento ao presidente: "... e com os olhos voltados para o bem de meu Exército e da minha Pátria eu poderei desempenhar à altura o elevado cargo a que sou conduzido pela BONDADE de Vossa Excelência, senhor presidente. Muito obrigado."

Estas palavras, do único ministro do período revolucionário nomeado por indulgência, lançadas ao éter por emissoras de rádio e televisão, foram transcritas no matutino *Última Hora* de 13 de outubro de 1977 e por outros órgãos da imprensa.[9]

Somente soube da posse de Bethlem através da ligação telefônica que com ele mantive no Centro de Informações do Exército; nada mais, oficialmente, foi-me dito sobre a cerimônia. O general Hugo Abreu, na página 148 de seu livro, declara que me transmitiu estas informações, engano em que deve ter incorrido em virtude da intranqüilidade que perturbava o ambiente planaltino. Nenhuma comunicação recebi.

A TRANSMISSÃO DO CARGO

Visando à passagem do cargo de Ministro do Exército, determinei ao meu Chefe-de-Gabinete que preparasse uma dependência para efetuá-la, uma vez que não pretendia usar o salão do gabinete – lugar normal – onde me encontrava. Temia

9. Ver Anexo D.

que, com a presença dos generais do Alto Comando, não resistisse ao enjôo e às suas desagradáveis e repugnantes conseqüências.

Pouco depois das seis da tarde começaram a chegar os generais. O novo ministro foi o primeiro; mandou solicitar autorização para usar o meu vestiário e uniformizou-se. Merece uma referência especial a circunstância de estar Bethlem à paisana. Seus assessores disseram, procurando fortalecer a tese da surpresa, que não trouxera uniforme em sua viagem ao Rio, tendo que mandar buscá-lo, às pressas, em Porto Alegre. Esta asserção é por demais ingênua para ser aceita, porquanto Bethlem, estando em dispensa de serviço, obrigatoriamente teria de fazer as apresentações regulamentares.

Encontramo-nos, de passagem, no corredor; disse-me uma palavra à guisa de lamúria, respondi-lhe secamente sem estender-lhe a mão.

Hugo Abreu apareceu a seguir; conversei com ele por alguns momentos, mas não o hostilizei, pois desconhecia seu procedimento na Farsa que se representava.

Não falei com nenhum dos outros generais, que foram encaminhados à sala da cerimônia sem passar no meu gabinete.

Alguns dos meus auxiliares insistiram para que me retirasse sem transmitir o cargo, comunicando a Bethlem que o assumisse. Argumentavam que o novo ministro era um embusteiro, não merecendo, portanto, essa consideração. Discordei por classificar esse comportamento de estulto e inócuo. Reconheço que me foi mui desagradável apertar a mão de Bethlem, na parte final do ato, no entanto era uma imposição regulamentar fazê-lo. Foi um amargurante sacrifício!

É de praxe, nessas ocasiões, o novo ministro acompanhar seu antecessor à saída do gabinete, todavia, encerrada a cerimônia, dirigi-me diretamente ao elevador e retirei-me.

Minha partida de Brasília

Em minha residência procuravam-me generais e oficiais; entre os primeiros estavam Argus e Fritz Manso, que acabara de chegar a Brasília, voltando do Piauí.

Argus – um ex-amigo –, preocupado com a minha saúde, perguntou à minha esposa se eu estava passando bem. Ouvi a indagação e a resposta:

— Está, general! Tem a consciência tranqüila, porque nunca fez nada de condenável!

Antes da meia-noite, cansado das comoções do dia, deitei-me e dormi a noite toda.

Pela manhã do dia 13 de outubro, meu ex-Chefe-de-Gabinete, general Bento, procurou-me, da parte do ministro Bethlem, para saber:

- Se eu aceitava um avião militar para transportar-me ao Rio, com a família.
- Se desejava que os generais fossem ao meu embarque.

Respondi ao general Bento, pedindo que transmitisse ao ministro, o seguinte:

• Eu não tenho mais direito a transporte especial, porquanto não sou mais ministro. Já providenciei as minhas passagens...

• Quanto à ida dos generais ao meu embarque é decisão do ministro convidá-los, por conseguinte, não é problema meu.

Ao ter conhecimento de minhas respostas, Bethlem resolveu convidar todos os generais para o meu embarque no aeroporto de Brasília, às sete horas da noite daquele dia 13.

Determinou, pois, ao general-de-divisão Ênio dos Santos Pinheiro que expedisse os telegramas neste sentido. O general Ênio Pinheiro redigiu a mensagem, contudo, levou-a à apreciação de Bethlem, que aprovou a expedição nos termos propostos. Dizia o documento que o ministro convidava os generais para comparecerem ao meu embarque na hora aprazada.

Horas depois dessa decisão, o general Ênio Pinheiro foi novamente chamado ao gabinete ministerial. O ministro aguardava-o para determinar que os termos do telegrama fossem alterados, devendo ser dito que o ministro avisava que o general Frota embarcaria às sete horas no aeroporto de Brasília e que os generais que desejassem estar presentes deveriam ir em trajes civis, não sendo obrigatório o comparecimento.

Em conseqüência, não havia mais um convite do ministro aos seus generais, porém somente um aviso.

O que teria levado o ministro, tão abruptamente, a transformar um convite que, pelas normas militares, trazia caráter de obrigatoriedade, numa mera informação?

Contaram-me, mais tarde, oficiais ligados ao Planalto, em versão confirmada pelo general Hugo Abreu, que o general Geisel soubera do convite e não gostara, exclamando:

— Mas... assim vão prestigiar o Frota! Mandem modificar isto...

O ministro Bethlem começava bem sua gestão...

O general Ênio, meu leal amigo, disse-me possuir cópias destes dois contraditórios e curiosos telegramas.

Durante o dia 13 recebi a visita do general Ariel Pacca. Conversamos algum tempo sobre a situação e naquela ocasião dissera ter estranhado a imputação de que estava agindo politicamente no Exército, pois jamais ouvira, em qualquer lugar, palavra minha sobre este assunto. Disse-me, ainda, que o presidente marcara com ele e o general Fritz uma audiência, no Planalto, às seis horas (ou seis e meia), motivo que o impediria de ir ao meu embarque.

O general Vinitius Notare esteve, também, em minha casa, fato a que já aludi.

O embarque, às sete horas da noite, teve a presença de pouco mais de uma dezena de generais, entretanto o meu CIE compareceu, se não integralmente, pelo menos apenas desfalcado de alguns tipos dúbios a quem, em capítulo anterior, denominei de "agentes duplos". Cabe aqui, ainda, um preito de respeito e uma manifestação de amizade ao ilustre senador Agenor Maria, devotado patriota, único congressista, dos muitos com os quais me relacionara, que pôde comparecer ao meu embarque. Tive a satisfação de abraçá-lo, o que, infelizmente, não me foi dado fazer a outros.

O REGRESSO DOS COMANDANTES DE EXÉRCITOS ÀS SUAS SEDES

Dos generais que, em revoada, pousaram em Brasília na véspera, alguns – os comandantes de Exército – regressaram, também no dia 13, aos seus quartéis-generais. É interessante acompanhá-los para uma apreciação mais exata de seus comportamentos.

• O Comandante do II Exército não parece ter retornado a São Paulo muito satisfeito com a barafunda, porque, por informações divulgadas na época, julgou-se frustrado. Talvez vislumbrasse ocupar um dos cargos de ministro, então vagos. Seu assessor – coronel Rufino –, contudo, deixou escapar, entre os colegas de Estado-Maior, a notícia de que o presidente Geisel dissera ao general Dilermando que o estava reservando para um cargo mais importante. Admitiu-se, em face desta informação, que o tal cargo seria a Presidência da República, interpretação que considerei ilógica, se examinada à luz de fatos passados.

Um deles foi bem expressivo do ínfimo prestígio do general Dilermando junto ao presidente. Ao compor o quadro de seus auxiliares, em 1973, o general Geisel convidou-o para chefiar a Casa Militar. Infelizmente, antes de assumir o cargo, sofreu Dilermando um acidente do qual saiu com fratura da perna. Imediatamente o presidente substituiu-o por Hugo Abreu. Se comparássemos este procedimento com os que tivera o general Geisel nas circunstâncias da moléstia do general Golbery do Couto e Silva, cujo tratamento foi feito no estrangeiro, e da operação do general Figueiredo, só poderíamos dar o tratamento de boato ao informe de que Dilermando estivesse sendo cogitado para presidente.

Todavia, o Comandante do II Exército não teve seus valiosos serviços, em particular os prestados no dia 12 de outubro, esquecidos do presidente – terminou nomeado para o honroso cargo de Ministro do Superior Tribunal Militar, embora para a abertura da vaga tivesse dependido da comiseração do ilustre ministro general-de-exército Augusto Fragoso, que antecipou seu pedido de passagem para a reserva.

• O Comandante do I Exército, general José Pinto de Araújo Rabello, ao desembarcar no Rio, não perdeu tempo, dirigindo-se diretamente ao seu quartel-general, onde marcara reunião com oficiais de seu comando. Aparentando grande indignação, despejou sobre o ex-ministro Frota carradas de impropérios, acusando-o de traidor e de ter dado dinheiro do Exército ao Clube Militar, quando não o podia fazer. Estas informações tive-as, logo após a minha demissão, quando fui visitado por oficiais que assistiram à reunião. Naqueles momentos de excitação, os freios da prudência não eram acionados e as inconfidências tornavam-se comuns. Posteriormente tentei esclarecer o procedimento do general Pinto, no entanto deparei-me sempre com respostas evasivas, mas que não desmentiam os fatos admitidos. Sou, por tudo isso, obrigado a esclarecer as pretensas imputações.

Consta ter dito o general Pinto que eu era um traidor.

Traidor foi ele – com todas as letras e nódoas morais que o termo tem e exprime – que desde segunda-feira dia 10 de outubro tomara conhecimento, dado pelo próprio general Geisel, quando esteve no Rio de Janeiro, de que eu seria demitido, "na próxima quarta-feira". O que poderia ter alegado o presidente para explicar a exoneração?

Provavelmente o que espalharam depois – que eu, envolvido em política, tramava um golpe contra o governo.

Entretanto, ninguém melhor do que os comandantes de Exército estaria em condições de afirmar o contrário, porquanto jamais ouviram de mim uma palavra que pudesse, sequer, insinuar tais comportamentos. Não sei se o fez, contudo, nunca ouvi falar que o tivesse feito. Além disto, sendo meu subordinado hierárquico direto, tinha a obrigação moral e o dever militar de participar-me o fato, a não ser que estivesse integrado na confabulação para demitir o ministro, suposição que os acontecimentos posteriores confirmaram à saciedade.

Mantinha com o general José Pinto muito boas relações de amizade; apoiei sua candidatura à presidência do Clube Militar e indiquei seu nome para o Comando da 1ª Divisão de Exército – cargo para o qual não foi designado por ter o general Geisel preferido o general Walter Pires. Atendi-o em suas solicitações, nos limites das possibilidades, e obtive do Presidente da República, por verba adequada, um auxílio à sua administração naquela agremiação, visando a melhorar o atendimento dos militares e suas famílias.

Não posso, portanto, entender por que procedeu tão indignamente com o ministro.

Aqueles que o conheciam, de jornadas passadas, disseram-me, após o 12 de outubro, ser o general José Pinto um homem mais debruçado sobre os seus interesses pessoais do que fiel cumpridor dos preceitos da hierarquia castrense. Argumentavam, justificando a afirmativa, com o exemplo de ter aceitado, quando coronel, ser Chefe-de-Gabinete (ou cargo equivalente) sob subordinação direta do tenente-coronel Jarbas Passarinho, então superintendente da Petrobras, em Belém, com o agravante de encontrarem-se ambos em serviço ativo.

A imputação sobre o Clube Militar já foi exaustivamente tratada em parte anterior; não há, pois, razões para abordá-la novamente.

Custo a acreditar que o general José Pinto tenha feito essas acusações, contudo, se as fez não há, na escala da degradação moral, que vai do embusteiro ao grande canalha, conceito suficiente para defini-lo, pois acompanhou, como interessado, todas as fases da marcha da solicitação do empréstimo, que dirigiu ao ministro no ofício de 20 de maio de 1976, até o despacho presidencial.

• O Comandante do IV Exército deixou Brasília no dia 13, tendo marcado antecipadamente uma reunião com seus generais às onze horas daquele dia, em sua residência, na cidade do Recife. O que lhes disse não transpirou, no entanto, pela lógica, deve ter repetido as acusações lançadas pelo presidente contra o general Sylvio Frota.

O comandante da 6ª Região Militar, oficial de sua área de comando, meu particular e sincero amigo general Adyr Fiuza de Castro, em virtude de dificuldade de transporte, chegou atrasado para o encontro. Conversou, por esta razão, a sós com o general Argus Lima. Mostrou-se Argus profundamente emocionado com os últimos acontecimentos, porém convencido de que tinha procedido certo, na atitude que tomara. Não pôde esconder a mágoa das palavras ásperas e injuriosas que ouvira de seu amigo Frota.

Em dado momento, sob grande emoção, usou Argus a expressão:

— Estou com o coração sangrando... Mas entre o Frota e a Pátria não tinha outra solução.

A conversa dos generais Milton e Fiuza

Ao término desta conversa e, creio, depois de os generais almoçarem, foi Fiuza de Castro convidado por seu colega general-de-divisão Milton Tavares de Souza, Comandante da 10ª Região Militar, para um discreto passeio pelos jardins da mansão. Ali, os dois sozinhos especularam sobre os recentes fatos. Disse Milton que estava surpreendido com as imputações que me faziam, pois nunca soubera de algo que as justificasse. Citou a circunstância de ter palestrado normalmente com os generais Bento e Campos, dos quais era amigo, e estes jamais lhe terem tocado em tais assuntos. Perguntou ao Fiuza se ele conhecia algo a respeito, recebendo resposta negativa. Prosseguiu o general Milton em suas especulações, confessando-se intrigado, porquanto nenhum dos amigos do general Frota sabia de qualquer articulação, cuja exeqüibilidade dependeria, logicamente, da cooperação deles. Em certo instante, levantando uma ponta do véu que encobria o conluio, exclamou:

— Foi o Campello que deu o "serviço" ao SNI. Contou que o Portella convidara-o para tramar contra o governo, a favor do Frota...

(Referia-se aos generais-de-divisão Florimar Campello e Jayme Portella.)

Posteriormente, interpelei o general Jayme Portella sobre esta afirmação de Campello e pedi-lhe explicações. Negou, de imediato, e fez questão de informar-me, dias depois, ter procurado Campello, que desmentiu a denúncia.

O general Milton não é um leviano nem homem de gerar calúnias, por isso disse o que devia ter ouvido de pessoa credenciada, provavelmente do SNI. O general Campello tem bom passado revolucionário, não acredito tenha desembaraço para alcagüete, enfim... as tentações do poder, representado em estrelas, são muitas.

Todavia a ilação é inevitável – ou foi Campello ou o boato partiu do SNI – com a irresponsabilidade demonstrada por muitos de seus membros na manipulação das infames informações dirigidas.

Voltando às confidências dos dois generais – Milton e Fiuza –, manifestou o primeiro seu desagrado pelo que chamou "Manifesto do Frota", do seu ponto de vista uma peça que fizera muito mal à Revolução. Admitiu que eu estava de "cabeça quente" e precisaria ter tido, junto a mim, um elemento equilibrado. Abordou, então, o Fiuza com a pergunta:

— Você sabia do Manifesto?

— Não sabia; no entanto, se soubesse não conseguiria modificá-lo... Você conhece o general Frota e sabe como seria difícil... abalar suas convicções...[10]

Considerações sobre o procedimento do general Argus Lima

Desejo, antes de encerrar este capítulo, tecer algumas considerações sobre o procedimento do general Argus Lima.

Éramos amigos de muitos anos, apreciava seu entusiasmo pelo Exército e sua dedicação à família. Admirei seu comovente desvelo no tratamento de seu pai – general Felício Lima –, dedicação filial ímpar que me obrigou, a seu pedido, a enviar-lhe, diariamente, para Bagé, onde comandava a 3ª Divisão de Cavalaria, notícias da saúde do ilustre ancião. Tinha-o como um idealista, porquanto, revolucionário de primeiras hora e ordem, não se conspurcara nos males morais de uma Revolução traída, mantendo a fé nos destinos do Brasil, não obstante as deformações dos objetivos de março de 1964.

Sou capaz de jurar que não participou da ignóbil confabulação, porque se alguma coisa, antecipadamente, soubesse, ter-me-ia comunicado.

Por que, então, insubordinou-se e não foi à reunião do Alto Comando, em que eu pretendia esclarecer as razões da atitude tomada?

Poderia apresentar-se e, depois, de acordo com sua sensibilidade, ir lançar-se nos braços do presidente. Mas, moral e militarmente, seu comparecimento à reunião seria obrigatório.

Sua declaração a Fiuza de que entre a amizade do Frota e a Pátria estaria com esta última, embora sensibilizante e emocional, foi profundamente ilógica e estúpida.

Nenhum militar, em sã consciência, ficará contra sua Pátria, pela qual jurou sacrificar a vida. Durante meus 70 anos de existência, conheci apenas uma exceção a este postulado cívico: a infamante e pública renegação da Pátria feita pelo atual cidadão soviético Luís Carlos Prestes, ex-capitão do Exército Brasileiro.

---

10. Ver Anexo E.

Não estavam, portanto, em confronto aquelas duas considerações. O que eu procurava, naqueles momentos difíceis, era expor aos meus colegas do Alto Comando uma série de fatos e manipulações astuciosas que os homens do quarto governo da Revolução punham em prática para sua preservação no poder. Dir-lhes-ia que a Revolução estertorava, no abandono de seus princípios, acalentando idéias que condenávamos em 1964, e comprovaria minhas asserções com irrefutáveis documentos e testemunhos. Constituía um dever colocá-los a par do panorama político em que vivíamos; o restante era com eles.

Minha missão revolucionária terminaria aí; meus colegas que agissem como bem entendessem. O Alto Comando – órgão representativo da instituição – seria o único que, lidimamente, poderia falar em nome do Exército. Nem o próprio ministro – na posição de exonerado em que se achava – encontraria suportes morais para decisões extralegais, ainda que bem fundamentadas e sustentadas por iniludível apoio de força militar. No entanto, jamais escaparia às acusações de que agira por impulsos emocionais de revanchismo, visando a saciar ambições políticas.

Por outro lado, é interessante não olvidar que todos nós integramos à nossa personalidade, por convicções e formação, princípios que, em agudas crises, orientam nosso procedimento. Não me agradava, pois, violentá-los, e repugnava-me ser visto pela posteridade como o ministro que usurpou o poder do presidente por tê-lo demitido.

A reunião do Alto Comando, portanto, era capital, na marcha dos acontecimentos. E o general Ernesto Geisel percebeu, em toda a extensão, a gravidade desse encontro dos generais com o ministro, ao lançar a frase que dizem ter proferido:

— Não deixem os generais reunirem-se com o Frota! Os generais são fracos e o Frota vai dominá-los!

O que ele temia não era a fraqueza dos generais, mas a de seu governo, se examinado à luz dos preceitos da Revolução de 1964.

Não se tratava, por conseguinte, dos destinos da Pátria, porém de salvar os postulados revolucionários que submergiam lentamente num pântano moral, debilitados pela infiltração marxista, num ambiente de descrédito às autoridades públicas.

Hoje, quando a imprensa, em especial a alternativa, não poupa injúrias aos militares nem mitiga a virulência de seus ultrajes, quando a impudência campeia abertamente; quando a moralidade pública é atordoada por escândalos, se não diários, certamente semanais, e, afinal, quando o desequilíbrio econômico emagrece o povo e engorda privilegiados, começo a admitir que naquele dia 12 de outubro de 1977 talvez estivessem em jogo os destinos da Pátria, como bem considerou o meu amigo general Rocca Dieguez, ao apresentar-se fardado para cumprir missão e responder a uma advertência, que lhe fiz, sobre o seu sacrifício:

— ... são os destinos do Brasil que se jogam nesta insensata cartada presidencial...

Nesta hipótese, os generais do Alto Comando que fugiram à convocação estavam CONTRA a Pátria e não como pensava o general Argus Lima.

Cabe, agora, uma pergunta ao general Argus – militar capaz, honesto e sincero revolucionário – que, no dia 27 de junho de 1977, às altas horas da noite, telefonou-me de Recife, sede de seu Comando, para protestar contra os discursos dos políticos do MDB, em particular o de Alencar Furtado, dizendo-se perplexo e indignado, como seus oficiais, pelos insultos ao Exército:

— A que intensidades chegaram as perplexidades e indignação – dele e de seus oficiais – em face do que ocorre na conjuntura hodierna, cujos esparsos salpicos de lodo citei nas apreciações acima?

CONFIDENCIAL

MINISTÉRIO DO EXÉRCITO
III EXÉRCITO
COMANDO

PORTO ALEGRE, RS, 05 DE SETEMBRO DE 1977

E M - 2ª SEÇÃO

RELATÓRIO ESPECIAL DE INFORMAÇÕES

Nº 01/77 - E2

- APRECIAÇÃO DA ÁREA POLÍTICA NACIONAL

A) ATUALMENTE, O GOVÊRNO ESTÁ SENDO SUBMETIDO A DOIS TIPOS DE PRESSÕES, TRANSFORMADAS EM CAMPANHAS:

1ª - A CHAMADA "VOLTA AO ESTADO DE DIREITO" OU REDEMOCRATIZAÇÃO DO PAÍS", COM PROPOSTAS DE MEDIDAS DECORRENTES, CONSIDERADAS NECESSÁRIAS A ESSE PROCESSO; SÃO MANIFESTAÇÕES DE ÁREAS ESTUDANTIS, DE GRUPOS UNIVERSITÁRIOS, DE PROFESSORES, DE DIRETORES; SÃO PRONUNCIAMENTOS REPETIDOS DE ASSOCIAÇÕES DE JORNALISTAS, ADVOGADOS, CIENTISTAS, ETC; REFORÇAM-LHES ORGANISMOS QUE O CLERO POLITIZADO MANIPULA, COMO O CNBB E O CIMI; DIFUNDEM AS IDÉIAS COM DESEMBARAÇO, OS REPÓRTERES, JORNALISTAS, REDATORES, CHARGISTAS E EDITORES DE JORNAIS E REVISTAS; ASSOCIAM-SE OS ARTISTAS E INTELECTUAIS DE ESQUERDA, EMPRESÁRIOS E ORGANIZAÇÕES FINANCEIRAS; APOIAM-LHES NESSAS "PRESSÕES" OS FRUSTADOS, DITOS REVOLUCIONÁRIOS, ALIADOS AOS ADVERSÁRIOS BANIDOS DE 1964 E 1968, CIVIS E MILITARES; SÃO, TAMBÉM, ALIADOS OS INOCENTES-ÚTEIS, OS DESAVISADOS E CONTEMPLADORES DAS AÇÕES DESABRIDAS QUE ENFRAQUECEM OS PADRÕES E VALORES MORAIS DA SOCIEDADE; SÃO, AINDA, OS EXEMPLOS QUE INVADEM OS LARES PELA TV, POR ONDE INOCULAM NOS JOVENS TODA A SORTE DE IDÉIAS E"SUGESTÕES" DE PERMISSIVIDADE, DE DESASSOCIAÇÃO FAMILIAR E DE DISSOLUÇÃO DE COSTUMES.

PELA LITERATURA, PELO CAMINHO DOS TÓXICOS E PELAS "LIBERDADES", AFROUXAM-SE OS FREIOS QUE A RELIGIÃO OUTRORA IMPUNHA; HOJE SÃO OS PRÓPRIOS "PASTORES" QUE SUGEREM ESSES RUMOS.

PARECE-NOS ATÉ INACREDITÁVEL QUE FORÇAS OU LIDERANÇAS, OUTRORA ANTAGÔNICAS, COMO MARXISMO E CATOLICISMO, COMUNISMO E DEMOCRACIA, DITADURA E LIBERDADE, SE ENCONTREM HOJE NUM MESMO LADO DA LUTA PROPUGNANDO PELAS MESMAS "BANDEIRAS", COMO A DE "NÃO-INGERÊNCIA EM ASSUNTOS INTERNOS"; "NÃO-PROLIFERAÇÃO DE ARMAS NUCLEARES", E "RESPEITO AOS DIREITOS E À DIGNIDADE HUMANA"; NA REALIDADE SÃO FALSEADAS SEGUIDAS VEZES, ILUDINDO OS POVOS QUE DESEJAM CONSTRUIR SUA NACIONALIDADE COM INDEPENDÊNCIA, TRABALHO E ESPÍRITO PATRIÓTICO.

CONFIDENCIAL

CONFIDENCIAL

(CONTINUAÇÃO DO REI Nº 01/77 - 05 SET 77 - E2/III EXÉRCITO - FL Nº 02)

2ª - A TÉCNICA DA DESMORALIZAÇÃO DAS AUTORIDADES, DOS ÓRGÃOS GOVERNAMENTAIS OU DAS LEIS VIGENTES. ESTE É UM TIPO DE PRESSÃO QUE BUSCA NA INTRIGA, NA MENTIRA, NA INTIMIDAÇÃO E ATÉ NO TERROR, PELA DIFUSÃO PELOS MEIOS DE COMUNICAÇÃO DE MASSA, EM VOLUME MASSIFICANTE E CARREGADO DE IRONIAS, MEIAS-VERDADES E INJÚRIAS PESSOAIS, ATINGIR O ALVO CERTO QUE É A DESMORALIZAÇÃO DA AUTORIDADE CONSTITUIDA.

ASSIM, OS ARTIGOS, AS CHARGES, AS COLUNAS, AS NOTÍCIAS RETICENTES E OS EDITORIAIS, QUE GOZAM DE LIBERDADE PLENA, FEREM AS AUTORIDADES, CIVIL OU MILITAR, CALUNIANDO-AS PELO QUE, DE BOA FÉ, DISSERAM OU APENAS SE REFERIRAM, ATIRANDO-LHES O ÓDIO QUE AS AMBIÇÕES CONTRARIADAS LHES INOCULOU. A TENTATIVA É DE PERTURBAR, CONFUNDIR E ILUDIR ATÉ A EXAUSTÃO, PARA DERRUBÁ-LAS OU, PELO MENOS, DESESTIMULÁ-LAS PARA A LUTA QUE EMPREENDEM EM TODAS AS ÁREAS DO DESENVOLVIMENTO.

APLICANDO A LEI, QUER ECONÔMICA, ADMINISTRATIVA OU DE SEGURANÇA, SOFREM DA MESMA FORMA SEUS EXECUTORES A MALIDICÊNCIA E A DESCONFIANÇA; A AUTORIDADE É PEJORATIVAMENTE JULGADA, CHARGEADA E DESMORALIZADA. ULTIMAMENTE, A LIBERDADE DE IMPRENSA (JORNAIS E REVISTAS) TEM SIDO TAMBÉM DIRIGIDA PARA AS APRECIAÇÕES FUTUROLÓGICAS, "SUGESTÕES", "CONSELHOS" E DOUTRINAÇÕES DE HOMENS COMPROMETIDOS, ULTRAPASSADOS, SEM ENVERGADURA MORAL, FRUSTADOS E CONTRARIADOS, QUE EXALAM SOMENTE RANCOR, NADA CONSTRUINDO, NADA EDIFICANDO. A INTELIGÊNCIA ESTÁ POSTA A SERVIÇO DE REVANCHISTAS, MARGINAIS DA REVOLUÇÃO E DE EXTREMISTAS DE ESQUERDA, PRINCIPALMENTE.

OFICIAIS DA RESERVA, NADA BRILHANTES, NEM AO MENOS PORTADORES DO SENTIMENTO DE COESÃO E DE LEALDADE, COM PRETENCIOSAS OFERTAS A SEUS SUPERIORES HIERÁRQUICOS, SAEM DAS SOMBRAS, DO ÓCIO PARA "DOUTRINAR" OFICIAIS-GENERAIS E AVENTURAR UMA POSIÇÃO, GALGAR UM DEGRÁU QUE NÃO ALÇARAM NA VIDA ATIVA E APARECER NAS "MANCHETES" DOS JORNAIS.

O GOVÊRNO, PACIENTEMENTE, DÁ GUARIDA, ABSORVE ESSA "SUGESTÃO" DE DECISÃO ENTRE COMPANHEIROS FARDADOS E SILENCIA.

AINDA PELAS FACILIDADES DE ACOLHIMENTO QUE A IMPRENSA PROPORCIONA, VEMOS PERSONALIDADES CONHECIDAS, ATÉ MESMO CONGRESSISTAS DO PARTIDO OFICIAL DA REVOLUÇÃO, IGNORAR O PODER CONSTITUINTE QUE UMA REVOLUÇÃO VITORIOSA POR SI SÓ JÁ DETÉM, REVEZAREM-SE NAS TRIBUNAS E APARECEREM EM "MANCHETES" COLORIDAS PARA "ENSINAR" O QUE SEJA DEMOCRACIA E COMO DEVE SER ORGANIZADO E CONDUZIDO O PAÍS FACE ÀS CRISES E OBSTÁCULOS CONJUNTURAIS, A FIM DE QUE OS OBJETIVOS NACIONAIS SEJAM ATINGIDOS.

ESSE ELENCO DE VOZES, ALGUMAS SEM FUNDAMENTAÇÃO SÉRIA, OUTRAS

CONFIDENCIAL

CONFIDENCIAL

(Continuação do REI Nº 01/77 - 05 Set 77 - E2/III Exército - Fl nº 03)

COMPROMETIDAS COM GRUPOS DE ORIGENS DUVIDOSAS, OUTRAS AINDA, COMO MERCADORES DOS GRANDES INTERESSADOS NO PROCESSO DE DESMORONAMENTO DA REVOLUÇÃO, INCLUSIVE SENHORES ESTRANGEIROS, SÃO OS NOVOS ARAUTOS DA "VOLTA AO ESTADO DE DIREITO" E DAS SUGESTÕES DA "VOLTA DOS MILITARES AOS QUARTÉIS" E A BANDEIRA DO "RESPEITO DOS DIREITOS HUMANOS".

O ESPANTOSO É QUE, UNANIMEMENTE, TODOS FALAM EM NOME DO POVO, SE DIZEM INTÉRPRETES DO PENSAMENTO E VONTADE NACIONAIS E SE DECLARAM INFORMADOS DE QUE A NAÇÃO "NÃO SUPORTA MAIS OS MILITARES" E QUE "MEDIRAM O CANSAÇO DO PAÍS" PELO QUE LÊM E OUVEM EM GRUPOS DE AMIGOS, EM APARTAMENTOS OU EM REUNIÕES SOCIAIS.

IMPRESSIONA AO OBSERVADOR ATENTO, O COMODISMO DE ALGUNS, A PRETENSÃO DE OUTROS E A PRESUNÇÃO DE MUITOS "REVOLUCIONÁRIOS AUTÊNTICOS", NA ANÁLISE, NA SÍNTESE E NA APRECIAÇÃO GLOBAL DOS RUMOS QUE A REVOLUÇÃO DE 64 DEVE TOMAR.

B) A "VOLTA AOS QUARTÉIS", "VOLTA AO ESTADO DE DIREITO" E A "REDEMOCRATIZAÇÃO".

- ESTES SÃO OS ATUAIS TEMAS QUE INSINUAM A INGERÊNCIA DA CLASSE MILITAR NA VIDA POLÍTICA, ECONÔMICA E ATÉ MESMO SOCIAL, DO PAÍS.

A CONCLAMAÇÃO DE ALGUNS REPRESENTANTES DE FACÇÕES DE CLASSES, COMO JORNALISTAS, ADVOGADOS E JURISTAS, AVOLUMA A "ORQUESTRAÇÃO" DO APÊLO À "REDEMOCRATIZAÇÃO" OU A "VOLTA AO ESTADO DE DIREITO". NO CONGRESSO, O SENADOR ARENISTA, TEN-CEL R/1, JARBAS PASSARINHO, ENDOSSADO PELO CEL R/1 RUI DE CASTRO, PONDERA QUE OS MILITARES, OU AS FFAA SE DESGASTAM NO QUADRO DO REGIME POLITICO ATUAL.

AOS MESMOS SE ASSOCIAM O TEN BRIGADEIRO R/1 GRUM MOSS, O GEN EX MIN RODRIGO OCTÁVIO JORDÃO RAMOS E O GEN EX REINALDO DE MELLO.

- HÁ, REALMENTE, UM SOMATÓRIO DE IDÉIAS NESTES PONTOS DE VISTA, QUE CONVERGEM NA DIREÇÃO DE UM PRETENSO DESEJO DE VIR O BRASIL A SER, A CURTO PRAZO, UM MODELO PARA O MUNDO DEMOCRÁTICO: ELEIÇÕES EM TODOS OS PLANOS, MUNICIPAIS, ESTADUAIS E FEDERAIS, SEM RESTRIÇÕES; REFORMA NA CONSTITUIÇÃO; EXTINÇÃO DO AI-5; ELEIÇÕES DIRETAS PARA PRESIDENTE E GOVERNADORES; ORGANIZAÇÃO DE VÁRIOS PARTIDOS POLÍTICOS E MUDANÇA DA POLÍTICA ECONÔMICA.

A "VOLTA AOS QUARTÉIS", SIGNIFICA O AFASTAMENTO OU O ALHEIAMENTO DOS ÓRGÃOS DE SEGURANÇA QUE SE ESTRUTURAM À BASE DAS INFORMAÇÕES, COMO O SNI, DOI-CODI, CGI; AINDA PRETENDE QUE AS FFAA, POR SEUS CHEFES MILITARES, NÃO MAIS TUTELEM A VIGILÂNCIA DOS PRINCÍPIOS REVOLUCIONÁRIOS QUE NORTEARAM O MOVIMENTO DE 1964. DEMOSTRA COM CLAREZA A INTENÇÃO DA VOLTA AOS IDOS DE 61 - 62 E 63, ONDE PREDOMINARAM OS DESMANDOS ADMINISTRATIVOS, A CORRUPÇÃO MORAL, A INVERSÃO DE VALORES, A

CONFIDENCIAL

CONFIDENCIAL

(CONTINUAÇÃO DO REI Nº 01/77 - 05 SET 77 - E2/III EXÉRCITO - FL Nº 04)

QUEBRA DA DISCIPLINA, A DESMORALIZAÇÃO DA AUTORIDADE, A DEMAGOGIA, O "PELEGUISMO", O AVANÇO DOS COMUNISTAS E DOS CORRUPTOS COM O CONSEQUENTE AFROUXAMENTO DAS ASPIRAÇÕES QUE OS PATRIOTAS SINCEROS E SEM AMBIÇÕES DESEJAVAM ATINGIR.

AS FFAA COMO OBSTÁCULO A ESTA "VOLTA", IMPEDEM OS INIMIGOS DA PÁTRIA E OS INOCENTES-ÚTEIS, DE LEVAREM O PAÍS AO RETROCESSO DO DESENVOLVIMENTO E À INSEGURANÇA E RESTRINGEM O MOVIMENTO DOS AMBICIOSOS E VAIDOSOS "REVOLUCIONÁRIOS AUTÊNTICOS" EM SUAS PSEUDO-LIDERANÇAS E NOS APÊLOS QUE FAZEM A COMPANHEIROS DOS SERVIÇOS ATIVOS, PARA INSTIGANDO-OS, FOMENTAREM NOS MAIS JOVENS E PUROS DE SENTIMENTO, A SEMENTE DA INDISCIPLINA E DA QUEBRA DA COESÃO.

PORQUE ESTARIAM "SE DESGASTANDO OS MILITARES", SE JUSTAMENTE, PERANTE O VERDADEIRO POVO, ORDEIRO E CONSTRUTIVO, SÃO ELES OS MAIS RESPEITADOS E MAIS IDENTIFICADOS EM TODA A GRANDE EXTENSÃO DE NOSSO BRASIL? PORQUE A GRANDE MASSA QUE TRABALHA E EDIFICA A NAÇÃO, DESDE OS LITORAIS AOS RINCÕES DAS CAATINGAS E NO INTERIOR DAS SELVAS, NÃO CONHECENDO CONCHAVOS, NÃO DESEJANDO INTRANQUILIDADE E NÃO OUVINDO "SERMÕES", - SÓ EXALTA AS FORÇAS QUE LHES PROPORCIONAM A SEGURANÇA PARA O PROGRESSO, SEM OPRIMI-LA OU TUTELÁ-LA?

AS RESPONSABILIDADES DO GOVÊRNO, DELEGADO DA REVOLUÇÃO DEMOCRÁTICA, SÃO CONSCIENTEMENTE EXERCIDAS E SERIA UM DESERVIÇO OU MESMO A ABDICAÇÃO DOS IDEAIS, SE FACE À PRESENTE "ORQUESTRAÇÃO", VIESSE A CEDER PARA RECONSIDERAR SEUS ATOS E TOMAR RUMOS ATÉ AQUI REPUDIADOS.

A VERDADEIRA DEMOCRACIA CONVIVE COM AS FFAA, SE ESTAS HONRAREM SEUS COMPROMISSOS NÃO SÓ CONSIGO MESMO, MAS COM A NAÇÃO, E COM O MUNDO OCIDENTAL, DE MANEIRA INDEPENDENTE E ALTIVA.

NÃO SE LARGUE A BANDEIRA EMPUNHADA.

A) [assinatura]
GEN EX FERNANDO BELFORT BETHLEM
CMT DO III EXÉRCITO

Brasília - 11-10-977

Sylvio Couto Coelho da Frota
General

Bethlem

Um abraço.

Soube, hoje, através de informes, que o Relatório Especial de Informações nº 01/77 foi do conhecimento de elementos do Palácio do Planalto, que estão envenenando junto ao PR o assunto do mesmo. Nada vi de anormal, senão um exame sincero e franco da situação. É possível que alguém lhe procure para falar, _oficiosamente_, sobre a matéria. É apenas um alerta, mas acho que você não deverá tratar com ninguém sobre isto. Diga que neste terreno, especialmente, só se entenderá com o Ministro que nada lhe falou a respeito, devendo, por isto, estar de acordo. _Eu estou com tudo que você fizer!_

Entretanto, creio, que estas coisas não passam de boatos que alimentam Brasília.

Estarei sempre solidário com você, velho e estimado amigo.

Com um abraço do

Frota.

General Hugo de Andrade Abreu
Ministro Chefe do Gabinete Militar da Presidência da República

Brasília-DF, 12 de outubro de 1 977

Caro Chefe e amigo General Frota

Anos de convivência pautados pelos mais nobres sentimentos de amizade ensinaram-me a respeitá-lo como Chefe e admirá-lo como amigo. Não poderia, neste momento difícil, deixar de lhe endereçar esta carta que, basicamente, reflete minha homenagem ao velho companheiro que se afasta deixando atrás de si registros de dignidade e trabalho.

Como Chefe do Gabinete Militar me empenhei, com dedicação e lealdade, nos contatos impostos pela função. Em troca recebi do Senhor, do General Bento e de seus demais auxiliares as maiores provas de correção e apreço.

O exercício da função Ministerial repousa no perfeito entrosamento do detentor de uma pasta com o Chefe do Executivo. Quando o Senhor Presidente me informou que tomaria uma decisão extrema com relação ao Ministro do Exército tive que me curvar a realidade de que aquela premissa não mais existia e que, fatalmente, a solução não poderia ser outra. É importante frisar que isto não quer dizer que exista qualquer sentimento de hostilidade do Presidente para com seu antigo auxiliar.

Na oportunidade desejo registrar que o fato em curso não tem nenhuma vinculação com o problema sucessório o que, conseqüentemente, o desvincula de eventuais benefícios a esta ou aquela candidatura.

GENERAL HUGO DE ANDRADE ABREU

Ministro-Chefe do Gabinete Militar da Presidência da República

-2

Desejo ainda reafirmar-lhe que o Presidente Geisel não estimulou, nem sequer autorizou, quaisquer gestões visando o lançamento deste ou daquele nome como futuro candidato à Presidência. A decisão de só tratar este assunto no próximo ano é uma realidade da qual o Senhor Presidente não se afastará.

Queira aceitar meus mais sinceros agradecimentos pela maneira correta e amiga com que sempre me distinguiu. Peço-lhe estender ao General Bento minha homenagem pela amizade e confiança com que sempre me honrou.

Nossas recomendações, minha e de Consuelo, à Dª Yddia e Dilce.

Com um abraço

A Sua Excelência o Senhor
General-de-Exército
SYLVIO COUTO COELHO DA FROTA
Avenida Engenheiro Richard nº 158 - Ap 401
GRAJAÚ - RIO DE JANEIRO - RJ

DISCURSO DO PRESIDENTE GEISEL:

Como já se tornou público, pelo ato que assinei hoje, exonerei o excelentíssimo senhor general Sylvio Frota do cargo de Ministro do Exército e convidei para o cargo o general Fernando Bethlem, Comandante do III Exército, que aceitou essa incumbência. Em conseqüência, convidei os senhores para assistir à sua posse no cargo para o qual foi nomeado.

Desejo, nessa oportunidade, transmitir os meus votos de felicidade pessoal e o desejo de que cumpra a sua missão, mantendo a união do Exército, trabalhando com eficiência para o bem dessa importante instituição do País, que, junto com a Marinha e a Aeronáutica, tem o pesado encargo de assegurar a nossa sobrevivência como Nação de âmbito internacional e assegurar a ordem e a estabilidade dentro do País.

Estou certo que o general Bethlem, pela sua longa carreira militar, pela sua tradição, pelos trabalhos que produziu, pelo desempenho dos comandos exercidos, está à altura deste cargo. Nesta oportunidade, desejo, ao mesmo tempo em que lhe agradeço ter aceito meu convite, formular-lhe votos de pleno êxito na sua missão.

DISCURSO DO GENERAL BETHLEM:

Senhor presidente, eu quero agradecer a Vossa Excelência a honra que me conferiu trazendo-me a Brasília e convidando-me para ser o seu Ministro do Exército.

Posso informar a Vossa Excelência que fui tomado de surpresa porque não esperava, há pouco menos de um ano para terminar a minha carreira na ativa, exercer tão alto cargo. Sei que vou colocar nele os meus quase cinqüenta anos de serviço e vou depender, para o bom desempenho das minhas funções, do total apoio de Vossa Excelência, de todo o Ministério e de todos os meus camaradas do Exército, bem como dos meus camaradas da Marinha e da Força Aérea. Penso que, com esse apoio e num governo que se encontra tão bem entrosado e com os olhos voltados para o bem do meu Exército e da minha Pátria, eu poderei desempenhar à altura o elevado cargo a que sou conduzido pela bondade de Vossa Excelência, senhor presidente. Muito obrigado.

MEUS COMANDADOS!

1 - Há, aproximadamente, cinqüenta anos transpus, pela primeira vez, os portões da velha Escola Militar de Realengo, sacrário de tantas tradições que sustentaram o idealismo de jovens daquela época e, neles, alicerçaram uma fraterna e indestrutível solidariedade de classe que nunca os abandonou, acompanhando-os, mesmo, na velhice. Ali me sagrei soldado de minha Pátria e orgulho-me de sê-lo até hoje. Envaideço-me de ter sido sempre soldado, indiferente às tentações dos bens materiais, imune às ambições do poder e infenso às sedutoras tentativas de afastar-me do quartel. Preferi, por cinco décadas, viver no puro ambiente das casernas - de sacrifícios e pesados trabalhos - onde o cansaço traz a sensação do dever cumprido e todas as ações expressam harmonia. Nelas se encontram as nossas mais nobres reservas cívicas, e delas têm partido, nos momentos precisos, sob incontrolável impulso patriótico, reações enérgicas para conter as ameaças feitas à Nação Brasileira e seu regime.

Nascido de família modesta, tive, a acalentar-me, no sono de menino pobre, os sonhos de uma carreira militar, vocação sublime que conservei ao longo de uma vida inteiramente dedicada ao Exército. Aprendi, no lar paterno e nas agruras dos que lutam sozinhos, a valorizar as coisas simples, por serem racionais; a desprezar a ostentação, vizinha íntima da mediocridade; a respeitar a dignidade alheia, visto que o brio não constitui privilégio de ricos ou de pobres, mas sim apanágio dos homens de bem; e a ver, no esforço pessoal, a única fórmula digna de se alcançar o sucesso. Senti, também, naqueles já longínquos e difíceis dias, a necessidade imperiosa da fraternidade cristã que, pela repartição do pouco, assegura a todos o indispensável. Encontrei, pois, no Exército, a profissão em que poderia realizar-me, porquanto se a disciplina é espantalho e pesado grilhão para os ambiciosos, torna-se suave trilha para os que trazem o destino de SERVIR.

Em meio século de vida castrense, robusteci minha formação militar nos exemplos de chefes notáveis que, na persistência dos grandes batalhadores e escudados em postulados morais e democráticos, formaram as bases do Exército atual.

Nas minhas peregrinações pelas guarnições do interior, pude conhecer melhor a gente brasileira, apreciar-lhe o estoicismo, no labutar diário, e a generosidade no trato de seus semelhantes, a par da firmeza e altivez com que preserva seus sagrados princípios. Convenci-me assim, desde cedo, que o destino de grandeza desta terra só terá sentido quando se assegurar a plena realização do homem do povo. Aceito e defendo a Democracia como a mais bela forma de regime político, porque, somente ela, poderia permitir que um menino descalço do distante subúrbio de Cachambi chegasse a Ministro, nos atapetados gabinetes de Brasília.

Nesta longa caminhada não faltaram êxitos nem escassearam revezes, estes marcando mais a existência do que aqueles. Entretanto, posso dizer-lhes, na imagem de pensador do passado, que embora as horas de tristeza crestassem anseios meus, nunca descri do BEM e da JUSTIÇA, nunca descri de DEUS.

Em nenhuma oportunidade servi-me do Exército, em tempo nenhum hesitei servi-lo.

Dividi minha vida entre o Exército e a Família, talvez com prejuízo desta; ambos, constituem objetos de minha devoção. Retirando-me, fisicamente, do

Exército, levo a consciência tranqüila de tê-lo bem servido e a inextinguível saudade de deixá-lo.

2 - Ao assumir o cargo de Ministro, que jamais postulei, vislumbrei a oportunidade de realizar tudo aquilo que, de há muito, considerava essencial ao fortalecimento do Exército, como instituição armada, e ao bem-estar de seus integrantes. Dir-lhes-ei, agora, numa legítima tomada de contas, a que todos têm direito, o que consegui daquelas pretensões, e tentarei, também, explicar-lhes por que muitos de nossos problemas, embora devidamente equacionados, não tiveram solução.

Logrei, de início, um reajustamento de efetivos, aliviando, temporariamente, a angustiosa situação de promoções. A reorganização de unidades, a rearticulação do dispositivo da ordem-de-batalha, a criação de comandos flexíveis de enquadramento, a aquisição de materiais e equipamentos diversos e a acurada atenção dada ao adestramento e instrução da tropa e dos quadros são os frutos de um trabalho em que todos os órgãos cooperaram com grandes dedicação e eficiência.

Fiel à madura concepção de que ao Estado-Maior do Exército cabe a delicada tarefa de coordenação geral, fi-lo, com real prestígio, o verdadeiro Estado-Maior do Ministro, reduzindo, por isto, de metade, o efetivo do Gabinete Ministerial.

Enfrentei, com objetividade, a aguda insuficiência de recursos orçamentários para atender, até mesmo, às necessidades da vida vegetativa da Instituição. Quartéis quase em ruínas, pavilhões destelhados, material exposto ao tempo, equipamentos obsoletos e praticamente imprestáveis, ainda em uso, hospitais desprovidos de recursos e de pessoal, moradias insuficientes, tudo isto a exigir solução imediata para que não se deteriorasse a disciplina, numa pretensa omissão dos chefes.

Como enfrentar aquele quadro desolador, dispondo, unicamente, de diminutas verbas orçamentárias?

Adotei, então, a ponderada política de alienação de imóveis, comprovadamente inservíveis para fins militares. Propunha-se, portanto, o próprio Exército a financiar suas necessidades, vendendo o imprestável para construir e comprar o indispensável.

Este procedimento permitiu, pela cuidadosa administração do Fundo do Exército, atender a quase todas as unidades do Brasil. Somente deste modo consegui dar prosseguimento às obras do Colégio Militar de Brasília, levar à frente o programa de construção das novas instalações do Hospital Central do Exército e destinar recursos para o Clube do Exército de Brasília, realizações de irretorquível alcance social. O sistema de computação que se instala, cujo órgão básico, o Centro de Processamento de Dados, foi inaugurado em agosto, é também, conseqüência desta orientação.

Coerente com meu ponto de vista de que, ao setor privado compete, num regime de livre iniciativa, as atividades de produção, determinei aos órgãos adequados propusessem a criação da Indústria de Material Bélico, o que foi feito. Esta empresa, apesar das grandes dificuldades, inerentes à sua área industrial e ao estágio que atravessa, já é uma promissora realidade.

Outras reconhecidas aspirações do Exército, apresentadas ao escalão competente, sofreram deplorável procrastinação ou não foram acolhidas com a desejável compreensão. Cito, entre as mais importantes, a criação do Quadro Complementar de Oficiais, solução racional para a aflitiva questão do estrangulamento do fluxo de carreira. Este documento, elaborado há dois anos, tem sido alvo de injustas restrições, que impediram sua aprovação. Menciono, também, o projeto do Fundo de Assistência Médica e Social do Exército, levado à decisão da instância superior, em agosto de 1974. Após três anos de marchas e contramarchas, sentindo agravar-se a situação dos militares, com parcos vencimentos para valerem-se de médicos e hospitais civis, optei pela organização do Fundo de Saúde do Exército, de menor amplitude. Deste modo, evidencia-se que, malgrado as enormes responsabilidades da Força Terrestre, fiadora, com as Forças irmãs, do prosseguimento do processo revolucionário, iniciado em 1964, suas necessidades administrativas vitais recebem prioridades inadequadas, são restringidas sob argumentos ilógicos ou, simplesmente, olvidadas.

O Exército só tem sido lembrado nos períodos de crise, quando dele se precisa para manter a ordem pública e o regime, este, hoje, muito debilitado pela acomodadiça tolerância com os grupos reacionários e subversivos.

O militar, para muitos, só tem deveres e nunca direitos; é um ente passível de todos os sacrifícios, sem murmúrios. A disciplina é confundida com subserviência e a hierarquia como instrumento de prepotência.

São julgamentos de lamentável injustiça!

3 - Desde o início de minha gestão na pasta do Exército, estranhei certos fatos e comportamentos, desajustados da conduta revolucionária, o que atribuí a um assessoramento defeituoso ao Chefe da Nação. Com o correr dos tempos, porém, pela análise paciente destes fatos e comportamentos, verifiquei que, em sua maioria, não se coadunavam, absolutamente, com os propósitos revolucionários, o que imputei, ainda, a ardis de uma difícil conjuntura.

A continuidade desta política trouxe-me a um descrédito geral, porquanto via ruir, fragorosamente, o edifício revolucionário que, com tanta abnegação e idealismo, vínhamos levantando. Fácil é compreender como nasceram as primeiras divergências com o Presidente da República, como cresceram, embora em ritmo lento, e se transformaram, finalmente, em velada incompatibilidade.

A deformação e o abandono dos objetivos da Revolução tornaram-se patentes.

Tenho, portanto, a obrigação moral de apresentar ao Exército, a gama de acontecimentos que, ocorridos em diversos setores, levaram-me a esta convicção.

Não fazê-lo seria trair minha crença, meus princípios e o meu juramento à Pátria.

Sem obediência cronológica passo a citá-los:

- O estabelecimento de relações com a República Popular da China que defende, precisamente, valores antagônicos aos nossos, feito sob imposições, a rigor, desabonadoras para a nossa soberania, constituiu o primeiro passo na escalada socialista que pretende dominar o país.
- O voto de abstenção, quanto ao ingresso de Cuba, na Organização dos Estados Americanos, que esconde, na omissão, a simpatia a um país comunista, exportador de subversão.
- O reconhecimento precipitado do governo comunista de Angola, só explicável pela ânsia ideológica de prestigiá-lo.

- O voto anti-sionista de caráter discriminatório, menos favorável ao Brasil do que às áreas de influência soviética.
- As reuniões de políticos brasileiros, em Paris, para fundar um Partido Socialista, orientados por organização paulista e auxílio financeiro alienígena. Suas ligações com os socialistas europeus e a Internacional Socialista tem sido confirmadas.
- A criação de uma revista socialista em Paris, editada em português e destinada à difusão no Brasil.
- As investidas constantes para destruir ou tornar inócua a estrutura da Segurança Nacional. Questionam-se esferas de competência, sugerem-se modificações doutrinárias e permitem-se maldosas campanhas de descrédito dos órgãos de informações e segurança, visando a apresentar seus componentes como bestiais torturadores, para desmoralizá-los perante a nação.
- A tentativa de incompatibilizar as Forças Armadas com a opinião pública, realizada abertamente pelos órgãos da imprensa, que atingiu proporções inaceitáveis, quando visou a impoluta figura do patrono do Exército.
- A complacência criminosa com a infiltração comunista e a propaganda esquerdista que se revitaliza, diariamente, na imprensa, nos setores estudantis e nos próprios órgãos governamentais, os quais acolhem, no momento, nos escalões de assessoramento e de direção, noventa e sete comunistas militantes, conforme comuniquei ao Serviço Nacional de Informações, marxistas que permanecem intocáveis, em suas atividades desagregadoras.
- A existência de um processo de domínio, pelo Estado, da economia nacional - inclusive das empresas privadas - de modo a condicionar o empresariado brasileiro aos ditames do governo. Caracteriza-se, assim, entre nós, uma estatização clara, inadmissível num regime democrático de liberdade responsável e de estrutura econômica de livre iniciativa, o que nos coloca mais no quadro dos países do leste europeu, do que no do bloco ocidental.
- A ausência de uma resposta incisiva e imediata às acusações abertas, lançadas através dos órgãos de comunicação, sobre irregularidade e corrupção, na máquina administrativa do Estado, deixando pairar dúvidas sobre a honestidade dos revolucionários e sua firmeza em combatê-las.

O exame, mesmo tolerante, dos acontecimentos e aspectos conjunturais que mencionei linhas atrás, conjugado ao conhecimento de numerosos outros, alardeados ou colhidos em documentos oficiais, não me permite mais duvidar de que, a julgar pelo que acontece com o Exército, existe uma evidente intenção de alienar as Forças Armadas dos processos decisórios do País, açambarcados por um grupelho, encastoado no governo. Importantes decisões são tomadas sem auscultá-las. Mesmo naquelas intrinsicamente ligadas à segurança nacional, com raríssimas exceções, limita-se o governo apenas a participar as soluções já adotadas. Esta marginalização é tanto mais grave, quando se considera que, em decorrência do que foi decidido, muitas vezes as Forças Armadas são obrigadas a atuar. Não obstante isto, jamais fugiu a Instituição militar aos seus compromissos: repugna-lhe, todavia, desempenhar papel de janízaros ou de guarda pretoriana.

Outra conclusão a que não se pode fugir, é a da crescente ameaça dos grupos esquerdistas na busca do poder. Acumpliciados com democratas que, na pressa de combater o regime, perdem o senso da realidade, acobertados por elementos infiltrados nos escalões administrativos e à sombra de uma incompreensível omissão das autoridades responsáveis, começam a jactar-se, publicamente, de que sua instalação, no País, será, apenas, questão de tempo.

Uma de suas inegáveis vitórias foi a estatização, que só pôde ser conseguida, temos de reconhecer, com a conivência dos homens do governo. Foi uma marcha lenta e solerte como sóe acontecer, quando os comunistas aplicam suas técnicas de infiltração.

Já implantaram o capitalismo de Estado que é o tirano da economia; a continuarmos assim, virá mais breve do que muitos esperam, o comunismo - o tirano das liberdades.

Na manhã de hoje, 12 de outubro, fui acordado com um chamado do Exm° Sr Presidente da República, que determinou minha presença no Palácio do Planalto.

Ali chegando, recebeu-me S Exa e, sem mais rodeios, disse-me que não se conseguia acertar comigo. Respondi-lhe que nunca lhe tinha faltado a minha lealdade, no que confirmou.

Respondi-lhe, ainda, que tinha sempre seguido sua orientação. Discordou S Exa, em parte, referindo-me aos Relatórios de Informação que faziam críticas ao Governo. Voltei a falar para dizer-lhe que se algo houve neste sentido passou despercebido.

Pedi dissesse os motivos, o que se recusou categoricamente.

Disse-me a seguir S Exa que estava incompatibilizado comigo, e que solicitasse demissão.

Respondi-lhe, então, que não me demitiria por não me julgar incompatibilizado com o cargo.

Respondeu-me, "mas o cargo é meu", disse-lhe, então: "por isto, cabe ao Senhor demitir-me, pois não pedi para ocupá-lo". É o que farei, disse o Presidente. Creio, firmemente, que o motivo de tudo foi meramente político com objetivos que podem, facilmente, ser deduzidos.

4 - Tenho a convicção de ter cumprido o meu dever. Dei, a todos que me mereciam confiança e respeito, ciência destes acontecimentos e participei-lhes as minhas crescentes intranqüilidade e preocupação com as nebulosas perspectivas do futuro.

Vivi cinqüenta anos nesta comunidade inigualável em nobreza de sentimentos e solidariedade humana. Defendi-a em todas as circunstâncias e lugares, com os mesmos entusiasmos e devoção que merece. Tudo fiz para que o Exército cumprisse suas responsabilidades perante o povo brasileiro. Não mitiguei esforços nem temi obstáculos para que suas aspirações fossem atendidas. Forçado, no entanto, a abandonar a luta a seu lado, na conquista de tudo que almejamos alcançar para a grandeza da Pátria, consubstanciada, hoje, na concretização dos ideais revolucionários, lego, aos que nele permanecerem, do mais alto chefe ao jovem recruta, a responsabilidade irrecusável de prosseguir, sem ódio, porém, sem fraqueza, no caminho radioso que a Nação Brasileira indicou, na noite inesquecível de 31 de março de 1964.

Que os quadros do Exército reflitam sobre o grave momento que atravessamos e meditem na magnífica tarefa que lhes atribuo, de preservar, para seus filhos, um Brasil democrático. E se, por uma fatalidade, isto não acontecer, quando as pesadas algemas do totalitarismo marxista, fizerem porejar o suor da amargura, nas frontes pálidas de suas esposas, não quero que em seus lamentos de desespero, acusem o General Sylvio Frota de omissão e de não lhes ter apontado o perigo iminente.

Aos meus companheiros da reserva peço não regatear, em defesa desta causa, sua valiosa cooperação, já provada, em 1964, quando as legiões vitoriosas esmagaram o conluio de comunistas e corruptos.

O Exército, digo-lhes com emoção, nas últimas palavras de Ministro - esta Instituição sublime e incomparável - não serve a homens mas à Nação. Nascido com a Pátria e identificado com o Povo, com ele saberá marchar, ombro a ombro, nas grandes crises da nacionalidade.

Em 12/10/1977

SYLVIO FROTA

PARTE V

Depois da Farsa

CAPÍTULO 44

O alude de torpezas

AS IMPUTAÇÕES

O primeiro impacto de minha exoneração sobre a opinião pública foi, sem dúvida, a divulgação da minha nota nos jornais nacionais e, também, a referência que mereceu no estrangeiro. Contra ela açularam os palacianos e seus comparsas. O documento que redigi para meus comandados, procurando preveni-los da borrasca, cujas negras nuvens já se desenhavam no horizonte revolucionário, sofreu as reações dos adeptos do poder reinante, num combate sórdido e covarde, porque calcado na baixeza de invencionices e escudado num sistema de comunicações cujos tentáculos fariam inveja aos especialistas do Kremlin. A cortina de censura impedia-me de destruir, com provas, as invectivas que surgiam na imprensa e em livretos que, à semelhança da nordestina "literatura de cordel", eram pendurados nas livrarias e bancas de jornais, em busca de notoriedade para os seus desconhecidos e mal informados autores.

A primeira investida foi sobre a redação da nota, que, consoante se espalhava, fora elaborada com o auxílio de meus assessores e amigos. Tentava-se insinuar que redação e idéias ali apresentadas não eram integralmente minhas.

O jornalista Walder de Góes, valendo-se provavelmente de fontes espúrias e de má-fé, às quais dava crédito, teve a ousada ingenuidade de colocar no seu livro *O Brasil do general Geisel* muitos fatos que não ocorreram e apresentar outros deturpados. Entre eles ressalto a afirmação, inserida na página 88, em que diz textualmente: "Na elaboração da proclamação, Frota foi auxiliado pelo consultor jurídico do Ministério do Exército, Nelson Pecegueiro do Amaral, embora a linguagem básica seja de sua autoria." Isto, absolutamente, não foi verdade.

É uma afirmação rígida que não admite a mínima discordância. Assim o entendeu o prefaciador da obra, jornalista Carlos Castello Branco, quando, na página 9 do livro, referindo-se à demissão do Ministro do Exército, general Sylvio Frota, escreve que "a precisão das informações", a par de outras considerações expendidas, "tornam essas páginas modelo do gênero a ponto de transcender os limites da reportagem para alcançar a categoria de documento histórico".

O dr. Nelson Pecegueiro do Amaral, nobilíssimo caráter, ao ler aquela disparatada notícia, indignou-se com a sua falsidade e apressou-se em escrever ao jornalista contestando-a e exigindo sua retificação. Walder de Góes prometeu atendê-lo na próxima edição de seu livro.

Tais falhas, devidas em parte a uma imaturidade despertada por arroubos residuais da juventude e, por outro lado, geradas na ânsia de turibular o general Geisel, não recomendam o livro como documento histórico, pelo contrário, colocam-no na berlinda como obra de credibilidade duvidosa.

Na resposta dada ao dr. Pecegueiro, o jornalista procurou justificar-se, alegando que a notícia fora publicada pelos jornais e não recebera desmentido. Considerando esta circunstância tomara-a como verídica. Traz em socorro desta esdrúxula interpretação o ponto de vista de seu colega e prefaciador, que diz nas páginas 9 e 10 do livro mencionado: "Ninguém o desmentiu e, como se sabe, existe margem suficiente de liberdade de imprensa para que isso se fizesse. Como reportagem não contestada, passou a ser página da história contemporânea."

Este juízo está foragido da lógica e da realidade, porquanto num país como o nosso, muito extenso, com numerosos órgãos de imprensa e ligações precárias, é explicável e até natural que o injuriado não tome conhecimento da infâmia. Além disso, pode desejar o ofendido seguir o conselho atribuído ao ilustre Winston Churchill de somente responder a uma calúnia após verificar o crédito moral de quem a faz. No caso vertente, homologuei o espontâneo procedimento do dr. Pecegueiro. Quanto à existência de "suficiente liberdade de imprensa", se realmente existe, não é dado a todos o direito de usufruí-la.

Em setembro de 1977, visitei o Centro de Estudo e Pesquisas do Exército, no Leme, cidade do Rio de Janeiro. O Comandante da Organização Militar forneceu à imprensa minuciosas informações sobre a passagem do Ministro do Exército, entretanto, o noticiário foi superficial e restrito. Oficiais, estranhando este comportamento, indagaram de suas razões. O esclarecimento veio rápido e preciso – recebemos ordem superior para não dar publicidade às visitas do general Frota.

A divulgação colocada na página do *Jornal do Brasil*, que publicou minha nota, cobrindo-se ante a censura, encerra e elucida a questão. Era uma síntese de outra, que transcrevo, também publicada pelo mesmo jornal, em 13 de outubro de 1977, porém, relativa à imprensa escrita:

CENSURA

> A Rádio Jornal do Brasil – assim como todas as emissoras de rádio e televisão do país – recebeu, às 16:15h de ontem a seguinte comunicação do Departamento de Censura Federal: "De ordem superior somente será permitida a divulgação nas emissoras de rádio e televisão de notas oficiais sobre a substituição do Ministro do Exército."
>
> Às 18:00h foi transmitida pela Censura outra nota: "De ordem superior ficam as emissoras de rádio e televisão proibidas de divulgar em seu noticiário a proclamação feita hoje pelo ex-Ministro do Exército, general Sylvio Frota, que não está incluída entre as notas oficiais permitidas para divulgação."

Dezenas de citações e exemplos poderiam ser feitos para demonstrar a inutilidade dessa "tribuna", a que alude o prefaciador, para a defesa dos que lutam contra o poder vigente, no revide às invectivas de que são vítimas, em particular quando os ataques nele têm as suas origens.

O documento de 12 de outubro feriu suscetibilidades ideológicas e foi tachado de obscurantista e retrógrado pelos fervorosos "democratas de esquerda".

Todos aqueles que divergem dos comunistas e de seus simpatizantes, não se deixando seduzir por uma catequização – eivada de deformações semânticas – não escapam à pecha de fascistas.

Por que essas reações?

Procuremo-lhes as razões, examinando o que dizia, em essência, na minha nota:

• Defendia valores morais e cívicos que alicerçam a nossa civilização cristã;

• Denunciava a infiltração comunista em quase todos os setores da vida pública;

• Repelia o reatamento diplomático com a República Popular da China, sob condições acintosas e desabonadoras à nossa soberania, impostas pelo governo de Pequim. Estas exigências eram o corte das relações com a República Chinesa e o confisco dos bens nacionalistas no Brasil, o que, servilmente, foi feito;

• Criticava a política de *low profile* – atividade silenciosa – que permitiu, quase em segredo, os votos de abstenção dados à Cuba e à OLP para o ingresso, respectivamente, na OEA e na ONU, numa indubitável manifestação de simpatia ao marxismo. Censurava, ainda, como fruto dessa política, o precipitado reconhecimento do governo comunista de Angola, sob forte "proteção" (ocupação) militar soviético-cubana;

• Alertava contra a estatização que já engloba hoje (1980), segundo dados do relatório da Secretaria de Controle das Empresas Estatais, divulgados pela imprensa, um total de 560 empresas, com mais de um milhão e 400 mil funcionários e um ativo superior a dez trilhões de cruzeiros, quantia correspondente, aproximadamente, a cinco vezes o orçamento fiscal previsto para o ano de 1981;

• Finalmente, clamava contra a omissão do governo no responder às acusações, claras e ostensivas, de corrupção e irregularidades na administração pública, comportamento que colocava sob suspeita a honestidade revolucionária.

Em qualquer país democrata – usado, aqui, o termo em sua lídima acepção – tal libelo, se não recebesse unânime apoio, não sofreria, no entanto, revoltantes reações, porquanto era, também, o desafogo de uma consciência revolucionária, visando a salvar uma Revolução agonizante, que fora abençoada pelo povo, mas estertorava, então, nos braços de filhos incapazes e degenerados.

Por essas razões as correntes marxistas – de todas as nuanças – não poderiam aplaudir quem viesse a público defender os já descorados postulados de 1964. Pelo contrário, tenderiam a combatê-los e a ridicularizá-los, valendo-se dos fartos meios de comunicações postos sempre à disposição desses grupos.

Infelizmente, veementes indícios mostravam que, havia tempos, o Brasil não era mais "UM PAÍS QUE VAI PARA A FRENTE" no dizer de esperançosa propaganda do terceiro governo da Revolução, pois tornara-se "UM PAÍS QUE VAI PARA A ESQUERDA", num lema mais adequado às tendências dos homens do governo Geisel.

Todavia, essa mudança de direção da nau do Estado, essa guinada para a esquerda, não me surpreendeu, porque o próprio presidente dissera-me, por duas vezes – a última de forma bem categórica – não ser "infenso às esquerdas". A esta mesma ilação chegou o jornalista Castello Branco em artigo no *Jornal do Brasil*. Os fatos, lamentavelmente, vêm confirmando essas asserções.

Alguns jornalistas, valendo-se de informações colhidas em fontes consideradas, por eles, de responsabilidade e, portanto, julgadas dignas de crédito, regalaram-se em divulgar, diariamente, versões e fatos estapafúrdios como se verdadeiros fossem. Muitas "reportagens" traziam em seu bojo dados reais – que só poderiam ter sido fornecidos por homens do governo – habilidosamente mesclados com falsidades, balburdiando a narrativa dos acontecimentos e procurando dar-lhes um cunho de veracidade, num embuste que a preguiça mental de muitos não permitiu revelar e a maledicência espalhou sadicamente, aos quatro ventos.

O "golpe militar", calúnia engendrada pelo grupelho do Palácio e capciosamente propagada por seus comparsas, tomou conta das colunas jornalísticas, das quais a emoção e a irresponsabilidade de seus autores exilaram a verdade.

Essa ridícula versão, implícita na mentirosa nota lida por Hugo Abreu, vem sendo destruída, implacavelmente, pelo tempo e maquiavelicamente esquecida pelos que a inventaram.

Conhecido jornalista, irrefletidamente, encampou-a, declarando que meus amigos "estariam empenhados numa frustrada conspiração militar"; luminosa conclusão que foi colher na minha nota. Se vivo fosse, Jerônimo de Praga não perderia a oportunidade de repetir: *Sancta simplicitas!*[1]

Ninguém poderá provar que eu tenha praticado ato ou proferido uma palavra sequer nesse sentido. A escalada esquerdista era assunto que muito preocupava os militares, em particular os do Alto Comando, todavia, nas apreciações que fazíamos, jamais teria consentido ocorressem críticas – o que aliás nunca aconteceu – à autoridade do presidente e à dos ministros.

Contudo, sabia, por afirmarem os órgãos de informações, que as intrigas urdidas contra mim no Planalto contavam com a participação valiosa dos mais hábeis tecelões da Casa Civil presidencial e do SNI, entre os quais eram citados os seus chefes.

Como, então, homens de imprensa que alardeiam o privilégio de informar honestamente sobre os acontecimentos calcam suas notícias somente em fontes unilaterais?

Duas explicações, entre muitas, podem ser aventadas para tal comportamento – ou os jornalistas eram partidários incondicionais dos habitantes do Planalto e tentavam, de todas as formas, prestigiá-los, embora à custa da verdade, ou reagiam contra o homem que teve coragem de atacar publicamente a política socializante, de fundo marxista, esposada carinhosamente por integrantes do governo Geisel, a qual também aclamavam.

De outra maneira não se compreende que, três anos após a minha demissão, continuem a cascatear nos jornais e revistas alusões ao "golpe fracassado" e à truculência do general Frota, numa agressividade mais própria de inimigos do que de profissionais incumbidos de divulgar serenamente as ocorrências de uma época.

Qualquer fato – acontecimento dos mais simples que seja – encontra, logo, na acidulada pena de certos jornalistas e de colaboradores dos jornais, uma correlação com o procedimento e atitudes do general Frota, escrita muitas vezes em linguagem pobre de argumentos, mas rica de inverdades e deboches. Representam-me como um militar atrabiliário, obscurantista, fascista e socialmente intratável, dando em todas as oportunidades cores vivas a esta imagem, na tônica de desmoralizar-me.

Um jornalista, dos mais conceituados, ligado a um ex-ministro socialista, com quem geralmente passava, em Brasília, os fins de semana, tem sido incansável nesse mister. De quando em quando, lá vem uma estocada!

Em 20 de março de 1978, comentando na sua coluna o procedimento das autoridades paranaenses, em Curitiba, que considerou violento e inexplicável, foi buscar, sem nenhum laço correlativo, seu tema obsessivo:

---

1. Referência à célebre frase do protestante hussita Jerônimo de Praga, condenado à morte pela Inquisição como herege, com a qual resumiu a atitude de um camponês que colocava alguns galhos na fogueira em que ele viria a ser queimado vivo, em 1416. (N.R.)

Trata-se de uma operação tipo Sylvio Frota, que pretendeu vincular a continuidade do regime à seqüência de operações repressivas. Não se esqueçam de que ele denunciou o Presidente da República e o governo de modo geral como cúmplices do que para ele é a gradativa comunização do Brasil.

Dois anos depois desse artigo, numa obsessão doentia, aborda mais uma vez o seu assunto predileto, ao tratar de atentados terroristas, escrevendo a 31 de julho de 1980: "Mas sem reduzir a gravidade do fenômeno convenhamos que já não são essas ações de gravidade igual às pressões que se traduziam em documentos tão obscurantistas quanto a proclamação do general Sylvio Frota ao ser destituído do Ministério do Exército."

Outras impertinências do mesmo autor, que gotejam vez por outra, poderiam ser apresentadas para realçar o sentido hostil – o que surpreende num homem considerado íntegro no julgar – do uso reincidente destas alusões salpicadas, não raro, de termos de acepção depreciativa, pelo menos do meu ponto de vista.

Não pretendo refutar novamente, aqui – o que já foi exaustivamente feito em capítulos anteriores deste livro – essas imputações, todavia, desejo recordar algo de importante do que aludi, visando a reavivar a memória dos leitores.

Quando, em minha nota, acusei o governo e seus auxiliares de estarem facilitando a infiltração comunista, não fazia especulações, visto que baseava a incriminação em fatos incontestáveis. Dentre eles posso selecionar os mais significativos:

• A circunstância de o Presidente da República ter declarado – por duas vezes – as suas simpatias pelas correntes de esquerda;

• A afirmação feita, em abril de 1975, por Francisco Julião Arruda de Paula – advogado comunista cassado – em conferência que realizou no México sobre o tema "Los pueblos de America Latina contra el Fascismo". Disse ele, ao responder pergunta de um estudante sobre a possibilidade de Geisel mudar a fisionomia do Brasil: "Passei a me convencer que tal sucederá, pois inclusive Geisel já está contando com a colaboração de elementos nossos, em certos ministérios."

Após a minha exoneração, o presidente Geisel veio a reafirmar essa tendência para a esquerda ao cumprimentar ostensivamente o sr. Jorge Wilheim – Secretário de Economia e Planejamento do Estado de São Paulo –, cujo nome constava da relação de elementos comunistas infiltrados na administração pública, enviada por mim ao SNI. Essa atitude correspondeu a um salvo-conduto para que a infiltração marxista prosseguisse, além de significar um desapreço pelas informações oficiais dadas sob a responsabilidade do Exército.

O renomado jornalista, contudo, sagazmente ressalta essa inclinação ideológica quando assegura, em 24 de outubro de 1977, em trecho de sua "Coluna do Castelo" que – para comodidade do leitor – volto a transcrever:

> Vale a pena, a esta altura, aludir à caracterização do governo Geisel como governo de centro-esquerda, embora isto espante alguns leitores. A carta do general Sylvio

Frota confirmou por contradição a referida caracterização feita originariamente por personalidades oficiais e gratamente referendada por figuras altamente situadas no esquema dominante.

Este diagnóstico perfeito, no entanto, parece colidir com uma advertência, que faz algures – provavelmente, à lembrança dos marxistas – de que eu acusara, de modo geral, o governo Geisel de cúmplice "na gradativa comunização do Brasil".

Num de seus artigos procura escarnecer da denúncia sobre a infiltração comunista, ao passo que noutro reconhece lançar-se o governo para a esquerda. Vejo nessa incoerência apenas o parcial desejo de condenar a minha imputação, porquanto não ignora o comentarista que a centro-esquerda é, sistematicamente, o primeiro degrau da escada que, a médio ou longo prazo, leva ao patamar do comunismo.

Julgo desnecessário e fatigante continuar na série de adulterações de que a imprensa foi instrumento, porque as mencionadas bastam para convencer os homens de bem de quanto são tendenciosas muitas notícias publicadas. Todavia, abro exceção para a intencional e vergonhosa deturpação feita pela revista *Veja*, de 13 de fevereiro de 1980, na entrevista que concedeu o coronel Francisco Boaventura aos jornais, deformação que recebeu publicamente o seguinte repúdio deste oficial: "Desprezo o julgamento do órgão de publicidade, como a *Veja*, que, tendo em mão a verdade dos fatos, não hesitou em deturpá-la, com objetivos inconfessáveis."

Isto não a corrigiu de vagabundear pelo campo dos boateiros, na procura de balelas – se possível bem escandalosas – para encher de atrações as suas páginas. O trecho abaixo transcrito da *Veja* de 26 de novembro de 1980 reforça essa opinião:

> Logo que soube que fora demitido, em outubro de 1977, Frota telefonou para o então Comandante da IV Divisão do Exército, em Belo Horizonte, e pediu o seu apoio para uma eventual resistência à decisão do presidente Geisel. Bandeira respondeu: "General, entre as ordens do comandante supremo das Forças Armadas e as de um ministro já demitido, eu devo obediência ao presidente."

Por muito que menospreze o general Bandeira, não acredito tenha descido a este aviltamento de mentir descaradamente. O que ocorreu está narrado no capítulo adequado deste livro; o que está publicado não pode merecer crédito, em vista das habituais deturpações da revista e do libelo do coronel Boaventura.

É assim que se esclarece a Nação e orienta-se a opinião pública no Brasil!

AS PERSEGUIÇÕES

O capitão da Arma de Cavalaria, da reserva de 2ª Classe, Heitor Aquino Ferreira, demitido, a pedido, do serviço ativo do Exército em 13 de agosto de 1969, tornou-se, ou já era naquela época, amigo íntimo do general Golbery do Couto e Silva. Através desta amizade chegou às culminâncias da influência palaciana, no cargo de secretário particular do presidente Ernesto Geisel – rótulo que fez gravar nos seus cartões. Distribuía-os a oficiais que chegavam a Brasília, visando a atraí-los com melosas palavras ao palácio do Planalto, na busca de adeptos para a candidatura Figueiredo.[2]

Quando eu servia como Chefe do Gabinete do ministro Lyra Tavares, vi esse oficial perambulando pelos corredores ministeriais. Não o conhecia, no entanto informaram-me que era um capitão muito inteligente – primeiro da turma de Cavalaria de 1956 – que, julgando-se frustrado na carreira das armas, arranjara uma ocupação rendosa no meio civil, pretendendo, por isso, demitir-se. Surpreendeu-me o esclarecimento, porém, especulando sobre sua atitude, concluí que provavelmente se tratava de um homem sem idealismo, mercenário por índole e ambicioso por egotismo, que fizera da Academia Militar das Agulhas Negras apenas um trampolim. Nestas circunstâncias seria até agradável e lucrativa sua saída de uma profissão em que se eriçam, a cada passo, os sacrifícios.

Entre as suas normas de proceder – consoante informações de oficiais que o visitavam – estava o lema de que um adversário político não deve ser apenas vencido, mas sim destruído. Este pensamento, diziam seus amigos, provava sua sagacidade e maturidade políticas.

O grupelho do Planalto parece ter acolhido com simpatia esta tese, pois adotou-a invariavelmente na luta pelo poder, quando falhavam as tentativas de conciliação com base em tentadoras promessas e veladas ameaças.

Da coerência dos homens do governo com esta linha de ação há exemplos em abundância; contudo, desejo abordar unicamente os que se relacionam – direta ou indiretamente – à minha pessoa.

Sob o primeiro aspecto, merecem destaque a censura telefônica e o controle da correspondência escrita, que severamente sofri desde os primeiros momentos de minha exoneração. Meu telefone residencial ficava bloqueado horas a fio e, quando livre, a escuta era permanente. Amigos leais avisaram-me desta ominosa fiscalização que os fatos diariamente comprovavam.

Uma senhora idosa – minha madrinha de batismo – conseguiu uma brecha e estabeleceu ligação. Atendi o telefonema e não reconheci, de início, a sua voz nervosa e pouco audível. Procurando identificar-se, disse todo o seu nome, que foi divulgado, no dia seguinte, pela imprensa, sem que do fato se desse conhecimento a ninguém. Telefonemas eram respondidos, como se fossem empregados meus, esclarecendo que estava passando a semana em Petrópolis etc.

2. Ver Anexo A.

Meu filho – oficial de Marinha –, morador em bairro próximo do meu, telefonou-me e recebeu esta informação falsa. Indignado reagiu, declarou quem era e que estivera comigo momentos antes. Perturbado, o censor cortou a ligação.

É interessante elucidar, àqueles que desconhecem o mecanismo da censura telefônica, que esta é automaticamente praticada, dispensando a presença de qualquer censor. As gravações obtidas, ininterruptamente, dia e noite, são levadas a analistas encarregados de interpretá-las. Não há, portanto, exigência de um censor junto do telefone controlado; todavia, o que se desejava era a difusão de notícias falsas, objetivando sua divulgação na imprensa e, também, com maior interesse, isolar-me de meus colegas e amigos.

Oficiais de minha turma da Escola Militar do Realengo, que vieram, nos fins de 1977, para o encontro anual de confraternização, telefonaram-me, porém não me acharam. Estava veraneando – no dizer velhaco do censor – numa cidade serrana!

Surpreenderam-se com minha presença na reunião, mas foram bem informados sobre a realidade dos fatos, o que os deixou perplexos.

Informações, pesadas e repesadas, oriundas de fontes insuspeitas, davam e dão como responsável por este abjeto procedimento um oficial superior que, desde 1965, quando comandei a 4ª Divisão de Cavalaria, recebeu de minha parte toda a consideração e apoio, sendo praticamente incluído no grupo dos oficiais de minha confiança. Sob meu aval, um nobre e leal amigo incluiu-o em seu Estado-Maior e levou-o para a sua Região Militar, no Leste brasileiro. Este homem – alma de beleguim sob a farda de oficial de Artilharia – foi, ainda consoante aquelas informações, quem, por conhecer meus hábitos e os de minha família, aceitou a ignóbil tarefa de devassar a minha vida.

Mostra o escritor Mario Puzo, em seu livro *O poderoso chefão*, que os mafiosos, quando desejam destruir seus inimigos, vão buscar entre os homens de confiança destes os elementos que lhes facilitem a tarefa. É uma questão de preço e oportunidade, no entanto é um método que não tem falhado.

Não ouso aconselhar a leitura dos livros que versam sobre a máfia, mas seria interessante, para os que pretendem escudar-se contra as falsidades e velhacarias de nossa época, que seja feita.

Nos dias que se seguiram à demissão, exerceram as autoridades rigorosa proibição sobre o encaminhamento da correspondência telegráfica que me era dirigida. Do estado de São Paulo um cidadão trouxe-me a denúncia e a cópia do telegrama que, de ordem superior, o funcionário recusara a transmitir. Um major meu amigo precisou ir à direção da agência de correios local para conseguir fosse enviado seu telegrama.

Minhas cartas extraviavam-se, criando dificuldades com os remetentes que, mais tarde, estranharam ausência de resposta à solidariedade que me prestaram. Recebi-as, de um modo geral, bisonhamente violadas.

O meu amigo Carlo Barbieri, empresário paulista, escreveu-me certa ocasião fornecendo-me algumas informações relativas à comunidade chinesa. Dias depois de ter remetido a carta, encontrou-se com o tenente-coronel de Artilharia Bismark Baracuhy Amâncio Ramalho, oficial que servira comigo no gabinete ministerial, na gestão Lyra Tavares. Falou-lhe, então, Bismark sobre assuntos contidos naquela correspondência, o que levou Barbieri a perguntar-lhe se tinha estado comigo.

Respondendo negativamente, o tenente-coronel viu-se obrigado a esclarecer por que conhecia a matéria da carta e a confidenciar-lhe as ordens do presidente Geisel para que toda a minha correspondência suspeita fosse aberta e fotografada.

E, lá diz o inócuo parágrafo 9º, do artigo 153, da nossa Constituição Federal: "É inviolável o sigilo de correspondência e das comunicações telegráficas e telefônicas."

O cerceamento de minha liberdade, pelo menos nos termos do artigo 153 já citado, era e continua sendo patente e inegável. Esbirros da polícia – prejudicados nos disfarces pela arrogância habitual – e agentes do SNI – muitos dos quais eu conhecia – realizavam e realizam "discreta" vigilância de minha residência, no intuito claro de atemorizar os visitantes.

Um general que se dizia, "nos áureos tempos", meu incondicional admirador, ao receber comunicação de seu ajudante-de-ordens – oficial brioso e idealista – de que iria ao Rio de Janeiro visitar-me em minha casa, tentou modificar a decisão do capitão dizendo-lhe que "ali – em minha residência – estavam ocorrendo coisas inacreditáveis".

O altivo capitão da gloriosa Arma de Sampaio respondeu: "Não estou pedindo autorização ao senhor para visitar o general Frota, estou avisando que irei visitá-lo!"

Como vemos, nem tudo está perdido!

Na primeira quinzena de dezembro de 1977, o Ministro do Exército decidiu privar-me do serviço de segurança que desfrutava, mandando retirar todos os praças do Exército que o faziam. Recebi esta comunicação através de documento, remetido pelo Comandante do I Exército, no qual eram concedidos três dias para a execução da ordem ministerial. No mesmo dia e momento dispensei-os.

Esta decisão do Ministro do Exército merece alguns comentários à guisa de esclarecimentos.

Havia, na época em que exerci o cargo de ministro, dois ilustres chefes militares que dispunham de uma sólida segurança pessoal – os generais-de-exército Emílio Garrastazu Médici e Orlando Geisel.

Homens, a quem a Pátria deve relevantes serviços, combateram com ardor e convicções democráticas a pertinaz ameaça comunista, sendo por isso alvo de toda a odiosidade marxista. Mantive essas seguranças, não somente pela preocupação de preservá-los, como pelo profundo respeito que lhes devotava como dos maiores chefes militares que possuímos.

O general Médici, em determinada ocasião, telefonou-me para lembrar que a sua segurança poderia ser dispensada, sugestão que não acolhi.

O Exército tinha a obrigação de zelar por dois chefes revolucionários que, integralmente identificados com a Revolução de 1964, defendiam corajosamente seus princípios.

A decisão do general Bethlem, em dezembro de 1977, atingiria, portanto, os dois generais citados e, também, a mim. Soube que a ordem foi extensiva a todos, todavia, tive conhecimento, outrossim, de que só fora executada em relação ao ex-ministro Frota. Nada mais justo do que manter a segurança daqueles generais que dela precisavam, no entanto foi uma discriminação torpe, se tal aconteceu, com minha exclusão.

Em abril de 1978, um único oficial, que ainda estava ligado ao ex-ministro Frota, para efeitos de segurança, foi por ordem do ministro Bethlem apresentado ao I Exército; entretanto, no dia seguinte ao da comunicação, o boletim da própria grande unidade, transcrevendo rádio do gabinete ministerial, autorizou, até julho daquele ano, a permanência do capitão de Artilharia que assistia o general Orlando Geisel. Nada mais justo, repito; ele o merecia.

Este fato mostra-nos a veracidade da "discriminação torpe" a que aludi,

Como se explica essa conduta de ter dois pesos e duas medidas, seguida pelo general Bethlem?

Informações de Brasília garantiram que durante um despacho, em dezembro de 1977, o presidente Geisel interrogara o ministro Bethlem sobre a conservação de minha segurança. Recebendo resposta positiva irritara-se e dissera: "Tire tudo do Frota, até o automóvel."

Como poderia o ministro Bethlem, general que devia o cargo à bondade do presidente, discordar do homem que tanta indulgência tivera com ele?

Acontecia, porém, que o carro de passeio era meu e a segurança pessoal era imposição do cargo, estabelecida para os ministros, objetivando mais resguardá-los de inconvenientes abordagens de indivíduos desconhecidos do que impedir atentados. Estes são inevitáveis, quando o homem ou homens que o planejam desprezam a vida e estão decididos a morrer. A História, através de numerosos exemplos, homologa esta asserção.

A persistência nesse objetivo, para usar a linguagem militar, tem sido perfeita. Em setembro de 1979, praticamente dois anos após ter deixado o Ministério, fui à cidade de Sobral – no estado de Ceará –, berço da família de meu pai, a fim de receber honrosa distinção, expressa no título de cidadão sobralense. Chegando ao aeroporto de Fortaleza, fui acolhido pela minha numerosa família, sempre solidária comigo. No salão do aeroporto, lotado, não vi nenhum dos amigos militares que serviam na 10ª Região Militar, fato que não estranhei e que atribuí a causas normais. No entanto, vim a saber, posteriormente, que alguns oficiais pretenderam aguardar o meu desembarque, não o tendo feito em virtude de o comandante daquela Região, general Alacyr Werner, ter proibido o comparecimento, mesmo em trajes civis.

Recebi, ainda em Fortaleza, essa lamentável notícia, trazida por fontes militares que, embora idôneas, não me convenceram completamente. O general em apreço, anos atrás, tinha sido oficial de meu gabinete e era dos que, ao ver-me, abria um largo sorriso seguido de untuosas afetações de estima. Se praticou tal fraqueza – façamo-lhe justiça – agiu sob pressões, visto que seu feitio habilidoso não lhe dava ânimo para tanto.

Muito mais digno e desassombrado foi o procedimento do governador Virgílio Távora, meu colega de turma na Escola de Estado-Maior, que mandou o seu Chefe da Casa Militar apresentar-me votos de feliz estada no Ceará. Pelo que sei, até hoje, não se desprestigiou nem perdeu o cargo com esse corajoso gesto.

A antiga Delegacia da Ordem Política e Social, logo após o dia 12 de outubro de 1977, passou a considerar o ex-Ministro do Exército – general-de-exército Sylvio Couto Coelho da Frota, como um elemento pernicioso à ordem vigente, digno de ser incluído no fichário dos subversivos, ao lado de assaltantes de bancos, assassinos e terroristas.

Cumprindo determinação superior, o Delegado de Polícia José Nicanor de Almeida, Diretor-Geral da Diretoria Geral de Investigações Especiais, em que foi transformada aquela Delegacia, mandou abrir uma ficha para o ex-ministro Frota. O delegado Almeida é considerado homem da esquerda ideológica e pertenceu ao gabinete do general Chrisanto Figueiredo, o que dá certa consistência à pecha de esquerdista.

Todas estas informações foram-me fornecidas por elementos da polícia que tiveram acesso aos arquivos e são, por isso, dignas de crédito.

Permito-me alguns comentários sobre esta degradante ocorrência.

Ordem superior de quem?

O Secretário de Segurança Pública era um general da ativa, e, por mais indiferente que fosse às honra e dignidade militar, não gostaria de ver o nome de um general-de-exército, ex-ministro, que fora seu antigo chefe, incluído na lista de subversivos e terroristas.

Não julgo, pois, que a ordem tenha partido dele; mas se na realidade a deu, esse general não possui sensibilidade moral nem espírito de classe, a qual, infelizmente, ajudou a desprestigiar.

Se o alto funcionário elaborou espontaneamente a ficha, sem ligar-se ao seu chefe, a questão toma aspectos mais graves. Ou desprezava a autoridade do Secretário de Segurança ou acreditava estar agindo dentro de sua orientação. Apesar disso, o simples exame destas duas hipóteses não o afeta muito; no entanto, conduz a apreciações bastante pejorativas para o general secretário.

Afloram no exame desse lamentável episódio o descaso, a irreverência e a hostilidade com que os militares são tratados, no momento, por parcelas apreciáveis da população. São frutos sazonados de uma nefasta e não combatida propaganda esquerdista, objetivando não somente a desmoralizar-nos como, principalmente, à nossa instituição. Qualquer pasquim, em nome de uma falsa liberdade de imprensa, divulga, pela pena irresponsável do mais anônimo e bisonho de seus "focas", invencionices e injúrias que procuram, em última análise, desacreditar o Exército perante a Nação. Foi preciso que houvesse uma revolução, feita por militares, para que tais coisas acontecessem.

A baixeza dos homens do governo atingiu alturas estratosféricas, o que não deixa de ser um paradoxo: baixezas altas.

Os oficiais meus amigos que mantiveram atitude militar digna e disciplinada, não seguindo, portanto, o exemplo dos membros do Alto Comando que, em 1977, homiziaram-se no palácio do Planalto, fugindo à convocação ministerial, foram, sob um pretexto qualquer, transferidos. Felizmente, nenhum deles, pelo que soube, ficou confinado numa área – à semelhança russa – como ficaram os assistentes do general Hugo Abreu.[3]

Oficiais-generais de destacado valor profissional, apenas por estarem ligados ao ex-ministro Frota, foram preteridos em suas promoções.

O general-de-divisão Luiz Serff Sellmann, um dos pioneiros da Revolução de 1964 na fronteira do Sul, que com Amerino Raposo e outros dominaram a situação na 2ª Divisão de Cavalaria – em Uruguaiana –, grande soldado e nobre cidadão, contra o qual nada se podia dizer, foi ultrapassado, ficando em todos a lógica impressão de que fora afastado para abrir vagas aos eleitos do presidente.

O general-de-brigada Adyr Fiuza de Castro, meu devotado amigo, foi ultrapassado na lista do Alto Comando e, segundo constou, sob habilidosa pressão do ministro Bethlem. Soldado de brio, não aceitou a decisão e pediu transferência para a reserva. Coincidentemente, neste mesmo dia, outros generais foram preteridos pelo general-de-divisão João Figueiredo, mas não tiveram idêntica sensibilidade militar e conformaram-se, aguardando nova oportunidade.

O general-de-brigada Lauro Rocca Dieguez, puro e destemido revolucionário, com excelentes serviços prestados à Pátria, porém irreconciliável inimigo da corrupção e das idéias de esquerda, teve o seu nome ultrapassado. Nas considerações apresentadas por elementos do Alto Comando estava a de que dera apoio ao ministro Frota, no dia 12 de outubro. Devem ter concorrido decisivamente para esta indignidade as gravações entregues ao SNI por um general e superior seu, sobre telefonema que o próprio denunciante dera a Dieguez, interrogando-o, no dia da demissão, sobre o seu procedimento, fato já descrito anteriormente.

Soldado altivo, não se conformou Dieguez com a injustiça e solicitou transferência para a reserva.

---

3. Ver Anexo B.

O general-de-brigada José Alberto Pinheiro da Silva, por ter comparecido ao meu gabinete para receber ordens, dando um exemplo de coragem e lealdade, que os seus superiores do Alto Comando não tiveram, quando se acoitaram no palácio do Planalto, ficou marcado e também foi preterido.

Poderia citar muitos outros fatos da mesma espécie, atingindo oficiais de menores postos, contudo limito-me a mencionar o do coronel de Infantaria Cid Noli, profissional capaz, caráter adamantino, revolucionário sincero que só tinha um defeito – servira com o general Frota, desde 1965, na guarnição de Campo Grande, não ocultando a ninguém – pois sua lealdade não permitia – que era meu amigo. O Alto Comando cortou-lhe o acesso, porém, estou certo de que se eu ainda fosse ministro, a "perspicaz visão" desse órgão o teria colocado entre os primeiros da lista e, talvez, eu recebesse felicitações por ter como amigo aquele brilhante oficial.

O consenso de que os meus amigos, fosse qual fosse o seu valor, tinham caído no desagrado do governo era geral. Em vista disso não seria conveniente, aos que pretendiam incensar os homens do palácio do Planalto, tratá-los bem ou mesmo falar-lhes.

Um general, hoje de quatro estrelas, que fazia alarde de minha amizade e adulava os oficiais de meu gabinete, a quem apoiei em momentos difíceis, conduzindo-o no avião executivo ao Rio para visitar seu pai enfermo, que se babava com os doces elogios dirigidos ao ministro Frota, ao sair, depois do dia 12 de outubro, de um elevador no antigo Quartel-General do Exército, deu de chofre com o meu ex-ajudante-de-ordens. A decisão, coerente com o seu caráter, foi imediata: virou o rosto e lançou-se rápido noutra direção.

Estava no caminho certo para a promoção que, afinal, conquistou pelos seus méritos!

O general Alfredo Américo da Silva é um oficial de destacados valores moral e técnico. Em 1930, servia no 2º Regimento de Cavalaria Independente, localizado em São Borja. Não aderiu à Revolução e comandou, praticamente, a resistência de sua unidade aos violentos ataques dos "provisórios".[4] Foi uma luta heróica e desigual, que sustentou contra os atacantes. Sem condições para fazer durar a resistência, retirou-se em ordem para Santo Thomé, realizando perigosa travessia em barcos e canoas. Foi o último a transpor o rio Uruguai, sob tiros dos atacantes que chegavam às barrancas.

Foi meu comandante de esquadrão, no antigo 4º Regimento de Cavalaria Divisionário; ficamos amigos, amizade de que até hoje muito me orgulho.

Trabalhando no setor siderúrgico havia mais de dez anos, em maio de 1978 deixou a Presidência da Siderbras. Atribui o noticiário sua saída às divergências antigas

---

4. Corpo da Polícia Militar do Rio Grande do Sul organizado pelo governo estadual naquela época, em caráter provisório.

com os ministros do Planejamento e o da Indústria e Comércio. Todavia, a revista *Istoé*, de 7 de junho de 1978, ao noticiar sua demissão, escreve: "É possível que uma visita feita por Alfredo Américo ao general Frota, alguns dias após sua demissão do Ministério do Exército, tenha concorrido para que caísse em desgraça..."

É esta a impressão generalizada dos funcionários da Siderbras.

Dois amigos meus, vinculados aos setores industriais, cujos nomes não desejo divulgar para não prejudicá-los, foram chamados pelos presidentes das empresas em que trabalhavam e aconselhados a cortar relações com o general Frota, porquanto poderiam afetar as negociações com o governo. Um deles, que arrotava patriotismo e devoção ao trabalho, escafedeu-se logo, ao passo que o outro – homem digno e de caráter – continuou a visitar-me. Este fato e muitos outros realçam o espírito mercenário de certos empresários que admitem o lucro como condição *sine qua non* da vida. Sem ele não podem encher os bolsos e, portanto, não haverá felicidade. São os patriotas do bolso, insensíveis, como vimos, até à dignidade de seus empregados.

O capitão da Arma de Cavalaria José Antônio Barbosa Franco casou-se com a filha de um coronel de Artilharia muito meu amigo. Nossas famílias davam-se bastante e conhecíamos a esposa do capitão desde menina.

Como está patente, mantínhamos e mantemos estreito relacionamento social.

Nos fins de março, o capitão Franco visitou-me acompanhado por dois colegas de posto e Arma, um deles filho de querido amigo, general-de-exército Álvaro Alves da Silva Braga, Ministro do Superior Tribunal Militar, já falecido.

Conversamos por algumas horas, abordando reminiscências da vida de quartel, em particular exercícios que o antigo Regimento Andrade Neves realizava.

Retiraram-se tarde da noite e nunca mais voltei a ver os dois oficiais acompanhantes do capitão Franco.

Dias depois, o Comandante do 2º Regimento de Cavalaria de Guardas, tenente-coronel Manoel Jesus Souza, prendeu em boletim, por oito dias, o capitão Barbosa Franco, por ter preparado uma visita à residência de um oficial-general R1 visando a colher informações sobre a situação política no Exército e não ter levado os fatos ao conhecimento do comandante.

Poucos dias depois da punição, comentou o tenente-coronel Manoel Jesus, entre oficiais, que "tinha entrado numa fria" ao prender o capitão Barbosa Franco, porém que o fizera em vista de um ofício, de 12 de abril, do Comandante do I Exército, general-de-exército José Pinto de Araújo Rabello.

Se o tenente-coronel, após ouvir o oficial acusado – de quê? – não o defendeu junto ao general, lutando para impedir uma injustiça, é, sem dúvida, um subserviente sem condições morais de comandar uma unidade do Exército.

A sua expressão, conhecida na Vila Militar, "entrei numa fria", escoimada da gíria, significa, em bom português, "cometi um erro"; portanto, ele próprio confirma ter sido seu subordinado injustiçado, fazendo-o com apatia, em álacre jargão.

A punição assentou-se, basicamente, em três transgressões da disciplina militar:

• Deixar de comunicar a tempo, ao superior imediato, ocorrência no âmbito de suas atribuições, quando se julgar suspeito ou impedido de providenciar a respeito.

• Tomar parte, em área militar ou sob jurisdição militar, em discussão a respeito de política ou religião, ou provocá-la.

• Autorizar, promover ou tomar parte em qualquer manifestação coletiva, seja de caráter reivindicatório, seja de crítica ou de apoio a ato de superior, com exceção das demonstrações íntimas de boa e sã camaradagem e com conhecimento do homenageado.

Vejamos, em rápida análise, estas incidências.

• Deixar de comunicar...

O capitão não tinha a obrigação de participar ao comandante as visitas particulares que faria. Se, entretanto, o atual coronel Manoel Jesus admitiu uma confabulação, por que não abriu imediatamente uma sindicância e só agiu por ordem do Comandante do I Exército?

Estava de acordo, ou não sabia?

• Tomar parte, em área militar ou sob...

O capitão negou e nega que assim tivesse agido. Concordara apenas em levar dois colegas à casa do general Sylvio Frota, quando fosse visitá-lo.

Como sabia o coronel que se tratara de política em minha casa?

Consideraria minha residência área militar ou sob jurisdição desta espécie? Ou fora informado pelo I Exército?

Talvez esta impressão se justificasse, em face da vigilância permanente que sobre ela exerciam agentes do I Exército ou da polícia, "disfarçadamente", vagueando pelos arredores.

• Autorizar, promover ou tomar parte em qualquer manifestação coletiva...

Esta imputação é tão tola que provoca hilaridade. Manifestação coletiva de TRÊS? É imprescindível respeitar mais a semântica.

O que o coronel Manoel Jesus não citou foi o nome do general R1, isto é, do ex-Ministro do Exército, porque se o revelasse denunciaria o sentido político e repugnante da pena aplicada, da qual fora mero e servil instrumento.[5]

Vi com tristeza, em toda essa complicada trama, um jovem oficial, brioso e cheio de esperanças no futuro do Exército, receber, por injunções reconhecidamente políticas, o impacto de uma prisão disciplinar injusta.

Todavia, as punições não desonram ninguém. O que desonra, o que avilta, o que macula o caráter é a causa da punição. Há prisões que enobrecem os prisioneiros ao tempo em que infamam os carcereiros. Esta é uma delas.

---

5. Ver Anexo C.

Bilhete do Aquino

29/7/77

Heitor Aquino Ferreira
Secretário Particular do Presidente Ernesto Geisel

Amigo Montilla

Ao prezado ex-instrutor, esperando que possa ser útil – e deixando o remetente ao seu dispor — com um forte abraço do

Heitor

O aliciamento em Brasília era feito deste modo: na Câmara de Deputados marcavam – os aliciadores – uma audiência do deputado, sem que este a pedisse, com o gen Figueiredo. O bilhete acima mostra a investida sobre os oficiais que iam a Brasília

HF

Carta do major Adalto Luiz Lupi Barreiros, ex-assistente do general Hugo Abreu:

Campo Grande, 05 de setembro de 1978

Exmo. Sr. Gen. Frota

Peço à V. Excia., antes de mais nada, desculpas pela liberdade que tomo ao me dirigir à sua pessoa no recesso do seu lar. Respaldo-me para isso no fato de que meus companheiros levaram ao Senhor a posição que tínhamos no episódio de seu afastamento do Ministério do Exército. O Senhor poderá identificá-los e por conclusão me identificar. Adianto-me de alguma forma. Servia eu como Assessor-Adjunto de Relações Públicas da Presidência da República naquela ocasião. Dali saí pouco depois, quando se caracterizou, para mim, o golpe branco que se aplicara na Revolução e por concluir que todo aquele processo era resultado de um compromisso de grupo e que não tinha qualquer respaldo da moralidade e da ética. Saí dali por vontade própria, e através de um documento onde dizia por que saía. Não tinha compromissos pessoais com o General Hugo, embora tenha sido testemunha da lisura com que êle procedeu antes e durante a sua exoneração. Vi-o cobrar do Presidente o compromisso maior de que não havia jogo político no seu afastamento, como havia visto antes todos os seus esforços no sentido de neutralizar as armadilhas que se armavam contra o Ministro do Exército. Como V. Excia., êle e eu cometemos a ingenuidade de confiar na ética do Presidente. Tarde, chegamos a conclusão que não havia ética no governo e, melhor do que eu, sabe V. Excia. quais as razões e por quê. Hoje elas estão à mostra pública. Não há como escondê-las.

Não vale, agora, pois até haveria necessidade de estender-me demais nesta correspondência, examinar com V. Excia. cada passo deste desastroso processo. Não há solução para êle. Vamos para o porto onde nos levar um barco sem rumo.

Adianto-lhe ainda que sou partidário de qualquer solução que impeça o acesso daquele grupo ao novo governo, pela simples razão que convivi de perto com seus principais personagens e sei o que são e a que se levará o país. Por extensão sou partidário da solução que se apresenta, agora, como a única possível para contrapor-se a esta tragédia de covardias, traições, servilismos e agressões à vontade nacional, a Chefes Militares e princípios da Instituição Militar.

Sei, igualmente, que posição tem V. Excia. diante de todo este processo, e sobre as pessoas que se constituem em seus protagonistas principais.

Mas, é preciso interromper antes que seja tarde. Ou se retira o Exército da reprovação popular ou levaremos trinta anos para recompor as feridas na Instituição.

Enquanto isso a Nação estará à mercê da incompetência ostensiva que aparece, certamente, no vídeo de sua televisão. Mais que isso! Atrás dela estará um grupo que, asseguro à V. Excia., não mede conseqüências para controlar o poder e nem tem escrúpulos para limitar-lhes os passos.

O Exército começaria a se redimir no momento que realizasse uma cerimônia de despedida para seu ex-ministro. O Exército precisa recompor sua espinha dorsal, violentada pela execração pública de seus chefes e pela submissão doentia a um pseudoditador de todas as vontades. Sabemos que é difícil. O poder econômico, a corrupção (eu sou testemunha ocular de algumas) e a violência moral têm sido usados sem muito freio. Há uma perplexidade no ar e nos homens. Deve a Nação pagar pela fraqueza de seus líderes? Deve o povo, o povo brasileiro sofrido e desamparado, sofrer o que está por vir? Talvez, Exmo. Sr. Gen., não concordemos em tudo, mas seguramente ajustamos no essencial. Entendo que o Senhor tem uma contribuição a dar ao país. O Senhor não pode omitir-se agora ou restringir sua influência a posições privadas, no recesso de sua casa.

Reconheço que ninguém mais do que o Senhor tem razão para desconfiar dos homens. Mas, a Pátria não se deve às vicissitudes das traições e da fraqueza, mas à serenidade de ter cumprido com seu dever. Talvez nada mais que um soldado possa V. Excia. ter desejado ser. É por isso que seria necessário o Sr. encontrar uma fórmula de trazer a sua contribuição naquilo que o Sr. acredita ser o melhor para o país.

Esta é a razão pela qual tomo a liberdade de escrever à V. Excia., daqui do Mato Grosso, para onde vim por transferência determinada pelos Deuses do poder e de onde estou proibido de sair, sem que qualquer aspecto legal ampare esta determinação.

Todos os que se viram compelidos a pelo menos desligar-se deste mar de incoerências e ambições, por entender que não se pode agir imoralmente sem comprometer os alicerces da empreitada, estão pagando. Uma vala comum de inertes e isolados homens, que deixaram aos que sabiam fixar seus objetivos à margem dos grandes compromissos com a Pátria, o lugar de decisão dos destinos desta pobre nação e deste Exército mutilado.

Estou convicto que o Senhor tem uma contribuição a dar. Há muitos que esperam para engrossar um não a tudo isto. A opção tem que ser feita dentro das estreitas possibilidades. É preciso esquecer diferenças ou no mínimo discernir o mal menor.

O Senhor tem todos os dados para decidir. Deus ilumine V. Excia. e dê a felicidade e paz que sua digníssima família merece.

Respeitosamente,
ADALTO LUIZ LUPI BARREIROS

P.S.: Temos feito um grande esforço para neutralizar as distorções de imagens sobre a pessoa de V. Excia., distorções que têm fonte bem conhecida e que usa principalmente a imprensa.

Temos nos extenuado na disseminação de informações tanto aos jornalistas, como particularmente entre os companheiros, para repor exatidão aos fatos e fidelidade à figura de V. Excia. Nada nos deve V. Excia. entretanto; são atos que configuram apenas o amor à verdade e a luta por ideais limpos e nobres. É com a Pátria nossos compromissos. O Brasil está acima de tudo.

Acho também que, pelo menos, esta retificação histórica sobre a figura de um Chefe do Exército tem que ser realizada.

Esta responsabilidade tem V. Excia. consigo mesmo. Vamos continuar lutando, custe o que custar, ainda que sozinhos.

Reafirmo a V. Excia. meus respeitos.

MINISTÉRIO DO EXÉRCITO -Fl 3-
PRIMEIRO EXÉRCITO
2º REGIMENTO DE CAVALARIA DE GUARDAS

BOLETIM ESPECIAL RESERVADO Nº 3

PARA CONHECIMENTO DO REGIMENTO E DEVIDA EXECUÇÃO PUBLICO O SEGUINTE:

1ª PARTE: SERVIÇOS DIÁRIOS

Sem alteração

2ª PARTE: INSTRUÇÃO

Sem alteração

3ª PARTE: ASSUNTOS GERAIS E ADMINISTRATIVOS

Sem alteração

4ª PARTE: JUSTIÇA E DISCIPLINA

1. PUNIÇÃO DE OFICIAL - Por este Comando

O Cap Cav - JOSÉ ANTONIO BARBOSA FRANCO, por ter, como S/2 da Unidade, por ocasião de uma reunião para tratar de assunto de serviços internos, coordenado uma visita à residência de um Oficial General R/1, tendo para tanto convidado outros oficiais desta OM, a fim de obter informações sobre a situação política existente dentro do Exército, // tendo deixado de trazer ao conhecimento deste Comando tais ocorrências, no âmbito de suas funções. Posteriormente, // ter conduzido dois oficiais desta Unidade à referida visita (nº 8, 62 e 112 do Anexo I, com as agravantes do nº 4, 5 e letra c) do nº 6 do Art 18, sem atenuantes, tudo do R/DE, transgressão grave), fica preso por 8 (oito) dias, / sem prejuizo do serviço, devendo ser posto em liberdade as 17,00 horas do dia 28 Abr 78 (6ª feira).

A referida punição deverá ser cumprida no alojamento / de oficiais do Pavilhão da Administração, fazendo as refeições no refeitório dos oficiais do Regimento.

(Solução ao Of Conf nº 101/CP, de 12 Abr 78, do Cmt I Ex).

MANOEL JESUS SOUZA - TEN CEL
COMANDANTE DO 2º R C Gd

CONFERE

ALNE PAIXÃO COELHO - TEN CEL
SUBCOMANDANTE DO 2º RCGd

CAPÍTULO 45

Insinuações maldosas

Restrições às contas do Exército em 1977

Em meados de 1978, publicaram os jornais do Rio de Janeiro a decisão do Tribunal de Contas da União (TCU) de não aprovar determinados itens dos balanços anuais dos ministérios, relativos ao ano de 1977. Vários ministérios foram citados, com as parcelas que lhes correspondiam, estando entre eles o do Exército, responsável por Cr$2.548.603,32 (dois milhões quinhentos e quarenta e oito mil seiscentos e três cruzeiros e trinta e dois centavos), quantia não aprovada por aquele Tribunal.

Na ânsia de encontrar roubos, corrupção e irregularidades nas administrações ministeriais, a imprensa deu publicidade à notícia, acompanhando-a de comentários. Como sempre ocorre nestas circunstâncias, alguns jornalistas excederam-se em comentários e, sem um conhecimento perfeito do problema, expandiram-se em suas ilações. Julgaram, assim, que o balanço somente continha matéria relativa ao ano de 1977, atribuindo, em conseqüência, a responsabilidade dos erros e delitos – por eles ali percebidos – ao ocupante do cargo naquele ano.

Entretanto, como veremos abaixo, os fatos, embora delituosos, não afetavam a administração ministerial, que agira com toda lisura; nem mesmo tinham todos ocorridos no ano de 1977. Alguns jornalistas, sequiosos de escândalos, chegaram a procurar o gabinete do Ministro do Exército para esclarecer o assunto, não tendo sido atendidos.

Este comportamento do gabinete ministerial, do meu ponto de vista, foi falho, visto que nada havia a esconder. Teria sido mais lógico que os esclarecimentos fossem prestados, porque não o tendo sido, fortaleceu-se a hipótese da malversação. Não sei ter esta atitude ocorrido por má-fé, visando a deixar em suspenso sobre a administração anterior – a do ministro Sylvio Frota – esta maldosa insinuação. Todavia o efeito foi justamente esse.

Vejamos, após este preliminar, a explicação do fato.

A Diretoria Geral de Economia e Finanças do Exército recebe de mais de duas centenas de organizações militares (OM), todos os anos, por ocasião das prestações de contas, minuciosa justificativa, sustentada por abundante documentação, do emprego dos recursos que lhes foram entregues. Discriminam-se, então, os dilapidadores dos dinheiros públicos, usados ao arrepio das leis, os quais, submetidos a processo por suas organizações militares, aguardam decisão do Judiciário.

São eles colocados sob o título "Desvios e desfalques" e encaminhados com o balanço anual ao Tribunal de Contas da União. Acontece, porém, que estando pendentes de decisões da Justiça – que se arrastam por anos – aquele Tribunal, por não ter ainda responsabilidade definida dos autores das fraudes, adia para o ano seguinte o exame destas irregularidades. Ficam, deste modo, bloqueadas quantias cujo emprego, por irregular e não esclarecido, dependem da aprovação daquele Tribunal.

No Exército, esta situação perdurava, em 1977, havia mais de 11 anos, havendo processos a julgar desde 1966, como se verifica no quadro que transcrevo:

No ano de 1977 não houve, portanto, desfalques ou desvios de recursos públicos, como erroneamente interpretaram alguns jornalistas, nem a parcela não aprovada pelo TCU dizia respeito somente àquele ano. Representava, isto sim, um somatório das irregularidades levadas à decisão judiciária, desde 1966, as quais permaneciam ainda pendentes de julgamento definitivo.

Houve jornalistas, na ânsia de criticar e desmoralizar a administração pública, que chegaram ao extremo de lembrar que as cadeias estavam vazias e os ladrões soltos, numa alusão clara aos responsáveis pelas gestões dos ministérios.

Entretanto, os acusados de roubo foram submetidos a inquérito e apresentados ao Tribunal para que se definisse a culpabilidade de cada um.

O Exército, recusando-se a prestar esclarecimentos aos jornalistas sobre a não-aprovação das contas no valor de Cr$2.548.603,32, não foi feliz, porquanto permitiu que se admitisse ter o TCU encontrado, no mínimo, irregularidades no nosso balanço de 1977. Há ainda a hipótese de ter agido dessa maneira para que se acentuassem as dúvidas sobre a administração anterior, isto é, a do general Sylvio Frota. Esta hipótese não é improvável, considerando-se o modo de agir dos homens do governo.

MILITARES ACUSADOS DE RESPONSÁVEIS POR "DESVIOS E DESFALQUES"

Nomes	OM	Exercício	Motivos	Quantia em Cr$
2º Sargento ALN e outros	14ª CSM (Sorocaba)	De 1966 a 1971	Desvios praticados na Tesouraria	124.053,07
Majores RGC, DLP, NSS, TMLS e capitães LLC e JAM	ERS/9 (Campo Grande)	1972	Irregularidades administrativas nas licitações	69.641,56
Capitães MBT, FM e sargentos GGM e MTUS	ERS/3 (Porto Alegre)	1972	Irregularidades nas licitações de compra de gêneros e alfafa	45.243,90
2º tenente ACPS	3º RCC (Rio)	1972	Desvios de valores da Tesouraria	185.946,11
2º tenente JJP	ERS/2 (São Paulo)	1973	Irregularidades como gestor de supermercado	16.430,16
Ex-capitão CML	CMP/11ª RM	1973	Desfalques praticados no exercício da função de tesoureiro	289.696,27
Ex-funcionário CACD	ERS/11 (Brasília)	1973	Desfalques na Tesouraria	334.353,03
1º tenente BJNM	ERS/10 (Fortaleza)	1973	Desaparecimento de mercadorias sob sua guarda e responsabilidade	154.493,78
Major FLMV e 1º tenente CACS	6ª Cia Front (Guajará-mirim)	1973	Irregularidades na aquisição e pagamento de víveres etc.	146.073,02
Capitão HVC	EsIE (Rio)	1974	Desvios de recursos públicos, de jan 69 a dez 74	771.1112,78
3º sargento JGBS	QG/2º Gpt E Cns (Manaus)	1975	Retenção de quantias relativas a Imposto de Renda	11.608,00
Capitão EFP e 2º tenente JRG e RSJ	23º BI (Blumenau)	1975	Desvio de importância destinada a indenização de material	7.617,17
2º tenentes JLT e KA e 3º sargentos WAO e NAH	5º RCC (Rio Negro)	1975	Irregularidades administrativas no Serviço de Aprovisionamento	363.414,37
3º sargento MAP	47º BI (Coxim)	1976	Irregularidades nos saques do pagamento do pessoal	28.956,10
Total dos desfalques e desvios Cr$ 2.548.603,32				

O caso do telex sobre o Almirante Aragão

Inesperadamente, no domingo 7 de maio de 1978, o jornal *O Globo* divulgou estranha notícia sob o título "Documentos forjados circulam em Brasília". O assunto versava, particularmente, sobre um telex que fazia parte de uma suposta correspondência trocada entre o Chefe do SNI e o embaixador brasileiro em Portugal.

A documentação, segundo afirmou o mesmo matutino, estava sendo distribuída naquela cidade a parlamentares e jornalistas com o intuito de prejudicar o candidato oficial à Presidência da República – general João Baptista Figueiredo – e, também, de desmoralizar o regime político vigente.

Embora não deixasse de aludir a outros documentos, entre os quais uma pretensa autorização do general João Figueiredo para realizar a operação criminosa, o jornal retém-se apenas no exame minucioso do telex inicial, cujo texto criptografado revela e a origem clandestina procura evidenciar. Um dos trechos dessa explicação, redigido em forma solerte, diz:

> As mensagens forjadas não resistem ao menor exame crítico, segundo se apurou. O general Figueiredo, em um dos documentos, é apresentado como "Ministro Diretor do SNI", quando pela denominação oficial é ele Ministro Chefe do SNI. Outros detalhes que logo denunciam a falsificação são o uso do telex do gabinete do Ministro do Exército, na época o general Sylvio Frota, e o de um código inexistente no Ministério das Relações Exteriores, através do qual é feita a comunicação com as embaixadas brasileiras no estrangeiro.

A análise atenta deste trecho mostra-nos que a preocupação primeira de quem o compôs é afastar a imputação, feita ao SNI, da autoria da documentação difundida. A falsificação, para o redator, deve ser provada em relação ao SNI e nada mais. Este parece ser o seu obstinado intento, visto que os argumentos invocados – aliás, muito frágeis – não comprovam a falsidade dos documentos. Tentam insinuar, isto sim, outras fontes de origem, como ocorre com a referência ao "telex do gabinete do Ministro do Exército", onde deveriam estar os autores ou, no mínimo, os cúmplices de tão nefanda ordem.

Antes de especular sobre a documentação, julgo imperativo transcrever os dois telex iniciais, já decifrados, a fim de que aqueles que me lêem possam entender essa embaraçosa questão.

Ei-los:

a) O telex inicial, supostamente emitido do SNI para o embaixador, tem a data de 23 de setembro de 1975 e os seguintes dizeres, consoante os jornais:

> Para..... 12593 – Embaixada do Brasil – Portugal.
> De..... 611145 – Central de Comunicação do Exército – Brasil.
> Em ..... 23 de setembro de 1975, às 7,20 horas.
> Sec. ..... Senhor Embaixador – Urgente.

Por decisão do comando operacional do SNI, se deverá empreender, antes do dia 15 de outubro de 1975, uma operação código 0012, contra o ex-almirante Cândido Aragão e o dr. Carlos Sá. Simultaneamente, empreenderemos como cortina de fumaça uma ação em Paris ou Roma, a cargo da DINA. General João Figueiredo, Ministro Diretor do SNI.

b) Um segundo telex, em resposta ao acima transcrito, fora enviado a 26 de setembro de 1975, pelo embaixador em Portugal. O *Jornal do Brasil* de 8 de maio de 1978 apresenta-o, decifrado, nos seguintes termos:

Para..... 611145 – Central de Comunicações do Exército – Ministério do Exército – Brasil.
De..... 12593 – Embaixada do Brasil – Portugal.
Em..... 26 de setembro de 1975 às 18,50 horas.
Sec..... 2a Sec – Chefia Gabinete – Urgente.

Senhor General João Figueiredo, Ministro Diretor do Serviço Nacional de Informações Operação Código OYYKL-0012 – contra almirante Aragão e Carlos Sá, somente será cumprida uma (“) que a mesma seja confirmada por escrito e com o pessoal do quadro especial para este efeito transladado a Lisboa. Chefe do Serviço Nacional de Informações, área Ibérica,

General Carlos Alberto, Embaixador em Portugal.

(Há neste telex a falta de uma palavra (“), talvez o vocábulo vez. Nota-se, também, na parte final, uma referência ao Chefe do Serviço Nacional de Informações, área Ibérica, que deveria, mais acertadamente, estar no endereço, porquanto parece ser referência ao setor do SNI encarregado da península Ibérica).

Um terceiro documento teria sido assinado pelo Chefe do SNI, em 24 de setembro de 1975, confirmando a ordem para execução do atentado e dando, de forma sucinta, as razões da decisão.

Houve quem, por considerá-lo verdadeiro, visse neste documento a resposta ao telex do embaixador Carlos Alberto, conclusão leviana porque foi expedido antes deste telex. Logicamente não poderia o SNI responder uma exigência que ainda não tinha sido feita.

Poderia ser, caso tenha existido, uma confirmação escrita – dada a importância da matéria – do que fora determinado em telex pelo próprio SNI. Este tipo de revalidação, aliás, é comum nos casos de ordens verbais, dadas diretamente ou através de via telefônica.

É interessante conhecê-lo, na conformidade do que publicou o *Jornal do Brasil* de 8 de maio de 1978:

Exmo. Sr. General Carlos Alberto Fontoura, Embaixador do Brasil em Portugal, Lisboa, Portugal.
Ref.: comunica resolução do Conopesni.

Excelentíssimo Senhor:
Informo a V. Excia. que, em cumprimento a uma ordem secreta de S. Excia. o Senhor Presidente da República quem, em uso das suas atribuições e prévio parecer favorável do Consusena, o Conopesni, determino a execução de uma operação Código doze contra os seguintes indivíduos:

- Cândido da Costa Aragão, brasileiro, ex-militar, atualmente domiciliado em Lisboa, e,
- Carlos Sá, brasileiro, advogado, também domiciliado em Lisboa.

Os indivíduos acima citados foram considerados "grave risco" para a segurança nacional, o primeiro pelas suas atividades políticas dentro das FA portuguesas, e o segundo, pelas suas comprovadas conexões a terrorista de renome internacional.

A presente confirma o teor de nosso telex secreto de 23 p.p.

N. Termos
O. cumprir
Chefe do SNI

João Baptista Figueiredo.

A imprensa, de modo geral, abordou o assunto com interesse, na primeira quinzena de maio daquele ano. Os argumentos justificadores, como já defini, eram frágeis e balburdiavam mais do que convenciam. Examinemo-los.

A circunstância de o general Figueiredo ter sido denominado DIRETOR no primeiro telex, quando o vocábulo certo é CHEFE, constitui fator irrelevante, considerando que muitas siglas correspondem a mais de um significado. É comum uma sigla corresponder a COMANDANTE, CHEFE ou DIRETOR, ficando a escolha a critério do decifrador, conforme julgue o termo mais adequado à pessoa mencionada. Em minha correspondência, na época em que desempenhei o cargo de Comandante do I Exército, muitos ofícios ou cartas, oriundos de fontes civis, eram dirigidos ao Chefe do I Exército.

Tal falha poderia, no máximo, sugerir que o autor da decifração não fosse um militar, naturalmente afeito às denominações dos cargos.

A especulação aconselha, também, lembrar que certos erros são "falhas de aparência", intencionalmente colocadas, visando ao despistamento; não afetam, pois, o sentido do documento. São falhas de aparência e não de essência.

O uso de um "Código inexistente no Ministério das Relações Exteriores" é argumento por demais frívolo para merecer demorada análise. As Forças Armadas e o Serviço Nacional de Informações têm códigos específicos para certas comunicações e atividades, logicamente, por imperativos da segurança. Quando estive como Chefe-de-Gabinete do ministro Lyra Tavares – algumas vezes citado na correspondência como Diretor de Gabinete –, os códigos para ligações diretas entre o ministro e os comandantes de Exército não eram os mesmos. Outros existiam no CIE privativos de setores diferentes.

Como vemos, foi precipitada a argumentação do jornalista nesses dois aspectos. Esqueceu-se ele, ainda, que numerosas embaixadas brasileiras têm adidos militares que se ligam diretamente com suas Forças – no Exército normalmente através do

Estado-Maior do Exército – por códigos especiais. O rumoroso caso do "Relatório Saraiva" é um típico exemplo destas ligações.

Acredita o jornalista que o Exército vá ter a ingenuidade de mostrar este tipo de código ao Ministério das Relações Exteriores? E o SNI, que os tem variadíssimos, falo-ia?

Quanto ao terceiro argumento, "uso do telex do gabinete do Ministro do Exército", que é capciosamente complementado "na época o general Sylvio Frota", além de tênue, é malicioso e extremamente irresponsável.

Marca, acima de tudo, uma incoerência estarrecedora porque, enquanto admite como prova irrefutável de falsificação a troca do título de chefe pelo de diretor – o que seria possível, como já acentuei, pelo caráter de pluralidade da sigla – procura confundir "telex da Central de Comunicações do Exército", constante dos dois documentos publicados, com "telex do gabinete do Ministro do Exército", coisas completamente distintas.

O Centro de Comunicações do Exército está situado no 4º pavimento do Bloco H do Quartel-General do Exército, conhecido como "Forte Apache", ao passo que o gabinete do Ministro do Exército ocupa o 4º pavimento do Bloco A. Além disto, aquele Centro não está diretamente subordinado ao ministro e sim ao Chefe do Departamento de Engenharia e Comunicações, através de sua Diretoria de Comunicações.

Em nenhum dos dois telex há referência ao "telex do gabinete do Ministro". Por que então citá-lo, acompanhando-o – não nos esqueçamos – do adendo "na época o general Sylvio Frota"?

A primeira conseqüência que senti, dessas publicações, traduziu-se numa saraivada de perguntas dos jornalistas que me telefonaram, insistentemente, naquele domingo e dias da semana subseqüente.

Queriam saber se era verdade o que se publicava; por que fora transmitido o telex pelo gabinete do Ministro do Exército? quais as razões para agir dessa maneira? se não fora expedido o primeiro telex pelo meu gabinete, qual o provável ou possível expedidor? e muitas outras indagações, algumas, como sempre, frutos de ânsia de informar algo irreverente.

Atendia-os, quando podia, mas evitava tratar de assunto tão grave quão delicado. Entretanto, a um deles – meu amigo e jornalista paulista – disse desconhecer qualquer documento daquela espécie e coloquei dúvidas sobre a sua legitimidade. O jornal *Folha de S. Paulo* de 9 de maio de 1978, página 6, dá a síntese dessa conversa telefônica.

Anistiado pelo atual governo, o ex-almirante Cândido Aragão, segundo a imprensa, ao chegar ao Brasil aludiu a essa tentativa de assassínio. Nessa ocasião pessoas conhecidas perguntaram-me sobre os telex e a autenticidade dos mesmos. Esvoaçam, sobre esse acontecimento, dúvidas e insinuações que precisam ser devidamente esclarecidas e afastadas, visto que os fatos continuam, ainda, nebulosos para muitos dos nossos contemporâneos.

A questão dos telex é, portanto, para mim e todos os oficiais que integram o meu gabinete, de importância vital. Ela teria sido rápida e facilmente elucidada se o Ministro do Exército em maio de 1978, general-de-exército Fernando Belfort Bethlem, quisesse ou pudesse fazê-lo. Quando digo pudesse não me refiro a possibilidades físicas, porém moral-funcionais. É provável que não houvesse, também, interesse em esclarecer uma acusação que atingia um ministro demitido pelo presidente Geisel, por dissidência com a política do governo.

Os telex, insisto na observação, não citam nominalmente o gabinete do ministro, no entanto os comentários fazem-no, argüindo-o, conseqüentemente, de autor ou partícipe no crime.

Considerando que o número – 611145 – correspondia precisamente ao do telex do meu gabinete, teria sido, realmente, o documento elaborado e transmitido pelo Exército? Seria falsificado? Clandestino? Ou servira o Exército apenas de intermediário na emissão?

O esclarecimento destas perguntas impunha-se, por basilar ao enigmático problema.

Era e talvez seja, ainda, facílimo respondê-las. Uma verificação dos registros dos documentos expedidos e recebidos – obrigatórios em todos os setores de comunicações – sanaria as persistentes dúvidas e insinuações.

Se, em 23 de setembro de 1975, lá estivesse anotada a expedição do discutido telex, não haveria mais incertezas; o Exército era responsável por esse ato. Nesta circunstância era preciso saber se fora elaborado no próprio Exército e em que setor, ou decorrera a transmissão a pedido de outro alto órgão da República. Esta consideração, embora possa parecer disparatada, não o é, pois usa-se essa cooperação, mesmo em situações normais, com razoável freqüência, quando necessário. Não sendo absurda deveria ser cuidadosamente apreciada no exame do problema.

Julgo que o CIE, elo na cadeia de informações, possa ter desempenhado a função de "ponte" em várias ocasiões.

Todavia, em qualquer caso, haveria um oficial responsável por essa transmissão.

Não estando o telex registrado na data de 23 de setembro, oficialmente, o Exército nada teria a ver com o documento.

Nesta condição, impor-se-ia uma pesquisa complementar no registro do recebimento dos telex, na Embaixada do Brasil em Lisboa. Resultando negativa, estava comprovada a falsificação.

As mesmas especulações e hipóteses deveriam ser feitas em relação ao telex do embaixador Carlos Alberto da Fontoura, datado de 26 de setembro de 1975, dirigido ao Serviço Nacional de Informações.

Se existiu e foi remetido ao Exército, comprovando indiretamente a existência do primeiro telex, chegou às mãos de seus destinatários no SNI. Neste caso só poderia provocar duas reações, bem diversas:

- Estranheza sobre o assunto tratado, por isso exigindo imediato pedido de esclarecimento ao embaixador;
- ou tranqüila medida de arquivamento, por já ter sido atendida a solicitação, em ofício de 24 de setembro.

Não tendo sido dadas provas nem explicações convincentes sobre esses eventos, a opinião geral, na incerteza sobre a realidade, penduleou entre versões – algumas antagônicas – contadas à socapa na chamada comunidade de informações ou publicamente relatadas pela imprensa.

Delas eu não me eximo de mencionar as duas mais aceitas e persistentes.

Vejamos a primeira:

- Os acontecimentos de 25 de abril de 1975 colocaram Portugal praticamente nas mãos dos marxistas, existindo comunistas portugueses, ligados ou infiltrados, na Embaixada do Brasil.

Em setembro daquele ano deu-se a troca da correspondência cifrada entre o SNI e a Embaixada do Brasil e, nessa época ou pouco depois, foram os principais documentos, relacionados com o ex-almirante Cândido Aragão, surrupiados e copiados, num ato de espionagem, e entregues as cópias ao Partido Comunista Português. Os comunistas, no entanto, decidiram silenciar sobre o assunto, aguardando que a conjuntura brasileira lhes desse uma oportunidade para divulgá-los com grande escândalo e repercussão política.

Em início de 1978, talvez por considerar propício o momento, quer pelo impacto causado pela exoneração do Ministro do Exército quer pelo pedido de demissão do general Hugo Abreu, Chefe da Casa Militar, e ainda pela cerrada vigilância exercida sobre o ex-almirante Aragão, que perambulava pelo norte da América do Sul, havia anos, à procura de bases para atuar contra o governo brasileiro, os marxistas e elementos cassados resolveram difundir com alarde os documentos em seu poder.

Entretanto, o SNI, tendo colhido informações do iminente derrame desta documentação, antecipou-se em divulgar uma notícia sobre documentos forjicados, visando a neutralizar e, se possível, a anular repercussões, em particular nos meios militar e político.

A direção do jornal *O Globo*, cooperando com o governo, incluiu na sua edição de domingo 7 de maio, uma folha solta, cuja página 15, com exceção de um anúncio comercial na parte inferior, tratava exclusivamente e com grande destaque desta falsificação e a página 16, afora três ou quatro pequenas notícias de relativa importância, estava também coberta de anúncios. Isto, no julgar dos propaladores desta versão, mostrava os açodamento e imprevisto daquela publicação.

• A segunda versão teve livre curso na imprensa e considerava a distribuição dos documentos forjados como uma trama conspiratória da Central Intelligency Agency (CIA), pretendendo desacreditar o regime político brasileiro e substituí-lo por outro mais próximo dos interesses norte-americanos. Falava em ligações do chefe supremo da CIA, que dizia ser o almirante Tamer, com o governo da Alemanha Ocidental, ao qual mostrara documentos falsificados que objetivavam provar a instabilidade do nosso governo e sugerir, por isso, a suspensão do Acordo Nuclear.

Insistia em afirmar que a CIA apontara aos alemães, através de documentação que preparara, ligações do SNI com o Serviço Secreto Chileno – DINA – para execução de seqüestros e assassínios políticos no exterior. Esta intriga intentava apresentar-nos como imaturos e irresponsáveis.

Apesar de considerar as conversações do almirante Tamer, em Bonn, de caráter rigorosamente secreto, o jornal, que publicou esta explicação dos fatos, assegurava que as minúcias desse encontro eram verdadeiras. É provável que se tenha louvado, como declarou, nas altas fontes de Brasília, porquanto era impossível obtê-las de outra maneira.

Em síntese, essa versão do caso ex-almirante Aragão lançava sobre a CIA a responsabilidade de falsificação de documentos, difundidos com o propósito de desprestigiar o governo brasileiro e comprometer a candidatura do general Figueiredo à Presidência da República.

Foram essas duas as explicações ventiladas cautelosamente entre militares, congressistas e jornalistas, em face do silêncio oficial sobre os supostos telex ordenando o assassínio do ex-almirante Aragão.

São ambas algo fantasiosas, como sói acontecer quando a imaginação esforça-se por esclarecer fatos apenas superficialmente conhecidos. A primeira parece nascida de especulações oposicionistas ou reacionárias, enquanto a segunda afigura-se de geração oficiosa.

Transcrevi, além dos dois discutidos telex, um pretenso ofício do Chefe do SNI, general Figueiredo, ao embaixador do Brasil em Portugal, datado de 24 de setembro de 1975, em virtude de complementar o telex que a imprensa disse ter sido expedido pelo meu gabinete, no Ministério do Exército. Sobre ele desejo traçar comentário, por julgá-lo peça de inestimável valia na percepção deste imperscrutável enigma.

Quem quiser raciocinar como advogado do diabo pode admitir que um documento de tal espécie talvez fosse uma revalidação de ordem expedida pelo telex. É usual no Exército – volto a acentuar –, por motivos de segurança e responsabilidade, confirmar-se uma decisão dada pessoalmente ou através de via telegráfica ou telefônica – particularmente se é assunto de certa gravidade – por meio de um documento de trânsito mais seguro, pormenorizado, embora mais demorado. Não é, portanto, descabida essa hipótese, para aquele que se situa no domínio das especulações.

Este ofício era de importância vital na elucidação dessa lastimável trama, porque dava foros de legítimo, desde o instante em que se comprovasse ser verdadeiro, ao primeiro telex. Nesta circunstância, não se conseguiria fugir à impositiva conclusão de que os dois primeiros documentos – telex e ofício – estavam intimamente ligados e que tiveram sua origem comum no SNI.

Alicerçavam essa ilação as identidades das assinaturas, além da lógica e irrefutável dedução de que nenhum órgão poderia confirmar – o que no caso aconteceu de imediato – uma ordem ou determinação que não tivesse dado, mui especialmente, quando ocorrera a transmissão em código.

Sendo o telex de 23 de setembro e o ofício de 24, como poderia ser este uma resposta ao telex do embaixador que só seria expedido a 26 de setembro? Caberia, por lucidez, considerá-lo uma confirmação do telex de 23 de setembro. O ofício nada mais fez do que reiterar a ordem.

Qualquer analista hábil, prosseguindo por este perigoso caminho dedutivo, inferiria com firmeza que o Centro de Comunicações do gabinete do ministro servira, apenas, de estação intermediária – "ponte" na linguagem de comunicações – entre o órgão de origem e a embaixada.

Podemos, hoje, aquilatar o excepcional valor desse ofício na busca da verdade, embutida nessa embaraçosa questão, quando consideramos que, se o ofício inexistisse e o primeiro telex fosse legítimo, não escaparia o gabinete do ministro da caluniosa acusação de que este último documento fora, ali, redigido e, sob falsa assinatura do Chefe do SNI, transmitido para a embaixada.

O ofício confirmando a ordem é realmente a chave do problema.

Tal documento contém juízos sobre o ex-almirante Cândido Aragão e um civil advogado, considerando-os de "grave risco" para a segurança nacional. Em que pese, para mim, o exagero destes conceitos, não se pode negar que o ex-almirante, partidário exaltado e pertinaz do governo João Goulart e de suas teses marxistas, foi cúmplice, se não incentivador, dos lamentáveis acontecimentos ocorridos, em março de 1964, na sede do Sindicato dos Metalúrgicos. Homem que confunde prestígio com promiscuidade, foi conduzido nos ombros da marinhagem, degradando as Forças Armadas, numa manifestação grotesca de populismo – infelizmente com alguns adeptos ainda hoje –, maculando a austeridade numa Força cujos chefes primam por mantê-la, tradicionalmente, em adamantina pureza.

Após a Revolução de 1964, expulso da Marinha e banido pelo Ato Institucional, não descansou em suas investidas e conspirações contra o governo revolucionário.

Vagueava pelo norte da América do Sul, sendo assinalada sua presença várias vezes na Venezuela e na República da Guiana, procurando conseguir bases pra operar com guerrilheiros no território de Roraima.

Em 1976, informações colhidas pelos nossos agentes davam como provável a existência de tropas na fronteira sudoeste da antiga colônia inglesa, atribuindo-lhes a nacionalidade cubana.

Esse conjunto de informações chegou a trazer certa preocupação ao nosso governo, mas a ação imediata e eficaz do Itamaraty conseguiu a vinda ao Brasil do primeiro-ministro da Guiana. Depois desta visita, voltou à normalidade aquela região fronteiriça.

Em fins de 1976 ou princípios de 1977, circulou a notícia de sua morte, na Venezuela, mas logo foi desmentida. Era, por tudo isto, um homem que incomodava; no entanto, sua relativa periculosidade não punha em risco a segurança nacional.

Quando abordei a questão dos telex sobre o ex-almirante Aragão, visava tão-somente a revidar as insinuações vis de que fui alvo e repeli-las como caluniosas.

Não pretendia colocar em debate se a documentação fora falsificada ou era verdadeira, contudo as exigências da argumentação deram este rumo à análise do problema.

Os órgãos do governo poderiam provar facilmente que os dois telex eram falsos ou clandestinos. Quanto ao ofício, um simples exame grafológico verificaria a não autenticidade da assinatura do Chefe do SNI. Todavia, se estas provas não foram apresentadas, foi porque ou não quiseram ou não puderam fazê-lo.

Este comportamento – talvez explicável à luz dos segredos de Estado – fez nascer a suposição de que os documentos eram autênticos.

Entretanto, em qualquer hipótese, fica comigo a irrespondível indagação: quem teria tido a baixeza, a covardia moral de redigir ou compor um telex – emitindo-o, se real, ou divulgando-o, se falso – usando para caracterizá-lo o número do telex do aparelho do meu gabinete, com o intuito claro de insinuar minha cumplicidade num assassínio?

CAPÍTULO 46

As manifestações de solidariedade

Lançada a minha proclamação, destinada aos meus comandados, começaram, com surpresa, a chegar vibrantes manifestações de solidariedade à minha atitude e de aplausos às idéias e princípios contidos no documento.

Cartas e telegramas, escapados da rigorosa censura que o governo Geisel exerceu sobre a minha correspondência, chegaram-me às mãos. Guardei-os com emoção, pois traduziam a identidade de pensamento de meus compatriotas com tudo aquilo que expendera publicamente. Excederam a 400.

O Departamento de Correios e Telégrafos, naturalmente executando determinação do ministro Euclides Quandt de Oliveira, um oficial da Marinha, foi incansável nesse indigno cerceamento do que me escreviam. Oficiais, em São Paulo, tiveram que exigir dos chefes de agências dos Correios que transmitissem suas mensagens, visto que funcionários subalternos recusavam-se a fazê-lo em face da recomendação de "nada se transmitir para o general Sylvio Frota".

Pessoas ilustres, entre as quais desejo realçar o meu amigo, já falecido, Salvio Pacheco de Almeida Prado, insigne brasileiro sempre preocupado com os destinos da Pátria; ministros dos altos tribunais de Justiça do país; velhos chefes – daqueles que têm ainda vivo o espírito de classe, hoje agonizante; e cidadãos que não conhecia, em maioria pertencentes às profissões liberais, procuraram-me, em minha residência, para aplaudir meu comportamento denunciando à Nação o perigo que se avizinhava. Nos estabelecimentos comerciais, logradouros públicos etc., ao ser identificado, pessoas completamente desconhecidas dirigiam-se a mim para felicitar-me, afirmando pensar da mesma maneira.

Os políticos também me procuraram, especialmente aqueles que foram denominados "frotistas". Queriam conhecer meus pontos de vista sobre a situação, porém interessava-lhes bastante saber se eu desejava que eles continuassem lutando pela minha candidatura à Presidência da República, conquanto nunca lhes tivesse revelado esta pretensão, como podem atestar.

Ouvi-os, dispensando-lhes a usual consideração, sem manifestar nenhum interesse por posições políticas. Praticamente, liberei-os de todo e qualquer compromisso que tivessem assumido, voluntariamente, quer com amigos ou correligionários quer com a sua própria consciência. Rendo-lhes, por isso, sincera homenagem, pelo procedimento correto que tiveram. Teriam que prosseguir nas atividades profissionais que escolheram. Os políticos buscam os caminhos do poder para concretização de seus propósitos e ideais, lamentável é que muitos penetrem por sendas enlameadas.

Um jovem e inteligente deputado nordestino, encontrando-se em minha residência, disse a um major que também ali se achava ser o "frotismo" um movimento puro de restauração dos legítimos e sadios postulados revolucionários, defendidos espontaneamente por mais de uma centena de deputados. Jamais, realçou com ênfase, uma manobra política na cata de posições vantajosas.

Quando, num dos últimos dias de janeiro de 1978, recebi um telefonema de meu amigo Carlos Alberto de Oliveira, deputado pelo estado de Pernambuco, participando a decisão do apoio do grupo à candidatura oficial, vi apenas neste gesto mais uma prova de especial consideração que sempre me dispensaram seus integrantes. Em face do que lhes dissera era dispensável essa participação que, no entanto, foi um comportamento de elevado padrão moral.

Não me é justo esquecer o nome do senador Agenor Maria, do Rio Grande do Norte, ao tratar de solidariedade entre amigos. Lá estava ele no meu embarque sereno e comovido. Visitou-me, no Rio, algumas vezes, propiciando-me a satisfação de revê-lo.

Em dezembro de 1977, no Rio de Janeiro, um grupo de generais, tendo à frente meus prezados amigos generais João Bressane de Azevedo Netto e Renato Paquet Filho, resolveu prestar-me uma homenagem à qual compareceram algumas centenas de corajosos amigos, civis e militares, muitos destes ainda em serviço ativo. Soube, dias depois, mais tarde confirmado por pessoas ligadas aos diretores do Clube Federal – local da reunião –, que os órgãos de informações obrigaram a gerência do clube a infiltrar entre os garçons agentes seus, naturalmente com a incumbência de ouvir e anotar conversas dos participantes do evento, bem como relacioná-los.

A repulsa à conduta dos generais do Alto Comando e à do Chefe da Casa Militar foi, posso dizer, geral entre os oficiais de postos até major. Patenteava-se esta reação em todas as oportunidades. Dois generais eram muitos visados pelas relações de amizade que tinham comigo: Arnaldo José Luiz Calderari e Hugo de Andrade Abreu.

Os oficiais evitavam cumprimentá-los, por considerá-los abjetos traidores. Houve neste particular uma atitude gravíssima de um major de Artilharia, que ficou sentado em sua mesa de trabalho quando o general Calderari a ele se dirigiu. Não sei se o general percebeu o acinte, pois desejo somente destacar o sentido de reação do comportamento do major que, alertado pelos companheiros presentes respondeu:

— Não me levanto para um traidor!

Não asseguro, também, que tivessem sido ouvidas estas palavras pelo general, mas que foram pronunciadas não tenho dúvidas, porquanto alguns oficiais – que não terei a ingenuidade de citar – afirmam-no.

É oportuno mencionar que o procedimento do general Calderari foi dos que mais causaram indignação entre os oficiais do meu gabinete. Quando o general Bento trouxe-me a notícia da ida do Calderari para o palácio do Planalto – fato que já citei – os oficiais ali presentes, em uma só voz, exclamaram:

— Mas... O general Calderari!

Esta frase de insopitável surpresa – declaração uníssona num momento de angústia – relembra outra historicamente famosa, proferida com amargor pelo célebre general romano Júlio César, ao cair ensangüentado aos pés da estátua de Pompeu, no Senado de Roma;

— *Tu quoque Brutus*... (Tu também Brutus...)

Essa aversão aos generais que participaram do *complot* Geisel e compareceram lépidos ao palácio do Planalto, num movimento de insubordinação sem precedentes no nosso Exército, fez-se sentir, logo após a minha demissão, com certa intensidade. Comentários inconvenientes eram, e são ainda, ouvidos sobre a pusilanimidade dos chefes que se esconderam para não atender ao chamado do ministro, realçando que todos, ou quase todos, tiveram pagamento em compensadoras comissões.

Cartas, lamentavelmente apócrifas, distribuídas em profusão pelos Correios, difundiam os censuráveis comportamentos que tiveram, conhecidos apenas em restritos círculos e mantidos sob sigilo por imperativos éticos e disciplinares.

Tal procedimento, condenável por pernicioso à instituição, levava ao descrédito os generais; todavia, é justo reconhecer que a lassidão disciplinar alastrou-se à sombra dos exemplos dos maus chefes, mais apegados aos seus interesses do que devotados ao Exército. Lassos no cumprimento de seus deveres, tolerantes em decorrência, vão aos poucos transformando soldados em burocratas, de olhos pregados nos relógios, ansiosos pelo término das tarefas de quartel.

Esquecem-se que o lídimo militar tem uma Mística que é a crença arraigada na GRANDEZA DA PÁTRIA, da qual o Exército é um dos fiadores perante a Nação.

Olvidam, ainda, que um grande exército terá de possuir grandes chefes, pois são valores interdependentes. É verdade irrefutável que velho provérbio sírio confirma: "O chefe de um bando de gansos é um ganso e o chefe de uma manada de búfalos é um búfalo."

Generais do *complot* Geisel, depois dos acontecimentos de 12 de outubro de 1977, começaram a receber, por certo tempo, envelopes com "penas brancas", correspondência que visava a acusá-los de traidores.

Tais mensagens, para os que desconhecem a significação de "penas brancas", exigem uma explicação.[1]

Esta distribuição não pode ser negada, visto que colegas meus assistiram ao recebimento de uma destas cartas, que irritou bastante o destinatário.

Outra reação, através desse processo postal, constituiu no envio aos oficiais que, tendo pertencido ao meu gabinete, nele permaneceram sorridentes e mal-falantes a meu respeito. Entre todos destacou-se um coronel de Cavalaria, indivíduo pretensioso, verdadeiro *bluff* profissional, carreirista inveterado, que logo após o dia 12 de outubro "conquistou" importante comando, de grande responsabilidade moral, num estabelecimento de ensino. A influência nociva deste comando sobre os jovens, por evidente, dispensa comentários. Essa nova mensagem, muito simples, constava de um bilhete de pagamento, dos que são tradicionalmente usados no Exército, com apenas uma anotação, posta em seguida à gratificação especial a que faziam jus os oficiais do gabinete: "Preço de uma traição – ou, então – Valor de uma humilhação."

Homens desta espécie já formam, também, uma legião – Legião dos Carreiristas – muito diferente daquelas legiões romanas que lutavam por uma Nação, pois batem-se estes, na realidade, por seus intrínsecos interesses. Justificam suas abjetas adesões aos vencedores com uma frase feita para esses emocionantes momentos – o aforismo "Sou soldado, cumpro ordens!" – cujo puro sentido, como malabaristas morais, deformam.

O militar não é um *robot*, não é um irresponsável que tenha perdido a consciência, única mentora de seus atos. Em 1922, vários capitães de Artilharia recusaram-se a abrir fogo de suas peças sobre os jovens cadetes revoltados, numa reação inócua. Tiveram o absoluto beneplácito de seus contemporâneos.

---

1. Um famoso romance, do renomado escritor inglês Alfred E.W. Mason, intitulado *As quatro penas brancas*, reproduzido em algumas produções cinematográficas de sucesso, apresenta em seu enredo um militar acusado de traição por três companheiros, que abandonara na ocasião em que partiam para a guerra, bem como por sua noiva, dos quais recebeu, de cada um, uma carta contendo uma pena branca – símbolo de covardia entre os militares de sua corporação –, numa insultuosa afronta ditada pela repugnância. (N.R.)

Infelizmente, para os destinos do Exército, muitos desse enxame de adesistas e carreiristas alcançam o generalato.

Vi e recebi com agrado e, não posso negar, confortaram-me muito as manifestações de solidariedade direta. Entretanto, não poderia louvar aquelas que, embora indiretamente tivessem o mesmo sentido, porquanto plenamente justificáveis nos momentos de indignação e nojo, fossem ruinosas à nossa sublime instituição.

Que os acontecimentos de outubro de 1977, em vista dos tristes exemplos dados pelos generais traidores – transformados em servos de gleba do presidente Geisel –, afetaram a disciplina no Exército e o prestígio de seus chefes, não pode haver mais contestações, em face das ocorrências subseqüentes.

Assim pensando, no dia 13 de outubro de 1977, um brilhante general, hoje na reserva, a quem a Pátria e Exército devem vigorosas realizações nos setores da engenharia e das informações, disse-me, olhando o vácuo como se estivesse a perscrutá-lo:

— General! O Exército, ontem, morreu como instituição!

Foi, ainda que emocional, uma observação justa; porém confio que as novas gerações, livres da mentalidade usufrutuária e das fascinações materialistas que avassalam os altos escalões da República, possam soerguê-lo e ressuscitá-lo.

Crises graves nós as tivemos, em muitas ocasiões, todavia, quando faltavam chefes moralizados, como em 1922, para evitá-las e debelá-las, a juventude militar sabia encontrar novos líderes para guiá-los na defesa da honra do Exército e do respeito à dignidade dos militares.

CAPÍTULO 47

Turbulências políticas

A CONJUNTURA POLÍTICA EM 1978

O ano de 1978 iniciou-se com novo panorama político – a indicação oficial de um candidato à sucessão presidencial. O nome do general-de-divisão João Baptista de Oliveira Figueiredo foi pública e oficialmente homologado pelo general Ernesto Geisel. O grupelho do palácio, já ali engajado por quatro anos, acabava de assegurar seu reengajamento por mais seis, conforme a "salutar" medida prevista no previdente "Pacote de abril", na esperança de obter, mais tarde, definitiva permanência naquela área de "constantes sacrifícios e desgastes".

Sobre essa decisão do presidente Geisel, diz Hugo Abreu na página 100 do seu primeiro livro editado:

> Em nome de 120 milhões de brasileiros, que não lhe passaram procuração para isso, Geisel ungia herdeiro seu na Presidência da República um general sem maior prestígio no Exército, já que se encontrava afastado de suas fileiras havia muito tempo e a ele nunca prestara maiores serviços. Mas, além de não ter prestígio no Exército, também não dispunha de qualquer projeção fora dele, não sendo para a opinião pública senão um ilustre desconhecido.

Estas palavras do general Hugo Abreu nada mais eram do que a ressonância do que se murmurava no Exército sobre o general João Figueiredo. Diziam os moderados no julgar que ele, depois de promovido a general, somente exercera um cargo especificamente militar – o de Chefe do Estado-Maior do III Exército – em que permaneceu alguns meses, jamais tendo comandado uma organização de tropa.

Os cargos que ocupara eram todos alheios ao Exército, por isso ficara em situação de agregado.

A referência do general Hugo Abreu "e a ele nunca prestara maiores serviços" era também amparada pelos comentários feitos por oficiais – logicamente não pertencentes à camarilha do general Figueiredo – de que a única comissão de comando que tivera fora a de comandante do antigo 1º Regimento de Cavalaria Divisionário – Dragões da Independência – na qual apenas se destacara por ter levado a sua unidade do Rio de Janeiro para Brasília, quando da transferência da sede do Regimento, tarefa que qualquer capitão da Arma de Cavalaria poderia executar a contento.

Outros mais viperinos demonstravam o amargor dos oficiais de Cavalaria que serviram naquela unidade, por ter o então coronel Figueiredo prometido que, sob seu comando, os Dragões da Independência não iriam para Brasília – promessa vã que não cumpriu.

Quanto à afirmação de que o general Figueiredo não dispunha de qualquer projeção fora do Exército, foi plenamente demonstrada no episódio das urnas do *Correio Braziliense* em que o seu nome ficou entre os últimos.

A primeira entrevista concedida pelo novo candidato oficial à imprensa ocorreu, segundo narra Hugo Abreu, nas baias do 1º Regimento de Cavalaria de Guardas. O ex-Chefe da Casa Militar a define como grotesca, embora eu a ache mais pitoresca do que grotesca.

Este fato talvez tenha influído bastante para que o jornalista e escritor Leonildo Tabosa Pessoa cognominasse, na página 23 do seu interessante livro *A lágrima* – romance em que trata ficcionalmente a Revolução de 1964 –, o décimo sexto ano da "sua Revolução", como o Ano do Cavalo, denominação que estendeu ao quinto período revolucionário, naturalmente, explicando-a sob outro aspecto.

Começou o candidato à Presidência da República suas viagens de propaganda eleitoral e catequização dos meios políticos e castrenses. Em todos os lugares era recebido com destaque pelos comandos militares. Entretanto, em determinada área um comandante militar não o foi receber, alegando não se tratar da visita de um general, mas de um político. Queria, no seu correto modo de pensar, manter o Exército afastado das agitações políticas. Este comportamento nada tinha de hostil ao candidato, não podendo, portanto, ser censurado.

O exemplo, todavia, poderia ter seguidores, e a fértil imaginação dos homens do Planalto, especializados em artifícios políticos, encontrou de imediato uma solução. Modificar-se-ia o cerimonial da República, introduzindo-se entre os primeiros dignitários ali mencionados o Presidente Eleito, que passou, assim, a ter oficialmente prerrogativas especiais.

A promoção do general Figueiredo ao posto de general-de-exército tornara-se para o governo uma obsessão. Já aludi às artimanhas empregadas para atingir este objetivo de colocar no mais alto posto do Exército o candidato oficial, até a data das eleições presidenciais.

Pretendendo, provavelmente, facilitar as manifestação de caráter político por parte de militares da reserva e reformados, entre os quais estava o candidato oficial, amoldou-se a disciplina às conveniências da conjuntura política.

Um rápido retrospecto das modificações do Regulamento Disciplinar do Exército dará uma idéia de como são manipuladas as leis no nosso país, visando a atender estritamente os interesses pessoais em detrimento dos da coletividade.

Em julho de 1964 o governo Castelo Branco decreta que "os militares da reserva e os reformados não estão sujeitos às disposições dos regulamentos disciplinares das Forças Armadas". Transcorreram treze anos dessa medida até que o governo Geisel, em decreto de 19 de julho de 1977, que eu também assinei, aprovando o novo Regulamento Disciplinar do Exército, mudou a face da questão ao doutrinar que "Estão sujeitos a este Regulamento os militares do Exército na ativa, reserva remunerada e reformados".

A partir desse momento, no restrito prazo de dois anos, o comportamento dos militares no setor da inatividade penduleou entre "o pode e o não pode", ficando a sua sujeição àquele Regulamento pendente de alternativas políticas. Desta maneira vemos, em julho de 1978, o retorno ao decreto de 1964, em que podiam manifestar-se livremente e, menos de um ano depois, outra cambalhota. Este último decreto, de 18 de abril de 1979, assinado pelo presidente Figueiredo, trinta e quatro dias após a sua posse, talvez por admitir ser uma "medida saneadora" do ambiente militar, ressuscita a proibição, pontificando:

> Aos militares da reserva remunerada e aos reformados aplicam-se os regulamentos disciplinares das Forças Armadas quando, ainda que no meio civil, se conduzam, inclusive por manifestações através da imprensa, de modo a prejudicar os princípios da hierarquia, da disciplina, do respeito e do decoro militares.

A lei, sendo um instrumento de defesa da coletividade contra o indivíduo, se aplicada judiciosamente, é salutar; do contrário, revela-se discriminatória e injusta, suscita reações e desacredita o governo.

Ao comentar com jornalistas o decreto supra, referindo-se aos oficiais na inatividade, acentuou o Secretário de Imprensa do palácio do Planalto que "Eles podem falar sobre política" pois o Regulamento Disciplinar "apenas resguarda aqueles pontos onde a hierarquia e a disciplina das Forças Armadas possam ser abaladas".

Entretanto, num ambiente em que se eriçam paixões, a insuperável dificuldade é a caracterização equânime e geral desses pontos que devem ser resguardados, isto é, dos preceitos que foram violados. Esta interpretação, numa comunidade em que impera o mando e na qual os mais altos valores hierárquicos dominam e decidem subjetivamente, manifesta-se díspar no apreciar a lesão de um mesmo princípio por transgressões diferentes.

Oficiais que falavam de política abertamente, tecendo loas ao general Figueiredo, nada sofriam e credenciavam-se, até, às boas comissões; outros que, por lealdade e razões de foro íntimo, não procediam desta maneira, ao mínimo comentário político discordante da situação ou à aproximação dos setores políticos oposicionistas eram castigados com transferência para locais distantes – onde ficavam confinados –, prisões ou preterições. E, hoje, isto ainda não mudou. Se diminuíram as críticas por motivos de preservação, no entanto, há os que falam publicamente em apoio aos pontos de vista do governo, não só transgredindo princípios disciplinares como homologando a indisciplina com seus péssimos exemplos. A estes nada acontece.

E o decreto de 18 de abril de 1979 está em vigor, as transgressões são as mesmas, porém as interpretações para transgressores são diferentes. Os divinizadores – inebriados pela lisonja – não o ferem; todavia, os censores, por dever de consciência, violam-no frontalmente, no falar astuto dos hermeneutas.

Finalmente, é uma questão de arbítrio e falta de critério.

A catequese de militares e políticos, com bastante êxito, ter-se-ia processado, segundo informações colhidas nos bastidores políticos e divulgadas, insistentemente, pela imprensa, na fórmula habitual dos "governos fortes", daqueles que sabem querer. As promessas de empregos eram as primeiras insinuações; filhos e outros parentes dos pretendidos adeptos, que compreendiam a patriótica exigência de dar seu apoio ao governo, foram beneficiados com lugares de polpudas remunerações. Falam os jornais, quiçá por exagero, que hábeis políticos asseguraram o futuro de suas famílias naquela oportunidade. Na hipótese de resistência à adesão, surgiam as ameaças, de início veladas, que se concretizavam persistindo a recusa.

O governo formou, se assim procedeu, um sólido contingente de partidários "idealistas", desses que, no passado, o sarcasmo do inesquecível escritor e humorista Bastos Tigre descreveu como "homens de muito valor que não se adquirem com pouco dinheiro".

A época era, e continua sendo, de afagos aos prosélitos da situação e pressões diversas sobre os que dela divergiam, apesar dos constantes protestos em contrário dos governantes. Ajustava-se bem à expressão ironicamente empregada na vida castrense para definir ambientes semelhantes – "aos amigos, tudo, aos indiferentes, a Lei, aos inimigos, nem justiça".

A candidatura do general-de-exército Euler Bentes Monteiro à Presidência da República veio abalar as previsões de vitória certa dos palacianos. Apoiada pelo Movimento Democrático Brasileiro e contando com a ousada e pertinaz colaboração de Hugo Abreu, causou arrepios e temores nos partidários do general Figueiredo, cujos lugares no futuro e próximo governo já tinham como assegurados.

Homem inteligente, de muito bom caráter, inatacável honestidade e vida particular exemplar, excelente administrador, o general Euler não tinha, todavia, a simpatia da corrente revolucionária de 1964, movimento ao qual, praticamente, não aderiu.

Além disto, medidas peculiares à reorganização do Exército tinham proporcionado, naquela ocasião, aos oficiais da Arma de Engenharia, um acesso mais rápido. Tal benefício, apesar de rigorosamente legal, provocava descontentamento no meio de oficiais das outras Armas. Julgavam-se preteridos e injustiçados com a promoção de colegas mais modernos. É bem compreensível este estado de ânimo na instituição militar em que o mando, na igualdade de posto, é privilégio do mais antigo. O general Euler, que ultrapassara na promoção a coronel oficiais de cinco turmas anteriores à sua, sofreu fortes reflexos dessa reação.

Atribuíam-lhe, também, idéias políticas próximas da chamada esquerda ideológica.

Nesse conjunto de circunstâncias não tinha, portanto, Euler respaldo militar apreciável para sua candidatura, que prestou ainda ao governo o inesperado serviço de legitimar a do general Figueiredo, pela presença da oposição na escolha do novo presidente.

O mesmo poderíamos todos nós dizer das corajosas campanhas cívicas do ilustre mineiro Magalhães Pinto, então senador da República, homem que nos dias nebulosos de março, enquanto balançavam as convicções revolucionárias em muitos "heróis", assim ungidos após a vitória, lançou a proclamação – pedra fundamental – de apoio político à Revolução, que já contava, em Minas Gerais, com a bravura e o idealismo do meu estimado amigo general Carlos Luiz Guedes.

As candidaturas de Euler e Magalhães Pinto concorreram para legitimar a do general Figueiredo, espalhafatosamente mencionada pelo grupelho do Planalto como de livre e espontânea opção do povo e dos congressistas, voluntariedade muito esquisita, pois foi deglutida com dificuldade pelos políticos, no ambiente de inércia moral dominante no país.

Esta espontaneidade deve ter sido um dos mais extraordinários casos de premonição conhecidos, visto que foi pressentido por um grupo de ladinos brasileiros num prédio do Largo da Misericórdia, quatro anos antes de ocorrer. Verdadeiro presságio!

Duas candidaturas oposicionistas, ao tempo que fortaleciam o candidato oficial, diminuíam suas próprias possibilidades. O general Euler, por circunstâncias diversas, não conseguiria romper as muralhas do partido oficial, numa surtida audaciosa para seqüestrar indecisos e descontentes, mantidos sob vigilância por temor às deserções. Faltava-lhe, acima de tudo, o respaldo político para tão temerária incursão.

Todavia, o candidato mineiro – Magalhães Pinto – estava dentro da fortaleza, conhecia suas fissuras e os processos de alargá-las. Além disto, em contraposição ao general Euler, possuía fortes bases políticas, em particular no seu estado, capazes de assegurar, em caso de fracasso, a sobrevivência dos que aderissem à sua causa.

Se o partido da oposição o tivesse apoiado, dificilmente – sem modificações "casuísticas" das regras fixadas – perderia a eleição.

Entretanto, a nossa política continua sendo uma política de arraial, de interesses vinculados aos municípios e áreas estaduais, mais de caráter regional e individual do que de cunho nacional. Há entre os nossos políticos, ainda, homens de mentalidade provinciana, dignos e bem-intencionados, porém mais preocupados com o prestígio de seus clãs, conseqüentemente alienados dos cruciais problemas nacionais e de suas soluções.

A eleição de elemento de um partido para função política de destaque em área estadual é considerada fraqueza inexplicável, verdadeira aberração, pelo partido oponente, cujas regalias e prestígio sofrem o perigo de minguar, no tempo, em progressão geométrica. Não se trata de saber se o eleito é homem de valor, capaz de realizar administração profícua em benefício da população, porquanto o que na realidade está em jogo é o interesse individual, a importância do clã, as mordomias. Contudo, o que exaspera é ver o governo adotar processos semelhantes no âmbito federal, instigando pelo exemplo e por medidas protecionistas os que são "seus", causticando as administrações de seus adversários com medidas repressivas.

No período de outubro de 1977 ao de 1978, particularmente a partir de janeiro deste último ano, logo que foi tornado público o que já era, de muito, ostensivo – a opção do general Geisel pela candidatura de Figueiredo –, intensificaram-se as atividades políticas.

A exoneração, a pedido, de Hugo Abreu e a sua adesão ao general Euler ameaçaram fender o Exército. O grupo planaltino – façamo-lhe justiça – não perdeu tempo na retaliação de seus oponentes, não escolhendo, como de hábito, caminhos e meios para agir.

Enxames de panfletos ridicularizavam Hugo Abreu e os jornais governistas não o pouparam quando cometeu o censurável erro de viajar com a esposa usando passagens de seu genro, pagas pelo estado do Rio de Janeiro. Os puritanos do palácio, com gastos incontroláveis, custeados pelas mordomias e verbas secretas, empregadas ao deus-dará, não deviam estar moralmente muito à vontade para censurá-lo. Os ataques a Euler eram – pela estrutura moral do candidato – mais mesquinhos. Escolheram, para bater, a tecla de anti-revolucionário e esquerdista. Um jornal, em fotografia visivelmente encomendada, mostrou-o num grupo de políticos da oposição, entre os quais estavam homens de reconhecida tendência marxista, visando a incompatibilizá-lo com os militares.

Os partidários do general Euler criaram a Frente Nacional de Redemocratização e também se lançaram na conquista de novos adeptos. Nessa ocasião recebi visitas interessantes que retratam sondagens e tentativas de aproximação, objetivando obter uma manifestação de minha parte favorável a um dos candidatos.

Descrevamo-las a fim de apreciar as teceduras e ardilezas políticas às quais se adaptam os militares que, abjurando a farda, transvestem-se em políticos e passam, assim, a empregar uma linguagem macia e evasiva, de seduções tentadoras e promessas aleatórias, esquecidos do linguajar firme e claro das lides castrenses.

AS VISITAS DE BARBIERI

O ilustre empresário paulista Carlo Barbieri conheceu-me no tempo em que comandei o I Exército, tornou-se meu amigo e visitou-me numerosas vezes. Tínhamos, e parece que ainda temos, os mesmos pontos de vista sobre os graves problemas nacionais. Admiro-o pela sua coragem e idealismo.

Em uma de suas visitas a minha casa, disse-me Barbieri que estava sendo muito assediado pelo deputado Alcides Franciscato, da extinta Arena de São Paulo, para que comparecesse a uma audiência com o candidato oficial à Presidência da República, que já fora marcada.

Estranhou Barbieri este fato, porquanto não havia solicitado audiência ao general João Figueiredo, nem a pediria dentro do restrito limite de tempo permitido.

No decorrer da palestra, Franciscato indagou de Barbieri se era verdade que tinha um círculo de relações apreciável entre os generais do Exército. Respondendo, Barbieri negou esta informação, embora dissesse conhecer alguns generais, em particular o general Sylvio Frota, de quem era amigo há bastante tempo.

Não posso precisar se foi nessa mesma conversa ou em ocasião posterior que o deputado Franciscato voltou a abordar o assunto, declarando-lhe, então, que o general Figueiredo desejava "acertar os ponteiros com o general Frota" (frase textual), propondo para isto um encontro em São Paulo, em lugar protegido, sob absoluto sigilo. Sugeria que o general Frota fosse àquela cidade, incógnito, não devendo ter preocupações com despesas – de transporte e breve instalação –, que lhe seriam poupadas.

Indaguei, de imediato, de Barbieri o que havia respondido. Esclareceu que em face da insistência do deputado, concordara em servir, apenas, de intermediário no convite, não se manifestando sobre qualquer de seus aspectos.

Não hesitei na resposta: "Diga ao deputado que não acredito no general Figueiredo e, por isso, não confiaria no que ele me dissesse; quanto ao convite para ir incógnito etc., eu não me julgo tão ingênuo para aceitar uma proposta ardilosa dessas."

Não sei se o Barbieri transmitiu o recado, contudo, foi dado.

Li, pouco tempo depois, o comparecimento de Barbieri a uma audiência que lhe concedera o general Figueiredo.

Visitando-me Carlo Barbieri, em 5 de setembro de 1978, narrou-me essa entrevista da qual faço, a seguir, uma síntese, realçando os pontos mais interessantes do pensamento do então candidato oficial a Presidente da República:

• Inicialmente, Barbieri disse ao general Figueiredo que era amigo do general Frota, a quem admirava e considerava um grande general.

• O general Figueiredo retrucou que, também, o era, não sabendo por que o Frota era contra ele. Mandara avisar-me pelo general Walter Pires que não tratasse com o presidente de dois assuntos sobre os quais Geisel não gostava de falar, mas não os mencionou. (Não recebi essas informações, desconheço, por isso, a que se referia.)

O general disse ainda que me admirava muito.

• Prontamente, Barbieri replicou que ao general Frota sobravam razões para assim proceder, pois ele Figueiredo tinha sido cúmplice no "golpe" que o tirara do Ministério, e seu único beneficiário.

• Negou o general Figueiredo que tivesse participado do "golpe", mas admitiu que sabia e mantivera-se alheio.

• Continuou Barbieri a mencionar fatos que justificavam não gostar o general Frota do general Figueiredo, tais como preterições e transferência de oficias que serviram com ele – citou exemplos –, a extinção de sua segurança, censura e bloqueio de seu telefone, vigilância na sua porta e correspondência constantemente violada.

• Aparentando surpresa, Figueiredo perguntou:

— Você tem certeza que isto é verdade?

— Como não tenho? Sou amigo dele e disto me orgulho! Tenho ido constantemente à sua casa e sei que é verdade! O senhor sabe que foi por ordem do presidente que toda a segurança do general Frota, inclusive motorista, foi retirada, com o propósito de deixá-lo sozinho e isolado? O general Frota tinha sido ministro e não se respeitou a dignidade e importância de seu cargo, entretanto, ele manteve as seguranças dos generais Médici e Orlando Geisel, que continuam até hoje. Entregaram-no à sanha dos comunistas que ele sempre combateu. Ele jamais reclamou, junto ao Exército, essa situação, portando-se com exemplar dignidade.

• Ao ouvir essas palavras de Barbieri afirmou o general Figueiredo desconhecer esses fatos, considerando errado tal comportamento porquanto acirrava ódios. Perguntou, a seguir:

— Barbieri, por que você é contra mim?

— Não sou contra o senhor. Eu não sou a favor do senhor nem do general Euler. O general Euler é um homem de caráter, de vida particular inatacável. É um homem inteligente. Não é corrupto. O que há de grave com o general Euler é a ideologia a que ele se filiou e a circunstância de não ter sido revolucionário, em 1964. Já o seu caso é diferente, o senhor está cercado de corruptos e tem feito declarações que não deixam dúvidas sobre as suas intenções continuístas e de aberturas exageradas.

— Quais são os corruptos que me cercam?, perguntou o general.

— Fulano, beltrano e sicrano, entre outros, disse Barbieri.

— Quero provas, se as tiver tomarei providências. Eu não posso afastar esses homens, porque ainda não sou presidente... Pretendo, também, afastar o Golbery...

— ... Mas o senhor disse coisa semelhante ao presidente Médici. Declarou que o general Geisel não estava mais ligado ao Golbery e isto não era verdade!

— Bem! Há momentos em que temos de agir daquela maneira, retrucou, confirmando, Figueiredo. Estou tendo dificuldades, criadas no palácio do Planalto pelo próprio Golbery, que está montando um processo para destruir-me, prosseguiu o general. (Julgo que isto era mais uma artimanha de Figueiredo, visando a conquistar o grupo militar oponente, pois sabia que o general Golbery era odiado no Exército. Informaram-me, naquela ocasião, que o general Figueiredo dissera a alguns generais desejar afastar Golbery, quando assumisse a Presidência. Não posso assegurar verdadeira essa informação, porém, sei com absoluta certeza que fez declaração idêntica a um coronel de Infantaria, da ativa.)

— O senhor acha, general, que pode continuar com a abertura nas condições da atual conjuntura? Que diz o senhor desses ataques pela imprensa e no Congresso?

— Se continuar assim eu FECHO ESSA..., foi a resposta, seguida de uma indagação. Você está tratando com o Frota da criação de uma terceira força para derrubar a minha candidatura?

— Não, general, ninguém pode derrubar a sua candidatura. O general Euler não tem condições – quer militares quer políticas – para vencê-lo. Eu e o general Frota não estamos preocupados com a sucessão, estamos muito preocupados, isto sim, com o destino do país. Falam que sou radical. Realmente o sou na defesa de nossos princípios, dos princípios democráticos que sustentam nossa filosofia de vida. Achamos que há uma grande massa que não concorda com o senhor nem com o general Euler, e que esta massa precisa unir-se para resistir à ameaça de destruição. O general Frota, como militar, discorda do comportamento do Exército, imiscuindo-se na política partidária. Discorda, também, da parcialidade dos chefes militares que fazem declarações públicas. Ele lamenta o crescente desprestígio do Exército, no seio da população, por esses fatos. Está preocupado com o desgaste do Exército, com a cisão que essas atitudes podem causar, com os lucros esquerdistas no choque entre militares, com os destinos do Brasil e não com a sucessão.

Nada mais de interessante contou-me Barbieri, tendo a audiência terminado em ambiente cordial.

Depois que Carlo Barbieri retirou-se de minha casa, fiz minuciosa reconstituição deste histórico encontro, absolutamente fiel ao seu sentido e às frases proferidas, mantendo sempre que possível os vocábulos, somente evitando aqueles que, por incompatíveis com a austeridade – caso da resposta ao Congresso –, foram alijados.

CAPÍTULO 48

As visitas do general Hugo Abreu

Outra visita muito interessante foi a que me fez o general Hugo Abreu em 15 de julho de 1978.

O general Hugo Abreu fora meu amigo durante muitos anos, pensávamos de modo idêntico quanto à participação do Exército na política – que repelíamos – e não aceitávamos a ingerência totalitarista nos assuntos nacionais. Foi meu comandado no I Exército, confirmando sempre as qualidades de excelente chefe e de perfeito executante, ao tempo que comandou a extinta Divisão Aero-Terrestre. Em Brasília – eu na Chefia do Estado-Maior do Exército e no cargo de ministro e ele na Chefia da Casa Militar – fortalecemos essa amizade com visitas familiares recíprocas, em que trocávamos idéias sobre a situação nacional.

Preocupava-nos muito o Exército, carente de tudo, anestesiado na apatia, vivendo de migalhas orçamentárias, sem meios para reacender o entusiasmo profissional, que víamos esmorecer no sedentarismo dos quartéis por falta de exercícios especificamente militares, esquecido da Mística do engrandecimento da Pátria, esmaecida por força de ambições e interesses pessoais.

Falou-me muitas vezes Hugo Abreu do ambiente palaciano, descrevendo cenas e contando fatos – narrados posteriormente em seus dois livros – que não deixavam dúvidas sobre as intenções continuístas e o mau caráter dos assessores do presidente, que manipulavam o poder como *cosa nostra*, à semelhança de mafiosos. Tinha profundo respeito pelo presidente Geisel, que na minha opinião o dominava. Embora não gostasse do general João

Baptista de Oliveira Figueiredo, fato por demais público, era ao general Golbery do Couto e Silva que dedicava os piores adjetivos.

Considerava-o meu amigo, impressão que se consolidou definitivamente quando me mandou avisar, meses antes da Farsa de Outubro, que, se o presidente Geisel tomasse a decisão de exonerar-me por motivo político, ele, Hugo Abreu, demitir-se-ia também, de imediato.

Até a manhã do dia 12 de outubro de 1977 – é bom repisar nas minúcias para não esquecê-las – confiava absolutamente em Hugo Abreu. Recebi, pois, seu telefonema, às oito horas daquele dia, na forma de comunicação leal e, ainda, tive a estúpida ingenuidade de perguntar-lhe se sabia o motivo da inopinada convocação. A resposta foi a de um traidor, macia e pérfida:

— Desconheço, ministro, a razão deste chamado...

Iniciava-se a execução, em Brasília, do *complot* Geisel.

Em minhas considerações sobre os acontecimentos que vivi, gosto de colher na História, sempre que possível, fatos semelhantes a fim de, por associação mental, estabelecer paralelos que permitam melhor estigmatizar aqueles que abraçaram a ignomínia e exaltar os que, fiéis à honra, não se aviltaram.

Conta Salvador Borrego, em seu excelente livro *Infiltración mundial*, que os generais Miller e Skoblin pertenciam, em 1915, à plêiade de generais russos nacionalistas que combateram, de armas na mão, o comunismo em sua pátria. Implantado o marxismo na Rússia, emigraram para a França e foram residir em Paris.

Permaneceram amigos por muitos anos. O general Miller, entretanto, desenvolvia grande atividade no seio dos exilados anticomunistas, mantendo acesa a chama nacionalista. Conspirava e procurava aliados; era uma pedra no sapato moscovita. Certo dia – 27 de setembro de 1937 –, Skoblin, que se vendera aos marxistas, convidou seu amigo para uma reunião com alemães hitleristas que lhes ofereciam apoio. Confiante, seguiu o amigo de tantos anos, foi entregue a agentes russos, narcotizado, enfiado numa caixa e levado ao porto de Havre. Um cargueiro soviético zarpou rápido, conduzindo-o para a Rússia. Nunca mais se soube do valoroso general Miller.

Indaga o autor do livro: Quem poderia desconfiar que Skoblin, antigo membro das forças nacionalistas russas, fosse um infiltrado?

Pergunto eu: Como poderia Miller desconfiar de Skoblin, seu velho amigo e companheiro de lutas e ideais?

Após o dia 12 de outubro, só revi Hugo Abreu em julho de 1978. Acompanhei contudo a sua desesperada trajetória em busca de uma solução que evitasse o que ele considerava uma irremediável desgraça: a eleição do general Figueiredo. Seus emissários procuraram-me por algumas vezes, tentando assentar um encontro em que debatêssemos os problemas da sucessão. A resposta foi a mesma, que constantemente dava:

— Quem quiser falar-me venha a minha casa. Porém, sou obrigado a avisar que, aqui, não entrará nenhum daqueles generais do Alto Comando de outubro de 1977, nem qualquer dos comparsas do *complot* Geisel. Tenho o direito e o dever de preservar meu lar das impurezas morais. Abro exceção para o Ariel Pacca, de comportamento inatacável, para o Fritz, com quem não quero ser injusto, não obstante os oficiais acharem inexplicável sua longa demora em retornar do Nordeste a Brasília, onde só chegou à noite, acontecimentos encerrados, tendo sido informado da situação pela manhã e, finalmente, para o Hugo Abreu, a fim de explicar seu vergonhoso comportamento comigo.

Em 9 de julho de 1978, o general Adyr Fiuza de Castro compareceu, às dez horas da noite, à residência, no Rio, do general Hugo Abreu, a convite deste.

Parece-me que a intenção de Hugo Abreu nesse encontro era debuxar o panorama político nacional, visando ao meu conhecimento por intermédio de Fiuza.

A síntese dialogal abaixo reproduz essa entrevista:

Hugo Abreu: — A candidatura do Euler está vitoriosa politicamente, só dependendo da aquiescência dos dissidentes da Arena, ligados a Magalhães Pinto. É, ainda, um obstáculo, contudo os homens da Frente Nacional de Redemocratização julgam-no de solução não muito difícil. O Movimento Democrático Brasileiro (MDB) já assentou o seu apoio a Euler. O governo conhece as possibilidades de Euler vencer, hoje aumentadas com a atitude da Arena paulista, vetando o seu candidato ao governo de São Paulo. Já examina a eleição de uma Assembléia Constituinte, objetivando estabelecer novas bases e normas para a questão eleitoral. Penso, deste modo, em eleições diretas etc. etc... Modificaria, assim, as regras do jogo, dando um verdadeiro golpe de Estado. Afirmam alguns – ditos bem informados – que Figueiredo já admite adiar ou desistir de sua candidatura em favor da eleição de uma Constituinte. Quero alertar o Frota para tudo isso...

Fiuza de Castro: — Posso assegurar que o general Frota repelirá essa violência...

Hugo Abreu: — Mantive um encontro com um senador do MDB, da ala chamada "autêntica". Afirmei ser indispensável, inicialmente, a união de todos para vencer e depois, então, discutirem as divergências. O MDB aceita as condições da Frente e ambas as organizações estão estabelecendo um programa de convergências. Considerando esse ambiente, o general Carlos de Meira Mattos – amigo do general Figueiredo – procurou-me, ontem, para sugerir uma entrevista com o candidato oficial. Perguntou-me se tinha razões pessoais contra Figueiredo. Respondi que não as possuía, mas que o achava um lacaio do Golbery, ao qual está ligado.

Fiuza de Castro: — Causou impressão negativa no Exército a sua aparição e do Euler, em fotografias de jornais, juntamente com Francisco Pinto e outros políticos contra-revolucionários...

Hugo Abreu: — O general Euler não teve culpa do que aconteceu, pois tudo resultou de um ardil dos autênticos ao qual não pôde furtar-se. Asseguro que contamos também com o general Tourinho; entretanto, o general Reynaldo nos abandonou, o que confirma as restrições que o Frota fazia à sua correção de procedimento.

Fiuza de Castro: — Em vista disso não será de surpreender se o Tourinho seguir o exemplo de Reynaldo, porquanto são cunhados...

Hugo Abreu: — Peço dizer ao general Frota que não irei à sua casa, agora, por estar sendo seguido e muito vigiado. Não quero dar motivos ao governo para punir-me, no entanto, logo que possa irei visitá-lo.

Fiuza de Castro: — Quero, general Hugo, transmitir-lhe o pensamento do general Frota, visto que o conheço bem e estou autorizado a expendê-lo. O general Frota não se unirá, de modo algum, aos elementos da Frente, porque defende princípios absolutamente contrários aos deles. Está, como sempre esteve, com a Revolução de 1964 e o Exército. Lastima bastante que, em 120 milhões de brasileiros, nós tenhamos de decidir entre dois homens que violentam os ideais revolucionários: um ligado a corruptos e outro aos partidários do marxismo. Não pode fugir de Cila para cair em Caribdis.

(Nada tenho a acrescentar ou cortar nas palavras do meu amigo general Adyr Fiuza de Castro.)

O general Hugo Abreu cumpriu a promessa. Na noite de 15 de julho, inesperadamente, visitou-me. Não veio acompanhado e manifestava sinais de nervosismo, o que não lhe era normal. Após os cumprimentos sociais, minha família retirou-se para o interior do apartamento e ficamos a sós.

Foi o primeiro a falar no diálogo que encetamos:

— Como vai passando, ministro? Está bem de saúde?

— Muito bem! Tranqüilo de consciência, porém magoadíssimo com você por ter lido na televisão – apontei o aparelho à frente – uma nota do governo que você sabia ser mentirosa!

— Não vim aqui, ministro, para escusar-me! Vim para explicar fatos... No sábado, dia 8 de outubro, antes de sua exoneração, o presidente Geisel declarou-me que tomara a decisão de demiti-lo por incompatibilidade e motivos políticos. (Disse-me o general Hugo Abreu, textualmente, "motivos políticos", no entanto, nas páginas 128 e 129 do seu livro *O outro lado do poder*, procura dar força à "incompatibilidade pessoal" existente entre o presidente e o ministro. Por quê? A narrativa mostrará.) Protestei e chamei a atenção do presidente para a gravidade de sua decisão, sem que ele recuasse. Na segunda-feira, quando voltei ao assunto, disse ao presidente que se a situação tornara-se insuportável fora mais por culpa de Golbery, Figueiredo e minha também. Que eu achava solução mais justa a demissão do ministro, dos generais Golbery, Figueiredo e minha. O presidente insistiu na incompatibilidade pessoal e, por isso, resolvi dar-lhe todo o apoio. Declarou, ainda, que, se não tivesse força para exonerar o Ministro do Exército, renunciaria.

— Mas você me mandou dizer pelo tenente-coronel Kurt Pessek que, se eu fosse afastado pelo presidente Geisel por motivos políticos, você também se demitiria.

— Realmente mandei dizer isso... mas não houve razão para agir assim...

— No entanto você confirmou ser o motivo meramente político quando eu saía do palácio, no dia 12 de outubro. Meu ajudante-de-ordens ouviu e pode confirmar.

Sem retomar o assunto, Hugo continuou:

— Decidido a prestigiar o presidente, tomei todas as medidas de ligação com os comandos do Exército que interessavam. Ficou estabelecido que um avião militar iria buscar, na manhã de 12, o general Bethlem, que deveria vir incógnito, em trajes civis, sob o pseudônimo de Bernardo Geisel, por medida de precaução. Fiz as ligações com a Aeronáutica nesse sentido.

— O Comandante do I Exército, general José Pinto Araújo Rabello, já sabia com antecedência da decisão do general Geisel?

— Sim, o presidente avisara-o no dia 10, segunda-feira, quando esteve no Rio de Janeiro.

— É verdade Hugo, que o Dilermando telefonou-lhe, comunicando a minha ordem de reunião do Alto Comando e pedindo instruções de como agir?

— Sim, telefonou-me; em virtude desse telefonema mandamos buscar os generais... O Heitor Aquino ficou encarregado da imprensa; tudo que saiu por esse setor partiu dele...

— Ouvi dizer que o general Arnizaut fora informado de véspera. Tem fundamento esta versão?

— O general Arnizaut sabia de véspera e teve conhecimento do deslocamento do Batalhão de Cristalina e outras medidas. Eu tinha certeza que a guarnição de Brasília lhe era dedicada e precisava tomar providências para o caso de uma reação. Cheguei mesmo a dizer ao presidente, dias depois da exoneração, que o senhor não tinha tomado o palácio porque não quisera.

— É de seu conhecimento que o Bethlem, um mês e meio após a minha exoneração, mandou retirar toda a segurança, inclusive o oficial que estava à minha disposição?

— O senhor está fazendo uma injustiça ao Bethlem. Quem determinou pessoalmente que retirassem todo e qualquer apoio que lhe tivesse sido concedido foi o próprio presidente Geisel...

O general Hugo calou-se; estávamos sozinhos na quietude da noite. Fazia calor, embora estivéssemos em julho. Sentia que Hugo emocionara-se com a entrevista; afinal, fôramos amigos, ele me traíra e transformara-se no executor implacável das medidas para derrubar-me.

Olhava-o em silêncio. Ele, fixando à frente, nada dizia, como a procurar o que dizer. Sua fronte porejava. Compreendi que, na revisão do passado, debatia-se no tribunal de sua consciência. Abandonara o homem que ali estava ao seu lado para amoldar-se à hipocrisia de um grupo de aventureiros ambiciosos que, após usá-lo, repelira-o como detrito.

De repente prosseguiu:

— No dia 2 de janeiro, ministro, uma segunda-feira, achei que poderia tratar com o presidente da questão sucessória. Enviei-lhe um estudo com o caráter de assessoramento, para que examinasse o problema. Estávamos em 1978 e cessara a proibição de abordar esse assunto. Mandou chamar-me no dia seguinte, conversamos muito e disse-me finalmente que já convidara o Figueiredo para substituí-lo... Fiquei indignado com a notícia... Esconderam-me a verdade... Eu não merecia confiança... ridicularizaram-me... Demiti-me. O presidente tentou protelar, com uma promessa de promoção, pedindo-me que aguardasse até março, recusei...

— E por que você, Hugo, que sempre teve um pensamento revolucionário dos mais puros, foi unir-se ao grupo político em que predominavam os contra-revolucionários e cuja tendência é francamente marxista? Não compreendo isto... não está certa a sua decisão...

O general Hugo Abreu levantou-se, deu dois passos pela sala, voltou-se para mim e... desprendeu o desabafo que continha a custo:

— Ministro! Entre a corrupção e a subversão preferi ficar ao lado da subversão para combater a corrupção... O Golbery e seus comparsas vão vender o Brasil às multinacionais... aliás já estão vendendo. Jamais sairão do poder, se não houver uma forte reação... A corrupção dos vencimentos e vantagens de Golbery, Aquino, Humberto Barreto e outros é de estarrecer... Ganham muito dinheiro... Mas o Exército não permitirá que a subversão tome conta... Discordo, como o senhor, da intromissão do Exército na política... Escrevi ao general Bethlem esta carta (deu-me a cópia de uma carta de 30 de maio de 1978, dirigida ao ministro Bethlem).[1] Não desejo ver o Exército atrelado à política... Estou cético do comportamento do Alto Comando... Numa das últimas reuniões do Alto Comando, o Walter Pires declarou que se o Euler vencesse não tomaria posse e o Jansen repeliu esta declaração... Preteriram o Fiuza por ser seu amigo... Todos querem agradar o governo... Até o Pamplona, meu amigo, que sempre defendi e apoiei, como o senhor bem sabe, deu parte do meu filho acusando-o de estar fazendo reuniões de oficiais...

Parou de falar. Disse-me que iria retirar-se e pediu para despedir-se de minha família.

Ao sair, ainda excitado pela indignação, na presença de meus familiares, repetiu com voz firme:

— Foi isso, ministro! No dia 12 de outubro os generais esconderam-se no meu gabinete, temerosos do que o senhor estava fazendo... Tive nojo deles. Voltarei outra ocasião para falar com o senhor...

Num domingo à tarde, no mesmo mês de julho, voltou Hugo Abreu a procurar-me. Fez-me, desta vez, o que não conseguira fazer na anterior – uma rápida

---

1. Ver Anexo A.

exposição sobre a situação do Euler e pediu-me uma declaração de apoio ao candidato da Frente Nacional de Redemocratização.

Neguei-a, sustentando a negativa em razões por demais conhecidas para aqui repisá-las enfadonhamente. Combativo, como era, insistiu, variando argumentos, porém não acedi.

Nunca mais o vi pessoalmente.

Em 2 de outubro foi punido com 20 dias de prisão pelo Ministro do Exército por ter escrito uma carta a seus pares, segundo a nota oficial "semeando a desarmonia, a discórdia e a desconfiança" e vir mantendo "contatos políticos" e "envolvimento ostensivo em atividades político-partidárias".[2]

Nessa prisão de Hugo Abreu retenho-me, apenas, no episódio da carta, levada ao ministro em original ou em cópia "xerox", conforme tinha sido entregue por um dos oficiais destinatários ou violada a correspondência por agentes do governo. No primeiro caso não há termos para definir a podridão de caráter de um oficial que, recebendo de um general carta pessoal, tratando-o como caro chefe e amigo ou simplesmente caro amigo, vá mostrá-la ao Ministro do Exército, rompendo com todos os princípios morais e éticos esposados por homens de bem. Na outra hipótese, da violação da correspondência, constitui crime, que a prepotência não se envergonha de realizar habitualmente.

Contudo, é preciso esclarecer que o general-de-exército Antonio Carlos de Andrada Serpa disse posteriormente ao general Hugo Abreu ter sido um dos destinatários o autor da delação.

Na ânsia de punir Hugo Abreu o ministro infringiu o Regulamento Disciplinar do Exército (Artigo 31, Item 2, Parágrafo 3º) que, em síntese, não permite referências deprimentes ou ofensivas e alusões pessoais. Mau exemplo!

O "revanchismo", que se tornou a palavra da moda nos meios oficiais, não pode, naturalmente, ser aplicado às ações do governo.

Recebi essa falada carta de Hugo – comentei certos trechos à margem –; ele a publicou em seu livro *O outro lado do poder*, nas páginas 180 a 185.[3]

Em maio de 1979, o Ministro do Exército aplicou em Hugo Abreu outra prisão disciplinar. Prendeu-o por mais 20 dias, usando nas considerações justificadoras de seu ato expressões vagas, dessas que lembram frases adaptáveis tanto à alegria dos batizados como à tristeza dos féretros. Nada de uma objetividade corajosa na citação de fatos concretos.

A prisão de Hugo foi em decorrência da publicação de *O outro lado do poder*, livro que incomodou bastante as autoridades governamentais, menos pelo teor das narrativas do que pelas denúncias e acusações nele contidas.

---

2. Ver Anexo B.
3. Ver Anexo C.

O governo – por indiscrições de Hugo e seus amigos ou, quiçá, por inconfidência dos editores – deve ter tido conhecimento da data em que o livro seria lançado. Provavelmente, por processos pecaminosos e aéticos teve, também, vistas à matéria. Apreendê-lo não seria aconselhável ao prestígio de um governo que nascera sob o signo da abertura e cujo chefe assegurava ser, geneticamente, um democrata.

Por outro lado, o livro já se achava nas livrarias, desde o início da segunda quinzena de abril, aguardando o lançamento público, marcado para 22 de abril. Era, pois, inevitável a sua divulgação e a tarefa de retirá-lo do comércio, sem alarde, muito difícil.

Decidiu, então, cercear militarmente o autor colocando-o nas malhas da disciplina, caso não evitasse, ante a ameaça, a divulgação.

A solução casuística surgiu em socorro dos angustiados homens do Planalto: o Regulamento Disciplinar do Exército seria alterado!

Páginas atrás, fiz referência às quatro modificações desse Regulamento, no período revolucionário. Não quis especular sobre as razões políticas dessas alterações – houve na realidade razões políticas – para não fugir do assunto que abordava. Acho, agora, oportuno aprofundar uma apreciação sobre elas, mais para defini-las e explicá-las do que para julgá-las certas ou erradas, justas ou injustas em suas conseqüências.

A questão de colocar ou não os militares inativos sob o jugo do Regulamento Disciplinar da Força envolve juízos específicos que a tornam complexa e passível de interpretações variáveis com a subjetividade.

Os conceitos funcionais de disciplina e hierarquia, as definições legais de função e cargo militares, a aplicação do poder disciplinar, a caracterização e exigência do elo funcional e a influência de elementos estranhos ao campo militar obrigam à análise, de *per se* e em conjunto, de todos esses fatores para que se possa emitir parecer, se não preciso, pelo menos sensato.

Pessoalmente, já tendo por dever funcional estudado o problema, inclino-me a não considerar o militar inativo sujeito aos preceitos disciplinares. Trago, em defesa deste ponto de vista, a seguinte argumentação:

A disciplina é juridicamente um conceito funcional, isto é, ligado à função; por outro lado a função militar é inerente ao cargo militar, o qual só pode ser desempenhado por militar em serviço ativo. Ao cessar, portanto, o exercício da função militar pela transferência para a reserva, o militar, logicamente, não pode e não deve ficar mais sujeito ao Regulamento Militar.

Creio, porém, que estas duas soluções serão alternativas por muito tempo, em virtude da influência da política conjuntural e da mentalidade militar dominantes no momento.

Voltando a focalizar as modificações aludidas, lembro que em 1964 o marechal Castelo Branco, dentro de uma visão democrática ampla, excluiu os militares da reserva de submissão disciplinar, justificando que "tais restrições não têm cabimento quando o militar se integra na plenitude de seus direitos de cidadão".

Em 1977 – eu era ministro – o Regulamento foi revisto pelo Estado-Maior do Exército e nele foram introduzidas algumas modificações, entre elas a de englobar em sua esfera de ação os militares na inatividade. Pretendia aquele alto órgão afastar, definitivamente, numa fase pós-revolucionária, a influência de chefes militares, já na reserva, através de manifestações públicas, sobre a tropa. Estava dentro do meu ponto de vista assegurar a vida normal na caserna impedindo a contaminação "politiqueira" do Exército, que o abastarda e tira-lhe a força moral para agir em defesa dos lídimos interesses da Nação. Era uma visão reformuladora estritamente militar. O presidente e seus assessores exultaram com a alteração, no entanto, acredito, viram-na sob o aspecto político, isto é, da preservação da tranqüilidade conjuntural. Isto lhes permitia trabalhar silenciosamente por seus objetivos sucessórios, eliminando a hipótese da participação direta ou indireta dos militares em focos de aspirações presidenciais. Esta orientação estava, aliás, acorde com o discurso do general Geisel de dezembro de 1976. Os tempos provaram que o interesse do governo era absolutamente político.

Chegamos a 1978, um ano depois dessa medida restritiva, com o panorama político completamente alterado. O general Figueiredo, sagrado herdeiro da República pelo próprio Geisel, precisava do ostensivo apoio dos militares seus adeptos a fim de sensibilizar e atemorizar as correntes políticas e impressionar o povo. Nestas circunstâncias, o papel dos oficiais da reserva seus endeusadores seria relevante. Tornava-se capital, pois, liberá-los dessas peias incomodativas. O casuísmo, na sua função atual de cortesã, que atende a todos e a tudo, a qualquer hora, foi chamado às pressas. Apareceu, então, assinado pelo próprio Geisel, o decreto de 24 de julho de 1978, suspendendo a aplicação do Regulamento Disciplinar aos inativos das Forças Armadas. Como sói acontecer nestas ocasiões – à semelhança da multidão que aguarda a abertura do circo e o invade, com ou sem ingresso – todos os militares acharam-se com direito a opinar sobre a sucessão e a excelência da escolha, tivessem ou não sido beneficiados pela medida. Militares da ativa falavam, e falam ainda, prestigiando o general Figueiredo e enaltecendo atos do governo, quando o decreto de 1978 não lhes dava este direito que o decreto subseqüente iria cassar a todos.

Outra reviravolta ocorreu em 1979, com o novo presidente – beneficiário da legislação anterior –, em face do comportamento dos oficiais da reserva que, não compreendendo a "grandeza" de seu governo, obstinavam-se em criticá-lo.

Revogam-se os atos anteriores e vem à luz o decreto de 18 de abril de 1979, pegando o general Hugo Abreu em flagrante delito disciplinar.

Esses são os Homens, essa é a Democracia Relativa.

O grande homem-herói, general Charles de Gaulle, cuja perspicácia e visão políticas marcaram a História da França, tinha razão quando, segundo se diz e escreve, estigmatizou-nos com o ferrete da ironia na frase: "O Brasil não é um país sério."

MINISTÉRIO DO EXÉRCITO
DEPARTAMENTO GERAL DO PESSOAL
GABINETE DO CHEFE

Brasília-DF, 30 de maio de 1978

Caro chefe e amigo General Bethlem

Entre desiludido e perplexo, tomei conhecimento dos termos de seu elogio de despedida ao General João Baptista de Figueiredo. Não me cabe comentar as generosas referências à pessoa do oficial que se despedia. É natural nestas horas que se prodigalizem encômios ao camarada que se retira do serviço ativo: é um momento de extravasamento de emoções que se sobrepõem à razão. O que não posso compreender, me desculpe a franqueza, é o trecho do documento em que o senhor faz referências à candidatura político-partidária do homenageado, relacionando-a com os interesses do Exército e da Revolução e insinuando, até, a certeza de sua vitória numa eleição a ser feita daqui a alguns meses. É por isto que eu desejo consignar aqui minha opinião franca e sincera, usando da lealdade que deve caracterizar o relacionamento entre chefes militares.

A bem da verdade é forçoso reconhecer que a indicação do General João Baptista de Figueiredo não teve o apoio do Exército. Um dos motivos de meu afastamento das funções de Chefe do Gabinete Militar da Presidência da República em janeiro último, o senhor bem sabe, foi a maneira arbitrária como aquela candidatura foi imposta à Nação, sem qualquer consulta a quem quer que seja, inclusive aos chefes das Forças Armadas.

Por outro lado, como dizer que o candidato de um partido político tem o apoio do Exército? Peço que o senhor medite na enormidade desta contradição. Tal afirmação choca-se com a linha tradicional de nossas instituições militares.

Não sendo nosso Exército um partido político, não possui sistema de votação que permita aferir a preferência por este ou aquele candidato. Aliás, se formos nos deixar levar pelas evidências de que se dispõe, o que podemos concluir é que a grande maioria dos militares, no Exército e nas

- 2

demais Forças Armadas, não concorda com a indicação do candidato imposto.

Finalmente quero fazer-lhe um apelo - apelo que dirijo ao chefe e amigo a quem cabe comandar os destinos do Exército nesta fase crítica da vida nacional: não permita que que se atrele o Exército a simples interesses eleitorais. Seria desgastar demais o conceito de nossa instituição. Ela está muito acima disto: realmente está. Não deixe, prezado chefe que se divida o Exército. Ele deve permanecer unido, acima de interesses partidários, no cumprimento de sua destinação histórica de guardião das instituições nacionais e da segurança externa e interna da Pátria. O Senhor, como Comandante do Exército, pode recolocar as coisas em seus devidos lugares.

Estou certo de que o prezado chefe e amigo bem compreende as razões que me levaram a lhe excrever desta forma, às vezes demasiadamente franca. É que, em minha opinião, esta é a verdadeira linguagem que deve ser usada entre homens de bem.

Com os cumprimentos e o respeito do amigo e admirador.

ANEXO B

Boletim Reservado do Exército determinando a punição do general Hugo Abreu

MINISTÉRIO DO

Secretaria-Geral

Brasília, DF, 02 de outubro de 1978

Boletim Reservado do Exército N.º 10-A

Para conhecimento do Exército e devida execução, de ordem do Excelentíssimo Senhor Ministro, publico o seguinte:

PUNIÇÃO DE OFICIAL-GENERAL

DECISÃO MINISTERIAL

1. O Exm.º Sr Gen Div HUGO DE ANDRADE ABREU vem, sistematicamente, fazendo pronunciamentos através da imprensa e mantendo contatos políticos, que caracterizam o seu envolvimento ostensivo em atividades político-partidárias, infringindo preceitos da ética militar e dispositivos do Regulamento Disciplinar do Exército.

2. Considerando o acima exposto e mais o seguinte:

— que o referido Oficial-General, com seu comportamento atual, compromete a imagem de cidadão e de soldado que conseguiu adquirir ao longo de sua carreira;

— que o mesmo já fora advertido, por seus Chefes imediatos, a respeito da inconveniência de tais procedimentos;

— que suas atitudes revelam, assim, uma conduta incorreta para com seus superiores hierárquicos, conforme comprova a recente carta que remeteu a seus pares, semeando a desarmonia, a discórdia e a desconfiança, com o intuito de comprometer os sadios e patrióticos ideais revolucionários;

— que seus pronunciamentos configuram uma crítica incoerente, apresentada de modo impróprio, às políticas e estratégias do Governo de que foi parte, durante o período em que as mesmas foram concebidas;

— que o citado Oficial-General, apesar de encontrar-se no Serviço Ativo, tem procurado disseminar no ambiente castrense não só a disputa político-partidária, mas também a reação contra a própria Política Nacional formulada pelos Governos que se sucederam à Revolução de 31 de Março de 1964;

— que sua ação tem concorrido para comprometer subordinados a ele ligados por laços funcionais e afetivos, envolvendo-os em atividades políticas, incompatíveis com a situação de Oficiais da Ativa;

— que seu modo de agir tem por escopo abalar a coesão e a unidade do Exército, preservadas exemplarmente por nossos Quadros e Tropa.

3. Considerando, finalmente, que a conduta do Exm.º Sr Gen Div HUGO DE ANDRADE ABREU traduz, no momento, um total afastamento da consciência profissional e da disciplina militar,

R E S O L V O:

a. Punir o referido Oficial-General com 20 dias de prisão, sem fazer serviços.

b. Determinar que a presente punição seja cumprida no Estado-Maior do Exército.

c. Dar ao Chefe do Departamento-Geral do Pessoal a incumbência de fazer apresentar o Exm.º Sr Gen Div HUGO DE ANDRADE ABREU ao Chefe do Estado-Maior do Exército.

d. Mandar publicar a presente Decisão em Boletim Reservado do Exército (Especial).

Punição de Oficial-General

O Exm.º Sr Gen Div HUGO DE ANDRADE ABREU, por vir fazendo, sistematicamente, pronunciamentos através da imprensa e mantendo contatos políticos que caracterizam o seu envolvimento ostensivo em atividades político-partidárias, culminando com a remessa de uma carta a seus pares, na qual critica ato de superior hierárquico, concorrendo para a desarmonia, discórdia e desconfiança, comprometendo, em conseqüência, os sadios e patrióticos ideais revolucionários, além de contribuir para provocar cisões no Exército (n.ºs 3, 51, 63, 65 e 106 do Anexo I, com as agravantes do n.º 2 e da letra c) do n.º 6 do Art 18 e a atenuante do n.º 2 do Art 17, tudo do RDE, transgressão grave), fica preso por 20 dias, sem fazer serviços.

Gen Div ALACYR FREDERICO WERNER
Secretário-Geral do Exército

Confere com o original:

ITALO MANDARINO — Cel
Chefe do Gab da SGEx

Brasília-DF, setembro de 1 978

Em março de 1974 aceitei o convite do General Ernesto Geisel para ocupar o cargo de Chefe do Gabinete Militar da Presidência da República, no período de governo a iniciar-se a 15 daquele mês. Sempre dedicado ao Exército, de cuja atividade nunca me afastara, encarei a nova incumbência de coração aberto, confiado no nome do novo Presidente, com quem eu não tinha maior intimidade, mas cuja fama no Exército era de correção e honradez.

Dentro de meu feitio de soldado, passei a desempenhar a função com lealdade e franqueza, levando sempre ao Presidente a minha opinião sobre todos os problemas que me chegavam ao conhecimento, sem qualquer idéia de omissão. Este procedimento eu mantive durante os quase quatro anos em que estive no exercício das funções de Chefe do Gabinete Militar.

Com o tempo, haveria ocorrer o choque inevitável de minha conduta com as manobras e intrigas do grupo palaciano ligado ao General Golbery. Era natural que aos poucos eu fosse tomando conhecimento e passando a reagir contra as intrigas desse grupo, cujo objetivo principal era dominar o Governo, desinformando o Presidente de modo a mantê-lo prisioneiro de sua influência.

e tomar o PODER 1

Em dezembro de 1976, o ambiente no Palácio ia se tornando irrespirável. Procurei então alertar o Presidente contra a campanha de intrigas que estava sendo feita com o objetivo de atropelar o problema da sucessão presidencial e incompatibilizar o Ministro do Exército - General Frota - acusado pelo grupo de querer impor o seu nome como candidato à sucessão. Como resultado desta minha atuação, ocorreram os pronunciamentos do Ministro e do Presidente, feitos no almoço dos Generais de 22 de dezembro de 1976. O Ministro do Exército renovava a confiança das Forças Armadas no Presidente e este desmentia todas as especulações sobre o problema de sua sucessão que, conforme disse, seria por ele encaminhado em data oportuna. Posteriormente o próprio Presidente declarou que só iria tratar da escolha de seu sucessor no ano de 1978.

2

3 Certo! Fora do discurso!

No 1º semestre de 1977, dois acontecimentos marcaram profundamente a vida política do País. O primeiro deles foi a edição do famoso "Pacote de Abril". Alguns dispositivos aí inseridos chocaram profundamente a consciência nacional, como, por exem

4 O PR, neste dia, traiu o Ministério. Só três assuntos foram assentados: Reforma Judiciária, [illegible] e Eleição Indireta dos Governadores [illegible] foi [illegible]

plo: a eleição indireta dos Governadores com o auxílio de Colégios
Eleitorais *ajeitados para dar vitória à ARENA*; a introdução dessa
5 verdadeira excrescência que é o "Senador Biônico"; o inexplicável
aumento do mandato do futuro Presidente para seis anos; etc. Con
vém salientar que as sugestões então apresentadas pelo Chefe do
Gabinete Militar não foram aproveitadas.

O segundo acontecimento foi a espantosa de
claração de Humberto Barreto, já feito Presidente da Caixa Econômi
ca, de que Figueiredo seria o candidato oficial à sucessão de Gei
7 sel. Ele, ao que tudo *indicava não estava autorizado* pelo Presiden 6
te a fazer tal assertiva, já que este, por mais de uma vez, falou-
me dos problemas que tal declaração lhe haviam causado. Pareceu-me
à época mais certo considerar que a afirmação de Humberto Barreto
fazia parte do contexto das monobras do grupo palaciano para ir im
pondo seu candidato como fato consumado.

O ano de 1977 caracterizou-se, também, por
uma luta contínua que travei para desfazer as intrigas do grupo pa
laciano contra o Ministro Frota. Consideravam eles que o Ministro
do Exército constituía o principal obstáculo aos seus desígnios de
impor à Nação o candidato que haviam inventado. Com o conhecimen
to do Presidente, cerrei contacto com Frota, procurando servir de
elo de ligação entre os dois. Mas, com o correr do tempo, as in
trigas foram aumentando, até atingir seu clímax em outubro.

No sábado, 8 Out 77, fui chamado pelo Presi
dente que me comunicou que iria demitir o Ministro do Exército.
Procurei mostrar a ele a inconveniência de tal solução e as difi
culdades que iria encontrar para convencer o Exército de que não
8 se *tratava de manobra escusa* para favorecer um candidato à sucessão
presidencial. Pedi a ele prazo até a próxima segunda-feira (dia 10
Out 77), para estudar melhor o assunto.

Na segunda-feira, durante mais de uma hora,
expus ao Presidente todas as minhas objeções à idéia de exonerar o
General Frota. Iniciei minha exposição dizendo textualmente que
"as dificuldades do momento eram muito mais devidas ao procedi
mento incorreto de Golbery e Figueiredo do que à conduta do Gene
ral Frota". Citei uma série de fatos que justificavam esta asser
tiva e propus outras linhas de ação que poderiam ser adotadas. Uma
solução aventada era a de manutenção do Ministro Frota, conseguin
do eu que ele fizesse uma declaração pública de que não pretendia
ser candidato à sucessão do Presidente da República. Estava cer
to de consegui-la, pois conhecia a posição do Ministro. Após mi
nha exposição, que o Presidente ouviu com toda a atenção, ele de

3

clarou que a demissão de Frota nada tinha a ver com motivos políticos, mas que ele, Frota, estava pessoalmente incompatiblizado para continuar como Ministro. Declarou mais que não tinha ciência de certos fatos que eu estava levando ao seu conhecimento, mas que iria tomar as providências necessárias. Afirmei a ele que o Exército, de forma alguma, aceitaria a demissão do Ministro Frota para beneficiar qualquer candidatura à sucessão presidencial e que, portanto, deveria ficar bem claro que não se tratava de tal manobra. 10

O episódio da exoneração do General Frota é público e creio que pouco tenho a acrescentar ao que se conhece. Como em todas as outras ocasiões, uma vez decidida a exoneração, apoiei o Presidente com toda a lealdade e tomei as providências para que não houvesse maiores problemas para o Governo. Com o objetivo de evitar interpretação desfavorável do sentido da decisão do Presidente, propus a redação de um comunicado à Imprensa, que seria lido por mim, pessoalmente.

Com o compromisso que eu assumira perante a Nação, em nome do Presidente, ficava claro que as tricas e futricas em torno do problema sucessório deveriam ficar esquecidas até janeiro de 1978. Não concordaram com isso, porém, Golbery, Figueirêdo e seu grupo. Já no mês de novembro de 1977, voltaram eles a pressionar o Governo e a espalhar notícias falsas, dando conta de que o Presidente já se teria decidido pela candidatura Figueiredo, apesar do compromisso assumido no mês anterior. Na segunda quinzena de dezembro de 1977, a pressão do grupo no sentido de forçar a candidatura tão de seu agrado, aumentou consideravelmente. Toda a intriga e falsidade foram postas a serviço da indicação do homem por eles escolhido. Era preciso dar a impressão ao País de que a escolha de Figueirêdo já era fato consumado.

Na segunda-feira, dia 2 de janeiro de 1978, rigorosamente dentro do compromisso assumido pelo Presidente perante a Nação quando da exoneração do General Frota, apresentei um documento no qual analisava o problema sucessório, denunciava a manobra que estava sendo feita e dava minhas razões porque considerava que Figueiredo não podia ser Presidente. Em minha opinião, não tinha ele aptidão para o exercício do cargo, não merecia a confiança das Forças Armadas, não tinha qualquer apoio político ou popular e estava comprometido com grupos econômicos já engajados em sua candidatura. Além de condenar o procedimento adotado e apontar a fragilidade do candidato por eles inventado, salientei que havia muitas soluções melhores, entre as quais citava quatro nomes de militares (Generais-de-Exército) e dois nomes de políticos de

4

projeção nacional.

Na tarde de 3 de janeiro de 1977 (dia seguinte ao da entrega do documento) fui chamado ao Alvorada para conversar com o Presidente. A conversa foi muito amistosa e girou em torno dos tópicos abordados no documento. O Presidente pareceu-me
17 constrangido diante da impossibilidade de defender uma posição nitidamente indefensável. Após quase uma hora de conversa, ele informou-me, finalmente, já haver escolhido Figueiredo.(*) Retruquei-lhe, de imediato, que eu não poderia continuar como Chefe do Gabinete Militar diante dos argumentos que lhe apresentara. Realmente, eu não podia aceitar o processo de escolha, mera imposição, não podia concordar com tal candidato, nem podia me conformar com o fato de não estar sendo cumprido o compromisso assumido pelo Presidente da República quando da exoneração do Ministro do Exército. O Presidente se comprometera a só tratar do assunto a partir de janeiro de 1978 e, no entanto, escolhera o candidato, sem ouvir a opinião de quem quer que seja, antes do primeiro dia útil de janeiro de 1978. Convém notar que, só após receber meu documento, ele sentiu o problema e resolveu informar aos Ministros Militares, cuja opinião sobre tão relevante problema não fora pedida. 18 19
20 Deixando minhas funções no Governo, encontrei-me diante de um dilema: ou me recolhia à vida privada, passando para a reserva, ou permanecia na ativa com o objetivo de lutar, por todos os meios ao meu alcance, contra o grupo sem escrúpulos que queria a todo custo manter-se no poder. A primeira solução era cômoda e nem me poderiam acusar de omisso, já que não concordara com a farsa montada e lançara meu protesto formal ao renunciar às benesses do poder. A segunda alternativa era quase desanimadora. Importava em iniciar luta desigual contra os donos do poder. Iria jogar na liça toda uma longa vida de soldado e eles fariam tudo para me destruir. Havia, por outro lado, o dever de lealdade para com a Nação. Eu tivera oportunidade de conhecer de perto os desmandos do grupo palaciano, esse mesmo grupo que se preparava para permanecer no poder. Como não reagir ? Minha decisão só poderia ser enfrentar a luta. Outro procedimento seria covardia.

Nunca tive dúvidas de que encontrariam, tanto na área civil como na militar, pessoas sequiosas de agradar os poderosos do momento. Mas também estava certo de encontrar homens de caráter e hombridade, soldados ou civis, dispostos a lutar a boa luta. Já se disse que "O Brasil só será grande se seus homens de bem tiverem tanta coragem quanto os vilões". A so-

[Margem, 17:] Que ingenuidade do Geisel Harpo!

[Margem, 18:] Era, a grande farsa, em seu último ato da OPERA BUFA que é o governo Geisel

[Margem, 19:] Este era o ponto básico, o PR já tinha percebido e tinha conhecimento de que eu jamais aceitaria este imposição do Exército

[Margem, 20:] Faltou dizer, aqui, que o PR lhe ofereceu a promoção em Brasília e que você não aceitou. A isto eu chamo dignidade e coragem!

21 * - Ernesto Geisel foi e é um dos maiores farsantes da República e, talvez, da História do Brasil. Os fatos provam que aplicou, com habilidade, mas sem o menor escrúpulo, a máxima maquiavélica:
"A máscara só se tira na última cena do último ato"

lidariedade e o carinho com que tenho sido cercado pela grande maioria, mostra que o Brasil é e será grande, pois a seus homens de bem não falta coragem.

A campanha de intrigas de que temos sido vítimas - eu e meus companheiros - não nos apavora, nem nos deterá. Julguei, porém, chegado o momento de me dirigir ao prezado amigo, em linguagem de soldado, expondo-lhe como encaramos a situação atual e o que pretendemos.

Inicialmente, trata-se de enfrentar o grupo palaciano a que já tenho me referido e que tanto mal pode fazer ao Brasil. Que pretendem eles ? Tendo conseguido dominar o governo atual, pretendem simplesmente perpetuar-se no poder. A imposição do nome de Figueiredo visa a colocar na chefia da máquina do Estado um elemento que esperam poder dominar com facilidade, por comprometido que está com todas as manobras pouco dignas utilizadas para que seu nome pudesse ser submissamente aceito. Com os seis anos de mandato impostos pelo "Pacote de Abril", pensam conseguir montar uma tal máquina de intimidação, de corrupção e de domínio, que nada poderá antepor-se-lhes no futuro. Seria a realização de seu decantado sonho de "mexicanização" do Brasil.

Que fazer diante desta ameaça que pesa sobre a Nação ? Estamos certos de que a luta armada não seria uma opção. As experiências que temos tido nas últimas décadas não aconselham solução violenta. Vivemos sob a inspiração da Revolução de 1964 e parece-me que, ao invez de pensarmos em outra Revolução, devemos é convocar os revolucionários para nos lançarmos à conquista de alguns de seus objetivos básicos, ainda não atingidos, como a luta contra a corrupção e a defesa das instituições democráticas ameaçadas.

Dentro desta linha de pensamento, resolvemos nos engajar, juntamente com outros revolucionários de 1ª linha, na busca de uma saída política para o impasse que está tumultuando a Nação. E confiamos em que a Candidatura EULER é uma tentativa válida - talvez a última - para resolver por meios pacíficos o atual impasse. Mas não tenhamos dúvidas; se não soubermos solucionar os problemas que angustiam a Nação e denigrem as Forças Armadas, outros o saberão e, aí sim, correremos o risco de sermos submergidos pela avalanche comunista.

[Nota manuscrita à margem: Tudo seria válido se o Gen Euler - um homem de caráter - não tivesse se aliado ao grupo socialista - comunista, cujas idéias ele, mesmo tem.]

[Nota manuscrita à margem: Da qual não se pode garantir que o Euler não venha a participar. Não tenho mais dúvidas que o PC será o único beneficiário de tudo.]

Quero transmitir algumas idéias básicas de como acreditamos poder enfrentar os problemas atuais:

1º) - Manter o Exército unido e fora de lutas político-partidárias. Há duas candidaturas de militares *da reserva disputando as preferências do colégio eleitoral, dentro de regras pré-estabelecidas. Como cidadão apoiamos uma das candidaturas, mas como soldado mantemo-nos dentro das regras da hierarquia e da disciplina. Defendemos o princípio de que nossa instituição deve permanecer coesa em torno de sua missão constitucional, de sua destinação histórica. Repetimos a lição do Presidente Castelo Branco, o grande estadista da Revolução:"Não sendo milícias, as Forças Armadas não são armas para empreendimentos antidemocráticos. Destinam-se a garantir os poderes constituídos e sua coexistência" (Circular ao EME de 20 Mar 64).*

2º) - Retomar os ideais básicos da Revolução de 1964. Nós revolucionários tinhamos em mira básicamente a luta contra a subversão, contra a corrupção e pela garantia 26
5 *das instituições democráticas ameaçadas. As Forças Armadas cumpriram seu dever e conseguiram conter a subversão. E eu me orgulho de ter contribuído com minha parcela nesta luta. Mas e os outros objetivos ? A verdade é que temos institucionalizado o arbítrio e com ele a corrupção mais desenfreada. E o que é grave, a opinião pública costuma debitar tais desmandos às Forças Armadas.*

3º) - Dentro dos ideais revolucionários, consideramos básica a luta contra a corrupção. Recusamo-nos a aceitar que não é possível enfretá-la e nos revoltamos contra uma declaração feita há pouco pelo governo de que os corruptos não podem ser apanhados porque são inteligentes.

4º) - Ainda dentro dos ideais revolucionários, está o restabelecimento do estado de direito democrático: o fim do arbítrio. Este foi utilizado pela Revolução como meio de ação momentâneo, para a defesa da democracia ameaçada. Justificava-se a manutenção do arbítrio diante da intensidade da 27
luta contra o terrorismo, a guerrilha urbana e rural, os assaltos, os justiçamentos. Mas esta fase passou. Hoje ele está sendo utilizado para encobrir a corrupção e permitir a chantagem, o suborno e a intimidação. É por isto que consideramos imprescindível o retorno imediato ao estado de direito democrático.

5º) - Queremos acabar com a farsa que está sendo intitulada de "eleição indireta". Depois do que houve, estamos convencidos de que só a realização de eleições diretas em todos os níveis pode restabelecer a legitimidade do poder, acabando com o espetáculo vergonhoso da seleção de áulicos e apadrinhados para funções de "governadores de proveta" e "senadores biônicos", sem falar na tentativa de impor um candidato desprezado para o cargo de Chefe da Nação.
28

6º) - Queremos acabar com o regime de de

7

29 lação e espionagem em que mergulharam o País. Diz a Constituição que "é inviolável o sigilo da correspondência e das comunicações telegráficas e telefônicas". No entanto o governo abre nossas cartas e escuta nossas conversas telefônicas, penetrando inclusive na intimidade de nossos lares e fazendo chantagem do que ouviu. Isto é mais que abominável: é puro nazismo. 30

Tenho a experiência, própria, de que isto é uma verdade!

7º) - Queremos maior austeridade nos gastos governamentais. Principalmente nos segundos escalões e nas empresas estatais, há verdadeira orgia e esbanjamento de dinheiros públicos.

8º) - Queremos que se dê maior atenção ao problema social. Não há como esconder a realidade das estatísticas que mostram crescente concentração da renda nacional nas mãos de uns poucos privilegiados. Cada vez aumenta mais

31 a área de miséria, inclusive da chamada miséria absoluta.

9º) - Queremos a reforma agrária. Não a simples distribuição de terras pregada pelos comunistas, mas a efetivação das idéias do ESTATUTO DA TERRA, proposto ao Congresso pelo Presidente CASTELO BRANCO. Uma reforma que permita melhor utilização do espaço agrícola nacional, maior produtividade e melhores condições de vida para aqueles que trabalham no campo.

10º) - Queremos, enfim, que o Brasil não 32 caia nas mãos de uma oligarquia espúria, perigosamente compro-

33 metida com interesses escusos de grupos multinacionais, como JARY, DOW CHEMICAL e outros. Queremos devolver a Nação ao domínio de si mesma.

São essas considerações que desejava submeter à meditação do prezado companheiro. São razões que explicam a aparente contradição de que eu, como cidadão, esteja incursionando na área política, ao mesmo tempo que prego o afastamento das Forças Armadas das atividades políticas. É que estou convencido de estarmos encarando a última opção para resolver por meios pacíficos o impasse político a que a má fé de

34 uns e a incapacidade de outros, está levando o País. Cada vez mais o Estado, nas mãos de seus atuais detentores, distancia-se da Nação. E caberia aqui a afirmação de Lincoln: "Uma Nação dividida dentro de si mesma não pode subsistir".

Isto acontecerá fatalmente!

Com todo o respeito e consideração, aproveito o ensejo para renovar ao prezado amigo minhas manifestações de maior apreço.

Transcrição das anotações marginais feitas pelo autor (os trechos entre colchetes foram inseridos pelo revisor):

1) e tomar o PODER

2) O PR [Presidente da República] chamou-me e disse-me que desejava, no almoço, deixar bem claro que a sucessão presidencial devia ser orientada por ele em época oportuna ... etc.

3) Certo! Fora do discurso!

4) O PR, neste dia, traiu o Ministério. Só três assuntos foram assentados: Reforma Judiciária, quorum e Eleição Indireta dos Governadores. O resto foi traição.

5) Certo! A indignidade esteve na modificação de critérios.

6) Discordo! O PR sabia e segundo HB [Humberto Barreto] autorizou tacitamente.

7) O JB disse ao Gen C. Alberto que o HB lhe havia dito que o PR sabia.

8) E era!

9) Fui muito feliz na minha resposta no dia da demissão.

10) Tomou?

11) Aceitou e apoiou. Os Gen fizeram ainda pior. Transformaram-se em cabos eleitorais do JB.

12) Conspirou contra o Ministro seu amigo leal, o qual sabia inocente e vítima de uma vilania.

13) Beneficiários da demissão. JB, oportunista, farsante e mentiroso, homem de dupla personalidade, era o principal.

14) As prévias já estavam sendo tentadas há muito tempo. O caso do Congresso e do Potyguara. [Referência ao caso da urna do *Correio Braziliense*]

15) Reynaldo, Samuel, Euler, Bethlem.

16) Ney Braga, Aureliano.

17) Que ingenuidade do Gen Hugo!

18) Era a grande farsa, em seu último ato, da ÓPERA BUFA que é o governo Geisel.

19) Este era o ponto básico. O PR já tinha percebido e tido conhecimento de que eu jamais aceitaria esta imposição ao Exército.

20) Faltou dizer aqui que o PR lhe ofereceu a promoção em março e que você não aceitou. A isto eu chamo, também, corrupção!

21) Ernesto Geisel foi e é um dos maiores farsantes da República e, talvez, da História do Brasil. Os fatos provam que aplicou, com habilidade, mas sem o menor escrúpulo, a máxima maquiavélica: "A máscara só se tira na última cena do último ato."

22) O JB declarou a pessoa de confiança, num de seus arrebatamentos emocionais, que faria tudo para obter o PODER. Sabia da manobra socialista na criação de um partido socialista. Eu conhecia a idéia do GRUPO de tomar como exemplo o Governo do México. [Referência ao amplo domínio da máquina do Estado mexicano pelo Partido Revolucionário Institucional (PRI), o que garantiu sua permanência no poder desde 1920]

23) Tudo seria válido se o Gen Euler - um homem de caráter - não tivesse se apoiado no grupo socialista-criptocomunista, cujas idéias ele mesmo tem.

24) Da qual não se pode garantir que o Euler não venha a participar. Não tenho mais dúvidas que o PC [Partido Comunista] será o único beneficiário de tudo.

25) Como combater a subversão com os autênticos... Saturnino Braga, etc. [Os "autênticos" eram os componentes de um grupo de políticos do MDB situado mais à esquerda e opositor mais radical dos governos militares.]

26) Com o grupo que assessora politicamente o Euler será possível?

27) As Democracias não podem ser suicidas! As medidas fortes, de proteção, são necessárias, todavia, sua aplicação deve ser regulada pela Justiça. O que as torna abomináveis é o arbítrio de elaborá-las e aplicá-las.

28) No Brasil, em face de várias circunstâncias, acho que para PR não podem e não devem, ainda, ser diretas. O Colégio Eleitoral seria, unicamente, o Congresso.

29) Tenho experiência, própria, de que isto é uma verdade!

30) Tanto é nazismo como comunismo! É, digamos com mais propriedade, é Totalitarismo. As violências de Hitler não são piores nem melhores do que as de Stalin. Ambas foram geradas pela alucinação do Poder. Outros podem tê-las.

31) É preciso não confundir solução dos problemas sociais com socialismo. A solução pode e deve ser dada pela Democracia. Ela se dará sem restrições à liberdade!

32) Composta de falsos democratas, como: Petrônio, Marcos Maciel, Aquino, Humberto, Golbery, Geisel e etc.

33) Jary, a exploração já não é de madeiras, mas também de matérias primas das quais os EEUU necessitam - urânio?... E o secretário do PR é o representante, "testa-de-ferro" do projeto.

34) Isto acontecerá fatalmente! O Gen JB jamais será um Presidente democrata. Poderá ser um ditador fascista ou comunista. Seu condicionamento mental autocrático o levará a esta posição.

CAPÍTULO 49

Três considerações finais

Sobre a insubordinação dos generais-de-exército

O soldado brasileiro nunca foi propenso a manifestações de indisciplina. Deve-se isto à sua índole pacífica e ao respeito – muito próximo do temor – que tem à autoridade militar. A indisciplina, que é a violação de normas preestabelecidas, ocorre com freqüência por falta de orientação ao subordinado, desconhecimento da transgressão, negligência ou causas imprevistas, porém mui raramente é intencional. Ela é o alicerce da ordem, sem a qual nada se construirá; sistematiza o esforço humano. O soldado bem formado é disciplinado. As infrações da disciplina são discriminadas nos regulamentos militares e as respectivas punições também ali cominadas. Não extravasa, portanto, da esfera militar.

Não enfrentei, durante o tempo de ministro, problemas graves de insubordinação. Podem ter ocorrido casos isolados, motivados por questões pessoais, porém de nenhum valor como índice para um julgamento de conjunto. Se aconteceram, não tiveram força de ressonância para romper os círculos de suas unidades.

A insubordinação é a lesão da autoridade, contestada pela desobediência. Ora, como a garantia de ser obedecida e prestigiada é condição inalienável da autoridade, quando esta segurança lhe é negada debilita-se, desmoraliza-se e desaparece a autoridade. Por outro lado, sendo o Exército uma instituição alicerçada na disciplina e na hierarquia, estes dois fatores são imprescindíveis à sua sobrevivência. Mas a hierarquia, em cuidadosa dissecação, pode ser definida como uma gradação de obediências, pois fixa, em diversos níveis, quem pode dar ordens e quem deve cumpri-las. Desta consideração, principalmente, vem-lhe o sentido subordinativo que interliga seus diferentes degraus. E este elo – a obediência – não pode ser partido em nenhuma altura sem ameaças perigosas – imediatas ou longínquas – à instituição.

Uma tropa sem disciplina e que desdenha a autoridade de seus chefes não é uma unidade militar – é um bando armado e mal-intencionado, dizia-me um velho amigo e experimentado comandante, coronel Celso Ferreira Velloso.

A insubordinação está, por conseguinte, capitulada entre os crimes contra a autoridade, sujeita, por isso, a julgamento pelos tribunais militares.

Nos numerosos anos em que servi ao Exército, assisti a vários casos de insubordinação e tive, pessoalmente, que enfrentar um deles, como mencionei em páginas anteriores. Foram ocorrências individuais, de caráter primário, resultantes, em maioria, do estado emocional dos protagonistas. Entretanto, quando isoladas, manifestações desta espécie não chegam a ser danosas à instituição, porque suas causas e efeitos esvaem-se na aplicação de medidas enérgicas no âmbito das próprias organizações militares.

Todavia, há um tipo de insubordinação que assoalha a rebeldia e o motim – é a intencional de grupos. Iniciada pela confabulação, em lugares escusos, sob lideranças reacionárias, ela evolui para a conspiração, caso não seja atalhada a tempo. Suas causas são complexas, vinculadas a fatores diversos, conquanto a insurreição conseqüente possa estrugir apenas sob o estímulo de um deles. Esta é uma espécie de insubordinação que afeta profundamente a instituição, enfraquecendo-a e ameaçando-a de divisão.

O Exército brasileiro nunca teve pendores para a insubordinação e a revolta; a História está aí para confirmá-lo. Sua intervenção armada, na vida política do país, tem sido em defesa das grandes causas que encerram as aspirações do Povo. Jamais acoitou, conscientemente, homens de vocação ditatorial, mesmo que travestidos de democratas. A tropa e os oficiais portaram-se sempre com inegável disciplina, acendrada no patriotismo e na exata compreensão de seus deveres cívicos.

A despeito destas circunstâncias, tive a infelicidade de presenciar, no último dia de minha permanência no Ministério, uma das mais graves insubordinações que possam ser registradas em qualquer exército, sem excluir aqueles de formação recente e disciplina instável que amparam os régulos africanos – uma insubordinação de generais.

No dia 12 de outubro de 1977, aproximadamente às dez horas da manhã, convoquei os generais-de-exército, integrantes do Alto Comando, para uma reunião imediata, em Brasília. Consoante informações que recebi, todos estavam a par dos acontecimentos e da convocação.

Por que não atenderam à ordem de seu comandante direto – o ministro – que ainda o era e o seria até as seis horas da tarde?

Por que acorreram, pressurosamente, ao chamado do presidente, quando sabiam que, regulamentarmente, este convite só poderia ser feito através do seu ministro?

Como encarar legalmente esses lamentáveis eventos de generais-de-exército que, fugindo precipitadamente de seu ministro, transgrediram normas disciplinares e desobedeceram ordem de seu comandante direto?

Muitas explicações podem ser dadas em busca da justificativa; especulações diversas surgirão na ânsia de arrumar hipóteses complacentes, porém uma única ilação pode emergir da análise serena e honesta dos fatos – os generais-de-exército deram, naquele dia, à instituição de Caxias o mais triste exemplo de indisciplina e insubordinação.

A partir desse momento estava subvertido o tradicional conceito de disciplina. Ruíra a escala hierárquica e os oficiais poderiam – em face do nefasto exemplo – atender aos chamados de generais sem que os coronéis, comandantes de unidades, o soubessem ou, mesmo, contrariando-os. De modo análogo poderiam agir os generais-de-brigada e os generais-de-divisão em relação aos seus comandantes diretos. Abrira-se o ciclo da "disciplina relativa" fundamentada na divinização do César – tudo que lhe agradasse era lícito, algo que lhe desgostasse, condenável. Impunha-se, como imprescindível dar um enterro imediato, de luxo, aos incômodos e obscuros regulamentos vigentes, estruturados na moral e nos seus sadios princípios, para substituí-los por outros mais progressistas, calcados no servilismo, casuísmo e pragmatismo, os "ismos" do Brasil moderno. O túmulo para sepultá-los não chegaria a constituir problema, porquanto já fora cavado, em 12 de outubro de 1977, pelas espadas dos generais-de-exército do Alto Comando da época.

Por que não foram ao meu gabinete? Nada os impedia de ir, opinar na reunião do Alto Comando, retirando-se depois para ouvir o presidente.

Nunca lhes falei em política nem lhes dei oportunidade de abordar – o que jamais foi tentado – qualquer assunto, sob qualquer aspecto, que atingisse direta ou indiretamente a pessoa do presidente. Debatíamos em nossas reuniões, além dos problemas especificamente militares, a influência que certos comportamentos políticos de certos homens do clero e dos liberais de esquerda podiam ter nas questões de segurança interna, o que constituía, também, matéria de nossa exclusiva competência.

Nenhum dos generais do Alto Comando convocado poderia dizer, sem falsear a verdade, que ouvira de meus lábios palavras sobre candidaturas ou sucessão presidencial. Desafio que algum deles, sem mentir, possa citar fato ou palestra da qual eu tenha participado e que deixasse transparecer, ainda que longinquamente, a intenção ou articulação de um golpe militar. No entanto, ninguém alçou a voz para repelir as calúnias assacadas contra um colega – seu ministro – com quem conviviam há decênios e cujo passado de lealdade aos chefes e respeito à disciplina bem conheciam. E eu tinha entre esses homens um amigo de quase meio século, cuja amizade muito prezava.

Ao dizer, linhas atrás, ninguém, fui injusto com um nobre soldado – o general-de-exército Ariel Pacca da Fonseca – que teve a coragem moral e a rijeza de caráter para dizer, altivamente, no dia 13 de outubro, ao presidente Geisel, que lhe soavam estranhamente aquelas acusações ao general Frota, porquanto este nunca lhe falara em política, nem nos seus despachos nem nas reuniões do Alto Comando do Exército.

Estas afirmações repetiu-as o general Ariel, pouco tempo depois, no auditório do Estado-Maior do Exército, na presença dos oficiais ali reunidos.

Indago, novamente – por que agiram assim?

Talvez porque, em muitos, as calúnias dos poderosos repercutissem como axiomas. Eram, em princípio, verdades que não precisavam ser demonstradas... Talvez porque a ambição calasse a outros.

O único general integrante do Alto Comando que respondeu ao chamado de seu ministro, comparecendo imediatamente ao meu gabinete, foi o general-de-divisão Luiz Serff Sellmann – interinamente Chefe do Departamento Geral do Pessoal. Soldado de nobre estirpe, que jamais se abastardara na lisonja, não iria denegrir sua fé de ofício com a nódoa de uma insubordinação. Sellmann é desses homens raros, decididos e idealistas, que se rebelaram nos albores da nossa Revolução, enquanto carreiristas de sempre aguardavam na esquina da adesão o cortejo da vitória. Ele, Amerino Raposo e muitos oficiais briosos, em Uruguaiana, na longínqua fronteira do Sul, demoveram indecisos e dominaram legalistas para extirpar a corrupção, combater a subversão e permitir ao Brasil restaurar-se economicamente e sanear-se moralmente. Seu caráter não lhe dava outra opção.

Permaneceu ao lado do ministro até a passagem do cargo. Não se dirigiu ao palácio do Planalto, não incensou os poderosos em detrimento da disciplina, desprezando, portanto, a possibilidade de obter a quarta estrela que outros, por esse caminho, conquistaram.

Cito um dos muitos beneficiados nesse amontoado de traições. O general Ernani Ayrosa da Silva não integrava o Alto Comando; ainda assim, por ser Comandante Militar da Amazônia, comparecia às reuniões daquele órgão. Disseram-me que foi avisado da convocação ministerial, no entanto jamais o vi. Conhecíamo-nos há mais de vinte anos e fazia alarde de ser meu amigo. Acorreu lépido ao palácio e, mais tarde, ao ser ultrapassado pelo general-de-divisão João Baptista de Oliveira Figueiredo nas promoções a general-de-exército, compreensivo com a preterição, seu prestígio cresceu junto ao governo, cujos órgãos de informações já difundiam boatos infamantes a seu respeito, para explicar sua ultrapassagem, caso surgissem reações. Esta indignidade de levantar calúnias quanto aos preteridos inconformados estava em uso. Depois de tudo, foi promovido e nomeado Chefe do Estado-Maior do Exército.

Entretanto, nem tudo se perdeu, nesse panorama de devastação moral; salvou-se o exemplo sublime do general Sellmann.

As atitudes desassombradas balizam na História a evolução moral do caráter humano, por isso não olvidadas, são citadas a todas as gerações.

Recordemos uma delas.

Após a derrota de Waterloo, nos tempos tempestuosos e incertos em que vivia a França, o marechal Ney – o Bravo dos Bravos – foi a julgamento por ter abandonado as hostes reais de Luís XVIII e aderido a Napoleão I. Reuniram-se na Câmara, em Paris, 161 Pares de França para deliberar, encontrando-se entre eles marechais companheiros do réu nas gloriosas campanhas do Império.

A acusação partia do rei: traição. A sentença era violenta: pena de morte.

Daquela centena e meia de orgulhosos Pares somente um ousou afrontar o poder real, votando pela absolvição. Foi o duque Victor de Broglie.

Seu nome, que marcou um exemplo de coragem e nobreza, continua lembrado porque brilhou como o sol que surge bruscamente entre as negras nuvens da borrasca.

Os nomes dos 160 vaidosos, pusilânimes e subservientes Pares restantes foram levados para o esquecimento, como uma enxurrada de detritos produzida pela tempestade.

A FUNÇÃO MINISTERIAL MILITAR E O DEVER DE INFORMAR

O cargo de Ministro do Exército reveste-se, como nos das demais Forças Armadas, de características mui especiais que não são encontradas nos ministérios ditos civis. Nestes, os problemas são apenas político-administrativos, enquanto naqueles aparece como importante – quiçá principal – o fator militar. Ele, para os militares, deve ser considerado prioritário quer no apreciar quer no solucionar as questões. Isto dá à maioria daqueles problemas uma impregnação castrense.

Para bem compreender este aspecto é preciso não esquecer que os ministros das pastas militares dirigem coletividades destinadas, na letra constitucional, "à defesa da Pátria e à garantia dos poderes constituídos, da lei e da ordem". Estas coletividades – a Marinha, o Exército e a Aeronáutica – recebem, portanto, da Constituição Federal, uma missão, ao passo que os outros ministros têm atribuições, citadas em caráter geral.

Há que distinguir, todavia entre MISSÃO e ATRIBUIÇÃO.

A missão é imperativa, incisiva quanto à sua execução; seu cumprimento constitui ponto de honra para o militar, disponha ou não de meios adequados. Do episódio das Termópilas ao do Alcazar de Toledo, transcorreram-se 24 séculos sem que se alterasse, nos verdadeiros soldados, a obstinada vontade de concretizá-la plenamente – gloriosa e única compensação desejada.

Já a atribuição apresenta cunho bem diverso. É uma incumbência, decorrente da função; vocábulo que, levado ao plural – atribuições –, muda-lhe o sentido para prerrogativas ou poderes, acepção que, ao que parece, é usada na nossa Constituição.

A missão de defender a Pátria e assegurar o regime revela um compromisso do militar com a Nação, da qual emana todo o poder, cujo instrumento são as Forças Armadas.

A coletividade militar adquiriu, por tudo isso, a consciência de sua responsabilidade nos destinos da Pátria, e dela não abdicará. Obriga-se, assim, a acompanhar os acontecimentos, pela necessidade de melhor conhecê-los e de preparar-se para cumprir sua missão constitucional.

Os militares, em especial os oficiais, desejam, pois, ser bem informados, e torna-se um DEVER inalienável aos chefes informá-los constantemente; do contrário, incidem moralmente, assim o julgo, num crime de traição funcional.

O Ministro do Exército, todavia, reúne em si duas funções: a de auxiliar do Presidente da República, na execução de sua política de governo, e a de comandante superior do Exército.

Há, portanto, a destacar, neste quadro, duas forças atuantes – uma, política, no sentido da consecução dos objetivos do governo; outra, militar, visando a preservar a coesão, a eficiência e os interesses do Exército.

Se estas duas forças estão em consonância – o que deve ser normal –, subordinando-se a segunda à primeira, o processo político evolui favoravelmente. Se, no entanto, colidem ou divergem, surgem dificuldades que podem conduzir a graves acontecimentos.

No atual caso brasileiro, particularmente, em que o Presidente da República é um delegado da Revolução de 1964, escolhido pelas Forças Armadas – pelo menos o foi até março de 1974 –, essa harmonia de idéias e objetivos entre o governo e as Forças Armadas deve ser perfeita. Nada mais ele é do que um executor dos objetivos e postulados daquela Revolução, recebida pelo povo com delirantes aplausos, que a consagraram na História.

As Forças Armadas são, por conseguinte, responsáveis perante a Nação brasileira pelos êxitos ou fracassos de sua atuação.

Restaurar a economia do país, sanear moralmente a Nação e combater a subversão constituem a trindade da redemocratização revolucionária.

Qualquer política que a impedisse deveria ser corrigida e qualquer comportamento, individual ou coletivo, que a violentasse, denunciado. Todas as ações ou omissões que denegrissem a Revolução deveriam ser reveladas à Nação, desmascarando-se, assim, os oportunistas e os falsos revolucionários.

Era este o nosso pensamento – dos tenentes-coronéis e coronéis – nos primórdios da nova era revolucionária. O passado já estava sendo julgado; comprazia-nos o advento de uma fase de dignidade e austeridade.

O Exército tinha, assim, o direito e o dever de acompanhar a marcha dos acontecimentos e os acompanhou até 1974.

Ao assumir o governo, o general Ernesto Geisel não se encontrava, entretanto, a julgar pelos fatos posteriores, imbuído destes propósitos. Recomendou-me logo, num dos primeiros despachos, que controlasse os boletins e relatórios de informações, enviados mensalmente às unidades de tropa e demais organizações militares, para que não houvesse exagero na descrição e interpretação das ocorrências.

Disse-lhe, naquela época, que esses documentos forneciam aos oficiais os únicos dados sérios sobre a conjuntura, visto que os jornais e revistas, na maioria das vezes, não eram distribuídos nas guarnições do interior ou publicavam notícias incompletas. Acentuei que os nossos documentos informativos, por merecerem todo o crédito, orientavam a oficialidade, livrando-a da exploração política capciosa dos fatos.

Mandaria, contudo, exercer rigorosa fiscalização quanto à veracidade e comedimento das informações que fossem difundidas.

Aproximadamente dois meses após estas recomendações, voltou o presidente ao assunto, mostrando-me um boletim de informações do I Exército no qual eram divulgados acontecimentos das áreas política e econômica – aliás pouco recomendáveis à lisura revolucionária.

À margem do boletim – que apresentava várias partes grifadas – li, num determinado trecho, escrito com a letra inconfundível do general Golbery do Couto e Silva, uma palavra de acerba censura.

O presidente perguntou-me como eu deixara sair uma notícia daquela espécie.

Esclareci que o censor das informações dos boletins dos Exércitos era o seu próprio comandante e que a notícia não podia sofrer restrições por ser verídica e nada ter de alarmante.

Considerando que o boletim tinha sido elaborado no Rio de Janeiro, sede do I Exército, e que em Brasília, talvez, oficialmente, só o recebessem o CIE e o SNI, não havia dúvida de que um elemento de qualquer destes dois órgãos entregara ao Chefe da Casa Civil um documento de caráter reservado que, aparentemente, em nada poderia interessá-lo, a não ser que fosse movido pela intenção de intrigar o ministro e o Comandante do I Exército com o Presidente da República.

Aos poucos, porém, o general Geisel foi revelando o seu ponto de vista que se resumia no seguinte: o Exército nada mais precisava saber do que assuntos relacionados diretamente à administração militar.

Isto significava que as informações relativas aos campos econômico e político deveriam ser excluídas dos relatórios e boletins informativos, ficando as do campo psicossocial sujeitas a uma filtragem.

Procedi a rigoroso controle daqueles documentos, mas nunca deixei de remeter a todos os escalões subordinados informações indispensáveis a orientá-los no panorama sociopolítico-econômico nacional, quaisquer que fossem a sua espécie.

Entre os comezinhos princípios da dinâmica das informações, no âmbito militar, está o de que as informações ou informes devem ser difundidos sem perda de tempo aos escalões interessados em usá-los.

Recebi pelo menos duas recomendações por escrito, transmitidas pelo Chefe do SNI, em nome do Presidente da República, para que não permitisse apreciações dos fatos pelos grandes comandos, pois tal procedimento cabia exclusivamente ao Serviço Nacional de Informações.

Procurava-se o monopólio das informações, nas mãos do governo, que já o possuía, praticamente, no setor das Comunicações.

Após a farsa de 12 de outubro de 1977, pelos boletins de que, acidentalmente, tomei conhecimento, e nas restrições neles notadas em relação aos campos políticos e econômicos, os órgãos de informações já se haviam amoldado ao critério presidencial.

Sobre minha lealdade ao presidente e à Revolução

Treze anos depois de vitoriosa a Revolução de março de 1964, eu era Ministro do Exército quando o presidente Geisel e seus parceiros prepararam a insídia de 12 de outubro de 1977, armada sobre bases caluniosas – jamais provadas, nem por circunstâncias – e desencadeada na calada da noite, como é habitual aos criminosos de traição.

Divulguei naquele dia um documento, preparado com antecedência, porquanto tinha a certeza de que o presidente Geisel, dominado por sua natural idiossincrasia aos que dele divergem, em breve, pelas minhas discordâncias ideológicas com o grupo palaciano, descartar-se-ia de mim, sob qualquer alegação falsa ou verdadeira, no momento que julgasse oportuno e seguro fazê-lo.

Há homens que confundem altivez com insolência e dão imenso valor à subserviência, que definem como compreensão. E, quanto mais vaidosos são eles, mais arraigados ficam a esta visão estrábica do caráter alheio. Suas pretensas onisciência e onipotência não aceitam discordâncias, ainda que leais e respeitosas.

Sobre aquele documento já escrevi o bastante no lugar adequado, todavia quero declarar que dele não retiraria uma só palavra ou conceito, caso tivesse que reescrevê-lo, nas mesmas condições e época em que o fiz.

Nestes anos que se seguiram à sua expedição, os acontecimentos vêm demonstrando ter sido eu muito modesto nas apreciações negativas que expendi.

Revivendo os fatos para melhor conhecer os meandros destes acontecimentos, desejo dizer que a partir do momento no qual o próprio presidente declarou-me "não ser infenso às esquerdas" tornou-se agudo o conflito de sentimentos que latejava em minha consciência.

Deparava-me com verdadeira dicotomia – ser leal ao general Geisel e infiel aos princípios da Revolução de 1964 ou desleal ao meu chefe imediato, enaltecendo os postulados revolucionários.

A lealdade ao presidente – que nunca lhe faltou de minha parte – importava na infidelidade à Revolução, visto que seu procedimento chocava-se IDEOLOGICAMENTE com o pensamento basilar do Movimento de 1964, que era e é de combater o comunismo e seus comparsas da luta ascensional ao poder, isto é, os homens de esquerda.

A fidelidade aos postulados de 1964 levar-me-ia a dissentir do presidente e fatalmente a uma ruptura de relações – previsível como ato, porém imprevisível no tempo. Poderia, no entanto, por tal comportamento ser acoimado de desleal a Geisel.

Neste dilema, decidi permanecer no cargo, empenhando-me para evitar medidas que, abastardando a Revolução, fizessem periclitar seus objetivos. Fi-lo, contudo, abertamente, sem ferir nem ao menos arranhar a lealdade ao presidente. Mas o grupelho do Planalto, sempre atento ao prosseguimento de suas calúnias e intrigas, não perdia vaza, transformando todo argueiro em cavaleiro... e o inevitável aconteceu.

Logicamente, a outra opção seria a de não continuar no cargo ao notar os rumos, lesivos à Revolução, que tomava a política do governo Geisel. Esta decisão não teria cabimento para um revolucionário, pois sujeitá-lo-ia aos apodos de omisso, desertor e outros mais ferinos. Era, entretanto, a que mais agradaria aos homens do Planalto, que poderiam explorá-la no sentido depreciativo com falsidades, em que eram hábeis e generosamente fartos. O próprio presidente tentou-a sem êxito, pois preferi a demissão para bem evidenciar que não abandonaria minhas idéias, curvando-me aos propósitos governamentais de desfigurar a Revolução pela adulteração de seus objetivos. As últimas palavras do general Geisel, proferidas naqueles momentos desagradáveis – "Não fique meu inimigo!" – mostram ter sido percebida a minha intenção de não capitular.

Colocou-se, deste modo, o governo no dever de justificar a minha exoneração, dando a público o motivo que a provocara. Uma reunião no palácio do Planalto, entre Geisel e seus assessores palacianos, gerou a luminosa solução – incompatibilidade pessoal.

A nota difundida, embora mentirosa, foi lida por um homem que alardeava minha amizade, mas não se envergonhou de participar da farsa. Era um primor de hipocrisia.

Visando a lançar o Ministro do Exército à execração pública, apresentando-o como conspirador e fascista, seguiu-se uma campanha de acusações falsas e ignóbeis, desencadeada pela imprensa sob a égide e participação dos assessores diretos do presidente Geisel e a silenciosa complacência dos insubordinados generais do Alto Comando do Exército que, pelo aviltamento de suas atitudes, serão sempre lembrados como os "generais de 12 de outubro".

Acabara-se a época do idealismo, que tantos exemplos de dignidade e heroísmo transmitira às jovens gerações militares, e já mourejávamos na do pragmatismo no qual, em última análise, só é verdadeiro o que é útil, tese que coloca os interesses acima dos ideais e a honra abaixo da vida.

E, assim, cheguei ao 12 de outubro de 1977 – coerente com os meus princípios, fiel aos postulados dos revolucionários de 1964 e de consciência absolutamente tranqüila.

CAPÍTULO 50

Reflexões sobre o Movimento Militar de 31 de março de 1964

CARACTERIZAÇÃO

A primeira exigência que se faz ao estudioso do Movimento Militar de 31 de março de 1964 é defini-lo como acontecimento histórico.

O que teria sido?

É esta a indagação espontânea feita àqueles que se encorajam a estudá-lo, revolvendo os fatos deste processo de reação para dissecá-lo, em consonância com os conceitos já firmados por ilustres analistas das ações insurrecionais.

Os que, como eu, nele tomaram parte consideraram-no uma Revolução, pelo menos assim o admitíamos em março de 1964. Há os que, não tendo o que dizer, papagueando o que ouvem, chamam-no de golpe de Estado, e existem também os seus irreconciliáveis adversários – ainda em grande número – que, com o propósito de aviltá-lo, tacham-no de rebelião militar, motim de generais ou revolta.

A rigor, não se enquadra no conceito histórico-cultural de revolução, porquanto uma revolução é um evento mais profundo que, atingindo padrões da existência de um povo, transforma-lhe a filosofia de vida. Destrói por finalidade uns, porém oferece outros em alternativa. Em virtude disso, vem alicerçada num corpo de princípios, ou melhor, numa doutrina, cujos preceitos defendem-na e preparam sua explosão, circunstância esta que, indubitavelmente, não ocorreu.

A ação militar foi realizada para defender a democracia, para resguardá-la da ameaça iminente do assalto comunista às nossas instituições, finalmente, para evitar uma revolução marxista. Veio, portanto, preservá-la. Não foi desencadeada visando a implantar algo de novo, mas sim a restaurar. Entretanto, as correntes militares por ela responsáveis não se aperceberam ou não souberam compreender que essa democracia, cujo trono nós, com a força de nossas baionetas e o apoio quase unânime do nosso povo, sustentáramos de pé naquela época, tinha graves lesões no campo social que precisavam, de imediato, ser curadas.

Seu sentido, reconhecidamente conservador, amolda-se mais ao pensamento tradicionalista medieval de revolução do que ao hodierno conceito de transformação, o qual só caracteriza como revolucionário o fato histórico que abre uma nova fase de aprimoramento cultural.

Revelou-se, na realidade, uma confabulação ampla e espontânea, porém sem doutrina e sem coordenação.

Focalizando-a sob este último aspecto, diz Glauco Carneiro em seu livro:[1] "Atingiu ao auge essa descoordenação ao chegar Cordeiro de Farias a Minas Gerais para saber se a revolução fora mesmo deflagrada (a 31), quando ali se achava, desde 28 de março, o marechal Odílio Denys, informando e acelerando o Movimento..."

Os numerosos grupos que se espraiavam pelo nosso imenso território, constituindo uma verdadeira legião de dissidentes e opositores do governo, porém, não estavam alinhavados para formar um sistema, não ofereciam, por isso, ao poder central o perigo de uma consistente e poderosa unidade de força. Nessa legião dispersa e heterogênea em que predominavam os idealistas democratas havia coortes mistas de frustrados, oportunistas, ambiciosos e, até, adversários políticos do governo, reforçadas na oportunidade pelos ladinos e tradicionais adesistas de última hora.

Contudo, todos esses homens, de tendências e pontos de vista diferentes, tinham de comum, pelo pavor ao futuro, a obsessão de derrubar o governo de João Goulart, numa irreprimível reação contra a calamitosa situação do país – de ruína moral, devastação econômica e desespero social.

Queriam, ansiosamente, mudar a conjuntura que os importunava; no entanto, em maioria, não pretendiam adotar novos padrões de vida. Tencionavam depor para repor, mas nunca para compor uma situação diferente. Com esse objetivo de restabelecer, lançar-se-iam, sem vacilações, como o fizeram, na luta.

Neste ângulo restrito poderia ser admitido o Movimento de março de 1964 como uma contra-revolução, pois a revolução socialista encontrava-se em sua derradeira fase, bem explícita na famosa frase proferida com euforia – consoante se diz e escreve – por Luís Carlos Prestes: "Já temos o governo, só nos falta o poder."

Golpe de Estado, rótulo que muitos lhe conferem, não o distingue com absoluta exatidão, ainda que dele tenha muitas características.

1. *História das revoluções brasileiras*. vol.2. Rio de Janeiro: O Cruzeiro, 1965, p.563.

Este tipo de ação militar é lançado de cima para baixo e processa-se de surpresa em áreas restritas de suma importância. Não conta, normalmente, com a participação do povo, em virtude do sigilo que a operação exige para ser imprevista e bem-sucedida. Este auxílio popular, a rigor, deve ser entendido como o que provoca o acontecimento, isto é, aquele que através de manifestações de violência – desordens, distúrbios, motins etc. –, revelando o propósito revolucionário, força e precipita a ação contra o governo constituído. Nele não podemos incluir as demonstrações públicas de solidariedade ou repulsa que, não obstante significativas de sentimentos dominantes numa parcela da população, são forma de apoio mais platônicas do que concretas.

As marchas de protesto, à semelhança das realizadas pelas mulheres brasileiras antes de 31 de março, tiveram o inestimável valor de alertar a Nação para o perigo que nos rondava, de despertar sua consciência cívica para a trama que governo e comunistas teciam visando a agrilhoar-nos ao marxismo, mas, se influenciaram o prosseguimento das confabulações, não foram de molde a deflagrar o Movimento Militar.

Mais incisivos sob este aspecto foram o famoso comício da Central do Brasil e a acintosa reunião do Automóvel Clube, manifestações, estas sim, típicas dos preliminares de uma revolução que se aproximava.

Além de tudo, o golpe de Estado tem por finalidade a derrubada de um governo, a deposição dos homens que empolgam o poder, sem a intenção de modificar o sistema ou o regime. Não se pensa em modificar ou criar, não se mexe nos alicerces da organização social, o que invariavelmente acontece nas revoluções. Não se escudam, assim, os homens que o realizam, em um corpo de princípios, dominando-os apenas objetivos imediatos, não raro soprados por índoles egoísticas.

Ajustando estas considerações ao Movimento de 31 de março, parece-me mais razoável defini-lo como um golpe de Estado, do qual muito o aproximam as suas características.

Não foi uma revolução, no sentido preciso e moderno do termo, de transição entre duas fases culturais, visto que não trouxe uma doutrina que lhe permitisse romper os nevoeiros de uma época em busca de novos horizontes.

Podemos dizer que constaram dos propósitos de seus chefes o combate à miséria, a valorização da pessoa humana, a luta contra a subversão, a recuperação econômica do país, enfim, os anseios de tornar a Nação brasileira feliz e poderosa; mas é justo reconhecer, também, que tais desejos, por serem encarados de modo genérico, por esvoaçarem em esfera platônica, não se traduziram em preceitos, princípios e normas, não se consubstanciaram em uma doutrina que os pudesse tornar uma realidade.

Não poderíamos chamá-lo de rebelião ou revolta, ações locais de menor envergadura e que, via de regra, não visam a modificar estruturas políticas ou sociais.

Dirigem-se, de modo geral, contra as autoridades subordinadoras imediatas, quer com a finalidade de extinguir situações ou medidas consideradas injustas e opressoras quer com a de satisfazer reivindicações admitidas como legítimas, dignas da condição humana ou social dos rebelados.

Em nossa história republicana podemos encontrar, entre muitos outros, os exemplos da revolta da vacina obrigatória e a da chibata, esta na Marinha de Guerra.

A população, levada às ruas pelos agitadores, quase sempre provoca desordens na tentativa, sem resultado, de aparentar apoio aos insurretos, manifestações que a polícia torna efêmeras.

Uma rebelião ou revolta difere muito de uma revolução, o que já era percebido nos primórdios da Revolução Francesa. Um episódio bem significativo, narrado por Carlyle[2] ao descrever os acontecimentos de julho de 1789, na França, permite essa interpretação:

> Sua Majestade, conservada em feliz ignorância, sonha, provavelmente, com a espingarda de dois canos e com as florestas de Mendon. Alta noite, o duque de Liancourt, que possuía direito oficial de entrada, penetra nos aposentos reais e desenrola com crua clareza, no seu modo constitucional, as notícias do dia. "Mais", disse o pobre Luís, "c'est une rèvolte!", mas é uma revolta! – "Sire", respondeu Liancourt, "não é uma revolta – é uma revolução."

Embora a controvérsia que se estabeleceu quanto aos conceitos dessas formas de insurreição dificulte sob certos ângulos uma definição precisa, ouso caracterizar o Movimento de 31 de março de 1964 como um golpe de Estado, que vitorioso enroupou-se de Revolução.

Entretanto, habituei-me a chamá-lo de Revolução, e assim continuo a fazê-lo em respeito aos ideais que feneceram.

Vou buscar as raízes do Movimento de 31 de março na gloriosa jornada de julho de 1922, porque – repetindo o conceito de Heberle – "um processo revolucionário compreende várias fases e nunca se exaure num único levante",[3] e os nossos objetivos são ainda os mesmos.

Derrotado nas areias de Copacabana, o levante de 1922 teve, no entanto, suas idéias defendidas e difundidas pelas colunas revolucionárias que percorreram o Brasil até 1927. Novo levante – a Revolução de 1930 – vai ressurgi-las e realizá-las em parte para, sete anos depois, serem abafadas pela traição do golpe do Estado Novo. Revigoram-se, contudo, em 1945, com a queda do ditador.

Em 1951, regressa Getúlio Vargas, eleito e empossado presidente, acentuando-se então as ameaças sindicalistas de João Goulart, sob suas vistas complacentes.

---

2. Thomas Carlyle, *História da Revolução Francesa*. 3ª ed. São Paulo: Melhoramentos, 1962, p.176-7.
3. Rudolf Heberle, citado por Paulo Bonavides em *Ciência política*. 4ª ed. Rio de Janeiro: Forense, 1978, p.518.

Estagna-se o pensamento revolucionário de 1922, cresce o ódio a Vargas e violentas e insuportáveis pressões forçam-no a suicidar-se, em agosto de 1954.

Novos alentos trazem a esperança de retomada do processo revolucionário, já tantas vezes contido pelo destino, porém a desmedida ambição e a vaidade do general Henrique Lott levam-no a interceptá-lo na novembrada de 1955, traição vil e covarde, realizada sob o pretexto de restabelecer a legalidade que ele mesmo violentara. Seguiram-se os tristes e desoladores períodos de governos populistas e criptocomunistas e, depois desta calamitosa era, o levante de 1964.

Tínhamos, nós revolucionários, a impressão de que chegara finalmente a fase da concretização dos ideais de 1922, o que, infelizmente, não se verificou, pois o processo revolucionário seria mais uma vez interrompido com a traição do governo Geisel, responsável pelo retorno à marcha para a esquerda, abominada por todos os que sinceramente lutaram contra o marxismo – a razão primeira do golpe militar de 1964.

E o governo do general Figueiredo não tem decepcionado o seu antecessor e protetor, seguindo-lhe os passos com medidas que mais arrastam o país para o campo socialista, comportamento muito louvado pelos comunistas, seus atuais defensores e amigos em potencial.

Principais erros e acertos

a) As indefinições e imprevisões iniciais

O golpe militar vencedor – o golpe de Estado – quis situar-se dentro da Constituição vigorante, visando somente à deposição do presidente e a eliminar o seu pernicioso processo de governo. Não feriu, por isso, a legalidade, deixando de pé, intocáveis, os poderes Judiciário e Legislativo. Este é um propósito que, por evidente, não pode ser posto em dúvida, porque houve uma preocupação legal – imediata e aflitiva – de substituir o presidente foragido, considerada a vacância do cargo presidencial.

O historiador Luiz Viana Filho[4] assim narra esses momentos de incerteza: "Foi dramática a sessão do Congresso em que Auro de Moura Andrade, alta madrugada e com o gosto da teatralidade, declarou vaga a Presidência, convidando, para assumi-la, imediatamente, o deputado Ranieri Mazzili, Presidente da Câmara dos Deputados."

Essa intenção estava ainda bem clara no manifesto que os chefes militares rebelados lançaram no dia 31 de março, em que anunciaram seu exclusivo objetivo:[5]

---

4. *O governo Castelo Branco*. vol.1. Rio de Janeiro: BibliEx/ José Olympio, 1975, p.46.
5. Idem, p.45.

"E, coesos e unidos, restauraremos a legalidade, como é de nosso dever, assegurando a plena vigência do regime democrático."

O manifesto nada tinha das vibrantes proclamações revolucionárias que marcam as vitórias das sublimes causas, no advento das revoluções. Era, pelo contrário, um documento tímido, que procurava antes justificar a ação do que glorificá-la como imperativa a grandes e inadiáveis reformas políticas e sociais.

Tratava-se, portanto, de afastar o presidente João Goulart, já em desabalada fuga para o estrangeiro, realizando-se a mudança de governo sob os cânones legais, conforme era obstinado desejo do general Castelo Branco.

A posse do deputado Ranieri Mazzilli, na madrugada do dia 2 de abril, ocorreu, pois, com as formalidades usuais, fortalecida pela presença do Presidente do Supremo Tribunal Federal. Nada mais teriam os militares de fazer, em obediência aos seus propalados desígnios, senão prestigiar o presidente interino e aguardar o prazo constitucional para a eleição do novo presidente.

No entanto, a existência de um Comando Revolucionário, constituído pelos três ministros militares – general Costa e Silva, almirante Rademaker e brigadeiro Correia de Mello – criava uma dualidade de poder, o primeiro paradoxo desta indefinível situação. Outros vieram como a narrativa mostrará.

O general Costa e Silva, interpretando o pensamento da maioria dos militares, pedia um documento legal que permitisse o expurgo de todos aqueles que tivessem traído a Nação, através de procedimentos considerados criminosos, por violarem direitos ou liberdades constitucionais.

Os chefes militares, ainda obsedados pela idéia de legalidade, tentaram ingenuamente fazer aprovar pelo Legislativo um ATO, que seria CONSTITUCIONAL, objetivando àquele saneamento.

Durante nove dias o Congresso marombou em evasivas, esquivando-se de sancionar o documento. E não o faria, porquanto atingiria, caso o fizesse, numerosos congressistas. Ficava, deste modo, o Movimento Militar em posição falsa de descrédito e aparente debilidade.

Como se poderia acreditar no poder de um movimento armado vencedor, quando um de seus chefes de maior prestígio via sua indicação para a Presidência da República sujeita a manobras de astutos políticos? Homens públicos de nomeada ensaiaram colocar um civil no lugar de João Goulart e, neste sentido, convites foram feitos ao governador Magalhães Pinto pelos ex-presidente Juscelino Kubitschek e governador Carlos Lacerda, recusando-se Magalhães Pinto, por questões de princípios, a aceitar.[6]

---

6. Declaração do próprio senador Magalhães Pinto ao autor.

Uma Revolução de verdade não se submeteria a esse vexame. Agindo em missão do povo, empossaria seu chefe pela força. Assim sucedeu, em 1930, com a ascensão de Getúlio Vargas.

A situação tornara-se confusa, politicamente indefinível. Se era um golpe de Estado, por que essa interferência de um Comando Revolucionário espúrio, impondo decisões a um Congresso e a um presidente que os próprios chefes militares reconheceram, preservando o primeiro e empossando o último?

Se não era um golpe de Estado, mas sim, uma revolução, cuja primeira conseqüência jurídica seria a quebra da legalidade, por que esses recatos em agir, quando na realidade o Comando Revolucionário representava o único poder existente?

Assistíamos ao triste paradoxo de ver o poder vencedor humilhar-se ante o poder vencido!

Nessas circunstâncias, o Comando Revolucionário, abandonando os pruridos de legalidade, fez compreender que o único poder era o seu, outorgando o ATO INSTITUCIONAL Nº 1. Nascia, assim, a nossa Revolução, legitimada por essa peça histórica, que foi o seu primeiro instrumento jurídico. Num rasgo corajoso e patriótico transformou-se o golpe de Estado em Revolução.

Mas uma revolução não é produto de geração espontânea, nem surge de um lance de habilidosa prestidigitação.

O Movimento de março, não tendo vindo a cavaleiro de uma doutrina que lhe desse uma estrutura e rumos precisos, preocupado mais em solucionar dificuldades imediatas, postergando uma real visão do futuro, cujos problemas obstinava-se em não encarar, agora convertido em Revolução, o seu primeiro vagido, que a custo soltou, foi muito débil.

O ATO INSTITUCIONAL, do meu ponto de vista, deveria ter sido mais amplo e, valendo-se do impacto emocional, bem como da boa acolhida do povo, mais rigoroso e profundo.

O Congresso seria dissolvido e novas eleições marcadas com vistas a uma Constituinte. Obter-se-ia desta maneira tempo para formar um partido revolucionário, o que, por sentimentos e convicções, nunca existiu.

O poder Judiciário, no mínimo, sofreria o expurgo dos elementos contrários à Revolução e favoráveis, abertamente, à política marxista de João Goulart.

Não sentiram, os líderes revolucionários, que os membros desses poderes, ligados à política do governo deposto, não poderiam de consciência decidir contra Jango e seus asseclas?

A atitude do Congresso negando-se a sancionar o Ato e, posteriormente, o *habeas corpus* concedido pelo Judiciário ao marxista Miguel Arraes são argumentos indestrutíveis em defesa daquelas medidas.

Foi esse o nosso pecado original, para o qual não houve batismo.

Essas e muitas outras decisões e providências que seriam salutares aos destinos da Revolução, não tendo sido tomadas naquela época, dificultaram-lhe a marcha, obrigando-a a comportamentos incoerentes e atuações hoje ditas casuísticas, ocasionados da imprevisão inicial.

Emendas constitucionais, prorrogação do mandato presidencial, transferência de eleições, novos Atos, numerosas cassações e "oportunas" medidas casuísticas foram os frutos ácidos daquela imprevidência.

O Ato Institucional procurou dar à eleição presidencial um caráter democrático, atribuindo sua realização a um Legislativo, de prestígio apenas aparente, porém travestiu o presidente em ditador, ao investi-lo do poder revolucionário, cujo emprego ficou sujeitos aos seus critério e vontade.

Verdadeiro disparate este de o Comando Revolucionário permitir que o Congresso escolhesse um presidente, ao tempo que armava o eleito de poderes excepcionais que, superpondo-se a quaisquer outros, tinham força para dissolver o próprio órgão eleitor.

Então, para que realizar a eleição? Por que não se empossou diretamente o chefe revolucionário?

b) A inversão na seqüência dos primeiros chefes revolucionários

Dois ilustres chefes militares destacaram-se politicamente na fase inicial da Revolução. Foram eles os generais Humberto de Alencar Castelo Branco e Arthur da Costa e Silva. Ambos – a par de suas virtudes e de relevantes serviços prestados à Pátria – possuíam formação e temperamento diferentes, o que naturalmente induzia-os, em muitos casos, a decisões dessemelhantes. Algumas considerações mais extensas, sob este aspecto, permitir-nos-ão apreciar com aceitável segurança os fatos de seus governos e as deliberações que tomaram.

Castelo traçava o seu comportamento rigorosamente dentro dos padrões e normas tradicionais existentes, enquanto Costa e Silva, embora manifestasse obediência às leis, não as tinha como dogmas nem por indestrutíveis. Um, tendo como peculiaridade mental o bom senso, era reservado ao extremo; o outro, situando-a na emoção, mostrava-se, em certos momentos, extrovertido. No conjunto de suas características havia aquelas que os aproximavam e outras que os afastavam, todavia as resultantes não deixavam dúvidas sobre seus tipos de liderança.

O general Castelo era o modelo do chefe INSTITUCIONAL, talhado para as épocas de estabilidade, dos frutos sazonados, produtos de um plantio feliz.

O general Costa e Silva definia-se em todos os seus atos como chefe DOMINANTE, destinado a imperar nos períodos de desintegração e violência, em que a acomodação é ridícula ingenuidade e a persuasão estéril, durante os quais só a força é argumento entendido e obedecido.

Eu tinha profundo respeito e sincera estima pelo general Castelo, o militar austero e culto, mas imensa admiração pelo general Costa e Silva, o guerreiro arrebatado, do diálogo franco e coração generoso.

O general Castelo Branco, primeiro presidente do novo período político, não obstante seus excelsos dotes morais e intelectuais, não era, entretanto, por sua mentalidade inflexivelmente institucional, o homem adequado a realizar a primeira fase de uma revolução, exatamente a mais aguda, aquela em que as ações destrutivas predominam de modo quase absoluto. Comprova-o, de início, na seleção de seu Ministério, mais restaurador e conservador do que revolucionário.

A maneira pela qual foi elevado ao poder e a sua preocupação inicial de não exceder o tempo que restava ao presidente deposto, cuidados inerentes à formação militar, que coloca sempre na primeira linha de suas inquietações a obediência à lei e o cumprimento do prazo da missão, afastam a idéia de que os chefes militares tenham vindo com o propósito de executar um programa doutrinário reformador preestabelecido, isto é, que tenham planejado uma revolução.

As revoluções não marcam limites no tempo. Elas, dentro da doutrina que esposaram e vêm difundir, elaboram e impõem as leis que vigorarão na nova ordem. Semeiam seus princípios, especialmente na juventude, visando a dar-lhe raízes para sustentá-la até longínquo futuro.

Por conseguinte, não têm prazos e somente se exaurem com a integral concretização de seus objetivos.

c) A falta de uma doutrina revolucionária

O lance de ilusionismo que transmudou o golpe de Estado em Revolução, para a qual, evidentemente, não estavam preparados os homens que realizaram o Movimento Militar de março de 1964, sobrecarregou-os de inesperadas e sérias responsabilidades. Dentre elas avultavam como imediatas e imprescindíveis a adoção ou formulação de uma doutrina revolucionária e a criação de instrumentos que defendessem e explicassem as suas teses. Em outras palavras, isto significava que a Revolução, além de definir-se por um corpo de princípios, deveria dispor de uma associação de indivíduos, aglutinados, por convicção, em torno de suas idéias.

O Ato outorgado legitimou-a, porém, por sua natureza, não poderia satisfazer essas exigências. Os governantes revolucionários, não possuindo uma DOUTRINA nem a tendo elaborado, apegaram-se, então, à da Escola Superior de Guerra que, visando a uma época de estabilidade democrática, nada tinha de revolucionária, aplicando-se, aqui, este termo em sua lídima acepção histórico-cultural.

Um partido político, um grupo de jornalistas credenciado pela combatividade, mestres, empresários e homens de valor em todos os setores teriam de ser acionados para difundir os propósitos revolucionários e irradiar, por todo o Brasil, a esperança de uma nova era.

Infelizmente, essa campanha de esclarecimento e catequização não se processou com a pujança necessária a converter a abulia de nosso povo – gerada pelos maus governos – em confiança revolucionária.

Esqueceram-se os chefes militares da sentença de que só a ofensiva conduz à vitória.

Criou-se, para continuidade revolucionária, a Aliança Renovadora Nacional (Arena), que sendo mais um partido de governo do que da Revolução não justificou plenamente o nome.

Não era uma aliança, porquanto em várias áreas regionais seus integrantes viviam às turras, digladiando-se por questiúnculas e prestígio provinciais. De renovadora, se algo tinha, era muito pouco, sendo mais restauradora dos comportamentos oligárquicos, que relembravam a época do "coronelismo". Finalmente, seu qualificativo de nacional prendia-se mais à sua distribuição pelo nosso imenso território do que ao puro sentido de superpor os interesses da Nação aos regionais. Era de mentalidade provinciana, da qual numerosos políticos ainda não se libertaram.

A Arena, portanto, foi na realidade um partido de governo da Revolução, mas nunca um partido revolucionário.

Em julho de 1964, o Movimento de março continuava lutando para afirmar-se como uma Revolução. No entanto, sem bases doutrinária e política, não contava com homens de convicção, necessários para as grandes realizações de alcance sociopolítico-econômico que eliminassem as aberrações de um sistema político inadequado e as injustiças sociais persistentes.

Uma estimativa dos Serviços de Informações enviada ao presidente naquele mês concluía: "O governo não terá mais, pois, grande probabilidade de levar a cabo seu programa de restauração financeira, de normalização da vida nacional e de implantação de reformas profundas."

As reformas nada mais são do que revoluções pacíficas, são formas de evolução com os meios de paz, todavia o presidente Castelo, no quadro da legalidade em que sempre desejou agir, não dispunha desses meios, como provou o episódio da cassação de Juscelino Kubitschek quando o PSD imediatamente se retirou do bloco parlamentar, recentemente formado para apoiar a Revolução.

A Revolução naquela época assemelhava-se a uma nave perdida em mar tempestuoso, sem uma guarnição que possibilitasse ao comandante colocá-la no rumo certo.

A Emenda Constitucional nº 9, prorrogando o mandato presidencial, adotando a maioria absoluta e transferindo as eleições presidenciais, foi a fórmula casuística para a angustiosa situação.

Todos esses transtornos e decepções iniciais poderiam ser evitados não fora a imperfeita feitura do Ato nº 1.

E, a sabedoria popular, eternizada nos adágios, afirma: Árvore que nasce torta, nunca se endireita!

Confirmando o provérbio, outras falhas vieram.

d) O abandono da juventude

A juventude foi abandonada, do ponto de vista da pregação dos objetivos e postulados revolucionários. A Revolução procurou reprimi-la em suas naturais aspirações de participar da evolução dos acontecimentos – conduta que a levou a desgarrar para o campo da contestação – em vez de norteá-la política e ideologicamente no sentido de defender as teses revolucionárias, mostrando-lhe que estas visavam ao bem-estar comum dos brasileiros, numa Pátria engrandecida moral e economicamente.

No caminhar do tempo a fase de decisões é o presente, sendo o passado um celeiro de experiências e o futuro a imensidade desconhecida, eriçado de incógnitas. Mas o presente define-se, ainda, como o futuro do passado ao tempo em que é o passado do futuro.

É, portanto, sobre o presente que os homens de uma época, em plena maturidade, devem dissecar os erros outrora cometidos para que possam orientar, conscientemente, a mocidade na obtenção de vindouros êxitos.

Após a derrota alemã, em 1918, almirantes alemães eram vistos em praças públicas, nas manhãs dos domingos e feriados, reunindo as crianças em torno de maquetes representando a batalha de Jutlândia. Sobre elas, numa exposição plena de civismo, enalteciam a Alemanha vencida pelo mundo, à qual nem o direito a uma vitória naval indiscutível, pois afundara mais navios ingleses do que perdera, era reconhecido. Porém, o dia da desforra – diziam eles – chegaria, porque a raça germânica não morrera e era imbatível.

E foi essa geração, psicologicamente preparada, que constituiu o Exército Alemão invasor da Polônia, em 1939, guarneceu os carros das Divisões Panzer, de Guderian, de estrondosas vitórias na Rússia, e pilotou os aviões da Luftwaffe que despejaram sobre a Inglaterra toneladas de bombas. E foi ainda ela que forjou os heróicos marujos que mantiveram a bandeira alemã no convés do navio *Admiral Graf Spee* no episódio da batalha do rio da Prata.

Os homens da Revolução não pensaram desta maneira ou, se pensaram, não agiram em consonância com este pensamento. Desperdiçaram um presente valioso, deixando a juventude à matroca num correntoso rio. Desta falha aproveitaram-se os grupos oponentes para entregar aos jovens bandeiras que não simbolizavam nossas idéias, mas que foram por eles conduzidas e defendidas com o ardor e a coragem próprios da mocidade. A cassação dos antigos chefes anti-revolucionários abriu a esses moços a liderança política da oposição, enquanto nós mantínhamos em atividade as "velhas raposas", se não mamutes prenhes de soluções da era cenozóica.

Esse foi o futuro de um presente sem visão e mal estruturado.

Sob este aspecto cabe ainda uma observação oportuna, traduzida em indagação. Até que ponto teria este comportamento revolucionário decorrido de uma imprevidência ou sido intencional, quando no primeiro governo da Revolução havia homens de inegável tendência esquerdista como os generais Ernesto Geisel e Golbery?

e) A ineficiência da propaganda revolucionária

As propagandas revolucionária e anti-revolucionária eram e são ações que precisam ser examinadas, em profundidade, com absoluta isenção de ânimos.

A propaganda eficiente, isto é, objetiva, judiciosa, feita com clareza e inteligência, ao alcance das camadas mais desfavorecidas e de nível cultural mais baixo, na realidade, nunca houve. Discursos bombásticos – porém vazios – visando mais a destacar o orador como puríssimo e intransigente revolucionário, revelando em muitos casos a exigência de mascarar atitudes duvidosas no passado, eram ouvidos e aplaudidos. Conferencistas abalizados expunham e solucionavam, ante auditórios selecionados, problemas graves do país.

Todavia, de concreto, nada!

Tal quadro traz-me à memória conceito emitido por ilustre historiador. Escreve ele que o brasileiro tem a ilusão gráfica, isto é, que elaborada uma lei considera o problema resolvido, quando a solução não está na confecção da lei, mas sim na sua judiciosa aplicação. Esse juízo encaixa-se perfeitamente na nossa Revolução.

Toda revolução, focalizada em sua ampla dinâmica, encerra o aparecimento – um espocar – que é o "fato" revolucionário, e o estabelecimento de uma nova ordem de idéias, em outras palavras, a implantação dos "valores" revolucionários que difunde. A existência deste binário "fato-valores" torna-se, pois, básica no caracterizar uma revolução em sua acepção histórico-cultural.

Se houve o fato, porém não se fixaram novos valores, não foi mais do que um simples golpe de Estado; se não ocorreu o "fato" e, no entanto, novas idéias e padrões sociais foram estatuídos e adotados, através de reformas, processou-se uma evolução, coisa muito diferente da revolução que conceituamos.

O Movimento Militar de 1964 legitimou-se pelo Ato Institucional (AI) em Revolução, no entanto os revolucionários incidiram na tradicional ilusão gráfica, admitindo que sua outorga era a solução suficiente. Esqueceram-se dos "valores" que, aliás, não possuíam bem definidos por falta de uma doutrina revolucionária.

Os políticos defendiam o governo, mas não a Revolução, mera coincidência de interesses que desejavam manter. Os próprios governos da República não se podem eximir do pecado de ter mantido nos cenários estaduais e federais homens perniciosos à Revolução, mas indispensáveis às suas manobras de fortalecimento do poder central, ao qual se vinculavam por amizade ou vantagens pessoais.

Quando os contestadores da Revolução – comunistas, homens de esquerda e os amigos dos políticos cassados – perceberam a tibieza revolucionária no setor da propaganda, não perderam tempo e lançaram-se na contrapropaganda.

E esta foi muito bem estruturada e desencadeada!

Os problemas político-administrativos sofreram violenta crítica da imprensa – em que se acoitavam, em maioria, aqueles elementos. Entretanto, esta crítica era objetiva, porque se baseava em fatos, não raro desaguando em alternativas, ou melhor, em propostas de soluções corretivas.

A propaganda anti-revolucionária, de fundo ideológico, eximiamente dirigida de bases internacionais e bem amparada de recursos das mesmas origens, atuou e atua livremente. Avançou ousadamente pelos caminhos da subjetividade, sustentando que o pensamento é livre de peias forjadas pela lógica e a moralidade. E a impregnação subversiva encontrou campo fértil na mocidade desarvorada e abandonada, induzindo-a ao hedonismo como único objetivo da vida.

Nunca tivemos, nós os revolucionários, em caráter duradouro, uma plêiade de homens que difundisse e justificasse a Revolução e a sua conduta. Jamais dispusemos de um órgão de imprensa próprio – o que acontece até com os mais fracos partidos políticos e muitas organizações empresariais – capaz de acolher essa equipe selecionada pelo ardor e crença revolucionários, propiciando-lhe meios de divulgação pública e uma tribuna de onde repelisse as calúnias e insultos assacados aos revolucionários.

A permissividade ou indiferença do primeiro governo revolucionário ante tais fatos, talvez, pelo feitio do presidente – homem culto e ligado ao setor da intelectualidade –, possam ser explicadas, mas não justificadas.

A censura – remédio que se tentou aplicar – pode surtir efeito nas agressões e críticas de caráter político-administrativo, desde que seguida de uma complementação justificadora do fato imputado. Assenta-se nestes casos em acontecimentos reais.

Com a contrapropaganda de fundo ideológico a situação é diferente. Está montada em bases subjetivas do mundo das artes, nas quais as "realidades" são frutos da imaginação dos autores, visando a objetivos previamente estabelecidos para deteriorar a moralidade pública e atingir, *in fine*, nossos princípios morais. Nessas condições, a censura será simples paliativo, visto que as idéias, se cimentadas por convicções, em tempo algum serão esmagadas pela força. Elas apenas refluem à mente, de onde ressurgem ao primeiro alento, mais incisivas e persistentes. Somente a persuasão habilidosa e a catequese cívica podem abalá-las, abrindo-lhes novos rumos na análise das alternativas. A censura é, em essência, uma forma de força. Obtém sucesso no campo político, mas não atinge a consciência, imperante na esfera espiritual, portanto insensível à sua ação.

O comportamento cristão sob as armas das legiões romanas e a atitude de Galileu após depor no tribunal inquisitorial do Santo Ofício são belos e nobres exemplos dessa verdade, entre numerosos outros.

E o que fez a Revolução de real e permanente para aniquilar essa contrapropaganda? Unicamente no governo Médici a inteligência e a acurada visão de Otávio Costa combateram essa realidade acertadamente. E os tempos o provaram.

f) A exagerada utilização de militares na administração civil

Os militares, não tendo trazido uma doutrina revolucionária – volto a abordar o assunto por considerá-lo vital –, não contavam, logicamente, no meio civil e no próprio ambiente castrense, com elementos capazes de pregar e aplicar princípios de uma coisa inexistente.

Entretanto, o Movimento de 1964 alardeara e prometera a regeneração do Brasil nos campos moral, econômico e político, extinguindo a CORRUPÇÃO, revitalizando a ECONOMIA e combatendo a SUBVERSÃO, promessa esta que carreara as populações para o seu lado, dando-lhe o apoio quase integral do povo.

Os chefes revolucionários, ao que tudo indica, chegaram dispostos a cumprir esse voto, mas cometeram a falha de pretender tutelar a Nação, interferindo diretamente em numerosos setores das atividades nacionais, alguns de delicadas e complexas especificidades técnica e administrativa. Isso ocorreu, em particular, no chamado segundo escalão da administração pública.

Melhor teria sido, parece-me, que escolhessem na dissidência civil do governo Goulart homens capazes, de honestidade e patriotismo inquestionáveis, dignos pela confiança revolucionária de ocuparem cargos de responsabilidade e exercê-los com eficiência.

O Exército manter-se-ia à distância, empenhado em suas tarefas profissionais, em permanente vigilância para que não voltássemos ao caos do passado.

Durante a ação militar e nos seus imediatos e posteriores momentos, com o propósito de assegurar o domínio do organismo público, esse controle, essa penetração nos órgãos civis, era explicável e até indispensável – em certos e raros casos –, porém, à proporção em que se fosse firmando, a Revolução deveria ter procedido de outra forma, pois elementos de muito valor foram esquecidos e abandonados, quando nos podiam ser de imensurável utilidade na reconstrução do país, em particular na implantação das reformas recomendadas na doutrina da Escola Superior de Guerra, adotada pelo primeiro governo da Revolução, em falta de outra.

Houve, é preciso reconhecer, exceções neste procedimento, mas, foram, na maioria das vezes, antipáticos e pecaminosos, porque procuravam atender a interesses e influências mais pessoais do que revolucionárias. Foi assim que vimos cidadãos capazes, porém reconhecidamente não revolucionários, assumirem funções da mais alta relevância no país. Poderíamos citar muitos, em especial no segundo escalão administrativo, contudo a entrega de cargos a Roberto Campos, Israel Pinheiro e Negrão de Lima são exemplos suficientes. Como poderíamos esperar comportamento revolucionário destes cidadãos?

Este era o pensamento dominante no Exército!

A exagerada e constante ocupação castrense de cargos da administração civil, direta ou indiretamente subordinados aos governos federal e estaduais, foi mais perniciosa ao Exército do que benéfica ao País.

Centenas de oficiais foram afastados do Exército, trazendo sérias dificuldades à tropa, em que as substituições afetavam a instrução pelos males da solução de continuidade nos comandos. Nos regimentos de Cavalaria da fronteira Oeste, orgânicos da 4ª Divisão de Cavalaria, sob meu comando em 1965, mais de metade dos pelotões eram comandados por sargentos. Além destes inconvenientes, havia a circunstância de as substituições onerarem os cofres públicos.

Há a considerar, ainda, que estas facilidades de nomeações e designações de militares para cargos fora das Forças Armadas, recompensadas por polpudos vencimentos e, não raro, extravagantes mordomias, somados ao que continuavam a receber na instituição de origem, estimulavam uma mentalidade utilitarista que, infelizmente, em todos os tempos encontrou acolhida numa diminuta parcela do Exército.

Faço aqui uma digressão para esclarecer bem este aspecto. A carreira das armas é a única que custeia, integralmente, a formação de seus profissionais e assegura-lhes durante este período parcos vencimentos, diria melhor, um auxílio de manutenção social.

Instrução, moradia, uniformes, alimentação, apoio financeiro e a perspectiva de uma profissão garantida ao término do curso são tentadoras ofertas apresentadas aos jovens desprovidos de recursos para enfrentarem os altos preços das matrículas nas universidades, mas que pretendem, por natural ambição, ascender na escala social.

Na análise desta questão – ingresso no Exército – podemos, portanto, distinguir dois grupos: os que têm real vocação militar, encarando a vida castrense como um sacerdócio, e aqueles que são impulsionados por anseios ascensionais, enxergando no Exército apenas um caminho de acesso, em linguagem mais rude, um trampolim.

Os primeiros estão voltados para dentro do Exército e os últimos, para fora!

Em épocas passadas, até os princípios dos anos 50, era esmagadora a percentagem de jovens de pendor militar que se dirigiam aos estabelecimentos de ensino do Exército, no entanto, a partir daí, as observações mostraram que, talvez por vantagens oferecidas pelas profissões liberais e técnicas, lamentavelmente, parece ter decrescido bastante aquele percentual vocacional.

A orientação revolucionária veio agravar essa situação, não sendo, pois, de estranhar que numerosos militares aceitassem com agrado essa fuga do Exército para as áreas políticas e da administração pública, onde encontrariam seu habitat ansiado e no qual procurariam manter-se, por todos os meios, pelo maior espaço de tempo.

Essa penetração trouxe uma desagradável competição e magoou os civis, que se sentiram desprestigiados e sob suspeição revolucionária. Tais sentimentos, embora pudessem ser explicados em alguns casos, pela maneira peculiar de agir dos militares – fruto de sua formação – não eram racionais e justos. Todavia, teve a instigá-los a facção ideológica de esquerda, nossa inimiga irreconciliável, que visava a criar no país uma reação dos civis aos militares, revivendo, quiçá, tristes momentos das campanhas civilistas do passado.

Infelizmente, muitos homens – na maioria frustrados ou recalcados – deram guarida a esses propósitos diluidores. Mas essa torpe campanha de dividir o Brasil em dois campos antagônicos, essa dicotomia antipatriótica, não surtiu efeitos concretos, porque na Nação brasileira civis e militares confundem-se, amalgamam-se e trabalham com o mesmo ideal de engrandecer a Pátria.

g) A falta de coesão na cúpula revolucionária

O fracionamento do grupo revolucionário, já definido no governo Castelo Branco quando da indicação do substituto deste presidente, acentuou-se durante o segundo governo da Revolução.

A oposição ao general Costa e Silva pelo grupo castelista está bem patente na narrativa do historiador Luís Viana Filho ao tratar, em seu livro,[7] da sucessão presidencial.

O marechal Cordeiro de Farias e os generais Geisel e Golbery, inconformados com a candidatura de Costa e Silva, solicitaram exoneração. Desejavam certamente continuar no poder, participando do próximo governo em posições de destaque, objetivos que jamais conseguiriam com Costa e Silva.

O marechal Cordeiro de Farias, em carta ao marechal Castelo, insinua grosseiramente que o presidente ou achava a candidatura Costa e Silva boa e a queria, ou estava comprometido de modo irreversível com o candidato, ou ainda temia uma secessão – não está dito, mas subentende-se – nas Forças Armadas.

O presidente, de cujos patriotismo e amor ao Exército dera, em sua longa vida, exuberantes provas na paz e na guerra, repeliu as duas primeiras imputações. Silenciou, porém, sobre a última. Conhecia profundamente a instituição em que vivera e não desejava vê-la esfacelada por motivos políticos. Seria uma vitória de Pirro.

---

7. *O governo Castelo Branco*, vol.2, p.391 a 406.

Realmente, posso assim falar porque vivi esses momentos difíceis; o Exército não estava disposto a permitir fosse Costa e Silva ludibriado. Muitos generais, entre os quais eu me encontrava, manifestavam claramente, e em bom-tom, este propósito.

Lastimavelmente, esse pensamento superior que distinguia o marechal Castelo não iluminava os seus assessores diretos. A carta de Cordeiro de Farias revela uma frustração e a frase seguinte do general Ernesto Geisel – Chefe da Casa Militar do presidente Castelo – é um triste exemplo de até onde a ambição pode levar os homens: "Vamos vender o futuro por uma solução precipitada do presente. Pouco importava que houvesse crise agora, essa crise que estão querendo evitar. Prefiro até que haja, e, se eles ganharem, que venham e assumam a responsabilidade do governo."[8]

Estas palavras, segundo o mesmo autor, foram proferidas na reunião realizada pelo presidente Castelo, em janeiro de 1966, em que as inelegibilidades dos ministros foram reduzidas, favorecendo deste modo a permanência de Costa e Silva à frente do Ministério do Exército.

A crise, a que se referia o general Geisel com tanta simplicidade, poderia levar a um confronto armado e evoluir para uma luta fratricida.

Dez anos mais tarde, o general Golbery, então Chefe da Casa Civil do presidente Geisel, ao ser entrevistado por um jornalista do *Estado de S. Paulo*, referindo-se à sucessão presidencial vindoura, usou a expressão: "Nós não entregaremos o governo."

É uma egoística e obstinada coerência do seu grupo, sempre em busca das posições de mando.

Eleito Costa e Silva não desapareceu, no entanto, a associação castelista que manteve sob severa crítica o novo governo. Contou-me o general Jayme Portella – várias vezes – que as tentativas de desmoralização do marechal presidente, procurando ridicularizá-lo como um homem bronco e despreparado, através de um anedotário jocoso e baixo, tinham origem nesse conjunto de malogrados.

O general Afonso de Albuquerque Lima, militar de grande conceito no Exército, possuidor de um passado de idealista, estivera sempre ao lado de Costa e Silva, e não lhe negara irrestrito apoio em todas as circunstâncias. Foi nomeado Ministro do Interior, cargo dos mais espinhosos, mas adequado à sua capacidade de trabalho e aos seus invulgares conhecimentos sobre o Nordeste, área em que se acumulavam os problemas daquela pasta.

Dois anos passados começaram a surgir especulações sobre a sucessão de Costa e Silva, e entre os nomes citados com insistência estava o do general Afonso. Ocorreu, todavia, que se esgotara o tempo de permanência – de acordo com a lei – de Afonso, como general da ativa, nas funções de ministro. Poderia continuar e

8. Idem, p.384-5.

esse, parece-me, era o desejo do presidente, porém deveria em vista disso solicitar transferência para a reserva do Exército.

Esta situação não conviria ao general Afonso, pois, na possível hipótese de sua candidatura ser consolidada, preferiria concorrer à eleição como oficial-general da ativa.

As pressões no sentido de o presidente modificar a lei foram muitas, contudo, agindo com firmeza, ele não cedeu e o general Afonso de Albuquerque Lima, praticamente rompido com Costa e Silva, deixou o Ministério, pretextando razões administrativas.

Abria-se mais uma fenda na muralha da Revolução. Cindia-se o grupo do presidente, visto que o general Afonso, que gozava de considerável prestígio entre a oficialidade mais jovem, ao afastar-se, arrastou também seus admiradores e amigos, que foram ocupar uma área de opinião divergente do governo.

E do valor e da consistência desse grupo podem dizer os que assistiram aos acontecimentos abrangentes da eleição do general Emílio Garrastazu Médici.

Chegava, assim, a Revolução a 1969 fracionada pela ojeriza entre alguns de seus chefes, debilitada pela ausência de ideais e convicções de outros e desprestigiada pelas insaciáveis ambições de muitos.

Três grandes grupos já estavam nitidamente definidos naquela época: o do marechal Costa e Silva; aquele que seguia o general Albuquerque Lima; e o denominado castelista, concentrado em torno dos generais Geisel e Golbery, após a morte do marechal Castelo Branco.

A primeira destas correntes políticas, depois do falecimento do presidente Costa e Silva, aglutinou-se em torno do general Médici, que passou a liderá-la.

Essa é uma esquematização de caráter geral, porque havia os ajuntamentos menores, que, sem unidade de vistas, penduleavam de um lado para outro conforme os impactos conjunturais, como os ditos "nacionalistas", sempre preocupados com as multinacionais, a exploração do petróleo, o capitalismo americano, a influência judaica etc. Este grupo, em 1969, colocou-se ao lado do general Albuquerque Lima.

As coligações reúnem elementos – sejam homens ou nações – visando à conquista de um objetivo comum, o qual, isoladamente, nenhuma das partes pode realizar. Cada um de seus integrantes tem interesses próprios que colidem muitas vezes com os de outro ou outros participantes, contudo, esquece-os temporariamente até que a ameaça geral seja afastada. Então, surgem entre si as divergências, reacendem-se as reivindicações primitivas e os choques de interesses vêm à tona.

As mais esdrúxulas alianças passam a acontecer, unindo elementos do grupo vencedor aos mais poderosos dos vencidos, abrindo frentes de dissidências e estabelecendo uma nova conjuntura.

Não é preciso rebuscar nos escaninhos da História uma justificativa, pois os exemplos afloram em todas as épocas, ao término dos conflitos internacionais. O da última conflagração, ainda bem vivo, mostra-nos os Estados Unidos e a Rússia lutando ombro a ombro contra o poderio alemão e já em campos opostos – como sempre estiveram – a partir da ocupação de Berlim.

Na nossa Revolução houve algo de muito semelhante. Todos os grupos queriam o afastamento de João Goulart e sentiram que a união era o único caminho. No entanto, os militares, embora indignados com a situação geral, tinham a tônica de seus esforços na luta contra a subversão. Os empresários, por outro lado, ainda que elementos de seu setor tenham custeado o plebiscito de Jango, estavam apavorados com as teses de estatização e outras medidas econômicas de caráter socialista, apregoadas para breve.

Os políticos da oposição buscavam os seus interesses e prestígios provinciais, muito abalados e dificilmente recuperáveis, caso não ocorresse uma integral reviravolta na situação brasileira. O bloco juscelinista é um exemplo bem característico. Não foi revolucionário, visto que o seu objetivo primacial era a eleição, em 1965, do ex-presidente, e com uma revolução feita por militares não existiria essa possibilidade. Como começassem a aparecer indícios de que Kubitschek não tinha sua candidatura apoiada por João Goulart, este passou a perder prestígio naquele grupo, a ponto de José Maria Alkmim não esconder sua satisfação pelo Movimento Militar. O que interessava aos homens do PSD era a eleição de Juscelino, em 1965; o resto pouco importava. O apoio que o grupo juscelinista deu à eleição do marechal era o caminho da última esperança naquele sentido, logo desfeito no dia da cassação do ex-presidente, com a retirada dos congressistas do PSD do plenário.

Os destinos da Revolução estavam inabalavelmente ligados à coesão das Forças Armadas. Qualquer fissura nestas teria naquela conseqüências imprevisíveis.

Desgraçadamente, essa coesão, pelo que vimos, não foi tão monolítica como se ostentava e as conseqüências que as cisões trouxeram aí estão para a análise de cada um.

h) O acerto da política externa

Das medidas iniciais de grande acerto tomadas pela Revolução, nenhuma superou em importância a vigorosa afirmação de solidariedade ao mundo ocidental, obra primorosa de nosso primeiro presidente, que ali apresenta uma exata relação de fatos da conjuntura internacional e expende judiciosas ilações sobre a sua interdependência.

Esta política exterior do Brasil, fixada pelo presidente Castelo em julho de 1964, por ocasião da formatura dos novos diplomatas do Instituto Rio Branco, pelo equilíbrio de conceitos, brilhantismo de exposição, coragem com que, separando a realidade da fantasia, traçou ao Itamaraty os rumos a seguir "numa fidelidade cultural e política ao sistema democrático ocidental", marcou indubitavelmente uma nova fase em nossas relações internacionais, coerente com as nossas tradições e aspirações.

Herdáramos, nós os revolucionários, uma política de dubiedade em relação ao Ocidente – uma política bifronte – que oscilava entre a ridícula arrogância e a subserviência das postulações.

Temendo interpretações incorretas que viessem a balburdiar seu pensamento, deixou bem claro que a aplicação deste exigiria, preliminarmente, separar os interesses do Ocidente dos das grandes potências, porquanto a solidariedade era dada àquele e não a estas. Acentuou, pois, ser preciso com este objetivo "distinguir os interesses básicos da preservação do sistema ocidental dos interesses específicos de uma grande potência".[9]

As nações do bloco ocidental seriam conseqüentemente respeitadas e tratadas como aliadas na grande obra de defesa comum.

Esta diretriz magnífica, esquadrinhando todos os recantos da vasta área de nossas relações internacionais, desde a cooperação econômica interamericana aos delicados problemas da descolonização, sublimada pela sabedoria de sua idealização, recebeu irrestritos aplausos dos brasileiros democratas e de bom senso.

Todavia, tal política foi apedrejada pelos fariseus do século por contrapor-se às idéias alienígenas dos nacionalistas de Moscou e seus inocentes comparsas, embora tivesse sido a única manifestação patriota e intimorata de um presidente revolucionário para desmascarar a farsa da "política externa independente" de triste e ciosa divulgação, naqueles tempos, pelas correntes esquerdistas.

Era essa a conjuntura em 1964. Dez anos depois, a política traçada pelo presidente Castelo para regenerá-la começa a ser violentada pelos próprios homens que integraram seu gabinete, na involução insensata para conceitos e comportamentos renegados dos interesses, tradições e sentimentos de nosso povo.

i) O controle dos sindicatos

Uma providência positiva de cunho revolucionário foi, sem a menor sombra de dúvida, o controle dos sindicatos, larga estrada por onde marchava a subversão, apresentando-se sempre sob modestas vestes das reivindicações ditas justas e inadiáveis. Constituem esta medida e a próxima citada, no item seguinte, decisões de grande relevância na segurança interna.

Os industriais e empresários – muitos dos quais ligados aos "pelegos" de João Goulart –, se tiveram momentos de tranqüilidade e possibilidades de trabalhar

---

9. Luís Viana Filho, *O governo Castelo Branco*, vol.2, p.438-9.

e cooperar no progresso do país, devem-no, quase exclusivamente, à corajosa e judiciosa aplicação dessas duas medidas.

Um debuxar rápido do panorama sindical na fase pré-revolucionária é imperativo para uma melhor percepção dos problemas políticos e sociais que o sindicalismo brasileiro criou.

Os sindicatos, como associações de profissionais de idênticas atividades, visando à defesa de seus interesses, são organizações de feitio liberal cujas existência e dinâmica encontram-se estatuídas em lei.

Os homens, os trabalhadores em geral, valem-se deles para apresentar suas aspirações de melhoria social e econômica encontrando apoio para obtê-las ou recursos para sanar as controvérsias e divergências com os empregadores numa justiça própria – a Justiça do Trabalho.

No entanto, essas associações de classes, rigorosamente dentro da legislação que lhes regula o funcionamento, devem tratar das questões específicas ao seu tipo de atividade profissional, sendo-lhes proibido interferir na de qualquer outro grupo ou manifestar opiniões de colorido político. Nega-lhes a lei, também, interligarem-se para formar organismos intersindicais. Estes dois procedimentos são básicos para uma proveitosa vivência democrática, considerando-se o último de essencial interesse para a segurança interna.

Em oportunidades diversas, especulando em palestras com autoridades sobre a questão sindical, ouvi considerações ponderáveis sobre os sindicatos, suas organizações, estrutura e maneira de agir.

Refulgia dessas apreciações o pensamento – atribuído à orientação trabalhista do presidente Vargas – de que os sindicatos deveriam existir, imunes da influência político-partidária, para amparar o trabalhador, todavia organizados em profundidade, isto é, em sentido vertical, mas nunca em amplitude, ou melhor, em largura. Em linguagem mais clara, esta tese admitia os sindicatos isolados, falando cada um por si, porém jamais monoliticamente soldados entre si, num organismo de cúpula que representasse todos.

Neste caso, aglutinados num único órgão, tornar-se-iam uma força poderosa que, em certas circunstâncias, manipulada por agitadores, ameaçaria perigosamente a segurança nacional.

Foram exatamente essas duas prescrições fundamentais as mais desrespeitadas no governo João Goulart, cujos assessores e correligionários trataram-nas, em muitos momentos, com indisfarçável escárnio.

Os comunistas controlavam praticamente todos ou quase todos os sindicatos, sendo este domínio político-ideológico obtido pela presença, nos pontos-chave de suas diretorias, de marxistas convictos. O presidente – um homem de fachada – poderia ser um inocente útil, o que era aconselhável sob certos aspectos exteriores.

As ligações intersindicais já estavam sendo tentadas regionalmente desde 1960 com o Pacto de Unidade e Ação (PUA), o Conselho Intersindical de Trabalhadores (Consintra), o Fórum Sindical de Debates e outros organismos.

Em 1962 já estava organizado o Comando Geral dos Trabalhadores, o espúrio e famoso CGT.

Tudo isso ao arrepio da lei, com a covarde conivência do Presidente da República, que apareceu publicamente, em 1963, no Comício da Cinelândia, no Rio, ao lado dos dirigentes do CGT, dando seu aval a um órgão ilegal. Na época, pactuando com a agitação, o Ministro do Trabalho fez retirar da Consolidação das Leis Trabalhistas a proibição à criação de órgãos intersindicais, legalizando tudo.

j) O combate à subversão

O combate à subversão trouxe-nos séria dificuldade, pois não possuíamos uma estrutura adequada à luta no campo da guerra revolucionária.

A repressão estava entregue praticamente, naquela época, às polícias Civil e Militar, de relativa eficiência em nossas conspirações domésticas, mas completamente ineficazes em se tratando de enfrentar o terrorismo nas suas investidas urbanas e combater as guerrilhas rurais.

Razões e fatores plenamente justificáveis não lhes davam condições para uma atuação de maior valia, além de uma cooperação corajosa e interessada.

Já abordei este assunto com apreciável desenvolvimento em páginas anteriores e não pretendo revolvê-lo novamente. No entanto, é preciso ficar bem claro que a luta nessa área subversiva tem características específicas que exigem métodos e atividades peculiares à sua excepcionalidade, de uma guerra muito diferente da convencional, um conflito em que as estruturas e os processos convencionais são paliativos, quando não inócuos.

Constituindo-se a guerra revolucionária fundamentalmente um confronto de idéias e reivindicações – e exatamente por isso –, o seu corpo de combatentes estará sempre dominado pela convicção da justiça e grandeza de sua causa. Tal estado de espírito, resultado de longo e cuidadoso preparo psicológico, induz o lidador à intolerância, à violência e, finalmente, às cruentas refregas.

Somente as Forças Armadas – pelas bases cívica e técnica de sua formação – poderiam reunir contingentes capazes de arrostar, em qualquer situação, a escalada marxista que por pouco não se apossou do Brasil em 1964. Apenas elas teriam controle imediato de informações e ações repressivas, a quaisquer momento e lugar do território nacional.

As amargas experiências do II Exército, colhidas contra o terrorismo em São Paulo, acrescidas de observações feitas em outras áreas militares, impunham mudanças drásticas nos processos e estrutura de combate ao comunismo, para que os resultados fossem favoráveis às correntes democráticas.

Surgiram, então, o Centro de Operações de Defesa Interna e o Destacamento de Operações e Informações – mais conhecidos por CODI e DOI, suas respectivas siglas –, organizações adequadas à nova espécie de guerra que enfrentávamos, aquela de caráter mais normativo e esta rigorosamente executiva.

A criação do CODI e do DOI foi uma das mais felizes medidas revolucionárias, só compatível em importância – logicamente, mantidas as devidas proporções – à firme política exterior do presidente Castelo.

Que instituições seriam capazes – moral e tecnicamente – de combater com êxito o CGT – Comando Geral dos Trabalhadores – de Dante Pellacani, Clodsmith Riani, Oswaldo Pacheco Morena? Quem enfrentaria com desassombro e idealismo as Ligas Camponesas do advogado Francisco Julião, espalhadas por todo o Nordeste e já com metástases nos estados de Goiás, Minas Gerais e Rio de Janeiro? Que organização conseguiria devassar e conter a União Nacional de Estudantes (UNE), dominada pelos marxistas de cujas fileiras saíram três dos seus últimos presidentes – Aldo Arantes, Vinício Caldeira Brant e José Serra –, ativistas da Ação Popular, facção comunista influenciada pela denominada esquerda católica?

Onde encontraríamos homens para dissolver e debandar os "Grupos de Onze" – em número próximo de 1.300 – criados pela demagógica fanfarrice de Leonel Brizola e salpicados por todo o Brasil para cooperarem com a vitória marxista no dia da "Libertação Nacional"?

Reconheço que essa não é uma missão normal do Exército, mas seu sucesso é vital para a Nação, o que exige seja obtido sem qualquer espécie de procrastinações e entregue a uma instituição credenciada para obtê-lo.

As polícias civis – federal ou estaduais – e as militares, já foi dito de sobejo, não têm possibilidade de executá-la com êxito, portanto, enquanto não se criarem outros órgãos capacitados para isso, deverá ser da responsabilidade integral das Forças Armadas.

Neste quadro constrangedor, um governo democrático que enveredar por caminhos diferentes correrá o risco de ser acoimado de suicida ou de traição ao regime.

Se não tivesse atuado dessa maneira, a Revolução, pelas condições em que foi feita, talvez não tivesse evitado graves reações dos marxistas e seus comparsas, ainda no seu primeiro ano de existência.

Colhidos de surpresa, desbaratados seus focos, os comunistas não conseguiram articulação imediata; entretanto, suas virulência e obstinação foram comprovadas à saciedade nas guerrilhas rurais e urbanas.

Os políticos morbidamente preocupados com a conquista de votos, os empresários e industriais refestelados em suas poltronas, no usufruto do bem-estar que lhes proporcionamos, e os jornalistas da esquerda "fisiológica",[10] isto é, esquerdistas de conveniência, encontram sempre oportunidade para atacar os órgãos de repressão, sob rajadas de calúnias, o *hobby* de todos os cristãos-novos desta abertura irmã xifópaga da anarquização.

Têm eles idéia de onde estariam, se tivesse assumido, em 1964, um governo chefiado pelos homens que mandaram eliminar Elvira Cupelo Coloni,[11] trucidaram nos quartéis seus colegas oficiais, alguns pelas costas, outros dormindo, incendiaram alojamentos de praças, mataram a tiros, na sala de aula de um colégio, na presença de crianças suas alunas, um professor, por simples suspeita de inconfidência, pregaram a subversão hierárquica e incitaram a luta fratricida de classes?

Provavelmente, estariam usando a foice e o martelo nas áreas de trabalhos forçados, ceifando os campos ou consertando celas, sob os olhos vigilantes de uma guarda revolucionária vermelha.

PALAVRAS FINAIS

Esses foram alguns dos principais acertos e falhas colhidos nas malhas das reflexões que fiz, sobre esse mar revolto em que se transformou o Movimento Militar de março de 1964. Traduzem observações de quem viveu os acontecimentos e os encara de ângulos morais e cívicos próprios. Representam meros subsídios para os pesquisadores pósteros descreverem a história de uma balburdiada fase da vida nacional.

Mais tarde... muito mais tarde, isto poderá ocorrer, quando as Parcas retirarem do mundo os homens que participaram desses eventos, dando isenção à posteridade para fazer a verdadeira HISTÓRIA.

---

10. Denominação corrente antes de 1964, dada pelos radicais de esquerda àqueles que não possuíam, do seu ponto de vista, convicção marxista.
11. Também conhecida como Elza Fernandes ou pelo codinome "Garota", cuja ordem para que fosse executada consta ter sido dada por Luís Carlos Prestes.

Índice onomástico

Os números em *itálico* referem-se a páginas com anexos; os números em **negrito** referem-se às imagens.

A

B

C

D

E

F

G

H

I

J

K

L

M

N

O

P

R

S

T

V

W

Y

Z